Kohlhammer

Beiträge zur Wissenschaft
vom Alten und Neuen Testament
Achte Folge

Herausgegeben von

Walter Dietrich und Horst Balz

Heft 7 · (Der ganzen Sammlung Heft 147)

Verlag W. Kohlhammer

Elke Tönges

»Unser Vater im Himmel«

Die Bezeichnung Gottes als Vater
in der tannaitischen Literatur

Verlag W. Kohlhammer

Alle Rechte vorbehalten
© 2003 W. Kohlhammer GmbH Stuttgart
Umschlag: Gestaltungskonzept Peter Horlacher
Gesamtherstellung:
W. Kohlhammer Druckerei GmbH + Co. Stuttgart
Printed in Germany

ISBN 3-17-016584-4

Vorwort

Die vorliegende Arbeit wurde im Sommersemester 1999 von der Evangelisch-Theologischen Fakultät der Ruhr-Universität Bochum als Dissertation angenommen.

Die Anregung zu diesem Thema erhielt ich durch Gespräche mit Prof. Dr. Martin Leutzsch. Vorbereitet wurde die Untersuchung bei einem Studienaufenthalt in Jerusalem, der mir durch ein Stipendium des ÖRK in Kooperation mit der Evangelischen Kirche von Westfalen ermöglicht wurde. In Jerusalem standen mir mit großer Diskussionsbereitschaft in einem Doktorandenkolloquium Shmuel und Chana Safrai hilfreich zur Seite.

Mein Doktorvater Prof. Dr. Klaus Wengst betreute die Arbeit als Erstgutachter und stellte mir durch die Stelle einer wissenschaftlichen Mitarbeiterin an seinem Lehrstuhl die für diese Lebensphase entscheidende wirtschaftliche Grundlage bereit. Die Teilnehmerinnen und Teilnehmer seines und Dr. Chana Safrais Doktorandenkolloquiums waren in Utrecht und Bochum stets engagierte und ermutigende DiskussionspartnerInnen. Ihnen sei an dieser Stelle herzlich gedankt.

Den Bochumer Studentinnen und Studenten danke ich für ihre Diskussionsfreude und Lesebereitschaft, sich auf diese fremden Texte auch im Rahmen von Lehrveranstaltungen einzulassen. Frau Vikarin Claudia Günther danke ich für die Überprüfung der Quellenangaben. Ohne die Hilfe von stud. theol. Christoph Mudrack hätten die computertechnischen Schwierigkeiten mich beim Einreichen der Dissertation zum Aufgeben bewegt. Sämtliche noch verbliebene Fehler, die nicht zu Lasten des störanfälligen hebräischen Wordprogramms gehen, mögen mir angelastet werden.

Für die Drucklegung wurde die Arbeit überarbeitet.

Für Anmerkungen, konstruktive Anregungen sowie das Korrekturlesen vor der Drucklegung bin ich insbesondere Prof. Dr. Martin Leutzsch, Prof. Dr. Klaus Wengst und Prof. Dr. Horst Balz zu Dank verpflichtet.

Alle, die einmal manuell ein Register mit fremdsprachigen Elementen erstellt haben, wissen, wieviel Dank Herrn Vikar Jens-Christian Maschmeier und meinem Mann Rainer für diese Arbeit gebührt. Besonders hat mir die Geduld und Unterstützung des letzteren während der zähen und langen Drucklegungsphase geholfen.

Prof. Dr. H. Balz sei an dieser Stelle auch für sein Korreferat und die Aufnahme der Arbeit in die "Beiträge zur Wissenschaft vom Alten und Neuen Testament" gedankt. Dem Kohlhammerverlag und besonders Herrn J. Schneider danke ich für seine Langmut, Geduld und stets freundliche Betreuung.

Die Publikation wurde durch die Ruhr-Universität Bochum, meine westfälische Landeskirche sowie den Kirchenkreis Hattingen-Witten unterstützt. Ihnen gebührt mein herzlicher Dank.

Bochum, im August 2002   Elke Tönges

Allgemeine Hinweise

1. Die vorgelegten Übersetzungen der hebräischen Texte stammen von mir selbst. Anhand des Literaturverzeichnisses können weitere Übersetzungen zu den von mir behandelten Texten ermittelt werden. An manchen Stellen wird auf solche Übersetzungen verwiesen.

2. Die Zitierweise der rabbinischen Literatur entspricht dem Abkürzungsverzeichnis der Theologischen Realenzyklopädie (TRE), hg. v. Siegfried Schwertner, 2. Aufl., Berlin/New York 1994.

3. In den vorliegenden tannaitischen Texten drückt sich das Verhältnis Gott-Israel durch pluralische Personalpronomina aus, die sich syntaktisch auf das Volk Israel beziehen. Um diesen Aspekt auch in der Übersetzung sichtbar zu machen, werden diese Formulierungen mit *Israel* und *unserem, eurem, ihrem Vater* übersetzt.

4. Das Tetragramm wird innerhalb der Bibelzitate durch J´ und im Kommentar durch Gott wiedergegeben.

Inhaltsverzeichnis

A. Einleitung

In der christlichen Theologie des 20. Jh.s ist es fast selbstverständlich geworden, in der Anrede Gottes als Vater durch Jesus das Kernstück seines Gottesglaubens zu sehen. Daß in dieser Anrede Gottes die ipsissima vox Jesu durchscheint, ist zweifellos richtig. Jedoch mißachten Untersuchungen, die aus dieser Sprache Jesu eine Exklusivität ableiten, andere zeitgenössische Quellen. Daher versteht sich die vorliegende Arbeit als interdisziplinär, indem sie, ausgehend von der neutestamentlichen Frage nach der Gottesanrede Jesu, Texte des jüdischen Umfelds und christliche Texte, in denen Gott als "Vater im Himmel" bezeichnet wird, untersucht.

1. Gott als Vater in der Hebräischen Bibel und der antiken jüdischen Literatur

In der Hebräischen Bibel erscheint Gott in bildlicher Sprache "wie ein Vater, ein König, wie ein Schild, eine Burg, wie ein Löwe, ein Vogel, eine Quelle, ein Fluß, wie die Sonne, ein Fels, wie eine Mutter, wie Vater und Mutter. Manche dieser Bilder sind geläufig, einige sind längst zum nichtmetaphorisch aufgefaßten Attribut Gottes geworden (Vater, Herrscher, Richter z.B.)"[1]. Eines dieser Gottesbilder soll hier untersucht werden, das für den christlichen Sprachgebrauch eminent wichtig geworden ist. Hier lassen sich gegensätzliche Konzeptionen und Herangehensweisen christlicher und jüdischer Exegeten zeigen. Gemeint ist die Gottesanrede und -bezeichnung "Vater".

Sie begegnet uns bereits in der Hebräischen Bibel.[2] Im frühen Judentum tritt sie vermehrt auf.[3] Als Gebetsanrede erscheint die Gottesbezeichnung "Vater" im hellenistischen und palästinischen[4] Judentum. In der zwischentestamentlichen[5] Literatur,[6] in Qumran, bei Philo[7] und bei Josephus[8] wird diese Gottesbezeichnung ebenfalls erwähnt.[9] In der tannaitischen Literatur, den Targumim und synagogalen Gebeten tritt die Bezeichnung Gottes als "Vater" hingegen wieder vermehrt auf.[10] Die amoräische Literatur

---

[1] EBACH, Gottesbilder, 158.

[2] Vgl. BÖCKLER, Gott als Vater, passim; RINGGREN, Art. אב, 16-19; JENNI, Art. אב, 14-17. DELLING hält diese Bezeichnung für alttestamentlich fundiert (ders., Bewältigung der Diasporasituation, 73).

[3] Eine Zusammenstellung einiger Belege findet sich v.a. bei JEREMIAS, Abba, 19-33; BOUSSET/ GRESSMANN, Religion, 377f.; Bill I, 392-396.410f.

[4] In Texten des palästinischen Judentums sind vereinzelt Belege zu finden. Vgl. BIETENHARD, Die himmlische Welt, 77-80; DALMAN, Worte Jesu, 150-159, WILLIAMS, My Father, 43f.

[5] Unter "zwischentestamentlich" wird im Rahmen dieser Arbeit die apokryphe und peudepigraphische Literatur in dem Textumfang der bei STROTMANN, Mein Vater bist du, behandelten Texte verstanden.

[6] Eine ausführliche inhaltliche Auswertung der Texte aus dem zwischentestamentlichen Textkorpus mit Ausnahme von Philo und Josephus findet sich bei STROTMANN, Mein Vater bist du, 24ff.

[7] Eine umfangreiche Bibliographie enthält das Werk von: RADICE/RUNIA, Philo of Alexandria, 1988.

[8] Für eine umfangreiche Bibliographie zur Sekundärliteratur vgl.: FELDMAN, Josephus and Modern Scholarship; ders., Josephus. A supplementary Bibliography.

[9] Die Schriften Philos und Josephus´ gehören in die tannaitische Zeit. Bisher gibt es allerdings nur kleinere Aufsätze zum Problem der Vaterschaft Gottes bei Philo und Josephus. Für Philo vgl. vorläufig SCHRENK (Art. πατήρ, 956f.), der allerdings die inhaltlichen Aspekte der Vaterschaft Gottes vollkommen beiseite läßt. Für Josephus vgl. vorläufig SCHLATTER, Wie sprach Josephus von Gott?

[10] Die Beziehung Gottes zu Israel in der tannaitischen Literatur wurde in der Dissertation von GOSHEN-GOTTSTEIN gewürdigt. In diesem Rahmen kamen auch Texte, die Gott mit einem Vater verglichen oder die Sohnschaft Israel herausstellten, zur Sprache (ders., אלהים וישראל בספרות התנאית, 202ff.).

greift Traditionen, die in der tannaitischen Literatur angelegt sind, auf und baut sie aus.[11]

2. Forschungsgeschichte

Die Forschungsgeschichte läßt sich in drei Phasen gliedern. Die erste umfaßt die Werke von der Jahrhundertwende bis zu den 60er Jahren des 20. Jh.s, die zweite beinhaltet den Abba-Aufsatz von JEREMIAS und dessen Rezeption; in der dritten Phase wird hauptsächlich die Kritik an JEREMIAS' Thesen laut. Die Forschungsliteratur wird hier vor allem auf ihren jeweiligen hermeneutischen Blickwinkel und ihre Textauswahl hin untersucht.

2.1. Von Dalman bis Marchel

GUSTAF DALMAN deutete in seinem Buch "Die Worte Jesu" (zuerst 1898) die Rede Jesu von Gott als Vater vom alttestamentlich-jüdischen Sprachgebrauch her.[12] Er zeigte anhand weniger rabbinischer Texte, daß Jesus die Vaterbezeichnung Gottes dem allgemeinen Sprachgebrauch seiner Zeit entnommen habe und daß es nichts Neues gewesen sei, wenn das Vaterverhältnis Gottes innerhalb des Judentums auch auf den einzelnen bezogen wurde.[13] Allerdings führte er in seiner Untersuchung nur ausgewählte tannaitische Texte an, die er historisch in der Zeit des Rabbinen verortet, von dem der Ausspruch überliefert ist.

Im Kommentar zum Neuen Testament differenziert PAUL BILLERBECK[14] (1922) zwischen dem Volk Israel und dem einzelnen Menschen als Gegenüber der Vaterschaft Gottes und dem formalen Gebrauch der Vaterbezeichnung Gottes.[15] Anhand von exemplarisch und unvollständig aufgeführten Stellen aus den Pseudepigraphen, Apokryphen und der rabbinischen Literatur[16] kam er zu dem Ergebnis, daß Gott sowohl Vater Israels als auch Vater einzelner Israeliten sei und daß der Vaterbegriff ebenfalls in der Anrede Gottes erscheine.

In der von HUGO GRESSMANN 1926 überarbeiteten Auflage von WILHELM BOUSSETs Werk über die Religion des Judentums ist zu lesen, daß der Gottvaterglaube in den frühjüdischen Schriften "in seiner eigentümlichen Art und Tiefe ... doch nicht erfaßt"[17] sei. Es wurde festgestellt, daß die Vaterbezeichnung durch einzelne Fromme im späthellenistischen Judentum entschieden häufiger sei als in der Hebräischen Bibel. Durch

---

[11] Diese Überlieferungen werden jeweils in den Einzelexegesen benannt.

[12] DALMAN, Worte Jesu, bes. 150-162.

[13] Ebd., 154f.

[14] Die Problematik des Umgangs mit BILLERBECKs Kommentar wird eingehend von SANDERS (ders., Paulus und das palästinische Judentum, 220f.) behandelt. Er sollte "nicht von denjenigen benutzt werden ..., für die er bestimmt war: von Neutestamentlern, die über keinen unabhängigen Zugang zu rabb. Texten verfügen" (ebd., 221).

[15] Bill I, 392-396.

[16] BILLERBECK und STRACK betonen bereits im Vorwort, daß Jesus "nach seiner leiblichen Herkunft dem jüdischen Volke angehört" hat. Zum rechten Verständnis der neutestamentlichen Aussagen "muß man also das Judentum jener Zeit nach Leben und Denken kennen" (dies., (= Bill) I, V).

[17] BOUSSET/GRESSMANN, Religion, 378.

eklektische Heranziehung rabbinischer Texte untermauerten BOUSSET und GRESSMANN ihre These und folgerten daraus einen "gewissen Fortschritt in der Vertiefung und Individualisierung der Religion"[18]. Diese positive Pointierung wird jedoch durch ihre Beobachtung wieder eingeschränkt, daß in der jüdischen Gebetsliteratur das Prädikat "Vater" oft als ergänzendes Beiwort neben "König" erscheint. Daraus schließen sie, daß man bei den jüdischen Texten den Eindruck bekomme, "als wenn oft die Anrede Gottes als des Vaters wie ein verlorenes Wort in einer fremden Welt dasteht."[19] Sie schließen den Abschnitt mit dem Hinweis "Die Art und Weise, wie Jesus aus dem Gottvater-glauben ... Kraft und Tiefe für das fromme Leben herausholte, bleibt sein Eigentum."[20] Hier ist bereits zu erkennen, daß die Darstellung frühjüdischer Schriften zum Thema der Vaterschaft Gottes durch die christlichen Fachleute antijudaistische Vorurteile durchschimmern läßt.

Vorurteilsfreier gingen die englischsprachigen Forscher mit dem Thema um. Der Religionsgeschichtler GEORGE FOOT MOORE machte 1927 als erster positive inhaltliche Aussagen über die Vaterbezeichnung Gottes. Er interpretierte die Beziehung vor dem Hintergrund der väterlichen Sorge Gottes für Israel, schloß von der immer mit Suffixen versehenen Wendung "Vater im Himmel" auf die persönliche Beziehung zwischen Gott und den Betern und verwies auf die häufige Verbindung mit den Topoi "Tun des göttlichen Willens" und "Rettung aus Not".[21] Er kam dabei zu dem Schluß, daß die Anrufung Gottes als Vater im frühen Judentum weniger eine Idee von Gott ausdrücke als vielmehr eine charakteristische Art von Frömmigkeit, in der auch Jesus und seine Jünger aufgewachsen seien.[22]

MOORE aufgreifend äußerte sich THOMAS WALTER MANSON in seinem 1931 erschie-nenen Buch "The Teaching of Jesus" über die Vaterschaft Gottes im Judentum.[23] Er unterschied einerseits zwischen der griechischen und der hebräisch-jüdischen und christlichen Geisteswelt, die für die geistig-moralische Beziehung zwischen Vater und Sohn prägend sei. Gott zeichne sich durch väterliche Liebe und Fürsorge aus. Dem entspreche die menschliche Seite durch kindliches Vertrauen und Gehorsam.[24] Die Vaterschaft Gottes sah er als ethisches Verhältnis zwischen Gott und dem Volk Israel in den rabbinischen Texten beschrieben. Gleichzeitig las er die rabbinischen Texte auch mit historischem Interesse. mSot 9,15 repräsentierte für ihn den Sprachgebrauch in "times of difficulty and even of despair"[25], wie sie der Zerstörung des Tempels folgten. Positiv faßte er Belege der Rede von der Vaterschaft Gottes mit den Worten zusammen: "Many fine and noble thoughts of the Rabbis centre round the doctrine of the Father-hood and all that implies of duty and privilege."[26] Mit einer Auswahl rabbinischer

[18] Ebd.
[19] Ebd.
[20] Ebd.
[21] MOORE, Judaism II, 203ff.
[22] Ebd., 211.
[23] "Enough has been said to show that when Jesus spoke of God as Father he was not representing a new and revolutionary doctrine for men's acceptance, but rather taking up into his teaching something ... which has carried on an independent existence in Judaism up to the present day" (MANSON, The Teaching, 93f.).
[24] Ebd., 91.
[25] Ebd., 92.
[26] Ebd.

Texte belegte er diesen Sprachgebrauch für die jüdische Seite, der s.E. keines weiteren Kommentars bedürfe.[27]

Den Unterschied zwischen der Anrede und Bezeichnung Gottes als "Vater" durch das Volk Israel einerseits, einen einzelnen, gerechten Menschen andererseits sah er bereits in der Hebräischen Bibel angelegt und in der zwischentestamentlichen Literatur deutlicher ausgearbeitet. Diese Beobachtung deutete MANSON als Einschränkung der Vaterschaft des Gottes Israels und sah darin den Keim zur Universalität.[28]

1933 betonte GERHARD KITTEL in seinem Abba-Artikel im ThWNT I, daß die Verwendung von Abba in der religiösen Rede des Judentums im Gegensatz zu Jesus sehr selten sei: "Der jüdische Sprachgebrauch zeigt, wie das urchristliche Vater-Kind-Verhältnis zu Gott alle im Judentum gesetzten Möglichkeiten an Intimität weit übertrifft, vielmehr an deren Stelle etwas Neues setzt."[29] Diese Beurteilung der Abba-Anrede Gottes im Spiegel der Deutung Judentum versus Christentum legte für nachfolgende Exegeten den Grundstein zu einer immer deutlicher antijudaistischen Bewertung der Vateranrede Gottes in der rabbinischen Literatur.

Den bereits von MANSON postulierten "Keim der Universalität" vermochte FRANCIS E. BARKER 1941 nicht mehr zu erkennen.[30] Er unterstrich vor allem die Rolle, die dem Gerechten als Adressaten der Vaterschaft Gottes zukommt. Sie war für ihn ein Zeichen, daß die göttliche Liebe im Judentum mit der moralischen Einstellung des Menschen korreliere.[31] BARKER zitierte in seiner Untersuchung Stellen der Hebräischen Bibel, der Apokryphen, Pseudepigraphen und einige Synagogengebete. Rabbinische Texte hatte er jedoch nicht im Blick.

Bereits 1927 stellt JOHANNES LEIPOLDT in seinem Aufsatz "Das Gotteserlebnis Jesu" die These auf, "daß der Jude nur in zurückhaltender Weise Gott seinen Vater nennt"[32], da im Judentum das Zeremoniell überwiege. Zwar stellt er auch fest, daß es gar nicht selten vorkomme, "daß der fromme Jude Gott den Vater nennt"[33], doch relativiert er diese Beobachtung, indem er den Gefühlsinhalt des Wortes "Vater" in den jüdischen Schriften nicht ausreichend zur Geltung kommen sieht. Die Begriffe "Herr", "Gebieter", "Erhabener" seien zu stark betont und heben auch in den rabbinischen Bildreden die Verpflichtung des Vaters gegenüber dem Kind hervor. LEIPOLDT faßt zusammen, daß "Gefühle ... selten zu ihrem natürlichen Recht"[34] kommen, der Begriff der Gnade Gottes im Judentum zurücktritt, da Aussagen, die Gott als König charakterisieren, bei den Rabbinen überwiegen.

Das programmatische Werk LEIPOLDTs "Jesu Verhältnis zu Juden und Griechen" bildete 1941 einen Höhepunkt der Vorurteile. Er schilderte den `Gott der Juden´ als überweltlichen Herrn,[35] autoritären Vater und berechnenden Kaufmann.[36] Das Fehlen

---

[27] Ebd., 93.

[28] Ebd., 92.

[29] KITTEL, Art. ἀββᾶ, 6.

[30] BARKER, Fatherhood of God, 174-196.

[31] Ebd., 191.

[32] LEIPOLDT, Das Gotteserlebnis Jesu, 5.

[33] Ebd.

[34] Ebd. Diese Feststellung basiert auf einer früheren Untersuchung LEIPOLDTs, War Jesus Jude?, 30f.

[35] LEIPOLDT, Jesu Verhältnis, 129ff.

[36] Ebd., 134ff.142.

der Anrede Gottes als "mein Vater" erklärte er mit der Schwierigkeit der Juden, als Individuen Gott gegenüberzutreten.[37] Aus dieser Schwierigkeit resultierten s.E. die spärlichen Belege der Gottesanrede "mein Vater" im Judentum.[38] Im Kontrast zu dem Gott der Griechen stehe der Gott Jesu als ein alle Menschen liebender Vater.[39] Ziel seiner Untersuchung war es, Jesu Anrede und Bezeichnung Gottes von der der Juden so weit wie möglich abzuheben. Daher verstieg er sich bei der Beobachtung der Seltenheit der Abba-Anrede Gottes sogar zu der Aussage: "Die Juden lehnen es also meistens ab, irgendwelche familienhafte Gefühle in ihrem Verhältnis zu Gott sichtbar werden zu lassen."[40]

Nach Ende des Zweiten Weltkrieges setzte sich in Deutschland 1954 die Diskussion mit dem im ThWNT V erschienenen Artikel von GOTTLOB SCHRENK und GOTTFRIED QUELL fort.[41] SCHRENK betonte dabei, daß die Vaterschaft Gottes im Judentum die eines Fürsorgers für die Volksgemeinde sei und daß die individuelle Fassung der Vaterschaft Gottes eingeschränkt bleibe auf Männer mit "besonderer Stellung in der Offenbarungsgeschichte"[42] sowie auf solche von "vorzüglicher Gesetzeshaltung"[43]. Ihnen werde "ein betont nahes Verhältnis zu Gott zugebilligt"[44]. Bei dieser Einteilung blieb die inhaltliche Analyse der Vaterschaft Gottes auf der Strecke. Die Überschrift "Schranken der jüdischen Vaterdeutung" machte die Schwierigkeit einer positiven inhaltlichen Aussage der Texte deutlich. Die rabbinischen Stellen wurden durch die Schlagworte "peinlich zu erfüllende Gesetzesforderung" (mKil 9,8), "Verdienstglaube" (tPea 4,21) und "Unlebendigkeit der Formel" (bBer 32b) charakterisiert. Kein Text zeichne sich durch ein "radikales Ernstmachen mit Gottes Vaterschaft" aus. Zwar sah SCHRENK in den Texten der rabbinischen Literatur Möglichkeiten einer Auffassung, die "in die Tiefe geht", aber aufgrund seines Vor-Urteils von der Verstockung des Volkes Israel folgerte er: "Die Bausteine liegen da, aber der Geist des wahren Vaterglaubens fehlt noch."[45]

SCHRENK hob hervor, daß in der Synagoge "Vater im Himmel" die herzlichste Gottesbezeichnung bleibe, doch meinte er, daß diese "im einzelnen nicht in die Tiefe" gehe.[46] Nachdem er einige Stellen der rabbinischen Literatur aufgezählt und sie, an den Lebensdaten der Rabbinen orientiert, historisch eingeordnet hat, resümierte er, daß "die individuelle Fassung der Beziehung zum himmlischen Vater ... also keineswegs erst bei Jesus" auftrete. Allerdings minderte er sofort seine Beobachtung durch den Nachsatz: "wenn auch der dort (bei Jesus; E.T.) begegnende unvergleichliche Inhalt außer Frage steht."[47] Der einzig neue Aspekt war die Analyse der Gottesepitheta "Vater und Herr",

---

[37] Ebd., 134. Infolgedessen kommt es nach LEIPOLDT zur Häufung der Gebetsanrede "unser Vater".
[38] Ebd.
[39] Ebd., bes. 134-161.
[40] Ebd., 136.
[41] SCHRENK/QUELL, Art. πατήρ, 946ff.
[42] Ebd., 978.
[43] Ebd., 980.
[44] Ebd.
[45] Ebd., 981.
[46] Ebd.
[47] Ebd., 980.

die das Judentum "vor einer Verweichlichung des Vaterbegriffs" bewahre.[48] Dieser Artikel griff die Vorurteile der Exegese von LEIPOLDT und KITTEL im Nationalsozialismus erneut auf.

Für WITOLD MARCHEL (zuerst 1963) war die Form, in der Jesus Gott als Vater anrief, Maßstab jeglicher Gebetsanrede. Er zeigte die organische Entwicklung der Vaterbezeichnung Gottes ausgehend von den Schriften der Hebräischen Bibel über hellenistisches und palästinisches Judentum bis hin zu Jesus auf.[49] Bei seiner Untersuchung war er fast ausschließlich auf eine semantische Interpretation fixiert. Dabei teilte er stets die Texte danach auf, ob von Gott als "Vater" in Anrede oder Bezeichnung gesprochen wurde.[50] Nach eingehenden Besprechungen der einzelnen alttestamentlichen und jüdischen Texte stellte MARCHEL dann fest, daß die individuelle Anrufung Gottes als Vater in vorchristlichen Schriften sehr selten vorkomme und schon gar nicht in der Form "Abba"[51], während Jesus Gott *immer* in dieser Form anspreche.[52] Zu diesem Zirkelschluß kommt MARCHEL, indem er Jesu Anrufung Gottes als Vater allein auf den Abba-Ruf konzentriert sieht. Wie schon bei SCHRENK fehlte bei MARCHEL eine inhaltliche Analyse der Texte des palästinischen Judentums, in denen Gott von einem Individuum oder Kollektiv als Vater angeredet oder bezeichnet wird.

2.2. JEREMIAS und seine Rezeption

In einem Aufsatz von 1954 hatte JOACHIM JEREMIAS die These aufgestellt, daß die Anrede Gottes als Abba "ein einwandfreies Kennzeichen der ipsissima vox Jesu"[53] sei, da es in der gesamten jüdischen Literatur keinen einzigen Beleg für die Gottesanrede Abba ohne Suffix gebe. Drei jüdische Textfragmente, die er als Gegenbeweis anführte, wurden als Interpolation oder als Kindersprache interpretiert.[54] Aufgrund dieser methodischen Ausblendung konnte JEREMIAS folgern, daß die Anrede Abba "ein bis in die letzten Tiefen reichendes neues Gottesverhältnis"[55] widerspiegele.

Diese Erkenntnis verarbeitete und modifizierte der Göttinger Neutestamentler in seinem 1966 erschienenen Aufsatz "Abba". Er konzentrierte sich nun vollkommen auf diesen Gottesbezeichnung und ordnete seine Untersuchungen über die Hebräische Bibel und das palästinische Judentum ganz dieser einengenden Absicht unter. Das hellenistische Judentum blendete er ohne Nachweis als durch die griechische Welt geprägt aus.

---

[48] Ebd., 979. Auch in seinem Abschnitt über die Vaterschaft Gottes im Neuen Testament (981-1016; bes. 995) sprach er sich gegen die von ihm als Gefahr gesehene "Verweichlichung des Vaterbegriffs", was immer er damit inhaltlich beschreiben will, aus.

[49] Diese Unterscheidung war ihm hinsichtlich der sprachlichen Form der Gebetsanrede "Vater" wichtig. In der Literatur des hellenistischen Judentums sah MARCHEL formale Anklänge der Vateranrede Gottes in Jesu Gebet: "Folglich bereitet das individuelle Gebet des Kohelet und der allgemeine Zug der Anrufung der Weisheit vorzüglich den Weg für die neutestamentliche Lehre der universellen Vaterschaft und unserer Sohnschaft (Übersetzung: E.T.)" (ders., Abba, Pére, 84).

[50] Ebd., 90.

[51] Ebd., 112f.

[52] Vgl. ebd., 124-138.

[53] JEREMIAS, Kennzeichen, 148.

[54] Vgl. Targum zu Hi 34,36; WaR 32,1 zu Lev 24,10; bTaan 23b; vgl. JEREMIAS, Kennzeichen, 148.

[55] Ebd. Diese Ansicht reproduzierte JEREMIAS auch in seiner Theologie, in der "Die Gottesanrede Abba" einen ganzen Abschnitt umfaßt (ders., Theologie, § 7, 67ff.).

JEREMIAS kam zu dem Ergebnis, daß die persönliche Gottesanrede "mein Vater" in der Literatur des antiken palästinischen Judentums bisher nicht nachgewiesen sei.[56] Nachdem er zuerst davon ausging, daß das Abba der Gottesanrede Jesu das aus der Kindersprache entstammende Lallwort aufgreift, verwies er später auf die Bedeutungserweiterung, die das Wort bereits in vorchristlicher Zeit erfahren habe.[57] Auf die universale Anrede Gottes als Vater ging Jeremias nicht weiter ein.

JEREMIAS bediente sich bei seinen Untersuchungen der Methode, in Anknüpfung an die sprachliche Form eines Begriffes auf dessen Inhalt zurückzuschließen, wobei die Kriterien ungenannt blieben, aufgrund deren er gerade dieses Verfahren für gerechtfertigt hielt.

Meine methodischen Vorbehalte gegen die Art der Quellenbenutzung und Beweisführung von JEREMIAS seien benannt: a) Die Unterscheidung zwischen der Bezeichnung und der Anrede Gottes als Vater führt dazu, Belege auszublenden. So können für die traditionsgeschichtliche Untersuchung der Vateranrede Jesu bedeutende Texte außer acht gelassen werden. b) Die Differenzierung zwischen hellenistischen und palästinischen Belegen grenzt die hellenistischen aus. Dabei stützt sich JEREMIAS auf die Annahme, daß ein kultureller Austausch zwischen Palästina und der Diaspora nicht stattgefunden habe. Von der Zeit Alexanders des Großen bis zur Entstehung des Talmud stand Palästina jedoch unter hellenistischem Einfluß. c) JEREMIAS grenzte palästinische Belege der Gottesbezeichnung אבי "mein Vater" teilweise aus. Belege wie z.B. Sir 51,10; Tob 13,4 läßt er außer acht. d) Die Unterscheidung zwischen persönlichem und liturgischem Gebet dient dazu, das liturgische Gebet als irrelevant auszublenden. e) Ferner trennt JEREMIAS zwischen distanzierter hebräischer und intimerer aramäischer Sprache. Diese Trennung dient dazu, hebräische Gebete auszuklammern. Diese methodische Prämisse wird von der Behauptung gestützt, Jesus habe Aramäisch gebetet. Außerdem werden die Sprachen als Ausdrucksmittel unterschiedlicher Gefühlsgrade interpretiert. f) Die Behauptung, in der "Abba-Anrede" Jesu komme dessen ipsissima vox und Intimität mit Gott ans Tageslicht, wird mit der Folgerung verbunden, daß an den Stellen, wo die Abba-Anrede fehlt, ein derart intimes Gottesverhältnis nicht vorliegen kann.

Gleichzeitig ordnete JEREMIAS die jüdischen Texte, in denen Gott als Vater angeredet oder bezeichnet wurde, in zwei grobe Kategorien: Für die Israeliten beinhalten die Texte eine "Verpflichtung zum Gehorsam"[58], und Gottes Rolle sei die des "Helfers in der Not"[59]. Eine gewisse prophetische Botschaft erkannte JEREMIAS den rabbinischen Texten noch zu, jedoch sei diese "eingebettet in gesetzliches Denken".[60] Abschließend folgert er, daß in der rabbinischen Literatur "der eschatologische Bezug der Vaterbezeichnung Gottes zu fehlen"[61] scheine.

---

[56] Ders., Abba, 33.

[57] Vgl. ebd., 63f.; ders., Botschaft Jesu, 18.

[58] JEREMIAS, Abba, 22. Folgende rabbinischen Belege ordnet JEREMIAS unter diese Kategorie ein: Sifra קדושים 11,22 zu Lev 20,26; MekhY בחדש 6 zu Ex 20,6; mKil 9,8parr.; tPea 4,21parr.

[59] Ebd., 23. JEREMIAS` Belege sind: 1QH 9,35f.; mSot 9,15; TJ1 zu Jes 63,16; TJ1 zu Lev 22,28.

[60] Ebd., 24.

[61] Ebd., 24.

Neu gegenüber den Texten der Hebräischen Bibel scheint JEREMIAS, daß Gott nun wiederholt von einzelnen angeredet, das Verhältnis als ein persönliches verstanden wird.[62] Nach der Aufzählung einiger frühjüdischer Texte resümiert er, daß die "persönliche Gottesanrede 'mein Vater' in der Literatur des antiken palästinischen Judentums bisher nicht nachgewiesen"[63] sei.

JEREMIAS folgert nach der Darstellung des formalen Befundes inhaltlich: "Es wäre für jüdisches Empfinden unehrerbietig und darum undenkbar gewesen, Gott mit diesem familiären Wort (Abba; E.T.) anzureden. Es war etwas Neues und Unerhörtes, daß Jesus es gewagt hat, diesen Schritt zu vollziehen. Er hat so mit Gott geredet, wie das Kind mit seinem Vater, so schlicht, so innig, so geborgen. Das Abba der Gottesanrede Jesu enthüllt das Herzstück seines Gottesverhältnisses."[64] Da JEREMIAS seine Thesen nur anhand einiger weniger ausgewählter rabbinischer Textpassagen aufzeigte, die er zudem mit Hilfe methodischer Vorbehalte für traditionsgeschichtlich nicht aussagekräftig erklärte, wurde er den frühjüdischen Texten keineswegs gerecht.

Besonders seine These von der Gottesanrede "Abba" als ipsissima vox Jesu ist in der neutestamentlichen Exegese[65] wie auch in systematisch-theologischen Entwürfen zur Christologie[66] in der Folgezeit einflußreich geworden. Auch seine These, daß das Wort אבא in der Kindersprache zu verorten sei, wird bis in die jüngste Literatur vertreten.[67]

2.3. Kritik an JEREMIAS

Kritik an der Untersuchung JEREMIAS' begann Mitte der 80er Jahre.[68] In diesem Zusammenhang sind besonders die Arbeiten von BARR, BÖCKLER, D'ANGELO, FENEBERG,

---

[62] Ebd., 24f.

[63] Ebd., 33. Die doch vorhandenen Belegstellen werden von JEREMIAS aufgrund ihres Zusatzes "im Himmel" als irrelevant angesehen. Ps 89,27 und Mal 2,10 werden, da sie keine Gebete sind, ebenfalls nicht in die Argumentation mit aufgenommen.

[64] Ebd., 63.148: "Niemand hatte es gewagt, mit diesem familiären Wort Gott anzureden."

[65] GOPPELT übernimmt JEREMIAS' These: "Abba aber lag dem jüdischen Beter fern" (ders., Theologie, 250f.); entsprechend HAMERTON-KELLY, God the Father, 71f.; HOFIUS, Art. Vater, 1241f.; SCHÜRMANN, Gebet, 22-26; GNILKA erwähnt, daß die Anrede Gottes als Vater nicht neu war. Allerdings erhalte sie eine "neue Qualität", die sich vor allem in den Gebeten Jesu zeigte (ders., Jesus von Nazareth, 205f.); BURCHARD sieht eine Betonung der Güte in der Familienmetapher "Vater". Er betont, daß "Vater" als jüdische Gebetsanrede nicht besonders häufig war und die Benutzung der Metapher durch Jesus etwas mit dessen Gotteserfahrung zu tun habe. Gleichzeitig hört der Vater aber nicht auf, "Herr" zu sein (ders., Jesus von Nazareth, 25). Die Anrede Gottes als "Abba" sei zwar nicht singulär im Rahmen der frühjüdischen Gebete, "aber auffällig direkt" (ders., Wie treibt man, 31); STUHLMACHER, Biblische Theologie I, 31ff. u.a.

[66] Vgl. u.a.: KASPER redet von einer "indirekten Christologie", als deren wichtigster Hinweis Jesu Gottesanrede gesehen wird (ders., Jesus der Christus, 93); KÜNG stellt seine Überlegungen zum Vaternamen Gottes unter die Überschrift "Die nicht selbstverständliche Anrede" und folgert: Jesus scheint Gott *stets* mit Abba angeredet zu haben (ders., Christ sein, 304ff.); SCHILLEBEECKX, Jesus, 229f.; VON BALTHASAR, Theodramatik, 76f.; JOEST führt in einer Klammer aus, daß die Anrede Abba "im Judentum als Anrede Gottes sonst unerhört" sei (ders., Dogmatik, 188).

[67] Vgl. BIERITZ, Grundwissen Theologie, 23; DUNN, Christology, 26f.; IERSEL, Sohn, 183f.; KAISER, Wahrheit, 110; SCHMIDT, Ende der Zeit, 212; SCHÜRMANN, Gebet, 23.27; SCHWARZ, Und Jesus sprach, 7; STUHLMACHER, Biblische Theologie I, 74 u.a.

[68] Zur Fehlinterpretation von JEREMIAS bei SANDERS vgl. MEYER, Caricature und die Antwort SANDERS, Defending the indefensible.

FITZMYER, GNADT, SCHELBERT, SCHLOSSER, STROTMANN, VERMES und ZELLER zu nennen.

DIETER ZELLER kritisierte 1981 JEREMIAS` Rede von der ipsisssima vox Jesu und die Behauptung der Herkunft der Abba-Anrede Gottes aus der Kindersprache.[69] Er zeigte auf, daß keine der Gottesanreden Jesu mit Abba exklusiv von seinem Vater sprechen und daß Jesu Verhältnis zum Vater keineswegs außerhalb des Rahmens der bereits existierenden Ideen gezeichnet werde.[70] Allerdings verfiel ZELLER im Schlußteil der Untersuchung darauf, Jesu Vateranrede von den rabbinischen Stellen abzuheben. Die Besonderheit Jesu liegt s.E. allein in der Art und Weise, wie Jesus es tut.[71]

RUPERT FENEBERG kritisierte 1985 die philologische Bezeichnung der Abba-Anrede als Sprache eines Kindes und als ipsissima vox Jesu.[72] Ferner zeigte er die Problematik auf, die bei der Unterscheidung der Gottesbezeichnung und Gottesanrede "Vater" entsteht. Bei der Untersuchung stützte sich FENEBERG vor allem auf eine gründliche Auswertung neutestamentlicher Stellen und relativierte die Rolle, die Theologen der Abba-Anrede Jesu zugesprochen haben.[73]

JOSEPH FITZMYER konzentrierte sich 1985 ebenfalls auf den sprachgeschichtlichen Aspekt von JEREMIAS` These.[74] In einer dreigliedrigen Untersuchung kritisierte er philologisch die These der Kindersprache und die Behauptung, Abba sei ein Vokativ.[75] Historisch zeigte er auf, daß es in der Zeit zwischen 200 v. bis 200 n.Chr. wenige Belege für einen Namen "Abba" oder die Anrede gebe. In seinem abschließenden Teil untersucht er die Implikationen der Vaterbezeichnung Gottes für die Christologie.

Auch JAMES BARR kritisierte 1988 vor allem die sprachgeschichtlichen Aspekte der These Jeremias`. Er zeigte, daß die Abba-Anrede Gottes vermutlich der Kindersprache entnommen sei, jedoch auch von erwachsenen Menschen gebraucht wurde.[76] Zusätzlich betonte BARR, daß Anhänger Jesu sich nicht der außergewöhnlichen Bedeutung der Abba-Anrede bewußt waren, da die griechische Bezeichnung πατήρ im Neuen Testament oft gebraucht wurde, durchaus bekannte Formen wie πάπας oder πάππας nicht.[77] Außerdem wandte er sich gegen die semantische Überbewertung der Vokativ-

---

[69] ZELLER fragt, warum eine solche Anrede der Kindheitsprache entstammen muß, und verweist auf OESTERREICHER, der Mk 14,36 mit "Abba, Allgewaltiger du!" (ders., Abba, 217) übersetzt.

[70] Vgl. ZELLER, God as Father, 125: Der Vater, den Jesus seinen Hörern näherbringt, bleibt der treue Gott Israels, der mit einem Volk durch seine spezielle Geschichte verbunden bleibt.

[71] Obwohl die tannaitischen Stellen von ihm nur marginal wahrgenommen wurden, hob ZELLER Jesu Gebrauch der Vateranrede am Ende seines Artikels vom jüdischen Gebrauch implizit ab: "Jesus befreit das Gottesimage von nationalen Projektionen ... Der Wille des Vaters ist nicht länger ein Rechtsbrief. Jesus fordert eine liebende Offenheit für die sozial Bedrängten, die alle religiösen Erscheinungen von Gruppenegotismus übertrifft" (ders., God as Father, 125).

[72] FENEBERG, Wie Jesus gebetet hat, 15; ders., Abba - Vater, 41f.

[73] Neben 147 Stellen innerhalb der Evangelien, in denen Jesus Gott als Vater anredet oder bezeichnet, überliefern lediglich drei Texte die Abba-Anrede: Mk 14,36, Röm 8,15; Gal 4,6. "Auffällig ist allein, daß der griechisch schreibende Verfasser Markus nur an einer Stelle seines Evangeliums das Fremdwort "Abba" stehenläßt, obwohl er sonst immer die griechische Übersetzung πατήρ bringt" (FENEBERG, Abba - Vater, 49).

[74] FITZMYER, Abba and Jesus, 15-38.

[75] Ebd., 27f.

[76] BARR, Abba isn´t Daddy, 36f. Wo Gott als Vater bezeichnet wird, mögen die Menschen "wie die Kinder sein". Diese Beobachtung wird auch auf Stellen übertragen, in denen Gott als Vater oder "Abba" (= Daddy) angeredet wird.

[77] Ebd., 38.

funktion der Abba-Anrede.[78] In seiner Untersuchung führte BARR einen einzigen Beleg der Abba-Anrede Gottes, bTaan 23b, an.[79] Weitere Bezüge auf tannaitische Texte sind bei ihm nicht zu finden.

JACQUES SCHLOSSER kritisierte ansatzweise JEREMIAS` Untersuchung, indem er vor allem die Absolutheit dessen Aussagen relativiert.[80] Er listete 1987 Texte, in denen die Gottesprädikation Vater vorkam, übersichtlich auf.[81] Aus Mischna, Tosefta oder halachischen Midraschim führte er jedoch *kaum* Stellen an.[82] Trotzdem beanspruchte er für sich, die inhaltliche Bedeutung der Vaterschaft Gottes in allen frühjüdischen Schriften zusammenzufassen. Dabei reduzierte er die Bedeutung auf die zwei schon bei JEREMIAS zu findenden zentralen Werte: Gehorsam gegenüber der Autorität des Vaters und Vertrauen in seine helfende Güte.[83]

MARY ROSE D´ANGELO setzte sich 1992 in zwei Aufsätzen mit den einzelnen Behauptungen JEREMIAS` auseinander, die dessen These der ipsissima vox stützen. Ausgehend von der philologischen Kritik BARRS, versuchte sie den Stellenwert der Abba-Anrede Jesu für die Theologie des 20. Jh.s zu mindern. Mit Hinweis auf die griechischen Textstellen und hebräischen Qumrantexte relativierte sie die These der Einzigartigkeit von Jesu Gottesanrede.[84] Ferner deutete sie die frühjüdischen Texte vor dem Hintergrund der Verfolgungssituation durch die Heidenvölker und versuchte, "antiimperiale" Spitzen aus dem Gebrauch der Vateranrede herauszuarbeiten.[85] Daher erklärte sie die Zunahme der Vaterbezeichnung Gottes in jüdischen Gebeten aus dem Widerstand gegen das Römische Reich und den Kaiser, der als "Vater" figuriert wurde.[86] Die Rede Jesu von Gott als "Vater" sei weniger durch besondere Intimität gekennzeichnet als vielmehr durch den Widerstand gegen die römische imperiale Ordnung. Bei ihrer Argumentation hatte D´ANGELO die rabbinischen Texte nicht im Blick.

GEZA VERMES stellte 1993 in seinem Buch "The Religion of Jesus the Jew" ein ganzes Kapitel unter die Überschrift "Abba, Father: The God of Jesus".[87] Ausgehend von neutestamentlichen Stellen zeigte er als einer der ersten die inhaltlichen Implikationen der Vaterbezeichnung Gottes auf.[88] Anschließend verglich er Jesu Lehre vom "himmlischen Vater" mit den Traditionen der Hebräischen Bibel und der zwischentestamentlichen Literatur und untersuchte abschließend den "Vater in der rabbinischen Literatur". Die Bezeichnung Gottes als "Vater im Himmel" ist "common in tannaitic

---

[78] Ebd., 40.
[79] Ebd., 36.
[80] Z.B. gibt es bei JEREMIAS keine direkten Argumente, daß Jesus das Wort אבא häufig benutzt hat. Was bei Jeremias "immer" heißt, muß auf "das eine oder andere Mal" reduziert werden (SCHLOSSER, Le Dieu, 205).
[81] Ebd., 118-120.
[82] SCHLOSSER begnügte sich lediglich mit einem Verweis auf den Aufsatz von SCHELBERT.
[83] Ebd., 121.
[84] D´ANGELO, Theology 151ff.; Abba, 618f.
[85] Dabei interpretierte sie den Vatertitel auf dem Hintergrund der römischen imperialistischen Theologie. Caesar und Augustus werden als "pater patriae" und "parens patriae" dargestellt. Das Reich hat in diesem Schema die Rolle einer großen Familie. Allerdings belegte D´ANGELO ihre Theorie durch Autoren des zweiten nachchristlichen Jh.s.
[86] Dies., Abba, 626f.
[87] VERMES, Religion, 152-183; vgl. auch ders., Jesus der Jude, 193ff.
[88] Der "vergebende Vater", "sorgende Vater", "Vater, der die Geheimnisse kennt", die "Imitation des Vaters" und der "Vater in apokalyptischen Aussprüchen" (ebd., 154ff.).

literature and is usually associated with prayer"[89]. Auch VERMES führte keine vollständige Analyse der rabbinischen Texte durch, sondern zitierte Gebete, rabbinische Texte und verwandte Aussprüche. In einem Appendix setzte er sich mit den Thesen JEREMIAS` auseinander, indem er sich BARRs philologischer Kritik anschloß. Auch JEREMIAS` "literarisch-historischer Schlußfolgerung, daß vor Jesus Juden Gott nicht als *Abba* bezeichneten, ist nicht nur nicht nachgewiesen, sondern auch unwahrscheinlich"[90].

GEORGES SCHELBERT stellte die These der ipsissima vox Jesu in Frage, interessierte sich aber nicht für eine inhaltliche Analyse der frühjüdischen Texte zur Vaterschaft Gottes. Auch er beschäftigte sich vornehmlich mit der sprachgeschichtlichen Untersuchung der Vaterbezeichnung Gottes. In seinem Aufsatz "Sprachgeschichtliches zu ´Abba`" (1981) zählte er akribisch Texte auf, die die Gottesbezeichnung "Vater" führen. Beginnend mit den für vorchristlich gehaltenen talmudischen Belegen[91] untersuchte er aramäische Formen besonders in den Targumim und kam zu dem Ergebnis, daß Jesus im Gegensatz zu den Übersetzern der Targume "nicht die geringste Hemmung hatte, seinen Gott als `Vater!`, `meinen Vater` anzureden, ... im Gegenteil es war für ihn eine bevorzugte Bezeichnung für seinen Gott."[92] Im dritten Teil kam SCHELBERT zu den rabbinischen Belegen, die er ausführlich darstellte.[93] Allerdings wurden die Texte nur philologisch interpretiert; eine inhaltliche Auseinandersetzung der Konnotationen der Vateranrede Gottes in den Texten fand nicht statt.

1993 publizierte SCHELBERT dann einen Aufsatz zum "Stand der Frage". Hier erläuterte er mit Augenmerk auf Texte aus Qumran und einige Targumim, daß "die angeführten philologischen Gründe für die Singularität Jesu der Kritik nicht stand halten"[94]. Rabbinische Texte spielten jedoch in seiner Untersuchung keine Rolle. In einem Nachtrag beschreibt er neuere Anfragen der Diskussion um die Vateranrede Gottes,[95] die s.E. "keine neuen Elemente in das aramäische Abba-Dossier"[96] bringen.

Eine detaillierte Analyse der Vateranrede Gottes in den Apokryphen und Pseudepigraphen findet sich bei ANGELIKA STROTMANN in ihrer Dissertation "Mein Vater bist du". Durch ihre Kontextanalyse und die damit verbundene Aufbereitung der Texte leistete sie einen wichtigen Forschungsbeitrag. Sie versuchte als erste, Stellen mit Vaterbezeichnungen im Rahmen der jeweiligen Texte zu interpretieren, ohne Vergleiche mit dem jesuanischen Gebrauch zu ziehen. In ihrer detaillierten Analyse stehen die inhaltlichen Implikationen und Konnotationen des Vaternamens im Vordergrund.

Zeitgleich mit der vorliegenden Arbeit verfaßte ANNETTE BÖCKLER eine traditionsgeschichtliche Untersuchung des Vaterbildes Gottes im Alten Testament, die 2000

---

[89] Ebd., 177.

[90] Ebd., 183.

[91] Vgl. bTaan 23a.b. Allerdings erkannte SCHELBERT aufgrund seiner philologischen Untersuchung, daß die Belege kaum ins erste vorchristliche Jahrhundert zu datieren seien (ders., Sprachgeschichtliches, 405).

[92] Ebd., 416. Eine nachösterliche Bearbeitungsstufe der Traditionen in den Evangelien schloß SCHELBERT mit dieser Beurteilung aus.

[93] Vgl. ebd., 416-430. SCHELBERT beachtete sogar die Stellen, an denen ein irdischer Vater als "Abba" bezeichnet oder von einem Vater im Vergleich geredet wird.

[94] SCHELBERT, Stand der Frage, 271.

[95] Ebd., 276-281. Hier skizziert SCHELBERT die Beiträge von D´ANGELO, SAND ("Abba"-Vater) und SCHULLER zu 4Q 372 1.

[96] Ebd., 276.

erschien. Dabei beschränkt sie sich nicht auf die Analyse derjenigen Texte, die eng mit Traditionen der Vaterschaft Gottes verbunden sind, sondern repräsentiert auch eine Übersicht aller mit אב gebildeten Personennamen.

In den letzten Jahren nahm die Diskussion um die Problematik der These JEREMIAS' zu. Das Problembewußtsein schlug sich in der neueren exegetischen Literatur im Rahmen übergreifender Fragestellungen nieder. Positiv wären hier von exegetischer Seite KLAUS BERGER, GERD THEIßEN/ANNETTE MERZ und HARTWIG THYEN zu nennen. Sie bemühten sich um eine kritische Würdigung der Vateranrede Gottes, konnten aber gleichzeitig nur schwer die Besonderheit oder den Ursprung der Gottesanrede Jesu relativieren.

BERGER widmete dem frühchristlichen Bild "Gott als Vater" einen eigenen Paragraphen (§ 28) in seiner Theologie. Hier versuchte er zu zeigen, daß die Rede von Gott als Vater nicht ganz neu sei, aber im "Verhältnis zum Judentum ungewöhnlich ausgeprägt"[97]. Er versuchte eine inhaltliche Bestimmung der Vaterbezeichnung Gottes, die nicht durch antijudaistische Vorurteile geprägt ist. Allerdings berief er sich in seiner Beweisführung lediglich auf zwischentestamentliche Texte und Targumim.[98]

THEIßEN/MERZ begannen ihren Abschnitt zur Verwendung der Vatermetaphorik mit der Aussage, daß "Gott Vater ist (und wie eine Mutter handelt), gehört zum kollektiven Bilderschatz des Judentums."[99] Nach einer Diskussion über die Abba-Anrede Gottes in bTaan 23b sahen sie eine Nähe zwischen Jesu Abba-Anrede und der der Rabbinen im charismatischen Umfeld der Chassidim.[100] THEIßEN/MERZ hielten es für möglich, daß die Anrede Gottes als "Abba" auf Jesus zurückgehe.[101] Herleitungen aus der Kindersprache oder Deutungen als singuläres Phänomen des Christentums wiesen sie dagegen als falsch zurück.

THYEN beschäftigte sich in seinem Aufsatz "Juden und Christen - Kinder eines Vaters" mit der Vaterbezeichnung Gottes für Juden und Christen. Er fragte nach Gründen, die die Vaterbezeichnung Gottes in der Hebräischen Bibel und rabbinischen Literatur so vereinzelt auftreten lassen, und vermutete, daß diese Hemmung mit dem Bilderverbot zusammenhänge.[102]

Neu in den Blick gekommen ist der implizite Antijudaismus in Beiträgen über die Vateranrede Gottes in der feministischen Theologie.[103] GNADT zeigte in ihrem Aufsatz[104] die Schwierigkeiten auf, einerseits den befreienden Aspekt der Metapher und Anrede Gottes als "Vater" zu entdecken und andererseits antijudaistische Aussagen zu umgehen.

---

[97] BERGER, Theologiegeschichte, 30.
[98] Ebd.
[99] THEIßEN/MERZ, Historische Jesus, 458.
[100] Ebd., 459.
[101] Ebd., 459: Die Abba-Anrede Gottes "ist im Judentum vorstellbar, bei Charismatikern denkbar - und wird im Urchristentum als ein außergewöhnliches Phänomen registriert" (Ebd.).
[102] THYEN, Juden und Christen, 692. Inwieweit allerdings das Bilderverbot um die Zeitenwende bereits auf die metaphernspendende *Sprache* bezogen werden kann, ist m.E. fraglich.
[103] Vgl. HENZE/JANSSEN u.a., Antijudaismus, 63f.
[104] Vgl. dies., "Abba isn't Daddy", 115ff.

Es kann abschließend festgestellt werden, daß die neuere Diskussion um JEREMIAS`
These die jüdischen und insbesondere die rabbinischen Schriften viel zu wenig
beachtet.

3. Resümee der Forschungsgeschichte

Alle genannten Untersuchungen beschäftigten sich mit der Vaterschaft Gottes in frühjüdischen Schriften, sofern diese dazu beitragen, die Rede Jesu von Gott als seinem
Vater und damit auch die Rede Jesu von der Vaterschaft Gottes im Neuen Testament
allgemein zu erhellen. Die Fixierung auf die "Abba-Rede" Jesu als Kennzeichen seiner
unvergleichlichen und einzigartigen Beziehung zu Gott war ein Charakteristikum der
Arbeiten bis 1980.

Weite Verbreitung fand in der Forschung auch die Sichtweise, daß Jesu Gottesanrede
"Abba" beeinflußt sei von jüdischen Gebeten. Meist führte diese Aufnahme und Bearbeitung jüdischer Gebete aber nur dazu, die Besonderheit Jesu Gebrauch hervorzuheben.[105]

Vor allem fehlte es in vielen Untersuchungen an einer inhaltlichen Deutung der
Vaterbezeichnung Gottes. Das Augenmerk richtete sich lediglich auf die Bedeutung,
die die Vaterbezeichnung Gottes für den einzelnen bzw. das Volk Israel hat. Konnotationen des Gottesepithetons, die dem Kontext der Bezeichnung oder Anrede entnommen werden konnten, gerieten gar nicht erst in den Blick.

Christliche NeutestamentlerInnen haben in den letzten Jahren immer stärker versucht,
jüdische Texte für ihre Auslegung und Interpretation des Neuen Testaments heranzuziehen. Dabei leitete sie häufig ein selektives Verwertungsinteresse, welches sich auf
die Ergebnisse ihrer Untersuchung auswirkte. Die rabbinischen Texte wurden nur unzureichend wahrgenommen und untersucht. Eine eigene Analyse der tannaitischen Texte
ist in der dargestellten Literatur nicht unternommen worden. Dies soll hier nachgeholt
werden. Es sollen gerade die jüdischen tannaitischen Texte untersucht werden, die in
der neutestamentlichen Zeit entstanden sind. Sie werden im Textteil (B.) gesondert
dargestellt und analysiert, um dann interdisziplinär Aussagen zur Vaterbezeichnung
Gottes im Judentum des ersten bis zweiten nachchristlichen Jh.s zu ermöglichen.

4. Fragestellung

Gerade bei der Gottesprädikation "Vater" ist mit den Texten des jüdischen Kanons in
einer durch ein Verwertungsinteresse geleiteten Weise umgegangen worden. Damit
wurden die Ergebnisse verzerrt, so daß es kaum zu einer adäquaten Gegenüberstellung
der jüdischen und christlichen Texte, die das Gottesepitheton "Vater" aufweisen,
kommen konnte. Aus der Forschungsgeschichte wurde ersichtlich, daß es einer Untersuchung der unterschiedlichen Textkomplexe je für sich bedarf, wie es BÖCKLER für die

---

[105] Jesus gab dieser Phrase "sein persönliches Gepräge und damit eigne Bedeutung" (OESTERREICHER,
Abba, 230).

Hebräische Bibel und STROTMANN für die Apokryphen und Pseudepigraphen vorgeführt haben. Für Philo und Josephus sowie für die Targumim[106] stehen solche Untersuchungen ebenso wie für die wichtigen Gebete[107] noch aus.

Die vorliegende Untersuchung hat das Ziel, die tannaitischen Texte, in denen Gott als
Vater bezeichnet wird, zu untersuchen.[108] Das tannaitische Textkorpus umfaßt die
Mischna, die Tosefta, die halachischen Midraschim sowie die Baraitot der beiden
Talmudim. Eine Baraita ist ein Textabschnitt im Talmud, der durch seine dem mischnischen Hebräisch nahestehende Sprache zur tannaitischen Zeit gerechnet werden
kann.[109] Diese Texte sind spätestens Ende des zweiten oder Anfang des dritten Jh.s
n.Chr. redigiert worden. An vielen Stellen enthalten sie älteres Material. Die Sprache
des Textkorpus bezeichnet E.Y. KUTSCHER als Mischna-Hebräisch.[110]

Innerhalb des tannaitischen Textkorpus gilt es, verschiedene Fragestellungen im
Blick zu halten.

Die Texte werden jeweils für sich auf Konnotationen der Gottesbezeichnung hin
betrachtet. Außerdem muß untersucht werden, in welchen Gattungen und Formen die
Vaterbezeichnung und -anrede Gottes begegnet. Gibt es bestimmte biblische Text- oder
Zitatgrundlagen, die solch eine Anrede nahelegen?

Die tannaitischen Texte müssen auch daraufhin betrachtet werden, was sie über das
Gottesverhältnis der Redenden aussagen. Insbesondere ist zu untersuchen, ob die
singularische Vaterbezeichnung ein intimes Gottesverhältnis voraussetzt. Zu fragen ist
auch nach der Verortung der Vaterbezeichnung in einer bestimmten religiösen oder

---

[106] Bei der Frage der Targumim muß zwischen den in Babylonien redigierten, aber in Palästina entstandenen Targumim Onkelos (Pentateuch) und Jonathan (Propheten) und den palästinischen Targumim
zum Pentateuch unterschieden werden. Die endgültige palästinische Form der TO und TJ1 wird
zwischen 70 und 135 n.Chr. datiert (vgl. Einleitung von LE DÉAUT, in: Targum de Pentateuque I., 19-
22; SCHELBERT, Sprachgeschichtliches, 413 und Anm. 73. Zum Stand der Targumforschung vgl.
ALEXANDER, Translations, 217ff.). Diese beiden Targumim sparen in ihren aggadischen Teilen die
Vaterbezeichnung Gottes aus. Dagegen gebrauchen die palästinischen Targumim in ihren aggadischen
Teilen die Gottesprädikation Vater, sind aber aufgrund ihrer spätaramäischen Sprache ins 3.-7. Jh.
n.Chr. (LE DÉAUT, 22-42 und SCHELBERT, Sprachgeschichtliches, 438 Anm. 38.) zu datieren und
werden daher in dieser Untersuchung nicht eigens berücksichtigt. Einige Forscher bezogen sie in ihre
sprachgeschichtliche Auseinandersetzung mit ein (vgl. CHILTON, God as Father, 187ff.; FITZMYER,
Abba and Jesus, 23ff.; SCHELBERT, Sprachgeschichtliches, 413ff.). Lediglich am Rande werden den
tannaitischen Texten nahestehende Targumstellen zitiert oder wird auf sie verwiesen.

[107] Die Stammgebete der Synagoge sind uns im talmudischen Schrifttum mit Anordnung, Struktur und
Inhalt überliefert. Es ist nicht sicher, inwieweit die im jüdischen Gottesdienst gebrauchten Stammgebete in ihrem Wortlaut auf die tannaitische Zeit oder gar auf die Zeit des Zweiten Tempels
zurückgehen, da diese Texte erst in nachtannaitischer Zeit verschriftlicht wurden (HEINEMANN, Prayer
in the Talmud, 23-29). Noch unsicherer ist der Text der Nichtstammgebete und Privatgebete. Aus-
gespart werden daher folgende Gebete: Kaddish (vgl. LEHNARDT, Qaddish, 31f.40f), Ahava Rabba
(vgl. OSTEN-SACKEN, Katechismus und Siddur, 200ff.) und Shmone Esre. Einen Vergleich der ersten
drei genannten Gebete mit christlicher Theologie führt KIRCHBERG, Theo-logie in der Anrede, vor.
Auch Gebete aus der talmudischen Literatur (bTaan 25b Avinu Malkenu; Midrasch Abba Gurion 1,1)
bleiben unberücksichtigt.

[108] Einen Überblick über diese Literatur und den Stand der Forschung geben STEMBERGER, Einleitung,
113ff. und GOLDBERG, Mischna, 211ff.

[109] JACOBS geht auf das Problem ein, daß einige Baraitot im babylonischen Talmud im Namen von
Amoräern überliefert worden sind, die sich auch im Jerusalemer Talmud finden. Er folgert, daß es sich
möglicherweise um fiktive Baraitot handeln könnte, die "for purpose of the literary device and as
pedagogic means" geschaffen wurden (ders., Fictitious Baraitot, 196).

[110] Vgl. ders., History of Hebrew Language, 115-147.

gesellschaftlichen Gruppe. Ferner bleibt der Unterschied zwischen aramäischer und hebräischer Bezeichnung Gottes als "Vater" zu untersuchen.

Es soll versucht werden, soweit es geht, die Texte in historische Entstehungskontexte zu situieren. Lassen sich aus diesen Interpretationen Rückschlüsse für die Anrede und Bezeichnung Gottes als Vater ziehen? Welche sozialen Implikationen werden in der Anrede und Bezeichnung transparent? Vor welchem soziokulturellen Hintergrund und wie ist die Bezeichnung interpretierbar?

Diese Fragen sind mit unterschiedlicher Gewichtung bei der Untersuchung der einzelnen Texte leitend.

5. Aufbau

Von der Forschungsgeschichte ausgehend liegt es nahe, die Texte unter inhaltlichen Gesichtspunkten zu gruppieren.

Die erste Einteilung entspricht den Bezugsgrößen Kollektiv (Israel als Gottes Gegenüber; Kap. I) und Individuum (die Einzelperson als Gottes Gegenüber; Kap. II). Ferner heben sich andere Texte durch ihren vorhandenen liturgischen Kontext (Gebet und Segen; Kap. III) ab. Überschneidungen sind nicht zu vermeiden, werden aber in der Auswertung (C.) aufgehoben.

Innerhalb der übergeordneten Kategorien werden die Texte nach thematischen Gesichtspunkten gruppiert. Bei der Einzelexegese werden jeweils Text und Übersetzung nebeneinandergestellt. Die Kontextanalyse und eine Gliederung bei größeren Textpassagen leiten die Untersuchung ein, an die sich die Interpretation anschließt. Die wesentlichen Ergebnisse werden anschließend zusammengefaßt.

Die Auswertung gliedert sich erneut in vier Teile: Die ersten drei Teile stellen die Ergebnisse des tannaitischen Textbefundes dar. Dabei werden die Texte in einem ersten Schritt literarisch (Kap. IV) und thematisch (Kap. V) ausgewertet. Daran schließen sich der Versuch einer historischen Verortung (Kap. VI) und meine Deutung der Ergebnisse (Kap. VII) an.

In Kap. VIII wird sodann ein Vergleich mit dem neutestamentlichen Sprachgebrauch gezogen. Neben einer Darstellung des Sprachgebrauchs bei der Rede von Gott als "Vater (im Himmel)" wird auf einzelne Bitten des Vaterunsers Bezug genommen. Ferner gilt es, den Sprachgebrauch Jesu mit dem einzelner Rabbinen zu vergleichen, sowie die Relation zwischen dem himmlischen Vater und irdischen Vätern in den Blick zu nehmen.

Darauf folgen in Teil D ein Ausblick auf heutige Anfragen an die Vaterbezeichnung Gottes und ein modernes Gebet, welches mit der Gottesbezeichnung "Vater unser im Himmel" beginnt.

B. Textinterpretationen

I. Das Verhältnis des Volkes Israel zum Vater im Himmel

Das Verhältnis zwischen Gott und dem Volk Israel war von jeher ein besonderes. Während BARON in seiner jüdischen Sozialgeschichte den geschichtlich-ethischen Hintergrund des Monotheismus und die Unbedingtheit der *Erwählung* hervorhebt,[1] betont MOORE die Bedeutung dieser Erwählung gerade in der christlichen Ära.[2] Gerade das "Daß" der Erwählung wurde in der tannaitischen Literatur mit großem Nachdruck vertreten. Die Gelehrten erkannten jedoch gleichermaßen den Herrschaftsanspruch Gottes an, wie sie seine Liebe und sein besonderes Verhältnis zum Volk Israel beton-ten.[3] Die Erwählungskategorie konnte auch in der Vater-Kind Terminologie seinen Aus-druck finden. SCHECHTER geht von einem Erstarken dieses theologischen Gedankens in Abgrenzung von neuen religiösen Sekten aus und brachte ihn folgendermaßen zum Ausdruck: "Er ist ihr Gott, ihr Vater, ihre Stärke, ihr Hort, ihre Hoffnung, ihr Heil, ihr Schutz, ihr Heer. Sie sind sein Volk, seine Kinder, sein erstgeborener Sohn, sein Schatz, seinem Namen geweiht, dessen Profanation ein Sakrileg darstellt. Mit einem Wort: es gibt nicht ein einziges, eine Liebesbeziehung ausdrückendes Epitheton in der Sprache, wie Bruder, Schwester, Braut, Mutter, Lamm oder Auge, das nach den Rabbinen nicht dazu dient, das innige Verhältnis zwischen Gott und seinem Volk zum Ausdruck zu bringen."[4] Die metaphorische Familiensprache ist demzufolge Ausdruck des innigen Verhältnisses zwischen Gott und Volk.[5]

Da die Zerstörung des Ersten Tempels und das darauf folgende Exil den Glauben an die Auserwählung erneut belebt haben, löste auch die Zerstörung des Zweiten Tempels im Jahre 70 n.Chr. bei den Rabbinen ein Ringen um Bestätigung des einzigartigen und besonderen Verhältnisses des Volkes Israels zu seinem Gott aus.

In den folgenden Textauslegungen wird gezeigt, daß es bei dem Verhältnis Volk Israel - Gott und den damit verbundenen Bezeichnungen Gottes als Vater meist um Texte geht, die einerseits die historische Bedrohung und Gefährdung der Existenz des Volkes Israel widerspiegeln, andererseits das Gegenteil, nämlich den Frieden und eine friedvolle Koexistenz einzelner Menschen oder Gruppen hervorheben. Es bleibt zu

---

[1] BARON zeigt, daß die Bedeutung des Konzepts vom "auserwählten Volk" allein von der *Religion* Israels her zu verstehen ist. Die Nation ist nicht der hauptsächliche Träger der Geschichte selbst. Beim Widerstreit zwischen Geschichte und Natur bedarf es einer auserwählten Menschengruppe, die durch ihren Gruppencharakter eine Religion formt und die Natur der Geschichte unterlegen sein läßt. Diese Idee von einer auserwählten Menschenschar steht im Mittelpunkt des Begriffs "auserwähltes Volk" (vgl. BARON, History I, 11f.; vgl. SILBERMAN, Art. Chosen People, 500).

[2] Vgl. MOORE, Judaism I, 219.

[3] Vgl. MekhY משפטים 20 zu Ex 23,17: In Auslegung zu Ps 50,7 erklärt sich Gott folgendermaßen: "Ich bin der Gott aller in die Welt Kommender, doch habe ich meinen Namen mit keinem anderen Volk verbunden als mit meinem Volk Israel allein." KADUSHIN sieht die Anomalie, daß der Gott des Universums sich ein besonderes Volk als sein eigenes auserwählt hat, als schlagenden Beweis für die Liebe Gottes an: "Der hohe Platz Israels liegt in der wahren Natur des Universums" (ders., Aspects, 73).

[4] SCHECHTER, Aspects of Rabbinic Theology, 46f. (Übersetzung: E.T.).

[5] Vgl. Ebd., 53ff.

untersuchen, ob diese Texte allesamt als Reaktionen auf die historische Katastrophe der Tempelzerstörung im Jahre 70 n.Chr. zu erklären sind.

1. Die biblischen Bedrohungen

1.1. Das Wasser in der Wüste: MekhY ויסע 1 zu Ex 15,25[6]

1. *Und er warf es in das Wasser* (Ex 15,25).	וישלך אל המים
2. Andere sagen:	אחרים אומרים
3.1. Die Israeliten flehten	היו ישראל מתחננים
und beteten vor ihrem Vater im Himmel.	ומתפללין לפני אביהם שבשמים
3.2.a. Wie ein Sohn, der vor seinem Vater fleht,	כבן שהוא מתחנן לפני אביו
3.2.b. und wie ein Schüler, der sich vor seinem Lehrer demütigt,	וכתלמיד שמתגדר לפני רבו
3.3. so flehten und demütigten sich die Israeliten	כך היו ישראל מתחנניז ומתגדרים
vor ihrem Vater im Himmel	לפני אביהן שבשמים
und sprachen vor ihm:	ואומרים לפניו
4. Herr der Welt, gesündigt haben wir vor dir,	רבונו של עולם חטאנו לפניך
als wir vor dir über das Wasser murrten.	שנתרעמנו לפניך על המים

Diese Mechiltaauslegung beschäftigt sich mit dem Murren des Volkes Israel in der Wüste Schur. Vorausgegangen ist der Lobgesang des Mose und der Israeliten über die Rettung vor den Ägyptern am Schilfmeer (Ex 15,1-20). Unserer Textstelle voranstehend wird bereits Ex 15,25 und das ins Wasser geworfene Holz ausgelegt. Es wird mit dem Wort aus der Tora verglichen.[7] Von Bedeutung ist, daß alle anderen Auslegungen von Ex 15,25 im Namen von Tannaiten der ersten bis vierten Generation angeführt werden. Den Rahmen bilden die Tannaiten R. Jehoshua und R. Eleazar von Modaim.[8] Sie legen die Worte חק und משפט aus Ex 15,25 als Schabbat und Aufruf, Vater und Mutter zu ehren (R. Jehoshua), bzw. als Inzestverbot und zivilrechtliche Bestimmungen (R. Eleazar von Modaim) aus.

Gliederung:
1. Bibelvers (Ex 15,25)
2. Anonyme Einleitung
3.1. Thema/ Statement
3.2. Vergleich: a) familial (Sohn - Vater); b) edukativ (Schüler - Lehrer);
3.3. Religiöse Übertragung auf das Verhältnis Israel - Gott
4. Inhalt des Vergleichs: Gebet

Einzelexegese

1. Dieser Midrasch zitiert den Mittelteil von Ex 15,25. Israel befindet sich in Mara bei dem bitteren Wasser. Der Vers berichtet von der Änderung des Geschickes der Israeliten in der Wüste. Durch den Wurf des Holzes in das Wasser wurde dasselbe süß und trinkbar.

---

[6] Text: HOROVITZ/RABIN, Mechilta, 156.

[7] Einmal wird diese Auslegung im Namen R. Shimon ben Jochais, eines Tannaiten aus der dritten Generation, überliefert, ein andermal anonym und mit Prov 3,18 als Belegstelle.

[8] Beide Rabbinen kommen in der folgenden Auslegung zu MekhY עמלק 2 nochmals zur Sprache.

2. Mit der Wendung אחרים אומרים[9] beginnt die anonyme Einleitung des Themas.

3. Der nächste Satz bringt das Thema zur Sprache: Die Israeliten flehen und beten vor ihrem Vater im Himmel. Das Verb חנן im Hitpael drückt soviel wie "sich beugen, flehen, dringlich bitten"[10] aus. Im Paal beschreibt es die liebevolle Fürsorge eines Vaters für seine Kinder oder den Zustand, mit Kindern gesegnet zu sein.[11] In der Bibel ist die Hitpaelform verbreitet.[12] Da das Verb familiale Konnotation hat, wird es auch im ersten Vergleich, der Beschreibung des Verhältnisses von Vater und Sohn, herangezogen. Gleichermaßen kann das Verb aber auch soziale und ökonomische Abhängigkeits-verhältnisse (Sklave - Herr)[13] ausdrücken.

Das Thema des Betens wird bei den Vergleichen nicht aufgegriffen. Statt dessen wird ein neues Verb im Hitpael eingeführt. מתגדר beschreibt ein Wissensgefälle und hat üblicherweise die Bedeutung "sich hervortun, großtun".[14] Bei dieser Übersetzung würde die Normverletzung des Schülers thematisiert werden. Eine andere Schreibweise des Verbs ist מתגדל.[15] In der Hebräischen Bibel beschreibt dieses Verb den Habitus eines Königs (vgl. Dan 11,36f.) oder Gottes (Ez 38,23). Das Verb unterstützt die Blasphemie des Schülers in unserem Vergleich. Da diese Bedeutung aber nicht in den Kontext der Auslegung paßt, muß nach einer Übersetzung, die sich an das Verb מתגדר anschließt, gesucht werden. Die Bedeutung "separat erscheinen" zeigt die Kluft auf, die die dem Verb zugeordneten Subjekte und Objekte zueinander haben und kann als "einschränken, demütigen"[16] von seiten des Schülers gesehen werden. In unserer Auslegung trifft diese Übersetzung die Bedeutung am besten. Im Midrasch wird so der intellektuelle Unter-schied zwischen Schüler und Lehrer hervorgehoben. Beide Beispiele beschreiben ein demütiges Verhältnis seitens der jüngeren Person gegenüber der älteren, dem Vater oder Lehrer.

Es bleibt noch zu betonen, daß die Objekte des Vergleichs jeweils mit dem Perso-nalpronomen der dritten Pers. Sg. eine klare Verbindung zum Subjekt erhalten. An diese allgemein gehaltenen Vergleiche schließt sich wiederum das Thema an. Der Unterschied besteht darin, daß die beiden in den Vergleichen erscheinenden Verben nun aufgegriffen werden, um das Verhältnis der Israeliten zu ihrem Vater im Himmel zu beschreiben.

4. Der Begriff des Betens wird nicht mehr erwähnt. Statt dessen folgt eine allgemein gehaltene Redeeinleitung: "Sie sprachen vor ihm". Als Subjekt ist Israel aus dem vor-

---

[9] In der Mischna werden die unterschiedlichen Meinungen anonymer Autoritäten mit dieser Wendung eingeleitet; vgl. JASTROW, Dictionary, 41. In MekhY ויסע 1 zu Ex 15,25 bildet der Midrasch einen eigenen Auslegungsstrang.

[10] Vgl. JASTROW, Dictionary, 484.

[11] Vgl. bShab 104a.

[12] Vgl. 1Kön 8,33: "Wenn dein Volk Israel vor dem Feind geschlagen wird, weil sie an dir gesündigt haben, und sie bekehren sich dann zu dir und bekennen deinen Namen und beten und flehen zu dir in diesem Hause". Wie in dem zitierten Vers hat dieses Verb oft flehentlichen Charakter, der teilweise schon in eine Gebetsform übergeht: 1Kön 8,47.59; 9,3; Ps 142,2; Hi 8,5; 9,16; als Lobpreis nach der Rettung Ps 30,9; Gen 42,21; Est 4,8; 2Chron 6,24.37 usw.

[13] In Bildads Rede (Hi 19,16) wird die Situation beschrieben, daß der Herr den Sklaven anflehen muß.

[14] LEVY, WB I, 304.

[15] GESENIUS, WB, 131; BAUMGARTNER, Lexikon I, 172. Vgl. Ez 38,23; Jes 10,15; Dan 11,36f.

[16] Vgl. WINTER/WÜNSCHE, Mechiltha, 149.

herigen Satz bekannt.[17] Mit der folgenden Bezeichnung "Herr der Welt" wird Gott angeredet. Diese Gottesanrede ist in der rabbinischen Literatur sehr geläufig.[18] Wir kennen sie vor allem aus der Gebetsliteratur. Inhalt des folgenden Kurzgebetes ist das Bekenntnis der Schuld: "Gesündigt haben wir vor dir".[19] Die sündige Handlung bestand darin, daß die Israeliten am Wasser murrten. Im vorangegangenen Bibelvers Ex 15,24 wird das Murren durch das Niphal von לון ausgedrückt, im Midrasch durch die Hitpaelform der Wurzel רעם. Diese Form ist sehr selten und erscheint elfmal in den Midraschim, einmal in bSan 110a. Dort wird der Lehrer in einem Ausspruch R. Chanina ben Papas mit Gott verglichen.[20]

Zusammenfassung

Ex 15,25 ist die Klimax der Geschichte über das Murren der Israeliten in Mara. Dieser Vers ist entscheidend für das Geschick des Volkes. Unser Midrasch beantwortet die Frage, warum den Israeliten in der Wüste geholfen wird. Ein Grund ist in der engen Beziehung zwischen Israel und Gott, ausgedrückt durch die familiale Benennung Gottes als Vater, zu sehen. Diese Bezeichnung wird in dem kurzen Midrasch zweimal angeführt, einmal in der als Statement formulierten Themaangabe und einmal in der Schlußfolgerung des Vergleichs. Diese familiale Beziehung ist nicht zu zerstören. Wie ein sorgender Vater verhilft Gott den Israeliten zu süßem, trinkbarem Wasser in der Wüste und sichert somit ihr Überleben.

Dies geschah aber nicht grundlos. Der Midrasch zeigt das Motiv für die Rettungstat Gottes. Die Israeliten erkannten ihre Sünde, ihr mangelndes Vertrauen auf Gottes Beistand. Sie sprachen: "Herr der Welt, gesündigt haben wir vor dir, als wir vor dir über das Wasser murrten." Durch das Bekennen des Fehlverhaltens seitens der Israeliten wird das Wasser süß, und sie überleben in der Wüste.

---

[17] לפני ist bereits viermal in diesem Textabschnitt vorgekommen, um das Gegenüber auszudrücken. Da vorangehend die Israeliten immer ihrem Vater im Himmel gegenübergestellt wurden, ist das Suffix der Redeeinleitung auch auf ihn zu deuten.

[18] Vgl. MARMORSTEIN, Doctrine, 99; vgl. MekhY עמלק 2 zu Ex 17,14: Hier wird diese Gottesanrede des Mose als Spruch von R. Eleazar überliefert.

[19] Ein Vertrauenslied aus der Bußliturgie greift einige Aspekte aus der Mechilta auf. Vor allem geht es um die Bitte um Verzeihung und Sühne. Im folgenden werden dann die aus dem Vergleich des Midrasch bekannten Größen zusammen angeführt.
"Verzeih, vergib und sühne uns!
Denn wir sind dein Volk und du unser Gott,
wir deine Kinder und du unser Vater,
wir deine Knechte und du unser Herr,
wir deine Gemeinde und du unser Teil" (SACHS, Festgebete 3, 87).

[20] bSan 110a: "R. Chanina ben Papa sagte: Wenn jemand über seinen Lehrer murrt, so ist es ebenso, als würde er über Göttlichkeit (Schechina) murren, denn es steht geschrieben: *Euer Murren richtet sich nicht gegen uns, sondern gegen den Herrn* (Ex 16,8)". Der zitierte Rabbi gehörte zu den Amoräern der dritten Generation. Er wirkte neben Abbahu in Caesarea, manchmal aber auch in Babylon (vgl. BACHER, pAm II, 513-532). Interessant an dieser Stelle ist, daß der Lehrer - wie in unserem Vergleich - mit Gott (bzw. der Schechina) verglichen wird (vgl. GOLDBERG, Schekhinah, 417). Außerdem wird diese Aussage abermals mit dem Murren der Israeliten in der Wüste verbunden. Da diese Talmudstelle aber keine Baraita ist, kann angenommen werden, daß der Text aus MekhY ויסע 1 zu Ex 15,25 bereits vorgelegen hat oder zumindest bekannt war.

Auf die Tempelzeit und nach der Tempelzerstörung übertragen bedeutet diese Auslegung, daß es einen Grund zu hoffen in schwierigen Situationen gibt. Auch wenn wenig zu essen, zu trinken übrig ist und es kaum Hoffnung gibt, kann Gott wunderhaft wirken, da er die Macht hat, scheinbar unbrauchbare Dinge mit überlebenswichtigen Funktionen zu versehen. Er erweist sich gerade in Krisensituationen als ein Retter in der Form eines sorgenden Vaters, der die Bitten und das Flehen seiner Kinder erhört.[21]

1.2. Amalek

In der Hebräischen Bibel ist Amalek einer der ständigen Feinde Israels, der zuerst von Mose (vgl. Ex 17,8-16), dann von Saul (vgl. 1Sam 15) und endgültig von David (vgl. 2Sam 8,12) besiegt wurde. In der jüdischen Literatur steht Amalek[22] als ein Synonym der für die Existenz des Volkes Israel äußerst gefährlich gewordenen Feinde: u.a. Rom und die Nazis.[23] Josua konnte nicht allein durch körperlichen Kampf Amalek besiegen. Mose mußte mit dem Stab Gottes in der Hand die Arme schützend über sein Volk halten. Ein Text, der von dieser klassisch-biblischen Bedrohungssituation spricht, die als Metapher für die großen Gefahren für das Volk Israel steht, ist folgender:

1.2.1. MekhY עמלק 2 zu Ex 17,14:[24]

1. *Unter dem Himmel* (Ex 17,14),	מתחת השמים
2. so daß Amalek nicht Sproß noch Enkel haben wird,	שלא יהא נין ונכד לעמלק
der sich ausbreitet unter allen Himmeln.	תחת מפרס כל השמים
I.3. R. Jehoshua sagt:	ר׳ יהושע אומר
4. Als Amalek kam, um Israel zu schädigen	כשבא עמלק להזיק את ישראל
unter den Flügeln ihres Vaters im Himmel,	מתחת כנפי אביהם שבשמים
5. sprach Mose vor dem Heiligen, g.s.e.:	אמר משה לפני ה׳׳בה
6. Herr der Welt,	רבונו של עולם
8. dieser Frevler kommt, um deine Kinder zu vernichten	רשע זה בא לאבד בניך
unter deinen Flügeln.	מתחת כנפיך
9. Das Buch der Tora, welches du ihnen gegeben hast,	ספר תורה שנתת להם
wer wird in ihm lesen?	מי יקרא בו
II.3. R. Eleazar von Modaim sagt:	רבי אלעזר המודעי אומר
4. Als Amalek kam, um Israel zu schädigen	כשבא עמלק להזיק את ישראל
unter den Flügeln ihres Vaters im Himmel,	מתחת כנפי אביהם שבשמים
5. sprach Mose vor dem Heiligen, g.s.e.:	אמר משה לפני הקדוש ב׳׳ה
6. Herr der Welt,	רבונו של עולם
7a. deine Kinder, welche du künftig zerstreust	בניך שאתה עתיד לפזרן

---

[21] Vgl. auch das Gleichnis im Namen R. Abbahus von den zwei Vaterhänden ShemR 22,2. Dort wird die Rettung aus dem Schilfmeer und die gleichzeitige Vernichtung der ägyptischen Heerscharen im Meer geschildert. Das Gleichnis thematisiert die besondere Fürsorge, die "Hirtensorge Gottes" (THOMA/ ERNST, Gleichnisse, 3.Teil, 371) für Israel in Bedrohungssituationen.

[22] In der Hebräischen Bibel ist der Krieg gegen die Amalekiter der einzige, der geboten ist. Das Volk Israel soll um der Tora willen überleben.

[23] Die tannaitische Aggada des ersten Jahrhunderts identifizierte Amalek mit Rom (BACHER, Tann I, 146). Später wurde der Name Amalek als Synonym für die Israel bedrohenden Feinde benutzt. "In the course of time this biblical injunction became so deeply rooted in Jewish thought that many important enemies of Israel were identified as direct descendants of Amalek" (HIBSHMAN, Art. Amalekites, 791).

[24] Text: HOROVITZ/RABIN, Mechilta, 185f.

unter die Winde des Himmels,	תחת רוחות השמים
7b. wie gesagt ist: *denn in vier Winde des Himmels usw.* (Sach 2,10),	שנאמר כי בארבע רוחות השמים וגו'
8. kommt dieser Frevler, um (sie) zu vertilgen unter deinen Flügeln.	רשע זה בא לכלן מתחת כנפיך
9. Das Buch der Tora, welches du ihnen gegeben hast, wer wird in ihm lesen?	ספר תורה שנתת להם מי יקרא בו

Dieser Text legt Ex 17,14 aus. Nachdem die Geschichten des Murrens der Israeliten in der Wüste erzählt worden sind, folgt die Bedrohung durch die Amalekiter. Der Midrasch bezieht sich aber nicht auf die Erzählung des Kampfes, sondern auf den Spruch Gottes nach dem Kampf. In dem gesamten Abschnitt erscheinen nur die beiden Rabbinen, denen auch die analog aufgebauten Sprüche zugeschrieben sind.[25] Sie legen in einer Art "Doppelkommentar"[26] Ex 15,22-27; 16-18 aus. Sie sind Tannaiten aus der zweiten Generation, Jehoshua (ben Chananja) wirkte in Peqiin, Eleazar stammt aus der Priesterstadt Modaim und soll von Bar Kochba getötet worden sein.[27]

In den Texten, die unseren Midraschabschnitt rahmen, wird Ex 17,14 (am Anfang parallel zu EkhaR 3,36) auf Haman bezogen. Am Ende der Auslegung von V.14 wird sogar behauptet, daß Gott die Bedrohung durch Haman nur zugelassen habe, damit die Bosheit Amaleks nicht in Vergessenheit gerate.[28] Ein zweiter biblischer Text, der die kollektive Bedrohung des jüdischen Volkes thematisiert, wird so als Auslegungsschlüssel für einen anderen herangezogen.

Gliederung:

	1. Bibelzitat (Ex 17,14)	
	2. Thema/These	
	3. Einleitung und Rabbinenspruch	
I. R. Jehoshua		II. R. Eleazar von Modaim
	4. Situationsbeschreibung	
	5. Einleitung und Spruch des Mose	
	6. Gottesanrede	
---		7a) prophetische Drohung
---		7b) begründendes Bibelzitat
	8. Argumentation des Mose:	
	9. Rhetorische Frage	

Einzelexegese

1. Der Midrasch legt das Ende des Verses Ex 17,14 aus: אמחה את זכר עמלק מתחת השמים "Ich werde/will das Andenken Amaleks unter dem Himmel austilgen". In der Hebräischen Bibel wird sehr viel Wert auf das Eingedenken Amaleks gelegt. Er war eine so große Bedrohung für das Volk Israel, daß diese Gefahr niemals vergessen werden darf, um nicht durch Unachtsamkeit eine solche Situation zu wiederholen. Der Schlüsseltext für das sich auf diese Episode berufende jüdische Geschichtsverständnis ist Dtn 25,17-

---

[25] In MekhSh בשלח zu Ex 17,14 (126) wird der erste Spruch R. Eleazar, der zweite hingegen R. Eliezer zugeschrieben. Das Thema (2.) erscheint dafür als Ausspruch R. Jehoshuas.

[26] BACHER, Tann I, 196.

[27] Vgl. yTaan 4,5 Ende 68d; EkhaR 2,2; vgl. STEMBERGER, Einleitung, 79; BACHER, Tann I, 187; SCHÄFER, Bar-Kochba-Aufstand, 44f.173f.

[28] Vgl. WINTER/WÜNSCHE, Mechiltha, 178 Anm. 1.

19. Dort beginnt der Text mit der Ermahnung: "Denke daran, was dir Amalek angetan hat!" und schließt mit dem Aufruf, nicht zu vergessen. Die sich auf Amalek beziehenden Imperative "gedenke" (זכור Dtn 25,17) und "vergiß nicht" (לא תשכח Dtn 25,19), sowie das Verb "austilgen" (אמחה Ex 17,14) stellen einen scheinbaren logischen Widerspruch dar.[29] Das Gedächtnis Amaleks und seiner Greueltaten soll ausgelöscht werden, und um eine Wiederholung zu vermeiden, wird es zur immerwährenden Erinnerung eingeschärft, es darf nicht vergessen werden.[30] Die Israeliten werden aufgerufen, das Andenken bzw. die Spuren Amaleks unter dem Himmel zu vertilgen.[31] Diese Aussage ist auch Inhalt des Gottesausrufes in Ex 17,14.

2. Im darauf folgenden Thema der Auslegung wird das Exoduszitat dahingehend erklärt, daß Amalek nicht נין ונכד, "Sproß noch Enkel"[32], haben wird. Damit sind die Nachkommen bis ins dritte Glied bezeichnet. Dieses Bild stellt eine gründliche Ausrottung dar.[33] Amaleks Andenken kann, wenn er kinderlos stirbt oder seine Kinder und Enkel ausgerottet sind, nicht bewahrt werden. Die Bedrohung der Nachkommenschaft Amaleks wird durch die räumliche Ausbreitung תחת מפרס כל השמים, "der sich ausbreitet *unter allen Himmeln*", zum Ausdruck gebracht. Die Erwähnung des Verbs מפרס, "ausbreiten"[34], das auch als Derivat der Wurzel פרש steht, legt die Anführung des Sacharjazitats im zweiten Auslegungsteil nahe. Dort spricht Gott: "*Ich habe euch zerstreut.*" Mit dem solchermaßen formulierten Thema ist als Auslegung des Zitats Ex 17,14 die absolute räumliche und zeitliche Vernichtung Amaleks thetisch postuliert.

3. In Form von Aussagen der zwei Rabbinen aus der zweiten tannaitischen Generation wird - parallel aufgebaut - eine die These unterstützende Argumentation angefügt.

4. Beide Rabbinen beschreiben Amaleks verheerende Absicht, nämlich die Israeliten unter den Flügeln ihres Vaters im Himmel zu schädigen.[35] Dieser Ausdruck verstärkt

---

[29] Vgl. EBACH, Schrift, 109; KROCHMALNIK, Amalek, 125.130. SifDev § 296 bezieht den Imperativ "gedenke" auf das verbale, den Imperativ "vergiß nicht" auf das mentale Gedenken. "*Denke* (Dtn 25,7). Mit dem Mund. *Vergiß nicht*. Mit dem Herzen" (BIETENHARD, Sifre, 683). Herzens- und Lippendienst müssen einander ergänzen. Diese Aussage entspricht mRHSh 3,8, einer Auslegung, die den Krieg gegen die Amalekiter thematisiert.

[30] Die Folgen eines laxen Umgangs mit den Imperativen der Amalekerzählungen werden in der Prophetenlesung zum Schabbat זכור (1Sam 15,1-34) aufgezeigt. Zur Diskussion der Texte vgl. KROCHMALNIK, Amalek, 125ff.

[31] Vgl. Dtn 25,19: תמחה את זכר עמלק מתחת השמים. Der einzige Unterschied zwischen den Bibelzitaten Ex 17,14 und Dtn 25,19 liegt im Subjekt.

[32] Die Verbindung beider Worte ist durchaus nicht unüblich. Sie manifestiert im Midrasch die endgültige Aussage, keine Nachkommen und Enkel zu haben. Die Zusammenstellung ist alttestamentlich geläufig. Sie spiegelt meist Gefährdungssituationen wider, in denen auf die Nachkommen bis ins dritte Glied verwiesen wird: vgl. Gen 21,23; Jes 14,22; Hi 18,19; Sir 47,22.

[33] Die Ausrottung einer ganzen Familie wird in der Hebräischen Bibel durch das Verb כרת zum Ausdruck gebracht. Es symbolisiert wie im Midrasch die Ausrottung von Völkern und Übeltätern, hat aber ebenfalls die Bedeutungsnuance von "Austilgung von Namen, Gedächtnis, Hoffnung" (KUTSCH, Art. כרת, 858). Damit wird der Ausdruck "Sproß noch Enkel" zu einer Paraphrase der Ausrottungsidee, die das Verb כרת symbolisiert.

[34] Vgl. DALMAN, Handwörterbuch, Art. פרס II., 350. Dort wird darauf aufmerksam gemacht, daß dieses Verb der Wurzel פרש gleicht und in älteren Ausgaben der Hebräischen Bibel an dessen Stelle stand (Klg 1,17; Jes 25,11).

[35] Zur Lokalisierung der Israeliten unter den Flügeln Gottes vgl. die konträren Auslegungen des Gedichtes הכניסיני תחת כנפך (BIALIK, כל שירי, 178). In der Auslegung wird gestritten, ob dies ein

die Aussage des Themas dahingehend, daß die räumliche Ausbreitung der These "unter allen Himmeln" von beiden Rabbinen auf die personale Beziehungsebene "unter den Flügeln ihres Vaters im Himmel"[36] in der Situationsbeschreibung umgedeutet wird.

Das Attribut "unter den Flügeln"[37] ist biblisch.[38] In Auslegung von Dtn 6,4ff. wird gesagt, daß Abraham die Leute, die ihn aus Haran begleiteten, zu Proselyten machte und unter die "Flügel der Schechina brachte"[39]. כנף, "Flügel", ist ein Homonym und hat in der Hebräischen Bibel metaphorische Bedeutung.[40] An einigen Stellen wird mit diesem Wort der Besitz oder das größtmögliche Ausmaß des Besitzes beschrieben.[41] Es kann im Sinne von "verdecken, verschleiern"[42] gebraucht werden. In diesem Zusammenhang sind Texte zu nennen, die "Flügel" mit einer Vaterfigur in Verbindung bringen: Dtn 23,1: ולא יגלה כנף אביו "und er decke nicht die Flügel seines Vaters auf." Hier kann כנף figurative Bedeutung in bezug auf Gott und die Engel haben. In der Schutzfunktion wird mit dem Bild eines Adlers, der über seine Jungen seine Flügel ausbreitet, das Vater-Sohn Verhältnis in Dtn 32,10 thematisiert. Im vorausgehenden V.6 wird Israel folgende Frage gestellt: *Ist er (J') nicht dein Vater, der dich geschaffen hat?* Vor allem die Erwählung und Erschaffung des Volkes Israel, sowie die Fürsorge Gottes während der Wüstenzeit ist im Moselied entscheidend.[43]

Amalek wird in den Sprüchen beider Rabbinen weiter Handlungsspielraum zugestanden. Er konnte die Israeliten selbst in der Schutzzone unter den Flügeln angreifen.[44] 5. Dem mußte jedoch Einhalt geboten werden. Deshalb wird die weitere Diskussion der Rabbinen als Ausspruch des Mose geführt. Er gilt als Autorität, als Vermittler Gottes[45] und Fürbitter[46] Israels und hat großen Einfluß auf die Beziehung Israels zu Gott.

---

profanes Gedicht oder religiöses Gebet ist, welches den einzelnen um Schutz in Gottes Hand flehen läßt. Der Ausdruck תחת כנפי השכינה wird in Gedichten dagegen eindeutig als Umschreibung für Gottes Fürsorge verwandt (z.B. im Gedicht לבדי; BIALIK, כל שרי, 141f.).

[36] In dem Spruch des R. Eleazar von Modaim wird anstelle des Personalpronomens "ihr" bei אביהם von Ms. München "unser" אבינו (1. Pers. Pl.) überliefert.

[37] Vgl. MekhSh בשלח zu Ex 17,14 (126): "unter den Flügeln des Himmels". Vgl. SifDev § 355; tSot 4,8; bSot 13b; vgl. GOLDBERG, Schekhinah, 335ff.

[38] Die "Flügel Gottes" symbolisieren atl. zumeist den Schutz Gottes: Ps 17,8; 36,8; 57,2; 61,5; 63,8; 91,4; Dtn 32,11; Ruth 2,12.

[39] SifDev § 32. In Anklang an Ruth 2,12 wird das Aufnehmen eines Proselyten auch bezeichnet als "unter die Flügel der Schechina bringen"; vgl. Bill I, 943. Weitere Texte mit der Wendung "Flügel der Schechina" finden sich bei GOLDBERG, Schekhinah, 335ff.

[40] Zumeist wird dieses Wort zur Beschreibung eines Körperteils einer fliegenden Kreatur herangezogen (vgl. Dtn 4,17; 32,11).

[41] Vgl. Hi 38,13; Jes 24,16.

[42] MAIMONIDES, Guide for the Perplexed, Kap. 43,57.

[43] Zur Auslegung von Dtn 32,6ff. vgl. BÖCKLER, Gott als Vater, 291-299.

[44] MekhY עמלק 1 zu Ex 17,8: "R. Eleazar von Modaim sagt: *Und es kam Amalek* ... Weil Amalek hineinging unter die Flügel der Wolke und von den Israeliten Seelen stahl und sie erschlug (vgl. Ex 25,18)." Dieses Geschehen wird mit der Sünde und Übertretung Israels begründet. Die Wendung "unter die Flügel der Wolke" wird mehrfach gebraucht (Vgl. SifBam § 83). In SifDev § 296 zu Dtn 25,17 wird "Wolke" in einigen Mss. durch "Ort" ersetzt. TJ I redet an dieser Stelle von dem Stamm Dan, der Götzenbilder mit sich führte, daher von der Wolke ausgestoßen wurde und den Amalekitern zum Opfer fiel. Zu weiteren Parallelen vgl. Bill III, 804 zu Apk 7,5-8.

[45] Vgl. Sifra בחקתי 8,12 zu Lev 26,46 und die anschließende Auslegung S. 54ff.

[46] Vgl. Moses Fürbitterfunktion in der biblischen Geschichte des Kampfes gegen die Amalekiter bei AURELIUS, Fürbitter Israels, 88f.

6. Daher beginnt sein Ausspruch mit der Anrede Gottes als "Herr der Welt".[47] Die Wendung "Mose sprach zum Heiligen, g.s.e.: Herr der Welt" erscheint an vielen Stellen der rabbinischen Literatur.[48] Vielleicht stammt sie erst aus später tannaitischer Zeit, da sie in Mischna und Tosefta nicht zu finden ist.[49] In den halachischen Midraschim erscheint sie nur in der Mechilta.[50] In den drei unserer Stelle vorausgehenden Erwähnungen geht es um Moses Wunsch, das Land Israel zu sehen und mit hineinzuziehen.

In MekhY עמלק 2 zu Ex 17,14 fragt Mose mit dieser Wendung zuerst, ob Gottes Wege auch aus Fleisch und Blut seien.[51] Das hätte zur Folge, daß Mose als König ins Land ziehen könnte. Dann argumentiert Mose mit Num 20,12 und will als Gemeiner (= einfacher Mensch) ins Land ziehen. Als beides ihm verwehrt wird, möchte er durch die Höhle von Cäsarea Paneas hineingehen. Erst als alle Möglichkeiten ausgeschöpft sind, bringt Mose den Wunsch vor, wenigstens das Land mit den Augen zu sehen, was ihm erlaubt wird.[52]

Wenn unserer Stelle vorausgehend der Moseswunsch in einer langen Argumentation mit eben denselben Worten eingeleitet wird, bedeutet dies, daß nun die Bitte des Mose für Israel nicht ungehört bleiben kann. Das unterstützt die unserem Abschnitt nachfolgende Auslegung von Ex 17,15, die Mose sprechen läßt: "Dieses Wunder, welches Gott getan hat, hat er wegen mir getan."[53]

8. In der folgenden stilisierten Moserede wird Amalek als רשע זה, "dieser Frevler"[54], bezeichnet. Ein Frevler ist ein Mensch, der das Leben seiner Genossen bedroht[55] oder Unschuldigen das Leben nimmt.[56] Durch die Freveltaten lädt er Blutschuld auf sich, sodaß er Blutrache oder Todesstrafe zu erwarten hat.[57] Der Gegenbegriff zu Frevler ist צדיק "Gemeinschaftsgetreuer, Gerechter". In den Psalmen werden mit "Frevler" die feindlichen Völker bezeichnet.[58] Einige Sprüche[59] lassen den Schluß zu, daß der Zusammenhang von Frevel, Schuld und Strafe als eine "selbstwirkende Gerechtigkeit im

---

[47] Vgl. S. 29, Anm. 18.

[48] In bYom 36a wirbt Mose bei Gott um Nachsicht für Israel: "Herr der Welt, wenn die Israeliten vor dir sündigen und Buße tun, so rechne ihnen die vorsätzlichen (Sünden) als versehentliche an." Vgl. auch bBer 32a; Yom 86b; BQ 92a; 8a; San 102a; Mak 11b; ySan 4,2 21b.

[49] Das Fehlen der Wendung kann aber auch damit zu tun haben, daß Mischna und Tosefta nicht so viele aggadische Bestandteile enthalten. In den aggadischen Midraschim wird diese Wendung 50mal gebraucht. In BerR, ShemR, BemR, DevR sind keine Vorkommen zu verzeichnen.

[50] Vgl. MekhY ויסע 6 zu Ex 17,4: Mose macht Gott darauf aufmerksam, daß er (Mose) zwischen dem murrenden Israel und Gott erschlagen wird. In MekhY עמלק 1 zu Ex 17,9 erinnert Mose Gott an den Stab, mit dem er Israel aus Ägypten herausgeführt hat; vgl. auch MekhY ויסע 1 zu Ex 15,25.

[51] Hier wird ein Vergleich zum vorangegangenen Königsgleichnis gezogen, in dem ein König beschließt, daß sein Sohn nicht mit in den Palast gehen darf.

[52] Die angeführten Stellen des Moseswunsches sind in WINTER/WÜNSCHE, Mechiltha, 174f. nachzulesen.

[53] Text: HOROVITZ/RABIN, Mechilta, 186.

[54] Diese Wendung ist in den halachischen Midraschim sehr oft vertreten. Mit ihr werden die Schlange, die Sintflutgeneration usw. bezeichnet.

[55] Z.B. Jer 5,26; Prov 12,6; vgl. Ps 119,95.110; 140,5.9.

[56] Vgl. 2Sam 4,11.

[57] Vgl. Num 35,31; 2Sam 4,11; vgl. LEEUWEN, Art. רשע, 814.

[58] Vgl. Ps 68, 3.

[59] Z.B. Prov 10,24; 11,5; 13,6; 14,32; 18,3; 24,16.20; 28,1; 29,16; Koh 8.8.

Menschenleben"[60] erfahren worden ist. Durch die verwandte Wendung würde Mose dann Gott auffordern, Amalek zu strafen.

Das Wort אבד bedeutet in der rabbinischen Literatur im Piel einerseits "verlieren"[61], andererseits aber auch das stärker die motivierte Handlung ausdrückende "zu Grunde richten, vernichten, verderben"[62]. Biblisch wird das Verb auf Personen, Tiere, Sippen angewandt. Einige Texte zeigen, daß die Menschen sich selbst zugrunde richten.[63] Im Midrasch beschreibt das Verb eindeutig die Absichtserklärung Amaleks. Er läßt die Israeliten den Schutz unter den Flügeln Gottes verlieren und vernichtet sie dadurch.

Im Namen von R. Eleazar von Modaim wird der Spruch mit kleineren Abweichungen parallel überliefert. Allerdings ist an die Gottesanrede des Mose noch ein Einschub eingefügt. In der nun folgenden prophetischen Drohung richtet sich das Augenmerk auf die Zukunft der Kinder Israels. Mose erinnert Gott daran, daß er Israel zerstreuen wird in die vier Richtungen des Himmels. Das Suffix von "Kinder" und das den Relativsatz einleitende אתה, "du", heben die Verantwortung Gottes für sein Volk hervor. Es geht nicht um das Geschick irgendeines Volkes, sondern um das des mit Gott untrennbar verbundenen Volkes Israel. עתיד bezeichnet die Einstellung des handelnden Subjekts. Gott ist "bereit, zukünftig"[64], das durch den folgenden Infinitiv Ausgedrückte zu tun. פזר beschreibt das "Zerstreuen"[65]. Oft wird das Verb, wie auch in dieser Auslegung, auf ein Volk bezogen, welches zerstreut wird.[66] Gott ist bereit, seine Kinder in die vier Winde des Himmels zu zerstreuen. Diese Aussage verweist deutlich auf eine andere Zeit. Zur Zeit des auszulegenden Zitates, der Wüstenzeit, ist von Zerstreuung noch keine Rede. Das Volk Israel wurde gerade erst durch Gottes Hilfe und Anteilnahme aus Ägypten geführt. Der Zeit wird weit vorausgegriffen, indem R. Eleazar von Modaim noch das Bibelzitat Sach 2,10 anführt, das lediglich durch die Assoziation der Worte רוחות השמים[67] zum Thema paßt. Nach der Ankündigung des Propheten Sacharja ist es Gott vorbehalten, seine Kinder unter die vier Winde der Himmel zu zerstreuen. Dieser Tat darf nicht durch Amalek vorgegriffen werden. Sacharja beschreibt mit diesen Worten die Vertreibung ins Exil nach Babylon.[68] In den nachfolgenden Versen schließt sich sofort

---

[60] LEEUWEN, Art. רשע, 816.

[61] LEVY, WB I, 6.

[62] Ebd.

[63] Gott verbarg dem Bileam, daß seine Reise zu Balak ihn aus der Welt schaffen würde (BemR 20,11 zu Num 22,20). Ebenso in SifBam § 131, wo ein Mensch sich um Geld und Leben gebracht hat. Beides wird mit dem Verb "vernichten" beschrieben. Damit ist das Resultat des Verlustes bereits vorausgreifend angedeutet. Interessant für die Auseinandersetzung mit anderen Völkern und Nationen scheint, daß dieses Verb besonders im Zusammenhang mit der Bileamperikope vorkommt, einem von den Rabbinen intensiv diskutierten Text, der in Auseinandersetzung mit dem Christentum eine lange Auslegungsgeschichte nach sich gezogen hat (vgl. z.B. BASKIN, Origen on Balaam, 22ff.).

[64] BAUMGARTNER, Lexikon III, 855. Vgl. Hi 15,24. Bei Ester wird mit diesem Wort die Aufforderung an die Juden, sich bereit zu halten, beschrieben (vgl. Est 3,14; 8,13).

[65] BAUMGARTNER, Lexikon III, 870f.

[66] Vgl. Jon 4,2; Ps 89,11.

[67] In der Auslegung werden die Worte durch "Winde" bzw. die damit ausgedrückten "Richtungen des Himmels" wiedergegeben. In der Hebräischen Bibel taucht diese Wendung außer in der hier angeführten Stelle Sach 2,10 noch in Sach 6,5, Dan 8,8 und 11,4 auf.

[68] Im frühchristlichen Gebet für die Einsammlung der Zerstreuten (Did 10,5) wird ebenfalls Sach 2,10 zitiert, um die Kirche im Reich Gottes zu versammeln; vgl. Mt 24,31.

die Aufforderung zur Rückkehr nach Zion an (vgl. Sach 2,14). Diese Bibelstelle betont, daß den Israeliten nichts geschehen kann und daß Gott immer bei ihnen ist. Schwere Zeiten sind zu überstehen, doch ist die Rückkehr nach Zion gewiß. Gerade durch die Zitation des Sacharjaverses wird deutlich, daß im Namen von R. Eleazar von Modaim Exilstheologie zum Ausdruck gebracht wird. Israel ist in alle vier Himmelsrichtungen zerstreut worden, doch durch das Festhalten am Studium der Tora ist Gottes Nähe und Anteilnahme am Geschick der Israeliten sicher.[69]

Der einzige Unterschied der Situationsbeschreibung liegt im Gebrauch des Verbs. Während R. Jehoshua von "vernichten" spricht, benutzt R. Eleazar das Verb כלה. Dieses Verb ist biblisch sehr häufig. Es meint, auf Menschen, ein Land oder Volk bezogen "aufreiben, ver- und austilgen"[70]. An die infinite Verbform ist noch das Personal-pronomen der dritten Person Plural angehängt, um die Beziehungsgröße, nämlich Israel, mit dieser Beschreibung auch formal in Verbindung zu bringen. Das ist an dieser Stelle nötig, da das Wort "deine Kinder", welches deutlich appellativen Charakter hat, in Abschnitt II. fehlt.

9. In beiden Auslegungen der Rabbinen gibt Mose in der Form einer rhetorischen Frage einen Grund an, weshalb die Israeliten nicht von dem Frevler Amalek vernichtet werden dürfen: Ihnen wurde von Gott die Tora gegeben. Sobald Israel vernichtet wird, liest sie niemand mehr. Damit weist der letzte Teil der Rabbinenauslegung auf die die Be-ziehung Gott - Israel konsolidierende Gabe der Tora hin. Als Garant dieser Gabe lassen die Rabbinen den Beziehungsvermittler Mose sprechen.[71]

Auf der Erzählebene steht die Gabe der Tora noch unmittelbar bevor. Allein um der Tora willen ist es vonnöten, das Volk Israel zu retten, gleich was es sich auch zu-schulden kommen läßt. Diese wichtige Aussage wird durch die Frage, ספר תורה שנתת להם, מי יקרא בו ins Bewußtsein gebracht.

In der Parallelstelle MekhSh בשלח zu Ex 17,14 (126) erscheint eben dieser Wortlaut in gleicher Weise als Spruch von R. Eliezer. Anknüpfungspunkt, um über das "Buch der Tora" zu reden, ist an beiden Stellen der Anfang des Bibelverses Ex 17,14: "*Und J' sprach zu Mose: Schreib dies zur Erinnerung in das Buch*". Neben dem Stichwort "Buch" wurden in dieser Auslegung von Ex 17,14 auch die im Bibelvers handelnden Personen, Gott und Mose, aufgegriffen. Damit steht die Auslegung nahe am Bibeltext.

---

[69] In MekhY יתרו עמלק 2 zu Ex 18,27 steht ein Text, der inhaltliche Parallelen zur MekhY עמלק 2 zu Ex 17,14 aufweist: "Jethro sprach: ... Allein siehe, ich gehe nach meinem Lande und mache zu Proselyten alle Söhne meines Landes und bringe sie zum Lernen der Thora und nähere sie unter die Fittige der Schechina" (WINTER/WÜNSCHE, Mechiltha, 189). Der Terminus כנפי השכינה, "Flügel der Schechina", symbolisiert Gottes Omnipräsenz (vgl. ABELSON, Immanence of God, 90f.). Dieser Ausdruck ist in der rabbinischen Literatur nicht selten (vgl. tHor 2,7; URBACH, Sages, 47f.; GOLDBERG, Schekhinah, 409ff.).

[70] GESENIUS, WB, 347; BAUMGARTNER, Lexikon II, 454f.

[71] Eine Geschichte, die der hier untersuchten Tradition nahesteht, ist in bHag 15b zu finden. Die Tochter Achers trat vor Rabbi und bat ihn, sie zu ernähren. Rabbi fragte sie nach ihrer Abstammung und wunderte sich, daß es noch Nachkommen Achers in dieser Welt gibt. Nachdem er Hi 18,19 "*er wird keine Kinder noch Enkel unter seinem Volk haben*" zitiert hatte, rief die Tochter Achers: "Denke doch seiner Tora und nicht seiner Taten!" Sofort stieg Feuer vom Himmel herab und erfaßte die Bank Rabbis. Rabbi weinte und sprach: "Wenn es so ist wegen derer, die sich ihrer (der Lehren der Tora) schämen, um wieviel mehr wegen derer, die sich ihrer rühmen."

Zusammenfassung

Dieser Midrasch ist die einzige Auslegung der im Rahmen dieser Arbeit untersuchten tannaitischen Texte, in der zu dem Ausdruck "Vater im Himmel"[72] noch eine weitere attributive Bestimmung hinzugefügt wird. Die Israeliten werden "unter den Flügeln ihres Vaters im Himmel" lokalisiert. Angesichts der großen Bedrohung durch Amalek gilt es, den Israeliten einen schützenden Ort bei ihrem Vater im Himmel einzuräumen.

Daher bezeichnen die beiden Rabbinen in ihrer Anrede an Gott das Volk Israel auch als "deine" Kinder. Die Bezeichnung mit dem Possessivpronomen der zweiten Pers. Sg. hat deutlich appellativen Charakter. Gott soll sich seiner Verantwortung als Vater des Volkes nicht entziehen. Er wird aufgerufen, die schützende Rolle zu übernehmen. Als Vermittlungsgegenstand und Verhaltensregulativ steht das "Buch der Tora" zwischen dem Vater und seinen Kindern. Es reicht nicht allein aus, ihn als Vater zu bezeichnen, Israel muß eine Bewahrungsinstanz bei ihm behalten, damit deutlich wird, daß Gott selbst in so großer Gefahr um der Tora willen seine Hand über das Volk Israel hält.

Diese Verhältnisbestimmung hat eine Parallele in irdischen Familien. Das rabbinische Judentum mißt Israel an den Pflichten des Sohnes. Das Erlernen der Tora war solch eine Pflicht und machte ihn geradewegs zum Sohn, wie auch das Lehren der Tora zum Vater machte.[73] Ebenso gründet für das Volk Israel die Gotteskindschaft in der Tora.[74]

In der tannaitischen Zeit bringt die Auslegung einen Zuspruch der Bewahrung Israels vor "diesem Frevler" zum Ausdruck, welcher auf der Midraschebene Amalek ist, zeitgeschichtlich auf die Römer bezogen werden muß. Die Identifizierung starker Feinde Israels als direkte Nachfahren Amaleks war nicht ungewöhnlich.

Die durch Mose in Gebetsform vorgetragene Bitte bewahrt die Israeliten jedoch vor dem Untergang. Sie behalten einen Bewahrungsort bei Gott, ausgedrückt durch die den Midrasch beherrschende vierfache Nennung "unter den Flügeln". Gott schützt sein Volk. Angesichts der Bedrohung durch die Römer ist dieser Text äußerst trostspendend. Die Annahme der Kinder durch den Vater bleibt auch in schwierigen Zeiten erhalten. In der Vaterbezeichnung schwingen in diesem Midrasch Konnotationen wie Schutz, Beistand, Verläßlichkeit und Fürsorge mit.

1.2.2. mRHSh 3,8:[75]

Ein weiterer Text, der von der Bedrohung durch Amalek spricht, ist mRHSh 3,8. Hier siegt Mose nur, wenn die Israeliten nach oben blicken und ihr Herz ihrem Vater im Himmel zu eigen geben. Texte, in denen sonst vom Herzen geredet wird, kommen meist in Gebetszusammenhängen vor; gängig ist hier die Formulierung "das Herz ausrichten".[76]

---

[72] Bei der Parallelstelle in MekhSh בשלח zu Ex 17,14 (126) erscheint nicht der Vatername Gottes, sondern lediglich die Form כנפי השמים.

[73] Vgl. bSan 99b; mit eschatologischer Hoffnung bShab 153a.

[74] Vgl. LOHSE, Art. υἱός κτλ., 360.

[75] Text: ALBECK, Mishna, Moed, 320.

[76] Vgl. den Exkurs über das Herz in Kap. III. 1.

I.1. *Und wenn Mose seine Hand emporhielt, siegte Israel,* והיה כאשר ירים משה ידו וגבר ישראל
usw... (*wenn er aber seine Hand sinken ließ, siegte Amalek*) (Ex 17,11). וגומר
2. Können denn Moses Hände den Kampf fördern וכי ידיו של משה עושות מלחמה
oder den Kampf hemmen? או שוברות מלחמה
3. Das will dir vielmehr sagen: אלא לומר לך
4. Solange die Israeliten nach oben blickten כל זמן שהיו ישראל מסתכלין כלפי מעלה
und ihr Herz ihrem Vater im Himmel dienstbar machten, ומשעבדין את לבם לאביהם שבשמים
hatten sie die Oberhand, היו מתגברין
wenn aber nicht, unterlagen sie. ואם לאו היו נופלין
5. Ähnlich sagst du: כיוצא בדבר אתה אומר
II.1. *Mache dir eine Schlange und richte sie an einer Stange auf* עשה לך שרף ושים אתו על נס
(Num 21,8).
2. Und es wird sein, daß jeder Gebissene, der sie ansieht, lebt. והיה כל הנשוך וראה אתו וחי
War es die Schlange, die sterben oder leben ließ? וכי נחש ממית או נחש מחיה
3. Vielmehr, אלא
4. wenn die Israeliten nach oben blickten בזמן שישראל מסתכלין כלפי מעלה
und ihr Herz ihrem Vater im Himmel dienstbar machten, ומשעבדין את לבם לאביהן שבשמים
wurden sie geheilt, wenn nicht, siechten sie dahin. היו מתרפאין ואם לאו היו נמוקים

Den Rahmen der Auslegung bildet hier das Thema der Intention bei Pflichterfüllungen. In der vorhergehenden Mischna wird betont, daß, wer in der Nähe einer Synagoge sein Herz auf den Ton des Schofar und das Vorlesen der Estherrolle bei Purim gerichtet hat, seine Pflicht erfüllt, sobald er es mit der richtigen Einstellung getan hat. Unser aggadischer Mischnateil[77] (3,8a.b) wurde also in den halachischen Komplex (3,1-7.8c), der die Verpflichtung zum Schofar-Blasen am Neujahrstag behandelt,[78] eingefügt. Beide Teile verbindet die Erwähnung des Herzens. Die Funktion des aggadischen Teils der Mischna liegt darin, biblisch zu begründen, daß es bei der Erfüllung von Pflichten auf die Intention ankommt.[79]

Diese Mischna finden wir parallel in yRHSh 3,7.8 58a und bRHSh 29a abgedruckt.

Gliederung:[80]

		I. (8a):	II. (8b):
1. Bibelstelle:		Ex 17,11	Num 21,8
2. Rhetorische Frage	וכי	Moses Hände	Schlange
3. Einleitung der Erklärung	אלא		
4. Auslegung der Bibelstelle:			
a) Bedingung			
b) alternative Folgen	היו ... ואם		
5. Übergangsformel	כיוצא בדבר אתה אומר		

---

[77] FLUSSER vermutet, daß dieser Einschub "evidently an interpolation which was performed before the final redaction of the Mishnah" (ders., "It´s not a Serpent that Kills", 544 Anm. 3) sei. Damit hält er diesen Einschub für älter als den halachischen Komplex, in den er eingebettet ist. Er begründet es damit, daß sich mRHSh 3,8c inhaltlich unmittelbar an 3,7 anschließt und die aggadische Geschichte aufgrund der Assoziation von "wenn er sein Herz ausgerichtet hat" (3,7) eingefügt worden ist.

[78] Ein Tauber, ein Wahnsinniger und ein Minderjähriger sind nicht verpflichtet, am Neujahrstag die Schofartöne zu hören. Daher darf auch keiner von ihnen Schofar blasen, weil damit die Zuhörer ihrer Pflicht nicht Genüge getan haben, d.h. diese Menschen können nicht ein ציבור שליח sein. Die Gemeinde wird mit הרבים bezeichnet, da das Schofar gewöhnlich nach dem Morgengebet geblasen wird (mRHSh 4,7), wo die Gemeinde zahlreicher versammelt ist als sonst (חובתן ידי הרבים את מוציא). Mit dieser halachischen Bestimmung schließt das achte Kapitel dieser Mischna.

[79] Vgl. MANESCHG, Erzählung, 200 Anm. 22.

[80] Vgl. ebd., 203.

Einzelexegese

I.1. Die Mischna ist anonym überliefert. Den Anfang des Textes bildet das Bibelzitat Ex 17,11. Dort wird die Situation beschrieben: Mose im Krieg gegen Amalek.[81]

2. Die Wendung "den Kampf hemmen" erscheint in der Hebräischen Bibel in Ps 76,4 und Hos 2,20. Gottes Eintreten für sein Volk wird von beiden Stellen bezeugt. Er zerbricht die Waffen und führt somit den Sieg herbei.[82] Es kam bei Mose darauf an, daß er seine Hände hoch erhoben hielt.[83] Allein dieser Tatsache war es dem biblischen Bericht zufolge zu verdanken, daß das Volk Israel siegte.[84]

3. Gegen diese Interpretation wird in der Mischna eine andere anonyme Auslegung gestellt, die mit den Worten אלא לומר לך, "das will dir vielmehr sagen"[85], eingeleitet wird. Es kommt nicht allein darauf an, ob ein Mensch (Mose) die richtige Tat getan hat, sondern Gott bewirkt den Sieg gegen einen so starken Gegner.

4. Sobald sie nach oben blickten[86] und ihr Herz ihrem Vater im Himmel dienstbar machten, siegten sie. Die Sätze sind parallel gebaut. "Blicken" und "das Herz dienstbar machen", "nach oben" und "zu ihrem Vater im Himmel" entsprechen sich. סכל im Hitpael hat die Bedeutung von "auf etwas genau sehen, scharf betrachten"[87]. In übertragener Bedeutung kann es auch durch "über etwas nachdenken"[88] wiedergegeben werden. למעלה hat hier nicht nur räumliche Bedeutung, sondern ist auch - genau wie שמים - eine Gottesbezeichnung.[89] Mose brauchte nur seine Hände hoch zu halten. Das war konditionell schwer; darum bekam er Hilfe durch Aaron und Hur. Aber vom Volk Israel wurde mehr erwartet. Sie mußten sich zu Gott hin auch inwendig ausrichten. Das

---

[81] Der Ausdruck עשה מלחמה bedeutet ganz allgemein "Krieg führen" bzw. "den Krieg erfolgreich führen" (vgl. EPSTEIN, מבוא למשנה, 370). Da dieser Begriff hier aber im Gegensatz zu שבר מלחמה steht, kann davon ausgegangen werden, daß in der Mischna עשה im Sinne von "fördern" verstanden wird. Als Akteure kommen hier nur die Israeliten in Frage. "Den Krieg fördern" bedeutet also soviel wie siegen, "den Krieg hemmen" soviel wie unterliegen. Auch in dem mit על הנסים beginnenden Gebet bedeutet "Krieg führen" soviel wie den Sieg herbeiführen, da unter dem Wort מלחמה der siegreiche Krieg verstanden wurde.

[82] Sieg im Krieg wurde in der Hebräischen Bibel zumeist Gott zugeschrieben (vgl. Ex 15,1-21; Ps 18,35; 144,1).

[83] Die Geste des Händeerhebens steht in TJ1 dem Gebet nahe (vgl. BOYARIN, ללקסיקון התלמודית VI, 17.19). TJ1 übersetzt Ex 17,11 folgendermaßen: והוה כד משה זקף ידוי לות אבוי דבשמיא (KLEIN, Fragment-Targums, 81). BOYARIN folgert, daß erst zu späterer Zeit die Ausleger sich auf das Verb "siegen" konzentriert haben (ebd., 21). Auch die Mechiltaauslegung versteht die Geste als Gebet oder als Bitte Moses um Gottes Beistand.

[84] Die Frage, welchen Beitrag die Amalekgeschichten für die Diskussion um Gewalt und Rassismus im Laufe der Jahrhunderte liefern, diskutiert SEVERIN-KAISER (dies., Gedenke, 152ff.).

[85] Die Formel "das will dir vielmehr sagen" leitet in der rabbinischen Literatur eine aus dem Text gefolgerte These ein (vgl. SEGAL, Grammar, § 511). Durch sie werden zwei miteinander bisher unvereinbare Wirklichkeiten zusammengestellt. Dabei werden die biblischen Texte in vielen Fällen unter einem bestimmten Gesichtspunkt zusammengefaßt.

[86] כלפי ist aus וכן לאפי zusammengezogen worden und bedeutet "directed towards, opposite, against", JASTROW, Dictionary, 645.

[87] LEVY, WB III, 525; vgl. mMeg 4,7, Nid 8,3; Av 4,20; u.a.

[88] LEVY, WB II, 525. FIEBIG übersetzt: "wenn die Israeliten einsichtig waren gegenüber oben" (ders., Rosh ha-Shana, 97).

[89] Vgl. MARMORSTEIN, Doctrine, 91. Vgl. den Exkurs zu שמים S. 162.

Verb שעבד im Schafel drückt hier ein vollkommenes Unterwerfen aus.[90] In der rabbinischen Literatur wird dieses Verb vornehmlich juridisch bei Fragen des Eigentums gebraucht.[91] Die Wurzel erinnert gleichzeitig an das Wort עבד "Sklave", welches gerade für die Wüstenzeit das Verhältnis des Volkes Israel zu Gott beschreibt.[92] Durch die Herausführung aus Ägypten ist dieses "Dienstverhältnis" neu bestimmt worden. Untersuchen wir das Verhältnis eines Sklaven zum Vater als Herrn des Hauses, so ist zu beachten, daß die Sklaven im Haus den unmündigen Söhnen gleichgestellt sind.[93] Beide sind vom Vater abhängig. Er kann sie verkaufen, und sie können für einen Mann Opfer bringen.[94] Die Verbindung der Worte עבד mit לב in dem Aussagesatz, der Gott als Vater bezeichnet, kann von Bedeutung sein. Genau wie ein Sklave ökonomisch und personell vom Wohlergehen und Wohlwollen seines Herren abhängig ist, war das Volk Israel in der Wüstenzeit abhängig von Gott. Es gab sich ganz in Gottes Hände, als es sich auf den Weg ins gelobte Land machte.

Mit der Erwähnung des Herzens greift die Mischna ihren vorherigen Vers (3,7) auf, in dem der einzelne bereits aufgerufen wurde, sein Herz auf den Ton des Schofar und das Vorlesen der Schriftrolle zu richten.[95]

Die Wendung "Unterwerfen des Herzens" läßt an ein Dienstverhältnis der Israeliten Gott gegenüber denken. Die parallele Wendung "nach oben blicken" legt die Deutung nahe, daß dieses Dienstverhältnis Ausdruck im Gebet findet. An einigen Stellen wird das Gebet in der rabbinischen Literatur als עבודה "Dienst" bezeichnet: SifDev § 41 zu Dtn 11,13 legt עבודה dahingehend aus, daß sie im Altardienst, dem Torastudium oder im Gebet liegen kann.[96] Auch bTaan 2a legt Dtn 11,13 durch das Gebet aus: "Welcher Dienst wird mit dem Herzen verrichtet? Das Gebet."
Neben der Auslegung dieses Dienstverhältnisses auf das Gebet wird ein unbedingter Gehorsam gegen Gottes Gebote gefordert.[97] In mBer 2,2 entsprechen die Ausdrücke "Joch des Himmelreiches" und "Joch

---

[90] Vgl. ALBECK, Einleitung in die Mischna, 233; JASTROW, Dictionary, 1608: "to obligate, pledge"; LEVY, WB IV, 588: "dienen lassen, jemanden unterwerfen, unterjochen". Diese Stelle wird daher unterschiedlich übersetzt. FIEBIG: "und ihr Herz unterwarfen"; BANETH: "und ihr Herz dem himmlischen Vater zu eigen gaben".

[91] Solche Fragen des Eigentums liegen z.B. vor, wenn eine Person sich durch ein Schriftstück zur Zahlung verpflichtet (bBM 13a); ein Feld, das der Steuer unterworfen ist (bBM 73b); ein Haus, das dem Boden unterworfen ist (bBQ 20b), und Menschen, die einander zu Zahlungen verpflichtet sind (bBQ 40b). Aber auch Sklaven, die sich dienstbar machen (mGit 4,4), kennt die Mischna.

[92] Vgl. hierzu MekhY בחדש 1 zu Ex 19,1: "Ihr wollt euch nicht dem Himmel unterwerfen להשתעבד לשמים, siehe, ihr werdet den Niedrigsten der Völker unterworfen werden משועבדים, den Arabern" (vgl. WINTER/WÜNSCHE, Mechiltha, 192). Diese Aussage wird R. Jochanan ben Zakkai zugeschrieben. Die Erwähnung der Araber ist vermutlich eine spätere Einfügung, muß aber nicht unbedingt auf die islamische Zeit hindeuten (vgl. STEMBERGER, Einleitung, 57).

[93] Vgl. Gen 17,12f.: Acht Tage nach der Geburt sollen alle männlichen Familienmitglieder, auch die in der Familie lebenden Sklaven und Fremdlinge, beschnitten werden. Vgl. auch Gal 4,1.

[94] Vgl. hierzu die Ausführungen zur Wüstenzeit am Ende des Abschnitts.

[95] In mRHSh 3,7b erscheint dreimal der Ausdruck כוון לב, dagegen wird im aggadischen Teil 3,8a.b jeweils die Formulierung משעבדין את לבם benutzt. Der Zusammenhang der Wendung "Herz richten auf" wird ausführlicher in Abschnitt III.1. behandelt.

[96] Vgl. BIETENHARD, Sifre, 134f.

[97] MANESCHG ordnet diese Beobachtung allgemein in die Gruppe jener Texte ein, die vom "Vater im Himmel" reden, und erwähnt die Texte, in denen es um die Erfüllung des Willen des Vaters geht, der Ausdruck in seinen Geboten findet (ders., Erzählung, 209).

der Gebote" dem Ausdruck "Unterwerfen des Herzens". Allerdings rankt sich auch dieser Abschnitt um das שמע ישראל (Dtn 6,4ff.).[98]

Die Alternativen, die den Israeliten als Folgen ihrer Handlung vor Augen gestellt werden, sind äußerst ausdrucksstark. Entweder werden sie gestärkt bzw. bemächtigen sich ihrer Feinde, oder sie unterliegen. Das Verb für "bemächtigen" wird durch das Hitpael dargestellt, das sonst vorwiegend für Zustände gebraucht wird, in denen von der Leidenschaft (יצר) die Rede ist.[99] Das Verb נופלין dagegen drückt das Hinfallen, physisch am Boden Liegen, aus. Durch einen derart bildhaften Gebrauch der Verben erleichtert der Midrasch den Israeliten die Wahl.[100]

5. Mit der Formel כיוצא בדבר אתה אומר, "ähnlich sagst du", wird an die vorherige Auslegung eine andere gehängt, die der ersten inhaltlich nahesteht. Hier handelt es sich um einen Analogieschluß.[101] In den beiden parallel aufgebauten Abschnitten werden zwei Bibelstellen ähnlichen Inhalts miteinander in Verbindung gebracht. Analog zur ersten Auslegung beginnt auch diese mit einem Bibelzitat (Num 21,8).

II.1. Die biblische Geschichte spielt sich ebenfalls in der Wüste auf dem Weg des Volkes Israel ins gelobte Land ab und wird im Buch Numeri kurz vor dem Ende der Wüstenwanderung (Num 21,21ff.) berichtet. Das Volk Israel haderte mit Gott, und er sandte Schlangen, die die Menschen bissen. Viele aus dem Volk starben daraufhin. Nachdem die Israeliten ihre Schuld eingesehen hatten, baten sie Mose um Fürbitte bei Gott. Dieser befahl dem Mose, sich einen Stab mit einer ehernen Schlange zu machen. Sobald die Gebissenen zu dieser Stange emporsahen, wurden sie geheilt.[102] Die Stellung des Textes innerhalb des Pentateuch setzt ein Verständnis der ehernen Schlange als Mahnmal oder "Zeichen der göttlichen Gnade"[103] voraus, das von Gottes Heilsmacht und dem Segen seiner Zuwendung und seines Schutzes kündet.

---

[98] "R. Jehoshua b. Karcha sagt: Warum geht voraus der Abschnitt *Höre Israel*, dem *Es wird geschehen* (im Shema)? Daß man zuerst auf sich nehme das Joch des Himmelreichs, und danach das Joch der Gebote." Das "Joch des Himmelreichs" bezeichnet den Abschnitt Dtn 6,4-9, das "Joch der Gebote" bezieht sich auf Dtn 11,13-21.

[99] Vgl. bMeg 15b; bHag 16a.

[100] Vgl. PRE 45: "Alle Israeliten stehen draußen vor ihren Zelten und sehen, wie Moses kniete. Da knieten auch sie. Er fällt mit seinem Gesicht zur Erde und sie fallen auf ihre Gesichter. Er breitet seine Hände zum Himmel aus und sie breiten ihre Hände zu ihrem Vater im Himmel aus." In diesen Worten wird die Geste des Gebets "durch Hinfallen und die Hände zu Gott ausbreiten" transparent.

[101] Vgl. BACHER, Term I, 75f.: "In der tannaitischen Bibelexegese werden auf analoge Weise gedeutete Bibelcitate durch die Formel ... miteinander verknüpft." Diese hermeneutische Regel gilt als die sechste der Hillel zugeschriebenen Auslegungsregeln (vgl. BACHER, Term I, 76; STEMBERGER, Einleitung, 30).

[102] In Num 21,8.9 drückt sich diese Heilung durch das zweimal auftretende Verb וחי aus. Im ersten Vers stellt es die Verheißung dar, im zweiten die korrespondierende Erfüllung.

[103] MANESCHG, Erzählung, 95; vgl. auch BAUDISSIN, Symbolik, 288 Anm. 1: "Die Erzählung im B. Numeri will in jedem Fall so verstanden sein, wie es B. d. Weish. 16,5-7 dargestellt wird, daß die Schlange ein σύμβολον σωτηρίας war und die Heilung von Gott kam."

2. An dieser Macht der ehernen Schlange stößt sich unsere Auslegung, die nun die Frage stellt, ob die Schlange denn sterben oder leben läßt.[104]

3. Mit dem adversativen Wort אלא wird dann die Auslegung der Bibelstelle eingeleitet.

4. Wie schon zuvor bei den Händen des Mose kann auch hier die Entscheidungsgewalt nicht bei der Schlange liegen, sondern Gott wird die Entscheidungsgewalt zugeschrieben. Der Schöpfer heilt, nicht das Geschöpf.[105] Dem entspricht die Aussage Gottes in Dtn 32,39 אמית ואחיה "ich kann töten und lebendig machen" (vgl. 1Sam 2,6).

Die Folge der Tat des Volkes Israel war, daß sie geheilt wurden. Da der aggadische Teil in den halachischen Kontext, der besonderen Wert auf die Intention bei der Erfüllung der Pflichten legt, eingebettet ist, darf angenommen werden, daß es das Vertrauen und die Unterwerfung der Israeliten unter Gott war, die sie genesen ließen.

MekhY עמלק 1 zu Ex 17,11[106] bringt eine Parallele zu unserer Mischna. Allerdings wird im Midrasch die Vaterbezeichnung Gottes nicht erwähnt. Dafür endet die Auslegung in der Mechilta wie in MekhY עמלק 2 zu Ex 17,14 ebenfalls mit der Erwähnung der Tora. Mit Moses erhobenen Händen siegt Israel "in den Sachen der Tora".

Zusammenfassung

Dieser aggadische Textabschnitt legt zwei Bibelverse aus, die sich mit Bedrohungen während der Wüstenzeit auseinandersetzen: den Vers aus der Geschichte des Krieges gegen Amalek (Ex 17,11) analog zu dem des Haderns der Israeliten in der Wüste (Num 21,8). In beiden Auslegungen wird deutlich, daß das "nach oben Schauen" nicht ausreicht, um Hilfe von Gott zu bekommen, solange die Israeliten sich nicht auch inwendig, mit dem Herzen, auf Gott ausrichten. Diese Aussage wird vom halachischen Kontext der aggadischen Geschichte unterstützt. In der Halacha wird ausgeführt, daß es bei der Erfüllung von Pflichten auf die Intention (= das Herz auf Gott ausrichten) ankommt.

Das in der Wendung explizierte Dienstverhältnis der Israeliten findet Ausdruck im Gebet. In der Wüstenzeit betete Mose für die Israeliten, war ihr Vermittler und Fürsprecher. Zur Zeit des Zweiten Tempels und nach seiner Zerstörung findet dieser das Verhältnis Gott - Israel verfestigende Dienst Ausdruck im Opfer, im Gebet oder im Studium der Tora. In den Situationen, in denen die Israeliten physisch am Boden liegen, können sie durch die Ausrichtung des Herzens auf Gott und ein inständiges Gebet Hilfe, Schutz und Beistand von ihrem Vater erfahren. Er nimmt sich aus dem Himmel ihrer

---

[104] Das Verb ממית kann nicht wie in bBer 33a seine normale Bedeutung haben, sondern bedeutet soviel wie "sterben lassen", denn die kupferne Schlange tötet ja nicht selbst. Sie braucht nur demjenigen, dem der Tod durch einen Schlangenbiß droht, den Blick auf sie zu verwehren.

[105] In Num 21,8 wird deutlich, daß nicht die Schlange allein leben oder sterben läßt, sondern Gott der Urheber von Genesung und Tod ist. In 2Kön 5,7 fragt der König Israels, der den aramäischen Feldhauptmann Naaman heilen soll: *"Bin ich Gott, daß ich töten und lebendig machen könnte?"* Später reden dann die Sklaven Naamans denselben mit אבי, "mein Vater", (ebd. 5,13) an. MANESCHG sieht einen Zusammenhang von "töten" und "lebendig machen" darin, daß "zur Zeit der Redaktion der Mischna der Ausdruck מחיה מתים beinahe zu einem Titel für Gott geworden" ist, und erinnert in diesem Zusammenhang an die Bitte der Totenauferstehung im Shmone Esre. Daraus folgert er, daß im zweiten Teil von mRHSH 3,8 an das Glaubensbekenntnis der jüdischen Gemeinde erinnert wird (ders., Erzählung, 210f.).

[106] Text: HOROVITZ/RABIN, Mechilta, 179f.; Übersetzung vgl. WINTER/WÜNSCHE, Mechiltha, 171.

irdischen Not und Bedrängnisse an. Dieser Hoffnung wird durch die Bezeichnung Gottes als Vater Ausdruck verliehen.

Die aggadische Auslegung ist vermutlich ein unabhängiger Text, der in den halachischen Kontext der Mischna eingefügt wurde. Daher ist eine Verortung des Textes in die Zeit des Zweiten Tempels möglich. Die Aussage des Midrasch ist zeitlos. Gerade das Verb נפל (physisches Hinfallen) legt eine Identifikation der Israeliten in Not- und Krisenzeiten mit der Situation der Wüstenzeit nahe. Die Israeliten müssen sich entscheiden, ob sie leben oder sterben wollen, sich inwendig zu Gott wenden und auf ihn konzentrieren oder nicht. Kommen sie zu einem positiven Ergebnis, dann erweist sich Gott als ihr heilsmächtiger Vater, der ihnen den Segen der Zuwendung und des Schutzes angedeihen läßt.

1.3. Der tägliche Mannasegen

Texte, die ebenfalls die Ausrichtung der Herzen bzw. der Gesichter Israels auf ihren Vater im Himmel betonen, finden sich parallel überliefert in einer Auslegung von Num 11,9. Die Auslegung SifBam zu Num 11,9 gliedert sich in sechs Abschnitte. Der hier ausgelegte Teil ist der fünfte und ausführlichste. Er wird parallel in SifZ zu Num 11,9 überliefert. Eine weitere Parallele ist in bYom 76a zu finden. Die Auslegung wird im Namen des R. Shimon (ben Jochai), eines Tannaiten der dritten Generation, angeführt.[107]

SifBam § 89 zu Num 11,9:[108]

כיוצא בדבר
ר׳ שמעון אומר
מפני מה לא היה יורד מן לישראל פעם אחת בשנה
כדי שיהפכו את לבם לאביהם שבשמים

משל למה הדבר דומה
למלך שגזר על בנו להיות מפרנסו פעם אחת בשנה
ולא היה מקביל פני אביו אלא בשעת פרנסתו
פעם אחת חזר וגזר עליו להיות מפרנסו בכל יום
אמר הבן
אפילו איני מקבל פני אביו אלא בשעת פרנסתי
דיי לי
כך ישראל
היו בביתו של אדם חמש זכרים או חמש נקבות
היה יושב ומצפה ואומר
אוי לי שמא לא ירד המן למחר
ונמצינו מתים ברעב
יהי רצון מלפניך שירד
ונמצאו הופכים את לבם לשמים

SifZ בהעלתך 11 zu Num 11,9:[109]

ר׳ שמעון אומר
מפני מה לא היה המן יורד לישראל פעם אחת בשנה
כדי שלא יופכו את פניהם מאביהן שבשמים
מושלין אותו
משל למה הדבר דומה
למלך שכעס על בנו וגזר להיות מפרנסו פעם אחת בשנה
ולא היה הבן מביט להקביל פני אביו אלא בשעת פרנסתו
גזר להיות מפרנסו בכל יום ויום
והיה אותו הבן אומר
אלו איני מקביל פני אבא אלא בשעת פרנסתי
דיי
כך
היה בתוך ביתו של אדם חמשה זכרים או חמש נקבות
והוא יושב ומצפה ואומר
אוי לי שמא לא ירד המן למחר
ונמצא בני מתים ברעב
יהי רצון מלפניך שירד
נמצאו הופכין פניהן לאביהן שבשמים

---

[107] Vgl. STEMBERGER, Einleitung, 84.

[108] Text: HOROVITZ, 90.

[109] Text: HOROVITZ, 270.

1. Ähnlich (dieser Sache)

2. sagt R. Shimon:

| | R. Shimon sagt: |

3. Warum fiel das Manna für Israel nicht einmal im Jahr?

Warum fiel das Manna für Israel nicht einmal im Jahr?

4. Damit sie ihr Herz ihrem Vater im Himmel zuwenden sollten!

Damit sie ihre Gesichter nicht von ihrem Vater im Himmel abwenden sollten.

Sie vergleichen es:

5. Ein Gleichnis. Womit ist die Sache vergleichbar? Mit einem König, der beschloß, seinem Sohn einmal im Jahr seinen Unterhalt zu geben.

Ein Gleichnis. Womit ist die Sache vergleichbar? Mit einem König der zornig war über seinen Sohn und beschloß, ihm einmal im Jahr seinen Unterhalt zu geben.

Und er bekam nur in der Stunde seines Unterhalts Audienz bei seinem Vater.

Und der Sohn sah nur in der Stunde seines Unterhalts seinen Vater (und) bekam bei ihm Audienz.

Einmal widerrief er (der König seinen Entschluß) und beschloß, ihm seinen Unterhalt jeden Tag zu geben.

Er (der König) beschloß, ihm seinen Unterhalt Tag für Tag zu geben.

Der Sohn sagte:

Und derselbe Sohn sagt:

Sogar, wenn ich nur in der Stunde meines Unterhalts Audienz bei seinem (meinem) Vater bekomme, ist es mir genug.

Wenn ich nur in der Stunde meines Unterhalts Audienz bei seinem Vater bekomme, ist das genug.

6. So auch Israel:

Ebenso:

7. Es waren in dem Haus eines Menschen fünf männliche oder fünf weibliche (Personen), er saß, spähte und sprach: Wehe mir, vielleicht fällt das Manna morgen nicht!

Es waren im Haus eines Menschen fünf männliche oder fünf weibliche (Personen), und er saß, spähte und sprach: Wehe mir, vielleicht fällt das Manna morgen nicht!

Und wir werden gefunden werden, vor Hunger sterbend.

Und meine Kinder werden gefunden, vor Hunger sterbend.

Sei es dein Wille, daß es fällt.

Sei es dein Wille, daß es fällt.

8. Und sie fanden sich, daß sie ihr Herz dem Himmel zuwandten.

Sie fanden sich, daß sie ihre Gesichter ihrem Vater im Himmel zuwandten.

bYom 76a:

Es fragten seine Schüler den R. Shimon ben Jochai:	שאלו תלמידיו את רבי שמעון בן יוחי
Warum fiel das Manna für Israel nicht einmal im Jahr?	מפני מה לא ירד להם לישראל מן פעם אחת בשנה
Er sagte ihnen:	אמר להם
Ich werde euch ein Gleichnis sagen.	אמשול לכם
Ein Gleichnis. Womit ist die Sache vergleichbar?	משל למה הדבר דומה
Mit einem König aus Fleisch und Blut, der einen Sohn hatte,	למלך בשר ודם שיש לו בן אחד
über den er beschloß, ihm seine Speise einmal jährlich zu geben.	פסק לו מזונותיו פעם אחת בשנה
Und der Sohn bekam nur einmal im Jahr	ולא היה מקביל פני אביו
Audienz bei seinem Vater.	אלא פעם אחת בשנה
Er (der König) stand auf und beschloß, ihm seine Speise jeden Tag (zu geben).	עמד ופסק מזונותיו בכל יום
Und der Sohn bekam täglich Audienz bei seinem Vater.	והיה מקביל פני אביו כל יום
Ebenso Israel:	אף ישראל
Wer vier oder fünf Kinder hatte,	מי שיש לו ארבעה וחמשה בנים
sorgte sich und sagte:	היה דואג ואומר
Vielleicht fällt morgen kein Manna,	שמא לא ירד מן למחר
und wir finden alle sterbend vor Hunger!	ונמצאו כולן מתים ברעב
Und sie fanden sich alle, daß sie ihr Herz	נמצאו כולן
auf ihren Vater im Himmel ausrichteten.	מכוונים את לבם לאביהן שבשמים.

In SifBam geht unserem Text die Auslegung des Verses Num 11,8 voraus, in der die Sehnsucht der Israeliten nach dem Manna mit der eines Kindes nach der Brust der Mutter verglichen wird. Die Israeliten waren traurig, als die Mannaspende endete (vgl. Jos 5,12).

In SifZ stehen der Auslegung ebenfalls einige Diskussionen um Speisen voran.

In bYom 76b leiten Geschichten, in denen bereits das Manna erwähnt wird, die Auslegung ein. Ausgelegt wird mYom 8,1: "Am Versöhnungstag ist das Essen und Trinken ... verboten." Auf die Worte "Essen" und "Trinken" hin werden einige biblische Geschichten diskutiert. Auch direkt im Anschluß an unseren Abschnitt wird R. Eleazar von Modaim zitiert, der behauptet, daß das Manna, das für Israel herabfiel, 60 Ellen hoch lag. Diese Auslegung faßt er als ein Maß der Güte Gottes auf.

Gliederung:
1. Überleitungsformel
2. Einleitung des Rabbinenspruch
3. Frage
4. Antwort
5. Gleichnis (König und Sohn)
6. Übertragung auf die Israeliten
7. Beispiel eines Menschen mit Gebet
8. Antwort

Einzelexegese

1. Der Midraschabschnitt legt einen Vers innerhalb der Erzählung über die Mannagabe (Num 11,9). Unserem Text vorausgehend wird anhand einiger Bibelstellen gezeigt, daß das Manna auf den Schwellen und Türpfosten vor Verschmutzung durch Tau geschützt gelegen hat und die Israeliten zuerst das שמע ישראל beteten und dann die Nahrung für jedes Haus aufsammelten.[110]

2. Mit der Einleitungsformel "ähnlich dieser Sache"[111] schließt sich der nun folgende Abschnitt direkt an die vorherige Auslegung des "Shema"-Rezitierens an.

3. Alle bisherigen Ausführungen zu Num 11,9 wurden anonym überliefert, nun folgt eine Auslegung R. Shimon ben Jochais.[112] Sie befaßt sich mit dem zeitlichen Aspekt des Mannasegens. Der Rabbi hinterfragt das aus dem Bibelzitat stammende Wort לילה (nachts). "Warum fiel das Manna für Israel nicht einmal im Jahr?" Damit hätten die Israeliten für das ganze Jahr ausgesorgt. In bYom 76a ist die Erzählung R. Shimon ben Jochais als Lehrgespräch stilisiert. Die Schüler fragen ihn, warum das Manna für sie, nämlich die Israeliten, nur einmal im Jahr fiel. Die Einfügung להם, "für sie", bringt die Distanz der Schüler R. Shimon ben Jochais zur Wüstengeneration der Israeliten zum Ausdruck. Obwohl die Schüler selbst zu den Kindern Israel gehören, drücken sie durch die so stilisierte Frage eine innere Distanz aus. Die folgende Auslegung erscheint in der Form einer historischen Erzählung, aus der Lehren für die Gegenwart gezogen werden können.

---

[110] Vgl. Ex 16,21 und die Auslegung des Verses am Anfang von SifBam § 89.

[111] Zur Bedeutung der Formel כיוצא בדבר, BACHER, Term I, 75f.; vgl. S. 41 Anm. 101.

[112] R. Shimon ben Jochai wird häufig nur als R. Shimon in der Literatur aufgeführt (vgl. SifBam § 89; SifZ 11,9). Er wird besonders oft in der gleichnamigen MekhSh erwähnt und gilt daher als ihr Redaktor (vgl. STEMBERGER, Einleitung, 254ff.).

4. Die Antwort führt der Rabbi, durch כדי eingeleitet (außer in bYom 76a[113]), sogleich an. Der nächtliche Mannasegen konstituiert das Gottesverhältnis der Israeliten. Sie wenden ihr Herz nach diesem Segen Gott dankbar zu. In SifZ zu Num 11,9 ist diese Tat via negationis formuliert: Die Israeliten wenden ihr Angesicht nicht von Gott ab. Damit wird in SifZ ein Zustand, bei dem die Israeliten konsequent und immer ihr Gesicht zu Gott wenden, vorausgesetzt. Dieser Gott wird als "ihr Vater im Himmel" tituliert. Warum dieses Gottesepitheton gewählt wurde, erklärt erst der folgende Text.

5. Ein Königsgleichnis, das sich mit dem Verhältnis eines Königs zu seinem Sohn beschäftigt, wird angefügt. Das familiale Verhältnis wird sodann auf Israel und sein Gottesverhältnis übertragen, und zuletzt werden Teile der bereits gegebenen Antwort resümierend dargestellt.

Das Gleichnis wird mit dem kennzeichnenden Wort משל als solches kenntlich gemacht.[114] Allerdings wird in SifZ und Yom 76a noch eine weitere Einleitungsformel vorgeschaltet. In SifZ heißt sie מושלין אותו, "sie vergleichen es", in bYom 76a, אמשול לכם "ich werde euch ein Gleichnis sagen". LEVY vermutet, daß das משל aus der Ellipse des ursprünglichen אמשול לך משל entstanden ist.[115] Diese These ist anfechtbar, da sie nur von einer Stelle abgeleitet und daher nicht besonders aussagekräftig ist. Es ist eher zu vermuten, daß die Aussage der Antwort mit der des Gleichnisses deutlicher miteinander verbunden werden sollte. Daher wurden die Vorschaltungen vermutlich erst nachher dem Text hinzugefügt.[116] Desweiteren wird an allen Stellen das Wort "Gleichnis" durch die Formel למה הדבר דומה mit dem vorhergehenden Text verbunden.[117]

Das nächste Wort למלך kennzeichnet das Gleichnis sofort als Königsgleichnis. Diese Gleichnisse sind in der rabbinischen Literatur zahlreich vertreten.[118] In einigen Fällen weisen sie nichts typisch Königliches auf. Auf der Handlungsebene könnte der König durch אדם (Mensch) oder אחד (jemand) ersetzt werden, doch das Wort מלך symbolisiert zumeist, wie auch in der vorliegenden Auslegung, Gott. Diese Tradition ist bereits in der Hebräischen Bibel bekannt.[119] In der rabbinischen Literatur, besonders in der Liturgie[120], wird Gott als König des Universums (מלך העולם) bezeichnet. Sehr viele Königsgleichnisse fügen dem König wie in bYom 76a attributiv die Bestimmung "aus Fleisch und Blut"[121] hinzu. Einige Könige in den Gleichnissen wurden in Anlehnung an die römischen Eroberer oder Prokuratoren geschildert.[122]

---

[113] In bYom 76a wird die Antwort erst als Abschluß der Auslegung gegeben.

[114] Vgl. BACHER, Term I, 121f.

[115] Vgl. LEVY (WB III, 281a), der seine These auf bRHSh 29a aufbaut.

[116] In bYom 76a ist dies eindeutig der Fall, da der Text als Lehrgespräch stilisiert einen glatteren Gesprächsverlauf zuläßt. In SifZ ist der Grund der Vorschaltung nicht ersichtlich.

[117] Diese ausführliche Einleitungsformel ist weit verbreitet. Vgl. BACHER, Term I, 121; STERN, Parables, 21.

[118] Eine Übersicht bietet ZIEGLER, Königsgleichnisse.

[119] Vgl. Ex 15,18; Jes 24,23; Ps 93,1; 1Chron 16,31. Vgl. auch BRETTLER, God is King, 30ff.

[120] Vgl. das Alenugebet, das מלכויות des Rosh ha-Shana Musafgebets und die Eröffnungsformel ברכה. Vgl. yBer 9,1 12d; HEINEMANN, Prayer in the Talmud, 32f.; 93-97; 94 Anm. 26.

[121] Vgl. tBer 6,23; BQ 7,2; bBer 31b; Suk 29a; BB 10a; San 91a; Men 43b u.a.

[122] Vgl. STERN, Parables, 19. Diese stilisierten Königsgleichnisse enthalten zahlreiche griechische und lateinische Lehnwörter. Daher wurde das Königsgleichnis bisher als historisches Dokument behandelt

In dieser Auslegung handelt es sich um ein Gleichnis, das nicht spezifisch auf die Königsrolle zugeschnitten ist. Es geht um das Verhältnis eines Sohnes zu seinem Vater, das sich auf die Unterhaltszahlungen des Vaters beschränkt. Während in SifBam und SifZ das Gleichnis eines beliebigen Sohnes erzählt wird, hebt bYom 76a hervor, daß der König nur *einen* Sohn hatte, was die Aussageintention der Geschichte verschärft.

Das Verb גזר ist in dieser Auslegung mit "entscheiden, beschließen"[123] zu übersetzen. Dies ist das einzige Merkmal, welches auf die gute ökonomische Situation des Vaters hinweist. Er beschließt, wann und wie oft er seinem Sohn Unterhalt geben will. Dabei wird vorausgesetzt, daß der Vater ganz nach seinem Gutdünken verfahren kann. In SifZ wird noch eine Erklärung des Vater-Sohn-Verhältnisses der eigentlichen Geschichte vorangestellt. Das Verb כעס drückt einen emotionalen Zustand aus und umfaßt den Bedeutungsspielraum von "unmutig, verdrießlich sein"[124] bis "ärgerlich, zornig sein"[125]. כעס wird in der rabbinischen Literatur auch zur Beschreibung gestörter sozialer Verhältnisse angeführt.[126] Warum der König sich über seinen Sohn ärgert, erläutert das Gleichnis nicht. Jedenfalls beschließt er, seinem Sohn einmal jährlich den Unterhalt auszuzahlen.

פרנסה, "Nahrung, Ernährung, Verpflegung"[127], regelt das Verhältnis des Sohnes zum Vater in diesem Gleichnis. In der Grundbedeutung heißt das Verb פרנס "leiten, führen"[128], erst im übertragenen Sinn dann "ernähren, verpflegen, Nahrung verschaffen"[129]. Jeder Vater ist verpflichtet, für den Unterhalt seiner Kinder zu sorgen.[130] Diese Sorge beschränkt sich nicht auf die Nahrung, sondern umfaßt auch Kleidung und Wohnung. Durch die Verpflegung führt und leitet der König seinen Sohn, denn wenn er vom Vater durch die Unterhaltszahlungen abhängig ist, kann von der Selbständigkeit des Sohnes keine Rede sein. Es kommt so weit, daß der Sohn den Vater nur beim Erhalt des Unterhalts, nämlich einmal im Jahr, sieht.

In bYom 76a wird bereits die amoräische Bearbeitungsstufe sichtbar. Hier bekommt der Königssohn keinen Unterhalt, sondern מזונות "Speise"[131]. In Gen 45,23 versorgt Josef

---

(vgl. ZIEGLER, Königsgleichnisse, 407f.). Dagegen wendet STERN ein, daß nicht allen Königsgleichnissen historische Ereignisse zugrunde liegen. Hinter ihnen mag aber die Praxis des römischen Rechtsverfahrens stehen, mit der die Rabbinen auf die eine oder andere Weise konfrontiert wurden (vgl. STERN, Parables, 20).

[123] BAUMGARTNER, Lexikon I, 179f. Vgl. Hi 22,28; Est 2,1.

[124] LEVY, WB II, 372.

[125] Ebd.

[126] In yBer 7,2 11b zürnt ein Herr über seinen Untergebenen. An anderer Stelle wird das Mißverhältnis innerhalb von Familien mit der Wendung כעס על beschrieben: vgl. bBer 61b; Tem 16a. AZ 54b berichtet über einen König, der über seinen Sohn zürnte, weil dieser seinem Hund den Namen des Vaters gegeben hatte. Aber auch Mißstimmungen in der Beziehung zu Gott werden mit der o.a. Wendung ausgedrückt; vgl. ShemR 45,2.

[127] LEVY, WB IV, 121.

[128] Ebd., 120.

[129] Ebd.

[130] Vgl. die Bitte der Tochter Achers an Rabbi: "Ernähre mich!" (bHag 15a.b).

[131] Vgl. BAUMGARTNER, Lexikon II, 535. מזן ersetzt bei den Amoräern פרנסה. Bedeutungsunterschiede können nicht festgestellt werden. Beide beinhalten die Sorge um das leibliche Wohlergehen (vgl. bHag 15b).

seinen Vater und die Brüder mit Nahrung während einer Dürrezeit. 2Chron 11,23 beschreibt, wie der König Rehabeam seine Söhne mit Nahrung und Frauen versorgt. Diese Bibelstellen waren dem Redaktor des Talmudtextes vermutlich Anlaß der Textänderung. Einerseits wird durch das Wort "Speise" die Nähe zu Num transparenter, andererseits berichtet die Rehabeamgeschichte bereits von der Sorge eines Königs um das Wohl seiner Söhne.

Eine Auslegung zu Ps 137,24f.[132] vergleicht die Nahrung mit der Erlösung. Wie bei der Erlösung Wunder geschehen, so auch bei der Nahrung. Ebenso wie die Nahrung findet auch die Erlösung täglich statt. Diese Auslegung erinnert an das Mannawunder in der Wüste, welches mit Ausnahme des Schabbat täglich neu eintraf. Dadurch wurden die Israeliten vor dem Hungertod bewahrt.

Nachdem der König beschlossen hatte,[133] seinem Sohn den Unterhalt einmal jährlich zu geben, wird die Reaktion des Sohnes berichtet. Was die Ausgangssituation des Sohnes war, erzählt das Gleichnis nicht. Uns sind nur die Folgen des Beschlusses des Königs bekannt. "Der Sohn bekam nur in der Stunde seines Unterhalts Audienz bei seinem Vater."[134] bYom 76a ist SifBam nachempfunden, SifZ steigert wie vorher den gefühlsmäßigen Ausdruck des Midrasch, indem das Verb מביט, welches aus der Bibel stammt und im Hiphil "in bestimmter Richtung blicken"[135] bedeutet, eingefügt wird. Der Sohn sah seinen Vater nicht öfter als in der Stunde der Übergabe seines Unterhalts.

Deshalb beschließt der König, seinem Sohn den Unterhalt täglich zu geben.[136] In SifBam wird der Wendepunkt durch die Worte "einmal widerrief er (der König)" ange- zeigt.[137] Das bedeutet, daß von derselben Ausgangssituation aus nun eine neue Ent- scheidung getroffen wird. In diesem Fall jene, daß der König den Unterhalt seinem Sohn nicht mehr jährlich, sondern täglich zukommen läßt.

An diese Wendung schließt sich - außer in bYom 76a - die wörtliche Rede des Soh- nes an. Diese wird in SifBam lediglich durch die Worte "der Sohn sagte", in SifZ jedoch verstärkt durch die Wendung "und derselbe Sohn sagte", eingeleitet. Diese Hervorhe- bung des Sohnes betont die Ungeheuerlichkeit des nun folgenden Ausspruchs: "Sogar, wenn ich nur in der Stunde meines Unterhalts Audienz bei seinem[138] Vater bekom- me."[139] Diese Aussage ist keine Verhärtung gegenüber der vorher beschriebenen Situa- tion, denn nun sieht der Sohn seinen Vater aufgrund von dessen Beschluß täglich. In

---

[132] Vgl. bShab 32b; 150b.

[133] Das andere Verb פסק in bYom 76a, welches soviel wie "bestimmen, festsetzen" (LEVY, WB IV, 78) in bezug auf Geld bedeutet, trifft die Aussage des Gleichnisses präziser und ist daher vermutlich dem Verb גזר im Talmud vorgezogen worden.

[134] bYom 76a berichtet, daß der Sohn seinen Vater nur einmal im Jahr sieht. Die Worte פעם אחד בשנה stellen eine Verbindung mit dem vorausgehenden Satz her.

[135] BAUMGARTNER, Lexikon II, 624.

[136] ZIEGLER vermutet, daß dieser Text die Sitte aufgreift, den Sklaven ihre Rationen täglich zu geben (vgl. ders., Königsgleichnisse, 407).

[137] Das in SifBam angeführte Verb חזר im Piel beschreibt den Widerruf des ursprünglichen Beschlusses (vgl. LEVY, WB II, 33). Das Verb ist nicht biblisch, sondern erst in der tannaitischen Literatur zu finden.

[138] Da hier eine wörtliche Rede eingefügt ist, müßte das Personalpronomen der 1. Pers. Sg. angefügt sein. Dieses wird vom Midrasch Chachamim überliefert.

[139] Geringfügige Abweichungen in den Mss. finden sich bei HOROVITZ, Siphre, 90 Anm. 15.

SifZ wird der König vom Sohn innerhalb der wörtlichen Rede אבא genannt. Auf die biblische Ebene übertragen hieße dies, daß Gott von seinen Kindern als אבא bezeichnet wird. Allerdings ist die Verläßlichkeit des angeführten Midraschtextes zweifelhaft,[140] da der Text dem MHG entnommen ist.[141] Daher kann dieser Text nicht als Beleg für die Abbabezeichnung Gottes in der tannaitischen Literatur herangezogen werden.

Als Abschluß des Gleichnisses wird uns in den Midraschim noch die bekräftigende Aussage des Sohnes überliefert: "Das ist mir genug!" Damit bringt der Sohn seine Demut gegenüber seinem Vater zum Ausdruck. Hervorgehoben wird außerdem, daß der Sohn mit jedem Beschluß des Vaters einverstanden ist und sich dementsprechend verhält. Er trifft den Vater nur, wenn dieser ihm seinen Unterhalt zukommen läßt. Damit wird deutlich, daß dieses Vater-Sohn-Verhältnis vom Vater bestimmt wird. Er entscheidet und handelt, der Sohn fügt sich ihm. Allerdings wird diese Vermutung durch die Beobachtung relativiert, daß das Gleichnis auf literarischer Ebene nur am Vater und dessen Verhalten interessiert ist. Die Aktivität des Sohnes ist für die Aussage des Gleichnistextes marginal.

7. Diese passive Haltung wird den Israeliten in der Wüste ebenfalls unterstellt. Mit כך, "ebenso", eingeleitet, beginnt nun die Übertragung des Gleichnisses auf die Situation der Israeliten im zitierten Bibeltext Num 11,9. Wie es dem Sohn im Gleichnis erging, so auch Israel. Wenn im Haus eines Menschen fünf Männer und fünf Frauen waren, saß dieser Mensch und wartete auf die Nahrung. Der Vorgang des Wartens wird einerseits durch das Verb "sitzen", welches den physischen Zustand des Menschen beschreibt, ausgedrückt, andererseits durch das Verb "hoffen, harren, etwas erwarten"[142], welches die bange Erwartung, den psychischen Zustand des Menschen ausdrückt. In bBes 32b wird ein Fall beschrieben, in dem ein Mensch auf den Tisch eines anderen hofft, d.h. auf die Nahrung eines anderen. In Anspielung auf Hi 16,22 wird über diesen Menschen gesagt, daß ihm die Welt finster ist, denn auf dieser Welt muß jeder Mensch für seine Ernährung selber sorgen. Menschliche Hilfe ist nicht unbedingt zu erwarten.

In der Numeriauslegung wird der Zustand des Hausbesitzers durch eine dreigliedrige wörtliche Rede plastisch beschrieben. An erster Stelle steht der Weheruf, verbunden mit einer Klage. Dem wird die auf den katastrophalen Zustand erwartete Folge nachgestellt. Schließlich endet die wörtliche Rede mit der in Form eines Gebetsrufes ausgedrückten Bitte. Diese dreigeteilte Rede kann als Kurzgebet bezeichnet werden.

Er sagt: "Wehe mir, vielleicht fällt das Manna morgen nicht!" Dies ist seine große Sorge. Zuerst beklagt er durch den emphatischen Ausruf "wehe mir" sein Schicksal, dann beschreibt er seine Furcht. An dem Wort שמא hängt das Geschick des Mannes und der Israeliten. "Vielleicht" tritt dieser Zustand ein. Als mahnendes Beispiel hebt der Mensch sogleich die Folge des ausbleibenden Mannasegens hervor: "Wir werden gefunden werden, vor Hunger sterbend".

---

[140] Vgl. HOROVITZ, Siphre, 270.

[141] In der jüdischen Forschungsliteratur wird diese Schwierigkeit eingehend diskutiert: vgl. ZUNZ, Vorträge, 51ff.; BRÜLL, Der kleine Sifre, 179ff.

[142] LEVY, WB IV, 211.

Im dritten Teil der Aussage des Mannes drückt dieser seine Bitte Gott gegenüber in Form eines Gebetes aus. "Sei es dein Wille, daß es (das Manna) fällt."[143]

In bYom 76a fehlt diese Bitte in Form eines Gebetsrufes. Damit wird deutlich, daß die Übertragung bereits nicht mehr auf die Situation in der Wüste anspielt, sondern hauptsächlich die Entstehungszeit der Auslegung im Blick hat. Der in diesem Text aufgezeigten Folge, daß alle vor Hunger sterbend gefunden werden, entspricht die übertragene Antwort. Durch den Parallelaufbau beider Verse, die mit den Worten נמצאו כולן eingeleitet werden, wird die inhaltliche Nähe betont.

8. Durch die Sorge vereint, wenden die Israeliten ihr Herz dem Himmel zu. Gott wird in SifBam nicht erneut als Vater bezeichnet. Der Ausdruck "Himmel" steht anstelle Gottes und wird nicht erweitert. In SifZ wenden die Israeliten, analog zur bereits gegebenen Antwort (vgl. 4.), ihre Gesichter ihrem Vater im Himmel zu. Stilistisch ist diese Aussage der Antwort des Rabbinenspruches nachempfunden. Außerdem wird durch die Erwähnung des "Gesichts" in SifZ deutlicher auf die Aussage des Sohnes innerhalb des Königsgleichnisses angespielt. Der Text erscheint daher geglättet und nachträglich überarbeitet. In bYom fehlt der vierte Abschnitt gänzlich. Die eigentliche Antwort wird erst am Ende der Auslegung gegeben.

Ohne die in den anderen beiden Texten parallel überlieferte Bitte schließt sich die Antwort an, daß alle gefunden werden, wie sie ihr Herz auf ihren Vater im Himmel ausrichten. Bereits bei der Formulierung מכוונים את לבם לאביהם שבשמים wird die Nähe zu anderen Gebetstexten der tannaitischen Zeit sichtbar.[144]

Ebenso wie in mRHSh 3,8 kann die Wendung hier auch im Kontext des Gebotsgehorsams gelesen werden. In SifDev § 41 zu Dtn 11,12 ist ebenfalls im Namen R. Shimon ben Jochais eine Auslegung überliefert, die viele Gemeinsamkeiten mit der Mannageschichte hat. Ein König hat viele Söhne und Sklaven, die er ernährt und versorgt. Aber die Kontrolle der Schlüssel zum Speicher liegt, wie in unserer Auslegung nicht explizit angeführt, in des Königs Hand. "Wenn sie seinen Willen tun, öffnet er den Speicher, und sie essen und werden satt. Aber wenn sie seinen Willen nicht tun, verschließt er den Speicher, und sie sterben vor Hunger. So (ist es mit den) Israeliten: Wenn sie den Willen des Ortes (מקום) erfüllen, (dann gilt): *J' wird dir sein reiches Schatzhaus, den Himmel, auftun* (Dtn 28,12). Wenn sie aber seinen Willen nicht tun, (dann gilt): *Und alsdann der Zorn J's wider euch entbrennen (wird) und er den Himmel verschliesse, so daß kein Regen kommt* (Dtn 11,17)."[145]

Zusammenfassung

Die Auslegungen setzen sich aus drei in sich schlüssigen Texten zusammen. Zuerst enthalten sie den Rabbinenspruch mit der Feststellung, daß Israel nicht nur einmal im Jahr Manna bekam, damit sie ihr Herz ihrem Vater im Himmel zuwandten.

Sodann wird im Königsgleichnis der Fall berichtet, daß der König seinem Sohn nur einmal im Jahr seinen Unterhalt zukommen ließ. Das Gleichnis ist auf den Vater fokussiert. Seine Handlungen und Entschlüsse bilden die Basis für die Auslegung der Mannageschichte. Durch den Entschluß, seinem Sohn täglich Unterhalt zu geben, festigt der König erneut das Verhältnis zu seinem Sohn, da dieser ihn nun täglich besucht.

---

[143] Die Wendung יהי רצון ist eine in Gebeten geläufige Formel (vgl. ELBOGEN, jüdische Gottesdienst, 70.89.116.124.202f.; vgl. auch 59; NULMAN, Encyclopedia, 368-373).

[144] Vgl. Kap. III.1.

[145] BIETENHARD, Sifre, 127.

Nachdem der Vater beschlossen hatte, seinem Sohn nur einmal jährlich den Unterhalt zu zahlen, bereut er es sehr, denn er bekam seinen Sohn nur einmal jährlich zu sehen. Das Verhältnis der starken Abhängigkeit des Sohnes vom Vater wird nicht dadurch durchbrochen, daß der König beschließt, seinem Sohn täglich den Unterhalt auszuzahlen, sondern die Distanz des Vaters zum Sohn wird aufgebrochen. Der Entschluß ist von der Liebe des Vaters zu seinem Kind geleitet. Wie das Motiv der Liebe die Vater-Sohn-Beziehung in diesem Gleichnis erneuert, so holt auch die Liebe Gottes das Volk Israel aus der Sklaverei und führt es durch die Wüste. Durch die liebevolle Zuwendung des Vaters, hier durch die tägliche Versorgung mit Manna expliziert, wird die menschlich-kindliche Beziehung zum Vater im Himmel hervorgehoben.[146]

Der Unterhaltsfall des Königssohnes soll auf Israel übertragen werden. Zuerst wird aber noch exemplarisch das Verhalten eines Hausbesitzers beschrieben, der zur Wüstenzeit auf das Manna wartet und sich für die Bewohner seines Hauses verantwortlich fühlt. Durch eine ebenfalls dreigliedrige wörtliche Rede, die die Sorge, die Folge des Ausbleibens des Mannas und die Bitte um Manna einschließt, versucht der Hausbesitzer, Gott zu bewegen, das Manna niederregnen zu lassen. Frei von diesen Sorgen kann Israel dann auch Gott danken und ihr Herz auf Gott ausrichten.

Die Antwort des Königssohns kann für die Auslegung des Mannasegens und des damit verbundenen Gottesverhältnisses zu Israel so nicht stehen bleiben. Sie muß relativiert werden. Das geschieht, indem die Situation, in der die Israeliten sich in der Wüste befunden haben, nachgezeichnet wird. Der König hat keine Probleme, oder zumindest wissen wir nichts davon, seinem Sohn Nahrung zu verschaffen. Der Israelit, der zehn Menschen in seinem Haus zu versorgen hat, steht vor weitaus größeren Problemen als ein König mit genügend verfügbaren Mitteln. Er bedarf einer weit größeren Macht als der eines Königs und hofft auf ein Wunder Gottes. Neben der Bezeichnung "Vater" schwingen in diesen Auslegungen Konnotationen wie Retter, Wundertäter und Ernährer mit.

Die Aussage der Mannageschichte, daß Gott nächtlich für die Ernährung des Volkes Israel sorgt, steht der Bitte um tägliches Brot des Unservater-Gebets sehr nahe.[147] ἐπιούσιος (Mt 6,10) kann durch מחר, "morgen", widergegeben werden.[148] Die Zeitangabe suggeriert einen Bezug zu Ex 16 und damit auf die Mannatradition.[149]

---

[146] SCHECHTER verdeutlicht diesen Aspekt am Beispiel Menasses (vgl. ders., Aspects of Rabbinic Theology, 320).

[147] An neutestamentlichen Texten wären hier noch die Gleichnisse vom Gastmahl zu erwähnen (Lk 14,16b-24; Mt 22,2-14). Bei ihnen hat SCHOTTROFF treffend beobachtet, daß die Erstgeladenen nicht "auf Israel (oder die Pharisäer o.ä. Gruppen) zu deuten (sind), sondern ethisch-eschatologisch: Sie verhalten sich falsch gegenüber Gottes Willen" (dies., Gleichnis, 199). Vom Willen Gottes hängt also auch hier die Entscheidung der Speisung ab. Neuere Auslegungen, die die Gegenüberstellung von Gruppen innerhalb des Judentums zu meiden suchen, finden sich bei VÖGTLE, Gott und seine Gäste, 64ff. Die Mannatradition wird im Neuen Testament innerhalb der Brotrede in Joh 6 und beim "Ich-bin"-Wort in Joh 6,35.48 aufgegriffen.

[148] LUZ, Matthäus 1, 346.

[149] Vgl. Ex 16,4.23; CARMIGNAC, Recherches, 190: Das Brot schließe im biblischen Sinne das neue und wahre Manna mit ein. VÖGTLE gibt die Brotbitte des Vaterunsers daher mit folgenden Worten wieder: "Gib uns jeden Tag unser Manna bis morgen" (ders., Vaterunser, 173).

Besonders ein Gebet bringt die Nähe unserer Geschichte mit der Gebetsbitte um tägliche Nahrung zum Ausdruck. In Not und Gefahr dürfen die Israeliten eine Kurzform des Shmone Esre, zu dem Männer, Frauen und Kinder verpflichtet sind,[150] beten. Im Namen des R. Meir[151] und seiner Schüler wurde folgendes Gebet überliefert: "Die Bedürfnisse deines Volkes sind groß, ihre Erkenntnis aber ist gering. Es sei wohlgefällig vor dir, Adonaj, unser Gott und Gott unserer Väter, daß du jedem einzelnen genügend für seinen Unterhalt gibst und jedem Leib, was ihm mangelt."[152] Dieses Gebet bringt die auch in den Midraschtexten ausgeführten Elemente: Gebetsform, Unterhalt und Vaternamen, zum Ausdruck. Allerdings wird nicht Gott als Vater angeredet, sondern die generationsübergreifende Form "Gott unserer Väter" vorgezogen.

1.4. Zusammenfassung der biblischen Bedrohungstexte

An den Texten dieses Kapitels wird deutlich, daß von einer speziellen Beziehung der Israeliten zu ihrem Vater im Himmel gesprochen werden kann. Diese Beziehung ist gerade während der Wüstenwanderung vielfachen Belastungen und Bedrohungen ausgesetzt. Alle Auslegungen weisen folgende Merkmale auf:
1. Sie beziehen sich auf Bibelerzählungen, in denen von der Bedrohung der Israeliten während der Wüstenzeit gesprochen wird.
2. In allen biblischen Textzusammenhängen wird von dem auszulegenden Zitat aus das Fehlverhalten und mangelnde Vertrauen der Israeliten gegenüber Gott thematisiert.
3. Alle Auslegungen zeigen einen Ausweg auf bzw. erklären die Rettung der Israeliten durch Gott. Entweder bekennen die Israeliten ihre Verfehlungen vor Gott (MekhY ויסע 1 zu Ex 15,25), oder Mose tritt als Vermittler um der Bewahrung der Tora willen auf (MekhY עמלק 2 zu Ex 17,14), oder das Vertrauen der Israeliten auf Gott wird hervorgehoben (mRHSh 3,8parr.; SifBam § 89parr.).
4. Keine der Auslegungen führt die Vaterbezeichnung Gottes innerhalb eines Gebetes. Allerdings klingen in allen Auslegungen Gebetsstücke bzw. -formulierungen an. Das bringt diese Texte in eine inhaltliche Nähe zu allgemeinen Gebetsgesten und Gebeten, genauer, den Bitt- bzw. Fürbittgebeten.

Im Kontext dieser Bedrohungstexte wird Gott als Vater im Himmel benannt. Eben der Kontext der Bedrohung, in der die Bibelzitate mit der anschließenden Rettung durch Gott stehen, läßt die Tannaiten hoffen. Die Verfolgungssituation der Wüstenzeit übertragen sie auf ihre eigene Bedrohungssituation. Mit der Aussicht auf Hoffnung setzen die Redaktoren der Texte all ihre Überredungskunst ein, indem sie u.a. Gott als "Vater im Himmel" bezeichnen. Damit steht ihnen Gott als Garant der Hoffnung durch die familiale Bezeichnung einerseits nahe, andererseits kann ihn das auf der Welt herr-

---

[150] Wer der Forderung, das Gebet täglich in seinem ganzen Umfang zu beten, nicht nachkommen kann, für den gibt es eine weitere Erleichterung. Er muß nur den "Hauptinhalt des Shmone Esre" beten (vgl. mBer 4,3).

[151] Ein Schüler R. Akivas, der um 150 n.Chr. lebte (vgl. STEMBERGER, Einleitung, 84; BACHER, Tann II, 1ff.).

[152] tBer 3,7; vgl. Baraita bBer 29b. Übersetzung nach: VETTER, Gebete, 43.

schende Unrecht und Leid durch seine Verortung "im Himmel" auch nicht treffen. Er vermag, wie in der Wüstenzeit, rettend einzugreifen.

Der Zusammenhang mit den Bedrohungstexten ist auf den ersten Blick verwunderlich. Die Situationen von Gefahr und Rettung machen deutlich, daß nur das absolute Vertrauen auf Gott, ausgedrückt in einer (Gebets-)Geste, helfen kann, denn es sind eben nicht Mose oder die Schlange, die leben oder sterben lassen. Auf die innere Einstellung der Israeliten kommt es an. Diese ist bei der Gottesbeziehung ebenfalls von entscheidender Bedeutung. Der Verweis auf Situationen der Bedrohung des Volkes Israel im Zusammenhang mit Amalek und der Schlange in der Wüste wird in dieser Mischna vermutlich sinnbildlich für die Situation von Verzweiflung und Verlust von Gottvertrauen angewandt. Gerade in diesen Situationen wird nun verlangt, daß die Israeliten ihr Herz "sklavisch" Gott zu eigen geben. Mit "sklavisch" ist hier keinesfalls blinde Unterwerfung gemeint, sondern Gott übernimmt ökonomisch und personell die Verantwortung für seine "Sklaven", das Volk Israel. Mit der Bezeichnung Gottes als Vater im Himmel wird aber zugleich der Aspekt der Unterwerfung abgeschwächt. Mit dieser Gottesbezeichnung wird betont ausgeführt, daß Gott nicht nur rechtlich sich als "Herr der Sklaven" um das Volk Israel kümmern muß, sondern darin ein ganz persönliches Anliegen hat. Indem er als Vater bezeichnet wird, kann er sich der persönlichen Beziehung und Verantwortung für seine Kinder nicht mehr entziehen. Ein Vater ohne Kinder und ohne eine ganz bestimmte Beziehung zu ihnen existiert nicht. Dabei fällt dann auch nicht ins Gewicht, wie sich diese Kinder zu ihm verhalten.[153] Die biblischen Bedrohungstexte halten an der alleinigen Heilswirksamkeit des himmlischen Vaters fest. Die innere Haltung der Israeliten ihm gegenüber entscheidet über Sieg oder Niederlage, Heilung oder Tod.[154]

Alle Texte scheinen durch die Thematisierung von Notlagen des Volkes Israel als Reaktionen auf Gefährdungen des Tempels oder die Katastrophe der Tempelzerstörung verstanden werden zu können. Allerdings muß die historisch vorausgesetzte Katastrophe nicht erst die der Tempelzerstörung gewesen sein. Vielmehr ist anzunehmen, daß Grundlagen der Auslegungen sich in der Zeit der Hasmonäer und später herausgebildet haben. Die Auslegungen sind in jeder Situation politischer Unruhen, wirtschaftlicher Not und gesellschaftlicher Zerrüttung denkbar. Die Kombination der Rettung, Hilfe und des Beistands Gottes in Situationen der Existenzgefährdung legt es nahe, daß die Rabbinen Texte der Wüstenzeit zur Auslegung heranziehen, die durch ihre Interpretation Hoffnung spenden sollen. In diesem Zusammenhang ist noch einmal auf die Hilfe durch das Gebet zu verweisen. Es ermöglicht Kontakt zu Gott, der sich dem Volk als beistehender und unterstützender Vater erweist.

---

[153] Allerdings wird in einem Gleichnisspruch, der Antigonos von Socho (2. Jh. v.Chr.) zugeschrieben wird, zum adäquaten Umgang mit Gott aufgerufen: "Seid nicht wie die Sklaven, die dem Herrn dienen unter der Bedingung, Belohnung zu empfangen. Seid vielmehr wie Sklaven, die dem Herrn dienen ohne Bedingung, Belohnung zu empfangen" (mAv 1,3). Die Worte "Sklaven", "Herr" und "dienen" stehen unseren Auslegungen der Bedrohungstexte nahe.

[154] Vgl. FREY, Wie Mose die Schlange, 167.

2. Mose, die Priester und Jerobeam

2.1. Mose als Mittler der Tora: Sifra בחקתי 8,12 zu Lev 26,46[155]

In Sifra בחקתי 8,12 zu Lev 26,46 wird Mose als Bevollmächtigter zwischen den Israeliten und ihrem Vater im Himmel eingesetzt. Konstitutives Element dieser Beziehung ist die Tora.[156]

I. 1. *Dies sind die Satzungen, Rechte und Torot* (Lev 26,46a).	אלה החוקים והמשפטים והתורות
2. Die Satzungen sind die Midraschot.	החוקים אילו המדרשות
Und die Rechte sind die Rechtssprüche.	והמשפטים אילו הדינים
Und die Torot.	והתורות
Das lehrt,	מלמד
daß zwei Torot den Israeliten gegeben wurden,	ששתי תורות ניתנו להם לישראל
eine geschriebene und eine mündliche.	אחד בכתב ואחד בעל פה
3. R. Akiva sagte:	אמר ר″ע
Und hatten denn die Israeliten nur zwei Torot?	וכי שתי תורות היו להם לישראל
Und wurden den Israeliten nicht viele Torot gegeben?	והלא תורות הרבה ניתנו להם לישראל
Dies ist die Tora des Brandopfers (Lev 6,2),	זאת תורת העולה
dies ist die Tora des Mehlopfers (Lev 6,7),	זאת תורת המנחה
dies ist die Tora des Schuldopfers (Lev 7,1),	זאת תורת האשם
dies ist die Tora des Friedensopfers (Lev 7,11),	זאת תורת זבח השלמים
dies ist die Tora, wenn ein Mensch in einem Zelt stirbt (Num 19,14).	זאת התורה אדם כי ימות באהל
II. ... *die J' zwischen sich und den Israeliten aufgerichtet hat* (V.46b).	אשר נתן ה' בניו ובין בני ישראל
Mose war berechtigt, zum Bevollmächtigten zwischen Israel und ihrem Vater im Himmel gemacht zu werden.	זכה משה ליעשות שליח בין ישראל לאביהם שבשמים.
III. ... *durch die Hand des Mose am Berg Sinai* (V.46c).	בהר סיני ביד משה
Das lehrt,	מלמד
daß die Tora, ihre Halachot, ihre Einzelheiten und ihre Entfaltungen	שניתנו התורה הלכותיה ודקדוקיה ופרושיה
durch Mose vom Sinai (herab) gegeben wurden.	על ידי משה מסיני

Der Text legt den letzten Verses von Lev 26 aus. Deshalb steht auch die Auslegung beinahe am Ende von Sifra. Sie beendet die zweite Parascha. In einem vorausgehenden Abschnitt wird eine Auslegung der Verse Lev 26,41.43 angeführt. Die Rechtsvorschriften (משפטים) und Satzungen (חקים) aus V.43 werden als "(biblische) Rechtsvorschriften" und "Forschungen, d.h. rabbinische Lehren"[157] gedeutet. Damit ist die Verbindung von mündlicher Lehre und schriftlicher Tora anhand der auch in unserem Abschnitt auszulegenden Worte bereits angedeutet.

Gliederung:
I. Lev 26,46a
    1. Dreifache Auslegung mit Lehrspruch zum dritten Teil
    2. Auslegung R. Akivas zum dritten Teil

---

[155] Text: WEISS, Sifra, 112b.

[156] Um Begriffsunklarheiten vorzubeugen, wird in der Übersetzung das hebräische Wort Tora (bzw. Torot) nicht übersetzt. Bei den Auslegungen wird jeweils verdeutlicht, wie der Begriff inhaltlich zu füllen ist.

[157] Vgl. WINTER, Sifra, 661.

II. Lev 26,46b
    Auslegung
III. Lev 26,46c
    Lehrspruch

Einzelexegese

I.1. Wie in halachischen Midraschim üblich, beginnt die Auslegung mit einem Bibelzitat (Lev 26,46). In diesem Fall strukturiert die Dreiteilung von Lev 26,46 die Auslegung.[158] Dieser Vers scheint eine Unterschrift zu dem die Kapitel 17-26 umfassenden Heiligkeitsgesetz zu sein.[159] Alle vorangegangenen Gesetzesbestimmungen werden durch die drei Worte חוקים משפטים und תורות zusammengefaßt: *"Dies sind die Satzungen, Rechte und Torot"*.

2. חוקים ist mit "Satzungen, Anordnungen" zu übersetzen.[160] Unter משפטים sind "Rechte"[161] zu verstehen. תורה kann durch "(Unter-)Weisung"[162] wiedergegeben werden. In dieser Dreierzusammenstellung "Satzungen, Rechte und Torot" erscheinen die Worte nur noch im Zusammenhang der Landverheißung in 2Chron 33,8. Innerhalb der Erzählung von König Menasse, der Götzenbilder in den Tempel stellte, wird an die Zusage Gottes an David und Salomo erinnert. Diese Erinnerung hebt das Wohnen von Gottes Namen im Tempel in Jerusalem hervor, der Stätte, die Gott aus allen Stämmen erwählt hat. Zudem ist sie mit der Erinnerung an die Landverheißung verbunden, die die Väter bekamen, sofern sie "bewahren, um zu tun" (אם ישמרו לעשות), was Gott ihnen durch Mose geboten hat, eben alle Satzungen, Rechte und Torot. Die Übereinstimmung der biblischen Geschichte mit dem Midrasch besteht neben der wörtlichen Entsprechung in der Erwähnung des Mose und seiner vermittelnden Tätigkeit. Außerdem werden die Begriffe "Tora, Satzungen und Rechte" in den aufeinanderfolgenden Sätzen in Dtn 4,44f. erwähnt. In V.44 wird an die Tora, die Mose den Israeliten vorlegte, erinnert, V.45 spricht dann von den "Ermahnungen, Satzungen und Rechten". Ansonsten werden häufiger Satzungen und Rechte mit "Ermahnungen" (עדות)[163] oder mit "Geboten" (מצוות)[164] zusammen überliefert.

Nun werden in diesem Midraschabschnitt andere Worte zur Erklärung der drei Begriffe angeführt. Die "Satzungen" werden mit מדרשות parallelisiert. Das Wort "Midrasch" ist ein feststehender Begriff aus der rabbinischen Exegese. In der Hebräischen Bibel begegnet er uns nur in 2Chron 13,22 und 24,27. Er kann einerseits die "Schriftforschung, bes. die juridische"[165] beschreiben, andererseits eine "Erklärung, Auslegung eines Schriftstücks"[166]. In der rabbinischen Literatur bezeichnet man mit diesem Begriff

---

[158] In Lev 26,46a werden drei "Rechtsformen" betont, im abschließenden Lehrspruch drei Auslegungsformen: die Halachot, Einzelheiten und Entfaltungen der Tora.

[159] CRÜSEMANN bezeichnet Lev 26,46 als "abschließende Unterschrift" unter das Heiligkeitsgesetz (ders., Tora, 323).

[160] GESENIUS, WB, 254; vgl. BAUMGARTNER, Lexikon I, 332f.: "Bestimmung, Regel, Vorschrift".

[161] Ebd., 472.

[162] Ebd., 874.

[163] Vgl. Dtn 4,45; 6,20.

[164] Vgl. Dtn 5,31; 6,1.

[165] DALMAN, Handwörterbuch, 226.

[166] GESENIUS, WB, 400f. Zur Terminologie vgl. PORTON, Midrash, 105ff.; BACHER, Term I, 103.

die Schriftauslegung, besonders aber Sammlungen von Schriftauslegungen.[167] In der Pluralform dient das Wort מדרשות sehr häufig dazu, "das Textwort חקים zu erklären"[168]. Anscheinend sind mit dem Wort מדרשות in diesem Textabschnitt die auf die Deduktion und Erläuterung der biblischen Satzungen sich beziehenden Schriftauslegungen gemeint, die man im Textwort חקים angedeutet fand, also die halachischen Auslegungen. Sie werden an sich "Halachot" genannt.

Die "Rechte" (משפטים) werden mit "Rechtssprüchen" (דינים) gleichgesetzt. Bereits im biblischen Hebräisch sind die Wörter Synonyma. משפט wurde erst im mischnischen Hebräisch von den "Rechtssprüchen" verdrängt.[169] Im halachischen Midrasch bezeichnet das Verb דין die exegetische Vorgehensweise der aufgrund einer hermeneutischen Regel zu ziehenden Schlußfolgerung.[170]

Die dritte Auslegung wird als Lehrspruch angeführt. "Und über die Torot. Das lehrt, daß zwei Torot den Israeliten gegeben wurden." Schon in Lev 26,46a erscheint das Wort Tora im Plural. Dies ist die Voraussetzung für die halachische Aussage. Eingeleitet durch die exegetische Folgerungsformel מלמד ש (das lehrt)[171] beginnt der Lehrspruch über die Tora, welcher eine Erklärung für die Pluralform תורות bietet: "eine geschriebene und eine mündliche (Tora)."[172] Eine solche Deutung stammt aus der rabbinischen Literatur, in der sich die Gelehrten bemühten, ihre eigenen Auslegungen zu rechtfertigen und ihnen Gewicht zu verleihen.

Um diese mündliche Tradition und ihren Stellenwert aufzuzeigen, liegt es nahe, vor allem durch den Paralleltext ARN(A) 1, einer Auslegung von mAv 1, auf die Sukzessionskette in mAv 1,1ff. zu verweisen. Dort wird, beginnend mit Mose auf dem Sinai, die Weiterleitung der Tora an Aaron, die Ältesten, die Männer der Großen Versammlung, die Paare, die Tannaiten usw. aufgezeigt. Damit wird auf die lückenlose und somit über alle Autoritätszweifel erhabene Gabe der schriftlichen und mündlichen Tora am Sinai verwiesen. In der tannaitischen Literatur werden bereits über Hillel und Shammai, Gelehrte, die z.Zt. Herodes I. lebten, Geschichten zur mündlichen Tora erzählt. So kam zu beiden ein Nichtjude und fragte sie: "כמה תורות יש לכם - wie viele Weisungen habt ihr?" Beide verwiesen ihn ausdrücklich auf zwei Weisungen, die mündliche und die schriftliche.[173] In einer weiteren talmudischen Geschichte streiten sich

---

[167] Bereits von Shimon b. Gamliel I. wird in mAv 1,17 folgendes Wort überliefert: "Nicht das Suchen ist die Hauptsache, sondern das Tun!" In diesem Text beschreibt das Wort Midrasch allgemein, was Lehre auszeichnet, nämlich das Suchen, Forschen und Lernen (vgl. dazu mAv 3,9.17; 4,4).

[168] BACHER, Term I, 103.

[169] Ebd., 20.

[170] Vgl. die Aussage, die R. Jehuda b. Ilai entgegengehalten wurde: כל דין שאתה דן תחלתו להחמיר וסופו להקל אינו דין (Jeder Rechtsspruch, den du richtest, dessen Anfang erschwerend sein soll und dessen Ende dann aber erleichternd ist, ist kein Rechtsspruch); Sifra תזריע 0,5 zu Lev 12,2 (57b); אמור 17,10 zu Lev 23,42 (103b); bPes 27b; Suk 36b; yPes 2,1 28d (zweimal).

[171] Diese Formel begegnet uns zunächst vereinzelt in der Mischna (vgl. mBik 1,9; Suk 4,8; Sot 5,4.5; Ed 5,6; Ker 6,9; Mid 3,1; Kel 9,6). In der Tosefta, den kleineren Traktaten und den halachischen Midraschim nimmt die Häufigkeit der Formel zu. Besonders die aggadischen Midraschim, allen voran BerR, verwenden vermehrt diese Formel (vgl. BACHER, Term II, 98). Es scheint, so BACHER (Term I, 31), daß vor allem die Schule Akivas mit den aus dem Verbum למד abgeleiteten Ausdrücken den Sprachgebrauch entscheidend beeinflußt hat.

[172] Weitere Bedeutungsstufen des Terminus "Tora" finden sich bei RABINOWITZ, Torah, 1235f.

[173] Vgl. bShab 31a. Mit der Einleitungsformel תנו רבנן, "es lehrten die Rabbanan", wird diese Geschichte als Baraita gekennzeichnet. Auch wenn sie historisch nicht zuverlässig den o.a. Gelehrten zugerechnet werden kann, verweist die Einleitung auf frühes tannaitisches Gedankengut, welches aus einer bekannten Quelle, meist den halachischen Midraschim, stammt (STEINZALTZ, מדריך לתלמוד, 125).

Rabbinen der zweiten tannaitischen Generation, in welchen quantitativen Anteilen die schriftliche und mündliche Tora überliefert worden sei.[174] R. Eleazar begründet mit Hos 8,12, daß sie größtenteils schriftlich existierte, wogegen R. Jochanan mit Hilfe von Ex 34,27 aufzeigt, daß die Tora größtenteils mündlich vorhanden war. Bereits diese Geschichte setzt die Akzeptanz beider Lehren, der schriftlichen wie der mündlichen Tora, voraus.

Der im vorliegenden Midrasch angeführte Lehrspruch gibt folglich tannaitisches Gedankengut wieder.

3. Eine weitere Auslegung von "Tora" wird nun im Namen R. Akivas angefügt. Akiva bezweifelt, daß es nur zwei Torot geben soll. Nicht nur zwei Torot wurden demnach den Israeliten gegeben, sondern mehrere. Die aus dem biblischen Hebräisch stammende Fragepartikel הלא[175] leitet nun Akivas Einwände ein, daß es mehrere Torot für Israel gäbe. Die Torot, die R. Akiva nun aufzählt, beziehen sich auf die Kapitel 6 und 7 des Buches Leviticus und Num 19,14. Hier werden Opfergesetze angeführt. Die Beschreibung dieser Gesetze beginnt gleichlautend mit der Einleitung זאת תורת "dies ist die Tora der/des".

Der biblischen Reihenfolge in den Leviticuskapiteln folgend werden das Brandopfer, עולה (Lev 6,2),[176] das Mehlopfer, מנחה (Lev 6,7),[177] das Schuldopfer, אשם (Lev 7,1)[178] und das Friedensopfer bzw. Ganzopfer זבח שלמים (Lev 7,11) aufgezählt. Letzteres setzt sich aus zwei ursprünglich selbständig existierenden Opfern, dem Schlachtopfer, זבח[179] und dem Friedensopfer, שלמים,[180] zusammen. 1Sam 11,15 und 10,8 belegen in vorexilischer Zeit die Kombination beider Opfer, die sich vom Ritus her im Vollzug glichen.[181] Bei der Abfolge der hier angeführten Opfergesetze ist auffällig, daß vorexilische Opfer solche aus exilischer oder nachexilischer Zeit einschließen.

Im Anschluß an die Opfergesetze wird der Fall eines Menschen, der im Zelt gestorben ist, behandelt. Der Satz ist Num 19,14 entnommen, wo beschrieben wird, wie bei

---

[174] Vgl. bGit 60b.

[175] Vgl. BACHER, Term I, 42.

[176] Ursprünglich wurde dieses Opfer in einzelne Teile zerlegt und auf dem Altar verbrannt. Daher heißt es auch כליל "Ganzopfer". Es wurde bei öffentlichen Angelegenheiten zur Klage (vgl. 1Sam 7,9) und zum Fest (vgl. 1Kön 9,25) dargebracht. In Gen 8,20 kann der Sinn des Brandopfers Noahs darin gelegen haben, Gott geneigt zu stimmen (vgl. SEEBAß, Opfer, 260).

[177] In Lev 2 werden sowohl das Erstlingsopfer als auch das Opfer mit ungebackenem Feinmehl derart bezeichnet. Die Mincha ist meist Teil anderer Opferrituale (Brand- und Schlachtopfer). In Lev 6,13-16 wird es als selbständig angesehen.

[178] In Lev 5 erscheint dieses Opfer selbständig. אשם bedeutet "Schuldverpflichtung als Folge von Verschuldung" (SEEBAß, Opfer, 262).

[179] Dieses Opfer ist schon bei den Erzvätern belegt (Gen 31,54; 46,1) und wurde damals vor allem im Vaterhaus im Kreis der Familie oder Sippe dargebracht (vgl. 1Sam 20,6.29). Wenn es nicht zu den Familienfesten vollzogen wurde, diente es als Dankopfer, nachdem Gott aus einer Notlage errettet hatte (vgl. Ps 116,17f.).

[180] An einigen Stellen wird dieses Opfer allein genannt, obwohl es dem Schlachtopfer gleicht. Steht שלמים ohne זבח, ist in seinem Kontext zumeist auch das Brandopfer zu finden. Neben der Übersetzung als "Friedensopfer" gibt es auch jene als "Gemeinschaftsopfer" (HALAT IV, 1422). Diese Übersetzung betont den Aspekt der Opferung bei großen öffentlichen Anlässen, wie z.B. Klagefeiern eines Stammes (vgl. Ri 20,26; 21,4), Einholung der Lade nach Jerusalem (vgl. 2Sam 6,17ff.), Königsopfern (vgl. 1Kön 3,15) oder zur Beauftragung und Einweihung eines Altars (vgl. Ex 20,24; Dtn 27,5-7).

[181] Vgl. RENDTORFF, Leviticus T. 2, 120-126.

solch einem Todesfall zu verfahren ist. Er wird den gut strukturierten Opferbe-
schreibungen aus formalen Gründen angeschlossen: Die Einleitung entspricht der bei
den Opfergesetzen.[182]

Da dieser Midraschteil einzelne Opferbestimmungen aus den Kapiteln 6 und 7 aus-
legt, zeigt sich, daß die Unterschrift אלה החקים והמשפטים והתורות in Lev 26,46 auch auf
Abschnitte über das Heiligkeitsgesetz (Lev 17-25) hinaus verweist. Sie schließt die
Torot in 11-17, wohl auch in 1-7 ein.[183]

II. Ohne Überleitung beginnt der zweite Teil des Midraschabschnitts mit dem Zitat aus
Lev 26,46b. Hier wird auf die verhältnisstiftende Komponente der Satzungen, Rechte
und Torot eingegangen. Gott stellte diese Normen zwischen sich und den Kindern Israel
auf. Eine Begründung gibt der Vers nicht. Er bildet den Schluß des Kapitels, in dem
zuerst Segens- und Fluchsprüche miteinander korrespondieren und sodann Israels Treue
bzw. Umkehr von Missetaten (vgl. V.40ff.) beschrieben wird.

In der Auslegung wird Bezug auf den Akt der "Gesetzesgabe" genommen. Gott
stellte seine Satzungen, Rechte und Torot nicht unvermittelt zwischen sich und den
Israeliten auf. Er benötigt Mose als seinen bevollmächtigten Vermittler. Daher beginnt
die Auslegung des Verses mit der Feststellung: Mose war berechtigt/würdig (זכה).[184] Die
Grundbedeutung dieses Verbs ist "stechen, glänzen".[185] Gemeint ist, daß jemand siegt,
in einer Sache gewinnt bzw. sich besonders tugendhaft verhält und dadurch hervorragt,
emporstrahlt.[186] Auf die Exodusgeschichte übertragen heißt dies, daß Mose so hervor-
ragend tugendhaft war, daß er die Rolle des "Toraübermittlers" trotz aller eigenen
Zweifel bekam. Ebendies hebt auch die Auslegung hervor. Mose wurde als "würdig"
eingeschätzt. Darum wurde er zum "Abgesandten, Bevollmächtigten"[187] gemacht. Daß
diese Rolle Mose von einer höheren Macht verliehen wurde, betont das Verb עשה im
Niphal. Erst Gott machte ihn zu seinem Bevollmächtigten.

---

[182] Der Satzabschnitt זאת תורת האדם (dies ist die Tora des Menschen) findet sich außer in Num 19,14
noch in 2Sam 7,19. Dort ist der Kontext folgender: Nach der Verheißung für David und sein Königtum
setzte David sich vor Gott und dankte ihm, daß *"du dem Haus deines Sklaven sogar für die ferne
Zukunft Zusagen gegeben hast, und das nach der Tora des Menschen* (= nach Menschenart), *Adonai
J'."* Durch Heranziehen der Parallelstelle 1Chron 17,17 halten viele Ausleger diesen Text für eine
Interpolation (vgl. EISSFELDT, Gesetz des Menschen, 146 Anm. 1). Im Kontext dieses Verses spricht
David vom Tempel als seinem, nämlich Gottes, Haus und bezeichnet sich gegenüber Gott als "dein
Sklave". Das Zitat bringt die Kontinuität der Abstammung und das Bewußtsein der Verbundenheit mit
Personen aus der biblischen Geschichte zum Ausdruck. Diese Personen bilden die Voraussetzung der
Fortdauer des Heils. Dieser Vers wird in der Auslegung R. Akivas allerdings nicht zitiert.

[183] Vgl. BLUM, Pentateuch, 323 Anm. 136.

[184] Die Wendung משה זכה erscheint an einigen Stellen in der rabbinischen Literatur. Vor allem in aggadischen Texten wird sie in Erzählungen über Mose angeführt. Auch in der tannaitischen Literatur ist
sie zu finden: vgl. mSot 1,9; mAv 5,18; Sem 8,2; tSot 4,4 (vgl. auch die amoräischen Texte: bShab
88a; Yom 72b; Sot 9b; ySot 1,10 16a; ShemR 40,1).

[185] LEVY, WB I, 533.

[186] Vgl. ebd., 534. Zur Bedeutung des Verbes זכז und dem damit verbundenen besonderen religiösen
Verhalten vgl. SANDERS, Paul, 172-187.

[187] LEVY, WB IV, 558f. Biblische Texte zum Amt des Abgesandten vgl. Dan 5,25; Esr 7,14.

Das Wort שליח hat in der rabbinischen Literatur unterschiedliche Bedeutung. Im liturgischen Rahmen wird mit שליח ציבור ein von der Gemeinde abgesandter Beter, der sog. Vorbeter, benannt.[188] Des weiteren hat ein שליח, ein Bevollmächtigter, eine wichtige Rolle in den Familiengesetzen bei Eheschließung und Ehescheidung. Sowohl die Frau oder der Vater eines Mädchens als auch der Mann können einen Bevollmächtigten ernennen, der sie bei beiden Akten vertreten kann.[189] Die Frage, ob der Bevollmächtigte dem Vollmachtgeber gleichgestellt ist,[190] wird im Namen R. Jehoshua ben Karchas, eines Tannaiten der dritten Generation, mit einer Auslegung von Ex 12,6 beantwortet. Dort wird gefordert, daß die ganze Gemeinde Israels das Pesachlamm schlachten soll. Es schlachtet aber tatsächlich nur einer. Der Bevollmächtigte gleicht also dem/den Vollmachtgeber/n. Gegen diese These wird der Einwand erhoben, daß in der Regel bei Opfern meist ein Beauftragter die Handlungen vollzieht. Es liegt hier also ein Ausnahmefall vor, und die allgemeine Regel, daß der Bevollmächtigte dem Vollmachtgeber gleicht, kommt nicht zur Anwendung. Der Einwand wird jedoch, unterstützt durch eine Auslegung von Num 34,18, abgewiesen.[191] Der Bevollmächtigte gleicht dem Vollmachtgeber.

Bereits in mAv 1,1 wird hervorgehoben, daß die Tora nur in dem Maße bekannt ist, wie sie Mose übergeben und weitervermittelt wird. Der Rückbezug auf die mosaische Vermittlung der Tora ist offenbar entscheidend.[192] Dies wird auch in der Auslegung betont. Ein Bevollmächtigter ist von seinem Auftraggeber mit Vollmachten ausgestattet. Dazu muß er in direktem Kontakt zu seinem Auftraggeber gestanden haben. Sifra zufolge steht Moses als Gesandter und Mittler der Tora in direktem Kontakt zu Gott.[193] Schriftliche und mündliche Tora empfangen somit die Gewähr ihrer Authentizität von Gott durch die Vermittlung des Mose. Durch ihn wird die Verbindung zwischen dem Vater und den Kindern manifestiert.

Warum wird Gott in dieser Auslegung "Vater" genannt?[194] Eine Erklärungsmöglichkeit bietet der biblische Kontext des ausgelegten Zitates. Lev 26 und hier besonders V.46 zeigen, daß das priesterlich interpretierte Exodusgeschehen auch in der Krise des Exils Fundament der Gottesbeziehung bleibt. In Lev 26 werden die positiven (V.3-13) und die negativen (V.14-43) Folgen des Verhaltens gegenüber Gott behandelt.[195] Das Exodusgeschehen bildet jeweils thematisch den Abschluß beider Kapitelteile (VV. 13.45). Die Frage, ob der Bund Gottes mit Israel von der Bedingung des Gehorsams

---

[188] Vgl. mBer 5,5.

[189] Vgl. bQid 41a.b.

[190] Dies wird an vielen Stellen der rabbinischen Literatur postuliert: vgl. mBer 5,5; tTaan 3,2; SifBam § 153 und 154; bBer 34b; bNaz 12b.

[191] Vgl. bQid 42a.

[192] Vgl. CRÜSEMANN, Tora, 76: "Die Tora wird am Sinai Mose von Gott mitgeteilt und erreicht Israel ... allein durch seine Vermittlung." In dem Abschnitt setzt sich CRÜSEMANN mit der "Institution" Mose auseinander (ders., Tora, 76-131).

[193] Die Auffassung, daß der Gesandte (שליח) in direktem Kontakt mit Gott steht, ist im JohEv Grundlage der Darstellung Jesu als Gesandten des Vaters (vgl. BÜHNER, Gesandte): ὁ πέμψας με (πατήρ), vgl. Joh 7,28f.; 8,18 u.ö. Die Parallelüberlieferungen der auszulegenden Midraschstelle, ARN(A) 1 und ARN(B) 1, verschweigen allerdings die Vermittlertätigkeit des Mose. LENHARDT erklärt dies damit, daß es sich bei den Texten in ARN um palästinische Überlieferungen handelt, "die sich mit ganz bestimmten jüdisch-hellenistischen, von Paulus bevorzugten (Gal 3,19) Ansichten im Widerspruch befinden" (ders., Akiva, 357 Anm. 21).

[194] Der Satz "Mose war berechtigt ..." wird parallel in ARN(A) 1,2 überliefert. Allerdings wird Gott in dieser Auslegung mit dem Gottesepitheton מקום, "Ort" (vgl. Exkurs S. 101f.), bezeichnet.

[195] Vgl. CRÜSEMANN, Tora, 354.

abhängig gemacht werden kann, läßt sich nur mit "nein" beantworten. Durch die Erwähnung des Exodus am Ende beider Kapitelhälften wird an ein Geschehen, bei dem die Verheißung Realität wurde, erinnert. Die Zuordnung von Gott und Volk kann daher durch nichts in Frage gestellt werden (vgl. Lev 26,13). Mit der Herausführung aus der Sklaverei und dem Zerbrechen des Jochs[196] wird auf die konkrete soziale und politische Befreiung angespielt.[197]

Das Verhalten Israels auf die Zusage Gottes hin ist trotzdem nicht beliebig.[198] Von V.40 an ist vom Bekenntnis der Schuld die Rede. Dieses Bekenntnis öffnet die Möglichkeit zur Umkehr. Das bedeutet, daß durch die Erwähnung der Exodustat Gottes auch in der Exilszeit das Gottesverhältnis den bitter benötigten Halt bietet. Damit soll und muß das Volk Israel mit seinem Verhalten der Rettungstat Gottes entsprechen. Dieses besondere Bündnis Gottes mit Israel besteht unabhängig vom Verhalten Israels. Es läßt Strafe infolge von Vergehen zu, aber diese Strafe zerstört keineswegs die Beziehung zwischen Gott und Israel.[199] Der hinter dem Bibeltext stehende ewige Bund Gottes mit Israel bietet die Vorlage für diese Auslegung.

Dieses unkündbare Verhältnis wird im Midrasch als Familienverhältnis dargestellt. Das Verhältnis eines Vaters zu seinen Kindern ist ebenso unkündbar und unabhängig vom Verhalten der Kinder wie das Gottes zu Israel, das seit der Adoption Israels (Ex 4,22) beim Exodusgeschehen besteht. Vergehen werden ebenfalls mit Strafe geahndet, doch zerstören sie nicht das grundlegende Familienband. Der vor dem Hintergrund der Exilszeit ersehnte Zuspruch Gottes für das Volk Israel spendet, übertragen auf die tannaitische Zeit, Trost und Mut. Nach der Tempelzerstörung und den Aufständen, einer Zeit, in der die politischen, sozialen und ökonomischen Zustände sehr unsicher sind, bietet ein familiales Gottesverhältnis Trost und Zuspruch.

III. Mit dem dritten Teil endet die Auslegung von Lev 26,46. Eingeleitet wiederum durch die exegetische Folgerungsformel מלמד ש (das lehrt)[200] beginnt der Lehrspruch über die Tora. Hier ist bereits wieder von der Tora im Singular die Rede. Implizit wird die mündliche Lehre als gleichwertig vorausgesetzt, denn nun wird betont, daß Dinge, die die mündliche Lehre charakterisieren, auch bereits am Sinai dem Mose gegeben wurden.

Das Verb ניתנו, "gegeben wurden", erscheint innerhalb der Auslegung in dieser Form bereits zum dritten Mal. Zuerst ist es im ersten Lehrspruch zu finden, der sich auf die zwei Torot bezieht, ein weiteres Mal in der Frage R. Akivas, ob nicht viele Torot gegeben wurden. Objekt ist in diesen beiden Fällen Israel (להם לישראל). Im dritten Teil des Midrasch fehlt indes das Objekt.[201]

---

[196] Vgl. die Rolle dieses Bildes in der Jeremiatradition im Blick auf die babylonischen Großmacht (Jer 27,2; 28,10.12.13; vgl. auch Jes 58,6.9).

[197] CRÜSEMANN, Tora, 354.

[198] Vgl. BLUM, Pentateuch, 327.

[199] So auch BLUM, der die Bezugnahmen innerhalb der Leviticuskapitel aufzeigt und den Abschnitt mit ">>Gottesnähe<< als Leitthema" überschreibt (BLUM, Pentateuch, 320).

[200] Näheres zur Formel מלמד ש, vgl. BACHER, Term I, 96 und Anm. 171.

[201] Auf das Objekt "Israel" sind die ersten beiden Auslegungsteile bezogen. Der zweite Teil hebt zudem das Verhältnis zwischen Subjekt und Objekt (Gott und Israel) deutlich hervor.

Der dritte Teil beschäftigt sich mit dem Verhältnis von mündlicher und schriftlicher Tora. Aus diesem Grund ist von der Tora im Singular, nämlich allein der schriftlichen Tora, die Rede. Sie wurde unbestreitbar von Mose am Berg Sinai empfangen.[202] Mit ihr wurden aber auch "ihre Halachot, ihre Einzelheiten und ihre Entfaltungen" gegeben. Das Suffix der dritten Person Singular demonstriert den unzerstörbaren Zusammenhang zwischen mündlicher und schriftlicher Tora.

Mit הלכות werden "Bräuche, Sitten, Satzungen"[203] bezeichnet. Sie sind religiöse Satzungen, die die geltenden Vorschriften ohne Rücksicht auf deren Herleitung aus der Schrift beschreiben. Bereits in der frühen tannaitischen Zeit bezeichnet der Plural הלכות die Gesamtheit der Satzungen, welche zusammen mit Midraschim und Aggadot das gesamte Corpus der mündlichen Lehre ausmachen.[204] Da die als "Halacha" bezeichneten normierten Satzungen in fester Form überliefert wurden, bekam "Halacha" den Sinn von "Überlieferung". In der rabbinischen Literatur werden diese Halachot an mehreren Stellen auch als "von Mose am Sinai gegeben" bezeichnet.[205] In den halachischen Midraschim gibt es nur eine Stelle, ebenfalls in Sifra (צו 5), die die Halachot als dem Mose am Sinai gegeben hervorheben. Diese Auslegung steht in Sifra vor unserem Text. Nach Aussage R. Akivas ist die Halacha, sind also die überlieferten Satzungen einfach ohne Einwand anzunehmen,[206] während eine auf exegetischer Ableitung beruhende These abgelehnt werden kann.[207]

Mit דקדוק werden "Einzelheiten" beschrieben, die nicht explizit in den Religionsgesetzen enthalten sind, sondern sich erst aus denselben durch genaue Erforschung ergeben.[208] In den Midraschim, die der Schule R. Akivas zugeschrieben werden, wird mehrere Male - vor allem auch in Sifra - exegetisch begründet, daß auch diese Einzelheiten am Sinai gesagt wurden.[209] פרוש bezeichnet etwas deutlich Ausgesprochenes, "die genauere Bestimmung einer biblischen Satzung"[210], ihre "Entfaltungen".

---

[202] Vgl. bYom 28b. Ex 34,27 wird dahingehend ausgelegt, daß die Worte כתב לך auf die geschriebene Tora (= Pentateuch) und על פי auf die mündliche Tora hinweisen. Zur mündlichen Tora und dem Verbot der Niederschrift oder Übersetzung vgl. STEMBERGER, Einleitung, 41-44.

[203] BACHER, Term I, 42.

[204] Vgl. BACHER, Term I, 42.

[205] Die Wendung הלכה למשה מסיני erscheint vereinzelt in der tannaitischen Literatur: mPea 2,6; Ed 8,7; Yad 4,3; Sof 1,1.4; 2,11; tSuk 3,2; Yad 2,7. Im babylonischen Talmud ist die Wendung dann bereits 46mal, im Jerusalemer 19mal verzeichnet. Die mittelalterlichen Ausleger der Bibel identifizieren diese dem Mose am Sinai gegebenen Halachot dann eindeutig mit der mündlichen Tora (vgl. Raschi und Ramban zu Gen 26,5).

[206] Sifra ויקרא 3 1,12 zu Lev 4,2 (15b; Übersetzung vgl. WINTER, Sifra, 106): R. Akiva hebt hervor: אם הלכה נקבל ואם לדין יש תשובה ... (vgl. auch mYev 8,3).

[207] Vgl. bQid 38b, eine Auseinandersetzung über die Bedeutung von Halacha in mOrl 3,9. Shmuel, babylonischer Amoräer, behauptet, es gebe dort eine Halacha, die den Landesbrauch (הלכתא דמדינה) darlegt.

[208] Vgl. BACHER, Term I, 23. In der Schule R. Jishmaels war es verbreitet, Einzelheiten genau zu beachten ist. Diese wurden aus den Ermahnungen Lev 18,5 und 20,8 abgeleitet.

[209] Vgl. Sifra צו 18,3 zu Lev 7,37f.; בהר 0,1 zu Lev 25,1; ySheq 6,1 49d; Sot 8,3 22d (vgl. hierzu auch BACHER, Term I, 24 Anm. 3).

[210] BACHER, Term I, 157. In der Baraita bSan 87a, innerhalb eines Ausspruchs R. Jehuda b. Ilais, bedeutet פרוש die deutliche Bestimmung, wie die in der Tora vorgeschriebene Satzung auszuführen sei (vgl. ebd., Anm. 6).

Alle drei Begriffe sind daher Termini, die auf Regeln außerhalb der Tora oder auf von dieser hergeleitete Regeln bezogen sind. Vor allem die Begriffe דקדוק und פרוש sind Termini der Exegese von Schriftgelehrten, die die Tora genauestens studieren und auslegen. Zu betonen bleibt, daß diese "Auslegung ... integraler Bestandteil der Tora, wie sie Mose und durch ihn Israel in ihrem Grundbestand auf dem Berg Sinai gegeben wurde"[211], ist.

Exkurs zum Torastudium

Das Erlernen der Tora wurde im nachexilischen Judentum das höchste Gut im Leben eines männlichen Juden.[212] Wer diesem Ideal nicht nachkam, wurde als "Am ha Arez", zum einfachen Volk der untersten Schicht zugehörig, bezeichnet.[213] Auf den drei Säulen Gottesdienst, Studium der Tora und Wohltätigkeit basierte das gemeinschaftliche Leben. Lernen und Lehren wurden zur Hauptbeschäftigung des jüdischen Volkes. Um die Ehrenhaftigkeit und das Ansehen Moses als Vermittlers und Offenbarungsträgers der Tora hervorzuheben, wurde er משה רבינו, "unser Rabbi Mose", tituliert.[214]

Im rabbinischen Schulsystem wird Leviticus das erste Buch gewesen sein, das die Kinder lernten.[215] R. Issi/Assi begründet dies in WaR 7,3 damit, daß Kinder und Opfer rein sind. Die Reinen können sich mit Reinem beschäftigen. ARN(A) 6,15 (S. 15a) führt einen Text für den Beginn des Unterrichts mit dem Buch Leviticus und den Opfergesetzen im Namen R. Akivas an. Dieser Text entspricht unserer Auslegung von Sifra zu Lev 26,46b (II.). Er unterstützt die existentiell sühnende Bedeutung der das Gottesverhältnis regulierenden Opfer mit der Begründung, daß bereits Kinder früh mit den Opfergesetzen vertraut gemacht werden und diese Kinder als "rein" gelten.

Im zweiten bis fünften Jh. n.Chr. steigt das Ansehen des Torastudiums. Fast alle rabbinischen Texte über das Torastudium sind mit R. Akiva verbunden. Er gilt als der "studierte Typ". Daher wundert es nicht, daß der Ausspruch, der sich mit der Aufzählung der Torot und ihrer Verbreitung befaßt, im Namen R. Akivas überliefert wird. In mAv 3,14 wird als Ausspruch R. Akivas überliefert, daß die Israeliten Kinder Gottes genannt werden und geliebt sind, da ihnen ein Werkzeug gegeben wurde, mit dem die Welt erschaffen wurde. Im Anschluß an diese Aussagen werden die Israeliten dazu aufgerufen, die Tora nicht zu verlassen. Auch dieser Text betont die familiale Beziehung der Israeliten und die Gabe der Tora innerhalb eines Ausspruchs R. Akivas.

Zusammenfassung

Der Midrasch argumentiert, daß durch Mose am Sinai neben der schriftlichen Tora ebenso bereits alle weiteren Auslegungen der Tora gegeben wurden. Die einzige Stelle der Hebräischen Bibel, an der die Begriffe "Satzungen, Rechte und Torot" zusammen aufgeführt werden, bietet die besten Voraussetzungen für diese Auslegung.

Der erste und dritte Teil der Auslegung erscheint jeweils in der Form eines Lehrspruchs. Dieser legt halachische Prinzipien bzw. Lehrsätze fest, die für die mündliche Überlieferung und somit für die spätere rabbinische Literatur von grundlegender Bedeutung sind.

Diese Auslegungen schließen die durch R. Akiva autorisierte toraimmanente Auslegung mit ein. Den Opfern wurden verschiedene Rollen zugeschrieben. Sie galten als Dank, Gabe (vgl. Ex 23,15; 34,20), sollten Zeichen der Huldigung sein, Gemeinschaft

---

[211] LENHARDT, Akiva, 374.

[212] Vgl. SCHÜRER, History II, 332.415; URBACH, Sages, 603-620; VETTER, Lernen und Lehren, 220ff.

[213] URBACH, Sages, 587f.

[214] Vgl. ARN(A) 1,28.31 (S. 2a); 14,1 (S. 29a); 17,4 (S. 33a); 20,2 (S. 36a); 23,1 (S. 38a); 27,16 (S. 42b); Kalla 3,5; Kalla Rabbati 6,4; 10,33; tEd 3,4 u.ö.

[215] FINKELSTEINS These, daß der Beginn des Torastudiums mit dem Buch Leviticus alte priesterliche Tradition sei (ders., Sifra, Bd. 1, 5), ist schwerlich beweisbar.

mit Gott oder Menschen herstellen und Versöhnung, Sühne, Befreiung von Unreinheit bewirken.[216] Durch das Opfer konnten aus dem Takt gekommene Ordnungssysteme reguliert werden. Opfer waren dadurch zur Zeit des Ersten und Zweiten Tempels Zentrum und Inhalt des praktizierten Gottesverhältnisses. Während nach der Einstellung des Opferkultes unter Antiochus IV. Epiphanes ein Aufstand ausbrach, gingen 70 n.Chr., nach der Zerstörung des Jerusalemer Tempels, Aspekte des Opfers symbolisch auf das Torastudium[217] oder das Gebet[218] über.[219]

Mose war für Israel Bevollmächtigter seines Vaters. Durch die Voraussetzung, daß Mose "berechtigt" gewesen ist und dadurch erst diese Aufgabe übernehmen konnte, wird das Verhältnis der Israeliten zu Gott als "ihrem Vater im Himmel" ebenfalls als etwas Bedeutungsvolles, Heiliges, das der Vermittlung bedarf, charakterisiert. Gleichzeitig wird durch die Hervorhebung des Mose auf das konstituierende Element des Bundes zwischen Gott und Volk, die Tora, angespielt. Schriftliche und mündliche Tora sind laut mAv 1,1 von Gott durch die Vermittlung des Mose dem Volk Israel offenbart worden. Lev 26 hebt stärker das Exodusgeschehen als konstitutives Element und realisierte Verheißung für die Gottesbeziehung des Volkes Israel hervor. Gleichzeitig werden die Kinder, das Volk Israel, zum Festhalten am Bund durch toragemäßes Verhalten aufgefordert. Jedoch auch ein Nichtbefolgen der Weisungen und Gebote zieht nicht die Aufkündigung des Bundes nach sich. Gott als Vater zeigt sich in diesem Text als Normengeber, zu dem die Beziehung selbst durch "regelwidriges" Verhalten der Kinder nicht unterbrochen werden kann. Das Exodusgeschehen gilt als unaufkündbare Adoption. Es ist Basis und Fundament der Gottesbeziehung des Volkes Israel. In politisch und ökonomisch unsicheren Zeiten spendet diese Auslegung Trost, da sie die besondere Verbindung Israel-Gott durch Bund und Erwählungstat hervorhebt. In dieser Auslegung schwingen daher bei der Bezeichnung Gottes als Vater neben den Konnotationen Verläßlichkeit, Sorge und Güte auch die der liebevollen Zuwendung, des Vertrauens und Mutmachens mit.

Mit der Betonung des engen Verhältnisses Gottes zu Israel durch die Gabe der Tora an Mose steht dieser Midrasch der Auslegung MekhY עמלק 2 zu Ex 17,14 nahe. Dort bittet Mose Gott, das Volk Israel um der Tora willen vor Amalek zu retten. Mose erfüllt also abermals Mittlerfunktionen.[220]

---

[216] Vgl. SCHMIDT, Alttestamentlicher Glaube, 154.

[217] Vgl. bMen 110a; vgl. WENSCHKEWITZ, Spiritualisierung, 93; URBACH, Sages, 610f.

[218] Vgl. SifDev § 41 Ende, wo die Assoziation von Gebet und Opferdienst sich an dem Wort עבודה "Arbeit" festmacht: "Also, was sagt die Schrift *ihm zu dienen* (Dtn 11,13)? Das ist das Gebet. So wie der Opferdienst Arbeit genannt wird, so wird das Gebet Arbeit genannt." Vgl. auch bTaan 2a; Ber 26 a.b.

[219] Vgl. WENSCHKEWITZ, Spiritualisierung, 88-112.

[220] In der Mechilta עמלק 2 übernimmt Moses eine Fürbittfunktion, während er hier als Vermittler von Gott in Richtung auf das Volk Israel tätig ist. Vgl. S. 30ff.

2.2. Die Priester als Mittler zwischen Gott und Israel: <u>SifDev</u> § 352[221]

I.1. *Segne, J', sein Vermögen* (Dtn 33,11a) mit Gütern. ברך ה׳ חילו, בנכסים

2. Von hier aus sagten sie: Die Mehrheit der Priester ist reich. מיכן אמרו רוב הכהנים עשירים הם

3. Im Namen von Abba Hadros sagten sie: משום אבה הדרוס אמרו

Siehe, sie (die Schrift) sagt: הרי הוא אומר

Ich bin jung gewesen und bin alt geworden, נער הייתי גם זקנתי

und nie sah ich einen Gerechten verlassen לא ראיתי צדיק נעזב

und seine Nachkommen um Brot bitten (Ps 37,25). וזרעו מבקש לחם

4. Das sind die Nachkommen Aarons. זה זרעו של אהרן.

II.1. *Und laß dir das Tun seiner Hände gefallen* (Dtn 33,11b), ופעל ידיו תרצה,

3. daß Israel ihrem Vater im Himmel gefalle. שמרצה את ישראל לאביהם שבשמים.

III.1. *Zerschlage die Hüften seiner Gegner* (Dtn 33,11c), מחץ מתנים קמיו,

3. daß jeder, welcher sich gegen ihn erhebt wegen der שכל מי שמעורר כנגדו על הכהנים מיד
Priesterschaft, sogleich niederfalle. נופל.

Der Kontext dieses Spruches ist, wie in halachischen Midraschim üblich, durch den biblischen Vers vorgegeben. In Dtn 33 wird der Mosesegen über die Stämme Israels beschrieben. Unser Midrasch legt Teile des Segens über die Leviten (vgl. Dtn 33,8-11) aus. Der Auslegung geht die Interpretation des Verses Dtn 33,10 voran. Dieser Vers betont besonders die Lehre der Rechtsvorschriften und der Tora durch die Leviten.

Gliederung:

I.1. Bibelzitat: Dtn 33,11a	II.1. Bibelzitat: Dtn 33,11b	III.1. Bibelzitat: Dtn 33,11c
2. Statement/These	---	---
3. Interpretation mit Rabbinenspruch (Ps 37,25)	3. Interpretation	3. Interpretation
4. Interpretation des Psalms	---	---

Einzelexegese

I.1.-2. Der exegetische Midrasch beginnt wie immer mit dem auszulegenden Schrift-zitat, hier Dtn 33,11. Die Auslegungsvarianten gründen alle in den verschiedenen Be-deutungsschichten des Wortes חיל. Ist hier das Wortfeld "Fähigkeit; Kraft"[222] oder "Ver-mögen; Habe"[223] gemeint?[224] Beide Wortfelder haben einen engen Zusammenhang, der sich konkret in der "Kraft eines Menschen in seinem materiellen Vermögen"[225] mani-festiert. Diese Eigenschaft haben die Wörter כח und חיל gemeinsam. Im Unterschied zu כח wird חיל aber als Bezeichnung für die Macht Gottes gebraucht. Die Ausleger entscheiden sich bei ihrer Interpretation für das ökonomische Wortfeld, indem sie חיל als נכסים "Schätze, Reichtümer"[226] deuten. Da die Leviten von den Erträgen der anderen Stämme und dem, was diese ihnen zur Verfügung stellten, lebten, entspricht die Übersetzungsmöglichkeit "Vermögen" im Sinne von "Reichtum" am ehesten den sozialen Gegebenheiten.

---

[221] Text: FINKELSTEIN, Siphre, 409.

[222] Vgl. 1Sam 2,4; Ps 18,33; 33,17; Hi 21,7; Num 24,18 u.a.

[223] Vgl. Gen 34,29; Jes 10,14; Hi 20; 15; Dtn 8,17f.; Ez 28,4.

[224] Zu anderen Varianten vgl. BAUMGARTNER, WB I, 298f.: "Streitmacht, Heer", oder: "Oberschicht".

[225] Vgl. Hi 6,22; Prov 5,10; Esr 2,69; Hos 7,9; vgl. WOUDE, Art. כח, 823.

[226] Vgl. Jos 22,8; Koh 5,18; 6,2; 2Chron 1,11f.; Sir 5,8.

Daneben bezeichnet das Wort חיל auch noch einen bestimmten Bezirk des Tempels, den Wall, "a stepped ascent led from the area of the Temple Mount to a wide platform which surrounded the Temple courts"[227]. Allerdings dienten dort nicht vornehmlich die Leviten, sondern die Priester. Daher überrascht das folgende Statement, welches sich ausschließlich auf die Priester bezieht, keineswegs: "Die Mehrheit der Priester ist reich!" Diese These wird durch die nachstehende Auslegung unterstützt.[228]

3. Im Namen von Abba Hadros wird eine weitere Auslegung angefügt. Dieser Rabbinenname ist in vielen Varianten überliefert.[229] Da ansonsten kein Rabbi dieses Namens bekannt ist, existieren für diesen Namen verschiedene Interpretationsvorschläge.[230] Er leitet nun seine Argumentation mit הרי ein, welches einer bereits deduzierten These voransteht.[231] Die These, die Priester seien reich an materiellem Vermögen, wird nun mit dem folgenden Bibelzitat Ps 37,25 untermauert.[232] Die Unterstützung einer These mittels eines anderen Bibelzitates entspricht der Methode des בנין אב משני הכתובים der rabbinischen Hermeneutik.[233]

4. Ps 37 berichtet von Gottes gerechtem Handeln, indem der רשע, der Frevler, dem צדיק, dem Gerechten, diametral gegenübergestellt wird. In Notzeiten wird der Frevler mittellos (vgl. Ps 37,19), während dem Gerechten weiterhin von Gott geholfen wird, er "empfängt den Segen des Heilsgutes, den das Land gewährt"[234]. In all seinem Tun wird der Gerechte von Gott geleitet und erfährt dessen Hilfe. In V.25 tritt der Weisheitslehrer als Zeuge dieser Erfahrung auf,[235] einer Erfahrung, die ihn von Jugend an bis ins Alter begleitet hat. Einzig in Ps 37 wird das Verb עזב mit einem Gerechten in Verbindung

---

[227] SAFRAI, Temple, 866.

[228] Die Behauptung, daß die Priester reich sind, findet sich noch in mGit 3,7.8 (vgl. bGit 30a) und in SifDev § 300.

[229] Wie oben zitiert in Midrasch Rabbah; vgl. auch MTann in der Augabe von HOFFMANN; אבא דורש in Ms. Berlin 328, Ms. Midrasch Chachamim von Aptovitzer, Wien, in Jalkut Shimoni und in der Sifreauslegung Ms. Sasson 598; אב הדורש in Ms. London Margalioth 341, und einem Genizafragment; רב הדורש im Venedigdruck; אתא דורש שר העולם in Jalkut Hamikri; אבא החרש in LeqT; (vgl. FINKELSTEIN, Siphre, 409 Anm. 3).

[230] Ohne Wahrscheinlichkeit zu erreichen, verweist BIETENHARD auf die mögliche Lesart "Herodes" (vgl. ders., Sifre, 855 Anm. 6 zu SifDev § 308: Abba Hadoras). Dieser Name wird von FINKELSTEIN z.St. für eine Umschreibung von Herodes gehalten, der aber um seiner Ehre willen in Hadoras abgeändert worden sei. BACHER liest mit einigen Textzeugen an dieser Stelle Abba Doresch (vgl. ders., Tann II, 547f.), ein Name, der auch zu unserer Stelle von einigen Textzeugen belegt ist. Da reine Spekulationen für die Lesarten sprechen, unsere Stelle aber eine ungewöhnliche Schreibweise des Namens Abba Hadros aufweist, wird im folgenden in dieser Exegese weiter von einem Rabbi namens Hadros ausgegangen.

[231] Vgl. BACHER, Term II, 58.

[232] Ps 37 steht den Torapsalmen nahe (vgl. VON RAD, Weisheit, 71). Leitende Themen und Traditionszusammenhänge haben nachexilischen Ursprung (vgl. NOTH, Gesetze im Pentateuch, 134f.).

[233] Die biblische Begründung der These, Priester seien reich, stammt - wenn man sich die Dreiteilung des Tenach vor Augen führt - aus dem Bereich der Schriften. Das bedeutet, daß zwei Schriftverse aus unterschiedlichen Teilen der Hebräischen Bibel den Reichtum der Priester hervorheben bzw. die Priester mit einem Gerechten in eins setzen, der nie verlassen und ohne Brot ist.

[234] KRAUS, Psalmen, 442.

[235] In diesem Vers liegt eine autobiographische Stilisierung vor (vgl. Prov 24,30-34; Sir 51,13-16; 33,16-19), die ein typisches Mittel der Weisheitsbelehrung ist (VON RAD, Weisheit, 56). Auch in V.35 wird dieser Ich-Bericht noch einmal transparent.

gebracht:[236] Der Same des Gerechten, also seine Nachkommen, werden nie um Brot bitten müssen. Wer aber sind diese Nachkommen? Um den Vers auf die כהנים, die Priester, zu beziehen, muß davon ausgegangen werden, daß Priester und Gerechte Synonyma sind. Daher wundert es nicht, wenn die Nachkommenschaft im Midrasch als "Nachkommen Aarons" spezifiziert werden.

Im Midrasch sind bisher drei Gruppen von Bedeutung. Die Textstelle Dtn 33,11 beschreibt Moses Segen über die Leviten. An den ersten Teil des Verses anschließend wird eine These über das Vermögen der Priester (כהנים) aufgestellt. Diese werden mit dem Gerechten aus Ps 37,25 gleichgesetzt, seine Nachkommen als Nachkommen Aarons verstanden. Wie verhalten sich die genannten Gruppen zueinander?

Während der Zeit der Entstehung des Dtn sind "Priester" und "Leviten" Synonyma.[237] Der Prophet Ez unterscheidet sie erstmalig.[238] Priester sind exklusiv für Jerusalem zuständig, Leviten über das ganze Land verteilt. Priester entsprechen den Leviten aus dem Hause Zadok.[239] Sie sind die eigentlichen Söhne Aarons, denn Aaron war der Urenkel Levis (Ex 6,17ff.). Die Leviten indes sind lediglich Assistenten der Söhne Aarons in ihrem Dienst am Tempel (vgl. Num 18,4). Sie werden daher von den Priestern unterschieden.[240] Während Dtn 33,8-10 von einem Priesterstamm redet, thematisiert V.11 einen in der Königszeit längst verstorbenen Levi-Stamm.[241] Hinter dem Namen "Levi" ist daher eine "Berufsgenossenschaft oder Zunft"[242] zu vermuten. Die Bedeutung dieser "Zunft" für das Volk Israel wird im Midrasch hervorgehoben.

II. Nun wird der zweite Teil des Dtnzitates ausgelegt: "*Und laß dir das Tun seiner Hände gefallen.*" Worin besteht die Arbeit der Leviten?

In Dtn 33,8f. wird als Begründung der priesterlichen Vorrechte auf Ereignisse aus den Anfängen des levitischen Priestertums verwiesen. Bereits in Ex 32,25-29 erweisen sich die Leviten als treue Anhänger Gottes und bekommen von Moses nach dem Frevel der Israeliten den Auftrag, ein jeder seinen Bruder (אחיו), seinen Nächsten (רעהו) und seinen Verwandten (קרבו) mit dem Schwert zu erschlagen.[243] Nachdem die Leviten dieser Anweisung des Mose nachgekommen sind, wurden sie aufgefordert, ihre Hände zum Dienst für J' zu füllen,[244] um Segen zu erhalten (V.29). Dieser bedingungslose und Familienbeziehungen außer Kraft setzende Gehorsam der Leviten wird in Dtn 33,9 gepriesen. Daraufhin soll Gott allein "die levitischen Kräfte segnen und levitisches Han-

---

[236] In der rabbinischen Literatur wird dieser Psalmvers nur in wenigen Texten zitiert: bYev 16a; yQid 1,7 59b; BerR 69,6; WaR 35,2; QohR 2,1; Tan ויצא 3; Tan מקץ 6; QohZ 2,18; SER 5; SEZ 1.

[237] Vgl. Dtn 18,5; 21,5; 17,9.18; 18,1; 24,8; 27,9.

[238] Vgl. Ez 44,6-16. Auf diese Textstelle wird bei der Auslegung von bZev 22b noch einmal näher eingegangen.

[239] Vgl. STERN, Priest and Priesthood, 1086.

[240] Vgl. dazu die Literaturangaben bei SCHÜRER, History II, 250 Anm. 53.

[241] Vgl. NIELSEN, Deuteronomium, 302.

[242] ZOBEL, Stammesspruch, 69.

[243] Vgl. Gen 34,25-31; 49,5-7; Hos 6,9: Texte über militante Priester und Leviten.

[244] Das "Füllen der Hände zum Dienst" entspricht einer bestimmten Opfersitte der Priester bei ihrer Weihe (Ex 29,24; Lev 8,12.22-31; vgl. auch Ex 28,41).

deln sowie die zu erwartenden Handlungserfolge gütig bestätigen"[245]. Kraft und Wirken der Leviten hat nach Dtn 33,11 wesentlich mit dem Segen des Gottes Israels zu tun. Daher ist die Interpretation von Dtn 33,11 durchaus möglich, daß die Leviten durch ihrer Hände Arbeit Vermittler der Segenskraft Gottes für das ganze Volk Israel sind.

Dem irdischen Vater wird von den Leviten zugunsten des Opferdienstes im Midraschtext und zugunsten des Dienstes an Gottes Wort und seinem Bund nach Dtn 33,9b[246] keine Beachtung geschenkt.

Somit steht die väterliche Gottesbezeichnung im Rahmen einer kultischen Verhältnisbestimmung und hebt die irdischen Familienbeziehungen der den Kult Ausübenden auf. Durch die Priester und deren Opferdienst aber findet das ganze Volk Israel Gefallen bei Gott, bekommt dessen Segenskraft vermittelt und kann ihn als "ihrem Vater im Himmel" bezeichnen. Daher schwingen in der Vaterbezeichnung Konnotationen von Nähe und Zuwendung mit.

III. *"Zerschlage die Hüften seiner Gegner"*. Das Verb מחץ, "zerschlagen, zerschmettern", wird einerseits auf Körperteile bezogen,[247] andererseits werden auch die Feinde zerschlagen.[248] In der rabbinischen Literatur kommt die Wendung nur im Zitat von Dtn 33,11 vor.[249] מתנים bezeichnet die "Hüften, das Kreuz"[250]. Der Vers wird dahingehend ausgelegt, daß "jeder, welcher sich gegen ihn erhebt wegen der Priesterschaft, sogleich niederfalle" (מיד נופל). Dieses Niederfallen drückt Unterlegenheit, das "physische Am-Boden-Liegen" aus. Logisch ist die Schlußfolgerung, daß jeder, der sich gegen ihn (Levi) erhebt, sogleich niederfalle. Als Grund wird angegeben: "wegen der Priesterschaft". Mit den כהנים, den Priestern, wird wieder das Subjekt aus der ersten Auslegung des Verses aufgegriffen. Am Anfang des Midrasch wird das Vermögen der Priester betont, am Ende erhalten sie den Status der Unantastbarkeit. Ihre religiöse und gesellschaftliche Stellung ist nicht zu hinterfragen oder zu bekämpfen. Sie bleibt unangefochten.

Was für eine Absicht steckt hinter dieser Deutung des Zitates aus Dtn? Die Wendung מעורר כנגד wird nur in Dtn 33 und in der rabbinischen Literatur nur in diesem Midrasch gebraucht. מעורר bedeutet soviel wie "Einwand erheben, widersprechen"[251]. Vielleicht spielt der Text auf konkrete historische Ereignisse an?

Zu Beginn des Zweiten Tempels war die Klasse der Priester (כהנים) sehr angesehen. Im Laufe der Zeit entwickelten sich jedoch zwischen den einfachen Priestern, die häufig gezwungen waren, einem Beruf nachzugehen, und der sich herausbildenden Aristokratie der reichen und einflußreichen Priesterfamilien große soziale und ökonomische Unterschiede. Die Sadduzäer rekrutierten ihre Anhänger zum großen Teil aus den

[245] SCHULZ, Leviten, 15.
[246] Vermutlich ist Dtn 33,9b.10 eine späte Ergänzung des älteren Levitenspruchs (vgl. die Diskussion bei SCHULZ, Leviten, 15ff.; NIELSEN, Deuteronomium, 302f.).
[247] Vgl. Num 24,17; Ri 5,25; Hab 3,3; Ps 68,22; 110,6 (auf den Kopf); Dtn 33,11 (auf die Hüften).
[248] Vgl. 2Sam 22,39; Ps 18,39; 110,5; vgl. Hi 26,12.
[249] Tan תצוה 15; vgl. PERLES zu מתנים קמיו (ders., Miscellany, 113).
[250] BAUMGARTNER, WB II, 619.
[251] LEVY, WB III, 629.

Priestern, doch fanden sich Priester in allen Schichten der Gesellschaft. Ihre exklusive Gebundenheit an Jerusalem war mit dem Dienst am Heiligtum verknüpft (vgl. Num 18,7). Nachdem dieser Dienst nach der Zerstörung des Tempels nicht mehr vollzogen werden konnte, setzten sich die Priester zusammen mit den Toragelehrten sehr für das Studium der Tora ein.

Raschi deutet Dtn 33,11 verallgemeinernd auf die Hasmonäer.[252] Der TJ 1[253] bezieht den Text auf den Makkabäer Johannes Hyrkanus.[254] Er regierte von 135-104 v.Chr. Mit seiner Machtergreifung wurde das dynastische Prinzip der Hasmonäer offenkundig. Das innere Gerüst des hasmonäischen Staates war das Militär, mit dessen Hilfe Hyrkanus das jüdische Staatsgebiet erweiterte und auch nichtjüdische Territorien dazugewann. Die Hasmonäer verfügten außerdem über viel private Güter,[255] eine Tatsache, die als weitere Assoziation zu dem Wort נכסים, "Güter", in unserer Auslegung gesehen werden kann. Hyrkanus war Ethnarch und Hohepriester von Judäa, das ab 129 v.Chr. infolge der internen syrischen Thronstreitigkeiten de facto ein souveräner Staat mit Hyrkanus als Herrscher wurde. Außenpolitisch bemühte er sich um gute Beziehungen zu Rom. Da die hasmonäische Familie sich infolge der fortschreitenden Konsolidierung ihrer Herrschaft immer mehr von den Idealen der makkabäischen Bewegung entfernte, kam es zu einem offenen Konflikt mit den Frommen.[256] Hyrkanus sah sich Diskussionen mit den Pharisäern ausgesetzt, die sich für toratreues Leben einsetzten und erst langsam zu einer Gruppe konsolidierten.[257] Diese Gruppe zweifelte die Legitimität von Hyrkanus` Hohenpriesteramt an.[258] Hyrkanus wandte sich daraufhin der staatstragenden Partei der Sadduzäer, dem reichen Priesteradel, zu. Noch in der späteren rabbinischen Literatur sind einzelne antipharisäische Maßnahmen des Hyrkanus erwähnt.[259]

Der in SifDev angedeutete Reichtum der Priester kann auf den Konflikt um die Tempelsteuer anspielen. Entweder Hyrkanus oder Alexander Jannai erhöhte diese Steuer, die z.Zt. Nehemias einen drittel Schekel betrug, auf einen halben Schekel.[260] Der Unterschied muß beträchtlich gewesen sein und hat "in Wirklichkeit die Einführung einer

---

[252] "Er sah, wie die Hasmonäer und ihre Söhne mit den Griechen kämpfen würden, und betete für sie, weil sie nur wenige waren, zwölf Söhne der Hasmonäer und Eleazar gegen viele Myriaden; darum heißt es: ... (Dtn 33,11)" (vgl. BAMBERGER, Raschis Pentateuchkommentar, 535).

[253] TJ1 zu Dtn 33,11.

[254] Ausführliche Überblicksliteratur findet sich bei SCHÜRER, History I, 200-215; STERN, Art. Hyrcanus, 1146f.; SCHÄFER, Geschichte, 81-88; FELDMAN, Jews, 325.

[255] Vgl. 1Makk 10,39.

[256] Vgl. yMaas 5,9 56d; ySot 9,1 24a.

[257] Diese traten unter Johannes´ Herrschaft erstmals als politische Größe gegen die Sadduzäer und das regierende hasmonäische Königreich auf (vgl. Josephus, Ant XIII, 288ff.).

[258] Die Behauptung, die Mutter des Hyrkanus sei unter Antiochus IV. gefangen genommen worden, war Grund des Legitimitätszweifels. Hyrkanus, evt. ursprünglich einmal selbst Schüler der Pharisäer, forderte eine harte Bestrafung des Anklägers, was die Pharisäer verwehrten (vgl. Josephus, Ant XIII, 288-298). Eine ähnliche Erzählung findet sich in bQid 66a. Hier wird das Geschehen allerdings in die Zeit des Alexander Jannai verlegt.

[259] Vgl. SCHÄFER, Geschichte, 89f.

[260] Vgl. SCHALIT, Herodes, 269.

regulären staatlichen Steuer für die gesamte jüdische und nichtjüdische Bevölkerung, d.h. einer Kopfsteuer, bedeutet."[261]

Wahrscheinlicher ist in unserem Text jedoch eine positive Auslegung der Stellung der Priester: Der Midrasch hebt das Studium der Tora durch die Priester hervor, eine Aufgabe, die nach Dtn 33,10 den Leviten zugeschrieben ist. Demnach bringt der Verweis auf das priesterliche Vermögen die für reiche Priester uneingeschränkte Möglichkeit zum Studium durch wirtschaftliche Absicherung zum Ausdruck. Da den in Jerusalem und in Städten und Dörfern über das Land verteilt lebenden Priestern die Priestergaben, die sie im allgemeinen direkt von den Bauern erhielten, zustanden, konnten sie "sich der Unterweisung in der Tora und der öffentlichen Leitung widmen und als Richter, Schriftgelehrte, Lehrer und dergleichen fungieren"[262]. Der im Midrasch zitierte Ps 37,25 bezeichnet in diesem Fall den Tora studierenden Priester als Gerechten, der durch seiner Hände Arbeit das harmonische Verhältnis zwischen Israel und ihrem Vater im Himmel herstellt. Der Aspekt der Arbeit verweist sehr wahrscheinlich auf die von den Priestern durchgeführten Opferdienste.[263] Durch den Abschluß des Midrasch wird jeder Kritik gegen die Priesterschaft entgegengetreten. Das liegt darin begründet, daß es gegen Ende der Zeit des Zweiten Tempels immer mehr zu einer Konfrontation mit dem Hohenpriestertum und der reichen Priesteraristokratie kam. Der Einfluß der Toragelehrten war beträchtlich gewachsen, sie waren eine organisierte Körperschaft, die eine eigene "religiös-sozial-politisch-geistig-nationale Ideologie"[264] vertrat. Die Leitung des Volkes ging neben dem wachsenden Einfluß in Institutionen der öffentlichen Leitung und Stadtverwaltung in Jerusalem immer mehr in die Hände der Toragelehrten über.[265]

Die Datierung des Textes SifDev § 352 in die hasmonäische Zeit hinein ist ebenso hypothetisch wie die Datierung gegen Ende des Zweiten Tempels. Die dem Text zugrundeliegende Tradition kann zuerst negativ interpretiert worden sein, danach aber aufgrund der veränderten historischen und religiösen Lebenssituation das Torastudium der Priester und deren Bemühungen um den Erhalt der Lern- und Lehrkultur hervorgehoben haben. Letztendlich ist eine endgültige Entscheidung für die positive oder negative Auslegung dieses Textes nicht zu treffen.

Der letzte Teil von Dtn 33,11 wird im Midrasch nicht berücksichtigt: ומשנאיו מן יקומן "... und die ihn hassen, nicht aufstehen". Zweimal wird das Verb קום in den letzten beiden Abschnitten des Verses gebraucht. Es drückt das physische Aufstehen aus. Dieses wird ihnen nicht gestattet, die Situation tritt nicht ein. Der Vers wird von einer

---

[261] SCHÄFER, Geschichte, 81; vgl. ebd. 218, Anm. 242. Nähere Ausführungen zum Fiscus Iudaicus finden sich in der Auslegung zu tSheq 1,6 S. 92ff.

[262] SAFRAI, Das jüdische Volk, 66.

[263] In bYom 26b wird Reichtum mit Opferdienst in Zusammenhang gebracht. In einer Baraita wird gelehrt, daß niemals jemand das Aufräuchern von Spezereien wiederholt hat. R. Chanin begründete die Beobachtung mit der lapidaren Erklärung: "Weil es reich macht." Direkt anschließend werden im Namen von R. Papa und Abaje V.10 *"sie bringen Opferduft in seine Nase"* und V.11 *"segne, J`, sein Vermögen"* aus Dtn 33 verbunden.

[264] SAFRAI, Das jüdische Volk, 66.

[265] Vgl. URBACH, Class-Status, 23.26f.

angehängten anderen Auslegung (דבר אחר)[266] verdeutlicht. Sie beginnt mit der Erklärung Dtn 33,11c: Der, dem die Hüften zerschmettert werden, ist Korach,[267] der Versteil *"die ihn hassen, nicht aufstehen"* wird auf Usija[268] gedeutet. Mit diesem Midrasch endet in SifDev die Auslegung des Levisegens.

Zusammenfassung

Der Midrasch betont die Stellung der Priester innerhalb des Volkes Israels und die Bedeutung ihrer Arbeit für das Gottesverhältnis Israels und legt in drei Teilen Dtn 33,11 aus. Dieser Vers drückt den Segenswunsch für die Leviten, den Schutz vor ihren Feinden, aus. Im ersten Abschnitt wird das materielle Vermögen der Priester hervorgehoben und durch Ps 37,25 untermauert.

In dem zweiten Midraschabschnitt wird die positive Auswirkung der von den Priestern zu verrichtenden Arbeit auf das Gottesverhältnis Israels dargestellt. Sofern Israel Gefallen an der Arbeit der Priester, dem Opferdienst, findet, gefällt "Israel ihrem Vater im Himmel". Die Bezeichnung Gottes als "Vater im Himmel" ist vom Kontext des Bibelzitates her zu erklären. In Dtn 33,9 wird Bezug nehmend auf Ex 32,25-29 die Zerrüttung der Familienbeziehungen der Leviten beschrieben.

Die Söhne Levis erhalten Ex 32,27 zufolge den Auftrag, ihre Brüder, Nächsten und Verwandten mit dem Schwert zu erschlagen. Nachdem sie ohne Rücksichtnahme auf Familienbeziehungen der Anweisung des Mose gefolgt sind, wurde ihnen nach Aufforderung zum Opferdienst der Segen Gottes in Aussicht gestellt (V.29). Die Leviten vermitteln die Segenskraft des Gottes Israels durch ihre Arbeitsleistungen.

Dieser Abschnitt thematisiert daher die notwendige Vermittlungstätigkeit der Priester, die für das Volk Israel segenspendend und für das Funktionieren der Kind-Vater-Beziehung lebenswichtig ist.

Der letzte Midraschteil hebt vermutlich die positive Stellung der Priester in der Gesellschaft hervor. Jede Kritik an der Priesterschaft wird nicht nur abgewiesen, sondern ihre Unantastbarkeit durch die angedeutete Vernichtung ihrer Gegner noch hervorgehoben. Die Priester vermittelten durch ihre Arbeit, die sich während der Tempelzeit auf den Opferdienst, nach der Zerstörung des Tempels auf die priesterliche Lern- und Lehrkultur bezog, zwischen Gott und dem Volk Israel.

Hintergrund der Auseinandersetzung um die gesellschaftliche Stellung der Priester bieten die theologischen Aussagen der Sohnschaft Israels.[269] Die Erwählung des Volkes Israel und der Bund Gottes mit ihm zeichnen das Gottesverhältnis Israels aus. Manchmal vermitteln Menschen wie die Priester auf besondere Art und Weise in diesem Gottesverhältnis und schaffen durch ihre Arbeit Einklang und Harmonie. Für Rezipien-

---

[266] Dies ist eine übliche Einleitungsformel, wenn es zu einem Text mehrere Auslegungen gibt (vgl. BACHER, Term I, 18).

[267] Vgl. Num 16. Korach, Urenkel Levis, stand mit einigen Männern auf (ויקומו) gegen Mose und die Vorsteher der Gemeinde, Menschen der Kinder Israels (vgl. Num 16,2). Diese Auslegung gründet einerseits in der Sohnschaft Levis und andererseits darin, daß in Num 16,2 und Dtn 33,11d dieselbe Verbform verwandt wird.

[268] Vgl. 2Kön 15,1-7. Usija sündigte, indem er im Tempel in Jerusalem räucherte. Damit verletzte er die Rechte Levis und wurde infolgedessen mit Aussatz bestraft (vgl. 2Chron 26,16-21).

[269] Vgl. BÖCKLERs Auslegungen zu Hos 11,1.3a; Ex 4,22f. in: dies., Gott als Vater, 252-271.

ten der Midraschauslegung heißt das: Gott hat seine Souveränität erwiesen, indem er Israel zu seinem erstgeborenen Sohn erwählte und einen Bund mit dem Volk einging. Diese Schöpfungs- und Erwählungstat gilt es, wie die Autorität von Eltern, anzuerkennen. Dadurch wird Gottes Nähe und Zuwendung zum Volk Israel erfahrbar.

2.3. Erklärung des Namens Jerobeams

In Form einer anonymen Baraita wird im Talmud eine Namenserklärung Jerobeams geboten, der aufgrund seines Verhaltens das Verhältnis zwischen Israel und ihrem Vater im Himmel beeinträchtigt hat.

bSan 101b

1. Drei Könige und vier Privatleute usw. (= Mischna)	שלשה מלכים וארבעה הדיוטות וכו׳.
2. Die Rabbanan lehrten:	ת״ר
3. Jerobeam, der das Volk niedergebeugt hatte.	ירבעם שריבע עם
4. Eine andere Erklärung:	ד״א
5. Jerobeam, der einen Streit unter dem Volk hervorrief.	ירבעם שעשה מריבה בעם
6. Eine andere Erklärung:	דבר אחר
7. Jerobeam, der einen Streit zwischen Israel und ihrem Vater im Himmel hervorrief.	ירבעם שעשה מריבה בין ישראל לאביהם שבשמים.

Die Baraita legt den Anfang von mSan 11,2 aus, welcher der Auslegung voranstehend zitiert ist. Die Mischna konstatiert, daß drei Könige und vier Privatleute keinen Anteil an der zukünftigen Welt haben. Die drei Könige sind: Jerobeam, Ahab und Menasse, die vier Privatleute sind: Bileam, Doeg, Achitofel und Gehazi.

Dem Abschnitt geht eine Baraita voraus, die feststellt, daß drei Männer, Kain, Esau und Menasse, anmaßend vor Gott traten. Kain hielt seine Sünde für nicht so groß, Esau bat seinen Vater um einen weiteren Segen (vgl. Gen 27,38), und Menasse rief viele Götter an, bevor er sich zum Gott der Väter wandte. Bereits in dieser Baraita klingen väterliche Beziehungen an. Im Namen Abba Shauls wird anschließend der halachische Satz zitiert, daß, wer den Gottesnamen buchstäblich ausspricht, keinen Anteil an der zukünftigen Welt hat.

Dem Text angefügt sind eine Namenserklärung Jerobeams als "Sohn der Nebat" sowie eine weitere Baraita, die hervorhebt, daß Nebat, Achitofel und die Sternenkundigen des Pharaos nichts deutlich sahen.

Gliederung:
1. Mischnazitat
2. Einleitung des Rabbinenspruchs
     3. Erste Namenserklärungen Jerobeams
4. Einleitung
     5. Zweite Namenserklärung
6. Einleitung
     7. Dritte Namenserklärung

Einzelexegese

1. Der anonymen Baraita vorangehend wird der Auslegungsabschnitt der Mischna San 11,2 zitiert. Er zählt eine Gruppe von Königen und Privatleuten (הדיוטות)[270] auf, die keinen Anteil an der zukünftigen Welt haben.

2. Die Baraita wird mit dem üblichen Terminus תנו רבנן eingeleitet.

3. Es folgt eine erste Erklärung bzw. Herleitung des Namens "Jerobeam". Der Midrasch deutet den Namen des ersten König des Nordreichs, Jerobeam I. Er regierte ca. 926-906 v.Chr., war Fronvogt unter Salomo und floh, nachdem er sich gegen den König erhoben hatte, nach Ägypten.[271] Beth-El und Dan erklärte Jerobeam zu Staatsheiligtümern und stellte dort goldene Stierbilder auf. Diese Maßnahme wird ihm bereits von biblischen Berichterstattern unter dem Begriff "Sünde Jerobeams" zum Vorwurf gemacht.

Als erste Mischnaauslegung wird in dieser Baraita der Name Jerobeams dreifach erläutert. Die Erläuterungen werten die Taten und das Leben Jerobeams.[272] Sie alle spielen mit den ersten Konsonanten des Namens und versuchen ihn paronomastisch zu deuten.[273] Dabei wird die Bedeutung von Jerobeams Taten immer weiter ausgedehnt. Während die erste Auslegung lediglich Jerobeams Tat selbst aufzeigt, bringt die zweite die Konsequenz für das Volk zum Ausdruck, bis schließlich die dritte Namenserklärung die Ausmaße auf das Gottesverhältnis des Volkes Israel betont. Die erste Auslegung sieht im Namen ירבעם das Verb רבע, die beiden anderen versuchen eine Herleitung mittels מריבה. Die Zusammenstellung dieser Erklärungen zeigt das redaktionelle Interesse der Rabbinen. Die Klimax ist die Beschreibung der Auswirkungen auf das Gottesverhältnis des Volkes Israel in der dritten Auslegung; sie wird durch die vorangehenden Deutungen klassisch vorbereitet.

Eine Bedeutungsstufe des Verbes רבע ist "mit Wasser besprengen, quadrieren"[274]. Da diese Bedeutung für unsere Auslegung keinen Sinn ergibt, ist eine etwas abweichende Schreibweise in Betracht zu ziehen. ריבעה beschreibt eine Lagerstatt, רביעה das "Sich-niederlegen, den Niederfall"[275]. Das Verb kann daher eine Bewegung wie "niederfallen, niederbeugen" beschreiben.

Eine andere Übersetzungsmöglichkeit des Verbes רבע ist "sich vermehren"[276]. Durch die Wiedergabe des Verbes würde die erste Namenserklärung eine positive Bestimmung erhalten: "Jerobeam, der das Volk vermehrte".[277] Diese positive Deutung steht der homiletischen Auslegung von Jerobeams Aufstieg zu Macht und Herrschaft, wie sie in der LXX beschrieben ist, nahe.[278] Es bleibt zu untersuchen, inwiefern eine positive Deutung des Namens in dieser Baraita Absicht der Redaktoren ist.

---

[270] Vgl. KRAUSS, Lehnwörter II, 220f.

[271] Vgl. 1Kön 11,26-14,20.

[272] KOHLER weist in seiner Systematik darauf hin, daß Eigennamen meist etymologisch gedeutet werden und fügt Beispiele an (vgl. ders., Grundriß, 28f.).

[273] Zur Paronomasie in der Aggada vgl. allgemein FRAENKEL, Paronomasia.

[274] LEVY, WB IV, 417f.

[275] Ebd., 418f.

[276] SOKOLOFF, Dictionary, 515.

[277] Diese positive Deutung der ersten Auslegung nimmt BUSTANAY an (ders., Art. Jerobeam, 1371).

[278] Vgl. GOODINGs Vergleich der Aufstiegsgeschichten Jerobeams in der Septuaginta und im hebräischen Text (ders., The Septuagint's rival, 188).

4.-7. Die folgenden zwei durch דבר אחר, "eine andere Erklärung", angefügten Namenserklärungen werden jeweils durch die Worte "Jerobeam tat (ירבעם עשה)" eingeleitet. Das Verb "tun, machen" beschreibt bereits biblisch Jerobeams Freveltaten.[279] In den Königsbüchern wird in den entsprechenden Versen das Verb חטא, "sündigen", oder das daraus abgeleitete Substantiv zusätzlich angeführt.

Das Substantiv מריבה bezeichnet nicht nur den Felsbrunnen in der Wüste,[280] sondern kann vor allem mit "Streit"[281] übersetzt werden. Damit lautet die zweite Namenserklärung, daß Jerobeam "Streit unter dem Volk hervorrief".[282] Hintergrund dieser Behauptung ist das Aufstellen der goldenen Stierbilder in Dan und Beth-El (1Kön 12,29). Mit ihrer Hilfe verführte Jerobeam das Volk Israel zum Götzendienst und verhinderte durch das Aufstellen von Wachen den Zugang zum Jerusalemer Tempel an den Wallfahrtsfesten.[283] Diese Taten mußten zu Auseinandersetzungen innerhalb des Volkes Israel, zwischen Königsanhängern und toratreuen Juden, führen (bSan 101b). Die beiden letzten Namenskonsonanten עם stellen die Verbindung zwischen den beiden ersten Namenserklärungen her und werden nach biblischem Vorbild als das "Volk Israel" gedeutet, zu dem sich Jerobeam in bestimmter Weise verhalten hat.

Erst die dritte Namenserklärung macht die Auswirkungen von Jerobeams Taten auf die Gottesbeziehung des Volkes Israel transparent. Er "rief einen Streit zwischen Israel und ihrem Vater im Himmel hervor". Mit diesem Streit wird erneut auf die Verführung zum Götzendienst angespielt, für die Jerobeam vielfach in der rabbinischen Literatur zur Verantwortung gerufen wird.[284] So berichten einige Talmudauslegungen, daß Jerobeam durch seine Maßnahmen zur Verhinderung der freien Wallfahrt zum Tempel eine eiserne Wand zwischen Volk und Tempel aufgestellt habe.[285]

Ein weiterer Text, der sich ebenfalls mit der Erklärung des Namens "Jerobeam" beschäftigt, ist in bSan 102a zu finden. Im Namen R. Chanina ben Papas, eines Amoräers der dritten Generation,[286] ist eine Auslegung überliefert, die mit der Elternmetapher spielt: [287]

"Wenn jemand etwas von dieser Welt genießt ohne Segensspruch, so ist es ebenso, als würde er den Heiligen, g.s.e., und die Gemeinschaft Israels (כנסת ישראל) berauben, denn es heißt: *Wer seinen Vater und seine Mutter beraubt und spricht: Es ist keine Sünde, der ist Genosse des Verderbers* (Prov 28,24). Unter "Vater" ist der Heilige, g.s.e., zu verstehen, denn es heißt: *Siehe, er ist dein Vater, der dich geschaffen hat* (הוא אביך קנך; Dtn 32,6); und unter "Mutter" ist die Gemeinschaft Israels zu verstehen, denn es heißt: *Gehorche, mein Sohn, der Zucht deines Vaters* (מוסר אביך), *und verwirf nicht die Lehre deiner*

Vgl. 2Kön 17,22 (Sünden); 23,15 (Altar in Beth-El); 2Chron 13,8 (goldene Kälber zu Göttern).

[280] Vgl. Ex 17,7; Ps 95,8; Num 20,13.24 u.ö.

[281] BAUMGARTNER, WB II, 600. Vgl. Gen 13,8; Num 27,14.

[282] Auch diese Namenserklärung deutet BUSTANAY positiv: "... he who fights the battle *of* the people" (ders., Art. Jerobeam, 1372). Diese Auslegung wird vor dem Hintergrund von Jerobeams Eintreten für das Volk im Kampf gegen Rehabeam gesehen. Die Partikel ב durch "für" auszulegen ist jedoch fragwürdig, vor allem im Kontext der anderen Auslegungen der Baraita. Besonders mit Verweis auf die dritte Namenserklärung, die BUSTANAY in seinem Artikel nicht mehr erwähnt, muß an der negativen Deutung festgehalten werden.

[283] Vgl. tTaan 3,7 (LIEBERMAN); bSan 102a.

[284] Vgl. GINZBERG, Legends of the Jews II, 11.136; IV, 53.128.180ff.257.

[285] Vgl. yAZ 1,1 39c; bSan 101b. Jerobeam ging nach tTaan 4,7 und bSan 102a sogar so weit, Wallfahrer ermorden lassen zu wollen.

[286] STEMBERGER, Einleitung, 98; BACHER, pAm II, 513-532.

[287] Übersetzung vgl. GOLDSCHMIDT, Der babylonische Talmud IX, 91; vgl. bBer 35b.

Mutter (תורת אמך; Prov 1,8). Was heißt ein "Genosse des Verderbers" (איש משחית)? Er ist ein Genosse Jerobeams, des Sohnes Nebats, der Israel ihrem Vater im Himmel verdorben (השחית) hatte."

Diese Auslegung spielt mit dem Verb שחת, welches im Hiphil die Bedeutung "verderben, zerstören, vernichten"[288] hat. In ihr steht Jerobeam für den איש משחית, den "Genossen eines Verderbers", der, wie in Prov 28,24 berichtet, ohne Skrupel seine Eltern beraubt. Gott symbolisiert den Vater und das Volk Israel die Mutter. In ihr Verhältnis griff Jerobeam ein, da er sich ohne Segen etwas von dieser Welt genommen hatte. Er schaffte es, das Volk Israel ihrem Vater im Himmel zu verderben. Direkt an diese Auslegung schließt sich das Zitat von 2Kön 17,21 an, in dem betont wird, daß Jerobeam die Israeliten zum Abfall von Gott und schwerer Sünde verführte.

Zwischen unserem Auslegungsabschnitt und bSan 102a diskutieren die Rabbinen ausführlich, warum Jerobeam keinen Anteil an der zukünftigen Welt hat, aber trotzdem König geworden ist. Das im Namen von R. Jochanan und R. Nachman auch im Talmud überlieferte positive Bild des Königs bezeichnet GOODING als "Weißwaschung" seines Images.[289] ABERBACH und SMOLAR zeigen, daß es die Intention R. Jochanans war, das Ansehen des davidischen Patriarchen zu heben.[290] Das positive geschichtliche Bild Jerobeams gründet daher im Interesse der Rabbinen. Sie interpretierten die Bibel vor dem Hintergrund ihrer eigenen Erfahrung und kommentierten so auch ihre eigenen Probleme.

Daher könnte das negative Bild Jerobeams ein Spiegel der historischen Erfahrung des Verlustes des Tempels und, damit verbunden, auch des Tempelgottesdienstes, seiner sühnenden und das Gottesverhältnis rekonstituierenden Wirkung für das Volk Israel sein. Jerobeam war der erste König, der sowohl den Tempel in Jerusalem durch die Konkurrenzheiligtümer Dan und Beth-El entweihte als auch den Wallfahrern den Zugang zum Tempel verwehrte. Mit ihm wurde das enge Verhältnis der Israeliten zu ihrem Gott getrübt.

Im babylonischen Talmud sind Namenserklärungen, die die Bezeichnung Gottes als "Vater" beinhalten, nicht selten. Lediglich die Erklärung des Namens "Jerobeam" ist eindeutig als Baraita zu identifizieren und wurde daher in diesem Textkorpus eingehend behandelt. Folgende Namen werden mit Hilfe des Gottesepitheton "Vater im Himmel" in der amoräischen Literatur erklärt:

Simeon. Er hörte auf die Stimme seines Vaters im Himmel.	BerR 71,3 zu Gen 29,32
Simson. Er richtete Israel wie ihr Vater im Himmel (vgl. Gen 49,16).	bSot 10a
Ashur, der Vater Tekoas (1Chron 4,5).	
Er preßte (תקע) sein Herz an seinen Vater im Himmel.	bSot 12a
Hiskia. Er befestigte (חזק) die Israeliten mit ihrem Vater im Himmel.	bSan 94a
Menasse. Er ließ eine Vergessenheit (הנשי) zwischen Israel und ihrem Vater im Himmel eintreten.	bSan 102b

In all diesen Namenserklärungen scheint Gott als "Vater im Himmel" bezeichnet zu werden, um einerseits das innige Verhältnis der Israeliten zu Gott zu betonen oder andererseits die besondere Beziehung eines einzelnen Menschen zu Gott hervorzuheben.[291] Dabei werden Namen entscheidender Persönlichkeiten in der Geschichte Israels ausgelegt: die Namen Simeons, des Richters Simson, Ashurs, des Vater Tekoas, und der beiden Könige Hiskia und Menasse. Auffällig ist, daß weitere Namenserläuterungen, die der

---

[288] BAUMGARTNER, WB IV, 1364.

[289] GOODING, The Septuagint's rival, 186.

[290] Vgl. ABERBACH/SMOLAR, Jerobeam, 128.

[291] Ashur wird bereits der zitierten Auslegung vorausgehend als Vater bezeichnet. Er nahm für seine Frau Mirjam Vaterstelle an, die wegen einer Krankheit seiner Pflege bedurfte. Ashur selbst bleibt nur Gott als väterlicher Trost und Stütze.

Könige Hiskia und Menasse, ebenfalls im Traktat Sanhedrin im weiteren Umfeld der Jerobeamauslegung stehen (bSan 94a; 102b).

Zusammenfassung

Jerobeams Taten, die den Götzendienst unterstützten, seine Verhinderung der freien Wallfahrt zum Tempel und sein Ausnutzen von Privilegien, die ihm vom Sanhedrin zugestanden worden waren,[292] verursachten einen Streit zwischen Israel und ihrem Vater im Himmel.

Wo Gott als Vater bezeichnet wird, drückt dieses Epitheton einerseits die Nähe des Volkes zu Gott und die Bedeutung des Gottesverhältnisses aus, andererseits bringt es auch eine andere Ebene in die Auseinandersetzung mit ein. Die Autorität des Königs konkurriert mit der des Vaters.

Nach der Tempelzerstörung ist das durch den Tempel konstituierte Gottesverhältnis des Volkes Israel aufgehoben. Opfer spielen im religiösen Alltag keine Rolle mehr. Wenn Gott in diesem Kontext als Vater benannt wird, drückt sich der Wunsch nach Nähe aus. Jerobeam wird kritisiert, da er durch seine Taten Streit zwischen dem Gott Israels und seinem Volk hervorgerufen hat. Die Nähe und Verbundenheit, die zwischen dem Volk Israel und Gott als ihrem Vater bestand, ist gestört, und durch Tempeldienste kann diese Störung nicht mehr behoben werden. Die Tempelzeit wird positiv gewertet, da während des Bestandes des Tempels Israel zu Gott ein enges Verhältnis hatte. Möglicherweise drückten die Rabbinen durch solche Auslegungen und historische Ausdeutungen biblischer Berichte ihren Wunsch auf Gottesnähe und Verbundenheit mit Gott auch nach der Tempelzerstörung aus.

2.4. Abschließende Zusammenfassung

In den letzten drei untersuchten Auslegungen handelt es sich stets um eine Person oder gesellschaftliche Gruppe, die das Gottesverhältnis Israels, wie es die biblischen Berichte erzählen, eingehend beeinflußt hat. Diese Menschen oder Gruppen werden im Blick darauf beschrieben, inwiefern sie das Verhältnis des Volkes Israel zu Gott gelenkt haben.

In Sifra בחוקתי 8,12 wird Mose die Rolle des Vermittlers zwischen Israel und Gott zugeschrieben, in SifDev § 352 werden "der Hände Arbeit" von Priestern bzw. Nachkommen Aarons als Handlungen ausgewiesen, die stellvertretend für ein Kollektiv Wohlgefallen für das Gottesverhältnis erzeugen, und in bSan 101b schließlich wird Jerobeam als Akteur und Störenfried des Verhältnisses zwischen Israel und Gott hervorgehoben. Moses Rolle als Retter aus Ägypten und Leiter während der Wüstenzeit, Jerobeams Zeit als König und die Aufgabe der Priester während ihres Dienstes am Tempel und ihre konstitutive Rolle beim *Opferdienst* während der Zeit des Zweiten Tempels wurden in den Auslegungen thematisiert. Alle hatten Anteil am Vollzug der עבודה, an der Realisierung des wörtlich verstandenen *Gottesdienstes* des Volkes Israel.

Mose übermittelte die schriftliche und mündliche Tora und mit ihr die Opfervorschriften. So schlichtete und vermittelte er in der Wüstenzeit immer wieder zwischen

---

[292] Zur Auseinandersetzung mit Jerobeams Privilegien, vgl. HALEVY, Art. Jerobeam, 1373.

Israel und Gott. Die Priester ermöglichten diese Vermittlung durch "ihrer Hände Arbeit". Bezug wird abermals auf den Opferdienst am Tempel genommen. Jerobeam hingegen verursachte durch sein Verhalten und seine Politik als König einen Streit zwischen Israel und ihrem Vater im Himmel. Ein direkter, unvermittelter Zugang des Volkes zu Gott scheint nicht möglich zu sein.

Neben den bereits angeführten Themenkomplexen wird die Stellung und Rolle der *Tora* für das Gottesverhältnis Israels besonders hervorgehoben. Bereits in MekhY עמלק 2 zu Ex 17,14 wird die Tora von Moses als Grund angeführt, der Gott veranlaßt, das Volk Israel vor ihrem schrecklichen Feind Amalek zu retten. In Sifra בחבקתי 8,12 zu Lev 26,46 ist Mose der Vermittler der Tora und ihrer Opfervorschriften und steht daher in direktem Kontakt zu dem Vollmachtgeber Gott. Ebenso focussierte sich die Arbeit der Priester nach der Zerstörung des Tempels auf die Verbreitung der Lern- und Lehrkultur der schriftlichen Tora und der mündlichen Überlieferung.

Mose hatte bei der Erwählung Israels als "Kinder Gottes" eine große Bedeutung, Jerobeam gefährdete durch sein Verhalten den Bund Gottes mit seinem Volk. Beide haben in ihrem Verhalten Nachahmer bei den Kindern Israels gefunden und tragen daher Verantwortung: "Mose war würdig/rechtschaffen (זכה) und führte viele zur Rechtschaffenheit, und die Rechtschaffenheit vieler hatte ihren Grund in ihm. ... Jerobeam sündigte (חטא) und verführte viele zur Sünde, und die Sünde vieler hatte ihren Grund in ihm ..." (mAv 5,18).

In der Bezeichnung Gottes als "Vater im Himmel" schwingen in den ausgelegten Texten folgende Konnotationen mit:

In der ersten Auslegung (Sifra בחוקתי 8,12) erweist Gott sich als ein sorgendes Familienoberhaupt, zu dem die Kinder ihre Beziehung nicht unterbrechen können. Das Fundament der Beziehung ist unzerstörbar. Gott als Vater spendet Trost und vermittelt Stabilität. In dieser Auslegung charakterisiert den Vater vor allem Verläßlichkeit, Sorge und Güte, liebevolle Zuwendung und Unterstützung beim Mutmachen.

In SifDev § 352 steht das Gottesepitheton im Kontext kultischer Verhältnisbestimmungen. Durch die Priester wird dem Volk Nähe und Zuwendung zu und von Gott ermöglicht. Innerhalb des Kontextes von Dtn 33,9 bringt die Familienmetaphorik zum Ausdruck, daß Gott seine Souveränität erwies, als er Israel zu seinem "erstgeborenen Sohn" (Ex 4,22f.; vgl. Hos 11,1.3) machte, indem er ihn aus Ägypten führte. Wie die Schöpfungs- und Erwählungstat gilt es auch, die Autorität der Eltern anzuerkennen.

In bSan 101b hingegen scheint das Gottesepitheton sowohl das innige Verhältnis Israels zu Gott als Vater hervorzuheben als auch die negative Wirkung der Tat eines einzelnen Menschen auf dieses Gottesverhältnis. Die Autorität des König Jerobeams konkurriert mit der Vaterrolle Gottes.

3. Die historische Katastrophe

Von einer anderen historischen Bedrohungssituation, die große Auswirkungen auf den religiösen Lebensvollzug hatte, spricht der folgende Text.

mSot 9,15[1]

I.1.) R. Pinchas ben Jair sagt:	רבי פנחס בן יאיר אומר:
2.) Seit der Zerstörung des Tempels	משחרב בית המקדש,
sind Genossen und Söhne der Freien verschämt	בושו חברים ובני חורין,
und verhüllen ihren Kopf.	וחפו ראשם,
Die Männer der Tat werden mißachtet.	ונדלדלו אנשי מעשה,
Die Gewalttätigen und Verleumder führen an.	וגברו בעלי זרוע ובעלי לשון,
Niemand forscht, und niemand strebt, und niemand fragt.	ואין דורש ואין מבקש ואין שואל,
3.1.) Auf wen können wir uns verlassen?	על מי לנו להשען ?
3.2.) Auf unseren Vater im Himmel.	על אבינו שבשמים.
II.1.) R. Eliezer der Große sagt:	רבי אליעזר הגדול אומר:
2.) Seit dem Tag der Zerstörung des Tempels,	מיום שחרב בית המקדש
fingen die Weisen an, zu sein wie die Schriftgelehrten,	שרו חכימיא למהוי כספריא,
und die Schriftgelehrten wie die Aufseher und die Aufseher wie das Volk des Landes,	וספריא כחזניא וחזניא כעמא דארעא,
und das Volk des Landes verschwindet und ist heruntergekommen,	ועמא דארעא אזלא ודלדלה,
und niemand strebt.	ואין מבקש,
3.1.) Auf wen kann man sich verlassen?	על מי יש להשען ?
3.2.) Auf unseren Vater im Himmel.	על אבינו שבשמים.
III.2. Vor Ankunft des Messias	בעקבות משיחא
a) wird die Frechheit groß werden,	חצפא יסגא,
und die Teuerung wird in die Höhe schießen.	ויקר יאמיר,
b) Der Weinstock gibt seine Frucht,	הגפן תתן פריה
und/aber der Wein wird teuer sein.	והיין ביקר,
Die Regierung wird der Ketzerei verfallen,	והמלכות תהפך למינות,
und es gibt keine Zurechtweisung.	ואין תוכחה,
c) Das Lehrhaus wird zur Hurerei werden,	בית ועד יהיה לזנות,
und Galiläa wird zerstört und Gablan verwüstet.	והגליל יחרב, והגבלן ישום,
Die Menschen der Grenzen irren umher von Stadt zu Stadt, und niemand erbarmt sich.	ואנשי הגבול יסובבו מעיר לעיר ולא יחוננו,
Und die Weisheit der Schreiber wird übel riechen.	וחכמת סופרים תסרח,
Die Sündenscheuen werden verachtet werden,	ויראי חטא ימאסו,
und die Wahrheit wird fernbleiben.	והאמת תהא נעדרת,
d) Junge beschämen Alte,	נערים פני זקנים ילבינו,
Alte werden vor Kleinen aufstehen.	זקנים יעמדו מפני קטנים.
Ein Sohn verachtet den Vater, die Tochter steht auf gegen die Mutter, die Braut gegen die Schwiegermutter, und die Feinde eines Menschen sind seine Hausgenossen (Mi 7,6).	בן מנבל אב, בת קמה באמה, כלה בחמתה, איבי איש אנשי ביתו.
Das Gesicht der Generation gleicht dem Gesicht des Hundes,	פני הדור כפני הכלב,
und der Sohn schämt sich nicht vor seinem Vater.	הבן אינו מתביש מאביו.
3.1.) Auf wen können wir uns verlassen?	ועל מי יש לנו להשען ?
3.2.) Auf unseren Vater im Himmel.	על אבינו שבשמים.

---

[1] Text: ALBECK, Mishna, Nashim, 260f.

Der letzte Textabschnitt der Mischna Sota besteht aus drei Teilen. Im ersten Teil werden Tannaiten genannt, die sich durch rühmenswerte Eigenschaften ausgezeichnet haben. Alle Sätze beginnen mit ... משמת, "seitdem xyz gestorben war...". Die Reihe der zitierten Rabbinen reicht von R. Jochanan ben Zakkai, der 70 n. Chr. die Tempelzerstörung in Jerusalem erlebte und dann das Lehrhaus in Javne gründete, bis zu R. Jose Ketuntan[2]. Viele thematisieren das Ende einzelner Aspekte der Toragelehrsamkeit. Dann folgt der auszulegende Abschnitt, worauf abschließend einige der Aspekte der Toragelehrsamkeit als Ausspruch R. Pinchas ben Jairs der Auslegung angefügt werden.[3] Mit ihm endet das Traktat.

Quellenkritik:

Der vorliegende Teil (= zweite Teil von mSot 9,15) enthält die Aussprüche über die Zustände in der Zeit nach der Tempelzerstörung und vor dem Eintreffen des Messias. Der dritte Teil der mSot 9,15 ist ein Spruch R. Pinchas ben Jairs über die verschiedenen Grade der religiösen Vollkommenheit. Dieser letzte Teil fehlt in beiden Talmudim, erscheint aber mit einigen Änderungen als Baraita in bAZ 20b und ySheq 3,3 47c. Unser Abschnitt erscheint in den Ausgaben des bT am Anfang der Gemara[4] als Baraita. Er ist also eine Tosefta und war früher aller Wahrscheinlichkeit nach kein Bestandteil der Mischna.[5]

Der Spruch R. Pinchas ben Jairs wird parallel zu dem von R. Eliezer dem Großen überliefert. R. Pinchas ben Jair gehörte zur vierten Generation der Tannaiten und scheint in Lydda gewohnt zu haben. Nach bShab 33b ist er der Schwiegersohn des R. Shimon ben Jochai, welcher vermutlich ein Chassid war. Mehrere Wundergeschichten sind von R. Pinchas ben Jair überliefert. In Lydda wohnte und lehrte auch Eliezer ben Hyrkanus, der Große.[6] Er gehörte zur zweiten Tannaitengeneration.[7]

Gliederung:

I. 1.) Rabbinenspruch:	II.	III.
R. Pinchas ben Jair	R. Eliezer der Große	--------------
2.) Zustandsbeschreibungen		
Zeitangabe: Seit der Zerstörung	Seit der Zerstörung	Vor Ankunft des Messias
3.1.) Frage		
3.2.) Antwort		

---

2   Der Nachname קטונתן, "Letzter, Rest" (LEVY, WB IV, 285), ist etymologisiert und gibt vermutlich einen Hinweis auf den Niedergang der Zeiten. Mit ihm endet die Reihung.

3   "Tüchtigkeit führt zu Unschuld, Unschuld führt zur (levitischen) Reinheit. Reinheit führt zu Enthaltsamkeit, Enthaltsamkeit führt zu Heiligkeit, Heiligkeit führt zu Demut, Demut führt zu Sündenscheu, Sündenscheu führt zu Frömmigkeit, Frömmigkeit führt zum heiligen Geist und der heilige Geist führt zur Auferstehung der Toten. Die Auferstehung der Toten aber erfolgt durch Elia; gedenke ihm zum Guten. Amen".

4   Nach der Version des R. Jehoshua wird diese Mischna bereits zur Gemara gerechnet.

5   In einigen Handschriften fehlt dieser Mischnaabschnitt: mSot 9,15 endet mit dem ersten Teil: vgl. Mishna, Unknown Edition, Printed in Pisaro or Constantinopole, 200-202; Napoli Erstdruck (1492).

6   Vgl. BACHER, Tann II, 495-99.

7   Über R. Eliezers Jugend und seinen Gang nach Jerusalem berichtet ausführlich KAGAN. Zum Image des Vaters R. Eliezers vgl. dies., Divergent Tendencies, 166ff.

Einzelexegese

I.1. Wie viele andere Texte beginnt auch der Ausspruch R. Pinchas ben Jairs mit "Seit der Zerstörung des Heiligtums".[8] Mit dieser Einleitung wird die Zustandsbeschreibung verschiedener Menschengruppen zeitlich eingeleitet.

2. Die Freunde und Freien schämen sich und verhüllen ihr Haupt. Mit חבר ist hier wohl vor allem der Studienkollege gemeint.[9] Die בני חורין sind Freie, die nicht als Sklaven arbeiten.[10] Als Zeichen ihrer Scham verhüllen sie ihr Haupt.[11] Der Brauch entstammt dem Landleben. Die Wendung בשו ... חפו ראשם hat die Mischna der Regenbitte[12] Jer 14,3.4 entnommen. Jeremia prophezeit eine Zeit der Dürre, in der die Städte Judas gezeichnet sind von Trauer, Jammer und Klage. In den Bildern des Jeremia wirken sich die Folgen der Dürre vor allem auf die Hirten und Ackerleute aus, die aufgrund der Wassernot ihr Haupt vor Scham verhüllen. Die Szene gipfelt in der Bitte um Sündenvergebung (vgl. Jer 14,7) und wird in der Mischna auf die Intellektuellen (d.h. die Gelehrten) und die wirtschaftlich Unabhängigen der Gesellschaft (d.h. die Freien) übertragen.[13] Auch sie müssen - bildlich gesprochen - seit der Zerstörung des Heiligtums allegorisch eine Zeit der Dürre ertragen.

"Die Männer der Tat[14] werden mißachtet" bzw. "ignoriert".[15] Für diesen Terminus finden sich viele Belege in der rabbinischen Literatur.[16] Bis zu dieser Stelle wurde beschrieben, wie die religiöse Oberschicht und unabhängige und freie Menschen Einbußen an Prestige und Einfluß erlitten hat. Nun wird von einem Zuwachs an Machtmißbrauch gesprochen. Jetzt führen und leiten die Gewalttätigen[17] und Verleumder[18], wörtlich

---

8   Vgl. mSot 9,9-12.15; tSot 12,5; 13,1.7; 14,1-15,1.3-7.

9   Vgl. LEVY, WB II, 8: "Chaber, socius, Genosse der Frommen, welche sich vom gewöhnlichen Volk fernhielten, eine strenge Pflichterfüllung befolgten und die namentlich die Gesetze der levitischen Reinheit, sowie die Entrichtung der Priester- und Levitengaben und dergleichen sorgfältig beobachten. Die Eigenschaft eines Chaber ... konnte man gewöhnlich nur infolge einer förmlichen Aufnahme in den Gelehrten- und Frommenbund erlangen." Allerdings zeichnet sich der Chaber nicht immer durch Gelehrsamkeit aus (vgl. bQid 33b; BB 75a; yBik 3,3 65c; ySan 1,2 18c). In der mischnischen Sprache und in der antiken rabbinischen Literatur ist "Chaber" ein Synonym für "Pharisäer"; vgl. SCHÜRER, History II, 398ff.

10   Vgl. bBQ 14a.15a. Frauen werden analog בת חורין genannt (vgl. bGit 41b).

11   Diese Beschreibung entstammt dem biblischen Sprachgebrauch. Nach dem Aufstand Absaloms verhüllten David und diejenigen des Volkes, die bei ihm waren, ihr Haupt, gingen barfuß und weinten (2Sam 15,30). Gleichzeitig verhüllt man auch aus Scham sein Haupt (Est 6,12) oder das Gesicht eines Verurteilten (Est 7,8).

12   Die sprachliche Entsprechung zur Regenbitte erinnert an die chassidischen Regenwunder, zumal dieser Ausspruch in mSot im Namen der Chassiden überliefert ist.

13   Diese Konnotation liefert ebenfalls eine Baraita in bSan 97a, in der ein Septennium bis zur Ankunft des Messias geschildert wird. Im ersten Jahr wird, Am 4,7 aufgreifend, der Regen willkürlich auf Städte verteilt, so daß es zu einem Hungerjahr kommt. Das Dürregleichnis wird in der Mischna allerdings bereits auf die Zeit nach der Tempelzerstörung angewendet.

14   מעשה bezeichnet die Praxis des religiösen Lebens (LEVY, WB III, 197), daher werden Männer, die die religiöse Praxis üben und bewahren, als "Männer der Tat" bezeichnet.

15   JASTROW, Dictionary, 309.

16   In mSuk 5,4 werden die "Chassidim" und "Männer der Tat" parallel genannt. Es ist jedoch sehr wahrscheinlich, daß die אנשי מעשה eine zusätzliche Bezeichnung für die "Chassidim" ist (vgl. SAFRAI, Teaching of Pietists, 16 Anm. 11).

17   "Wer ein gewalttätiger Mensch ist, will seine Dinge nicht rechtlich machen, sondern übertritt das Recht." (Tan משפטים 1). Vgl. BerR 2,1; bPes 57a; Yom 24b; BM 118a; San 58b.

18   Vgl. Koh 10,11; bTaan 8a; Ar 15b; Tan חקת 4 u.a. In den halachischen Midraschim werden Verleumder nicht thematisiert.

übersetzt "Männer des Arms" und "Männer der Zunge", die Gesellschaft. Die Verkehrung der gesellschaftlichen Zuständigkeiten und Verantwortungszusammenhänge kann deutlicher nicht beschrieben werden.

Die Umschreibung "niemand forscht, niemand strebt, niemand fragt" zeigt in rhetorisch eingängigem Stil drei[19] Charakteristika jüdischen Lernens auf. Zugleich liegt hier die einzige Beschreibung eines defizitären Zustands vor; sie verdient daher besondere Aufmerksamkeit. Mit den Verben wird das Torastudium beschrieben, welches nach der Zerstörung des Tempels nicht mehr stattfindet. Die Wendung אין דורש ואין מבקש ist Ez 34,6 entnommen, einer allegorischen Auslegung über die Hirten Israels, die nicht mehr nach ihren Schafen fragen oder auf sie achten. Schuld an diesem elenden Zustand sind die fehlenden Hirten bzw. diejenigen Hirten, die auf sich selber mehr achten als auf ihre Schafe und somit ihre Funktion verloren haben. Auf ähnlichen Gründen mag das Fehlen der Gelehrten und Vornehmen beruhen.

3.) Der negativen Zustandsbeschreibung wird die in dieser Mischna dreimal vorkommende Frage nach Verläßlichkeit und Zutrauen angeschlossen. Biblisch hat das Wort שען im Niphal entweder die physische Bedeutung "sich auf etwas lehnen"[20], oder es hat - besonders mit der Partikel על - die übertragene Bedeutung "sich auf etwas verlassen"[21]. Die Antwort wird sofort gegeben: "Auf unseren Vater im Himmel." Durch die Suffixe der ersten Person Plural wird eine klare und eindeutige Verbindung zwischen dem Vater im Himmel und "uns" hergestellt. Die mit "uns" bezeichnete Gruppe muß das Volk Israel sein, da es in besonderer Beziehung zum Tempel steht und an dessen Kult gebunden ist. Wenn das Studium nicht mehr stattfindet und niemand sich für die Lehre interessiert, hilft nur noch das Vertrauen auf den Gott, der als "Vater im Himmel" bezeichnet wird.

II.1. Die folgende Auslegung im Namen R. Eliezers des Großen ähnelt strukturell der vorangegangenen.[22] Sie beginnt mit der Einleitung: "Seit dem Tag der Zerstörung des Heiligtums ...".

2. Mit dem nun folgenden aramäischen Verb שרא, "anfangen"[23], wird eine neue Zeit eingeleitet, die mit dem Tag der Tempelzerstörung beginnt, durch sie gekennzeichnet ist

---

[19] In mAv 1,1 werden drei Sätze von der großen Synagoge aufgestellt, die den Schriftgelehrten Weisungen und Hilfestellungen bei ihren Aufgaben geben: "Seid vorsichtig beim Richten! Stellt viele Schüler auf! Macht einen Zaun um die Tora!" Diesem Zahlenschema folgt mit der Nennung dreier wesentlicher Elemente der Glaubensausübung ein Ausspruch Shimon des Gerechten: "Auf drei Dingen steht die Welt: auf der Tora, auf dem Opferdienst (עבודה) und auf der Liebestätigkeit (גמילות חסדים)!"

[20] Vgl. 2Sam 1,6; Ez 29,7; Hi 8,15; 2Kön 5,18; 7,2.17.

[21] Vgl. Jes 10,20; 30,12; 31,1; Mi 3,11 u.a.

[22] Eine Parallelüberlieferung mit geringen Abweichungen wird im Namen des R. Eliezer ben Jakob in SEZ 17,17 angeführt.

[23] BAUMGARTNER, Lexikon V, 795; vgl. BIETENHARD, Sota, 177. An der einzigen Stelle, an der das Verb wie in mSot in der dritten Person Plural gebraucht wird, wird vom Anfang der Wiedererrichtung des Tempels berichtet (Esr 5,2; vgl. auch Gen 6,1). In mSot leitet das Verb die Zustandsbeschreibung der Zeit nach der Zerstörung des Tempels ein. Insofern wird deutlich, daß dieses Verb für das Volk Israel heilsgeschichtlich den Anfang einer neuen Zeit und der damit verbundenen religiösen Praktiken beschreibt.

und neuer religiöser Praktiken bedarf. Dabei werden bestimmte soziale Schichten - von den Gelehrten bis zum unwissenden Volk - in der Form eines Kettenspruches[24] aneinandergereiht. Diese Reihe ist in palästinisch-aramäischem Hebräisch überliefert. Der Weise gleicht dem Schriftgelehrten. Der Schriftgelehrte (סופר) ist hier als Jugend- und Bibellehrer[25] zu verstehen. Jene werden sein wie Aufseher (חזן), das sind gemeinhin die Synagogenaufseher bzw. -diener. Einige Mss. ersetzen den Aufseher durch Schüler, die mit den Schriftgelehrten verglichen werden. Nach mShab 1,3 ist es die Aufgabe des Aufsehers, Kinder am Schabbat zu unterrichten. Dieser Aufseher ist wie das "Volk des Landes" (עם הארץ). Der Terminus עם הארץ drückt seit der hasmonäischen Königszeit "a social concept and an element in the social stratification of the people of Israel"[26] aus. Der terminus technicus "Volk des Landes", manchmal auch das "niedrige, unwissende Volk"[27] genannt, bezeichnet jene Gruppe, die nach der Zerstörung des Tempels nicht die Tora studierte und auch sorglos mit den Geboten umging.[28] Wie Lehre und Torakenntnis immer mehr verfallen, so geht auch das unwissende Volk zugrunde. Das Volk des Landes[29] geht zugrunde und ist heruntergekommen. Diese Wendung erscheint unlogisch und bedarf weiterer Erläuterungen. Die sich auf das Volk des Landes beziehenden Verben unterscheiden sich durch ihre Sprache. אזל, "fortgehen, verschwinden"[30], ist ein aramäisches Verb. Es hebt den endgültigen Aspekt der Handlung des Gehens stark hervor.[31] Das Verb דלדל wird sodann aus dem ersten Abschnitt der Mischna aufgegriffen. Es bezieht sich auf das Volk, welches im Hebräischen das feminine Subjekt bildet. Ferner folgt dann in Kurzform die negative Zustandsbeschreibung "keiner strebt". Danach werden Frage und Antwort ebenso unmittelbar angeschlossen wie schon im ersten Teil. Der Aufbau des Abschnitts, die sprachlich ältere aramäische Beschreibung, die Einleitung und das Aufgreifen der Verben "herunterkommen" und "streben" aus dem ersten Teil lassen darauf schließen, daß der zweite Teil als Vorlage des stilistisch ausgefeilten ersten Spruches R. Pinchas ben Jairs benutzt wurde. Dieser Verweiszusammenhang wird dadurch gestützt, daß R. Eliezer ben Hyrkanus die Zeit vor 70 n.Chr. noch erlebt hat und in der Lage war, Vergleiche zu ziehen. R. Pinchas ben Jair stammt erst aus der vierten Tannaitengeneration.

---

[24] FISHEL klassifiziert diesen Spruch als einen "catastrophic sorite" (ders., Use of Sorites, 129).

[25] Vgl. JEREMIAS, Art. γραμματεύς, 741 und ALBECKs Kommentar zur Stelle (Mishna, Nashim, 261). SCHÜRER (ders., History II, 325) hebt hervor, daß in der Zeit der Mischna die Bezeichnung "Schriftgelehrter" nur auf diejenigen zutraf, die bereits eine Autorität geworden waren. Vgl. dazu mOrl 3,9; mYev 2,4; 9,3, und auch mSot 9,15, obwohl dieser Abschnitt nicht zum originalen Mischnatext gehört. Die Aufgabe der Schriftgelehrten "was primarily concern with the Torah" (ebd., 324).

[26] OPPENHEIMER, `Am Ha-Aretz, 12; MEYER, Am-ha-Ares, 22.

[27] Hierbei drückt die Übersetzung bereits eine Beurteilung des Volkes und dessen Lernkapazität aus.

[28] Vgl. URBACH, Sages, 587f.; OPPENHEIMER, Art. Am Ha-Arez, 836. "The term came to designate a person without adequate knowledge of the Scriptures and of traditional Jewish literature and consequently one who is ignorant of the rules of Jewish ritual and ceremonial customs..." (EDITERS, Art. Am Ha-Arez, 836). Dieser Gruppe stehen oft der *talmid chacham*, der *ben Tora* oder der *chaver* gegenüber.

[29] Hier wird עמא feminin aufgefaßt, daher stehen die auf das Volk sich beziehenden Verben in der dritten Person singular femininus.

[30] Vgl. LEVY, WB I, 51.

[31] In den Targumim wird das Verb u.a. gebraucht, als Abraham sich mit Isaak zur Bindung aufmacht (vgl. Gen 22,2) und der Pharao Mose die Erlaubnis erteilt, wegzuziehen (vgl. Ex 10,24), also jeweils Stellen, an denen Entscheidendes geschieht und eine neue Zeit für das Volk einleitet.

Die Auslegung R. Eliezer des Großen zeigt, daß sich in seinen Augen nach der Zerstörung des Tempels Menschen auf einer niedrigen intellektuellen Stufe befinden. Wie
können die verschiedenen Beurteilungen der Schichten verstanden werden? Zwei Aspekte kommen in mSot neben dem Anbruch der vormessianischen Zeit zum Ausdruck:
die Gesetzesvergessenheit und der Mangel an Schülern.[32] Vor der tannaitischen Zeit gab
es niemals ein Problem mit der Befolgung der Gesetze und dem Betrieb der rabbinischen Schulen.[33]

R. Eliezer war Priester. Allerdings spricht er in diesem Text als Gelehrter. Ihm wird
der Spruch über den Verfall der Lehre zugeschrieben. Die Tatsache, daß hier ausgerechnet ein Priester den Verfall der intellektuellen Kreise der Gesellschaft hervorhebt,
steigert den Eindruck der bedrohlichen Situation. Vermutlich wurde diese Aussage R.
Eliezer zugeschrieben, um die Pervertierung der gesellschaftlichen Maßstäbe sowohl auf
religiöser als auch edukativer Ebene zum Ausdruck zu bringen.

III.2. Der dritte Abschnitt der Mischna ist aus fünf Teilen[34] zusammengesetzt und beginnt ohne die Einleitung eines Rabbinen. Da ihm ein Ausspruch R. Pinchas ben Jairs
folgt, ist anzunehmen, daß dieser Abschnitt ebenfalls eine Aussage Eliezers des Großen
sein soll. Allerdings sind Teile von ihm in bSan 97a als Baraitot in Form von Tannaiten-
aussprüchen der dritten Generation überliefert.[35] Alle Parallelstellen beginnen mit der
einheitlichen Wendung: "Die Generation, in der der Sohn Davids kommt..."[36]. Die
Erwartung des Messias als eines Nachkommen Davids ist in alttestamentlicher,
jüdischer und neutestamentlicher Tradition breit belegt.[37]

a) Die einleitende Zeitangabe בעקבות משיחא ist ein Novum, zumal diese Stelle die einzige
ist, in der der Messias in der Mischna angeführt wird, ohne über ihn selbst etwas
mitzuteilen. Gemeint ist die Zeit *vor*[38] der Ankunft des Messias. Die Katastrophen-
stimmung nach der Tempelzerstörung wird noch gesteigert. Erst der Verfall der Zeiten
führte dazu, das Ende der ganzen Welt und die Zeit des Messias als nahe bevorstehend
zu sehen. Die spezifische Pointe liegt darin, daß alle vorigen Beschreibungen so auszulegen sind, daß die Endzeit bereits angebrochen ist.[39] Diese Aussage trägt, sofern sie im
zeitgeschichtlichen Rahmen gelesen wird, noch einen weiteren Aspekt in den Text ein.

---

[32] Vgl. KLAUSNER, The messianic Idea, 441.

[33] Z.Zt. des Antiochus Epiphanes wurden unter Androhung von Strafen die rituellen Bräuche verboten.
Anscheinend interessierten sich die römischen Prokuratoren in Judäa vor der Zerstörung des Tempels
kaum für das spirituelle Leben in ihrer Provinz (vgl. KLAUSNER, The messianic Idea, 442).

[34] Diese Einteilung folgt unterschiedlichen Überlieferungen (vgl. bSan 97a): zuerst die aramäische Ein-
leitung, zweitens ein Spruch, der im Namen R. Nehemias überliefert wird, drittens ein Spruch R.
Jehudas, viertens die Überlieferung im Namen R. Nehorais und abschließend die Frage nach Gott als
Vater im Himmel.

[35] Auf einzelne Aussprüche wird jeweils an entsprechenden Stellen verwiesen.

[36] Vgl. die Aussprüche der Rabbinen Jehuda, Nehorai, Nechemia und modifiziert des R. Isaak in bSan
97a.

[37] Vgl. 2Sam 7,12-16; Ez 34,23; Jes 5-7 u.ö.; vgl. auch Mt 1,1; Röm 1,3 u.ö.; dazu auch BACHER, Tann
II, 286.

[38] Vgl. LEVY, WB III, 682.

[39] Vgl. BILLERBECKS Exkurs "Vorzeichen und Berechnung der Tage des Messias" (Bill IV, 977-986). In
Untersuchungen über die messianische Zeit wird mSot 9,15parr. oft diskutiert: Vgl. GOLDMANN, Die
messianische Vision, 61; OEGEMA, Gesalbte, 275-279.

Ab dem zweiten nachchristlichen Jahrhundert wurde die Tempelzerstörung als Anbruch der Endzeit gedeutet.[40] Bedenken wir die zweifelhafte Zugehörigkeit dieses dritten Abschnitts zur Mischna, wird es wahrscheinlich, daß hier späteres Material redigiert wurde, das als Reaktion auf die Tempelzerstörung entstanden war und gesammelt wurde. STEMBERGER sieht in Teil III.a und b das Thema der vier Reiche angedeutet, die der Erlösung vorangehen. Das vierte Reich ist Rom, wofür auch die Erwähnung des Messias spricht. Einige Forscher sahen in dieser Formulierung eine Anspielung auf die Christianisierung des Reiches.[41]

Die ersten vier Worte des dritten Teils sind aramäisch verfaßt. Die Einleitung ist, wie schon gezeigt, eine besondere und entbehrt jeglicher Parallelen. Die letzen zwei aramäischen Worte führen zugleich die erste Zustandsbeschreibung der Zeit vor Ankunft des Messias an: "die Frechheit wird groß werden". Die aramäische Wendung חוצפא יסגא entspricht der hebräischen העזות תרבה aus bSan 97a.[42] Die Frage stellt sich hier, gegenüber wem die Frechheit[43] zunehmen wird. In bSan 105a ist der Fall eindeutig: "Die Dreistigkeit nützt sogar gegenüber dem Himmel (= Gott)". Da in der Mischna der Bezug jedoch deutlich im profanen Rahmen verankert ist, muß von der Frechheit gegenüber anderen Menschen ausgegangen werden.[44] סגי bedeutet soviel wie "wachsen, groß werden, an Zahl oder Umfang zunehmen"[45].

"Die Teuerung wird in die Höhe schießen". In der rabbinischen Literatur gibt es unterschiedliche Bedeutungsdimensionen des Wortes היקר. Zum einen meint es die Verteuerung, zum anderen die Schwere, d.h. "die Belästigung der Gewalthaber"[46]. Beide

---

[40] In der vorliegenden Komposition der drei Mischnaabschnitte werden Rabbinendeutungen der Tempelzerstörung einer anonymen Deutung der Zeichen der Endzeit vorangestellt. Die Tempelzerstörung scheint somit spätestens auf redaktioneller Stufe als Anbruch der Endzeit gedeutet worden sein (vgl. OEGEMA, Gesalbte, 276).

[41] Grundlage für diese Annahme ist STEMBERGERs Datierung des Textabschnittes ins vierte nachchristliche Jahrhundert (vgl. ders., Römische Auseinandersetzung, 120). Vgl. dazu auch EPSTEIN, מבוא למשנה, 949.976f.; BIETENHARD, Sota, 16f. Die messianische Hoffnung im dritten Jahrhundert wurde oft an Rom gebunden; vgl. yTaan 1,1 64c und die messianischen Texte ab bSan 98aff. Auch die Targumim zu Ex 12,42 lassen den Messias aus Rom kommen. ShemR 1,26 zieht sogar die Parallele: Wie Mose im Palast des repressiven Pharao großgeworden ist, so kommt der Messias aus dem Zentrum des Feindes, sc. Rom.

[42] MELAMED überträgt das Verb in seinem Aramäisch-Hebräischen Lexikon wie o.a., vgl. ders., Dictionnaire, 169; vgl. BIETENHARD, Sota, 178 Anm. IX 15q 5.

[43] Vgl. LEVY, WB II, 99f.: "Frechheit, Dreistigkeit, Unverschämtheit"; oder "insolence" (SOKOLOFF, Dictionary, 192).

[44] Vgl. EstR Proem 9 zu Est 1,1, ein Text, der viele Anklänge zur vorliegenden Mischna hat. Wie in der Mischna wird dort die Verkehrung der gesellschaftlichen Verhältnisse beschrieben. Allerdings beschränkt sich der Midrasch auf den Mißbrauch der Legislative. Gesellschaftliche Verkehrungen werden ebenfalls mit dem Terminus "Gesichter" beschrieben. Das hat zur Konsequenz, daß die Menschen ihr Ansehen verlieren: "Seitdem die falschen Richter zunahmen, nahmen auch die falschen Zeugen zu, seitdem die Angeber (delatores) zunahmen, wurde das Vermögen der Menschen immer mehr ausgeplündert; seitdem die frechen Gesichter zunahmen, wurde die Pracht, die Würde und die Herrlichkeit den Menschen entzogen".

[45] LEVY, WB III, 473; vgl. SOKOLOFF, Dictionary, 367.

[46] LEVY, WB I, 100; vgl. die Baraita in bSan 97a: והיוקר יעות = "die Aristokratie wird verderben" (BIETENHARD, Sota z.St.). GOLDSCHMIDT übersetzt diese Stelle wie Raschi dem biblischen יקר = "Achtung, Ehre" angeglichen: "Die Achtung wird entarten" (vgl. ders., Der babylonische Talmud IX, 65). BILLERBECK spricht sich für die Übersetzung mit Teuerung aus: "die Teuerung wird ausarten" (Bill IV, 982). BACHER verteidigt diese Übersetzungsvariante (ders., Tann II, 236).

Bedeutungsstränge kommen in den sich anschließenden Sätzen der Mischna zum Tragen. Es folgt das Beispiel des Weins, dem sich eine Aussage über die Regierung anschließt. In der Mischna wird das Wort יקר nochmals in dem Agrarbeispiel aufgegriffen. Ich habe mich daher bei der Übersetzung für die Bedeutungsvariante "Teuerung" entschieden. Zu denken ist in der rabbinischen Literatur fast ausschließlich an die Verteuerung von Lebensmitteln und damit an die Gefährdung der täglichen Nahrungsmittelversorgung bis hin zur Hungersnot oder - was die Privilegierten betrifft - an die Gefährdung des Lebensstandards.[47] Die Bereitstellung der Nahrung ist eines der Dinge, zu denen der Vater innerhalb einer Familie verpflichtet ist; er hat für das Wohlergehen und den Unterhalt von Frauen und Kindern zu sorgen.[48] Wenn die Teuerung groß wird, kann der Vater dieser Unterhaltspflicht nur noch mühsam nachkommen, die Familienstrukturen und Rollen lösen sich auf.

"Die Teuerung wird in die Höhe schießen." Mit dieser Beschreibung wird bereits die folgende Zeile eingeleitet, in der ein konkreter Fall der Verteuerung beschrieben wird. b) "Der Weinstock gibt seine Frucht, und der Wein wird teuer sein." Dies ist ein unnatürlicher Zustand, da es bei genügend Erntemasse keine notwendigen Gründe für die Verteuerung des Weines gibt. Selbst die Natur ist in der vormessianischen Zeit nach logischen Regeln nicht mehr begreifbar. In ShirR 2,4 zu Hld 2,13 (17b) wurde die Unlogik abgeglichen, indem statt ביקר das Verb יסריח, "verwesen, stinkig werden"[49], eingesetzt wurde. Es heißt: "Der Weinstock wird seine Frucht geben, und der Wein wird verwesen." Der Wein wird also geerntet und verarbeitet, aber nicht mehr getrunken. In ShirR 2 liegt der Fehler bei den Menschen, die den Wein ernten, aber nicht mehr bearbeiten. In Ps 104,15 ist der Wein "Teil der göttlich gewährten Lebensversorgung des Menschen, wie es der Bedeutung des Weines als eines der Grundnahrungsmittel in Palästina entspricht"[50], und er wird in der alttestamentlichen und rabbinischen Literatur als *pars pro toto* für ein Agrarbeispiel herangezogen.[51] Wein war in solch ausreichendem Maße in Israel vorhanden, so daß er besonders in der byzantinischen Epoche u.a. nach Ägypten und Syrien exportiert werden konnte.[52]

Dem Agrarbeispiel folgt eine politische Übertragung. "Die Regierung wird zur Ketzerei werden."[53] Mit "Regierung" ist die Herrschaft des römischen Reichs gemeint, die abfällt zur Ketzerei.[54]

---

[47] In der Tosefta wird an mehreren Stellen ein Ort beschrieben, an dem die Früchte teuer sind; vgl. tDem 5,21.22; tMaas 3,1; tSheq 2,8 und BM 4,5; 6,5.

[48] Vgl. tKet 4,18; 5,2; Sot 7,20.

[49] LEVY, WB III, 589.

[50] STECK, Wein, 259. Diesem Grundnahrungsmittel wurde in der rabbinischen Literatur heilende Wirkung nachgesagt (bBB 58a; AZ 40b; Meg 16b; vgl. Ed., Art. Wine, 538f.). Die Rabbinen lehnten sogar den Vorschlag, auf Wein und Fleisch als Zeichen der Trauer um die Tempelzerstörung zu verzichten, als unzumutbar ab (vgl. bBB 60b).

[51] In Apk 6,6 wird der Weizen in einer apokalyptischen Verteurungsschilderung angeführt. Er deutet vermutlich die 90 n.Chr. herrschende Hungersnot.

[52] Vgl. SAFRAI, Economy, 417.

[53] Dieser Ausspruch ist zweifach in bSan 97a überliefert. Einmal in enger Anlehnung an den Mischnatext im Namen R. Nehemias, und einmal im Namen R. Isaaks, der diesen Zustand als hinreichende Bedingung dafür ansieht, daß der Sohn Davids kommt.

[54] Einige Forscher folgern aus dieser Bemerkung eine Auseinandersetzung mit dem Aufkommen des Christentums (vgl. Anm. 41, ALBECKs Kommentar (ders., Mischna, Nashim, 262) sowie BIETENHARD,

Der Abschnitt endet mit den Worten: "Und es gibt keine Zurechtweisung". Das Wort תוכחה hat ein weites Bedeutungsfeld.[55] Die Übersetzung "Zurechtweisung" trifft am ehesten das Verständnis unseres Textes. Etwas, was falsch erschien, wird wieder zurechtgerückt und geklärt, um das zwischenmenschliche Leben auf eine bessere Basis zu stellen. So gehört die Zurechtweisung unweigerlich zu ähnlich gewichtigen Topoi wie Liebe und Frieden.[56] Konkretisiert wird in bTam 28a die Notwendigkeit der Zurechtweisung für die Menschen: "Der Mensch liebt die Zurechtweisungen, denn so lange es Zurechtweisungen in der Welt gibt, kommt Wohlwollen in die Welt." Damit wird deutlich, daß dieses Fehlen jeglicher Korrektiva als negatives Zeichen der Zeit gedeutet wird. Die politischen Instanzen verlieren ihre Macht und damit gelten auch deren Machtmittel wie die Zurechtweisung nicht mehr. Das Wohlwollen und das gerechte Miteinander sind unmöglich geworden. War im ersten Satzteil noch von der Regierung die Rede, kann sich der zweite Teil auf ein Autoritätsverhältnis Eltern oder Lehrern gegenüber beziehen, denn "Zurechtweisung" ist auch ein Standardbegriff aus dem familialen Umfeld. Er beschreibt ein Element der väterlichen Erziehung, vorwiegend am Sohn.[57] Wenn diese patriarchale Pädagogik nicht länger greift, brechen Familienstruktur und -hierarchie auseinander, wie es im vierten Abschnitt dieses Mischnateils beschrieben wird.

c) Der folgende Abschnitt von "Lehrhaus" bis "Wahrheit wird fehlen" ist dreifach überliefert.[58] bSan 97a und ShirR 2,4 enden mit dem Schriftzitat aus Jes 59,15: ותהי האמת נעדרת וסר מרע משתולל "*Und die Wahrheit bleibt fern, und wer vom Bösen weicht, muß sich ausplündern lassen*". Dieser Bibeltext paßt inhaltlich zu unserer Mischna, da er die Elemente des Aufzeigens von Sünden, der Sündenvergebung für die Umkehrenden (59,20) und einer abschließenden Bundeszusage aufweist. Außerdem wird der Abschnitt DEZ 10,2 im Namen R. Gamliels in überliefert.[59]

Sota, 179). Da das Auftreten der Christen als kohärente Gruppe zeitlich nur schwer festgemacht werden kann, muß diese These hinterfragt werden.

[55] Alttestamentlich reicht dieses Bedeutungsfeld von Beweisen (Hi 13,6) über Widerreden (Ps 38,15), Zurechtweisung, Warnung (Prov 1,23-30; 3,11; 5,12; 10,17; 12,1 u.ö.), Tadel, Rüge (Prov 27,5; Hab 2,1) bis hin zu Züchtigung und Strafe (Ps 73,14; 39,12; Ez 5,15; 25,17; vgl. Sir 41,4).

[56] In BerR 54,3 zu Gen 21,25 wird im Namen R. Josi ben Chaninas überliefert: Jede Liebe, die keine Zurechtweisung beinhaltet, ist keine Liebe. Ebensolches wird vom Frieden ausgesagt. Im Zusammenhang des Brunnenstreits zwischen Abraham und Abimelech wird gesagt: Zurechtweisung bringt Frieden mit sich (ebd.).

[57] Vgl. z.B. Dtn 21,18; ySan 8,2 26a.b (ein amoräischer Text, in dem Gott ebenfalls als "Vater im Himmel" bezeichnet wird.

[58] In PesK 5 (BibRab V, 62) findet sich die Überlieferung im Namen R. Abins (bA4). ShirR 2,4 zu Hld 2,13 (BibRab II, 73) wird der Spruch im Namen Resch Lakischs (pA2) überliefert, in der Baraita bSan 97a im Namen R. Jehudas (T3). Als Zeitangabe stellen alle drei Midraschim der Auslegung voran: "Zu der Zeit, in der der Sohn Davids kommt ...". Gemeint ist hier ebenfalls der davidische Messias.

[59] Allerdings fügt DEZ 10,2 zwischen dem Text des Abschnitts und dem Zitat aus Jes 59,15 noch den Satz "Das Gesicht des Geschlechts gleicht dem Gesicht des Hundes" aus dem nächsten Abschnitt ein. Das zehnte Kapitel des DEZ stammt vermutlich aus einer anderen Quelle als die übrigen. Es ist eschatologisch ausgerichtet und wird auch als "Sündenscheu" (יראת חטא) bezeichnet (vgl. STEMBERGER, Einleitung, 229). Der Mischnaabschnitt Sot 9,15 scheint eine Sammlung aus tannaitischen Quellen zu sein, die aber erst in gaonäischer Zeit zusammengestellt wurde.

"Das Lehrhaus wird zur Hurerei werden." בית ועד bezeichnet das Lehrhaus.[60] Bei dem Wort "Hurerei" ist nicht unbedingt vom wörtlichen Verständnis auszugehen. Mit זנות kann alttestamentlich ebenso Götzendienst[61] bezeichnet werden. Hier erfüllt das Lehrhaus seine Funktion als Versammlungsort der Gelehrten nicht mehr und wird blasphemisch mißbraucht. Die Gelehrten werden Gott untreu (vgl. Num 14,33). "Galiläa wird verwüstet, Gablan verödet sein." Beide Eigennamen bezeichnen Gebiete, die zur chronologischen Einordnung des Textes herangezogen werden können. "Galiläa wird verwüstet werden." Interessanterweise wird in dieser Beschreibung ein Verb gebraucht, das als Nomen das Schwert (חרב) bezeichnet. Damit wird das Tatwerkzeug sogleich bei der Nennung des Verbs assoziiert. Gerade dieses Verb beschreibt auch die Zerstörung des Tempels.[62] Es ist davon auszugehen, daß die Tempelzerstörung in Jerusalem tiefgreifende Folgen hatte. Galiläa blieb davon weitestgehend verschont, weil es hier bereits lokale Versammlungsstätten (Synagogen) gab. גבלן entspricht der Gaulanitis, im Nordosten von Galiläa, jenseits des Jordans.[63] Diese Gegend liegt verwüstet. Die "Menschen der Grenze" werden in einer anderen Fassung auch die "Menschen Galiläas"[64] genannt. Diese Fassung ist verständlicher und läßt sich durch Konsonantenverschiebung leicht erklären. Die Menschen werden von Stadt zu Stadt ziehen und kein Erbarmen finden.[65] Es wird eine Verfolgung angedeutet, in der die Menschen aus ihren Häusern vertrieben werden, umherziehen und keine Unterkunft finden. Solche Bilder der absoluten Zerstörung von Landschaften und fliehenden Menschen sind von Aufständen, Rebellionen und Kriegen bekannt. Durch diese metaphorische Sprache wird die totale Zerstörung des normalen Lebens zum Ausdruck gebracht.

Der erste im dritten Teil genannte Aspekt der Lehrbeschädigung wird nun wieder aufgenommen und expliziert. "Die Weisheit der Schreiber wird übel riechen".[66] Die Bezeichnung סופר, "Schreiber", entstammt dem alttestamentlichen Sprachgebrauch.[67] In der hellenistischen Zeit wurden die Schreiber zu Bewahrern der Tora, weil die Priester sich

---

[60] Angespielt ist hier auf das אהל מועד, das "Lehrhaus" des Mose (vgl. Ex 33,7). Gemeint ist ein Haus, in dem Gelehrtenversammlungen, sog. Collegien, stattfanden; vgl. ARN(A) 6,2 (S. 14a): "Dein Haus sei ein Sammelplatz für die Gelehrten." Vgl. auch DEZ 6,2; tMeg 3,2.

[61] Vgl. Jer 3,2.9; 13,27; Ez 23,27; 43,7.9; Hos 6,10; Dan 12,11 und auch Mt 24,15parr.; 2Thess 2,4.

[62] Vgl. die Einleitungsformeln: מיום שחרב בית מקדש, sowie die Bezeichnung der Zerstörung des Tempels als markantes historisches Ereignis: חורבן הבית. Dieses Verb spielt auf das einschneidende Ereignis der Tempelzerstörung an, dessen Folgen in den ersten beiden Abschnitten der Mischna expliziert wurden. Eine Sammlung der Texte aus den ersten 3 nachchristlichen Jh., die die Tempelzerstörung reflektieren, findet sich bei DÖPP, Deutung der Zerstörung.

[63] Vgl. REEG, Ortsnamen, 159.

[64] Vgl. ALBECKs Kommentar zur Stelle (ders., Mishna, Naschim, 262). REEG liest ebenfalls אנשי הגליל und führt als Parallelen an: bSan 97a; ShirR 2,4; PesK 5; PesR 15 (ders., Ortsnamen, 187).

[65] Die Form יחננו ergibt wenig Sinn nach der vorhergegangenen Verneinung. Daher erwägen einige Forscher die Möglichkeit einer Pual- oder Poalform (vgl. BIETENHARD, Sota, 180 Anm. IX 15r 7).

[66] חכמת ספרים läßt sich im sg. mit den griechischen Worten σοφία γραμματέως (vgl. Sir 38,24) übersetzen (vgl. EPSTEIN, מבוא לספרות התנאים, 503).

[67] Die Existenz der Tora machte es nötig, daß es Menschen gab, die sich bis in die Details mit ihren Vorschriften auskannten. Zur Zeit Esras war das hauptsächlich die Aufgabe der Priester. Esra selber war beides, Priester und *Schreiber* (vgl. Esr 7,11; ySheq 5,1 Anf. 48c). Im atl. Sprachgebrauch waren die Schreiber zuerst "officers dealing with written record, specifically the king's chancellor ... but later also a scholar and legal expert" (SCHÜRER, History II, 324 Anm. 2). Bereits im 2. Jh. v.Chr. gewannen die Schreiber an Einfluß (vgl. Sir 38,24-39,11). Die jüdische Tradition beschreibt Mose in vielen Geschichten als den Schreiber par excellence (vgl. VERMES, Scripture and Tradition, 51f.).

der hellenistischen Kultur zuwandten. Seit dieser Zeit sind die Schreiber ebenfalls die Lehrer des Volkes.[68] In der Mischna werden sie in der Funktion der Schreiber[69] oder der Buchbinder[70] aufgeführt. סופרים meint hier jedoch die Schreiber der älteren Zeit, die bereits zur Zeit der Mischna eine Autorität waren. Mischnisch zeitgenössische Schreiber werden meist חכמים genannt.[71] סרח, "übel riechen", ein Wort, das sich in der rabbinischen Literatur fast ausschließlich auf verdorbene Speisen bezieht, wird zur Charakterisierung der Weisheit der Schreiber herangezogen.[72] Das zeigt, daß die Weisheit der Schreiber in der vormessianischen Zeit als übel riechend und unzureichend erscheint. Ferner werden die "Sündenscheuen verachtet werden". Als "sündenscheu" werden Menschen bezeichnet, die Angst vor einer Sünde aus Respekt und Achtung vor Gott.[73] Die Geringschätzung drückt den Widerwillen der Menschen aus, mit Sündenscheuen zu verkehren. Ein Zeichen der vormessianischen Zeit ist es, ohne Bedenken hinsichtlich der Sünden und der nachfolgenden Strafe zu sündigen (vgl. Jes 59,13). Das bisherige Ordnungssystem von Sünde - Reue - Sündenvergebung wird für nichtig erklärt. Als letzte Konsequenz wird "die Wahrheit fernbleiben". Damit wird Jes 59,15 nicht ganz wörtlich übernommen.[74] Diese Aussage bildet die Klimax der Verfehlung der Gelehrten, da ein Pfeiler des gelehrten Lebens zerbrochen ist.[75]

d) Der vierte Abschnitt beschäftigt sich mit der Auflösung der menschlichen, insbesondere der familialen Beziehungen. Dabei wird die soziale Ebene getroffen, deren gesamtgesellschaftliches Zentrum die Familie bildet. Familienstrukturen werden erschüttert, das Elternehrungsgebot Lev 19,32 wird mißachtet. Es kommt sogar vor, daß Alte vor der Frechheit der Knaben erbleichen[76] und vor ihnen zur Ehrung aufstehen müssen. Diese Form der Ehrung galt bisher nur älteren Menschen, Lehrern und Rabbinen. Ihre Kinder und Schüler wetteiferten darum, wer als erster vor der geehrten Person aufsteht.[77]

Mit נער wird ein junger männlicher Mensch bezeichnet, im übertragenen Sinn ein Sklave. Mit זקן wird ein alter Mensch bezeichnet, familial gesehen ein Großvater. Übertragen meint זקן einen "Vielwissenden, Gelehrten, Erfahrenen"[78]. Die Jungen lassen die Alten erbleichen. Die Wurzel לבן bezeichnet die Farbe Weiß. In bBM 58b wird von einem Fall öffentlicher Beschämung berichtet, bei dem das Gesicht des Beschämten

---

[68] Vgl. SCHÜRER, History II, 324.

[69] Vgl. mShab 12,5; Ned 9,2; Git 3,1; 7,2; 8,8; 9,8; BM 5,11; San 4,3; 5,5.

[70] Vgl. mPes 3,1.

[71] SCHÜRER, History II, 325.

[72] Vgl. LEVY, WB III, 588f.

[73] In bBer 16b korrespondieren die Begriffe יראת שמים - יראת חטא, "Scheu vor einer Sünde - Ehrfurcht vor Gott", miteinander. Vgl. auch bBer 33b: "Alles steht in der Macht Gottes, mit Ausnahme der Gottesfurcht." Die Gottesfurcht ist also der freie Akt des Menschen.

[74] Das Verb wird in Aramäisch angeführt und steht in mSot 9,15 hinter dem Substantiv.

[75] Vgl. mAv 1,18: "Auf drei Säulen steht die Welt, auf dem Recht, der Wahrheit und dem Frieden." Die Wahrheit und die Kenntnis um die Bewahrung Tora durch die Schreiber sind in unserem Mischnatext bereits nicht mehr vorhanden.

[76] Vgl. den Ausspruch R. Isaaks in bSan 97a.

[77] Vgl. die ausführliche Diskussion in bQid 32b-33a.

[78] LEVY, WB I, 548. Vgl. auch bQid 32b: "Unter *Alter* ist nur derjenige zu verstehen, der sich Weisheit erworben hat."

weiß wurde.[79] An dieser Stelle ist von dem "Weißwerden vor Scham" die Rede.[80] Die Alten werden von den Jungen beschämt. Den Grund führt der nächste Satz an: "Alte werden vor Kleinen aufstehen." Nicht mehr von Jugendlichen ist die Rede. Die Schande ist auf die Spitze getrieben. Vor Kindern werden die Alten aufstehen. Wenn Alter ein Zeichen der Weisheit ist, weshalb sollte dann ein alter Mensch vor einem Jungen aufstehen, wenn nicht die sozialen Ebenen völlig derangiert sind?

Das sich anschließende Zitat ist Mi 7,6 entnommen. Der Prophet beschreibt in Mi 7,1-7 das vollendete Chaos. Nach anfänglicher Skizzierung von Notzuständen der Agrarwirtschaft kommt er zur Beschreibung von Machtmißbrauch, Falschheit und Verlogenheit. Der Gipfel liegt in dem von der Mischna zitierten Vers in der Verkehrung der Familienverhältnisse. Wie auch in der Mischna liegt die Begründung für die gebotene Skepsis gegenüber gesellschaftlichen Verhaltensnormen im zwischenmenschlichen Bereich, in der Zerrüttung der Familie als der "Urzelle allen gemeinsamen Lebens"[81]. Doch in dieser vollkommen verkehrten Situation wendet sich der Prophet zu Gott. Alternativen gibt es für ihn in dieser Situation nicht. "*Ich spähe aus zu J', ich harre auf den Gott meiner Rettung. Mein Gott wird mich erhören*" (7,7). Gott möge sich als Retter zu erkennen geben.[82] Der Auflösung und dem Aufzeigen des einzig möglichen Rettungsweges entspricht die rhetorische Frage in der Mischna. In jenem Chaos bleibt nur noch, Gott um Rettung anzuflehen, sich ihm anzuvertrauen und sich auf ihn zu verlassen.

Durch den drastischen Vergleich der Generation mit einem Hund[83] wird auf ihre Charaktereigenschaften verwiesen. Ein Hund wühlt in abstoßendem Unrat und läuft fast nie direkt seinen Weg, sondern irrt zu seinem Ziel. In der rabbinischen Literatur wird diese Laufart als ein Zeichen der Ängstlichkeit gedeutet. Als *Hunde* können auch Menschen apostrophiert werden.[84] In rabbinischen Texten wird der Hund vielfach in polemischen Zusammenhängen erwähnt.[85]

In der römisch-hellenistischen Welt war der Hund im Gegensatz zur Katze ein beliebtes Haustier. Ein Midrasch, der wie in der Mischna aufgelöste Familienbande mit einem Hund in Verbindung bringt, liegt in SifDev § 81 Ende vor. Hier wird Dtn 12,30, ausgelegt. Am Ende des Kapitels wird die Warnung vor heidnischem Götzendienst hervorgehoben, denn "*sie (die heidnischen Völker) haben ihren Göttern alles getan, was J' ein Greuel ist ... denn sie haben ihren Göttern sogar ihre Söhne und Töchter mit Feuer verbrannt*" (Dtn 12,31). Im Namen R. Akivas wird abschließend folgender Ausspruch überliefert: "Ich sah einen Heiden, der seinen Vater fesselte und ihn vor seinen Hund legte, und der fraß ihn auf."[86] Diese Tat

---

79 Infolge der Beschämung verliert das Gesicht seine rote Farbe, es geht in Weiß über. Das Verb לבן im Hiphil bezeichnet intransitiv auch den Vorgang, daß schwarze Haare weiß werden (vgl. mNeg 1,6; 4,4).

80 "Getünchte Wand" (vgl. Apg 23,3) und "getünchte Gräber" (vgl. Mt 23,27) sind Metaphern, die der Beschämung der Angeredeten dienen.

81 WOLFF, Dodekapropheton, 182.

82 אלהי ישעי (= Gott meiner Rettung) erscheint oft als Vertrauensmotiv in den Bittklagen der einzelnen (vgl. Ps 25,5; 27;9; 62,8; Hab 3,18) und der Gemeinde (vgl. Ps 79,9; 85,5; Klg 4,17; 1Chron 16,35).

83 Dieser Satz beendet die Auslegung der Baraita in bSan 97a und leitet direkt zum Schriftzitat über.

84 Vgl. 2Sam 16,9; Mt 15,26f; Phil 3,2; Apk 22,15.

85 Vgl. GROß, אוצר האגדה, 644ff. Vgl. auch 4Q394 Fr. 1 Kol ii, 9f. u.a.: Hunde, die etwas von den Knochen des Heiligtums und des Fleisches an sich haben, sind verboten (vgl. MAIER, Qumran-Essener II, 368).

86 BIETENHARD, Sifre, 259.

weist nicht auf einen besonders abscheulichen heidnischen Kult hin, sie führt lediglich vor, zu welchen grausamen Konsequenzen gott- und gesetzloses Handeln führen kann.[87]

Eine ähnliche Verkehrung von Familienstrukturen rahmt diesen Satz über die Generation, die dem Gesicht eines Hundes gleicht, ein. Wenn die rabbinische Literatur in Abgrenzung zur römisch-hellenistischen Kultur Negativbeispiele mit Hunden heranzieht,[88] so schwingt im letzten Satz der Zustandsbeschreibung der in jüdischen Augen negative Charakter von Hunden mit, mit denen die Generation verglichen wird.

Wenn am Anfang des Abschnitts von der "Revolution der Generationen innerhalb der Gesellschaft" die Rede war, schließt sich abschließend eine Übertragung auf den Mikrokosmos der Gesellschaft, die Familie, an. "Und der Sohn schämt sich nicht vor seinem Vater." In der Hebräischen Bibel kommt das Verb בוש im Hitpael nur einmal in Gen 2,25 vor: Die Menschen entdecken ihre Nacktheit und schämen sich voreinander. Durch das Bewußtsein der eigenen Nacktheit und der des Gegenübers wird die Scham erst möglich. So entsteht eine Kluft zwischen den ersten zwei Menschen, wo vorher Nähe war. Solche Nähe setzt ein Beziehungsgefüge voraus. Wo ehemals Vertrautheit und Zuneigung herrschte, entsteht ein Riß.

In der antiken Familie gibt es ein Autoritätsgefälle, insofern als die Söhne abhängig sind von ihrem Vater. Ihm sind sie Rechenschaft schuldig, dem Familienverband mit dem Vater als Vertreter sind sie verpflichtet. Sobald diese Verpflichtung hinfällig wird, entsteht Chaos. Vertrauen und Verbundenheit schwinden, der zuvor geordnete Familienverband mit verteilten Rollen, Aufgaben und Zuständigkeiten zerfällt.

3.) An die Schilderung des Chaos anschließend folgt wieder die rhetorische Frage, auf wen Israel sich verlassen kann. Nach der vorherigen Beschreibung des Untergangs von Familienordnungen und -strukturen mutet die Antwort seltsam an: "Auf unseren Vater im Himmel." Deutlich wird, daß mit dem Vater im Himmel nicht ein autoritätsloser Vater gemeint ist, vor dem die Söhne sich nicht mehr zu schämen brauchen. Hintergrund der Aussage ist abermals eine intakte Familienstruktur. Der Vater im Himmel erfüllt die ihm zukommenden Aufgaben. Er sorgt sich um seine Kinder, und die Kinder sind ihm Dank, Rede und Antwort ob ihrer Taten schuldig. Für FINKELSTEIN markiert die Frage einen Übergang zu einer neuen religiösen Praxis: "Direct action, which he might have urged in earlier times, was useless. The Jews could be redeemed, but only *through repentance and good deeds.*"[89]

Der dritte Teil der Mischna besteht aus einzelnen Sätzen, die ihre Parallelen in unterschiedlichen Texten haben und auch von verschiedenen Personen überliefert werden. Es kann davon ausgegangen werden, daß dieser Teil nicht ursprünglich zur Mischna gehörte.[90]

---

[87] Vgl. BACHER, Tann II, 396.

[88] Vgl. die parallel überlieferten Disputationen des Patriarchen R. Gamliel mit den heidnischen Philosophen in der MekhY בחדש 6 zu Ex 20,4; bAZ 54b. In diesen Texten wird der Hund mit dem Namen des Vaters belegt, und beim Namen des Hundes wird sodann geschworen. Eingebettet sind diese Geschichten in Diskussionen um Polytheismus und Götzenanbetung. Zur literarischen Form der Geschichten vgl. WALLACH, A Palestinian Polemic, 392f.

[89] FINKELSTEIN, R. Akiba, 230.

[90] SCHÜRER, History II, 325 Anm. 9. Der letzte Abschnitt steht Mt 10,34-36 sehr nahe.

Zusammenfassung

Die historisch bedeutungsvolle Katastrophe der Zerstörung des Tempels durch die Römer mußte von den Juden deutend verarbeitet werden.[91] Die Vertreibung aus Jerusalem war traumatisch. Das Trauma wirkte sich, wie in der Mischna beschrieben, auf alle Bereiche des täglichen Lebens aus.

Alle drei Abschnitte enden in Variationen mit der Frage, auf wen das Volk Israel sich verlassen kann. Sie bildet jeweils den paränetischen Schluß, um sich die Aussichtslosigkeit der Lage und ihre Bewältigung durch das Vertrauen auf Gott allein noch einmal vor Augen zu führen. In der rabbinischen Literatur ist die Frageform ein wichtiges Ausdrucksmittel. Fragen "scheinen die Seinsweise rabbinischer Texte zu umfassen"[92]. Wie in mSot hebt die Frage den Inhalt der darauffolgenden Antwort stärker hervor.[93]

Innerhalb des Sotatextes hat die Frageform eine ausgeprägte hermeneutische Funktion. Sie ist textkonstitutiv, insofern sie die vorherigen Zustandsbeschreibungen konterkariert und sich über den Text hinaus an die Rezipienten wendet. Durch das Suffix der ersten Person Plural, "unser Vater", werden alle Rezipienten in den Text hineingenommen. Die ersten beiden Abschnitte bringen angesichts der geschehenen Tempelzerstörung einen ausgeprägten Kulturpessimismus zum Ausdruck, während der dritte Abschnitt Ankündigungen über die vormessianische Zeit enthält. Zwischen diesen Vergangenheitsdeutungen und zukunftsweisenden Zustandsbeschreibungen wird die die Abschnitte beschließende Frage umso eindrücklicher auf die Gegenwart der Textrezipienten bezogen. Somit zielt diese Frage auf textexterne Topoi und lädt das Volk Israel trotz aller Mutlosigkeit zur Identifikation ein.

Auch zu Zeiten, die für Juden durch ähnliche Katastrophen wie die der Tempelzerstörung beherrscht sind, werden Texte, die von Gott als Vater sprechen, aktualisiert. So berichtet Josel von Rosheim (ca. 1478-1554), der erste gewählte Vertreter der jüdischen Gemeinden im Heiligen Römischen Reich deutscher Nation, in seiner Autobiographie[94] von Verfolgungen, Folter, Hinrichtungen und Ritualmordbeschuldigungen. Am Ende des § 9 zitiert er mSot 9,15: "... und es gibt niemanden, auf den wir vertrauen - außer auf unseren Vater im Himmel. Er rettet uns vor denen, die sich gegen uns erheben." Hier schreibt Josel von Rosheim allein der Macht des Vaters im Himmel "erfolgreiches, rettendes Handeln in den sehr kritisch beleuchteten Machtverhältnissen der christlichen Gesellschaft zu"[95]. Die Funktion der Autobio-

---

[91] Vgl. GOLDENBERG, Rabbinic Explanations, 517ff.; STONE, Reactions to Destructions, 195ff.; THOMA, Auswirkungen, 186ff.; SCHWIER, Tempel. COHEN untersucht den Midrasch EchaR und seine Verarbeitung der Zerstörungserfahrung (ders., Destruction, 18ff.). Einen Umgang mit Katastrophen jeglicher Art und die Reaktion der Juden untersucht OSLOW, Jewish Response, 3ff.

[92] KERN, Fragen, 57. Vgl. BASTIAN, Theologie der Frage, 276-281; DAUBE, Four Types, 45ff.

[93] Einen eindeutigen Stellenwert haben solche Fragen in der Responsenliteratur, einer Gattung, die aus Frage- und Antwortkomplexen gebildet ist.

[94] Der hebräische Text ist abgedruckt bei KRACAUER, Rabbi Joselmann de Rosheim, 85-95. Die Handschrift findet sich in der Bodleian Library in Oxford. R. Josel von Rosheim verdiente seinen Unterhalt als Kaufmann und Geldverleiher. Er wurde 1510 von den Juden im Unterelsaß mit R. Zadok zum Gemeindevorstand gewählt. Daher war er in den folgenden Jahren in der Funktion eines Gemeindevorstehers, bes. als Verhandlungspartner mit den christlichen Obrigkeiten, tätig. Da er auch von anderen jüdischen Gemeinden mit der Vertretung von deren Interessen betraut wurde, kann man ihn mit Recht als den wichtigsten jüdischen Politiker des 16. Jh.s bezeichnen. In seinen in 28 Paragraphen gegliederten, chronologisch aufgebauten Memoiren berichtet Josel von den bedrängten Situationen der einzelnen jüdischen Gemeinden.

[95] JANCKE, Autobiographische Texte, 83.

graphie Josels lag darin, alle erfahrenen Bedrängungen, Strafen, Vertreibungen und Hinrichtungen "zum Gedächtnis" aufzuschreiben.

Das Verb "verlassen, sich stützen auf" spielt nicht auf einen konkreten biblischen Kontext an, sondern drückt umfassend die Lage des Volkes Israel nach der Tempelzerstörung aus. Sämtliche Zerstörungen und Katastrophen wurden den eigenen Sünden zugeschrieben und auf genaue Ursachen hin befragt. In solch einer Zeit ist auf niemanden mehr Verlaß. Die Gesellschaft muß sich ökonomisch, sozial und religiös vollkommen neu gestalten. Selbst religiöses Schriftstudium und kultische Handlungen sind nicht mehr durchführbar. Dies zeigt der Grundtenor unserer Mischna, die Klage über den Verfall der Lehrinstitutionen (Tempel; Lehrhaus). Diese Verfallsbeschreibungen sind in gesellschaftliche und politische Zusammenhänge eingebettet. Die gegenwärtige Situation wird als Beginn einer apokalyptischen Zeit verstanden. Einziger Anhaltspunkt ist in einer solchen Lage der göttliche Vater.

Ein Vater ist für seine Familie verantwortlich. Er kann sich dieser ökonomischen und sozialen Verantwortung nicht entziehen. Wenn aber doch das menschlich-irdische Sozialgefüge zerbricht, richtet sich der Blick auf Gott, von dessen Gnade und Erbarmen alles abhängt.[96] Die Verortung Gottes "im Himmel" entfernt ihn von der zerstörten und gewalttätigen Lage auf der Erde. Die irdischen Katastrophen können ihn nicht destruieren. Dadurch wird Gott aber nicht unerreichbar. Die Bezeichnung "Vater" drückt die Hoffnung aus, zu ihm in einen wechselseitigen Kontakt treten zu können; ein nahes Verhältnis, wie es aus den Familienstrukturen abzulesen ist, die durch den Vaternamen mitschwingen, scheint möglich. Aus dem Himmel wacht der Vater über das Geschick seiner Familie. Dadurch wird er Hoffnungs- und Zielpunkt der Menschen auf Erden. In den ersten beiden Mischnaabschnitten geht die religiöse und ökonomische Führungsschicht zugrunde. Der Machtmißbrauch steigert sich, gesellschaftliche Verhältnisse verkehren sich, und Lehren und Lernen sind nicht mehr möglich. In der vormessianischen Zeit gilt es, ökonomische Katastrophen, politischen Machtmißbrauch, territoriale Zerstörung, moralischen Verfall und Zerbrechen der familialen Strukturen zu überstehen. In allen diesen Bedrängnissen bietet Gott Hilfe und Trost. Daher stehen die Konnotationen der Fürsorge, Treue und Verläßlichkeit bei der Vaterbezeichnung Gottes in mSot 9,15 im Vordergrund. Vor allem hervorzuheben ist die uneingeschränkte Souveränität, der irdischer Machtmißbrauch und der Zerfall sämtlicher gesellschaftlicher Strukturen nichts anhaben können. Auch der Verfall der familialen Struktur tangiert nicht das Verhältnis Gottes zu seinen "Kindern" auf Erden. In diesem Verhältnis bleiben die erzieherischen Maßnahmen, wie etwa Zurechtweisungen, bestehen, die Autorität Gottes ist und bleibt unantastbar. Auf ihn ist Verlaß, ihm kann vertraut werden.[97] Durch den Kontext des Mischnaabschnittes wird deutlich, daß um die Gottesbeziehung in der kommenden Welt gestalten und leben zu können nicht Regierung, Tempel oder Familie bedeutend sind, sondern die Tora und ihre Auslegung.

---

[96] Vgl. VOLZ, Eschatologie, 106f.
[97] Hier liegt eine enge Parallele zu mYom 8,9 vor, wo das kindliche Vertrauen zum Vater hervorgehoben wird (vgl. JOSEPH, Art. Vaterunser, 1156f.).

4. Sühne erzeugt Frieden

Um Frieden wiederherzustellen, braucht es mehr als nur guten Willen. Zur biblischen Zeit erlangten die Israeliten durch Opferhandlungen Sühne und stellten so ihren Frieden mit Gott, den Mitmenschen und sich selbst wieder her. Einige Texte, die solche Handlungen beschreiben, werden in den folgenden Abschnitten untersucht.

4.1. Opfer sühnen: (tSheq 1,6)[98]

1. Seit sie im Heiligtum saßen, begannen sie zu pfänden.	.משישבו במקדש התחילו למשכן
2. Die Israeliten pfändeten ihre Schekel,	משכנו ישראל על שקליהן,
damit öffentliche Opfer von ihnen geopfert wurden.	.כדי שיהו קרבנות צבור קריבין מהן
3. Ein Gleichnis von einem,	משל לאחד
der einen Schlag an seinen Fuß bekam,	שעלתה לו מכה ברגלו,
und der Arzt verband ihn	והיה הרופא כופתו
und schnitt in sein Fleisch, um ihn zu heilen.	,ומחתך בבשרו בשביל לרפואתו
4. So sagte der Heilige, gepriesen sei er:	כך אמר הקב״ה
Die Israeliten pfändeten ihre Schekel,	משכנו ישראל על שקליהן,
damit öffentliche Opfer von ihnen geopfert wurden,	,כדי שהיו קרבנות הצבור קריבין מהן
5. weil öffentliche Opfer versöhnen und sühnen	מפני שקרבנות הצבור מרצין ומכפרין
zwischen Israel und ihrem Vater im Himmel.	.בין ישראל לאביהן שבשמים
6. Und so finden wir es bei der Schekelabgabe,	וכן מצינו בתרומת שקלים
die die Kinder Israel in der Wüste abwogen,	ששקלו בני ישראל במדבר,
wie gesagt ist: *Und du sollst das Sühnegeld von den Kindern Israel nehmen usw.* (Ex 30,16).	שנ׳ ולקחת את כסף הכפורים .מאת בני ישראל וגו׳

Von dem vierten Traktat der Ordnung Moed,[99] Shekalim, sind nur in Mischna, Tosefta und Jerusalemer Talmud Kommentare überliefert, welche sich mit der Spende des halben Shekels (vgl. Ex 30,13) beschäftigen. Die Mischna enthält viel frühes Material, manche Passagen sind noch in Originalform vorhanden.[100] Die Tosefta fußt auf einer Quelle, welche nicht später entstanden ist als jene, auf der die Mischna basiert.[101] "It is evident that the Tosefta utilized the Mishnah of a different *tanna*."[102] Die Tosefta legt einen Teil der mSheq 1,3 aus. Da in dem vorangegangenen Toseftabschnitt kein Rabbi erwähnt wird, kann auch tSheq 1,6 keiner Autorität zugeordnet werden und ist somit ein anonym überlieferter Spruch.[103]

---

[98] Text: LIEBERMAN, Tosefta, Moed, 201f.; zur Übersetzung vgl. NEUSNER, Tosefta, Moed, 168.

[99] Unerklärt bleibt warum der Traktat Shekalim in der Ordnung Moed angeführt wird und nicht in Kodaschin, einer Ordnung, die sich nur mit Tempelangelegenheiten befaßt. Ein Erklärungsansatz ist jener, daß die Mischna im ersten Kapitel immer von einer bestimmten feststehenden Zeit spricht. Moed legt Ereignisse und Handlungen, die an eine festgelegte Zeit gebunden sind, aus. Im dritten Kapitel der Mischna wird der Shekel an Pesach, Sukkot und Schawuot erwähnt.

[100] Als Beweis für diese frühen Passagen wird auf das fünfte Kapitel verwiesen, in dem Gelehrte mit Namen genannt werden, die alle zur Zeit Agrippas I. und der Tempelzerstörung lebten. Da einige Gelehrte ebenfalls bei Josephus zitiert werden, gelten sie als historisch gesicherte Persönlichkeiten.

[101] Vgl. EHRMAN, Shekalim, 1346.

[102] Ebd.

[103] In tSheq 1,7, dem Text, der sich an unsere Auslegung anschließt, werden erstmals in tSheq zwei rabbinische Autoritäten, nämlich R. Jose der Galiläer und R. Akiva, erwähnt.

Gliederung:
1. Zeitangabe
2. These
3. Gleichnis
4. Gottesspruch
5. Begründung
6. Bestätigung der These mit biblischer Begründung

Einzelexegese

1. Mit der Einleitung des Textes werden Zeitangabe und Tätigkeit, um die es im folgenden gehen wird, behandelt: "Seit sie im Heiligtum saßen ...". Diese Wendung begegnet
nur in dieser Tosefta und wird sonst an jenen Stellen aufgeführt, an denen die Mischna
zitiert ist.[104] מקדש bezeichnet in der Hebräischen Bibel allgemein ein Heiligtum oder
einen Ort, an dem Gott wohnt,[105] angefangen bei der Stiftshütte bis hin zum Tempel in
Jerusalem. Da tSheq 1,5 mit dem Wort אוהל endet, erinnert bereits dieses Wort an die
Zeit im Zelt. Seit der Zeit fingen die Israeliten an, למשכן, "zu pfänden". משכן, ein Wort,
das biblisch nur als Substantiv einerseits für die Wohnung von Menschen,[106] andererseits für die Wohnung Gottes,[107] besonders für das Zeltheiligtum, gebraucht ist, wurde
in der rabbinischen Literatur zu einem Verb. Dieses Verb ist mit "pfänden, auspfänden,
ein Pfand nehmen"[108] zu übersetzen. Es wird in juridischen Zusammenhängen auf der
zwischenmenschlichen Ebene zwischen Schuldnern und Gläubigern[109] auch übertragen
auf die Beziehung Israels oder einzelner Menschen zu Gott[110] verwendet.

Eine nichttannaitische Auslegung, die sich sowohl mit dem Zeltheiligtum als auch mit dem Tempel beschäftigt, wird in ShemR 35,4 im Namen R. Hoshajas in Anlehnung an Ex 26,15 überliefert. Bereits diese
Auslegung bietet Möglichkeiten der Sühne in Exilszeiten nach der Tempelzerstörung an: "Was bedeutet:
um zu pfänden (Ex 16,15)? Daß, wenn die Feinde Israels den Untergang verschuldet haben, so soll sie (=
die Wohnung) zum Pfänden dienen. Mose sagte vor dem Heiligen, g.s.e.: Wenn (die Israeliten) in Zukunft
weder ein Zelt noch einen Tempel haben werden, was wird dann mit ihnen sein? Da sagte der Heilige,
g.s.e.: Dann nehme ich von ihnen einen Gerechten und pfände ihn für sie und vergebe ihnen alle ihre
Sünden."[111] Ein solcher Präzedenzfall wird in bBer 62b berichtet. An die Auslegung von Ex 30,12 wird
die Zählung Israels und Judas durch David angefügt (vgl. 2Sam 24,1). Bei dieser Zählung nahm David
kein Sühnegeld von den Israeliten. Die unmittelbare Folge ist eine Seuche (V.15). R. Eleazar sagte: "Der
Heilige, g.s.e, sprach zum Engel: Nimm den Größten (רב) unter ihnen, durch den viele ihrer Schulden
gesühnt werden können. In dieser Stunde starb Abishai b. Zeruja, der die Mehrheit des Synhedriums auf-
wog". Mit diesem schicksalhaften Tod erklärt der Midrasch die in der Bibel der Zählung folgende Ende
der Seuche.

---

[104] Vgl. mSheq 1,3; die o.a. Tosefta und ySheq 1,3 45d.

[105] Vgl. Ex 15,17; 25,8; Lev 16 u.a.

[106] Vgl. Num 16,24.27; Jer 9,18; 30,18; Ps 87,2 u.a.

[107] Vgl. Lev 16,11 (allgemein); Ex 25,9; Lev 8,10; Num 1,30 u.ö. (das mosaische Zeltheiligtum); 2Sam
7,6; 1Chron 17,5 (Gottes verschiedene Wohnungen); 2Chron 29,6; Ps 26,8; 43,3; 46,5; 74,7; 84,2;
132,5.7 (der Tempel).

[108] LEVY, WB III, 278.

[109] Vgl. bBM 81b-82a; BM 113b: "Wenn der Gerichtsbote kommt, um den Schuldner zu pfänden ...".

[110] Vgl. bBM 73b: "Hätte ich gewußt, daß das Feld dir (= Gott) verpfändet ist, hätte ich es nicht gekauft".

[111] Diese Auslegung gehört in einen Traditionsstrang von Midraschim, in denen beschrieben wird, daß die
Wohnung der Israeliten für ihre Sünden gepfändet wird; vgl. ShemR 31,10; BemR 12,14 u.a. In dieser
Auslegung taucht das Verb auch im Nitpael in der Bedeutung "gepfändet werden" (LEVY, WB III,
279) auf.

2. In dieser in der Tosefta angegebenen Zeit pfändeten die Israeliten ihre Schekel, damit von ihnen öffentliche Opfer dargeboten würden. Mit קרבן bezeichneten die Rabbinen Opfer. Sie unterschieden zwischen dem קורבן יחיד, dem "Opfer des einzelnen", und dem קורבן צבור, dem "Opfer der Gemeinde".[112] Dabei betont FABRY, daß קורבן nahezu ausschließlich für eine Gabe steht, die durch ein Gelübde dem ursprünglichen Gebrauch entzogen wird und damit nicht mehr für ihre anfängliche Zweckbestimmung nutzbar war.[113] Biblisch kennen wir unterschiedliche Arten von Opfern. Das "Opfer der Gemeinde" ist jedoch erst aus Mischna und Tosefta geläufig. Zur Zeit des Tempels wurden ohne Ausnahme täglich morgens und abends zwei männliche Lämmer als Gemeindeopfer dargebracht (vgl. Ex 29,40). Zusätzlich brachte die Gemeinde am Neumond[114] und an den Festtagen Opfer dar. Diese Opfer wurden von der Abgabe des halben Schekel bezahlt.[115]

In den ersten beiden Abschnitten der Tosefta wird die Tatsache hervorgehoben, daß das ganze Volk Israel diese Schekelabgabe erbrachte, welche für die öffentlichen Opfer grundlegend war.

3. An dieses Statement wird ein Beispiel angefügt. משל kennzeichnet den folgenden Textabschnitt als Gleichnis. Die bei ZUCKERMANDEL angeführte lange Version der Einleitungsformel משלו משל למה הדבר דומה kennzeichnet Gleichnisse.[116] Das nun folgende Gleichnis behandelt einen medizinischen Fall, der mit den ersten vier Worten umfassend beschrieben ist. "Einer", ein nicht weiter bezeichneter Mensch, bekommt einen Schlag auf seinen Fuß. Es ist nicht zu ersehen, ob dies ein Unfall, eine absichtliche Verletzung, eine Folge von Züchtigung oder von Geißelhieben ist. Damit steigt die Möglichkeit der Identifikation der LeserInnen mit dem Kranken. Der Schlag עלתה, "stieg empor", in seinen Fuß.[117] Mephiboshet, der Sohn Jonathans, war im Alter von fünf Jahren "geschlagen an den Füßen" (נכה רגלים), als er seiner Amme bei der Flucht von den Armen fiel. Er war infolgedessen lahm (vgl. 2Sam 4,4). Der Kranke des Gleichnisses im Midrasch war bei einem Arzt, der ihn verband.[118] Der רופא ist in der jüdischen Tradition ein "gewöhnlicher praktischer Arzt"[119]. Der jüdische Arzt verband z.B. jemanden, der vom Dach gefallen war, und legte ihm Pflaster auf, bis er ganz voller Pflaster war.[120]

---

[112] yYom 1,1 38b; 2,2 39d; Pes 6,1 33a; 7,6 34c; Taan 4,4 68b u.ö.

[113] Vgl. FABRY, Art. קרב, 171. ZEITLIN stellt denselben Bedeutungsgehalt von קרבן in der tannaitischen Literatur fest (vgl. ders., Korban, 133).

[114] Vgl. Josephus, Ant III, 237f.

[115] Mit dem restlichen Geld wurden andere Kosten des Tempels bestritten. Eine Liste der Verwendungszwecke dieser Abgabe ist in Neh 10,32f. aufgeführt.

[116] Vgl. BACHER, Term I, 121. Bacher führt aus, daß das Wort משל meist eine Überschrift, "in Wirklichkeit aber als Abkürzung eines den bisher angeführten Ausdrücken ähnlichen Satzes zu betrachten ist. Zumeist fällt auch die Formel למה הדבר דומה weg, und nach ... משל folgt sogleich der Beginn des Gleichnisses ..., wobei das ל, womit das Gleichnis beginnt, von dem fehlenden דומה abhängt."

[117] Das Verb עלה ist biblisch bereits im Zusammenhang mit Verletzungen bekannt; vgl. Prov 26,9; Jer 8,22; Ez 37,8.

[118] כפת, "binden, zusammenbinden" (LEVY, WB II, 391), wird auch außerhalb medizinischer Fälle gebraucht. Mit dem Verb wird das Zusammenbinden von Feststräußen (bSuk 32a), das Binden von Gefangenen (bMak 22b) und ebenso die Bindung des Isaak in der rabbinische Literatur (BerR 56,5 zu Gen 21,9) beschrieben.

[119] PREUSS, Medizin, 10.

[120] Vgl. ShemR 27,9.

Ähnliches können wir bei dem Gleichnis voraussetzen. Es wird fortgeführt mit der Beschreibung, daß der Arzt dem Kranken zur Heilung ins Fleisch schnitt. Die Aussage des Gleichnisses ist also: Drastische Maßnahmen sind Vorbedingung für die Heilung. Mit dieser Aussage rechtfertigen die Gelehrten die eingangs erwähnte Schekelabgabe. Sie dient der Heilung. Welcher Art diese Heilung ist, wird in den nächsten Abschnitten des Midrasch näher erläutert.

4. Die bei ZUCKERMANDEL angeführte überleitende Wendung כך אף wird für vergleichende Satzverbindungen gerne eingesetzt.[121] Sie stellt die Beziehung des Beispiels zum Spruch Gottes her: "So sagte der Heilige, g.s.e". In LIEBERMANS Text ist lediglich die Partikel כך angegeben. Erneut wird nun als Gottesspruch die These über die Schekelabgabe Israels angeführt. Ziel der Abgabe ist wiederum der Gebrauch der Schekel für die öffentlichen Opfer. Durch die Wiederholung der Aussage wird von den Überlieferern die Bedeutung der Schekelabgabe hervorgehoben.

5. Die im Folgenden angehängte Begründung ist jedoch neu: "Öffentliche Opfer versöhnen und sühnen zwischen Israel und ihrem Vater im Himmel[122]". Zwei Verben begründen das Verhältnis zwischen Israel und Gott. Das Verb רצה im Piel bedeutet so viel wie "begütigen, versöhnen"[123]. Es tritt vereinzelt in der rabbinischen Literatur auf:

In SifDev § 32 werden die Schmerzen und Leiden eines Menschen mit Opfern verglichen. Dieser Text kann als Bindeglied zwischen den Leiden in dem Gleichnis und dem Opfer im Gottesspruch angesehen werden. Von R. Nehemia, Tannait der dritten Generation,[124] ist der Ausspruch überliefert: "Lieb sind die Züchtigungen, denn so wie die Opfer Versöhnung schaffen, so schaffen (auch) die Züchtigungen Versöhnung. Bei den Opfern heißt es: (Lev 1,4). Bei den Züchtigungen heißt es: (Lev 26,43). Und dazu (kommt, dass) die Züchtigungen mehr Versöhnung schaffen als die Opfer, denn die Opfer werden vom Besitz (dargebracht), aber die Züchtigungen (treffen) den Leib."[125]

Das Verb כפר leitet über zu dem letzten Midraschabschnitt mit angehängtem Bibelzitat, in dem vom כסף הכפורים, vom Sühnegeld, die Rede ist. Beide Verben eint der Aspekt der Sühne. Die Bibel gibt keine Bestimmung für das Gemeindeopfer an. Es muß sühnenden Charakter gehabt haben, da die Tempelabgabe "Sühnegeld" genannt wurde und zur Sühne (לכפר על נפשותיכם) bestimmt war (vgl. Ex 30,16). Die Begriffe wurden allerdings nicht speziell auf die zwei Lämmer bezogen.[126] Dies ist in unserem Midrasch anders. Gerade die an die These anknüpfende Begründung betont zweifach mit der Nennung der beiden Verben den sühnenden Charakter des Gemeindeopfers, zumal beide Verben mit der im Gleichnis beschriebenen Heilung parallelisiert werden. Diese Auslegung be-

---

[121] Vgl. BACHER, Term I, 6.

[122] Die Mss. Erfurt und London führen das Personalpronomen der 3. Pers. Pl. m.: אביהם.

[123] DALMAN, Handwörterbuch, 407; vgl. LEVY, WB IV, 465: "wohlgefällig machen, sühnen".

[124] Nach bSan 86a ist die Tosefta auf R. Nehemia zurückzuführen. Vgl. auch BACHER, Tann II, 228. Zur Auseinandersetzung mit San 86a vgl. GUTTMANN, Akiba, 403ff.

[125] SifDev § 32 zu Dtn 6,5 zitiert nach BIETENHARD, Sifre Deuteronomium, 85; Schocher Tov zu Ps 94,1 (hier ein Ausspruch R. Natans). Zur Rolle der Züchtigungen vgl. die Exegese von tHul 2,24 Kap. II 4.2.

[126] Für Philo hatten die täglichen Opfer die Funktion von Dankgebeten. Das Morgenopfer dankte für die Bewahrung in der Nacht, das Abendopfer für die Bewahrung am Tag (SpecLeg I,169). Josephus dagegen nannte keine besondere Bestimmung der Opfer. Er hob hervor, daß zu Neumond und zu den Festen, an denen es viele Gemeindeopfer gab, ein Zicklein als Sühnopfer dargebracht wurde (Ant III, 238.246-249.253).

schreibt den Übergang von der biblischen Schekelabgabe als Pflichtabgabe zu der Erklärung, daß diese Abgabe um der Sühne willen vonnöten ist.

6. An die als Gottesspruch angeführte Begründung wird zur Unterstützung ein Bibelzitat angefügt, mit dem der Midrasch schließt. Vorerst blickt der Midrasch jedoch nochmals zurück in die Wüstenzeit: "Und so finden wir es bei der Schekelabgabe, die die Kinder Israel in der Wüste abwogen." Durch die Bezeichnung במדבר, "in der Wüste", wird von der Erzählzeit der Schekelabgabe im Tempel wieder der Übergang zur Wüstenzeit geschaffen.

Exkurs: Die Schekelabgabe

Um den Bedeutungswandel der pflichtmäßigen Tempelabgabe zum sühnenden Charakter der Abgabe des halben Schekels nachzuvollziehen, muß kurz auf den historischen Wandel eingegangen werden.

Die Forderung des halben Schekels, die bereits in Ex 30,13[127] verzeichnet ist, ist eine nachexilische Interpolation, die die Erhöhung von einem drittel zu einem halben Schekel voraussetzte.[128] Das ganze Volk brachte die Kosten für den Kult und den Tempel auf. Dazu entrichtete jeder erwachsene männliche freie Jude in Israel und der Diaspora alljährlich die Steuer eines halben Schekels.[129] Auch Fremde und Freigelassene spendeten den halben Schekel; Frauen, Sklaven oder Kleinkinder waren von dieser Spende befreit. Jedes Kleinkind, für das dessen Vater angefangen hatte zu bezahlen, mußte mit dem Ritus fortfahren. Diese Norm ist in demselben Mischnaabsatz vorausgesetzt, der in der vorliegenden Tosefta ausgelegt wird (mSheq 1,3). Dieser Mischnaabschnitt gehört zu den sog. "Erfahrungsberichten", in denen Riten beschrieben werden, die in diesem Fall an den Tempel gebunden waren. Bezüglich der Priester ist nicht ganz eindeutig, ob sie von diesem Ritus befreit waren.[130]

Der Toseftatext führt die in Ex 30 aufgeführte einmalige Abgabe des halben Schekels an.[131] Im ersten Vers des Midrasch öffnet das Wort מקדש, "Heiligtum", assoziiert mit dem Tempel, eine weitere Auslegungsebene. Nach der Ebene des Bibelzitats, der Wüstenzeit im Stiftszelt, klingt nun die Zeit des Tempels an. Für seinen Erhalt war die Schekelabgabe bedeutsam. Allerdings gab es, obwohl auch aus der Diaspora die Schekelabgabe eingetrieben wurde,[132] Gegner dieser Abgabe.[133]

Zur Abfassungszeit der Tosefta war die Schekelabgabe für die Gottesbeziehung Israels nicht mehr relevant. Nach der Zerstörung des Tempels wurde der Schekel weiter von den Römern erhoben, obwohl er seiner Zweckbestimmung, dem Erhalt des Tempels und seiner Gerätschaften, nicht mehr diente. Statt dessen nutzte Vespasian die Gelegenheit und führte den "Fiscus Iudaicus"[134] ein. Diese Steuer[135] mußten ab 71 n.Chr. alle Juden entrichten, zunächst für den Wiederaufbau des Tempels des Jupiter Capitolinus. Die neue Steuer für Jupiter stand in Kontrast zu der des Gottes Israels, löste sie ab und galt rückwirkend seit der Zerstörung des Tempels. Steuerpflichtig waren alle Juden, auch die in der Diaspora Lebenden. Darüberhinaus wurde der Kreis der Steuerpflichtigen auch auf Frauen, Sklaven und Kinder ausgeweitet. Die Einrichtung des Fiscus Iudaicus fand gleichzeitig mit dem Triumphzug Vespasians in Rom statt. So

---

[127] In Ex 30,11-16 ist von einer einmaligen Spende die Rede. 2Kön 12,5-17; 22,3-7; 2Chron 24,5-14; 34,8-14 und Neh 10,33f. erklären die Spende zur permanenten Sitte.

[128] Diese Umstellung geschah vermutlich in der Zeit der Hasmonäer. Die Einführung der Schekelabgabe bedeutete "die Einführung einer regulären staatlichen Steuer für die gesamte (männliche; E.T.) jüdische und nichtjüdische Bevölkerung, d.h. einer Kopfsteuer" (SCHÄFER, Geschichte, 81 und 218, Anm. 239).

[129] Vgl. SAFRAI, Zeitalter, 59.

[130] Vgl. SAFRAI, Temple, 880f.

[131] Neben Ex 30,11-16 berichten noch andere Texte von der Einführung der Schekelspende: vgl. Neh 10,33-35; Philo, SpecLeg I,76-78; mSheq 2,4.

[132] Vgl. Cicero, Pro Flacco, 66-69; Josephus, Ant XVI, 28; XVIII, 312.

[133] Vgl. bMen 5a; vgl. auch Mt 17,24-27.

[134] Mit diesem Begriff wird die in Rom befindliche Behörde, welche die Judensteuer einzieht, bezeichnet. Weitere Literatur vgl. STERN, Fiscus, 1326; SCHÜRER, History II, 315.117f.; SCHWIER, Tempel, 327-337.

[135] Vgl. Josephus, BJ VII, 218.

wurden nicht nur die Attribute Gottes, sondern auch dessen (zukünftiges) Geld dem Jupiter Optimus Maximus, dem siegreichen Gott, untergeordnet.[136]

Auch die Bezeichnung "Kinder Israel" anstelle der sonst im Midrasch aufgeführten Bezeichnung ישראל greift Termini des Bibelzitats Ex 30,16 auf. Das letzte Bibelzitat bindet daher bereits erwähnte Motive zusammen und vereint die Auslegungsstränge.

In Ex 30,11-16 wird die Schekelabgabe für das Zeltheiligtum behandelt. Diese Abgabe (תרומת שקלים) wird bei der Zählung der Kinder Israel erhoben und ist für Gott bestimmt.[137] Tosefta[138] und Jerusalemer Talmud[139] führen einige Stellen zur Schekelabgabe an. In Mischna, halachischen und aggadischen Midraschim fehlt der Terminus "Schekelabgabe" jedoch. Eine mögliche Erklärung ist, daß zur Zeit des Zweiten Tempels diese Abgabe als Tempelsteuer des halben Schekels bekannt war. Die Praxis der Tempelsteuer und die damit verbundenen Sühnemöglichkeiten zur Zeit des Exils werden in der Tosefta jedoch nicht angeführt.

Zusammenfassung

Die Abgabe des halben Schekels war, ob zur Wüstenzeit oder während des Bestandes des Tempels, ein Ausdruck der Verbundenheit des Volkes Israel mit seinem religiösen Zentrum. Ein Opfer, durch die Schekelabgabe dargebracht, schaffte Verbundenheit zwischen der Gemeinde, dem Volk Israel, und ihrem Gott. Die Menschen opfern und bitten Gott um Vergebung und Sühne ihrer Sünden. Gott kann das Opfer annehmen und die brüchig gewordene Beziehung erneuern. Auch wenn die Schekelabgabe manchem ebenso schwer fällt wie ein körperliches Gebrechen, so ist sie doch nötig, um die enge Beziehung und Heilung des Verhältnisses zwischen dem Volk Israel und seinem Gott wiederherzustellen. Gerade dieses von allen mündigen Männern finanzierte Gemeindeopfer stellt die in familialen Kategorien gedachte Beziehung zwischen den Kindern, בני ישראל genannt, und ihrem Vater im Himmel wieder her. Das Opfer sühnt für alle Vergehen. Zur Zeit der Opfer am Tempel rekonstituiert es den Bund zwischen Gott und seinem Volk. Diesen Aspekt verdeutlicht tSheq 1,6, indem am Ende des Textes erneut auf die Wüstenzeit verwiesen wird. Damals manifestierte sich das Vertrauensverhältnis zwischen Israel und seinem Gott, beide waren sich nahe wie ein Vater seinen Kindern, und dort wurden auch die Grundlagen für diese das Verhältnis wiederherstellenden Maßnahmen wie die Einrichtung der Schekelabgabe gelegt. Die Schekelabgabe wird daher in dieser Tosefta als eine besondere Tat herausgestellt, die vom Vater gewollt ist und den sühnenden Aspekt innerhalb seiner familialen Beziehung zu den Kindern symbolisiert.[140] Dadurch bekommt die Bezeichnung Gottes als "Vater im Himmel" eine

---

[136] Vgl. SCHWIER, Tempel, 330.

[137] Vgl. Ex 30,13: השקל תרומה לה' - "der Schekel ist eine Spende für J'".

[138] tRHSh 1,1.4; Meg 1,4.

[139] Vgl. yRHSh 1,1 54d; Sheq 1,1 45d; Meg 1,4 70b.

[140] In Mt 17,24-27 wird ebenfalls die Tempelsteuer im Rahmen eines familialen Bildes thematisiert. Die Begründung der Freiheit der Jünger von der Entrichtung dieser Tempelsteuer wird mit Hinweis auf deren familiale Sohnesstellung gegenüber Gott gegeben. In diesem Rahmen wird sie der Steuerbefreiung von Königssöhnen gleichgesetzt. Eine derartige Begründung ist, die Zeit nach der Tempelzerstörung betreffend, nicht zu verstehen und spricht für einen vormatthäischen Grundbestand der

Konnotation von Vergebung, die ein nahes Verhältnis kennzeichnet. Dies belegen auch Texte, die sich mit der Weigerung zu bezahlen auseinandersetzen.[141]

Die Ablösung der Schekelabgabe nach der Zerstörung des Tempels zur der von Vespasian als "Fiscus Judaicus" eingeführten Abgabe bedeutete für die Israeliten den Verlust der Verbundenheit mit ihrem religiösen Zentrum, dem Tempel. Die Sühne zwischen den Israeliten und ihrem Vater im Himmel mittels Gemeindeopfer konnte nicht mehr vollzogen werden. Durch die Verortung Gottes "im Himmel" mußten evt. andere Sühnemaßnahmen gefunden werden. Tempel und Abgaben für den Tempel regelten die Beziehung nicht mehr. Hinweise, inwiefern der Verlust der Steuer und damit ihrer sühnenden Bedeutung das familiale Verhältnis Gottes zu Israel verändert, sind dem Auslegungstext nicht zu entnehmen. Da jegliche Bezüge auf einen Umgang mit der Schekelabgabe nach der Zerstörung des Tempels fehlen, ist davon auszugehen, daß der vorliegende Toseftatext aus der Zeit des Zweiten Tempels stammt. Er enthält keine Gegenwartsaussage und kann evt. als eine Art Erfahrungsbericht angesehen werden.

4.2. Der Versöhnungstag: mYom 8,9[142]

Von Sühne, die zur Reinigung führt, ist uns auch ein Spruch R. Akivas überliefert:

I.2.Wer sagt, ich werde sündigen und umkehren,	האומר: אחטא ואשוב,
sündigen und umkehren,	אחטא ואשוב
dem bietet man keine Gelegenheit, Umkehr zu tun.	אין מספיקין בידו לעשות תשובה,
Ich werde sündigen, und der Versöhnungstag wird es sühnen,	אחטא, ויום הכפורים מכפר.
so wird es der Versöhnungstag nicht sühnen.	אין יום הכפורים מכפר.
3. Übertretungen zwischen einem Menschen und dem ORT	עברות שבין אדם למקום
sühnt der Versöhnungstag.	יום הכפורים מכפר,
Übertretungen zwischen einem Menschen und seinem Nächsten	עברות שבין אדם לחברו
sühnt der Versöhnungstag erst,	אין יום הכפורים מכפר,
wenn er sich mit seinem Nächsten versöhnt hat.	עד שירצה את חברו.
II.1. Dies legte R. Eleazar ben Azarja aus:	את זו דרש רבי אלעזר בן עזריה:
2. *Von allen euren Sünden vor J' sollt ihr rein sein* (Lev 16,30).	מכל חטאתיכם לפני ה' תטהרו,
3. Übertretungen zwischen einem Menschen und dem ORT	עברות שבין אדם למקום
sühnt der Versöhnungstag.	יום הכפורים מכפר,
Übertretungen zwischen einem Menschen und seinem Nächsten	עברות שבין אדם לחברו
sühnt der Versöhnungstag erst,	אין יום הכפורים מכפר,
wenn er sich mit seinem Nächsten versöhnt hat.	עד שירצה את חברו,
III.1. R. Akiva sagte:	אמר רבי עקיבא:
2. Glücklich seid ihr, Israel! Vor wem werdet ihr gereinigt,	אשריכם ישראל! לפני מי אתם מטהרין?
wer reinigt euch? Euer Vater im Himmel,	מי מטהר אתכם? אביכם שבשמים,
3. weil gesagt ist: *Ich besprenge euch mit reinem Wasser,*	שנאמר: וזרקתי עליכם מים טהורים
so daß ihr rein werdet (Ez 36,25).	וטהרתם,
4. Und sie (die Schrift) sagt: *Die Mikweh[143] Israels ist J'* (Jer 17,13).	ואומר: מקוה ישראל ה'

Perikope. Steuerfreiheit in der Zeit des Abführens dieser Steuer nach Rom mit der Begründung der Gotteskindschaft wäre ein Anachronismus (vgl. HUMMEL, Auseinandersetzung, 103f.).

[141] Vgl. MekhY חדש ב 1 zu Ex 19,1; bBB 9a. CARLEBACH setzt sich mit den rabbinischen Texten, die den Fiscus Judaicus und seine Handhabung betreffen, in seinem gleichnamigen Aufsatz auseinander (vgl. ders., Fiscus Judaicus, 57f.).

[142] Text: ALBECK, Mishna, Moed, 247.

[143] Zu den Bedeutungsvarianten des Wortes "Mikweh" s. Einzelauslegung.

Wie die Mikweh die Unreinen reinigt,
so reinigt der Heilige, g.s.e., auch Israel.

מה המקוה מטהר את הטמאים,
אף הקדוש ברוך הוא מטהר את ישראל.

Der Traktat Yoma beschäftigt sich mit dem Versöhnungstag und führt Auslegungen zu Lev 16 an. Im achten und letzten Kapitel des Traktates werden Einzelbestimmungen für das Volk Israel, Fasten und Arbeitsenthaltung am Versöhnungsfest, näher ausgelegt. Dieses achte Kapitel bietet eine Zusammenstellung aus verschiedenen Quellen.[144] Die anderen Kapitel beschäftigen sich ausschließlich mit der Darstellung der Rituale des Tages (d.h. aramäisch Yoma) und den Dienstpflichten des Tempelpersonals. Unseren drei Abschnitten gehen verschiedene Opfervorschriften bei Zweifeln voraus. Der Traktat Yoma ist nicht später als 200 n.Chr. entstanden, da keiner der in ihm erwähnten Gesetzeslehrer über diese Grenze hinausführt.[145]

Gliederung:

I.	II.1. Rabbinenspruch	III.1. Rabbinenspruch
2. Lehrspruch zur Sünde	2. Bibelzitat (Lev 16,30)	2. Makarismus
3. Lehrspruch zu Übertretungen	3. Übertretungen	3. Bibelzitat (Ez 36,25)
		4. Bibelzitat (Jer 17,13) mit Auslegung

Einzelexegese

Die Mischna ist auch in yYom 8,8-10 44c; bYom 85b enthalten. Sie ist im Rahmen der Diskussion um Umkehr und die Möglichkeit der Sühne zu verorten.

I.2. Im ersten hier wiedergegebenen Abschnitt geht es um die halachische Frage, wann und wie Sühne erlangt werden kann. Zweimal wird die Wendung "sündigen und Umkehr tun" angeführt, um den Unernst des Handelnden zu unterstreichen. Es wird ein Fall beschrieben, in dem ein Mensch bewußt die Möglichkeit zur Umkehr mißbraucht und der Meinung ist, ohne Gefahr sündigen zu können.[146]

חטא, "sündigen", hat die Grundbedeutung "(ein Ziel) verfehlen".[147] Mehr als ein Viertel der Belege dieses Verbs in der Hebräischen Bibel befindet sich im Sprachbereich der priesterlichen Tradition.[148] In der alttestamentlichen Terminologie ist חטא der Hauptbegriff für Sünde.[149] Er bezeichnet Handlungen, die sich gegen J´, dessen Ordnungen oder unter seinem Schutz stehende Menschen richten.[150] Metaphorisch beschreibt das Wort einen Irrweg. Das Verb שוב, "zurückkehren, (sich wenden)",[151] drückt in der Wegmetaphorik die Umkehr aus. Gemeint ist, vom Irrweg abzuweichen und zu dem Weg, der der Ordnung J´s entspricht, wieder zurückzukehren. Diese Rückkehr wird jemandem, der vorsätzlich sündigt, verwehrt. Das Wort מספיקין ist im Plural angeführt, da es sich auf die

[144] Vgl. HERR, Yoma, 844.
[145] Vgl. MEINHOLD, Yoma, 37f.
[146] Vgl. BACHER, Tann I, 279 Anm. 4.
[147] Vgl. BAUMGARTNER, Lexikon I, 292f.; vgl. Ri 20,16.
[148] Vgl. KNIERIM, Art. חטא, 542.
[149] חטאת, "Sündopfer", ist ein Opfer der Sühne für Vergehen moralischer, rechtlicher und kultischer Art, die der Sünder sich hat versehentlich zuschulden kommen lassen.
[150] Vgl. KNIERIM, Art. חטא, 548. Auf zwischenmenschlicher oder menschlich-göttlicher Ebene beschreibt dieser Terminus einen Akt des "Bruchs einer Partnerschaft" (ders., Hauptbegriffe, 57).
[151] BAUMGARTNER, Lexikon IV, 1327.

himmlischen Mächte bezieht.[152] Es bedeutet "hinlänglich Zeit oder Gelegenheit darbieten, zur Genüge geben"[153]. Die Wendung "dem bietet man keine Gelegenheit, Umkehr zu tun" trifft nach mAv 5,18 auch auf denjenigen zu, der andere zur Sünde verleitet. Wer daher, wie in dieser Mischnastelle angegeben, vorsätzlich und bewußt sündigt, weil er um die Möglichkeit der Umkehr weiß und sie in sein Handeln einkalkuliert, dem wird es vom Himmel nicht gegeben, Umkehr zu tun. לעשות תשובה heißt wörtlich übersetzt "Umkehr tun, Antwort geben".[154] Gemeint ist, daß jemand wieder auf die Satzungen Gottes antwortet und sie befolgt, zu einer religiösen Lebensweise und Verantwortung zurückfindet.

Im zweiten beschriebenen Fall will jemand sündigen, und der Versöhnungstag soll die Sünden sühnen. In ARN(A) 40,5 (S. 60b) wird die Aussage weiter verschärft. Nicht nur der Versöhnungstag wird nicht die Sünden tilgen, sondern auch am Todestag werden ihm diese Sünden nicht vergeben.

3. Im zweiten Abschnitt werden Übertretungen behandelt. Die Übersetzung "Übertretungen" trifft bestens die Bedeutung von עברות, da dieses Wort im biblischen Sprachgebrauch einen Übergang, eine Furt bezeichnet.[155] In der rabbinischen Literatur wurde aus dem Wort bereits ein terminus technicus für "Gesetzesübertretungen, Sünde"[156]. עברות drückt hier eine Abweichung von den bisherigen Ordnungsvorstellungen aus, das funktionierende religiöse Normensystem wird außer Kraft gesetzt. עברות bezeichnet verschiedene Arten von Übertretungen: physische im Sinne von sexuellen Vergehen (vgl. bSan 70a; BerR 90,3 zu Gen 41,42), ökonomische[157] sowie religiöse. Alle Formen der Übertretung zwischen Gott und dem Menschen sühnt der Versöhnungstag, auf der mitmenschlichen Ebene sühnt er nur, wenn der Mitmensch durch die Reue des Täters sich mit diesem wieder versöhnt hat. Eine spätere halachische Entscheidung präzisiert das Verfahren: Derjenige, der gegen seinen Nächsten gesündigt hat, ist verpflichtet, diesen dreimal um Vergebung zu bitten, um seine Schuld zu sühnen.[158] Beim dritten Mal ist der Nächste verpflichtet, die Vergebungsbitte anzunehmen; wenn er es nicht tut, sündigt er selbst. Kultische Opfer sühnen Vergehen gegen Gott, Sünden gegen den Nächsten sühnen sie aber demzufolge nur auf der Basis vorher erlangter Verzeihung.

II.1. Den abschließenden halachischen Bemerkungen werden zwei Ausführungen im Namen von wichtigen tannaitischen Rabbinen angefügt. In diesem Abschnitt handelt es sich um eine Ausführung R. Eleazar ben Azarjas, eines Tannaiten der zweiten Generation.

---

[152] Vgl. Hi 7,3; Prov 9,11.

[153] LEVY, WB III, 570.

[154] Im heutigen orthodoxen Sprachgebrauch bezieht sich die Wendung "Umkehr tun" auf Menschen, die nicht nach den halachischen Regeln lebten und sich neu entschließen, diese Regeln für sich zu akzeptieren und nach ihnen zu leben.

[155] Vgl. 2Sam 19,19; Pl. 2Sam 15,28; 17,16. עבר bezeichnet "die eine von zwei gegenüberliegenden Seiten" (BAUMGARTNER, Lexikon III, 738) eines Flusses, Tales oder Meeres.

[156] LEVY, WB III, 614.

[157] Ökonomisch kann "Übertretung" z.B. einen Raub, der zu einem Bruch mit dem Nachbarn führte, bezeichnen (vgl. HUTTON, Declaratory Formulae, 102f.).

[158] Vgl. den Ausspruch R. Eliezers im Namen R. Joses, beides Tannaiten der zweiten und dritten Generation: Ihm wird bis zum dritten Mal verziehen (ARN(A) 40,5 (S. 60b)).

2. Zuerst wird ein Bibelzitat angeführt: *"Von allen euren Sünden vor J' sollt ihr rein sein."* Dieses Zitat entstammt Lev 16, der biblischen Beschreibung des Versöhnungstages. In der rabbinischen Literatur wird gerade dieser Vers häufig zitiert.[159] Einen Rückbezug zum Vorhergehenden gibt es durch das Wort "Sünden" (חטא), welches an den ersten Mischnaabschnitt erinnert. Ziel der "Entsühnung" am Versöhnungstag ist es, rein zu werden vor Gott (תטהרו).[160] Dieses Verb wird auch in der anschließenden Auslegung R. Akivas von Bedeutung sein.

3. Lev 16,30 wird folgendermaßen ausgelegt: *"Alle eure Sünden"* (מכל חטאתיכם) werden in der Auslegung unterschieden in jene gegenüber Gott[161] und jene gegenüber den Mitmenschen.[162] Gott wird in diesem Abschnitt als המקום, der Ort, bezeichnet.

Exkurs: Das Gottesepitheton "Ort"[163]

In der Hebräischen Bibel wird der Name eines Ortes als Metonym für die Leute dieses Ortes gebraucht.[164] Daher äußerte SCHÜRER als einer der ersten die These, daß der wahre Ursprung der Gottesbezeichnung המקום in der Metonymie liege, daß "man den Wohnort Gottes für Gott selbst substituiere"[165]: *"Denn wenn du zu dieser Zeit schweigen wirst, so wird eine Hilfe und Errettung von einem anderen Ort her den Juden erstehen, du aber und dein Vaterhaus, ihr werdet verschwinden"* (Est 4,14).

Der Gebrauch des Gottesepithetons מקום ist alt[166] und bezeichnet Gott, der sich, an welchem Ort auch immer, offenbart. Es ist ebenso wie שמים eine Gottesbezeichnung der Tannaiten, die seit dem 3. Jh. nicht mehr verwendet wurde. Allgemein wird angenommen, daß מקום sich jeweils auf einen bestimmten Ort bezieht, an dem Gottes Präsenz erfahrbar ist.[167] Die Bezeichnung Gottes drückt die bisher auf einen Ort fixierte Hoffnung des Volkes Israel aus, sie lehrt "Gottes Allgegenwart"[168]. In unserer Mischna lehrt sie die Gegenwart Gottes am Tempel, die durch kultische Handlungen erfahrbar wird. Da dieser Ort der

---

[159] Allein vier Zitate von Lev 16,30 befinden sich in der Mischna im Traktat Yoma: mYom 3,8; 4,2; 6,2; 8,9. Die Sündenvergebung hat ihre Klimax im achten Kapitel. Dort wird Lev 16,30 aussschließlich auf die Sünden des Volkes Israel vor Gott bezogen.

[160] GORMAN führt aus, daß neben der Funktion der "Entsühnung" der biblische Bericht des Versöhnungstages in Lev 16 übergreifend die göttliche Ordnung in Kosmos, Gesellschaft und Kult rekonstituiert (vgl. ders., Ideology, 61.102).

[161] In bKer 25b wird im Namen R. Eleazars ausgeführt, daß eine Sünde, die niemand außer der ORT kennt, der Versöhnungstag sühnt.

[162] Zur Zeit des Tempels sühnte eine Schuldopfer (אשם) Veruntreuungen eines Israeliten gegenüber Gott oder seinem Mitmenschen (vgl. Lev 4). Bereits bei dieser Opferpraxis wurde jedoch deutlich unterschieden zwischen den Veruntreuungen gegenüber Gott oder einem Mitmenschen.

[163] Eine Übersicht über weitere nicht in dieser Untersuchung dargestellten tannaitischen Gottesepitheta findet sich bei: LANDAU, Synonyma, 6-10; COHON, Name of God, 163f.; MARMORSTEIN, Doctrine of God I, 56ff.

[164] Vgl. Gen 11,1. Gleichzeitig spielt der "Ort" in der Tora eine bedeutende Rolle. CRÜSEMANN zeigt die Bedeutung des Ortes innerhalb des Bundesbuches auf (ders., Tora, 201-213). Ein Ort erweist sich in vieler Hinsicht als schicksalshaft und bedeutungsvoll, wichtige Ereignisse werden an einem bestimmten Ort `verortet´, so z.B. die Präsenz Gottes am Altar (vgl. Ex 20,24-26).

[165] SCHÜRER zeigt in dem genannten Aufsatz mit einem Verweis auf mBer 5,1, daß er mit dem "Wohnort Gottes" den Tempel meinte und nicht den Himmel, den Billerbeck (Bill II, 310) als Metonymie annimmt (SCHÜRER, Begriff des Himmelreiches, 170). BUBER spricht sich für den Ort als den Tempelberg in Aufnahme von Jes 26,21 und Mi 1,4 aus (ders., Jecheskel, 473). Vgl. auch HOFFMANN: המקום wird die "Bezeichnung Gottes, indem man die heilige Stadt und das Heiligtum als die Wohnstätte Gottes metonymisch für Gott setzte" (ders., Mischnajot, Nesikin, 170 Anm. 56).

[166] Vgl. tNaz 4,7. MARMORSTEIN behauptet, daß Spuren dieser Gottesbezeichnung in die Zeit reichen, als Palästina von der persischen an die griechische Fremdherrschaft überging (ders., Religion, 238; vgl. URBACH, Sages, 66). Beweise existieren für diese Frühdatierung nicht. Belege dieser Gottesbezeichnung sind erst in tannaitischer Zeit zu finden.

[167] Vgl. ebd., 68f.

[168] Vgl. MARMORSTEIN, Religion, 239.

Kommunikation mit Gott, der Tempel, 70 n.Chr. zerstört ist, hilft eine Gottesbezeichnung, die Beständig-keit - sowohl geographisch als auch temporär - ausdrückt.[169]

Die folgende Passage, die den zweiten Abschnitt abschließt, ist identisch mit dem zweiten Teil des ersten Abschnittes.[170] Sie bringt nur insofern Neues, als die halachische Entscheidung des ersten Abschnittes noch einmal durch einen Rabbinenausspruch autorisiert und von einem Torazitat hergeleitet wird.

III.1. Es folgt der im Namen R. Akivas überlieferte Ausspruch. Mit diesem Ausspruch endet der Traktat Yoma. Vermutlich ist der Abschnitt auch keine Mischna, sondern eine Baraita.[171] Im Gegensatz zur vorhergehenden Halacha hat dieser Text deutlich erzieherischen Charakter.[172] Er bringt zum Ausdruck, daß nach empfangener Vergebung die Sünden vergeben sind.[173] Diese durch Gottes Gnade bewirkte Läuterung eines jeden Sünders ist mit einer Neuschöpfung vergleichbar.[174]

R. Akiva gehörte zu der jüngeren Gruppe der zweiten Generation der Tannaiten und war wie R. Eleazar ben Azarja ein bedeutender Lehrer in Javne.[175] Sein Ausspruch erscheint in der Form einer Lehrsituation oder einer Mitschrift eines Gespräches. Der Lehrer stellt eine Frage und gibt die Antwort selber.

2. Zuerst grüßt er die Israeliten oder Zuhörer mit dem Makarismus אשריכם ישראל, "Glücklich seid ihr, Israel!" Diese Grußformel erscheint auch in bEr 53b.[176] Nur im Plural wird sie in der status-constructus-Form verwandt.[177] Nach dieser emphatischen Eröffnung werden sogleich die Fragen gestellt, vor wem sich Israel reinigt und wer Israel reinigt. Das Verb טהר, "reinigen", greift die vorhergehende Auslegung R. Eleazar ben Azarjas auf, der sich auf Lev 16,30 beruft. Dort wird die Aufgabe des Versöhnungstages dahingehend zusammengefaßt, daß der Tag Sühne schafft, um das Volk Israel zu reinigen.[178]

---

[169] In einem amoräischen Text (BerR 68,9 zu Gen 28,11) wird eine Auseinandersetzung um diese Gottes-bezeichnung überliefert: "R. Huna sagte im Namen des R. Ami: Warum umschreibt man den Namen des Heilige, g.s.e., und nennt ihn מקום, da er seinen Ort in seiner Welt hat? R. Jose b. Chalafta sagte: Wir würden nicht wissen, ob der Heilige, g.s.e., einen Ort in seiner Welt oder ob seine Welt sein Ort ist. Da aber geschrieben steht: *Siehe, der Ort ist bei mir* (Ex 33,21), geht daraus hervor, daß der Heilige, g.s.e., einen Ort in seiner Welt, aber nicht seine Welt sein Ort ist." Zur Auseinandersetzung mit dem rabbinischen Gottesnamen מקום vgl. FRETTLÖH, Von den Orten Gottes, 96-106.

[170] Vgl. auch Sifra, אחרי מות 8,1.2 zu Lev 16,30 (83a). In leichter Abweichung bei den Verben wird der Ausspruch R. Eleazar ben Azarjas angeführt. Nach dem Zitat von Lev 16,30 steht: "Dinge (דברים) zwischen dir und dem ORT werden dir verziehen (מוחלים לך). Dinge zwischen dir und deinem Nächsten werden dir nicht verziehen, bis daß du deinen Nächsten versöhnt hast (תפייס)."

[171] Vgl. EPSTEIN, מבוא לנוסח המשנה, 1307.

[172] Ebd., 1306.

[173] Vgl. HRUBY, Gesetz und Gnade, 58.

[174] Vgl. den Ausspruch des R. Tachlifa Kisarja in PesK 23,12 (vgl. MANDELBAUM, Pesikta, 346).

[175] Vgl. BACHER, Tann I, 280f.

[176] R. Jehoshua ben Chananja, Tannait der zweiten Generation, erzählt, wie ihn eine Frau, ein Junge und ein Mädchen besiegt haben, weil sie etwas besser machten oder wußten als er. Im Anschluß an die drei Geschichten sprach der Rabbi: "Glücklich seid ihr, Israel, da ihr alle sehr weise seid, von Groß bis Klein." Eine ausführliche Analyse der Formel אשרי findet sich in der Exegese zu mHag 2,1.

[177] Vgl. bYom 87a: "Glücklich sind die Frommen" u.ö.

[178] Dieser Vers hat zur Zeit des Tempels bei der Schlachtung der zwei Böcke eine Rolle gespielt. Der Hohepriester bekennt die Sünden: "Ach, Herr, ich habe vor dir gesündigt, gefrevelt und gefehlt, ich

Auf die Fragen antwortet R. Akiva wird mit einem Einwortsatz: "Euer Vater im Himmel." Die zweifache Frage betont die Beziehung des Volkes Israel zu Gott. Vor Gott wird Israel gereinigt, indem Gott es reinigt.[179] Gerade dieses Bezogensein macht das Gottesverhältnis Israels aus. Durch das Possessivpronomen der zweiten Person Plural appelliert R. Akiva eindringlich an die Hörerinnen und Hörer, das Volk Israel. In mAv 3,14 wird ein Spruch R. Akiva zugeschrieben, in dem auf die Gotteskindschaft Israels verwiesen wird.[180] Dieses Theologumenon war weit verbreitet und muß im Zusammenhang mit unserer Stelle gesehen werden.[181] Nach der erfahrenen Sühne am Versöhnungstag wird von R. Akiva die Reinigung postuliert.

3. An die Fragen und die Antwort schließt sich im Albeckdruck ein das Verb טהר aufgreifendes Bibelzitat an, eingeleitet durch die Wendung "weil gesagt ist". Ez 36,16ff. thematisiert einen Neuanfang Israels mit Gott. Dieser Neuanfang beinhaltet Elemente wie einen erneuten Exodus aus einer Umgebung geistiger Verbannung, Landnahme, Reinigung durch Wasser und dadurch Reinigung von Unreinheit und Götzendienst (V.24ff.). Als Folge davon bekommt Israel ein neues Herz und einen neuen Geist, es wird Gottes Gebote halten und tun (V.26f.). Dieser Prozeß rekonstituiert das Gottesverhältnis Israels. Israel wird sein Volk und er sein Gott sein (V.28). In der Mischna wird V.25 zitiert, die Absicht Gottes, Israel mit Wasser zu besprengen, damit es von aller Unreinheit und Götzendienst gereinigt wird.

4. Eine weitere Auslegung, die mit dem Reinheitscharakter spielt, wird durch die Wendung "und sie (die Schrift) sagt"[182] eingeleitet und fußt auf Jer 17,13: מקוה ישראל ה'. Dabei zentrieren sich die folgenden Deutungen um die Bedeutungsvielfalt des Wortes מקוה. Einerseits kann das Substantiv eine "Wasseransammlung"[183] bezeichnen, andererseits, vom Verb קוה im Piel abgeleitet, auch die "Hoffnung"[184]. Die Aufgabe der Mikveh ist es, die Unreinen (טמאים) zu reinigen und dadurch ihr Vertrauen auf den Garant ihrer Hoffnung, Gott, auszurichten.

Die Waschungen waren am Schabbat, an Festtagen und dabei besonders am Versöhnungstag von großer Bedeutung. In vielen antiken Religionen sind Waschungen Teil der rituellen Praxis.[185] Ziel des Untertauchens ist nicht physische, sondern spirituelle Rein-

---

und mein Haus" (mYom 3,8). Nach dem Sündenbekenntnis und der Zitation von Lev 16,30 als nachdrücklicher Berufung auf Sündenvergebung antworten Priester und Volk im Vorhof: "Gepriesen sei der Name seiner Herrschaft bis in alle Ewigkeit" (ebd.). Mit diesen Worten endet der Abschnitt; vgl. mYom 6,2; bYom 41b; Sifra אחרי מות 1,4 zu Lev 16,4 (80b).

[179] BACHER sieht diese Reinigung im Rahmen der Sühne und faßt den Text unter die Aussage: "Gott ist der Entsündiger Israels" (ders., Tann I, 280).

[180] Basis dieser Aussage bildet Dtn 14,1f. Auch im Gespräch mit Rufus hebt R. Akiva die Gotteskindschaft Israels hervor (vgl. bBB 10a).

[181] Zum Motiv der Gotteskindschaft im außerrabbinischen Judentum vgl. DELLING, Art. Gotteskindschaft, 1162ff.

[182] Vgl. BACHER, Term I, 6.

[183] Vgl. Gen 1,9.10; Ex 7,19; Lev 11,36; Sir 10,13 u.a. Heute bezeichnet das Wort ein rituelles Reinigungsbad.

[184] BAUMGARTNER, Lexikon II, 592; vgl. Esr 10,2; 1Chron 29,15 und als Gegenstand des Vertrauens: Jer 14,8; 17,13; 50,7.

[185] In Ägypten und Griechenland finden sich solche Praktiken (vgl. HERODOT II, 37; HESIOD, Opera et Dies, 722). Außerdem sind Waschungen Teil der buddhistischen und hinduistischen Religionen.

heit.[186] Der Zustand ritueller Unreinheit soll behoben werden.[187] Somit wird die rituelle Reinigung bei Opfern am Versöhnungstag auf die Reinigung von Sünden übertragen. Eine Spiritualisierung der Kultusbegriffes Opfers und der mit ihm verbundenen Riten kommt in der Auslegung zum Ausdruck.[188]

Die Frage, ob im Endabschnitt der mYom auf bereits bekannte Praktiken Bezug genommen wird, kann nicht beantwortet werden. POSNER postuliert, daß die Rabbinen auf zeitgenössische Verfahrensweisen reagieren.[189]

In Form eines Vergleiches[190] wird Jer 17,13 gedeutet: Wie die Mikveh die Unreinen reinigt, so reinigt auch der Heilige, g.s.e., Israel.[191]

Exkurs: Das Gottesepitheton "Der Heilige, gepriesen sei er"[192]
Diese Gottesbezeichnung wird überwiegend in amoräischen Texten verwandt und ist eine der geläufigsten Umschreibungen des Gottesnamens im Midrasch.[193] Sie erscheint vereinzelt in Handschriften tannaitischer Texte.[194] Die Beschreibung Gottes als קודש ist als Ausdruck von Ehrfurcht zu erklären.[195] Da die Bezeichnung הקודש in der tannaitischen Literatur mit המקום parallel gebraucht wird, glaubt ESCH, dieselbe Metonymie annehmen zu können.[196] Die Bezeichnung הקב״ה (= der Heilige, gepriesen sei er) ist vermutlich aus der substantivischen Bezeichnung Gottes als der "Heilige" entstanden.[197] Die Langform der Formel lautet: "מלך מלכי המלכים הקדוש ברוך הוא" (vgl. mSan 4,5; Av 3,1). Zumeist wird jedoch die Kurzform הקדוש ברוך הוא verwandt.

Der Gebrauch des Gottesepithetons "Heilige, g.s.e." legt es nahe, in diesem Abschnitt eine spätere zusätzliche Erklärung der Aussagen R. Akivas zu sehen. Mit dem Schlußsatz ist ein Bezug zur ersten Aussage R. Akivas hergestellt. In PesK 24,2 wird die Aussage im Namen des R. Eliezer ben Hyrkanos, des Lehrers Akivas, überliefert.[198] Im Midrasch werden in den Aussagen des dritten Absatzes drei verschiedene Gottesnamen

---

[186] Vgl. KOTLAR, Mikveh, 1534.

[187] Vgl. POSNER, Ablution, 81. Eine Negierung der Reinigungskraft des Wassers wird von dem frühen Tannaiten R. Jochanan ben Zakkai überliefert: "Der Tote verunreinigt nicht, und das Wasser reinigt nicht, sondern der Heilige, g.s.e, hat gesagt: Eine Satzung habe ich gesetzt, eine Verordnung verordnet. Es ist dir nicht erlaubt, meine Verordnung zu übertreten, denn es steht geschrieben: *Dies ist die Satzung der Tora*" (BemR 19,8 zu Num 19,2).

[188] Vgl. WENSCHKEWITZ, Spiritualisierung, 70ff.

[189] POSNER, Ablution, 86; vgl. bYom 85b. Dabei ist es uns heutzutage nicht mehr möglich zu bestimmen, ob die Rabbinen Praktiken in zeitgenössischen Kulten imitierten oder sich von ihnen abgrenzten.

[190] MEINHOLD hält sich streng an die Form eines Lehrgesprächs und übersetzt: "Was reinigt die Mikveh? Es reinigt die Unreinen" (ders., Joma, 73). Dies entspricht jedoch keineswegs den stilistischen Merkmalen des Textes. מה ... אף sind Vergleichspartikel, obwohl מה in der vorliegenden Auslegung Fragepartikel geblieben ist (vgl. BACHER, Term I, 105).

[191] In PesK 24,2 wird ein weiterer Satz an diesen Abschnitt angefügt: "Daher sagte Hosea, Israel ermahnend, zu ihnen: *Kehre um, o Israel* (Hos 14,2)." Vgl. MTeh 4,9 zu Ps 4,5. In diesem Midrasch wird der Ausspruch im Namen R. Eliezer ben Jakobs, eines Schülers R. Akivas, überliefert. Vgl. EPSTEIN, מבוא לנוסח המשנה, 1306f.

[192] Diese Bezeichnung wird im folgenden abgekürzt: Der Heilige, g.s.e.

[193] MARMORSTEIN, Religion, 237; vgl. RABINOWITZ, Art. God, 683.

[194] Vgl. ESCH, Heilige, 8-54.

[195] Vgl. HEINEMANN, Lehre vom Heiligen Geist, 171 Anm. 4.

[196] Vgl. ESCH, Heilige, 80.

[197] Vgl. ebd. Dagegen HEINEMANN, Lehre vom Heiligen Geist, 171f., der diese Form für die ursprünglichere hält und die Bezeichnung "Heiliger" wegen der wenigen Stellen marginalisiert.

[198] Vgl. MANDELBAUM, Pesikta, 350.

angegeben: "Euer Vater im Himmel" (im Namen R. Akivas)," J'" (innerhalb des Zitates aus Jer 17,13) und der "Heilige, g.s.e." (in der abschließenden Auslegung).

Im Jerusalemer Talmud variiert der letzte Abschnitt der Mischna leicht. Nach der Bezeichnung Gottes als "Vater im Himmel" wird er als Abschluß der Gemara angefügt. Ausgehend von Jer 17,13 wird der letzte Satz der Mischna zitiert, daraufhin das Zitat Ez 36,25 angefügt.[199]

Über den letzten, R. Akiva zugeschriebenen Mischnaabschnitt existieren verschiedene Ansichten. HERR favorisiert die These, daß es sich um eine Polemik gegen den christlichen Glauben an die Reinigung durch Jesus handeln könnte.[200] Gerade in dem Ausspruch R. Akivas wurde eine neutestamentliche Reminiszenz gesehen,[201] insbesondere aber eine Polemik gegen christliche Ansichten über die Taufe.[202]

Im Neuen Testament gibt es kultische[203] und sittliche[204] Reinigung. Außer in Jerusalem wurde für alle anderen Gemeinden die kultische Reinigung vermutlich bedeutungslos. Heiden- und Judenchristen wurde dadurch ein Zusammenleben erleichtert. Das Wort ἁγνός erscheint im Neuen Testament nur in den Briefen.[205] Es bezieht sich auf das Handeln der Geschwister, erscheint in Tugendkatalogen und wird vom gemeindeleitenden Apostelschüler erwartet.[206] Ausgehend von 1Joh 3,3 wird aber den Christen ein Wandel in *sittlicher* Reinheit ans Herz gelegt. Weil Christus rein ist, sollen auch sie es sein. Reinheit und Lauterkeit[207] sind Tugenden, die die zwischenmenschlichen Beziehungen und die des Menschen zu Gott beschreiben.[208] Für die sittliche Reinheit wird ein anderer Begriff gefunden.[209] Da in vielen antiken Religionen die Waschungen Bestandteil der religiösen Praxis sind, Reinigungsterminologie auch spiritualisiert verwendet wird und das Neue Testament vor allem auch in hellenistisch beeinflußten Gebieten die Problematik erörtert,[210] kann von einer Polemik der Rabbinen gegen die Reinigung durch Jesus keine Rede sein. Man sollte sich darauf beschränken, im letzten Abschnitt eine Auslegung zum Thema "Umkehr und Reinigung" allgemein zu sehen.[211]

Zusammenfassung
Sowohl von der Textform als auch von der Stellung innerhalb des Traktates her ist der Abschnitt hervorgehoben. Der letzte Satz kann als Bestätigung und Vergewisserung gelesen werden: "Der Heilige, g.s.e., reinigt Israel." Das mit diesen Worten endende

---

[199] Vgl. auch AVEMARIE, Yoma, 231 Anm. 325.
[200] Vgl. HERR, Yoma, 844.
[201] Vgl. Mt 6,6; MAIER, Auseinandersetzung, 249 Anm. 506.
[202] Vgl. ebd., 249 Anm. 507. Zu bSan 101a vgl. MAIER, Jesus, 61f.
[203] Zwei Stellen sind hier vor allem anzuführen: zum einen die Reinigung vor Pesach (vgl. Joh 11,55), zum anderen bei der Übernahme des Gelübdes durch Paulus in Jerusalem (Apg 21,24-26; 24,18).
[204] Vgl. Jak 4,8; 1Petr 1,22; 1Joh 3,3.
[205] Vgl. 1Tim 5,22; Tit 2,5; Jak 3,17; 1Petr 3,2; 1Joh 3,3.
[206] BALZ, Art. ἁγνός, 53.
[207] Der Begriff ἁγνός drückt die vollkommene Gebundenheit der Gemeinde an Christus aus (vgl. 2Kor 6,6; 7,11; 11,2.3).
[208] BALTENSWEILER, Art. Rein, 1037.
[209] Im Neuen Testament wird als Ausdruck der Enthaltsamkeit das Wort ἐγκράτεια angeführt.
[210] Vgl. BRANDT, Reinheitslehre, 34-41.
[211] MAIER, Auseinandersetzung, 172.

Kapitel erhält einen positiven Schluß. Sünden werden aufgrund der Zusage Gottes vergeben. Diese Bestätigung unterstreicht auch R. Akivas Frage, wer Israel reinigt, und seine entschiedene Antwort "Euer Vater im Himmel".

Die dem Ausspruch angefügten Zitate und Diskussionen haben keinen anderen Sinn als den der nachdrücklichen Pointierung der spirituellen Reinigung der menschlichen Sünden vor Gott. Daher werden bekräftigende Zitate aus der Tora und den Propheten angefügt. Das Verhältnis zwischen Israel und ihrem Vater im Himmel hat eine biblische Basis. Es ist unzerstörbar. Aufgrund dieses Verhältnisses beginnt R. Akivas Spruch mit einer Glücklichpreisung über Israel.

In der Zeit nach der Tempelzerstörung, in der die Sühne durch Opfer am Tempel nicht mehr vollzogen werden konnte, tritt besonders der Ausspruch R. Akivas in den Vordergrund. Es geht um das reinigende Wirken Gottes für Israel. Der Ausspruch steht dem letzten Mischnaabschnitt thetisch voran und unterstützt durch die familiale Bezeichnung Gottes als "Vater im Himmel" die Hoffnung auf Rettung des Volkes Israel. In dem Gottesepitheton schwingen Konnotationen wie Hoffnung, Nähe, Vertrautheit und Verbundenheit mit, die durch die abschließenden Bibelzitate angedeutet werden. Gleichzeitig wird das Volk Israel in den ersten beiden Abschnitten dazu aufgerufen, eben diese Sühne, Umkehr und Reinigung anzustreben und zu wollen.

Bereits in Lev 16 sind das Fasten und die Arbeitsenthaltung am Versöhnungstag gefordert. An die Stelle des ursprünglichen Charakters des Versöhnungstages als Fest der Sühne traten nach der Tempelzerstörung die Bußgebete, der Versöhnungstag wurde zu einem Fasten-, Buß- und Bettag. Die in mYom 8,9 vollzogene Unterscheidung von Sünden gegen Gott und gegen den Nächsten ist jedoch ein neuer Akzent. Ob dadurch, wie MEINHOLD folgert, "ein Gefühl des Besseren über Lev 16 hinaus, wo doch der Versöhnungstag alle, kultische wie sittliche, Vergehen beseitigen soll,"[212] konstatiert werden kann, sei dahingestellt. Zumindest reflektiert der Mischnaabschnitt Sitten und Gebräuche, die während der Zeit des Zweiten Tempels bekannt waren. Der letzte Abschnitt, der mit einem Ausspruch R. Akivas beginnt, muß jedoch nicht aus der Tempelzeit stammen. Er kann auch die reinigende Wirkung von Gottes Vergebung trotz des zerstörten Tempels zeigen und gerade durch die anfängliche Glücklichpreisung dem Volk Israel Hoffnung und Mut zusprechen, daß ihr Gottesverhältnis trotz fehlendem Kult und Ritus erneuert und gereinigt werden kann. Diese Beobachtung wird von der Tatsache gestützt, daß mit diesem Abschnitt das Kapitel der Regeln für die Gemeinschaft des Volkes Israel und die Mischnaauslegung zum Versöhnungstag an sich schließt.

4.3. Der Frieden zwischen Volk und Gott

Die folgenden Auslegungen heben vornehmlich das Thema des Friedens hervor. Von Hillel dem Älteren (1. Jh. v.Chr.) an gibt es im Judentum Aufforderungen zur friedvollen Lebensgestaltung.[213] Der biblische Terminus שלום drückt in der rabbinischen

---

[212] MEINHOLD, Yoma, 22.

[213] Vgl. mAv 1,12: "Hillel spricht: Sei von den Jüngern Aharons, den Frieden liebend und *nach Frieden strebend* (Ps 34,15), die Menschen liebend und sie hinführend zur Tora."

Literatur einerseits Gesundheit und Wohlergehen, andererseits Harmonie zwischen Mitgliedern einer Gruppe oder Nation und zwischen Nationen aus.[214] Auf einer anderen Ebene bezeichnet שלום auch den Tierfrieden oder die Tier-Mensch-Beziehungen. Die Anwendung dieses Terminus ist entweder persönlicher, gemeinschaftlicher oder politischer Natur, jedoch nie ausschließlich. Wenn einer dieser Aspekte genannt wird, müssen die anderen implizit mitbedacht werden.[215]

Der Frieden ist wesentliches Element des gelingenden Miteinanders. Die Rabbinen haben realisiert, daß der Frieden nicht immer auf ein Verdikt folgt.[216] R. Shimon ben Gamliel sagt: "Auf drei Dingen steht die Welt, auf dem Recht (דין), auf der Treue (אמת) und auf dem Frieden (שלום)."[217] Ein paralleler Ausspruch wird im Namen Shimons des Gerechten[218] überliefert, der den ersten Abschnitt von tBQ 7,6 näher beleuchtet: "Auf drei Dingen steht die Welt, auf der Tora (תורה), auf dem Opferdienst (עבודה) und auf den Liebeswerken (גמילות חסדים)" (mAv 1,2).

Eine Möglichkeit, zu einem friedvollen Miteinander zu gelangen, bot zur Zeit des Tempels der Altar, auf dem die Israeliten oder die Priester als ihre Stellvertreter durch Opfer für ihre Taten eine sühnende Handlung vollziehen konnten.

<u>tBQ 7,6.7[219]</u>

I.a) Eine andere Auslegung:	דבר אחר,
b) Wer sich nicht seinem Käufer/Schöpfer unterwerfen will, unterwirft sich seinen Söhnen.	הוא לא רצה להשתעבד לקונו יבא וישתעבד לבניו.
1c) Und (die Schrift) sagt: *Einen Altar aus Steinen, über die du kein Eisen schwingen sollst* (Dtn 27,5).	ואו' מזבח אבנים לא תניף עליהן ברזל,
d) Denn was sieht die Schrift, um das Eisen mehr als alle anderen Metalle für untauglich zu erklären?	וכי מה ראה הכתו' לפסול את הברזל יותר מכל מיני מתכות,
e) Weil das Schwert aus ihm gemacht wurde und das Schwert ein Zeichen der Bestrafung und der Altar ein Zeichen der Sühne ist.	מפני שהחרב נעשית ממנו, והחרב סימן פורענות והמזבח סימן כפרה,
Eine Sache, die ein Zeichen für Bestrafung ist, wird von einer Sache, die ein Zeichen für Sühne ist, ersetzt.	מעבירין דבר שסימן פורענות מדבר שסימן כפרה.
f) Und ist nicht vom Leichteren aufs Schwerere zu folgern? Wenn schon über Steine, die weder sehen noch hören noch reden,	והלא דברים קל וחומר, ומה אם אבנים שאינן לא רואות ולא שומעות ולא מדברות,

---

[214] Während der biblische Terminus "Vergeltung" positive (Genugtuung, Genüge) und negative (Bestrafung, Rache, Ahndung) Aspekte zur Geltung bringt (vgl. GERLEMAN, Wurzel, 9f.), überwiegen in der rabbinischen Literatur die positiven Konnotationen.

[215] Zu "Frieden" im Judentum vgl. VETTER, Krieg und Frieden, 123ff.

[216] Vgl. MekhY משפטים 1 zu Ex 21,1: "R. Shimon ben Jochai sagte: Warum gehen die Rechtsvorschriften allen anderen Geboten der Tora voran? Weil, wenn eine Streitsache zwischen einem Menschen und seinem Nächsten ist, Zank zwischen ihnen ist; ist aber diese Streitsache entschieden, so ist Frieden zwischen ihnen wiederhergestellt."

[217] mAv 1,18; yTaan 4,2 68a.

[218] Shimon der Gerechte war nach Josephus (vgl. ders., Ant. XII, 43) um 300 v.Chr. Hohenpriester unter Ptolemaios I. Im Vergleich zu Sir 50,1-21 paßt der Beiname eher auf den Hohenpriester Shimon II. (um 200 v.Chr.). In der rabbinischen Tradition wird Shimon als Typus des guten Hohenpriesters angesehen. Präzise historische Angaben über ihn existieren nicht (vgl. STEMBERGER, Einleitung, 73; SCHÜRER, History II, 359f.).

[219] Text: LIEBERMAN, Tosefta, Nezikin, 30f.; vgl. ZUCKERMANDEL, Tosephta, 358.

(aber) Sühne stiften zwischen Israel	על שמטילות כפרה בין ישראל
und ihrem Vater im Himmel,	לאביהם שבשמי'
g) die Schrift sagt: *Schwinge kein Eisen über sie* (Dtn 27,5),	אמ' הכתו' לא תניף עליהן ברזל,
h) um wieviel mehr gilt es für die Kinder der Tora,	בני תורה
die Sühne sind für die Welt,	שהן כפרה לעולם על אחת כמה וכמה
daß sie kein Schaden trifft.	שלא יגע בהן אחד מן המזיקין כולן.
7,7: II.c) Siehe, (die Schrift) sagt:	הרי הוא או'
Aus ganzen Steinen wirst du den Altar J's, deines Gottes, bauen (Dtn 27,6).	אבנים שלמות תבנה את מזבח ה' אליך,
e) Steine, die Frieden stiften.	אבנים שמטילות שלום,
Und ist nicht vom Leichteren aufs Schwerere zu folgern?	והלא דברים קל וחומר
f) Wenn schon über Steine, die weder	ומה אם אבנים שאינן
sehen noch hören noch reden,	לא רואות ולא שומעות ולא מדברות
(aber) Frieden stiften zwischen Israel und	על שמטילות שלום בין ישראל
ihrem Vater im Himmel,	לאביהם שבשמים
g) der ORT sagt: Sie werden ganz/unversehrt sein vor mir,	אמ' המקום יהיו שלימות לפני,
h) um wieviel mehr gilt es für die Kinder der Tora,	בני תורה
die Frieden in der Welt sind,	שהן שלום בעולם על אחת כמה וכמה
daß sie vollkommen vor dem ORT sein werden.	שיהיו שלימים לפני המקום.

Das siebte Kapitel der tBQ beschäftigt sich mit Schadensersatz bei Diebstahl und Raub. Es beginnt mit einem halachischen Satz, der in dieser Form in der Mischna keine Parallele hat. In der Mischna erscheinen Dieb (גנב) und Räuber (גזלן) nur getrennt voneinander. mBQ behandelt im siebten Kapitel den Dieb und erst im neunten und zehnten Kapitel den Räuber. Die Mischna beginnt sofort mit einem konkreten Fall, wohingegen der Beginn der Tosefta wie eine allgemeine Überschrift anmutet. Nach dem ersten Satz folgen in tBQ 7,2[220] aggadische Auslegungen, die versuchen, den Unterschied zwischen Dieb und Räuber[221] zu erhellen. Diese Beispiele stammen von R. Jochanan ben Zakkai und R. Meir. Im letzten Teil legt R. Jehuda den Nachsatz der Halacha aus, warum Schächter und Verkäufer das Vier- und Fünffache bezahlen müssen. tBQ 7,3-7 stellt fünf Aussagen des R. Jochanan ben Zakkai zusammen.[222] Eine numerische Aufzählung verwandter Aussagen ist nicht ungewöhnlich. In 7,8 schließt sich eine anonyme Siebenerreihe an die Aussagen R. Jochanan ben Zakkais an.

Gliederung:

I. tBQ 7,6:		II. tBQ 7,7:	
a Einleitung	דבר אחר		---
b Statement			---
c Bibelzitat (Dtn 27,5)	מזבח אבנים	c Bibelzitat (Dtn 27,6)	אבנים שלמות
d Frage an die Bibelstelle			---
e Antwort (Schwert - Altar) Übertragung		e Steine - Frieden (Statement)	
f Steine	והלא דברים קל וחומר	f Steine	
g (=c) Bibelzitat (Dtn 27,5)		g Gottesspruch	שלמות
h Konsequenz		h Konsequenz	

[220] Zu dieser Stelle vgl. JACKSON, Theft, 21.26.133.136.187.

[221] Vgl. ebd., 32f.

[222] Diese Vermutung liegt nahe. Zum einen werden die Paralleltexte zu tBQ 7,7 R. Jochanan ben Zakkai zugeschrieben, zum anderen läßt die Einleitung כמין חומר vermuten, daß Aussagen des Rabbis hintereinander dargestellt werden. Daß solch eine Zusammenstellung in der rabbinischen Literatur nicht unüblich ist, zeigen die parallelen Einleitungen der Sprüche R. Jochanan ben Zakkais in bQid 22b und Gamliels II., eines seiner Zeitgenossen, in bSot 15a.

Einzelexegese

I.a) Der Textabschnitt schließt eine Spruchreihe ab, in der fünf Aussagen R. Jochanan ben Zakkais zusammengestellt sind. Er hat den Altar aus Steinen (7,6) bzw. Steine, die Frieden bringen (7,7), zum Gegenstand. Dabei handelt es sich in tBQ 7,6.7 um zwei verschiedene Aussagen, die jedoch als ein Thema aufgefaßt und behandelt werden. tBQ 7,7 hat Parallelstellen in MekhY בחדש 11 zu Ex 20,25 und Sifra קדושים 10,8. Der erste Spruchteil der Tosefta wird parallel in MekhSh יתרו zu Ex 20,22 (157) und in Sem 8,16 überliefert. Eingeleitet werden alle Aussagen durch die Wendung דבר אחר[223].

b) Es folgt eine These, die in keiner der Parallelstellen verzeichnet ist: "Wer sich nicht seinem Käufer/Schöpfer unterwerfen will, kommt und unterwirft sich seinen Söhnen". Die These kann auf zwei Arten gelesen werden, nämlich als Einleitung eines neuen Spruchs oder als Abschluß des vorangegangenen.[224] Wer ist das Subjekt in diesem Abschnitt? Es ist davon auszugehen, daß hier das Volk Israel oder ein exemplarischer Mensch aus dem Volk das Subjekt ist, da ein entsprechender Bibelvers der Auslegung unmittelbar vorangeht (tBQ 7,5 zitiert Lev 25,55). Durch die Personalpronomina wird die enge Beziehung zum Käufer/Schöpfer und den Söhnen dargestellt.

Als Abschluß des vierten Spruchs R. Jochanan ben Zakkais hat die Aussage eine rein juristische Konnotation. Sie ähnelt dem ersten Spruch R. Jochanan ben Zakkais in tBQ 7,2. Dort wird das Verhältnis eines Räubers und eines Diebes zu Sklaven und Käufern untersucht.[225] Im Zusammenhang mit tBQ 7,5 wird der Text als eine Quelle für den Umgang mit Sklaven angesehen. Es gab zwei Arten jüdischer Sklaven: den Dieb, der sich als Sklave verkaufte, um das Diebesgut seinem Opfer zu ersetzen, und den freien Juden, der sich selbst oder seine Kinder in die Sklaverei verkaufte.[226] Während in 7,2 vom Käufer eines Sklaven die Rede ist, wird in tBQ 7,5, dem unserer Tosefta vorangehenden Spruch, Lev 25,55 "*denn mir gehören die Kinder Israel als Sklaven*", zitiert. Der Vers legt den Grund zur Auslegung des Durchstechens der Ohren der Sklaven. Das Ohr soll durchstochen werden, da es am Sinai diese Verse hörte und nicht befolgte.[227] Durch diese Deutung kommt bereits die religiöse Ebene ins Spiel. Israel soll Sklave Gottes sein und nicht Sklave anderer Menschen, wie in der These angedeutet ist.

Das Verb עבד im Schafel drückt vollkommenes Unterwerfen aus. In der rabbinischen Literatur wird es vornehmlich juristisch bei Eigentumsdelikten gebraucht. Jedoch kennt die Mischna auch Sklaven, die sich dienstbar machen (vgl. mGit 4,4). Die gleiche Wurzel bezeichnet als Substantiv auch den Sklaven eines Herrn.[228]

---

[223] Vgl. 70 Anm. 266.

[224] Es stellt sich die Frage, warum die Tosefta nicht erst nach diesem Satz mit einer neuen Bezifferung einsetzt. Die Einteilung hat pragmatische Gründe, denn Zuckermandel unterteilte den Text dort, wo er einen Zwischenraum im Manuskript sah, nicht inhaltlich. Sie wurde dann von LIEBERMAN übernommen, so daß es bei der heute üblichen Verseinteilung blieb.

[225] "Der Räuber verglich die Achtung eines Sklaven mit der Achtung eines Käufers, der Dieb verglich nicht die Achtung eines Sklaven mit der Achtung eines Käufers". Das bedeutet, daß der Dieb sich vor den Menschen fürchtete oder schämte, nicht aber vor Gott (vgl. bBQ 79b).

[226] Vgl. URBACH, Laws, 9.

[227] Vgl. tBQ 7,5; bQid 22b.

[228] Zur Bezeichnung des Volkes Israel als עבד השם ("Sklaven Gottes") während der Konsolidierungszeit in der Wüste vgl. die Auslegung zu mRHSh 3,8 in Kap. I. 1.2.2.

Das Substantiv קונו kann sehr unterschiedlich übersetzt werden. Das Verb kann mit "gründen, schaffen", zweitens aber auch mit "etwas durch Kauf erwerben"[229] wiedergegeben werden. Versuche, beide Bedeutungen miteinander in Verbindung zu bringen, gab es viele: "Wer sich etwas erschaffen hat, ist zugleich der Besitzer."[230] SCHMIDT bemerkt, daß das Partizip קונה nicht nur ingressive, sondern auch resultative und durative Bedeutung hat: "Erwerben wird zum Besitzen."[231] Bei einem Blick auf die biblischen Texte scheitern jedoch diese Verbindungsversuche. In den biblischen Texten, in denen Gott das grammatische Subjekt ist (vgl. Dtn 32,6; Ps 139,13; Prov 8,22), ist die Bedeutung "schaffen" vorzuziehen. Ein Text, der dieser Tosefta nahesteht, ist Dtn 32, das Lied des Mose. Es handelt von Gottes Treue und Israels Abfall. In Dtn 32,6 werden sogar "Vater" und "Schöpfer" miteinander verbunden קנך אביך הוא הלוא "*Ist er nicht dein Vater und dein Schöpfer?*"[232] Hier wird die geschichtliche Abhängigkeit Israels von Gott hervorgehoben. Israel verdankt Gott "als dem schöpferischen Vater des Volkes"[233] seine Existenz (vgl. Mal 2,10). Mit der Bezeichnung "Vater" ist also gerade nicht die Vorstellung der Zeugung,[234] sondern die der Schöpfung verbunden.[235] Daher wird die Wiedergabe des Substantivs mit "Schöpfer" die nächstliegende sein; die Alternative des "Käufers"[236] darf durch die enthaltene weltliche und autoritative Konnotation hinsichtlich eines Menschen, der sich dienstbar macht und unterwirft, aber nicht außer acht gelassen werden.[237] In der rabbinischen Literatur ist das Partizip קונה bereits zu einem Namen Gottes geworden.[238] Viele Stellen benennen Gott in Abgrenzung zu Sklaven als "Schöpfer, Käufer".[239] Auch die Auslegung R. Jochanan ben Zakkais in tBQ 7,2 hat breiten Niederschlag gefunden. Daher wird in der rabbinischen Literatur wie in Dtn 32,6[240] Gott als Vater und Schöpfer[241] zusammen gesehen.[242]

Als Abschluß von tBQ 7,5 ist die These im Rahmen der Diskussion um die Selbstversklavung des Diebes zu interpretieren. Hier hat קונה die Bedeutung "Käufer". In der einleitenden These über den folgenden Spruch kann der Begriff die Treue Israels zu Gott und ihre Verbundenheit hervorheben. Wer sich nicht selbst seinem Schöpfer unterwerfen will, wird sich seinen Söhnen unterwerfen und damit Sklave anderer Menschen

---

[229] BAUMGARTNER, Lexikon III, 1038f.

[230] SCHMID, Kulttradition, 181.

[231] SCHMIDT, Art. קנה, 654.

[232] Die revidierte Lutherübersetzung entzieht sich dem Übersetzungsproblem, indem sie קנך mit "Herr" übersetzt.

[233] BAUMANN unterscheidet zwischen dem schöpferischen Vater des Volkes in Dtn 32,6b und dem menschlichen Vater als Zeugen in Dtn 32,7 (ders., Lied Mose`s, 417). Diese Unterscheidung nötigt ihn, die Bibelverse auf zwei Autoren zurückzuführen.

[234] Die Vorstellung, daß קונה die Elternschaft ausdrückt, stützt sich auf die schwer verständliche Namenserklärung in Gen 4,1. Außerdem bedeutet das Verb sowohl "gebären" als auch "hervorbringen", da es auf die Mutter (vgl. Gen 4,1) und den Vater (vgl. Dtn 32,6) bezogen werden kann.

[235] Vgl. Jes 64,7. Gen 14,19.22 muß mit "Schöpfer des Himmels und der Erde" übersetzt werden.

[236] Vgl. 1Kor 7,23. Zur Käufermetaphorik vgl. Bill III, 375.

[237] Vgl. das Lied des Mose Ex 15,16: "*Das Volk, das du erworben hast*". An dieser Stelle liegt der Gedanke an eine Vaterschaft oder auch an Schöpfung fern.

[238] Vgl. MARMORSTEIN, Doctrine, 98. Hier wird die Übersetzung "Creator, Possessor" angeboten.

[239] Der Schöpfer muß nicht notwendig männlich sein. Bei den ersten Menschen der Bibel bekommt gerade Eva den Namen "Mutter aller Lebenden" (Gen 3,20). Das zeigt, daß nach dem Schöpfungsbericht nicht Adam, sondern Eva mit Gott in die Schöpferkraft eingetreten ist. Eva setzt das Schöpfungswerk fort und kann so nach der Geburt Kains, ihres ersten Sohnes, sagen: קניתי איש את ה' ("Ich habe einen Menschen mit Gott geschaffen", Gen 4,1).

[240] Vgl. Targum Neofiti zu Dtn 32,6: "Is he not your father, who acquired you and who created you and perfected you?" (CHILTON, God as `Father`, 157).

[241] In einem anderen Zusammenhang wird die Ehre Gottes, des Schöpfers, thematisiert: "Jeder, der nicht über die Ehre seines Schöpfers (כבוד קונו) besorgt ist, für den wäre es besser, er wäre nicht in die Welt gekommen" (mHag 2,1).

[242] Vgl. mRHSh 3,8. In Tan צו 13 und בלק 20: לעשות רצון קונו. In der rabbinischen Literatur üblich ist die Formulierung לעשות רצון המקום.

sein. Jeder Mensch kann sich frei entscheiden, ob er oder sie sich dem Schöpfer oder den eigenen Söhnen zuwenden möchte.

c) Inhaltlich beginnt unser Thema erst mit dem Bibelzitat Dtn 27,5: "*Und du wirst J', deinem Gott, einen Altar aus Steinen bauen, über die du kein Eisen schwingen sollst.*" Das Zentrum der Aussage, der Steinaltar, wird vorgestellt. Mit ihm darf kein Eisen in Berührung kommen, da er aus unbehauenen Steinen hergestellt werden soll (vgl. Jos 8,31). Der Topos des Altarbaus wird im Bibeltext analog zur Einnahme des Landes Israel gedeutet. Nach dem Altarbau sollen auf dem Altar ein Brandopfer (עולה) und Dankopfer (זבח שלמים) geschlachtet werden. Daran schließt sich ein fröhliches Opfer-mahl an. Dtn 27,1-10 wird eingerahmt durch die Aufforderung, die Gesetze und Gebote Gottes zu halten und danach zu handeln.

d) und e) Eingeleitet durch die Formulierung "was sieht die Schrift"[243], wird die Bi-belstelle hinterfragt: Warum ist von allen Metallen ausgerechnet das Eisen verboten? Die Antwort wird gleich angeschlossen. Eisen unterscheidet sich von anderen Metallen dadurch, daß aus ihm das Schwert geschmiedet wird. In der Parallelstelle Ex 20,25 ist anstelle des Eisens beim Altarbau das Schwert verboten.[244] Durch Zusammenziehen beider Bibeltexte bringt die Tosefta beide Größen miteinander in Verbindung. Gleich-zeitig klingt auch die zerstörerische Wirkung des Schwertes in der Auslegung an.

Die Topoi "Schwert" und "Altar", die die beiden Rahmenworte des Schriftzitates bil-den, werden sodann gedeutet. Das hebräische Wort סימן stammt wahrscheinlich von σημεῖον (Zeichen, Merkmal).[245] Das Schwert ist ein Zeichen des Unglücks und der Bestrafung. Das Wort פורענות ist nicht biblisch. Es drückt ursprünglich eine Bezahlung aus. Um den negativen Aspekt der Bezahlung hervorzuheben, wird das Wort mit "Un-glück" bzw. "Bestrafung" übersetzt.[246] In der Mischna ist es nur an wenigen Stellen zu finden.[247] In ARN und der Tosefta existieren viele Belege, die sich mit der Bestrafung befassen.[248] Bekannter ist die Gegenüberstellung der Termini מדת טובה ... מדת פורענות: Gott richtet den Menschen mit dem Maß der Güte oder der Bestrafung.[249] Durch adäquates Handeln entgeht der Mensch jedoch der Bestrafung Gottes.

Im nächsten Abschnitt wird über die exegetische Methode Rechenschaft abgelegt. Das Schwert als Zeichen der Bestrafung wird durch den Altar, der Zeichen und Ort der Sühne ist, [250] ersetzt.[251] Der einzige biblische Zusammenhang, in dem das Substantiv

---

[243] Die tannaitische Bibelexegese bedient sich der Formel "was sieht", um eine "Thatsache oder eine ge-setzliche Bestimmung als auffallend zu kennzeichnen" (BACHER, Term I, 177). Subjekt ist in diesem Fall die Bibel selbst.

[244] In 1Kön 6,7 sind neben allen Gerätschaften aus Eisen (כל כלי ברזל), der Hammer (מקבה) und die Axt/ der Meißel (גרזן) verboten.

[245] Vgl. KRAUSS, Lehnwörter II, 386ff.

[246] LEVY, WB IV, 130.

[247] Vgl. mRHSh 4,6; Av 1,6; 4,14; 5,8.

[248] Von den 62 Belegen innerhalb der sog. "kleinen Traktate" sind 29 in ARN und 28 in der Tosefta zu finden. Vor allem wird der Gegensatz betont: Die Bestrafung verschwindet, wenn das Gute in die Welt kommt, und umgekehrt (vgl. ARN(B) 3,10 (S. 6b) und tSot 10,1).

[249] Vgl. tBer 7,9; Sot 4,1; bBer 48b.

[250] Mose steigt in Ex 32,30, nachdem das Volk Israel große Sünde mit dem goldenen Kalb und dem Altar auf sich geladen hatte, auf den Berg und bittet Gott um Sühne. Bereits in diesem Bericht ist das Thema "Sühne" mit einem Altar verbunden.

[251] Das Verb מעבירין kann unterschiedlich übersetzt werden. LEVY, WB III, 610: "vorüberführen, fort-schaffen"; JASTROW, Dictionary, 1038: "remove, displace".

כפרה erscheint, ist Jesajas Gerichtsandrohung über Babel: "*Unheil wird auf dich fallen, das du nicht durch Sühne abwenden kannst*" (Jes 47,11). Der Altar hatte nur so lange eine sühnende Wirkung, wie der Tempel bestand.[252] Mit der Verbindung des Altars und seiner Sühnewirkung der auf ihm dargebrachten Opfer befinden wir uns auf der Textebene in der Zeit vor der Tempelzerstörung. Der Altar reguliert alle zwischenmenschlichen Beziehungen und auch das menschlich-göttliche Verhältnis.

f) Nachdem vorher die beiden Rahmenworte des Schriftzitates ausgelegt wurden, schließt sich eine Auslegung des dritten im Schriftzitat vorkommenden Substantivs אבנים an. Diese Auslegung wird formal durch die Auslegungsregel קל וחומר, den Schluß a minore ad maius,[253] eingeleitet: "Wenn schon über Steine, die weder sehen noch hören noch reden, (aber) Sühne stiften zwischen Israel und ihrem Vater im Himmel ..." Die Steine des Altars werden mittels der drei Verben als wahrnehmungs- und artikulationsunfähig beschrieben.[254] Trotzdem haben sie durch ihren Anteil an der Kultstätte, dem Altar, eine sühnende Wirkung für die Gottesbeziehung des Volkes Israel.

g) Die Aussage über die Steine wird durch das Schriftzitat[255] Dtn 27,5 verstärkt.

h) Es folgt die Übertragung der Auslegungsregel. Der den ersten Absatz abschließende homiletische Satz stellt die בני תורה, die "Kinder der Tora", in den Mittelpunkt. Die Aufgabe, die zuerst den Steinen oblag, wird auf die Kinder der Tora übertragen. Die "Kinder der Tora" kann man sich nun als Gruppe innerhalb des Volkes Israel vorstellen.[256] Vermutlich steht die Gruppe der Weisen (חכמים) hinter diesem Ausdruck.[257] Die Bezeichnung ist selten und betont nach der Zerstörung des Tempels den rabbinischen Wunsch, sich dem Torastudium zu widmen. Die vorherige sühnende Wirkung der Opfer erreicht somit nun jeder, der sich intensiv mit dem Torastudium beschäftigt, Torakenntnis und -gelehrsamkeit werden hervorgehoben.

Da die Kinder der Tora durch ihr Torastudium Sühne in die Welt bringen, werden sie vor Schäden, die andere ihnen zufügen, bewahrt. Im biblischen Spachgebrauch bedeutet

---

[252] Vgl. bBer 55a: "Solange der Tempel stand, bewirkte der Altar die Sühne für Israel, jetzt aber bewirkt der Tisch des Menschen die Sühne desselben."

[253] Vgl. STEMBERGER, Einleitung, 34; BACHER, Term I, 172f.

[254] In Sem 8,16 wird an die Aufzählung der Unfähigkeiten der Steine noch die Negation von überlebenswichtigen Funktionen, "nicht essen und nicht trinken", angefügt. Die kognitive Ebene wird um die vegetative angereichert. Die Steine bekommen anthropomorphen Charakter.

[255] Vgl. Tan יתרו 17: אמרה התורה.

[256] Diese Bezeichnung begegnet ebenfalls in einer Parallele zur tBQ 7,6f., nämlich Sem 8,16. Zum Gebrauch der singulären Bezeichnung בן תורה vgl. ARN(B) 15,2 (S. 17b); yBer 4,1 7d; Taan 4,1 67d.

[257] In MekhY יתרו עמלק 1 zu Ex 18,12 wird erzählt, daß R. Gamliel den Weisen Israels ein Gastmahl bereitete und sie bediente. Die unterwürfige Tat löst eine Diskussion unter den Weisen aus, ob Rabban Gamliel sie bedienen dürfe. Daraufhin werden zwei Beispiele von Größeren gegeben, von Abraham und der Schechina, die ebenfalls die Dienstengel bzw. die Weltbewohner bedient hätten. Bei den Erwiderungen werden die Weisen dann jeweils als "Tora Lernende" und als "Kinder der Tora" bezeichnet. Andere Texte betonen mit dieser Bezeichnung der Israeliten ebenfalls deren Torakenntnis (vgl. bShab 139a.b; Sof 16,1).

נגע ב so viel wie "mit Gewalt berühren, Leid antun"[258]. מזיק als Hiphilpartizip kann für jemanden, der sich oder anderen Schaden zufügt, stehen.[259]

Historisch kann man hier an Aufstände gegen die Römer und an die Eroberung Jerusalems denken. Selbst diese katastrophalen Ereignisse konnten das Torastudium nicht zum Erliegen bringen. Mit diesem Studium blieb auch die Hoffnung auf Sühne erhalten.

BQ 7,7 bzw. II.:

Dieser Toseftaabschnitt ist ähnlich aufgebaut wie der erste. Parallelen existieren in MekhY und Sifra, die im Anschluß eingehend untersucht werden. In beiden halachischen Midraschim wird der Text als deutlich erkennbares Zitat R. Jochanan ben Zakkais eingeführt.

tBQ 7,7 ist kürzer als 7,6 und läßt einige Abschnitte aus (s.o. Gliederung). Der Text beginnt sofort mit einem Bibelzitat, das den aus tBQ 7,6 bekannten Bibeltext Dtn 27,5 mit V.6 weiterführt. Auch bei diesem Vers geben die Worte (אבנים שלמות)[260] das Thema an. Während in 7,5 vom Steinaltar die Rede war, wird nun exklusiv auf die Steine eingegangen, die den Altar bilden. Diese dürfen, wie schon gezeigt, nicht behauen sein. Ganze Steine sollen den Altar Gottes bilden.[261] Es wird konstatiert, daß an den Steinen, die zu keiner Sinneswahrnehmung fähig sind, der Frieden zwischen Israel und ihrem Vater im Himmel hängt.

Der Abschnitt (g) ist gegenüber BQ 7,6 abgeändert. Die Tosefta läßt nun anstelle des erneuten Bibelzitats ein Gotteswort folgen: "Es sagt der ORT: Sie werden ganz/ unversehrt sein vor mir." שלימות ist hier mit "ganz, unversehrt" zu übersetzen.[262] Die einzigen Bibelstellen, in denen die Worte שלם und לפני ה' in unmittelbarem Zusammenhang stehen, sind Ri 20,26 und 1Sam 11,15. Beide Stellen thematisieren Opfer: In Ri 20 ist vom Brandopfer, in 1Sam 11 vom Dankopfer die Rede. Das sind diejenigen Opfer, die nach dem Altarbau auf dem Altar dargebracht werden sollen (vgl. I.c). Opfer haben v.a. sühnende Wirkung und erneuern das Gottesverhältnis. An die Stelle dieser Opfer treten nun wiederum die "Kinder der Tora". Der Abschnitt ist analog dem in BQ 7,6 (I.h) aufgebaut. Nach dem anfänglich betonten Aspekt der Sühne wird nun deren Folge, der erwirkte und wiederhergestellte Frieden, hervorgehoben. Wenn die "Kinder der Tora" bereits Frieden bzw. Genugtuung in der Welt bedeuten, um wieviel mehr werden sie "vollkommen, ganz, unversehrt" vor Gott sein.[263]

Auf der Zeitebene der Rabbinen beinhaltet dieser die Auslegung abschließende Satz viel Hoffnung. Trotz aller geschichtlichen Verwüstungen und persönlichen Leiden kann

---

[258] BAUMGARTNER, Lexikon III, 631; vgl. Gen 26,11; Jos 9,19; 2Sam 14,10; Jer 12,14; Ps 105,15.

[259] LEVY, WB III, 66. Andererseits werden mit מזיקין auch böse Geister benannt, die den Menschen Schaden zufügen wollen; vgl. bBer 3a; 6a; BM 107b; Hul 105b; 109b.

[260] GERLEMAN sieht in der Verbindung der Wurzel שלם mit Steinen "eine überraschende Bedeutungserweiterung ins Sinnliche" (ders., Wurzel, 7). שלם steht als bautechnischer Terminus zur Bestimmung der Steine. Es dürfen nur unbehauene Steine zum Altarbau genommen werden (vgl. Jos 8,31).

[261] Zum Bau des Tempels kamen ebenfalls nur ganze, unbehauene Steine in Frage (vgl. 1Kön 6,7).

[262] Der Begriff שלימות kann mit verschiedenen Inhalten gefüllt werden und ist sehr unkonkret. Trotzdem trifft er hier m.E. die Bedeutung am besten; vgl. GERLEMAN, Art. שלם, 922.

[263] Die Aufforderung zur Liebe aller Menschen macht die neutestamentliche Gotteskindschaft aus (Mt 5,45; Lk 6,35). Vollkommen werden die Kinder durch bewußte Feindesliebe (Mt 5,21-48). Dadurch sind sie - wie tBQ - Friedensstifter.

Israel durch Torastudium, das Bewahren und Befolgen der Gesetze, Gott nahe und unversehrt sein. Das Leiden auf der Erde kann ihm nichts mehr anhaben, es wendet sich, um Frieden zu bekommen, seinem Vater im Himmel zu. Dann wird es allen Anfechtungen der irdischen Welt widerstehen können, denn es hat seinen Frieden *in* der Welt gefunden. Sein Gottesverhältnis wird wieder so innig, wie es zur Zeit der Opfer des Tempels (I.f.; II.f.) war.

Die stereotype Hervorhebung des Friedens am Ende des Toseftawortes, das dreimalige Wiederholen des Wortes שלום sowie die Rede von den "ganzen Steinen" und den Kindern der Tora, die "vollkommen" sein werden vor Gott, zeigt, welch enorme Relevanz das Wort שלום in dieser Auslegung hatte.[264] Gerade im zwischenmenschlichen Miteinander und als Gegengewicht zum Krieg wird die Wortbedeutung des "Friedens" als ein Vergeltungsaspekt stark hervorgehoben.[265] Denn auch für die Gottesbeziehung war Vergeltung/Frieden entscheidend.[266] Basierend auf der von GERLEMAN vorgeschlagenen Bedeutungsvariante[267] würde tBQ 7,7 solchermaßen enden: "Sie (die Steine) werden nachgiebig sein vor mir, um wieviel mehr gilt es für die Kinder der Tora, die Vergeltung in der Welt sind, daß sie fügsam/nachgiebig vor dem ORT sein werden."

MekhY בחדש 11 zu Ex 20,25:[268]	Sifra קדושים 10,8 zu Lev 20,15f.: [269]

כי חרבך הנפת עליה וגו'.
מכאן היה רבי שמעון בן אלעזר אומר,
המזבח נברא להאריך שנותיו של אדם,
והברזל נברא לקצר שנותיו של אדם,
אינו רשאי להניף המקצר על המאריך.

רבן יוחנן בן זכאי אומר,	ר''י בן זכאי אומר
הרי היא אומר	הרי הוא אומר
אבנים שלמות תבנה,	אבנים שלמות תבנה את מזבח ה' אלהיך וגומר
אבנים שמטילות שלום.	אבנים המטילות שלום
והרי דברי' ק"ו	והרי דברים קל וחומר
ומה אם אבני מזבח	ומה אם אבנים
שאינן לא רואות ולא שומעות ולא מדברות,	שאינם לא רואות ולא שומעות ולא מדברות
על שמטילות שלום בין ישראל לאביהם שבשמים,	ע"י שמטילות שלום בין ישראל לאביהן שבשמים
אמר הקב"ה	אמר הכתוב
לא תניף עליהם ברזל,	לא תניף עליהן ברזל
המטיל שלום בין איש לאיש בין איש לאשתו	אדם שמטיל שלום בין איש לאשתו
	בין משפחה למשפחה
בין עיר לעיר בין אומה לאומה	בין עיר לעיר ובין מדינה למדינה
	בין אומה לחברתה

[264] "Schwerlich findet sich im Alten Testament noch ein Begriff, der derart im Alltag des Volkes als abgegriffenste Münze umging und der sich doch nicht selten mit konzentriertem religiösen Inhalt gefüllt hoch über der Ebene der vulgären Vorstellung erheben konnte, wie שלום ..." (VON RAD, Art. εἰρήνη, 400).

[265] In biblischen Texten tritt שלום im Gegensatz zum Krieg stärker hervor; vgl. 1Kön 2,5; 20,18; Jes 59,8; Ps 120,6f.; Koh 3,8. Hier wird ein Zustand angestrebt, der sich auf gegenseitig zu entrichtende Leistungen bezieht. Natürlich gilt es noch, zwischen einem dauerhaften Zustand und einem einmaligen Akt zu unterscheiden, eine Art Vereinbarung ist bei dem Wort שלום wohl immer mitgedacht oder vorausgesetzt; vgl. GERLEMAN, Art. שלם, 929.

[266] Vgl. Tan פקודי 10: "Er kam und sah, wie beliebt der Friede vor dem Heiligen, g.s.e., ist."

[267] Vgl. GERLEMAN, Wurzel, 7.

[268] Text: HOROVITZ/RABIN, Mechilta, 244.

[269] Text: WEISS, Sifra, 92b.

בין ממשלה לממשלה בין משפחה למשפחה,
על אחת כמה וכמה שלא תבואהו פורענות.

עאכ״ו שלא תבואהו הפורענות.

I.1. *Denn du hast dein Schwert darüber geschwungen usw.* (Ex 20,25).
2. Von hier hat R. Shimon ben Eleazar gesagt:
3. Der Altar wurde geschaffen, um die Jahre des Menschen zu verlängern, und das Eisen wurde geschaffen, um die Jahre des Menschen zu verkürzen; es ist nicht erlaubt, das Verkürzende über das Verlängernde zu schwingen.

II. R. Jochanan ben Zakkai sagt:	II. R. Jochanan ben Zakkai sagt:
Siehe, sie (die Schrift) sagt:	Siehe, sie (die Schrift) sagt:
c) *Aus ganzen Steinen wirst du bauen* (Dtn 27,6),	c) *Aus ganzen Steinen wirst du den Altar J's, deines Gottes, bauen usw.* (Dtn 27,6),
e) Steine, die Frieden stiften.	e) Steine, die Frieden stiften.
f) Und ist nicht vom Leichteren aufs Schwerere zu folgern?	f) Und ist nicht vom Leichteren aufs Schwerere zu folgern?
Wenn schon über Steine des Altars, die weder sehen noch hören noch reden,	Wenn schon über Steine des Altars, die weder sehen noch hören noch reden,
(aber) Frieden stiften zwischen Israel und ihrem Vater im Himmel,	(aber) Frieden stiften zwischen Israel und ihrem Vater im Himmel,
g) der Heilige, g.s.e., gesagt hat:	g) die Schrift gesagt hat:
Über sie sollst du kein Eisen schwingen (Dtn 27,5),	*Über sie sollst du kein Eisen schwingen* (Dtn 27,5),
h) um wieviel weniger wird über den, der Frieden stiftet zwischen einem Menschen und einem Menschen, zwischen einem Mann und seiner Frau,	h) um wieviel weniger wird über den, der Frieden stiftet zwischen einem Mann und seiner Frau,
	zwischen einer Familie und einer anderen Familie,
zwischen einer Stadt und einer anderen Stadt, einer Nation und einer anderen Nation,	zwischen einer Stadt und einer anderen Stadt, zwischen einer Provinz und einer anderen Provinz, zwischen einer Nation und ihrem Gemeindeverband,
zwischen einer Herrschaft und einer anderen Herrschaft, zwischen einer Familie und einer anderen Familie, Bestrafung kommen.	Bestrafung kommen.

Der Kontext der beiden Paralleltexte

In MekhY בחדש 11 wird die Auslegung der zu Dtn 27,5f. parallelen Bibelstelle Ex 20,25 nachgestellt. Voraus geht eine Äußerung R. Shimon ben Eleazars, Tannait der vierten Generation und Schüler R. Meirs, der darauf hinweist, daß der Altar Leben verlängert, das Schwert aber Leben verkürzt. Daher darf das Leben verkürzende Instrument nicht über das Leben verlängernde Instrument geschwungen werden.

Der Text Sifra קדושים 10,8 legt die Unzuchtsgebote Lev 20,15ff. aus. Er ist einer der letzten Sprüche in einer Reihe ähnlich formulierter Aussagen.[270] Anonym wird überliefert, daß Gott einen Menschen, der die Tora und den Willen seines Vaters, der im Himmel ist, ausübt, nicht aus der Welt fortschaffen wird. Diesem Menschen wird ewiges Leben verheißen.[271] Spezifisch ist in den halachischen Midraschim die direkte Zuschreibung des Spruchs an R. Jochanan ben Zakkai.

---

[270] Der im Midrasch vorangehende Text wird im Kap. II. 1.2. über den Willen ausgelegt.

[271] In dem vorangegangenen Kontext dieses Abschnittes wird ebenfalls Gott als "Vater im Himmel" bezeichnet. Da dort das Gegenüber ein einzelner Mensch ist, wird der Text in Kap. II. 1.3. zu SifDev § 306 behandelt.

Einzelexegese

Die Midraschim sind analog zu tBQ 7,7 aufgebaut. Nach der Sprucheinleitung R. Jochanan ben Zakkais wird Dtn 27,6 mit der aus der Tosefta bekannten Einleitung הרי הוא אומר zitiert. Abschnitt (f) ist größtenteils mit der Tosefta identisch. Das folgende Bibelzitat Dtn 27,5 wird in MekhY als Wort Gottes, in Sifra als Schriftzitat angeführt.

Der Abschnitt (h) unterscheidet sich am stärksten vom Toseftatext. Es wird das Beispiel eines Menschen, אדם, angefügt, der Frieden stiftet.[272] Die Midraschim lassen nun in unterschiedlicher Reihenfolge Bezeichnungen einzelner Menschen oder Menschengruppen folgen, zwischen denen Frieden gestiftet wird. In Sifra wird, ausgehend von der persönlichen Lebenswelt (Eheleute, Familien[273]), der Raum auf die weitere Gemeinschaft (Städte, Provinzen[274]) und auf die Politik (die Nation[275] und ihren Verband[276]) ausgeweitet. Diese Anordnung betont dezidiert unterschiedliche Aspekte und Facetten des Friedens.

In MekhY wird diese geminatio[277] jedoch aufgebrochen. Zuerst wird der Frieden allgemein zwischen den Mitmenschen, dann konkret jener zwischen Eheleuten erwähnt. Als nächstes nennt der Text Städte, Nationen und Herrschaften, um dann mit der Ebene der Familie zu schließen. Beim Aufbau der geminatio in MekhY schließt der zwischenmenschliche den politischen Frieden ein. Vielleicht ist diese Aneinanderreihung der Begriffe ursprünglicher als in Sifra. Sifra zeigt, daß der Frieden zwischen einer (politischen) Nation und ihrem Gemeindeverband, der sich um innerreligiöse und caritative Dinge kümmert und von Gelehrten geleitet wird, wichtig und auf den anderen "Friedensstationen" aufgebaut ist. Der Bezug zwischen der politischen Nation und ihrem gemeinschaftlichen Verband wird in Sifra durch das Suffix ausdrücklich hervorgehoben. Es ist also zu betonen, daß über einen Menschen, der diese Art des Friedens stiften kann, auf keinen Fall Bestrafung (פורענות) kommen wird. Das Schwert, Symbol kriegerischer Auseinandersetzung oder legaler Bestrafung, wird den friedenstiftenden Menschen nicht treffen können.

In den Auslegungen der Midraschim ist der Aspekt des Friedens stärker betont worden als in der Tosefta. Kultische Verhaltensweisen treten in den Hintergrund und werden nicht länger als mögliche Lösung gezeigt. Darin, daß die Midraschim auf unterschiedlichen Ebenen Instanzen nennen, die miteinander friedvoll umgehen sollen, zeigen sie m.E. eine spätere Bearbeitungstufe als die Tosefta. Die Midraschim bemühen

---

[272] Die Worte מטיל שלום, "Frieden stiften", bilden einen eigenen Auslegungsstrang: Vgl. WaR 18,1; QohR 12,5: Das (sexuelle) Verlangen stiftet Frieden zwischen einem Mann und seiner Frau.

[273] Als "Familien" werden diejenigen Menschengruppen bezeichnet, die zu ein und demselben Stamm gehören (vgl. LEVY, WB III, 288).

[274] מדינה bezeichnet einerseits eine "Provinz", "ein Land", andererseits aber auch eine "große Stadt" (LEVY, WB III, 30).

[275] In bAZ 18a ist mit dem Ausdruck "diese Nation" Rom gemeint. Auch im Plural meint diese Bezeichnung alle Nichtisraeliten. JASTROW schlägt noch die Übersetzungsmöglichkeit "government" (ders., Dictionary, 26) vor.

[276] Das Wort חברה bezeichnet einen Gemeindeverband, der aus Chaberim, Gelehrten und Genossen besteht, die sich mit Gemeindeangelegenheiten, dem Synagogalwesen und verschiedenen gemeinnützigen Dingen befaßten; vgl. bBer 30a; RHSh 34b; Meg 27b; vgl. auch "Chaber" S. 79 Anm. 9.

[277] So wird eine Reihung bezeichnet, die Doppelungen aufweist (Stadt, Stadt; Familie, Familie etc.). Ursprünglich bezeichnete man als *geminatio* nur Doppelungen von Konsonanten.

sich, alle Bereiche des zwischenmenschlichen Lebens abzudecken. Dabei stellen sie ihre Auslegung eindeutig unter die Autorität R. Jochanan ben Zakkais. Von Hillel ist in mAv 2,7 der Spruch überliefert: "Viel Gerechtigkeit, viel Frieden". Jochanan führt den Friedensaspekt im ausgelegten Text weiter aus. URBACH betont, daß R. Jochanan ben Zakkai der erste war, der solche Fragen wie: "Warum sagt die Tora? Warum ist dieses anders als jenes? Weshalb drückt die Tora folgendes so aus?" stellte und zu beantworten versuchte.[278] Seine Antworten beinhalten meist eine ethisch-erzieherische Idee, die tief reicht. In der genauen Untersuchung der biblischen Sprache gründen R. Jochanan ben Zakkais neue Auslegungen. In unseren Texten dienen z.B. die Wurzeln כפר und שלם dazu, seine Ansichten auszudrücken und an den Bibeltext zu binden.

In der tBQ werden fünf Aussagen R. Jochanan ben Zakkais unter die Einleitung כמין חומר gestellt. Gehen wir von der Grundbedeutung des Verbindens und Verknüpfens des Wortes חומר aus, so muß der Text mit dem ihm zugeschriebenen tieferen Sinn symbolisch und allegorisch verknüpft werden. Alle der Einleitungsformel untergeordneten Auslegungen sind daher allegorisch zu interpretieren.[279] Infolgedessen ist der allegorische Gehalt der Worte "Steine", "Opfer" und "Frieden" abschließend genauer zu beleuchten.

Steine

Ein Assoziierungselement R. Jochanan ben Zakkais sind die Altarsteine und eisernen Instrumente. Er betont deren natürliche Beschaffenheit und harte Konsistenz, um seinen Aussagen mehr Gewicht zu verleihen. In der Aufeinanderfolge der Textelemente g und h werden die Kinder der Tora implizit mit den Steinen gleichgesetzt.[280]

Wo früher die Steine des Altars zur Sühne und somit zum Frieden verholfen haben, müssen die Rabbinen sich nach der Tempelzerstörung bemühen, andere Faktoren an ihre Stelle treten zu lassen. Insofern kann gerade der Toseftatext als Umgang mit der historischen Situation und deren Auslegung verstanden werden. Als der Altar den Israeliten vor ihrem Vater im Himmel noch Sühne verschaffte, konnte sie kein Schaden treffen. Nachdem diese Art der Sühne und somit Umkehr nicht mehr möglich war, übernahmen die "Kinder der Tora" die Aufgabe der Steine. Sie bringen durch ihr Torastudium Frieden und Genugtuung in die Welt und sind, trotz der schwierigen historischen Situation und ihren damit verbundenen diffizilen privaten Lebensperspektiven, vor Gott vollkommen.

---

[278] Vgl. URBACH, Sages, 370.

[279] Vgl. BACHER, Term I, 63; ROTH, Talmudic Reference, 264; LAUTERBACH, Allegorists, 503f.516ff.

[280] Die Steine als Sinnbild des Toten und Ungenießbaren reizen auch in der neutestamentlichen Literatur zum Gegensatz. So ergeben sich Paare wie Gott - Stein (vgl. Apg 17,29) und Mensch - Stein. Denken wir daran, daß zuerst die Steine die Rolle spielen, die später von den "Kindern der Tora" übernommen wird, so kommt eine weitere neutestamentliche Parallele in den Blick. Diese wird durch die Ähnlichkeit der hebräischen Worte für "Stein" und "Sohn" (בן - אבן) unterstützt. Johannes der Täufer sagt den Pharisäern und Sadduzäern in Jerusalem in Aufnahme von Jes 51,1f.: "*Gott vermag dem Abraham aus diesen Steinen Kinder zu erwecken*" (Mt 3,9). Eine hyperbolische Bedeutung haben die Steine in Lk 19,40. Jesus verteidigt seine Jünger gegenüber den Pharisäern und sagt: "Wenn diese schweigen, so werden die Steine schreien." Hier wird das alttestamentliche Motiv der schreienden Steine aus Hab 2,11 aufgegriffen. Die Steine sind dort Zeugen von Unrecht und Gewalt.

Opfer

Eine weitere Bedeutungsvariante der Midraschabschnitte ist folgende: Vorausgesetzt wird, daß die Funktion des Altars in der Stabilisierung des Friedens zwischen Menschen und Gott liegt. Dieser friedvolle Zustand steht mehrfach zur Disposition.

Indem eiserne Instrumente erwähnt werden, die für den Altarbau verboten waren und im biblischen Sprachgebrauch im Kontext der babylonischen Eroberung erscheinen, liegt die Assoziation zu kriegerischen Auseinandersetzungen nahe, die das Gottesverhältnis Israels, das durch den Kult am Tempel bestimmt wird, beeinflussen. Der Altar ist die Opferstätte und bringt allein noch keine Sühne. In der rabbinischen Literatur gibt es vier verschiedene Kategorien von spiritualisierten Opfern: das Torastudium, das Befolgen jüdischer Glaubenslehren, Vollzug der Rituale sowie ethisch vorbildliches Leben.[281] tBQ steht an der Schwelle der Transformation des Opferkonzepts zu einem Konzept der Nächstenliebe und des Tuns der guten Taten.[282] Erst durch den Vollzug des Opfers kann ein Verhältnis, das aus dem Gleichgewicht geraten ist, wieder ins Lot kommen. Dem entspricht auch eine Deutungsmöglichkeit für das Substantiv שלום. Als es den Altar aus unbehauenen Steinen noch gab, konnte geopfert werden, um Sühne zu bewirken, um die Beziehung zwischen Israel und Gott zu erneuern und zu heilen. Im zweiten Toseftaabschnitt hängt an den Steinen der Frieden. Auch dieses Substantiv steht in enger Verbindung mit der Grundvorstellung des Bezahlens und Vergeltens.[283] Wie auch bei den übrigen Wortformen ist die Vergeltung ambivalent, sie kann positiv oder negativ ausfallen. In der Tosefta fällt sie für die "Kinder der Tora" positiv aus, denn sie werden vor Gott vollkommen sein. Sie versöhnen durch ihr Torastudium Gott mit der Welt. In den Midraschim ist lediglich erwähnt, daß der, der sich um den Frieden verdient macht, keine Bestrafung erhält.[284] Da nach der Tosefta das Schwert ein Zeichen der Bestrafung ist, kann erneut an Bedrohungssituationen einzelner Menschen oder an die historischen Katastrophen des 1. und 2. Jh.s n.Chr. gedacht werden. Auch diese Katastrophen haben einige Toralernenden und -lehrenden überlebt.

Frieden

In fünf Auslegungen des Bibelzitates Dtn 27,5f.[285] wird Gott als Vater Israels bezeichnet. In fast allen Aussagen geht es um den Frieden, der zwischen Gott und dem Volk Israel hergestellt wird. Auf der Textebene stiften die Steine des Altars den Frieden im göttlich-menschlichen Verhältnis. Das soll Menschen ermuntern, Frieden zwischen Menschen, Eheleuten, Familien, Städten, Provinzen, Nationen und Regierungen zu schaffen. Der Friede zwischen Nationen ist, wie in Sifra gezeigt, verwurzelt im nachbarschaftlichen Frieden. In MekhY dagegen geht die Bewegung des Friedens von den einzelnen Mitmenschen und dem Ehepaar aus, erfährt sodann eine Erweiterung bis hin auf die politische Ebene und dringt mit der Erwähnung des familialen Friedens wieder

---

[281]Vgl. GLATZER, Concept of Sacrifice, 49ff.; WENSCHKEWITZ, Spiritualisierung, 94ff.

[282]Vgl. ebd., 55.

[283]GERLEMAN, Art. שלם, 927.

[284]Rabbinische Texte, die sich mit dem Prinzip der Vergeltung auseinandersetzen, finden sich bei AVE-MARIE, Tora und Leben, passim. Texte über die Belohnung durch Gebotserfüllung, vgl. ebd., 262f., 267-270, 356.

[285] Zu weiteren Auslegungen dieses Verses vgl. HYMAN, Torah Haketubah Vehamessurah 1, 321f.

in die Privatsphäre ein. Gerade an diesem Beispiel wird offenbar, daß privater und politischer Frieden nicht voneinander getrennt werden können. Jede neue politische Situation erschüttert sowohl politische Gruppen als auch private Zirkel. Vor diesem Hintergrund ist es dann auch zu verstehen, daß die familiale Struktur am Anfang von tBQ 7,6 bei der Erwähnung des exemplarischen Menschen eine Rolle spielt. Das politische Umfeld ändert sich und erschüttert den persönlichen und gemeinschaftlichen Bereich. In Kriegssituationen, in denen die Privatsphäre leidet, weil viele Männer durch den Krieg von ihren Familien getrennt sind, wird deren Rolle auf den gemeinschaftlichen, den religiösen Bereich ausgeweitet. Gott übernimmt und erhält ihre Funktionen. Er wird dann als Vater benannt und als solcher angerufen. Dabei ersetzt, ergänzt oder konkurriert er mit dem Vater der Familie.

In der Toseftaauslegung wird durch die Erwähnung der "Kinder der Tora" das Augenmerk auf das Studium und das Bewahren der Tora gerichtet. Dieses Handeln rettet und schützt vor gefahrvollen Situationen. In dem Midrasch BemR 19,27 wird die Erfüllung der Tora mit dem Frieden in Beziehung gesetzt: "Die Tora fordert nicht, daß man sich zu irgendeiner Gesetzeserfüllung drängen soll. Nur über den Frieden sagt sie: *Fordere den Frieden und jage ihm nach* (Ps 34,15)."

Die Betonung des Torastudiums entspricht ebenfalls der Intention R. Jochanan ben Zakkais. Ihm lag sehr an der Möglichkeit des friedvollen Studiums.[286] Einige Texte betonen, daß er bereits zur Tempelzeit im Schatten des Heiligtums lehrte.[287] Dabei erlaubte er neben Aggada und Halacha auch die Lehre von Gematria und Maase Merkava.[288] Auch in Javne lag ihm das Studium der Tora am Herzen.[289] Die untersuchten Texte passen daher zu den Traditionen, die von R. Jochanan ben Zakkai berichten. Die Beschäftigung mit der Tora und ihre Befolgung versprechen ein ungestörtes Gottesverhältnis. Das Volk Israel wird "vollkommen, ganz" sein vor Gott,[290] ein gerade in politisch unruhigen Zeiten ersehnter Zustand.

4.4. Zwischenmenschlicher Frieden als Maß aller Dinge

Die Bewahrung des Friedens zwischen Mann und Frau veranlaßt Gott in einigen Texten zu weit größeren Taten. Inhaltlich weist der folgende Text einige Parallelen mit den vorangegangenen Texten auf, thematisiert jedoch einen anderen Konflikt.

---

[286] Vgl. EBACH, Treulosen Treue, 35ff.
[287] Vgl. bPes 26a; yAZ 3,13 43b; vgl. ALON, Jews, 89.
[288] Vgl. bSuk 28a; ARN(A) 14,1 (S. 29a); ARN(B) 28,3 (S. 29b); yNed 5,7 39b. Vgl. auch die Auslegung zu tHag 2,1.
[289] Vgl. bGit 56a.
[290] Auch im Neuen Testament werden Menschen, die Gott gegenüber einen "vollkommenen Zustand" erreichen, (Gottes) Kinder genannt (vgl. Mt 5,48).

tShab 13,5[291]

1. R. Jishmael sagte:	אמ' ר' ישמעאל
2. Wenn schon um Frieden zu stiften zwischen einem Mann und seiner Frau,	מה אם להטיל שלום בין איש לאשתו
der ORT sagte:	אמ' המקום
(Das) Buch, das in Heiligkeit geschrieben wurde,	ספר שנכתב בקדושה
soll durch Wasser ausgetilgt werden,	ימחה על המים,
3. um wieviel mehr gilt es von den Schriften der Minim,	ספרי מינין
die Feindschaft zwischen Israel	שמטילין איבה בין ישראל
und ihrem Vater im Himmel stiften,	לאביהם שבשמים
daß sie ausgetilgt werden,	על אחת כמה וכמה שימחו,
sie und ihre Gedenken (des Gottesnamens).	הן והזכרותיהן,
4. Und über sie sagte die Schrift:	ועליהן אמ' הכתו'
Sollte ich denn nicht hassen, die dich hassen, J`, usw.	הלא משנאיך ה' אשנא וגו'
Mit vollendetem Haß hasse ich sie usw. (Ps 139,21f.).	תכלית שנאה שנאתים וגו'.

Der Text steht in einem Abschnitt, in dem die Bedeutungen und Umgangsformen mit Schriften der Minim[292] diskutiert werden. Die abgedruckte Textpassage ist die vierte innerhalb eines in fünf Teile zu gliedernden Toseftaabschnitts.[293] Dort werden als Autoritäten R. Jose der Galiläer, R. Tarfon und R. Jishmael angeführt, alles Tannaiten der zweiten Generation.[294] Diese Rabbinen lebten zur Zeit des Bar-Kochba-Aufstandes, einer Zeit der Bedrohung, in der der Wunsch nach Frieden groß war. Nach R. Jose bar Chanina sollte dem Krieg durch friedliche Umkehr vorgebeugt werden.[295]

In tShab 13,5 handelt es sich um den Streit, den die Bücher der Minim zwischen Israel und ihrem Vater im Himmel hervorrufen. Von hier aus ist nach der historischen Verortung des Textes zu suchen.

Gliederung:
1. Einleitung des Rabbinenspruchs
2. Vorraussetzung und Gottesspruch
3. Folgerung
4. Bibelzitat (Ps 139,21f.)

Einzelexegese
1. Im Namen R. Jishmaels wird eine Auslegung angeführt, die zwei Ebenen miteinander vergleicht: die Beziehung eines Ehepaares mit der Beziehung Israels zu Gott.[296] Dabei wird von einem weniger wichtigen Beispiel auf ein wichtigeres geschlossen. Dieses

---

[291] Text: LIEBERMAN, Tosefta, Moed, 58f.

[292] Zur Bedeutung des Wortes "Minim" vgl. den Exkurs in der Einzelexegese.

[293] Die vollständige Textpassage ist übersetzt und ausführlich behandelt bei: MAIER, Auseinandersetzung, 29.

[294]Vgl. STEMBERGER, Einleitung, 80-82.

[295] Vgl. WaR 9,9 zu Lev 7,12. In Auslegung dieses Verses wird das Thema "Frieden" hervorgehoben. Im Namen R. Levis wurde gesagt: "Groß ist der Friede, denn alle Segnungen, Güter, Tröstungen, die Gott über die Israeliten bringt, schließen mit Frieden, das Shema schließt mit Frieden, das tägliche Gebet ..., der Priestersegen (Num 6,26)." Aber das läßt sich auch von den in Levitikus aufgezählten Opfern beweisen. Sie werden alle mit dem Wort תורה gebildet und schließen mit dem Friedensopfer (vgl. WÜNSCHE, BibRab V, 61; vgl. die Auslegung zu Sifra בחוקתי 8,12 zu Lev 26,46 Kap. I 2.1.).

[296]Vgl. z.B. Hos 1-3.

Vorgehen wird durch einen Kal-wachomer-Schluß, ohne ihn explizit zu nennen, eingeleitet.

Neben den Paralleltexten in bShab 116a und yShab 16,1 15c werden in BemR 9,16 und SifBam § 16 Teile des auszulegenden Textes angeführt. Letztere sind Auslegungen, die die in tShab 13,5 R. Jishmael zugeschriebenen Passagen anonym überliefern. Einige Forscher nehmen an, daß der älteste Text wahrscheinlich in SifBam § 16 vorliegt.[297] Dort wird beschrieben, daß der Priester den Fluchtext nach Num 5,23 auf ein ספר (Schriftrolle) schreibt, die Schrift aber abwischbar bleibt. Allerdings fehlt in diesem Text die für unsere Untersuchung entscheidende Passage über die Beziehung zwischen Israel und seinem Vater im Himmel. Der dritte Abschnitt unseres Textes wurde demnach erst in einem zweiten Schritt mit der Aussage R. Jishmaels verbunden.

2. In tShab 13,5 wird ein Fall angeführt, der sodann in Übertragung auf eine andere Situation, nämlich in die alles entscheidende und umfassende Frage nach der Gültigkeit von Torarollen mündet.

"Um Frieden zu stiften[298] zwischen einem Mann und seiner Frau, sagt der Ort[299]: Ein Buch (ספר) oder: Mein Name (שמי)[300], das/der in Heiligkeit geschrieben wurde, soll durch Wasser ausgetilgt werden." Bei der wörtlichen Rede Gottes handelt es sich um ein Num 5,23 nachempfundenes[301], fingiertes Zitat. Die Formel "in Heiligkeit geschrieben" bezieht sich zumeist auf die Herstellung kanonischer Bücher.[302] Sie markiert die vorgeschriebene Produktion dieser Bücher.[303] Das Buch oder der Gottesname soll durch Wasser ausgelöscht werden. Das Verb מחה, "abwischen, auswischen, vertilgen"[304], drückt biblisch einerseits die Vertilgung des Namens eines Menschen und damit auch des Andenkens an ihn aus,[305] andererseits die vollkommene Vernichtung des Menschen selbst.[306] In Ex 32,32f. wird ein Fall beschrieben, in dem ebenfalls ein Name aus einem

---

[297] KUHN, Giljonim, 44 und 49f. MAIER macht zurecht darauf aufmerksam, daß es sich bei SifBam § 16 um einen *älteren* Text als tShab 13,5 handelt. Dies darf aber nicht dazu verleiten, eine historische Verortung aufgrund der Rabbinennamen ins erste Drittel des zweiten Jahrhunderts vorzunehmen. MAIER betont, daß mit dem Kal-wachomer-Schluß festgeprägte Schulsprache vorliegt (ders., Auseinandersetzung, 27).

[298] Das Verb להטיל wurde bereits im Zusammenhang der Texte über den Frieden eingehend behandelt; vgl. die o.a. Auslegung von tBQ 7,6.7parr. In den Mss. Erfurt und London wird das Verb durch לעשות, "tun", ersetzt. Diese Ersetzung ist mit der geläufigen Formel עושה שלום, "Frieden machen", wie sie auch in einigen anderen Texten (z.B. Sof 10,7; DEZ 11,13 - vgl. LOOPIK, Ways of the Sages, 346; tSan 1,3) verwendet wird, zu erklären. Die meisten Vorkommen dieser Wendung finden sich allerdings in den aggadischen Midraschim.

[299] Anstelle des tannaitischen Gottesnamens "der ORT" wird in der Ms. London "die Schrift" (הכתיב) angeführt.

[300] So nach Ms. Erfurt und bShab 116a; Ned 66b; Mak 11a; Suk 43b. Vgl. auch השם yShab 16,1 15c; BemR 11,7 zu Num 6,22; DevR 5,15; שם הגדול WaR 9,9; mSot 1,4; bSot 7a; שמו של הקב״ה bHul 141a.

[301] Vgl. Num 5,23: ומחה אל מי המרים.

[302] Vgl. COLPE, Sakralisierung, 81.83.

[303] Vgl. auch A. und J. ASSMANNs allgemeine Ausführungen zur Institution und Bedeutung der Textpflege (dies., Kanon und Zensur, 12f.).

[304] BAUMGARTNER, Lexikon II, 537f.

[305] Vgl. Ex 17,14; Dtn 9,14; 25,19; 29,20; 2Kön 14,27; Ps 9,6.

[306] Vgl. Gen 6,7; 7,4.23; Sir 31,1.

Buch aufgrund eines Vergehens gegenüber Gott ausgewischt werden wird.[307] Um den ehelichen Frieden zu retten, kann sogar der geschriebene Gottesname bzw. das nach dem Verfahren von Num 5 gebrauchte Blatt ausgewischt und vernichtet werden.

3. Der getrübte eheliche Friede wird nun auf das Verhältnis zwischen Gott und Israel übertragen, das durch die Schriften der Minim gestört ist. Die folgende Auslegung steht im Rahmen der Verteidigung der Rabbinen bezüglich ihrer Bibeltextkontrolle. Diese hat angesichts der "aggressiv-polemischen Exegese der Minim"[308] viel Gewicht.

Exkurs: Die Bedeutung der "Sifre Minim"

Die Rabbinen setzten den Begriff "Min", im Plural מינים, ein, wenn sie ihre religiösen Feinde beschreiben wollten.[309] Laut R. Tarfon sind "Minim" Sektierer, die zwar von Gottes Existenz wissen, ihn aber in seiner Autorität negieren (tShab 13,5). In der Tosefta wird festgestellt, daß die גליונים ("Ränder einer Pergamentrolle")[310] und die Bücher der Minim am Schabbat nicht vor dem Feuer gerettet werden sollen, auch wenn sie den Gottesnamen enthalten.[311] Nach Aussage R. Jose des Galiläers sollen die Gottesnamen an einem Wochentag ausgeschnitten und danach der Rest der Rolle verbrannt werden.

Das Verständnis des Terminus ספרי מינים ist ungleich problematischer. Einige Forscher meinen, daß er Torarollen bezeichnet, die von Minim geschrieben wurden.[312] Auf bHag 15b und bSan 100b kann diese Bedeutung nicht zutreffen. Hier beschreibt der Terminus wohl eher häretische Schriften. MOORE und FINKELSTEIN führen aus, daß mit den Büchern christliche Schriften gemeint sind, die extrem viele biblische Zitate aufweisen.[313] Dann könnte die Toseftastelle auf eine Auseinandersetzung mit christlichen Schriften, vielleicht den Evangelien, hindeuten.[314] Diese Bedeutung des Begriffes nimmt auch FINKELSTEIN mit Verweis auf Raschi an.[315] MARGALIOTH stellte die These auf, daß der Talmud mit den Termini *sefer ha-minim* oder *sifrei kosemim* (vgl. tHul 2,20 etc.) Arten synkretistischer magischer Literatur meint.[316]

Andere Passagen weisen ebenfalls auf Schriften hin, die nicht in den Kanon aufgenommen wurden. In tYad 2,13 werden die ספרי המינים zusammen mit den Apokryphen angeführt.[317] Beide sind nicht heilig und verunreinigen daher nicht die Hände. Es kommt nicht allein auf die materielle Beschaffenheit der

---

[307] Dieses Austilgen des Namens wird als Folge der Sünde des Volkes Israel in Ex 32,32f. angeführt. Nach dem Abfall des Volkes Israel von Gott durch das Anfertigen des goldenen Stieres bittet Mose Gott um Vergebung für diese Sünde. Falls das nicht möglich sei, soll Gott Moses Namen aus seinem Buch tilgen. Gott antwortet Mose, daß er nur denjenigen austilgt, der Gott gegenüber sündigt.

[308] MAIER, Auseinandersetzung, 27.

[309] Vgl. HERFORD, Talmud and Apocrypha, 144; SifDev § 331; ders., Christianity, 155-157. 325f.

[310] In der unzensierten Version bShab 116a-117a legte R. Meir (2. Jh.) sie als אין גליון "Unheilsblätter" aus, R. Jochanan (3. Jh.) nannte sie עון גליון, "Sündenblätter". Sie werden auch "Evangelien" genannt. Daher werden diese Texte, ungeachtet ihrer biblischen Zitationen und Gottesnamen, am Schabbat dem Feuer überlassen und nicht gerettet.

[311] Vgl. tShab 13,5; bShab 116a u.a.

[312] Vgl. Auslegung von SifBam § 16; vgl. BACHER, Minim, 42; BÜCHLER, Studies in Jewish History, 272.

[313] Vgl. MOORE, Judaism I, 86f.243f.; LIEBERMAN, Tosefta Ki-Fshutah III, 206f.; u.a.

[314] Einige Forscher sehen in גליון die hebraisierte Form von εὐαγγέλιον (vgl. BLAU, Studien zum althebräischen Buchwesen, 120 Anm. 4: Man kann "nur an die Evangelien denken, die einen anderen Gott anerkannten"; vgl. LEIMAN, Canonization, 190f. Anm. 511; weitere Literatur vgl. MAIER, Auseinandersetzungen, 212f. Anm. 43). Dabei stützen sie sich auf die Verarbeitung der Toseftatradition in bShab 115b-116b.

[315] Vgl. LIEBERMAN, Tosefta Ki-Fshuta III, 206f. Unter גליונים können wir uns Evangeliumstexte vorstellen. In alten Drucken ist die Erläuterung von Raschi zu finden: ר״מ קרי ליה, לספרי המינין און גליון לפי קורין אותו אונגילא; vgl. RABBINOVICZ, Variae Lectiones in Mischnam, 260 Anm. 60.

[316] Vgl. MARGALIOTH, ספר הרזים, 23-28.

[317] Den Texten liegt das Problem der Kanonizität des Inhalts der Schriftrollen zugrunde (vgl. STEMBERGER, Jabne und der Kanon, 168).

Schriftrollen an, sondern auch auf den Schreiber.[318] An vielen anderen Stellen werden die Sifrei Minim auch als ספרים חיצונים bezeichnet.[319]

Daher scheint der Begriff ספרי מינים Bücher zu bezeichnen, die aufgrund des Materials, des Schreibers, seiner Glaubensrichtung oder ihres Auschlusses aus dem Kanon den Rabbinen in einer Zeit, in der sich das rabbinische Judentum entwickelte, problematisch erschien.

Die Schriften der Minim erzeugen Negatives im Verhältnis zwischen Israel und ihrem Vater im Himmel: Feindschaft, Eifersucht und Streit. Das Verb, das diesen Prozeß ausdrückt, ist dasselbe wie in dem vorher angeführten Fall um den ehelichen Frieden. Das Ms. Wien begründet den Zwist durch die feindselige Gesinnung der Schriften der Minim. איבה, "Feindschaft, Feindseligkeit"[320], bildet sich etymologisch aus derselben Wurzel wie das Substantiv "Feind". Bereits der Sündenfall hatte als Konsequenz eine Feindschaftsbeziehung zwischen Frau und Schlange (vgl. Gen 3,15). Ferner ist die feindselige Haltung eines Totschlägers gegenüber seinem Opfer ein Kriterium für seine Bestrafung (vgl. Num 35,21f.). Den Völkern der Philister und Edomiter wird Feindschaft gegenüber Israel vorgeworfen (vgl. Ez 25,15; 35,5). Alle diese Stellen zeigen, daß biblisch bereits einige Konnotationen mit dem Wort איבה verbunden sind.

In anderen Handschriften und einigen Parallelstellen werden zur Haltung der Feindseligkeit noch weitere angeführt:[321] קנאה, "Eifer, Eifersucht, Neid"[322], begegnet uns im Kontext von Num 5,23.[323] In der Hälfte der Vorkommen in der Hebräischen Bibel geht es um den Eifer Gottes für oder gegen sein Volk. Die anderen Stellen beschäftigen sich mit dem Eifer des Menschen.[324] In nachbiblischer Zeit wurde unter dem Einfluß der griechisch-hellenistischen Gedankenwelt besonders die ethische Seite der Eifersucht, häufig unter Beschreibung der ehelichen Beziehung, virulent.[325] Während der Makkabäerzeit wurde der Eifer für Gottes Sache stark hervorgehoben.[326] תחרות wird mit "heftiger Zank; Streit"[327] übersetzt. Biblisch ist das Wort nicht bekannt, es begegnet erst in der rabbinischen Literatur.[328]

Vermutlich handelt es sich bei der Trias "Feindschaft, Haß und Eifersucht" (SifBam § 16) um den ursprünglich überlieferten Teil, denn die Eigenschaft des Hasses (שנאה) wird durch das abschließende Bibelzitat in der Tosefta der Auslegung verstärkend zur Seite gestellt. Diese negativen Emotionen und damit verbundenen Handlungen stehen aufgrund der Schriften der Minim zwischen Israel und ihrem Vater im Himmel. Da die-

---

[318] Ebd.

[319] Vgl. bSan 100b.

[320] LEVY, WB I, 61f.

[321] Vgl. Ms. Erfurt. In SifBam § 16 wird neben dem Eifer noch der Haß angegeben.

[322] LEVY, WB IV, 333.

[323] In Form des abstrakten Plurals מנחת קנאות in Num 5,15.18.25 und תורת קנאות in Num 5,29.

[324] Vgl. SAUER, Art. קנאה, 647f.

[325] Vgl. Sir 9,1.11; mAv 4,21 u.a.; vgl. JASTROW, Dictionary, 1390f.; HENGEL, Zeloten, 61-64.

[326] Vgl. 1Makk 2,24.26f.50.54.58; 4Makk 18,12; vgl. HENGEL, Zeloten, 154-181.

[327] LEVY, WB IV, 638.

[328] Vgl. die Aussagen zu Eifersucht und Streit in einem Haus und inmitten des Volkes Israel: ARN(A) 28,10 (S. 43a); DEZ 2,2; bBer 17a; Yev 116a; Hag 15a; zwischen einem Menschen und seinem Nächsten: (MekhY משפטים 1 zu Ex 21,1); SifBam § 42 und als ein Zustand, den es unter den Gerechten nicht gibt: SifDev § 47. FRIEDLÄNDER verglich diesen Passus als einer der ersten mit 2Tim 2,23f. (ders., Der vorchristliche Gnostizismus, 98).

ser Passus in SifBam § 16 fehlt, wird die Wendung "zwischen Israel und ihrem Vater im Himmel" von MAIER als jüngere Traditionsstufe des Auslegungstextes angesehen.[329]

Als Folge der Auseinandersetzung sollen diese Schriften auf alle Fälle[330] ausgetilgt werden. Die Mss. Erfurt und London bieten nicht das Verb des Austilgens, sondern fordern das Verbrennen (ישרפו). Die Schriften werden durch einen attributiv nachgestellten Satz eingehender erläutert: Sie und ihre הזכרות ("Gedenken, Erwähnen")[331] sollen ausgetilgt werden. הזכרה oder אזכרה[332] steht an einigen Stellen für den Gottesnamen, das Tetragramm, selbst.[333] Durch diese Hinzufügung wird den Schriften der Minim eingeräumt, daß sie den Gottesnamen und dadurch die Erinnerung an den Gott Israels enthalten. Daher kann die Auseinandersetzung der Rabbinen nur, wie oben bereits erwähnt, der eigenen Bibeltextkontrolle gedient haben.

4. Am Ende des Textes wird die Ablehnung der Schriften der Minim durch ein Bibelzitat begründet. In Ps 139, in dem Gottes Allwissenheit und Allgegenwart gepriesen werden, findet sich eine Passage über die Feinde Gottes (V.19-22). Der Beter distanziert sich von solchen Menschen und sieht sie als seine eigenen Feinde an. Die ספרי מינים zerstören die in der Tora ausführlich beschriebene und daher zu bewahrende Beziehung Israels zu Gott.

Zusammenfassung
Im Namen des R. Jishmael werden zwei Ebenen miteinander verglichen. Das Verhältnis zwischen Mann und Frau ist Metaphernspender für die Beziehung zwischen Israel und ihrem Vater im Himmel. Um das eheliche Verhältnis zu bereinigen, darf der Name Gottes ausgewischt werden. Dies ist eine Forderung, denn alle Schriften, die den Gottesnamen beinhalten, mußten in eine Geniza gebracht werden und durften nicht der Zerstörung anheimfallen.[334] Über diesen Brauch gibt es in der rabbinischen Literatur eine Anzahl von Texten. Ein Bezug auf diesen Brauch steckt implizit in der Aussage, daß nur in den seltenen Fällen, wo kein Frieden zwischen Mann und Frau mehr zu schaffen ist,[335] Gottes Name ausgewischt werden darf.

Um das Verhältnis zwischen Gott und Israel wieder zu rekonstituieren, müssen die gesamten Schriften der Minim mitsamt ihren darin enthaltenen Gottesnamen ausgerottet werden, da diese Schriften qualitativ nicht mit den Schriften, die den autoritativ gedeckten Namen Gottes enthalten, zu vergleichen sind.

Das Verhältnis Israels zu Gott ist infolge der "Schriften der Minim" durch Feindschaft, Eifersucht und Streit gestört. Angestrebt wird erneut ein friedvolles Verhalten und Miteinander. Dabei ist die Familie der gemeinsame Nenner und Kontext beider

---

[329] Vgl. MAIER, Auseinandersetzung, 213 Anm. 52; vgl. KUHN, Giljonim, 49f.

[330] Diese Gewißheit wird durch die Formel "um wieviel mehr" als Teil des Kal-wachomer Schlusses ausgedrückt, die in der tannaitischen Literatur geläufig ist (vgl. mMak 1,7; 3,15; Er 8,4; tBer 4,14.16; 6,25; Pea 3,14; Shab 14,4 u.a.).

[331] LEVY, WB I, 461.

[332] So die Variante nach den Mss. Erfurt, London und nach dem Erstdruck.

[333] Vgl. LEVY, WB I, 461; BACHER, Term I, 187 (vgl. yBer 3,4 6c; 4,3 8a). Der Gebrauch der im Text genannten Bezeichnung geht zurück auf die Bibel, wo שם ersetzt (vgl. Ps 30,5; 97,12; 102,13; Hos 12,6) oder als Synonym gebraucht wurde (vgl. Ex 3,15; Jes 26,8; Ps 135,13; vgl. Hi 18,17).

[334] HABERMAN, Art. Genizah, 404.

[335] Vgl. die Opferpraxis in Num 5.

Aussagen. Indem Gott in diesem Midrasch, der die Auseinandersetzung mit den Minim thematisiert, als "ihr Vater im Himmel" bezeichnet wird, wird eine familiale Atmosphäre geschaffen. Das Personalpronomen verweist auf die Relation des Volkes zu Gott und greift durch die Gottesbezeichnung "Vater" das Familienbild, welches im Modell der Ehepartner bereits angeklungen war, auf. Um den ehelichen Frieden zu retten, dürfen die Schriften mitsamt ihren darin enthaltenen Gottesnamen ausgelöscht werden. In der Bezeichnung Gottes als Vater schwingen Konnotationen wie Nähe, Verbundenheit, Verantwortung und Liebe mit. Aus der Warte des Volkes und aus der Gottes soll dieses familiale Verhältnis gegen Streit, Eifersucht und Neid, die durch die Minim verursacht wurden, geschützt und bewahrt werden. Das Gottesverhältnis Israels scheint unzerstörbar zu sein.

4.5. Gerechtigkeit und Wohltätigkeit als Friedensmittler

Zu den Texten, die einen neuen Friedensschluß andeuten, gehört auch tPea 4,21 (par.: Baraita in bBB 10a). Diese Tosefta erwähnt nicht den Tempel, sondern betont andere Formen von Frömmigkeit, ohne sie, wie in den bisher untersuchten Texten, mit den herrschenden Tempelbräuchen zu vergleichen.[336] Dabei betont sie besonders die Wohltätigkeit und Gerechtigkeit.[337]

tPea 4,21[338]

1. R. Eleazar bi R. Jose sagt:	אמ' ר' לעזר בי ר' יוסה
2. Woher (kommt es), daß die Gerechtigkeit und Wohltätigkeit ein großer Frieden und ein großer Anwalt zwischen Israel und ihrem Vater im Himmel sind?	מניין שהצדקה וגמלות חסדים שלום גדול ופרקליט גדול בין ישראל לאביהם שבשמים,
3. Es ist ja gesagt: *So sagt J':* *Tritt nicht ein in ein Haus des Jammers usw.* (Jer 16,5).	שנ' כה אמר ה' אל תבא בית מרזח וגו'.
4. Gnade, das ist Wohltätigkeit; Erbarmen, das ist Gerechtigkeit.	חסד, זו גמלות חסדים. הרחמים, זו צדקה.
5. Das lehrt, daß die Gerechtigkeit und Wohltätigkeit ein großer Frieden sind zwischen Israel und ihrem Vater im Himmel.	מלמד שהצדקה וגמלות חסדים שלום גדול בין ישראל לאביהם שבשמים.

In der Tosefta schließt der Text einen Abschnitt ab, in dem es um Riten und Gebräuche geht, die an den Tempel gebunden waren. In tPea 4,18 wird ein Ereignis mit einem König berichtet, die thematisch zu "Gerechtigkeit und Wohltätigkeit" überleitet. In 4,19 wird konstatiert, daß beide Verhaltensweisen jedes Gebot der Tora aufwiegen, die Gerechtigkeit für dieses Leben zählt, Wohltätigkeit im diesseitigen und jenseitigen Leben. Gerechtigkeit ist in bezug auf Arme, Wohltätigkeit in bezug auf Arme und Reiche geboten, da die Gerechtigkeit das Geld betrifft, Wohltätigkeit hingegen Geld und Körper.

---

[336] In der rabbinischen Literatur finden sich viele Texte, die Konzepte geistig-religiösen Lebens mit Tempelriten vergleichen; vgl. DÖPP, Deutung der Zerstörung, 289f.
[337] Vgl. BOKSER, Rabbinic Response, 57.
[338] Text: LIEBERMAN, Tosefta, Zeraim, 61.

tPea 4,19 beginnt mit einer Formulierung, die dem Ende von mPea 1,1 gleicht.[339] Die Mischnastelle erinnert daran, daß nicht an den Tempel gebundene Riten existiert haben, die nach der Tempelzerstörung ein größeres Gewicht erhielten und Bedürfnisse erfüllten, die sonst nur durch Riten am Tempel erfüllt werden konnten, so z.B. die Ehrerbietung gegenüber den Eltern, die Wohltätigkeit und das Friedenstiften unter Mitmenschen. Nach der Meinung der Tosefta übertrifft das Studium der Tora sie alle.

In bBB 10a steht die Baraita im Kontext einiger Rabbinensprüche, die sich mit der Wohltätigkeit und mit dem zwischenmenschlichen Zusammenleben auseinander-setzen. Am Beginn der Seite steht eine Baraita über die Anfrage des Tyrannen Rufus an R. Akiva, warum Gott die Armen nicht ernährte. R. Akiva erzählt ihm auf seine Frage hin ein Gleichnis von einem König und zitiert Dtn 14,1: "Kinder" werden die Israeliten genannt, wenn sie den Willen Gottes tun, ansonsten sind sie Sklaven (vgl. tBQ 7,6).

Gliederung:
1. Einleitung des Rabbinenspruchs
2. Frage
3. Begründung mittels eines Bibelzitates (Jer 16,5)
4. Auslegung
5. Lehrspruch

Einzelexegese

1. Der Spruch wird von einem Tannaiten der vierten Generation überliefert, der mit R. Shimon ben Jochai nach Rom gereist sein soll, um dort den von Titus geplünderten Tempelschatz zu sehen.[340] Sein voller Name lautet R. Eleazar ben R. Jose ben Chalafta.[341]

2. Die Toseftastelle hebt die Wichtigkeit von Gerechtigkeit und Wohltätigkeit hervor, ohne diese als Ersatz für die Tempelriten zu präsentieren. Durch die Einleitung מניין wird nach dem biblischen Ursprung der folgenden These gefragt,[342] daß Gerechtigkeit und Wohltätgkeit ein großer Frieden und Anwalt zwischen Israel und ihrem Vater im Himmel sind.

Eines der Schlüsselworte unseres Textes ist צדקה. Biblisch beschreibt es das Recht der Armen[343] und bedeutet nicht nur primär "Gerechtigkeit", sondern auch "Nächsten-liebe, ..., Spende".[344] Damit schwingt dort, wo biblisch von "Gerechtigkeit" die Rede ist, die Konnotation von wohltuender Liebe mit. Dieser Aspekt ist Teil des Aussagegehaltes. Niemand erleichtert sein schlechtes Gewissen, indem er Schwachen hilft oder

---

[339] mPea 1,1: "Folgendes sind die Dinge, die (von der Tora) kein gesetzliches Maß haben. Die Ecke (Pea) des Feldes, die Erstlinge, das Erscheinen (im Tempel), die Wohltätigkeit und das Studium des Gesetzes." Alle übrigen in mPea 1,1 im Anschluß daran aufgezählten Dinge sind es, deren Früchte der Mensch bereits in diesem Leben genießt, deren Stammgut jedoch ihm für das künftige Leben verbleibt. Die Mischna stellt so Dinge nebeneinander, die in der Zeit nach 70 n.Chr. nicht alle gleichermaßen ihre Gültigkeit behielten. In der Liste werden Tempelriten und Riten, die außerhalb des Tempels vollzogen werden können, nebeneinander gestellt. Der Brauch der Pea geht auf Lev 19,9; 23,22 zurück und bleibt z.B. vollkommen unberührt von der Zerstörung des Tempels.

[340] BACHER, Tann II, 412.

[341] Ebd., 415f.

[342] Vgl. BACHER, Term I, 106.

[343] KOHLER beschreibt dieses Prinzip als "Anspruch der Schwachen auf den stützenden Arm des Starken" (ders., Grundriß, 91).

[344] STEMBERGER, Vollkommener Text, 61.

sie unterstützt, nein, Zedaka ist das *Recht* der Armen, sie haben einen Anspruch auf Hilfe.[345] Durch Unterstützung wird ihnen lediglich zu ihrem Recht verholfen.[346] צדקה wertet biblisch sowohl menschliche als auch göttliche Verhaltensweisen positiv.[347] So drückt die Formel משפט וצדקה biblisch bereits das soziale Konzept des Rechts und der Gerechtigkeit aus, das Gleichheit und Freiheit fördert.[348]

Neben der "Gerechtigkeit" ist "Wohltätigkeit" ein freies Tun des Willens Gottes.[349] Der Terminus גמלות חסדים ist nicht biblisch. Er ist von Shimon dem Gerechten (vgl. mAv 1,2) bekannt.[350] In ARN(A) 4,33 (S.11a) wird "Wohltätigkeit" (גמלות חסדים) den Opferungen gleichgestellt.[351] Damit wird ihr sühnender Charakter hervorgehoben.

Die Zusammenstellung beider Begriffe begegnet nur in tPea.[352] In der übrigen rabbinischen Literatur werden beide Termini vor allem miteinander verglichen, und ihre Bedeutung im Verhältnis zueinander wird untersucht.[353] In bSuk 49b hebt R. Eleazar mit Begründung von Hos 10,12 hervor, daß die Wohltätigkeit größer ist als die Gerechtigkeit.[354] In einer anschließenden Baraita wird ausgeführt, daß Wohltätigkeit durch dreierlei größer ist als Gerechtigkeit: צדקה erfolgt nur mit Geld, Wohltätigkeit mit Geld und Körper, צדקה nur an Arme, Wohltätigkeit an Arme und Reiche; צדקה wird nur an Lebenden geübt, Wohltätigkeit an Lebenden und Toten. Der eschatologische Aussagegehalt der Termini wird noch an anderer Stelle betont: Ihre Früchte sind in dieser Welt zu genießen, bleiben jedoch neben Topoi wie "Elternehre, Bringen von Frieden zwischen einem Menschen und seinem Nächsten, Talmud Tora (Studium) entgegen allen Widerständen" auch in der kommenden Welt bestehen (ShirZ 1,15). Ferner erbt derjenige, der gemäß den Kategorien "Gerechtigkeit" und "Wohltätigkeit" handelt, drei gute Gaben: Leben, Gerechtigkeit und Ehre (vgl. PRE 15). Gerechtigkeit und Wohltätigkeit sind also für ein religiöses, gottgefälliges Leben äußerst wichtig.

Gerechtigkeit und Wohltätigkeit werden thetisch als großer Frieden und personalisierter Fürsprecher zwischen Israel und Gott bezeichnet. Das zu "Frieden" parallel gebrauchte griechische Lehnwort פרקליט (griech. παράκλητος) ist häufiger in der rabbinischen

---

[345] "Alle unsere Pflichten gegen den Mitmenschen fallen unter das Gebot dieser *Gerechtigkeit* ... sie ist die aufrichtige, tatbereite Anerkennung des anderen, die Verwirklichung seiner Gleichheit, die Verwirklichung des *Menschenrechts*, das Gott ihm gegeben hat ... Das Judentum hat das Wort "*Zedakah*" geschaffen, ... da es Gerechtigkeit und Güte umschließt ... Zedaka ist das positive, die religiöse, soziale Gerechtigkeit, ... die ihr Forderndes, ihr Vorwärtsdrängendes, ihr Messianisches hat. Der Gedanke von dem einen Gott und von dem einen Menschengeschlecht und dem einen bleibenden Menschenrecht hat diesen Begriff gebildet" (BAECK, Wesen des Judentums, 215f.). NEUSNER führt in seinem Buch über die Tzedakah aus, daß es der beste Weg der Pflichterfüllung sei, für die Armen eine Arbeit zu finden (ders., Tzedakah, 13).

[346] KOHLER erläutert: "Dem Judentum ist das höchste Prinzip der Sittlichkeit oder der Angelpunkt der sittlichen Weltordnung durchaus nicht die Liebe, die nur gar zu oft den Rechtszustand untergräbt, ... sondern die Gerechtigkeit, die die sittliche Kraft in jedem entfaltet und hebt" (ders., Grundriß, 90).

[347] Vgl. KOCH, Art. צדק, 511.

[348] Ausführlich vergleicht WEINFELD dieses Konzept auch mit anderen Konzepten in der antiken Umwelt (vgl. ders., Social Justice, 179ff.).

[349] Vgl. die drei Beispiele in bSot 14a.

[350] Vgl. bYev 79a.

[351] Vgl. ebenso Hos 14,3; Sir 3,10; Tobit 12,9. Auf den Zusammenhang zwischen der Person des Gerechten (צדיק) und Wohltätigkeit (גמילות חסדים) wird ausführlich bei MACH, Zaddik, 19ff. eingegangen.

[352] Vgl. tPea 4,18.20.21.

[353] Vgl. auch bMQ 16b; BB 10a; yPea 1,1 15a.

[354] Desweiteren führt er im Anschluß an das Bibelzitat aus, daß es bei der Aussaat der Gerechtigkeit, d.h. beim Geben von Almosen, zweifelhaft ist, ob von dem Geld auch Essen besorgt wird, wohingegen diese Zweifel beim Ernten beseitigt sind. In einem anschließenden Spruch betont R. Eleazar, daß צדקה nur nach der damit geübten Liebe bezahlt wird.

Literatur zu finden.[355] Es bezeichnet technisch den "Anwalt, Helfer". So auch in der Tosefta. Der Anwalt personifiziert die Tugenden Gerechtigkeit und Wohltätigkeit. Rabbinische Stellen führen den Anwalt ausdrücklich in Zusammenhängen mit dem Sühneopfer an.[356] "Wohltätigkeit" wird nicht nur als Sorge um das Wohlergehen des Nächsten gedeutet, sondern auch als der konkrete Versuch, den Nächsten auf den richtigen Weg zurückzubringen (vgl. bTam 28a). Die Wohltätigkeit kommt zum Ausdruck in freundlichem Verhalten und respektvollem Umgang aller Menschen miteinander. Kurz gesagt, jeder Versuch, Frieden zwischen einem Menschen und einem anderen herzustellen, ist גמלות חסדים.[357]

Am Anfang von tPea 4,21 erscheint der Anwalt analog zum Frieden zwischen Israel und ihrem Vater im Himmel. Dabei wird noch herausgestellt, daß Gerechtigkeit und Wohltätigkeit die Funktion eines *großen* Friedens und eines *großen* Anwalts in bezug auf das Gottesverhältnis des Volkes Israel haben. Im Lehrspruch am Ende des Abschnittes wird dann lediglich der Frieden als großer Vermittler gesehen. Deshalb kann der Fürsprecher in Absatz 2 der Tosefta entweder als nachträgliche Hinzufügung angesehen werden oder er verstärkt die Frage, da er die Tugenden personifiziert[358].

3. Nach der in Form einer Frage formulierten These wird als Begründung Jer 16,5 angeführt. Allerdings werden die Worte des Bibelzitates, die im folgenden ausgelegt werden, nicht voll zitiert. Die Rabbinen gingen davon aus, daß ihre Adressaten die Fortsetzung des Zitates im Kopf hatten: "*... und gehe nicht, um die Totenklage zu halten, und bezeuge ihnen kein Beileid, denn ich habe meinen Frieden* (שלומי) *von diesem Volk genommen, Spruch J's, die Gnade* (החסד) *und die Barmherzigkeit* (הרחמים)". Der Vers ist den Unheilsworten Jeremias entnommen. In den ersten Versen des Kapitels begründet der Prophet mittels eines Gottesspruchs seine Ehe- und Kinderlosigkeit, welche ab V.4 in eine Unheilsansage mündet. In V.5 wird dem Propheten gemeinschaftsgemäßes Verhalten untersagt, indem er sich nicht an Trauerbräuchen beteiligen soll: Besuch des Trauerhauses,[359] Totenklage und Beileidsbekundungen sind ihm verwehrt. Jeremias Verhalten wird als Vorabbildung künftigen Unheils gedeutet, welches als eine Folge des Entzugs von Gottes Heilshandeln angesehen wird.[360] Voraussetzung dieses Heilshandeln Gottes ist seine gnädige und barmherzige Zuwendung. Die Begründung für das Aussetzen der Trauerriten ist die Fortnahme des Friedens von seinem Volk. Innerhalb des Buches Jeremia kann diese Aussage als Angriff auf die falschen Propheten, die Frieden versprachen, gesehen werden,[361] denn allein Gott kann in Unheilszeiten Frieden bringen und bewahren.

---

[355] Im Targum zu Hi 33,23 steht der "Anwalt" in Opposition zum Ankläger; vgl. die Erwähnung des Anwalts (= Parakleten) in: mAv 4,11; bZev 7b; ShemR 18,3; sowie von zwei Parakleten in yBer 4,1 7b und von großen Parakleten in bShab 32a; vgl. KRAUSS, Lehnwörter II, 496f.

[356] Z.B. Sifra מצרע 3,14 zu Lev 14,19f. (72a); vgl. 1Joh 2,1f.: "Wenn einer sündigt, so haben wir einen Fürsprecher bei dem Vater, Jesus Christus, den Gerechten; und er ist die Sühne für unsere Sünden."

[357] Vgl. EPSTEIN, Jewish Way, 93.

[358] Zur Personifikation von Tugenden in der Hebräischen Bibel und im Judentum s. HEINISCH, Personifikationen, 11ff. und PFEIFER, Ursprung und Wesen.

[359] Mit בית מרזח wird ein "Trauerhaus" bezeichnet (vgl. Am 6,7). Vgl. EISSFELDT, Kultgenossenschaft, 136-142.

[360] Vgl. WANKE, Jeremia, 158.

[361] Vgl. CRAIGIE/KELLEY/DRINKARD, Jeremiah 1-25, 217.

Die im Bibelvers vorkommenden Worte "Frieden, Gnade und Barmherzigkeit" sind elementar für den Aufbau der Assoziation:

Jer 16,5	tPea 4,21
שלום	גמלות חסדים
חסד	צדקה
רחמים	שלום

Die Tabelle verdeutlicht die Entsprechung der Zweiergruppen und die übergeordnete Rolle des Friedens. In der Tosefta wird hervorgehoben, daß Wohltätigkeit und Gerechtigkeit zwei Aspekte des Friedens sind. Dasselbe gilt in Jer 16,5 für Gnade und Barmherzigkeit. Mit der Spezifizierung der Inhalte von Wohltätigkeit und Gerechtigkeit geht die Tosefta über Jer 16,5 hinaus.[362]

Biblisch gibt es einige Vorkommen der Wendung "Gnade und Barmherzigkeit"[363] In der rabbinischen Literatur gehören Gnade und Barmherzigkeit zu den Eigenschaften, mit denen Gott die Welt schuf.[364] Wenn man sich morgens das Gesicht wäscht, dankt der Einzelne Gott, daß er Gnade und Barmherzigkeit in seinen Augen und den Augen aller findet.[365] Beide Eigenschaften werden herausragenden Menschen verliehen oder betonen Gottes Handeln.[366] Ferner wird die Lebenszeit des Mose als Heilszeit, die aktuelle Zeit der Ausleger dagegen mit Berufung auf Jer 16,5 als unheilbringende Zeit gedeutet (vgl. EkhaZ 1,35; PesK 13,13).

4. In der anschließenden Aussage werden nochmals die Wohltätigkeit und Gerechtigkeit mit der Gnade und dem Erbarmen des Bibelverses gleichgesetzt. R. Eleazar bi R. Jose rechtfertigt daher am Ende des Textes seine Auslegungsmethode, indem er die Wortassoziationen erklärt. In Form eines Lehrspruchs schließt die anfängliche Frage bekräftigend den Text. In der letzten Zeile wurde beim Druck in Anklang an die These nochmals der Anwalt zum Frieden hinzugefügt.[367] tPea hebt daher die Möglichkeit hervor, daß bestimmte Verhaltensweisen das friedvolle Verhältnis Israel - Gott definieren. Durch Liebeswerke bestätigt Israel erneut die erfahrene Erwählung und das daraus resultierende Heil.[368] Das moralisch-religiöse Ziel, das vormals die Opfer anstrebten, kann jetzt durch das eigene Verhalten und Handeln nach den Kategorien der Gerechtigkeit und Wohltätigkeit gefunden werden. Mit dieser Schlußparänese endet der Toseftatraktat Pea.

In der parallel überlieferten Baraita bBB 10a wird nur der Anfang des Textes minimal ergänzt. Dort wird als feststehende Tatsache betont, daß die Israeliten Wohltätigkeit und Gerechtigkeit in dieser Welt üben, und zwar offenbar in institutionell fest verankerten Formen. Daraus ergibt sich dann die Konsequenz, daß Israel in einem engen Gottesverhältnis steht.

---

[362] Vgl. BOKSER, Rabbinic Responses, 57.

[363] Vgl. Hos 2,19; Sach 7,9; Ps 103,4; Dan 1,9.

[364] Vgl. ARN(A) 37,6.8 (S. 55b); bHag 12a.

[365] bBer 60b. Das Kurzgebet schließt mit den Worten: "Gesegnet bist du, J´, der seinem Volk Israel Gnade erweist".

[366] Vgl. noch DevR 3,7; Tan יתרו 5; וירא 21.

[367] In Ms. Erfurt wird dem Paraklet noch das Adjektiv "groß" vorangestellt.

[368] VOLZ, Eschatologie, 105. Im Namen R. Jehudas ist folgende These mit Begründung von Jes 56,1 überliefert worden: "Groß ist die Wohltätigkeit, denn sie beschleunigt die Erlösung" (bBB 10a).

Zusammenfassung

Mit dieser Tosefta schließt das Textkapitel, in dem es um Sühne und Frieden geht. Auch in tPea 4,21 klingt die Sündenvergebung an. צדקה dient als Ersatz für die Sühne und Sündenvergebung durch die vormals am Tempel dargebrachten Opfer.[369]

In der Tosefta wird ein Zustand beschrieben, in dem Gerechtigkeit und Wohltätigkeit als Frieden und Anwalt zwischen Israel und Gott dienen. Diese Werke der Wohltätigkeit waren bereits gegen Ende der Zeit des Zweiten Tempels institutionalisiert und erfreuten sich großer Beliebtheit. Doch mit der Zerstörung des Tempels wuchs aufgrund ihrer stellvertretenden Sühnefunktion ihre Bedeutung noch weiter an. Sie regulierten von nun an das Verhältnis des Volkes Israel zu Gott. Es ist unklar, ob sich in der Tosefta die geübte Praxis während der Tempelzeit widerspiegelt oder ob Zustände nach der Zerstörung reflektiert werden. Deutlich ist nur, daß die Gott zugeschriebenen Eigenschaften "gerecht" und "wohltätig" nun verstärkt vom Volk Israel gefordert werden. In dieser Zeit des Übergangs zu neuen Traditionen gilt es als oberstes Prinzip, den Frieden zwischen Volk und Gott zu wahren.

Gerechtigkeit und Wohltätigkeit sind die konstituierenden Elemente der Gottesbeziehung. Die charitativen Taten und Verhaltensweisen klagen für die Menschen aus dem Volk Israel bei Gott Frieden ein. Indem Gott als "Vater im Himmel" benannt wird, wird Israel ermutigt, die väterlichen Eigenschaften aufzugreifen und selbst auszuüben, um ihrem Vater nahe zu sein und sich vor den Gegebenheiten auf Erden zu schützen. Der väterliche Gott ist somit die Instanz, die die Leistungen der Kinder wie Gerechtigkeit, Wohltätigkeit, Gnade und Erbarmen anerkennt. Ist das Gottesverhältnis einmal gestört, zeigt der Text auch eine Lösung auf, denn Gerechtigkeit und Wohltätigkeit besänftigen Gott und führen wieder zum Frieden.

4.6. Zusammenfassung der Sühne- und Friedenstexte

Die in diesem Kapitel analysierten Texte setzen die Bezeichnung Gottes als Vater im Himmel oft in speziellen Situationen ein. Die Textzusammenhänge sind klar und haben eindeutige Aussagekraft. Nach der Zerstörung des Tempels spielt diese Gottesbezeichnung eine entscheidende Rolle. Zum einen rettet Gott mit Hilfe der Intimität der Beziehung, die sich in der Gottesbezeichnung ausdrückt, über die historische Katastrophe hinweg, und zum anderen verhilft er dem Volk Israel dazu, neue Möglichkeiten religiöser Praxis und Gestaltung des Alltagslebens zu finden.

In tSheq 1,6 wird die sühnende Wirkung der Schekelspende für Vergehen hervorgehoben. Dieser Text reflektiert eine Erfahrung, die noch zur Zeit des Tempels gemacht wurde. In mYom 8,9 wird direkt auf die sühnende Wirkung des Versöhnungstags bezug genommen. Deutlich wird hier im Ausspruch R. Akivas darauf hingewiesen, daß die Sündenvergebung auf der Zusage Gottes beruht, die dann Sühne, Umkehr und Erneuerung des Gottesverhältnisses nach sich zieht. In tBQ 7,6.7parr. wird hervorgehoben, daß der Altar, der zur Zeit des Tempels Sühne und Frieden stiftete, nun durch die "Kinder der Tora" ersetzt wird. Sie sind durch ihr Torastudium und ihr toragemäßes Leben

---

[369] Auch in Qumran war die sündenvergebende Wirkung der Gerechtigkeit bekannt (vgl. 1QS 11,3.12-14; vgl. 10,11).

Sühne für die Welt und bringen ihr Frieden. Um diesen Frieden zu bewahren, soll viel geschehen. Sogar Schriften, die den Gottesnamen beinhalten, aber als "Schriften der Minim" eingestuft werden, müssen ausgetilgt werden (tShab 13,5). Gerechtigkeit und Wohltätigkeit treten an die Stelle der Opfer und stiften Frieden für das Gottesverhältnis Israels (tPea 4,21).

Besonders der Aspekt der Sühne und der mit Priesterstand und Opfern verbundenen Bedeutung wird thematisiert. An die Stelle der Opfer und des Tempeldienstes treten: Umkehr, Gerechtigkeit und Wohltätigkeit sowie das Gebet. Der Aspekt des stellvertretenden Leidens wird dagegen eher in den Texten der einzelnen als Gegenüber Gottes thematisiert. Auf sie wird im folgenden noch einzugehen sein.

Die Intention der Rabbinen läßt sich durch ihre Auswahl und Verarbeitung von biblischen Zitaten und Themenkomplexen erschließen. Die Beschäftigung mit den Themen Opfer und Frieden ist in diesen Texten deshalb so zentral, weil der Verlust des Opfers ebenso wie die alltägliche Erfahrung von Friedlosigkeit die Frage nach einer verläßlichen Gottesbeziehung aufwarf.

Die Gottesbezeichnung "Vater im Himmel" kam in den ersten drei Jahrhunderten n.Chr. vor allem als Hilfe zur Bewältigung der bedrängten Lebenssituation der Juden im Lande Israel in Gebrauch. Gott erweist sich in den Texten als Vater, der Hilfe in der Not bringt, als verläßlicher Partner, der angebetet werden und zu dem das Volk Israel in seiner Not fliehen kann. Durch nichts ist dieses Gottesverhältnis zu zerstören.

Daraus, daß Israel bei den Weisen vor der Tempelzerstörung fast keine Größe von Bedeutung ist und selten genannt wird, kann gefolgert werden, daß die obigen Texte, die das enge und intime Verhältnis Gottes zu Israel betonen, in der Zeit nach der Tempelzerstörung entstanden sein müssen, da sich in ihnen die Bewältigungsversuche der Folgen dieser historischen Katastrophe widerspiegeln. Zu dieser Folgerung kommt man nach Durchsicht der Texte insgesamt. Einzelne Aussagen und Texte können jedoch bereits als Reaktionen auf frühere Katastrophen verstanden werden und daher älteren Ursprungs sein.

5. Zusammenfassung der Aussagen über das Verhältnis des Volkes Israel zum Vater im Himmel

In diesem Kapitel wurde gezeigt, welche Themen in tannaitischen Texten, die eine Bezeichnung Gottes als "Vater im Himmel" enthalten, angesprochen sind: "Die Erwählung Israels, der Bundesschluß Gottes mit seinem Volk und die Gabe seiner Tora das sind die Schlüssel zum Verständnis von Gottes Vatersein".[370]

Im ersten Abschnitt wurde gezeigt, daß die Vaterbezeichnung Gottes in Kontexten der Bedrohung des Volkes vorkommt. Hier ist Gott Israel gegenüber ein beschützender und mitleidender Vater. Oft ist er die letzte Rettung. Gerade in Notzeiten erweist sich Gott als Vater, der Hilfe und Beistand leistet, wenn die Israeliten ihn mit der richtigen

---

[370] Vgl. THYEN, Juden und Christen, 699.

Intention um Schutz anflehen. Um diesen Schutz geht es, der sich in den zitierten Gebeten ausdrückt.[371]

Zwei weitere Texte zeigen Mose, der als Toravermittler für Israel bei Gott ein gutes Wort einlegt und das unkündbare Verhältnis zwischen Gott und Israel, konstituiert durch Erwählung und Gabe der Tora, betont. In Auslegung des Segens Levis wird die Rolle der Priesterschaft für das Gottesverhältnis hervorgehoben.

Die etymologische Auslegung des Namens "Jerobeam" und die Auslegung der historischen Katastrophe in mSot 9,15 zeigen vor allem eine Verbundenheit Gottes mit dem Volk Israel auf, durch die Israel Schutz, Trost und Beistand bei historischen Katastrophen findet.

Da Gott aber auch der einzige Vertrauenspartner der Israeliten ist, kann es nur über ihn wieder zu Versöhnung und Frieden kommen. Das Bild, das in diesen Texten von Gott gezeigt wird, ist das eines mächtigen Vaters, der sich einmischt, beisteht und auch einsetzt. Auf ihm ruht alle Hoffnung. Dem Vater im Himmel wird eine aktive Rolle zugeschrieben.

---

[371] In dem aggadischen Midrasch ShemR 22,2 zu Ex 14,26, einem Text, der die Rettung aus dem Schilfmeer thematisiert, wird im Namen R. Abahus ein Gleichnis angeführt, in dem Sohn und Vater unter die Räuber fallen. Mit einer Hand hält der Vater den Sohn, mit der anderen bekämpft er die Räuber. Dieses Gleichnis gehört mit in die Textgruppe, die die spezielle Hirtensorge Gottes für die Israeliten angesichts bedrohlicher Feinde zum Ausdruck bringt. An diesem Beispiel wird deutlich, daß "diese Motivtradition vom rettenden Vater, dem sich seine in höchster Not befindlichen Kinder zuwenden, ... von der frühjüdischen bis in die spätrabbinische Zeit vorhanden" (THOMA/ERNST, Gleichnisse der Rabbinen, 3. Teil, 371) ist.

II. Das Verhältnis der Einzelperson zum Vater im Himmel

Aus der Hebräischen Bibel kennen wir keine Texte, in denen Gott als Vater eines einzelnen Menschen angesprochen wird.[1] "Auf das Individuum bezogen wird der Gottesname Vater erst in den Apokryphen."[2] Mit den in diesem Teil behandelten Texten haben wir es mit einer Einzelperson als Gegenüber Gottes zu tun, einem Aspekt, der in der nachbiblischen Literatur häufiger begegnet.

Texte, die das Verhältnis eines einzelnen Menschen zu Gott beschreiben, sind seltener als jene, die das väterliche Verhältnis Gottes zu Israel hervorheben. Trotzdem lassen sich auch hier typische Verhältnisbestimmungen erkennen. Es gilt dabei im Blick zu haben, inwieweit das Verhältnis des einzelnen zu Gott anders beschrieben und von anderen Komponenten bestimmt wird als jenes des Volkes Israel.

1. Das Befolgen der Gebote der Tora und des Willens Gottes

In mAv 2,12 lesen wir: "Alle deine Handlungen seien um des Himmels willen (לשם שמים)."[3] Nun gibt es aber auch Einzelfälle, in denen sich der einzelne durch seine Taten von Gott entfernt oder sich כנגד, "gegen", seinen Vater im Himmel auf bestimmte Art und Weise verhält.[4]

Die Tora ist die höchste Autorität des gemeinschaftlichen religiösen Lebens. Sie gilt als Deklaration des Willens Gottes.[5] Die Pflicht eines jeden Menschen ist es, die richtige Antwort zu finden oder sich entsprechend den Forderungen zu verhalten. Nichts steht über der Pflicht, Gottes Willen zu tun, denn es reicht nicht, an den Willen Gottes zu glauben oder ihn zu kennen. Vor allem gilt es, ihn zu tun: "To *do* anything is an exercise of will, and is an expression of the personality of a living soul ... To *do* is to make a change in previous order, to bring about what had not been, virtually to create it."[6] *Tun* ist mehr als Sein, Wissen oder Glauben. Den Willen Gottes zu tun, ist, im Dienste Gottes das Meistmögliche zu geben. Dies beinhaltet einen bewußten Akt des eigenen Willens, wodurch man sich selbst in Harmonie mit Gott bringt. Durch das Tun des Willens Gottes bezeugt der Mensch seine wahrhafte Allianz mit Gott. Der rechte Weg, Gottes Willen zu erfüllen, muß aber erst gefunden werden. Steht er nicht in der Tora,

---

[1] Vgl. BIETENHARD, Die himmlische Welt, 78. HÖLSCHER faßt die Gruppe der Witwen und Waisen aus Ps 68,6 als einzelne auf und verweist daher auf diesen alttestamentlichen Text (ders., Geschichte, 181 Anm. 9).

[2] BIETENHARD, ebd., 77f.; vgl. Sir 23,1.4; 51,10; 3Makk 6,3 u.a.

[3] Dies ist ein Ausspruch R. Jose des Priesters, eines Schülers R. Jochanan ben Zakkais (vgl. STEMBERGER, Einleitung, 82). In tBQ 8,13 wird über R. Jehuda ben Baba gesagt, daß alle seine Taten für Gott seien: שהיו כל מעשיו לשם שמים.

[4] Vgl. bAZ 16b.

[5] Daher ist das Lernen und Lehren der Tora auch eine der Grundforderungen jüdischen Lebens; vgl. VETTER, Lernen und Lehren, bes. 227f.

[6] HERFORD, Talmud and Apocrypha, 52.

muß er erst gesucht, dann manifestiert werden. Dieser Aufgabe geht die Halacha nach.[7] Ihre Texte helfen, dem richtigen Weg zur Erfüllung des Willens, Gottes ein Stück näher zu kommen.

Bereits aus der Hebräischen Bibel ist der Terminus עושה תורה bekannt. Als Gegensatz zum Götzendienst wird in 2Chron 14,3 herausgestellt, daß Asa, nachdem er fremde Götter und Opferstätten vernichtet hatte, Juda gebot, den Gott seiner Väter zu suchen und "*zu tun nach der Tora und dem Gebot*". Im Bußgebet der Israeliten bekunden jene, daß ihre "*Könige, Fürsten, Priester und Väter nicht nach deinem Gesetz getan haben*" (Neh 9,34). Über Esra wird berichtet, daß er sein Herz darauf richtete, "*das Gesetz J's zu erforschen und zu tun und Gebote und Rechtssätze Israel zu lehren*" (Esr 7,10). Die biblischen Vorgaben des Terminus haben ihren "Sitz im Leben" daher in Kontexten der Abgrenzung von fremden Kulten, in der Konstatierung des Fehlverhaltens einzelner Gruppen im Volk Israel oder des Volkes als Ganzen sowie der positiven Beschreibung eines einzelnen Menschen. Einige dieser Aspekte wurden in der rabbinischen Literatur aufgegriffen und weiter ausgeführt.[8]

Die Tora ist Zeugnis der Beziehung Gottes zu den Menschen. Die Menschen leben und sterben mit ihr. Mit der Tora bekommt des Menschen Leben Gehalt (vgl. Lev 18,5). Sie hilft, die Gebote Gottes zu erfüllen. Das Wesentliche des Glaubens liegt gerade in dieser Erfüllung der Gebote, im Tun. Daher ist mit der Tora die Weisung zum Tun gegeben worden.[9] Dieses Tun muß dem Guten dienen, denn in einer Baraita lehren die Gelehrten, daß die Tora ein Synonym für das Gute ist (vgl. bAZ 19b).

1.1. Die physischen Voraussetzungen

mAv 5,20[10]

In mAv 5,20parr. werden die physischen Voraussetzungen des Menschen beschrieben, die er haben muß, um dem Willen seines Vaters im Himmel nachzukommen. Dieser Wille liegt in der Tora vor.

1. Jehuda ben Tema sagt:	יהודה בן תימא אומר
2. Sei stark wie ein Leopard und schnell wie ein Adler,	הוי עז כנמר וקל כנשר
(und) laufe wie eine Gazelle und sei heldenhaft wie ein Löwe,	ורץ כצבי וגבור כארי
um den Willen deines Vaters im Himmel zu tun.	לעשות רצון אביך שבשמים.

Ursprünglich gehörte der Traktat Avot nicht zur Mischna. Er wurde für den sechsten Schabbat zwischen Pesach und Schawuot als Lesung hinzugefügt. Der uns vorliegende Spruch steht fast am Ende von Avot. Ihm geht ein Spruch über Bileam voraus.[11] In Avot wird die Traditionskette von Mose bis zum Ende der tannaitischen Zeit präsentiert. In

---

[7] Ein Beispiel für einen solchen Prozeß sind die Texte, die sich mit der Auslegung des Wortes "Schattnes" beschäftigen. Es erscheint in der Tora, aber die Bedeutung wird erst später gefunden und per Halacha manifestiert (s.u. die Auslegung zu mKil 9,8 in Abschnitt 3.2.).

[8] Zur Übersicht der Texte, die den Terminus עושה תורה führen, vgl. ABRAMSON, מלשון חכמים, 61-65.

[9] Vgl. Dtn 5,1; Am 5,14f.; Jer 7,3-7; Ps 34,12-15. Vgl. NEUSNER, Religious Authority, 381ff.

[10] Text: ALBECK, Mishna IV, 380.

[11] mAv 5,19 wurde vor dem Hintergrund der Auseinandersetzung des Judentums mit dem Christentum gebildet; vgl. auch MARTI/BEER, Abot, 149f.

den ersten zwei Kapiteln sind Sprüche von Lehrern der großen Synagoge bis zu R. Jochanan ben Zakkai und seinen bedeutendsten Schülern aufgezählt. Das dritte Kapitel schließt sich mit Sprüchen bis zur Zeit R. Akivas an. Im vierten Kapitel werden Sprüche aus der Zeit R. Meirs und R. Jehuda Ha Nasis aufgeführt. Anschliessend folgen in Kapitel fünf Sentenzen einzelner Lehrer sowie anonyme Zahlensprüche und moralische Betrachtungen. Erst in späterer Zeit kam das sechste Kapitel als eine Art Baraita mit der Lobrede auf den Erwerb der Tora (קנין תורה) dazu.[12]

Einzelexegese

1. Der Ausspruch wird Jehuda ben Tema zugeschrieben. Dieser Name ist nicht sehr oft[13] in der Midraschliteratur belegt. Wir wissen biographisch kaum etwas über seinen Träger. Nach bHag 14a gehört er zu den בעלי המשנה, den Mischnakundigen.[14]

2. Der zweite Abschnitt bringt vier metaphorische Beispielsätze, die Eigenschaften aufzeigen, die im dritten Abschnitt zur Zielaussage führen. Die vier Sätze sind jeweils durch ein Adjektiv oder Verb, verbunden mit einem Substantiv, gebildet. Sie sind zu zwei Satzpaaren zusammengestellt, welche sich auf der letzten Silbe reimen. Die Eigenschaftsbeschreibungen werden durch das Hilfsverb היה, "sein", eingeleitet. Zuerst gilt es, die alttestamentliche Bedeutung und symbolische Aussagekraft der einzelnen Tiere näher zu betrachten:

Der נמר, "Leopard"[15], war in Syrien, im Land Israel und Nordafrika verbreitet. In den Religionen des Alten Orients begegnet er als heiliges Tier oder im Zusammenhang mit einer Gottheit. In der Hebräischen Bibel erscheint er in Vergleichen und Bildern.[16] In Hab 1,8 wird z.B. die Schnelligkeit der Chaldäer auf Rossen mit der Geschwindigkeit der Leoparde verglichen.[17] Gleichermaßen wird der Leopard auch an einigen Stellen als Metapher für fremde Reiche herangezogen.[18] Das Adjektiv עז, "stark", wird in der Hebräischen Bibel mit mannigfaltigen Substantiven verbunden gesetzt.[19] In Ri 14,14.18 wird einem Löwen diese Eigenschaft zugeschrieben.

נשר wird meist mit "Adler" übersetzt. Aufgrund der verschiedenen Eigenschaften, die ihm in der Hebräischen Bibel zugeschrieben werden, handelt es sich aber vermutlich um eine Geierart,[20] welche vor

---

[12] Vgl. EPSTEIN, מבוא לנוסח המשנה, 978.

[13] בן תימא: ARN(A) 41,10 (S. 67a); ARN(B) 48,17 (S. 67a); Sem 9,2; tEr 2,4; Sot 2,4; Git 5,13; bEr 17a; Hag 14a; MQ 21a, 84a; BM 94a (4mal); San 59b; bPes 70a (9mal), 71a, 112a; Yom 83a; Git 84a; yEr 1,10 19d; MQ 3,7 83c; Naz 2,4 52a (4mal); BM 7,7 11c. In den halachischen Midraschim erscheint der Name an keiner Stelle, im Aggadischen nur in PRE 29,1. Ramban verweist in seiner Auslegung zu Lev 7,15 auf den Ausspruch ben Temas in bPes 70a (vgl. Torat Kohanim Bd. 3, 50).

[14] Menschen, die sich in einer bestimmten Literatur - hier der Mischna - als besonders erfahren und kundig erwiesen, werden so bezeichnet; vgl. die Bibelkundigen (בעל מקרא) oder Talmudkundigen (בעל תלמוד) zusammen mit den Mischnakundigen in SifDev § 355; bSan 101a.b.

[15] Im Unterschied zu "Panther", vgl. MULDER, Art. נמר, 465.

[16] In der Parabel Jer 13,23 dient er als Ausdruck für die Möglichkeit der Umkehr des Volkes. In Hos 13,7f. vergleicht Gott sich mit einer Anzahl Tiere. In Jer 5,6 wird der Leopard mit dem Löwen aus dem Wald und dem "Steppenwolf" dem sündigen Volk als Bedrohung angekündigt.

[17] Vgl. 1Qp Hab 3,6ff.

[18] In Dan 7,6 kommt der Leopard als drittes Tier vor. Mit ihm könnte, analog zu Apk 13,2, der einzigen Stelle im Neuen Testament, an der ein Leopard erwähnt ist, das Römische Reich versinnbildlicht sein, das sich in der makkabäischen Zeit im Aufstieg befand.

[19] Z.B. mit dem Volk (Num 13,28), den Fluten (Jes 43,16; Neh 9,11) oder dem Zorn (Gen 49,7).

[20] Vgl. KRONHOLM, Art. נשר, 682; die Eigenschaft "kahl an Hals und Kopf" (Mi 1,16) und daß er sich von Aas ernährt (Hi 39,29f.; vgl. Prov 30,17), treffen nicht auf einen Adler, wohl aber auf einen Geier zu. Dies wurde bereits von mittelalterlichen Bibelkommentaren betont (vgl. R. Tam zu bHul 63a).

allem wegen ihrer Schnelligkeit berühmt ist.[21] Dieser Vogel hat große Flügel und fliegt hoch am Himmel.[22]

Die Eigenschaft קל, "schnell" zu sein, wird in der Hebräischen Bibel Menschen[23] und Tieren[24] zugeschrieben. Vor allem drückt sich in dieser Schnelligkeit auch eine ebenso große Leichtigkeit beim Vorwärtskommen aus.

Die Gazelle (צבי) ist ebenfalls ein schnelles Tier, das sich jedoch nur auf der Erde fortbewegen kann.[25] In Hld 2,9 wird der Geliebte mit der Gazelle verglichen. Das Bild, wie er über die Berge springt, spiegelt die Freude über die Schnelligkeit und Jugendlichkeit wider. In Hld 8,14 fügt sich das Verb ברח, "fliehen", in diesen Kontext; es verweist auf eine Flucht vor den Mächten des Todes und der Trennung, die die Liebe bedrohen.[26] In Hld 4,5 und 7,4 werden die Brüste der Geliebten mit zwei "Böcklein, Zwillingen der Gazelle", verglichen. KEEL[27] gewinnt den Eindruck, "Brüste", und "Gazellenkitzen" symbolisierten beide das warme, beweglich siegreich dem Tode entgegenwirkende Leben. Das Verb רוץ ist in der Hebräischen Bibel geläufig. Es beschreibt die schnelle Fortbewegung "laufen"[28]. Auch dieses Verb kann Menschen[29] und Tieren[30] zugeordnet werden. In Ps 119,32 wird mit diesem Verb sogar der Vorgang "den Weg der Gebote laufen" umschrieben.

In der Hebräischen Bibel ist der ארי, "Löwe", der König der wilden Tiere.[31] Er ist wegen seiner Stärke (vgl. 2Sam 1,23) und seines Mutes (vgl. 2Sam 17,10) bekannt.[32] Brüllend und gierig (vgl. Ez 22,25) lechzt er nach seiner Beute (vgl. Ps 17,12).[33] Aber selbst der reißende Löwe gehorcht den Befehlen Gottes.[34] Der Kampfesmut der Makkabäer ist löwengleich (vgl. 2Makk 11,11). Analog werden die Feinde Israels, Ägypten, Assyrien und Babylonien, in Löwenbildern gezeichnet.[35] Jedoch gibt es auch Löwenvergleiche mit den Verhaltensweisen einzelner.[36] Als messianischer Löwe wird der Gesalbte aus Davids Samen beschrieben (vgl. 4Esr 11,1-12,48).[37] In mAv 5,20 wird vom Löwen bezüglich seiner Stärke gesprochen. Biblisch wird er als "Held unter den Tieren" (Prov 30,30), überlegen, majestätisch und furchterregend geschildert.[38] Das Verb גבר bringt einerseits das "stark sein"[39], andererseits auch "das Über-

---

Aller Wahrscheinlichkeit nach handelt es sich hier um einen Gänsegeier, auf den alle alttestamentlichen Eigenschaften am ehesten passen.

[21] Vgl. 2Sam 1,23; Jer 4,13; Klg 4,19.
[22] Vgl. Ez 17,3.7; Prov 23,5; 30,19; Ob 4.
[23] Vgl. die Boten (Jes 18,2) und die Verfolger (Klg 4,19), auch als Umschreibung für schnelle Menschen an sich (so in Jer 46,6; Am 2,14).
[24] Z.B. das Kamel (vgl. Jer 2,23) oder dichterisch ein schnelles Pferd (vgl. Jes 30,16).
[25] Auch die Schnelligkeit des Kriegers wird mit der der Gazelle verglichen (vgl. 2Sam 2,18; 1Chron 12,9). Prov 6,5 und Sir 27,10 sprechen von der dem Netz entkommenen Gazelle. Hier steht das Bild für das Entkommen aus einer Bürgschaft (Prov 6,5) oder vor einem falschen Freund (Sir 27,19).
[26] Vgl. KEEL, Hohelied, 257.
[27] Ebd., 139f.
[28] BAUMGARTNER, Lexikon IV, 1127.
[29] Vgl. Ri 7,21; 1Sam 20,36; 2Sam 18,19 u.ö.
[30] Vgl. Jon 2,4; Am 6,12 u.a.
[31] Vgl. STOLZ, Art. ארי, 226.
[32] Vgl. auch 1Chron 11,22; 12,9.
[33] Selbst der Mensch ist vor ihm nicht sicher (vgl. Jes 15,9; Ez 19,6).
[34] Vgl. 1Kön 13,24; 20,16; Dan 6,22. Nach Jer 12,8 lehnt Juda sich aggressiv wie ein brüllender Löwe gegen seinen Gott auf und ist diesem daher zuwider (vgl. 2Kön 21,16). Mi 5,7 kündigt in einem Löwenbild die gefährliche und unwiderstehliche Macht des "Restes Jakobs" an.
[35] Vgl. Am 3,12; Jes 5,29; Jer 2,14f.; 4,7; 5,6 u.ö.
[36] So wird z.B. in 2Sam 17,10 der Mut des Tapfersten mit dem eines Löwen verglichen. Ebenso wird Judas Makkabäus 1Makk 3,4ff. mit einem Löwen verglichen.
[37] Vgl. 1QSb V 17-29: Der Messias wird als "Löwe" bezeichnet. Er ist im Besitz von politischer und weltlicher Macht und Stärke.
[38] Vgl. 2Sam 1,23; Prov 28,1; 30,30 u.a.
[39] Vgl. 2Sam 1,23; Gen 7,18.20; Hi 21,7.

legen sein"[40] zum Ausdruck. In unserer Mischna haben wir jedoch kein Verb vorliegen, sondern das Adjektiv גבור, "stark"[41], das bereits im vorausgehenden Kapitel in mAv gebraucht wurde.[42]

Die Wortverbindungen עז כנמר und רץ כצבי sind in der Hebräischen Bibel nicht geläufig. Die beiden anderen Wendungen erscheinen dagegen in ein und demselben Bibelvers. In 1Sam 1,24, dem Klagelied Davids über den Tod Sauls und Jonatans, schreibt David den beiden Männern die Eigenschaften zu, schneller als ein Adler und stärker als ein Löwe zu sein. Die Wendung קל כנשר drückt außerdem noch in Jer 4,13 die den Pferden der Feinde aus dem Norden zugeschriebene Eigenschaft, schneller als Adler zu sein, aus.[43]

Die vorliegende Mischna wurde noch in anderen Textzusammenhängen überliefert, nämlich als Baraita (durch כדתנן eingeleitet) in bPes 112b[44], in ARN(A) 41,10 (S. 67a) und ARN(B) 48,17 (S. 67a). In bPes 112b wird der Spruch im Anschluß an R. Akivas Ausspruch angefügt, lieber den Schabbat zum Alltag zu machen (עשה שבתך חול וכ'), als der Mitmenschen bedürftig zu sein.[45] In der Schule Elijahus wurde gelehrt, daß dieser Regel zwar zuzustimmen sei, daß man aber trotzdem dem Armen in seinem Hause eine Kleinigkeit zu essen besorgen solle. In ARN(B) wird ihr das Zitat aus Ps 145,19 "den Willen der ihn (= Gott) Fürchtenden erfüllt er" angefügt.[46] Dieses Zitat verstärkt die Auffassung der Reziprozität des Willens Gottes und des einzelnen. Wenn der einzelne dem Willen Gottes nachkommt und sich eifernd bemüht, diesem zu entsprechen, bekommt er auch Hilfe, Kraft und Stärke von Gott bei der Erfüllung seines eigenen Willens. Im Mahzor Vitry schließen die letzten Worte des Ausspruches אביך שבשמים[47] den Traktat Avot ab.

Ferner ist der Spruch noch in den aggadischen Midraschim BemR 4,20 zu Num 4,14 und 20,24 sowie TanB בלק 29 überliefert. Num 4,14 wird durch Prov 25,6 ausgelegt, wo zur Demut gegenüber den Mächtigen aufgerufen wird. Aus dieser Haltung wird geschlossen, daß sich der Mensch erst recht vor Gott demütig verhalten sollte. Im Anschluß wird unsere Mischna anonym zitiert und mit dem Zusatz "um dich zu lehren, daß vor Gott Stolz nicht stattfindet" versehen. Abschließend wird im Namen Elias gemahnt, Gottes Ehre zu mehren. TanB בלק 29 legt Num 25,6 aus, den Fall eines Mannes, der vor den Augen des Mose und des Volkes Israel eine Midianiterin zu seinen

---

[40] BAUMGARTNER, Lexikon I, 168; vgl. Ex 17,11; 1Sam 2,9; Jer 9,2; Ps 117,2; 103,11 u.a.

[41] LEVY, WB I, 297.

[42] Vgl. mAv 4,1: "Wer ist stark? Einer, der seine Triebe besiegt". Ferner wird in bNed 38a ausgesagt, daß Gott seine Schechina auf demjenigen ruhen läßt, der weise (חכם), stark (גבור), reich (עשיר) und demütig (עניו) ist. Diese Eigenschaften werden alle Mose zugeschrieben.

[43] In 4Esr 12,10ff. wird mit dem Bild des Adlers ebenfalls die politische Gegenmacht, hier Rom, bezeichnet.

[44] HOFFMANN führt an, daß laut bPes 112a der Ausspruch eine Tosefta ist, da כדתנן nach Ms. München und Bet Josef zu Orot Chajjim 242 zu streichen ist (ders., Mischnaiot, 358). Da aber in bPes 112a Ms. Vatikan 109 den Spruch mit תניא, Ms. Oxford 366 mit כדתנן einleiten, kann dieser Schlußfolgerung nicht gefolgt werden. Zur schwierigen Überlieferungssituation von mAv vgl. SHARVIT, The Textual Criticism, 277ff.

[45] Der Auslegung R. Akivas liegt mPes 10,1 zugrunde, wonach selbst dem Armen an Pesach aus der Armenschüssel vier Becher Wein gegeben werden.

[46] In ARN(B) ist der Ausspruch Jehuda ben Temas der vorletzte. Abschließend wird noch ein Ausspruch R. Eleazars im Namen R. Chaninas angefügt: "Die Schüler der Weisen vermehren Frieden in der Welt, denn es heißt: *Alle deine Söhne sind Lernende J's, groß ist der Friede deiner Söhne.*"

[47] Mahzor Vitry, 549.

Brüdern brachte. In VV.7-9 wird sodann berichtet, daß Pinhas beide erstach und daraufhin die Plage unter den Israeliten aufhörte. Der Midrasch schmückt die Geschichte aus. Die Perikope wird mit dem Ende der Wüstenzeit und dem Ende des Mose verbunden. Israel nahm sich kurz vor dem Überschreiten des Jordans fremde Frauen, sodaß die Kraft des Mose und der Gerechten im Volk schwach wurde. In der biblischen Geschichte greift Mose nicht aktiv in das frevelhafte Geschehen ein. Dies erklärt der Midrasch mit der Tatsache, daß die Halacha, also das rechte Tun bzw. Eingreifen, Mose verborgen war, "damit Pinhas kommen und nehmen sollte, was ihm zukam"[48]. Folge des Nichteingreifens des Mose ist dem Midrasch zufolge, daß seine Grabstätte unbekannt blieb (vgl. Dtn 34,6). Aus dieser Schwäche des Mose soll jeder Mensch entnehmen, daß man der in der Mischna angeführten tierischen Eigenschaften bedarf, um den Willen ihres Vaters im Himmel zu tun. Der Aussage wird eine weitere Begründung abschließend angefügt. Gott nimmt es bei den Gerechten "haargenau"[49]. Schwächen, wie der Verlust der Eigenschaften, die dazu befähigen, um dem Willen Gottes nachzukommen, werden geahndet.

Zusammenfassung

Die empfohlenen Eigenschaften des Menschen sind alle der Tierwelt entnommen: Er muß stark sein wie ein Leopard, schnell wie ein Adler, laufen wie ein Gazelle und heldenhaft sein wie ein Löwe. Die Intention des Spruches, die im letzten Abschnitt zum Ausdruck kommt, wird durch einen Infinitiv eingeleitet. Dazu wird er noch von dem Verb לעשות, "tun, machen", gebildet, das eindeutig zur einer Aktivität aufruft und die Stärke ausdrückenden metaphorischen Beispielsätze unterstützt.

Bei einer genauen Betrachtung der Gott eigenen Attribute lassen sich eine Reihe unterschiedlicher Substantive feststellen. In COHONs Liste[50] der natürlichen Symbole werden ausser dem Leoparden die Tiere als Gottesattribute[51] angeführt. Dem Menschen werden Verhaltensweisen bzw. bestimmte Attribute aus der Tierwelt empfohlen, die ihm helfen, Gottes Willen zu tun. Nimmt er einige dieser den Tieren zugeschriebenen Attribute an, fällt es ihm leichter, den Willen Gottes zu tun. Der Mensch nähert sich Gott, seinem Schöpfer, an.

Hinter der Aufforderung, Gottes Willen zu erfüllen, steht das Schöpferbild Gottes. Indem Gott den Menschen "nach seinem Bild" geschaffen hat (Gen 1,27), spiegelt der Mensch moralische und geistige Vorstellungen Gottes. Ein Mensch entscheidet sich frei für seine Taten[52] und muss diese vor sich selbst und vor Gott verantworten (vgl. mAv 2,12). In mAv 2,4 wird empfohlen, den Willen Gottes zum eigenen Willen zu machen und auf den eigenen Willen zu verzichten, um sich mit Gottes Hilfe gegen seine menschlichen Streitpartner durchzusetzen. Die Auffassung der Reziprozität des Willens Gottes und des einzelnen Menschen spiegelt sich in mAv 5,20. Die schöpferische Tat

---

[48] BIETENHARD, Midrasch Tanhuma B II, 383.
[49] Ebd.
[50] Vgl. die elf Gruppen bei COHON, Name of God, 163f.
[51] Bereits in der Hebräischen Bibel werden Gott verschiedene Attribute zugeschrieben (vgl. Ex 34,6f.).
[52] Vgl. den Exkurs zum "Freien Willen" S. 150.

Gottes wird durch die Aufforderung, die aus der Tierwelt entnommenen Attribute nachzuahmen, und die Bezeichnung Gottes als Vater im Himmel zum Ausdruck gebracht.

Durch das Possessivpronomen "dein" wird das bereits bestehende Verhältnis betont. Gott ist der Vater des Volkes Israel und des einzelnen Menschen. Indem der Mensch die tierischen Eigenschaften nachahmt, ähnelt er einem Kind, das die Verhaltensweisen seiner Eltern imitiert. Durch diese Nachahmung ist er befähigt, dem Willen seines Vaters zu folgen. Die Benennung Gottes als Vater ruft daher in die Verpflichtung zur Imitation seiner eigenen Attribute.[53]

Aus dem Kontext des Spruchs in seinen unterschiedlichen Überlieferungen wird deutlich, daß mit der Vaterbezeichnung Gottes Konnotationen wie Hilfe, Kraft und Stärke verbunden sind. Gott ist der väterliche Schöpfer und Erzieher des Menschens, der bei der Erfüllung des göttlichen Willens rettend, bei Nichterfüllung auch Grenzen aufzeigend tätig sein kann.

1.2. Gerechte und Frevler

Um die Auseinandersetzung mit spezifischen Geboten der Tora geht es in den folgenden beiden Texten.

Sifra קדושים 10,6.7 zu Lev 20,15f.[54]

I.1. Desgleichen sagst du:	כיוצא בו אתה אומר
2. *Zerstört, ja zerstört alle diese Orte* usw. (Dtn 12,2)	אבד תאבדון את כל המקומות גומר
und reißt ihre Altäre um (Dtn 12,3).	ונתצתם את מזבחותיו וגומר
3. Und siehe, es ist vom Leichteren aufs Schwerere (zu folgern):	והרי דברים קל וחומר
4. Wenn schon über die Orte und den Baum,	ומה אם המקומות והאילן
die nicht sehen und nicht hören und nicht reden,	שאינן לא רואין ולא שומעין ולא מדברי׳
weil dem Menschen durch sie Anleitung zur Sünde gekommen ist,	ע״י שבאה לאדם תקלה על ידיהן
die Schrift sagt:	אומר הכתוב
Verdirb, verbrenne und vernichte und schaffe fort aus der Welt,	השחת שרוף וכלה והעבר מן העולם
5. um wieviel mehr gilt für einen Menschen, der seinen Freund	אדם שהוא גורם לחברו
vom Weg des Lebens zum Weg des Todes wendet,	להטותו מדרך חיים לדרך המות
daß der ORT ihn aus der Welt fortschaffen wird.	עאכ״ו שיעבירנו המקום מן העולם.
6. Und warum sagte die Tora,	וכי למה אמרה התורה
daß man die Orte zerstören und die Bäume vernichten soll?	להחריב את המקומות ולאבד את האילנות
7. Weil sie an die Schande des Menschen erinnern.	מפני שמזכירין גנותו של אדם
II.3. Und ist nicht vom Leichteren aufs Schwerere (zu folgern)?	והלא הדברים קל וחומר
4. Wenn schon über den Heiligen, g.s.e, sich über die Frevler erbarmt,	ומה אם כך חס הב״ה על הרשעים
5. um wieviel mehr (erbarmt er sich dann)	קל וחומר
über die Ehre der Gerechten.	על כבודן של צדיקים.
III.1. Und hinsichtlich der Gerechten, was sagt er da?	לענין צדיקים מהו אומר
2. *Wenn du vor einer Stadt lange Tage anhalten mußt,*	כי תצור אל עיר ימים רבים
um sie zu bekämpften (und) um sie zu erobern,	להלחם עליה לתפשה
so wirst du ihren Baum nicht verderben und mit Äxten umhauen,	לא תשחית את עצה לנדוח עליה גרזן
weil du von ihm essen kannst; ihn sollst du nicht fällen (Dtn 20,19).	כי ממנו תאכל ואותו לא תכרות
3. Und siehe, es ist vom Leichteren aufs Schwerere (zu folgern):	והרי הדברים קל וחומר
4. Wenn schon über die Bäume,	ומה האילנות

---

[53] Eine Einführung in die Thematik der Nachahmung Gottes im Judentum bieten: BROCKE, Nachahmung Gottes; STERN, Anthropomorphism, 153f.; KOSMALA, Nachfolge, 187ff.

[54] Text: WEISS, Sifra, 92b.

140

die nicht sehen und nicht hören und nicht reden,   שאינן לא רואים ולא שומעין ולא מדברים

weil sie Früchte hervorbringen,   על שעושין את הפירות

der ORT sich ihrer erbarmt,   חס עליהם המקום

um sie nicht aus der Welt fortzuschaffen,   מלהעבירם מן העולם

5. um wieviel mehr gilt für einen Mensch, der die Tora und   אדם שעושה את התורה

den Willen seines Vaters im Himmel befolgt,   ועושה רצון אביו שבשמים

daß sich der ORT über ihn erbarmen wird,   עא״כו שיחוס עליו המקום

um ihn nicht aus der Welt fortzuschaffen.   מלהעבירו מן העולם.

__10,7:__

IV.1. Hinsichtlich der Frevler sagt er: לענין רשעים הוא אומר

2. *Nur ein Baum, von dem du weißt usw.* (Dtn 20,20).   רק עץ אשר תדע וגומר

3. Und siehe, es ist vom Leichteren aufs Schwerere (zu folgern):   והרי הדברים קל וחומר

4. Wenn schon über die Bäume,   וכי אם האילנות

die nicht sehen und nicht hören und nicht reden,   שאינן לא רואין ולא שומעין ולא מדברים

weil sie keine Früchte hervorbringen,   על שאינן עושין את הפירות

sich der ORT nicht über sie erbarmt,   לא חס עליהן המקום

um sie nicht aus der Welt fortzuschaffen,   מלהעבירן מן העולם

5. um wieviel mehr gilt für einen Menschen, der nicht die Tora   אדם שאינו עושה את התורה

und nicht den Willen seines Vaters im Himmel befolgt,   ואינו עושה רצון אביו שבשמים

daß sich die Schrift nicht über ihn erbarmen wird,   עאכ״ו שלא יחוס עליו הכתוב

um ihn nicht aus der Welt fortzuschaffen.   מלהעבירו מן העולם.

Dieser Text steht in einem größeren Zusammenhang von Texten, die nach einem ähnlichen Schema aufgebaut sind. In Sifra קדושים 10 wird Lev 20,15f. ausgelegt. Lev 20 beschäftigt sich mit Strafbestimmungen, die für schwere Sünden gelten. In den Versen 15f. ist vom Beischlaf eines Mannes oder einer Frau mit einem Tier die Rede.[55] Sowohl die Menschen als auch die Tiere sollen durch Steinigung getötet werden.[56] Hier stellt der Midrasch die Frage, warum das Tier bestraft wird, wenn der Mensch gesündigt hat? Die Antwort wird sogleich gegeben: Weil durch das Tier der Mensch Anleitung zur Sünde bekommen hat.[57] Nun beginnt die durch קל וחומר eingeleitete Auslegung. Zuerst wird die direkt an Lev 20,15f. anschließende Frage nach dem Tod des Tieres auf den Menschen bezogen: "Wenn über das Tier, das nicht zwischen Gut und Böse unterscheiden kann, weil durch es dem Menschen eine Anleitung zur Sünde gekommen ist, die Schrift sagt: Es soll gesteinigt werden, um wieviel mehr ist ein Mensch, der seinem Nächsten Ursache ist, ihn vom Weg des Lebens zum Weg des Todes abzulenken, aus der Welt fortzuschaffen." Nach diesem Abschnitt folgt unser Text. Direkt an diesen Text schließt sich der bereits als Parallele zu tBQ 7,7 angeführte Text Sifra קדושים 10,8 an.[58]

Gliederung:

I.: (10,6)	II.:	III.:	IV.: (10,7)
1. Einleitung	----	1. Einleitung	1. Einleitung
2. Bibelzitat (Dtn 12,2f.)	----	2. Bibelzitat (Dtn 20,19)	2. Bibelzitat (Dtn 20,20)
3. Hermeneutische Regel	3. Herm. Regel	3. Herm. Regel	3. Herm. Regel

[55] Dieses sexualethische Verbot wurde bereits in Lev 18,23 ausgesprochen. In Lev 20 werden jedoch die Strafbestimmungen der Tat thematisiert, die für die Midraschauslegung von Bedeutung sind.

[56] Zum Gebot der Steinigung als Strafe für sexuelle Unzucht vgl. auch mSan 7,4.

[57] Vgl. WINTER, Sifra, 529 unten. Die Mischna fügt noch einen weiteren Grund für den Tod des Tieres an: "Damit man, wenn es über die Straße geht, nicht sage: Das ist es, dessentwegen jener gesteinigt wurde" (mSan 4,2). Auch die Erinnerung an die Schande des Menschen muß in dieser Auslegung vernichtet werden.

[58] S.o. 114ff.

4. Regel: Orte und Baum	4. Frevler	4. Fruchtbäume	4. Bäume, die keine Frucht bringen
5. Übertragung auf Menschen	5. Übertragung auf Gerechten	5. Übertragung auf Menschen	5. Übertragung auf Menschen
6. Frage der Tora	----	----	----
7. Antwort	----	----	----

Einzelexegese

I.1. Die Auslegung beginnt mit der vergleichenden Einleitung: "Desgleichen sagst du"[59] Damit schließt sich der nun folgende Midraschabschnitt an den vorausgehenden an, in dem von der Unzucht mit Tieren und vom Unterschied zwischen Menschen und Tieren die Rede war, und fügt der Auslegung noch weitere Beispiele hinzu.

2. Zwei Bibelzitate aus Dtn 12,2.3 werden angeführt. Dtn 12 und Lev 20 stehen beide in einem Katalog von Bestimmungen, die den Israeliten mit der Verheißung des Landes gegeben werden. Im Land müssen sie diese Gebote und Satzungen halten, um sich von den fremden Völkern zu unterscheiden und nicht deren Sitten anzunehmen. Daher werden die Anfänge der beiden Dtn-Verse zitiert. In ihnen kommt zum Ausdruck, daß die kanaanäischen Kultstätten zerstört werden sollen, damit die Gesetze, die Mose den Israeliten verkünden soll, im Land gehalten werden. Der Aspekt des Zerstörens wird durch die Paronomasie empathisch hervorgehoben.

3. Dem Bibelzitat folgt eine Reihe von Abschnitten, die durch die hermeneutische Regel des Schlusses a minore ad maius[60] eingeleitet werden.

4. In der folgenden Frage werden die aus Dtn 12,2 bekannten Themen "Orte" und "Baum" aufgegriffen. Allerdings wird der Baum im Zitat mit עץ bezeichnet, das Wort אילן kommt im biblischen Hebräisch nicht vor. Beide Objekte haben eines gemeinsam: Sie können weder sehen noch hören noch reden.[61] Damit wird eine Verbindung zu der im Midrasch vorangehenden Aussage über Unzucht mit Tieren hergestellt. Die Tiere haben nicht die Erkenntnis von Gut und Böse, Bäume und Orte haben weder diese Erkenntnis, noch wird ihnen irgendeine Wahrnehmungs- oder Äußerungsfähigkeit zugesprochen. Dennoch können Orte und Bäume weitreichende Folgen für den Menschen haben: "weil dem Menschen durch sie Anleitung zur Sünde gekommen ist." Diese Begründung ist aus dem vorhergehenden Abschnitt 10,5 entnommen und weiter ausgebaut worden.[62] Das Wort תקלה beschreibt Zustände, die besser vermieden werden, da ihnen die Sünde auf dem Fuße folgen könnte.[63] Daher wird das Wort durch "Straucheln, Anstoß, Verleitung zur Sünde"[64] wiedergegeben. Diese "Anleitung zur Sünde" wurde auch den Tieren zur Last gelegt.

---

[59] Diese Formel hält BACHER für die Einleitung von Beispielen aus dem nachtannaitischen Midrasch (vgl. ders., Term II, 81). Es ist zu beobachten, daß besonders im Midrasch Tanchuma, einem nachtannaitischen Midrasch, diese Wendung Beispiele einleitet. Allerdings ist aus dieser Beobachtung nicht auf jede Stelle in der Midraschliteratur zu schließen.

[60] Vgl. 112 Anm. 253.

[61] Vgl. die Steine des Altars in tBQ 7,6.7parr.

[62] Sifra קדושים 10,5: אלא לפי שבא לאדם תקלה על ידיה ולפיכך אמר הכתוב תסלק. Sowohl die Zustandsbeschreibung als auch das nachfolgende "Schriftzitat" ist in diesem Stück bereits enthalten.

[63] Die Wendung תקלה על ידי stammt aus mischmischem Sprachgebrauch (vgl. mBer 4,2; San 7,4; Par 9,5). Vgl. auch tDem 3,10; Maas 4,9; Sheq 3,14; Sot 10,2; BM 11,14; Kalla 10,9 und die Parallelstelle Sem 8,2.

[64] LEVY, WB IV, 662.

Als nächstes wird mit der Schrift (הכתוב)[65] argumentiert, obwohl die Aussage keiner biblischen Stelle entspricht, sondern vom Midrasch frei gebildet wurde.[66] Das sog. "Schriftzitat" soll die Folge für die Orte und Bäume aufzeigen. Die drei Verbformen המשחת שרוף וכלה werden außer in dieser Auslegung noch in bSan 55a verwandt. Dort werden die Verbformen als Torazitate innerhalb der Aussprüche von Rab Sheshet und Abajje ebenfalls im Zusammenhang mit Unzuchtsverboten angeführt. Es ist daher zu vermuten, daß die Verben in der vorliegenden Form früh mit den Unzuchtverboten zusammengestellt wurden.

Der in Sifra קדושים 10,6 angefügte Zusatz "und schaffe fort aus der Welt" bereitet die Übertragung auf den Fall des Menschen vor. Diese Wendung ist eine Besonderheit des Sifratextes.[67] Die Aufmerksamkeit wird auf die Rettung und Bewahrung des irdischen Lebens gelenkt.

5. Nun beginnt die Übertragung auf den Menschen. Die Einleitungsformel אדם ש, "ein Mensch, der ...", erscheint in unserem Text an drei Stellen. Die erste ist eine Wiederholung des unserem Textabschnitt vorausgehenden Midraschteils. Die letzten beiden Erwähnungen (III.5; IV.5) spielen mit der Möglichkeit eines Menschen, die Tora und den Willen Gottes zu befolgen oder nicht.[68] Mit dieser stereotypen Einleitung greift der Midrasch das Strukturelement des Bibeltextes Lev 20,8-21 auf.[69] Indem die Auslegung deutlich auf den Bibeltext rekurriert, ist die nachfolgende übertragene Bedeutung des Willens Gottes vor dem Hintergrund der Aussagen in Lev zu sehen.

In der Übertragung des ersten Abschnitts wird die Beschreibung des diesem Text vorangehende Falls, in dem das Tier mit einem Menschen verglichen wird, imitiert. Ein Mensch verursacht das Abwenden seines Freundes vom rechten Weg. Das Verb נטה im Hiphil bedeutet soviel wie "neigen, jemand wenden, abwenden"[70]. Es beschreibt einen Vorgang, bei dem man vom Weg des Lebens auf den Weg des Todes kommt. In Jer 21 wird die Zerstörung Jerusalems angekündigt. Auch in diesem Kontext spricht Gott zum Volk: "*Siehe, ich lege euch vor den Weg des Lebens und den Weg des Todes*" (V.8). Wer bei der Belagerung in der Stadt bleibt, der wird des Hungers, durchs Schwert oder durch eine Seuche sterben. Wer aber hinausläuft zu den Chaldäern, wird das Leben erhalten. Dieser Kontext schwingt beim Verständnis des tannaitischen Textes mit.

Was wird unter dem "Weg des Lebens" verstanden? Gemeint ist die Beachtung und Erfüllung der Gebote.[71] Gott ebnet den Menschen den Weg des Lebens.[72] Durch die

---

[65] "Die Schrift" wird gewissermaßen personifiziert gebraucht und im tannaitischen Midrasch mit zahlreichen Verben in Verbindung gebracht. Eine Liste bietet BACHER, Term I, 90ff.

[66] In bSan 55a werden die Worte "verdirb, verbrenne und vernichte" durch die stereotype Wendung "die Tora sagte" eingeleitet.

[67] In diesem Sifratext taucht die Verbindung עבר מן העולם fünfmal auf. Ansonsten ist sie nur noch in tNaz 4,6 (vgl. SifBam § 22) und tQid 5,12 anzutreffen.

[68] Vgl. z.B. Dtn 30,15ff.

[69] Die Verse 10.11.12.13.14.15.16 (אשה)17.18.20.21 beginnen alle mit der Wendung ואיש אשר", und ein Mann, der ..." Die Veränderung des Relativpronomens ist mit der fortschreitenden Wandlung der hebräischen Sprache verbunden. אשר ist typisch für das biblische Hebräisch, während die Partikel ש häufig bereits im mischnischen Hebräisch anzutreffen ist.

[70] GESENIUS, WB, 501; vgl. BAUMGARTNER, Lexikon III, 655.

[71] Vgl. Prov 19,16. Vgl. ARN(A) 18,2 (S. 34b): "So sind die Dinge der Tora, sie richten den Menschen zum Weg des Lebens" (vgl. auch bHag 3b; San 55b). In den aggadischen Midraschim wird betont, daß der Mensch zwei Wege von Gott bekam (BerR 31,5), "gut und böse, den Weg des Lebens und den

Texte wird deutlich: Die Einhaltung der Gebote eröffnet den Menschen die Möglichkeit zur Partizipation am Weg des Lebens, der bei Gott seinen Ursprung hat und auf ihn zielt. Diese Übertragung endet abermals mit dem mahnenden Hinweis, daß der ORT den Menschen aus der Welt fortschafft, "der seinen Freund vom Weg des Lebens zum Weg des Todes wendet."[73]

6. An den ausführlich behandelten Abschnitt wird noch eine weitere Übertragung angefügt, die formal durch eine mit Bibelzitat belegte Frage als Reminiszenz des fünften Abschnitts gesehen werden kann. Die stilisierte Frage nach der Intention der Bibel-zitate beinhaltet zwei Aspekte. Der eine ist die Zerstörung der Orte durch das Schwert.[74] Der zweite Aspekt bezieht sich auf die Vernichtung der Bäume.[75] Über die Zerstörung von Orten und Vernichtung von Bäumen wird im Dtn im Rahmen der Kriegsgesetze (vgl. Dtn 20,15ff.) gesprochen.

7. Die Orte und Bäume erinnern an die Schande des Menschen. Daher müssen sie vernichtet und zerstört werden.[76] Das Wort גנות, "Schande, Schändlichkeit"[77], erinnert an die Verführung zur Sünde (vgl. I.4). In der Kombination beider Aussagen sind die beiden Begründungen zur Tötung des an der Unzucht beteiligten Tieres wiederzufinden (s.o.).

II. Während im ersten Teil die Orte, Bäume und Menschen miteinander in Relation gesetzt worden sind, beschäftigt sich der zweite Teil des Midraschtextes eingehender mit zwei Gruppen von Menschen, den Frevlern und den Gerechten. An die einleitende hermeneutische Regel schließt sich eine Frage an.

4. Das Verb חוס mit der nachfolgenden Partikel על hat biblisch bereits die zwei Bedeutungen "sich erbarmen über"[78] und "schonen"[79]. Die Bibeltexte, in denen diese Wendung erscheint, weisen viele Ähnlichkeiten mit dem Sifratext auf:

So wird in Jer 13,14 die Zerstörung Jerusalems angesagt, Ps 72,13 richtet sich an den Friedensfürsten und sein Reich, und wie Jona sich über eine Staude erbarmt, so erbarmt sich Gott über die Stadt Ninive (vgl. Jon 4,10f.). Bei dieser Zusammenstellung fällt auf, daß mit Ps 72 die Davidspsalmen schließen und die letzten beiden Verse des Jonabuches sich mit dem Erbarmen beschäftigen. In beiden Fällen bildet das Thema "Erbarmen" einen paränetischen Abschluß der Texte, in denen das Ringen für die gerechte Sache thematisiert wird.

Weg des Todes, Segen und Fluch" (Tan ראה 3). Vorsicht ist geboten, denn es gilt, den Weg des Lebens zu erkennen (vgl. Prov 14,12; 16,25).

[72] Vgl. bMen 99b: Das Maß des Heiligen, g.s.e., führt zum Leben, das Maß aus Fleisch und Blut führt auf den Weg des Todes.

[73] RASCHI kombiniert einzelne Teile dieses Midrasch (I.2 (Dtn 12,2); II.3; III.4; I.4.5) und erklärt mit ihnen Lev 20,16 (vgl. Torat Kohanim 3, 201; Übersetzung bei BAMBERGER, Raschis Pentateuchkommentar, 333).

[74] Vgl. Jer 19,7; 33,12; bBQ 57a.

[75] Vgl. Dtn 20,19f.; tOh 17,12.

[76] Diese Begründung ähnelt der für die Tötung des Tieres in bSan 55a.

[77] LEVY, WB I, 348. Vgl. mPes 10,4; bAr 16a; Sot 52b u.a.

[78] Vgl. Jer 21,7, die Ankündigung der Zerstörung Jerusalems; Jon 4,10.11; Ps 72,13.

[79] LEVY, WB II, 24. Vgl. Jer 13,14; Ez 24,14; Jos 2,17; 1Sam 24,11; Neh 13,22.

5. "Der Heilige, g.s.e., erbarmt sich über die Frevler." Von dieser Aussage wird auf die Ehre der Gerechten geschlossen. Die Einfügung des Wortes כבוד scheint seltsam. Ist die Ehre immer schon eine Eigenschaft des Gerechten gewesen, oder hat sie in diesem Text eine besondere Aussagekraft? In Kalla Rabati 8,2 zählt R. Shimon bar Jehuda im Namen R. Shimons einige Eigenschaften der Gerechten auf: Neben Kraft, Reichtum, Weisheit und Söhnen ist auch die Ehre den Gerechten versprochen.[80] Sie gilt als ihr Lohn (vgl. ShemR 45,5). Neben diesen Stellen ist die Zuordnung nur in aggadischen Midraschim und in der Gemara des Jerusalemer Talmud zu finden. Dort wird postuliert, daß Gott es mit der Ehre des Gerechten strenger nimmt als mit seiner eigenen Ehre.[81] In einer Auslegung der Bileamperikope wird analog zu unserem Text die Ehre des Frevlers mit der des Gerechten verglichen: "Wenn der Heilige, g.s.e., sich über die Ehre des Frevlers erbarmt, ist es nicht nötig, zu sagen `über die Ehre des Gerechten´, wie geschrieben steht: (Lev 20,16)"[82]. Wie in unserem Midrasch wird in diesem Text die Auseinandersetzung zwischen Gerechtem und Frevler mit der Auslegung der Unzuchtsfälle Lev 20,15f. verbunden. Anscheinend waren die Kategorien רשע und צדיק anhand dieser schweren Vergehen für die Rabbinen besonders deutlich aufzuzeigen.

III.1.-2. Nachdem im zweiten Abschnitt Gottes erbarmendes Handeln an gerechten und frevlerischen Menschen in einer Frage formuliert wurde, rücken nun die Gerechten durch die Wendung לעין, "bezüglich der Sache", erneut in den Blickpunkt. Diese Wendung, verbunden mit dem Verb "sagen", verweist in den R. Jishmael zugerechneten Midraschim meist auf eine Bibelstelle, die den Inhalt einer anderen Stelle oder eines Wortes verständlicher macht.[83] An die knappe Frage wird die ausführlich zitierte Bibelstelle (Dtn 20,19) angefügt. In den letzten beiden Versen (19f.) werden Regeln für den Umgang mit Bäumen im Fall einer Kriegseroberung aufgestellt. Die Fruchtbäume dürfen nicht gefällt werden, denn sie schaffen Nahrung und sind am Krieg nicht beteiligt.
3. Nach der Zitation eines Kriegsgesetzes konzentriert sich der dritte Abschnitt des Midrasch im folgenden auf die Bäume.
4. Die mangelnde Wahrnehmungs- und Äußerungsfähigkeit der Bäume wird erneut hervorgehoben, bevor als weiteres Unterscheidungsmerkmal dann ihre positive Eigenschaft, Früchte hervorzubringen, thematisiert wird. Gerade diese Früchte können in Kriegssituationen den Menschen das Überleben sichern. Das Fruchtbringen führt dazu, daß Gott sich der Fruchtbäume erbarmt und sie nicht aus dieser Welt fortschafft. Die Tatsache, daß Gott auch über das Leben und Sterben von Bäumen entscheidet, wird nicht weiter diskutiert.
5. Mit dem Fruchtbaum wird, die Einleitung der Verse Lev 20,10ff. aufgreifend, ein Mensch verglichen, der die Tora und den Willen seines Vaters im Himmel befolgt. Die Wendung עושה את התורה, "die Tora befolgen", ist nur noch in einer Auslegung in MTeh 119,48 anzutreffen. Dort ist sie mit der Bitte um Leben verbunden: "Ich habe gehofft,

---

80 Vgl. auch ySan 11,3 30a.
81 Vgl. BerR 39,12 zu Gen 22,2; PesK 2.
82 BemR 20,14; Tan בלק 9.
83 Die am häufigsten vorkommende Form in diesen Midraschim ist: כענין שנאמר; vgl. BACHER, Term I, 141.

daß ich die Tora befolgen werde, gib mir Leben, und ich befolge die Tora und werde nicht zu Schanden."[84] Für die religiöse Identität des Volkes Israel ist es gerade auch in Zeiten der Auseinandersetzung und der Verfolgung wichtig, die Tora zu befolgen. Nur so wird der Mensch am Leben bleiben (vgl. MTeh) bzw. nicht aus dieser Welt fortgeschafft werden (vgl. Sifra).[85] Der Midrasch parallelisiert das Befolgen der Tora mit dem Befolgen des Willens Gottes. Daraus kann gefolgert werden, daß in der Tora der Wille Gottes zu erkennen ist, denn beidem soll der Mensch folgen. Aufgrund des Befolgens der in der Tora niedergeschriebenen Gebote und somit des Willens Gottes erweist sich Gott jenem Menschen als Vater.

IV.1. Der vierte Abschnitt ist analog dem dritten aufgebaut und beschäftigt sich mit den Frevlern.

2.-3. Wurden die Gerechten mit dem Bibelzitat Dtn 20,19 verbunden, so wird Dtn 20,20 auf die Frevler bezogen. Zitiert ist der Anfang von V.20: "*Nur ein Baum, von dem du weißt ...*"[86] Das Bibelzitat bezeichnet so in Abschnitt III. Bäume, die keine Fruchtbäume sind. Diese dürfen in Dtn 20 zu Kriegszwecken bei Belagerung einer Stadt gefällt und ihr Holz verarbeitet werden.

4. Der folgende Text ist die Negativversion von Abschnitt III. und analog aufgebaut. Wo vorher von Fruchtbäumen die Rede war, wird nun von Bäumen, die keine Frucht bringen, gesprochen. Über sie erbarmt sich Gott nicht. Ebenso trifft dies auf einen Menschen zu, der die Tora und den Willen seines Vaters im Himmel nicht befolgt. Anstelle des im vorigen Abschnitt gebrauchten Gottesepithetons "Ort" ist nun von "der Schrift" die Rede. Mit dieser Nennung und der den sechsten Teil einleitenden Formel אדם ש verweist das Ende unseres Midraschabschnitts erneut auf Lev 20,15f. und schließt somit den Bogen der Midraschauslegung.

5. Nachdem die Folgen von Unzuchtsfällen beschrieben und diese auf einige andere Situationen übertragen worden sind, verbirgt sich in IV.5 die Aussage: Was in Lev 20,10ff. beschrieben ist, das entspricht nicht den Geboten der Tora und ebensowenig dem Willen Gottes. Wer diese Gebote übertritt, ist ein Frevler. Ihn schützen keine Schriftzitate, sondern er wird unweigerlich aus der Welt fortgeschafft und getötet (vgl. Lev 20,15f.)[87].

Zusammenfassung

Dem Midraschtext geht die Auslegung der Unzuchtsfälle mit Tieren voraus. Sowohl die Menschen als auch die Tiere sollen getötet werden. Von dem Tier, das nicht zwischen Gut und Böse zu unterscheiden vermag und das trotzdem getötet wird, wird auf den

---

84 MTeh 119,48 zu Ps 119,115 (WÜNSCHE, Midrasch Tehillim II, 189).

85 Vgl. VETTER, Lehren vom Tod, 21f.

86 Das Zitat lautet weiter: "... daß man nicht davon ißt, die darfst du verderben (תשחית) und fällen (וכרת) und ein Bollwerk daraus bauen gegen die Stadt, die mit dir Krieg führt, bis du sie besiegt hast." Das erste Verb erinnert an den Spruch der Schrift in I.4.

87 Das Töten wird in der Bibelstelle durch die beiden Verben מות, "sterben", und הרג, "töten", ausgedrückt. In V.15 stirbt der Mann, und das Tier wird getötet, im Fall der Frau (V.16) geschieht es umgekehrt. Sifra erläutert in den unserem Abschnitt vorangehenden Passagen, daß die Menschen und das Tier durch Steinigung zu Tode kommen sollen.

Menschen geschlossen, der, obwohl er mit Erkenntnis ausgestattet ist und zwischen Gut und Böse zu unterscheiden kann, seinen Nächsten auf den Weg des Todes lenkt.

Der Text thematisiert daher eine besondere Situation menschlicher Anfechtung. Durch die in der Auslegung verwandten Bibelzitate[88] und die kriegerische Sprache[89] liegt es nahe, kriegerische Auseinandersetzungen als historischen Hintergrund des Midrasch zu vermuten. Vermutlich veranlaßten sie die Rabbinen dazu, das Unzuchtsverbot weiter auszulegen. Auf redaktioneller Ebene sind sie mit einer ganz präzisen Aussagekraft zusammen gestellt worden. Aufbau und prägnante Form der einzelnen Abschnitte drücken Stringenz und unabwendbare Folgen des jeweiligen Handelns aus. Die Auslegung zielt darauf ab, daß alle Menschen ein gerechtes Leben anstreben, indem sie die Schöpfung und Geschöpfe Gottes achten, sowie die Tora und den Willen Gottes tun und demzufolge unter Gottes Erbarmen und Schutz in dieser Welt weiterleben können.

Innerhalb der Auslegung sexualethischer Strafbestimmungen wird Gott als Vater benannt. Mit der Einleitungsformel "ein Mensch, der ..." des Aussagesatzes sind die einzelnen Bestimmungen aus Lev 20,10ff. präsent. Die Strafbestimmungen dienen der Unterscheidung zwischen Gerechtem und Frevler. Beide werden unter Aufnahme von Dtn 20,19f. mit Bäumen verglichen. In diesen Bereichen kommen alle Kategorien des Lebens im Midrasch zur Sprache (Flora und Fauna).

Am Ende der Midraschauslegung wird Gott im Kontext der Befolgung der Gebote und seines Willens als Vater bezeichnet. Er übernimmt gegenüber seinen Kindern, die sich seinem Willen gemäß verhalten, die Rolle des schützenden Vaters, der sich über seine Kinder erbarmt und sie nicht aus der Welt fortschafft. Solchermaßen handelt er nur, wenn die Verbindung zwischen ihm und dem einzelnen Menschen nicht durch irgendwelche Freveltaten oder kriegerischen Auseinandersetzungen gestört ist. Hier ist nochmals auf das einleitende Bibelzitat Dtn 12,2f. zu verweisen: Auch die Übernahme fremder Altäre wäre ein Fehlverhalten gegenüber Gott und mit dem Tod zu bestrafen. Mit der Bezeichnung Gottes als Vater im Himmel sind in Sifra Konnotationen von Schutz und Erbarmen verbunden.

1.3. Die Wahl des Menschen: SifDev § 306 [90]

Als Kriterium der Gottesbeziehung des Menschen wird das Befolgen oder Nichtbefolgen der Tora und des göttlichen Willens herangezogen.

1. Und so pflegte R. Simai zu sagen:	וכן היה ר' סימיי אומר
2. Alle Geschöpfe, die vom Himmel geschaffen sind,	כל בריות שנבראו מן השמים
deren Seele und Leib sind vom Himmel,	נפשם וגופם מן השמים
aber alle Geschöpfe, die von der Erde geschaffen sind,	וכל בריות שנבראו מן הארץ
deren Seele und Leib sind von der Erde,	נפשם וגופם מן הארץ
3. außer der Mensch, dessen Seele vom Himmel	חוץ מאדם זה שנפשו מן השמים
und dessen Leib von der Erde ist.	וגופו מן הארץ
A.4. Deshalb, wenn der Mensch die Tora und den	לפיכך אם עשה אדם תורה

---

88 Vgl. Dtn 12,2f.; Dtn 20,19f.
89 Diese kriegerische Sprache kommt besonders bei den Verben "vernichten, verbrennen, verderben, zerstören" und "aus der Welt fortschaffen" des Auslegungsabschnittes zum Ausdruck.
90 Text: FINKELSTEIN, Sifre, 340f.

Willen seines Vaters im Himmel befolgt,	ועשה רצון אביו שבשמים
5. siehe, da ist er wie die Geschöpfe von oben,	הרי הוא כבריות של מעלה
6. da gesagt ist: *Ich habe gesagt, Götter seid ihr,*	שנאמר אני אמרתי אלהים אתם
und ihr alle Söhne des Höchsten (Ps 82,6).	ובני עליון כלכם
B.4. Befolgt er nicht die Tora und	לא עשה תורה
den Willen seines Vaters im Himmel,	ולא עשה רצון אביו שבשמים
5. siehe, dann ist er wie die Geschöpfe von unten,	הרי הוא כבריות של מטה
6. da gesagt ist: *daher ... wie ein Mensch werdet ihr sterben* (Ps 82,7).	שנאמר אכן כאדם תמותון.

In SifDev legt § 306 die Bibelverse Dtn 32,1-3 aus. Zum ersten Vers werden 17 verschiedene Auslegungen geboten, zum zweiten Vers 13. Der Paragraph schließt mit vier Auslegungen zu Dtn 32,3. Der o.a. Text steht innerhalb der dreizehnten Auslegung zu Dtn 32,2 und ist die zweite der in dem Abschnitt vorkommenden drei[91] Auslegungen des R. Simai. Gedeutet wird Dtn 32,2, ein Vers aus dem Lied des Mose: "*Meine Lehre riesle wie Regen*". Die drei Auslegungen R. Simais werden am Ende des Midraschabschnitts unter der Frage: "Und woher (läßt es sich zeigen), daß er nur redet über die Auferstehung der Toten?" zusammengefaßt. Die Antwort mittels des Bibelzitates Ez 37,9: "*Geist, komme von den vier Winden und hauche diese Erschlagenen an*" faßt die Aspekte der vorangegangenen Auslegungen zusammen[92] und zeigt, daß auch in Dtn 32,1.2 die Auferstehung der Toten angedeutet ist.[93]

R. Simai ist ein Tannait der fünften Generation.[94] Er war ein Zeitgenosse Rabbis, gehörte zur Gruppe der Chassidim und wurde als "sehr heiliger"[95] Mann bezeichnet.

Gliederung:

A:	B:
1. Einleitung des Rabbinenspruchs	---
2. Statement	---
3. Ausnahme (Mensch)	---
4. Bedingung A: befolgt die Tora und Willen	B: befolgt nicht die Tora und den Willen
5. Folge A: Geschöpf von oben	B: Geschöpf von unten
6. Beleg A: Ps 82,6	B: Ps 82,7

Einzelexegese

1. Die Auslegung wird mit der Formel "Und so pflegte R. Simai zu sagen" eingeleitet.

2. R. Simai beginnt seine Auslegung mit einem zweifachen Statement. Anknüpfungspunkt der Unterscheidung zwischen "Himmel und Erde" ist Dtn 32,1, wo Mose sowohl den Himmel als auch die Erde auffordert, seine Rede zu hören. Zuerst wird zwischen den Geschöpfen des Himmels und der Erde unterschieden. Diese beiden

---

91 BACHER unterteilt den ersten Spruch R. Simais nochmals in zwei Untergruppen: Die erste sei der Hinweis auf die vier Winde des Himmels, der zweite Ausspruch beschäftige sich mit den Eigenschaften der Winde in landwirtschaftlichen Beziehungen (vgl. ders., Tann II, 543f.). Da die Einleitungsformel der drei Sprüche dieselbe ist und bei jedem R. Simai mit Namen erwähnt wurde, ist von drei Aussagen R. Simais auszugehen, die in weitere Unterabschnitte unterteilt werden können.

92 Die Worte "Himmel", "Erde" und "vier Winde" deuten hierbei die Auferstehung der Toten an. Vgl. BIETENHARD, Sifre, 732 Anm. 238; BACHER, Tann II, 544.

93 So auch BACHER, Tann II, 544; vgl. STEMBERGER, Auferstehung, 109. In einer Baraita, ausgehend von dem Vers Ex 6,4 ("*ihnen zu geben*" - nicht "*euch*"), beweise R. Simai ebenfalls, daß die auferstandenen Väter Israels das Land Kanaan bewohnen werden (bSan 90b). In bSan 11a befaßt sich R. Simai ausgehend von Ez 37,14 mit dem Problem der leiblichen Auferstehung.

94 Vgl. BACHER, Tann II, 543ff.; vgl. FINKELSTEIN, z. St. und Bill II, 340ff.

95 bPes 104a; AZ 50a.

Gruppen besitzen jeweils eine Seele und einen Körper. Mit נפש wird im biblischen Hebräisch die Seele bezeichnet,[96] jenes Organ, welches ein Körperwesen[97] wie Tier und Mensch zu einem lebendigen macht. Als Träger der Seele wird das Blut angenommen.[98] גוף beschreibt in unserem Text den Körper. In der Hebräischen Bibel kommt dieses Wort in dieser Form noch nicht vor.[99]

Auch den "Geschöpfen des Himmels" wird in diesem Midrasch neben der Seele ein Leib zugesprochen. Sie sind nicht ganz "Geist", obwohl ihr Leib himmlischer Natur ist[100] und mit den irdischen Leibern nicht viel gemein haben dürfte. Mit diesen Geschöpfen sind die Dienstengel (מלאכי השרת) gemeint. Der Terminus "Geschöpfe der Erde" bezeichnet die Tiere (בהמות). Ihre Seele und ihr Körper stammen aus dem irdischen Bereich. Die Annahme basiert auf weiteren Texten, die sich mit dem Leib-Seele-Dualismus beschäftigen. Für die Rabbinen der talmudischen Zeit war die Seele vom Körper getrennt.[101] Außerdem stellten die palästinischen Amoräer des 4. Jh.s fest, daß Gott die Menschen mit je vier Charaktereigenschaften des Himmels und der Erde schuf.[102]

3. Als Ausnahmefall wird der Mensch angeführt.[103] Auch er wird mittels der dualistischen Anthropologie beschrieben. In der Regel wird der Anteil des Menschen an beiden Sphären mit den beiden Schöpfungsberichten begründet. Der Mensch als Ebenbild Gottes (vgl. Gen 1,27) hat Anteil an der himmlischen Welt. Da er aber aus Staub[104] geschaffen wurde (vgl. Gen 2,7), besitzt er ebenso Anteile der Erde. In einer Baraita wird ausgesagt, daß es einen Unterschied beim Menschen zwischen seinen geistlichen Attributen und seinen körperlichen Bedürfnissen gibt.[105]

Die folgende Passage ist von HOFFMANN hypothetisch dem von ihm rekonstruierten Midrasch zu Deuteronomium, MTann, zugeordnet worden:[106]

---

[96] Die Grundbedeutungen "Hauch, Atem" sowie "Kehle, Schlund" sind in der Hebräischen Bibel kaum noch anzutreffen. Weitere Bedeutungen vgl. WESTERMANN, Art. נפש, 74.

[97] Vgl. Gen 1,20; Lev 7,11.

[98] Vgl. Gen 9,4; Lev 17,11; Dtn 12,23; vgl. OVID, Fasti V, 469.

[99] Dort findet sich nur גופה in der Bedeutung "Leichnam" (vgl. 1Chron 10,12). In der rabbinischen Literatur ist dieser Begriff bereits geläufig (vgl. LEVY, WB I, 314).

[100] Vgl. 1Kor 15,40.

[101] Ihre Argumentation stützt sich auf Gen 2,7: Gott blies die Seele in den Adam. Vgl. bTaan 22b. Ob die Seele nach dem Tod unabhängig vom Körper weiterexistiert, war dagegen unklar (vgl. ED., Art. Body and Soul, 1165).

[102] BerR 8,11 zu Gen 1,27: "Er schuf im Menschen vier Eigenschaften vom Himmel und vier von der Erde: Er ißt, trinkt, begattet sich, entleert sich und stirbt wie ein Tier, aber er steht aufrecht, spricht, hat Erkenntnis und sieht wie ein Dienstengel" (vgl. auch BerR 12,8; 14,3).

[103] In einigen Texten wird ausgesagt, daß Gott den Menschen erschuf, weil er nicht zufrieden war mit den Engeln und Tieren. Den Engeln fehlt der böse Trieb, den Tieren der gute. Texte und ausführliche Diskussion vgl. STUART, Struggle 10f.; vgl. FRIEDMAN, Art. Man, 847.

[104] In bSot 5a wird der Mensch (אדם) mit seinen physischen Bestandteilen mittels der Notarikonmethode als aus Staub (אפר), Blut (דם) und Galle (מרה) bestehend erklärt.

[105] bHag 16a: "Sechserlei wird von den Menschen gesagt: In dreierlei gleichen sie den Dienstengeln und in dreierlei gleichen sie dem Vieh. In dreierlei den Dienstengeln: sie haben Verstand ..., gehen aufrecht, ... und sie sprechen die Heiligensprache ... In dreierlei dem Vieh: sie essen und trinken wie das Vieh, sie pflanzen sich fort ..., und sie werfen Kot aus ..." (GOLDSCHMIDT, Der babylonische Talmud IV, 289).

[106] HOFFMANN, MTann, 183. HOFFMANN gab dem von ihm rekonstruierten halachischen Midrasch zu Dtn diesen Namen. Andere ziehen die Bezeichnung "Mechilta zu Dtn" vor, um die Zugehörigkeit zur Me-

"Mose sagt zu Israel: Aus diesen zwei Dingen wurdet ihr geschaffen: euer Geist (נשמה) aus dem Himmel und euer Körper von der Erde. Daher steht geschrieben: *Denn der Staub wird wieder zur Erde zurückkehren und der Geist wieder zu Gott ...* (Koh 12,7). Wenn ihr den Willen des Heiligen, g.s.e, befolgt, herrscht kein Geschöpf über euch, da kein Geschöpf über den Geist herrschen kann. Und wenn ihr nicht den Willen des Heiligen, g.s.e., tut, siehe, dann herrschen die Völker der Welt über euch und machen euch dienstbar, da der Körper eines jeden sich seiner bemächtigt. Deshalb, siehe, diese zwei bezeugen über euch heute. Und so ruft der Heilige, g.s.e., am Tage des Gerichts den Geist aus dem Himmel und entnimmt den Körper von der Erde und richtet sie als einen, da gesagt ist: *Er ruft Himmel und Erde zu, daß er sein Volk richten wolle* (Ps 50,4)."

Neben den dualistischen Aspekten und der eschatologischen Zielrichtung ist, wie in SifDev auch, die Rede vom Tun des Willens Gottes. Kontext ist die Auseinandersetzung des Volkes Israel mit anderen Völkern. Außerdem wird in MTann wie in SifDev in Aussicht gestellt, daß Gott Geist und Körper zusammen richten würde. Setzt der Mensch sich auch aus irdischen und himmlischen Komponenten zusammen, kann er durch seine eigene Entscheidung beeinflussen, welcher Sphäre er sich nach dem Tode zugehörig fühlt. MTann ist aus Teilen anderer Midraschim von HOFFMANN neu zusammengestellt worden. Aus inhaltlichen Gründen reflektiert er wahrscheinlich eine spätere Schicht als SifDev.[107]

4.-6. "Deshalb"[108] leitet die Entscheidungsmöglichkeiten des Menschen ein. Durch die Partikel אם, "wenn"[109], eingeleitet beginnt die Beschreibung der möglichen Bedingungen, die der Mensch sich selbst setzt. Im Gegensatz zum Tier ist der Mensch aktiver Zeuge der Offenbarung Gottes. Der Unterschied zwischen Mensch und Tier kann an den Schöpfungssegnungen in Gen 1,22 und 1,28 festgemacht werden. Der Mensch steht vor der Alternative von Gehorsam oder Ungehorsam gegenüber dem Willen Gottes. Was die Erfüllung des Willens Gottes zu einer Offenbarung der Freiheit macht, ist das Geheimnis der dem Geschöpf zugewandten Gnade, einer Offenbarung, der das Tier nur als passiver, aber nicht als aktiv beteiligter Zeuge beiwohnen kann.

Mit der positiven Beschreibung wird begonnen. Nach diesem Midrasch gehört der Mensch, sobald er die Tora und den Willen seines Vaters im Himmel erfüllt, zu den Geschöpfen von oben.[110] Er kann sich in Berufung auf Ps 82,6 zum göttlichen Bereich zählen. Kommt der Mensch der Aufforderung Gottes, die Tora zu erfüllen und seinen Willen zu tun, nicht nach, muß er sich zu den Geschöpfen der Erde, den Tieren, zählen.[111] Das hat zur Folge, daß er keine Hoffnung auf ewiges Leben haben kann.

---

chilta zu betonen. Vermutlich legt MTann das ganze Buch Dtn aus. Für die aggadischen Teile hat HOFFMANN SifDev (§§ 1-54, 304ff.), ergänzt durch MHG, übernommen. Exegetische Methode, Terminologie und Rabbinennamen weisen diesen Midrasch der Schule Jishmaels zu. Datierung und Endredaktion ist aufgrund des unsicheren Textbestandes nicht zu bestimmen. Vgl. STEMBERGER, Einleitung 270f.; HERR, Art. Midrash Tannaim, 1518f.

[107] Dies ist auch im Vergleich mit unserem Textabschnitt aufzuzeigen. Der Text ist als Moserede zum Volk Israel stilisiert. Damit greift MTann die Einleitung der Rede des Mose in Dtn 32,1 auf. Ferner bringt die Focussierung auf den Tag des Gerichts eine andere Gewichtung in diesen Abschnitt.

[108] BACHER, Term II, 102.

[109] Vgl. BACHER, Term II, 8.

[110] Texte, die sich mit den Geschöpfen von oben (בריות של למעלה) beschäftigen, sind u.a. noch: SifBam § 91; BerR 8,11; 43,7; Tan תזריע 5; PRE 3.

[111] Vgl. Ps 82,7.

Exkurs: Der "freie Wille"

Die Thematik der menschlichen Freiheit wird in der jüdischen Literatur breit reflektiert.[112] Bereits in der Hebräischen Bibel war die moralische Verantwortlichkeit des Menschen betont und die Möglichkeit, das Gute, das Gott von den Menschen fordert, auch zu wählen, den Menschen als Lebensaufgabe zugesprochen worden (vgl. Dtn 30,15.19). Der Mensch wird, wenn er sich falsch verhält, bestraft, aber ebenso für seine Güte belohnt.

Im nachbiblischen Judentum ist die Idee der menschlichen moralischen Unabhängigkeit fundamental: Sie ist "a basic presupposition underlying its zeal for the Torah and hope for the future"[113]. Im zweiten vorchristlichen Jahrhundert verknüpft Ben Sira die Erfüllung der Gebote mit dem Ausdruck "Wille Gottes": "Wenn du willst, wirst du die Gebote halten, und Einsicht ist da, seinen (Gottes) Willen zu tun" (Sir 15,15ff.). In mAv 3,15 wird R. Akiva folgender Spruch zugeschrieben: "Alles ist vorgesehen, aber die freie Wahl ist gegeben". Der Mensch hat also die Möglichkeit, sich selbst für das Tun des Guten zu entscheiden. Damit ist ihm die Verantwortung zur Entscheidung gegeben.[114] Der Mensch muß mittels seiner Vernunft frei entscheiden, die Tora bleibt der Wegweiser. Hinter der Entscheidungsfähigkeit sehen die Rabbinen die Menschen den zwei Trieben ausgesetzt. Über beide Triebe können die Menschen herrschen.[115]

Zwei Forderungen werden an den Menschen gestellt:[116] Wer die Tora und den Willen Gottes befolgt, der kann in den Bereich, dem seine Seele entstammt, gelangen. Engel gehören, wie die Tiere zur Erde, per se in den Bereich des Himmels. Der Mensch ist immer schon Höhepunkt und Ziel der Schöpfung gewesen. Die "Engel sind für die Vollendung der Schöpfung in der Geschichte Gottes mit Israel nicht von Bedeutung und rücken somit an den Rand des Interesses".[117] Durch die Erfüllung der Forderungen gelangt der Mensch in die Nähe seines himmlischen Vaters, er wird einem himmlischen Geschöpf ähnlich und rückt so in die Nähe der Engel.

Zusammenfassung

Dualistische Tendenzen beeinflußten in der Zeit des Zweiten Tempels auch die Juden und verbreiteten sich in den jüdischen Schriften.[118] Das Judentum passte sich jedoch lediglich einem abgeschwächten Dualismus an, indem es den metaphysischen und moralischen Kontrast in einer dualistischen Art und Weise ausdrückte. Dieses geschah, ohne die Souveränität und Omnipotenz Gottes in Frage zu stellen.[119]

Deutlich wird in der Midraschauslegung, daß R. Simai an der Aussöhnung des Menschen mit beiden Sphären, der irdischen und der himmlischen, gelegen ist. Befolgt der Mensch die Tora und den Willen seines Vaters im Himmel, gehört er mit Leib und Seele ganz in den Bereich des Himmlischen und erlangt göttliche Attribute. Kommt er diesem Anspruch nicht nach, so stirbt er wie ein Tier auf Erden.

---

[112] Vgl. HEINEMANN, Prayer in Talmud, 182-188; MAIER, Mensch und freier Wille; MOORE, Judaism I, 454-8; ders., Fate and Free Will, 371ff.; KADUSHIN, Rabbinic Mind, 53-55; URBACH, Sages, 227-254. Weitere Texte und Erörterungen zum Thema "Freier Wille" vgl. URBACH, Sages 255-285.

[113] SCHÜRER, History II, 393.

[114] Vgl. VETTER, Ethos des Judentums, 122f.

[115] Vgl. QohR 4,13; BerR 22,4.6.

[116] Zum Verhältnis des Tuns des Willens Gottes und dem Tun der Tora vgl. die vorangehende Auslegung in Kapitel II. 1.2. zu Sifra קדושים 10,6.7 Abschnitt III.6.

[117] SCHÄFER, Rivalität, 233.

[118] Vgl. WERBLOWSKY, Dualism, 243.

[119] Vgl. ebd., 244.

In diesem Midrasch hat der Mensch die gesamte Entscheidungsgewalt. Ihm werden deutlich die Folgen, das Entweder-Oder seiner Entscheidung aufgezeigt. Insofern hat die Vaterbezeichnung Gottes hier erzieherischen und ermahnenden Charakter. Der himmlische Vater herrscht in absoluter Souveränität. Wer seinem Anspruch und Wunsch nachkommt, wird von ihm in die himmlische Sphäre aufgenommen.

1.4. Zusammenfassung der Texte über das Tun des Willens Gottes

Das Wort רצון, "Wille", erscheint 56mal in der Hebräischen Bibel. Überwiegend wird es zur Beschreibung von Gottes Wohlgefallen gebraucht. Nur an einem Drittel der Stellen sind Menschen das Subjekt. In den Schriften Qumrans ist das Wort רצון zu einem terminus technicus für den Gnadenwillen Gottes geworden, durch den er die Erwählten prädestiniert hat.[120] Dieser Gebrauch stellt eine Engführung des Begriffs "Willen" auf die Erwählten dar.

Auch in späteren Texten wird mit dem Substantiv der Gnadenwille Gottes ausgedrückt. So z.B. in der geläufigen Gebetsformel יהי רצון, "es sei der Wille (Gottes)".[121] Das Gebet R. Eliezers expliziert, wie der Wille Gottes sich auf der Erde auswirkt: "Tu deinen Willen im Himmel oben, und spende (hier unten) Geistesruhe denen, die Dich fürchten."[122] In diesem Gebet kommt zum Ausdruck, daß der Wille Gottes im Himmel für das Wohlergehen der Menschen auf Erden sorgt, damit diejenigen, die sich Gottes Willen unterstellen und ihn tun, Geistesruhe haben mögen.

In der tannaitischen Literatur gibt es im Kontext des Gottesepithetons "Vater" nur solche Texte, in denen der einzelne dem Willen Gottes entsprechen soll. Später werden diese Forderungen im Namen anderer Rabbinen auch auf Israel übertragen.[123] In Auslegung des Verses Ex 15,2 *"Er ist der Gott meines Vaters, ihn will ich erheben"* sagte R. Shimon ben Eleazar: "Wenn die Israeliten den Willen Gottes tun, wird sein Name groß gemacht in der Welt, wie es heißt: (Jos 5,1)."[124]

Bei der Verhältnisbestimmung der einzelnen Menschen gegenüber Gott, ihrem Vater im Himmel, geht es vor allem darum, daß der אדם, "Mensch", den Willen Gottes tut (לעשות רצון אביך שבשמים). Dabei fällt besonders auf, daß die Verbindung von רצון und שמים bei den Tannaim *ausschließlich* über den Vater führt.[125] Ebenso ist es beim matthäischen Gebrauch der Vaterbezeichnung Gottes,[126] denn dort ist der Begriff "Wille" ebenfalls "ganz einheitlich mit dem Vaternamen verbunden"[127].

---

[120] Vgl. 1QH 4,33; 11,9; vgl. auch 1QS 8,6: "die Erwählten des Willens".

[121] Vgl. hierzu die Interpretation FLUSSERs des Vaterunsers in Mt 6,10: "Es werde dein Gnadenwille auf der Erde so, wie im Himmel wirkt" (ders., Sanctus und Gloria, 243).

[122] Vgl. tBer 3,7; bBer 29b.

[123] Vgl. DevR 7,9; vgl. ShemR 46,4: "Der Heilige, g.e., sprach zu Israel: Nun bin ich euer Vater, da ihr euch selbst in Not/Bedrängnis seht, da nennt ihr mich *unser Vater*. Sie sagten zu ihm: So ist es, denn es ist gesagt: *Am Tage meiner Not suche ich J'* (Ps 77,3)."

[124] MekhY שירה 3 zu Ex 15,2 (WINTER/WÜNSCHE, Mechiltha, 124).

[125] Vgl. tDem 2,9; Sheq 1,6; Sifra קדושים 10,6f.; SifDev § 306; § 352; vgl. URBACH, Sages, 72.

[126] Vgl. GOSHEN-GOTTSTEIN, אלהים וישראל כאב ובן, 33ff.

[127] SCHRENK, Art. θέλημα, 57. Vgl. Mt 6,10;7,21;12,50; 18,14; 26,42. In Mt 21,31 ist in Form eines Gleichnisses vom Willen eines irdischen Vaters, der zwei Söhne hat, die Rede.

Eine Parallele zu diesen Auffassungen ist auch in den zahlreichen Aussagen der rabbinischen Literatur zu finden, in denen die Israeliten als "Kinder eures Gottes" bezeichnet werden. Wenn sie sich als solche verhalten, dann sind sie es auch, wenn nicht, dann nicht. Rabbi Meir allerdings macht dieses Familienverhältnis nicht vom Tun oder Verhalten der Kinder abhängig, er sagt: "*Kinder seid ihr J`s, eures Gottes!*"[128]

1.5. Zusammenfassung der Texte über das Tun der Tora

In der Hebräischen Bibel gibt es kein "ethisches Konzept".[129] Einzig die erzieherische Funktion, die der Vater hat, ist mit "Ethik" gemeint.[130] Seine Rolle ist die des "Zurechtweisers". Durch ihn wird die religiöse Lebensweise und ihre theoretische Grundlage, das Studium der Tora, den Kindern vermittelt. Daher begegnet uns in der rabbinischen Literatur häufig die Wendung vom "Tun der Tora". Sie ist ebenfalls aus zwischentestamentlichen Quellen, Qumran und aus neutestamentlichen Schriften bekannt.[131]

In den in dieser Untersuchung ausgelegten Texten wird vor allem die Toraobservanz hervorgehoben, zu der die Menschen aufgerufen sind. Sofern die Menschen sich für eine Lebensführung gemäß der Tora entscheiden, erweist sich Gott als gnädiger, erbarmender Vater (Sifra קדושים 10,6.7) oder haben die Menschen Anteil an Gottes Schöpfermacht, Herrlichkeit und Erkenntnis, indem sie "Geschöpfe von oben" werden (SifDev § 306). Außer in diesen zwei Texten geht es auch in den folgenden Auslegungen um ein toragemäßes Leben und die Bewahrung der Überlieferungen.

ABRAMSON zeigt, daß hinter לעשות תורה zwei Bedeutungen stehen. Die eine betont das Tun der Werke der Tora, die sog. praktische Toraobservanz, die andere Bedeutungsstufe bezieht sich allein auf das Studium der Tora.[132] Die Texte, die die Vaterbezeichnung Gottes beinhalten, zeigen eine Tendenz zur praktischen Deutung der Torainhalte, zum Handeln gemäß den Toraweisungen.

2. Der Sohn zwischen himmlischem und irdischem Vater

Eine Gegenüberstellung von himmlischem und irdischem Vater, z.T. auch als Konkurrieren um den Sohn,[133] ist bereits einer tannaitischen Auslegung zu entnehmen. Diese Auseinandersetzung wird in einem Text, in dem es um Probleme des Torastudiums geht, geführt.

---

[128] SifDev § 96; vgl. yQid 1,7 61c; bQid 36a; bBB 10a.
[129] Vgl. NEHER, Ethics, 932.
[130] Vgl. Prov 1,8; 6,20; 13,1.
[131] Vgl. Sir 19,20; 1Makk 2,67; 13,48; TestGad 3,2; TestJos 11,1; 1QpHab 7,11; 8,1;12,4f; CD 17,8; Joh 7,19; Röm 2,14; Gal 5,3.
[132] Vgl. ABRAMSON, מלשון חכמים, 65.
[133] Das Gegenüber von irdischem und himmlischem Vater ist auch in Lk 11,11-13 Thema. Vgl. das Zitat von SifDev § 48 bei SCHLATTER, Johannes, 92 zu Joh 3,12.

SifDev § 48[134]

1. Eine andere Auslegung:	דבר אחר
Denn wenn ihr bewahrt, ja bewahren werdet (Dtn 11,22).	כי אם שמור תשמרון,
Vielleicht sagst du:	שמא תאמר
Siehe, ich lerne einen schweren Abschnitt	הריני למד פרשה קשה
und lasse den leichten ruhen.	ומניח את הקלה
Die Schrift lehrt:	תלמוד לומר
Denn es ist kein leeres Wort an euch ... (Dtn 32,47).	כי לא דבר רק הוא מכם
Ein Wort, von dem ihr sagt, daß es leer sei,	דבר שאתם אומרים ריקן הוא
ist euer Leben (Dtn 32,47).	הוא חייכם
Daß du nicht sagst: Ich habe Halachot gelernt, es reicht mir.	שלא תאמר למדתי הלכות דיי
Die Schrift lehrt: *Halte das Gebot* (Dtn 27,1).	תלמוד לומר מצוה המצוה
2. Das ganze Gebot lerne: Midrasch, Halachot und Haggadot.	כל המצוה למד מדרש הלכות והגדות,
Ebenso sagte sie (= die Schrift):	וכן הוא אומר
..., daß der Mensch nicht vom Brot allein lebt (Dtn 8,3).	כי לא על הלחם לבדו יחיה האדם
Das ist der Midrasch.	זה מדרש,
Sondern von allem, was aus J´s Mund kommt (Dtn 8,3),	כי על כל מוצא פי ה'
diese sind Halachot und Aggadot.	אלו הלכות והגדות
3. Ebenso sagte sie (= die Schrift):	וכן הוא אומר
Sei weise, mein Sohn usw. (Prov 27,11).	חכם בני וגו'
Und sie sagt: *Mein Sohn, wenn dein Herz weise wird, dann wird sich freuen mein Herz, auch ich* (Prov 23,15).	ואומר בני אם חכם לבך ישמח לבי גם אני
4. Rabbi Shimon ben Menasja sagt:	רבי שמעון בן מנסיא אומר
Ich finde hier nur seinen Vater auf der Erde,	אין לי אלא אביו שבארץ
woher (ergibt es sich, daß auch) sein Vater im Himmel (gemeint ist)?	אביו שבשמים מנין
Die Schrift lehrt:	תלמוד לומר
Auch ich - um seinen Vater im Himmel einzuschließen.	גם אני לרבות אביו שבשמים.

Dieser Midrasch legt Dtn 11,22, einen Vers innerhalb des Kapitels über den Segen des Gebotsgehorsams und den Fluch der Nichtbeachtung von Gottes Geboten, aus. In den folgenden Worten des Bibelverses geht es darum, daß die ganze Tora, alle diese Weisungen (את כל המצוה הזאת), bewahrt werden sollen. Vor allem bot der Bibelvers Anlaß, sich um den Erhalt und das Studium der Tora zu sorgen[135] sowie den Zuspruch und die Fürsorge Gottes, welche unmittelbar mit dem Torastudium einhergehen, zu sichern.

In den unserer Auslegung vorausgehenden Abschnitten wird bereits zweimal eine Auslegung im Namen R. Shimon ben Menasjas angeführt. Er war ein Tannait der vierten Generation und dafür bekannt, mit Jose ben Meshullam an der Spitze der "heiligen Gemeinde" in Jerusalem zu stehen, die sich um eine gleichmäßige Verteilung von Torastudium, Gebet und Arbeit bemühte.[136]

In dem folgenden Paragraphen in SifDev werden einzelne Attribute Gottes mit denen der Menschen verglichen. Abschließend wird verlangt, Aggada zu lernen, um durch das Studium Gott zu erkennen und in seinen Wegen zu wandeln.

---

[134] Text: FINKELSTEIN, Siphre, 113.

[135] Vgl. GUTTMANN, Akiba, 396.

[136] Vgl. STEMBERGER, Einleitung, 88. Vgl. BACHER, Tann II, 489-494; SAFRAI, קהלא קדישא, 186ff. und ders., Holy Congregation, 68ff.

Gliederung:
1. Überleitung und erste Auslegung zu Dtn 11,22
2. Lehrspruch mit Auslegung
3. Biblische Begründungen
4. Auslegung der biblischen Begründungen

Einzelexegese

Nach der einen neuen Abschnitt einleitenden Wendung דבר אחר wird nochmals das auszulegende Bibelzitat Dtn 11,22 angeführt. Der Abschnitt in Dtn, auf dem unsere Auslegung fußt, nennt wichtige Theologumena:

V.18.20 Äußere Zeichen: Tefillin und Mesusot V.22 Langes Leben und Landbesitz
V.19 Lehre und Unterrichtung der Kinder   V.23 Schutz vor Fremdvölkern

Eine Auslegung, die von einem Vers der Bewahrung der Toragebote ausgeht, thematisiert nicht von ungefähr die Vaterschaft Gottes. Mit Dtn 11,22 beginnt ein neuer Abschnitt, der das vorausgegangene liturgische Textstück abschließt. In diesem voranstehenden Textstück wird in V.19 auf die Lehre und die Unterrichtung der Kinder verwiesen. Vor allem wird das Verhältnis des Volkes Israel zu Gott als ein liebendes und herzliches beschrieben. Daher verwundert es nicht, daß das Wort "Herz" im Kontext des Bibelverses erscheint (V.13).

1. Durch das Zitieren des Verbs שמר in Form einer Paronomasie ist das Thema der Auslegung vorgegeben.[137] Es geht um die Bewahrung der Gebote. In der Hebräischen Bibel ist die Wendung noch in Dtn 6,17 zu finden. Beide Verse stehen im Kontext liturgisch wichtiger Texte.[138] Der in SifDev auszulegende Bibelvers ist die Begrenzung des Rezitationsabschnittes. Er gehört bereits nicht mehr zum vorzutragenden Textabschnitt.

Durch die Wendung "vielleicht sagst du" mit angeschlossenem הריני[139] wird die Anfrage nach der unterschiedlichen Gewichtung von Bibeltexten eingeleitet. In diesem Fall geht es darum, ob nur leicht zu erfassende Passagen der Tora ausgelegt werden sollen: Dem Verb למד, "lernen", welches mit dem Studium der Tora und ihrer Auslegung untrennbar verbunden ist (לימוד תורה), steht das Verb מניח, "ruhen lassen"[140], gegenüber. Den Verben werden analog die unterschiedlich zu wertenden Torapassagen zur Seite gestellt. Der Ausdruck "schwerer Abschnitt" ist einmalig in der rabbinischen Literatur. Der leichtere Abschnitt wird nur durch das Adjektiv קל, "leicht", beschrieben.

---

[137] Diese Gewichtung der Formel ist vor allem in SifDev § 48, wo sie achtmal aufgegriffen wird, zu sehen. Ansonsten ist sie außer vereinzelt in Midrasch Tanchuma noch fünfmal in DevR 4 zitiert.

[138] Die tägliche Rezitation des Shemas und seiner Segenssprüche bei Morgen- und Abendgottesdienst umfaßt folgende Bibelstellen: Dtn 6,4-9; 11,13-21; Num 15,37-41.

[139] Vgl. BACHER, Term I, 46.

[140] STOLZ, Art. נוח, 44. Es fällt auf, daß das Verb in der Hebräischen Bibel an keiner Stelle unmittelbar auf die Tora oder ihre Auslegung bezogen wird. Allenfalls wäre das הניח/מנוחה-Theologumenon anzuführen, welches in Jos 21,43-45 und 1Kön 8,56 die Epoche der Landnahme unter Josua und die davidisch-salomonische Ära des Tempelaufbaus zusammenfaßt. Das am Ende beider Textstellen angeführte "ganze, gute Wort, von dem nichts hinfällig geworden ist, faßt das gesamte, zwischen Verheißung und Erfüllung ausgespannte historische Geschehen zur Einheit einer Heilsgeschichte zusammen" (EBACH, Über "Freiheit" und "Heimat", 95).

Mit der Aussage wird ein Thema aufgegriffen, welches bereits im rabbinischen Judentum heftig diskutiert wurde.[141] Unser Midrasch spricht sich dezidiert gegen eine Gewichtung einzelner Passagen beim Torastudium aus. Diese Meinung wird durch das Zitat von Dtn 32,47 bekräftigt. Durch die Stichwortverbindungen "Bewahren und Tun aller Dinge dieser Tora" in V.46 ist die Verbindung zwischen dem auszulegenden Vers im Midrasch und dem zur Begründung der These herangezogenen Zitat geschaffen. דבר רק, "ein leeres Wort"[142], wird auf einen Abschnitt der Tora bezogen. In dem folgenden Fazit wird das Wort רק des Dtn-Zitates Ausgangspunkt der Auslegung. Der Midrasch zieht den fortlaufenden Wortlaut des Bibelverses Dtn 32,47 zur Auslegung heran.

Abschließend wird durch die Weiterführung des Bibelzitates (V.47) postuliert, daß dieses Wort das Leben sei. Innerhalb des Deuteronomiums bezieht sich das "eine Wort" auf den gesamten Bericht des Mose an das Volk Israel. Erst der Midrasch hat den Vers nur auf einen Abschnitt der Tora bezogen. Durch das Personalpronomen der zweiten Person Plural wird daher das Subjekt des Bibelverses, das Volk Israel, aufgegriffen und in die Auslegung implizit einbezogen.

In SifDev § 48 erscheint die bekräftigende Aussage "*euer Leben*" noch an einer weiteren Stelle. Im Namen R. Jishmaels wird ein Gleichnis von einem König angeführt, der seinem Diener einen Vogel in die Hand zur Aufbewahrung gab. Er ermahnte ihn, selbst einen derart geringen Gegenstand zu behüten, denn wenn er ihn verlöre, wäre es, als hätte er sein Leben verloren. Begründet wird die Aussage durch Dtn 32,47. Die Bedeutung dieses Gleichnisses ist folgende: So wie der Diener für den Vogel haftet, sei sein Wert auch noch so gering, ist die Tora Israel anvertraut, und ihren Verlust bezahlt das Volk Israel mit seinem Leben.

Im folgenden wird die Aussage über das leere Wort auf einen Aspekt des Torastudiums bezogen: damit ein Mensch nicht sagt, daß er die Halachot gelernt habe und dieses ihm reiche (דיי). Halachot werden in der Ausführung als die schwereren, gewichtigeren Passagen angesehen. Sie gilt es zu lernen und zu behalten. Die Aggadot mit ihrem erzählerischen, unterhaltenden Material scheinen auf den ersten Blick leichter zu sein und unterliegen der Gefahr, weniger aufmerksam studiert zu werden. Vor dieser Nachlässigkeit warnt der Midrasch.[143]

Begründet wird diese Warnung in der Fassung des Venedigdruckes durch Dtn 11,22, in der vorliegenden Textversion allerdings durch Dtn 27,1.[144] Der als Zitat gekennzeichnete Bibelvers weicht vom masoretischen Text ab. Als eine Art geminatio werden Verb und Substantiv von מצוה angeführt: "Halte das Gebot".[145]

2. Der zweite Abschnitt beginnt mit der Aufforderung, das *ganze* Gebot zu lernen. Die Stichwortassoziation "Bewahren der Tora und der Gebote" ist das verbindende Element

---

[141] Auch in Mt wird die umfassende Befolgung aller Gebote gefordert (Mt 5,18f.; 23,23). Den Pharisäern wird im vierten Weheruf (Mt 23,23) vorgeworfen, daß sie zwar den Zehnten von Gewürzen nehmen, aber das Wichtigere im Gesetz (τὰ βαρύτερα τοῦ νόμου) beiseite lassen: das Recht, die Barmherzigkeit und den Glauben. Eine ausführlichere Diskussion zu dieser Stelle findet sich bei: BECKER, Kathedra, 157.209.231f.

[142] Das Wort דבר wird in diesem Fall in seiner Grundbedeutung "Wort" verwendet und meint nicht im übertragenen Sinn ein Ding oder eine Sache (vgl. GESENIUS, WB, 154).

[143] Vgl. Ende SifDev § 49.

[144] So nach BIETENHARD, Sifre, 180.

[145] Andere geringfügig abweichenden Lesarten vgl. FINKELSTEIN, Siphre, 113.

der einzelnen Abschnitte. Die Rede vom Bewahren und Tun "aller Gebote" (כל המצות) ist deuteronomisch.[146] Das Wort כל, "ganz, pl. alle" wird daraufhin durch die literarischen Gattungen Midrasch, Halacha und Aggada ausgelegt.[147] An dieses Postulat schließt sich das Bibelzitat Dtn 8,3 an, welches in einzelnen Teilen auf die drei Gattungen bezogen wird. Dtn 8 wird durch die Worte "*Alle Gebote, die ich dir heute gebiete, wirst du bewahren, um sie zu tun*" eingeleitet. Am Ende des unserem Zitat vorausgehenden V.2 folgt abermals ein Aufruf zur Bewahrung der Tora. Dieser Kontext ermöglicht die Verbindung mit dem Midrasch. In Anspielung an die wunderbare Mannaspeisung in der Wüste wird die Brotaussage angefügt. Nur scheinbar hat sie keinen Bezug zu unserer Auslegung. "Brot" innerhalb des Dtn-Verses symbolisiert jedoch einerseits die leibliche Speisung und kann andererseits metaphorisch für ethische Werte wie Lehrinhalte stehen.[148] Die Aussage ist: Die Existenz der Menschen hängt nicht nur vom Essen ab, sondern auch von der göttlichen Vorsehung.[149]

Dtn 8,3 wird mit dem Midrasch gleichgesetzt. Seine Auslegungen helfen und spenden wie das lebensnotwendige Brot Hoffnung für das Leben. Mit "Midrasch" ist hier vermutlich jene Methode der Toraauslegung gemeint, die erlernt werden soll. Mittels dieser Methode kann jeder Mensch lernen, die Torasätze selbständig auszulegen und zu erforschen, sowie Rechtssätze aus der Tora abzuleiten und sie zu begründen.[150]

Sodann wird das Dtn-Zitat weitergeführt. Der Abschnitt "*von allem, was aus Gottes Mund kommt*"[151] wird mit "Halachot und Aggadot" gleichgesetzt. Diese Zuordnung erklärt sich aus der sog. mündlichen Lehre (תורה שבעל פה), die halachisches und aggadisches Material beinhaltet. Gottes Rede wird mit ihr parallelisiert, denn den Rabbinen lag viel daran, gerade die göttliche Herkunft der mündlichen Lehre hervorzuheben. Zur mündlichen Überlieferung werden auch Midraschim gerechnet. Mit "Aggadot" ist jenes Material gemeint, das zum Bibeltext in losem oder in gar keinem Zusammenhang gestanden hat.[152]

3. Der folgende Abschnitt leitet durch die Formulierung וכן הוא אומר, "ebenso sagt sie (= die Schrift)", zur biblischen Begründung über. Zur Unterstützung des vorangegangenen Teils werden zwei Bibelzitate angefügt, die jeweils aus Texten weisheitlicher Ermahnung an einen Sohn stammen. Diese familiale Beziehung steht in Einklang mit dem auszulegenden Bibelzitat Dtn 11: V.19: "*... und lehrt sie (diese Worte) eure Kinder*", V.21: "*auf daß ihr und eure Kinder lange lebt*". Hier wird transparent, daß beim Umgang mit der Tora die Weitergabe an die nächste Generation ein unumstößlicher

---

[146] Vgl. Dtn 6,25; 11,8.22; 15,5; 19,9.

[147] "Such well-rounded studies all of God's Torah, both written and oral, legal non-legal, dialectical and apodictic, brings joy to the heart of one's father" (FRAADE, From Tradition to Commentary, 106).

[148] Dies zeigt u.a. BORGEN anhand von Philotexten. Nach dem Zitat von Ex 16,4 vergleicht Philo die Worte Brot und Speisung mit Regen (All III, 162). Die Worte werden zu "heavenly principles", welche in Gesetz und Praktiken der Juden verkörpert werden (BORGEN, Bread from Heaven, 145). Übergeordnetes Thema des Textes All III, 162-168 ist Gottes Aktivität und menschlicher (Un)Glaube.

[149] Es sollte unterschieden werden zwischen חיה ב oder חיה מן, "leben von" (2Kön 4,1-7) und חיה ל, was so viel bedeutet wie "existieren". Menschen *leben von* Essen, "but *exists* on whatever God decrees" (WEINFELD, Deuteronomy, 389).

[150] Vgl. BACHER, Term I, 103f.

[151] Vgl. die Verwendung dieses Zitates in Mt 4,4.

[152] Vgl. BACHER, Term I, 33ff.

Bestandteil ist, der in dem Terminus "Bewahrung der Gebote" implizit enthalten ist. Um die Erkenntnis auch den Kindern zu vermitteln, müssen diese weise sein. Daher sind vom ersten Zitat lediglich die Worte חכם בני, "*Sei weise, mein Sohn*", zitiert worden. Die Fortführung des Bibeltextes "*und erfreue mein Herz*" wird lediglich angedeutet.

Die Worte "Sohn", "Herz", "weise" sind ebenfalls Elemente des nächsten, auch aus Prov stammenden begründenden Zitates. In der Aussage wird das weise Herz des Sohnes zu dem des Vaters in Beziehung gesetzt. Wenn der Sohn ein weises Herz hat, versetzt er damit das Herz seines Vaters in einen freudigen Zustand. Das Herz des Vaters wird attributiv erweitert: An לבי, "mein Herz", wird גם אני, "auch ich", angefügt. Das Herz als Zentrum des Verstandes und der Vernunft versinnbildlicht die kognitive Seite einer Person.[153] Ebenso deutet die Weite und Weisheit des Herzens große Bildung an.[154] Auf den Aspekt der Bildung wird in diesem Midrasch, der Dtn 11,22 auslegt, wohl am ehesten angespielt.

4. Zwei Textzeugen schreiben den folgenden Spruch nicht R. Shimon ben Menasja, sondern R. Shimon ben Jochai zu.[155] Damit wird vor allem eine Verbindung zu der vorausgehenden Auslegung R. Shimon ben Jochais geschaffen.[156]

Der Aufbau des Rabbinenspruchs läuft nach einem bekannten Schema ab. Der zu interpretierende Bibelvers Prov 23,15 wird nicht noch einmal zitiert. Dafür folgt eine Auslegung, die den Bibelvers in seiner Aussage erweiternd deuten will.[157] Nach der einleitenden Formel אין לי אלא, "ich finde hier nur x (genannt)"[158], folgt die erweiternde Frage: מנין, "woher (ergibt es sich, daß auch y gemeint ist)". Daran anschließend folgt durch תלמוד לומר, "die Schrift lehrt", eingeleitet, erneut der Hinweis auf das Bibelzitat.

Der Beleg für die Auslegung wird den Worten "*auch ich*" aus Prov 23,15 entnommen. Die Partikel גם schließt in diesem Fall den himmlischen Vater mit ein. "Mein Herz" bezog sich bereits auf den biologischen Vater des Sohnes. Die Zufügung "auch ich" ist im Bibeltext an sich nicht nötig. Daher legt R. Shimon ben Menasja gerade diese scheinbar überflüssigen Worte aus und deutet sie als "Vater im Himmel". FRAADE erklärt diesen Einschluß damit, daß das Studium des gesamten rabbinischen Kanons um seiner selbst willen nicht ein heiliger Akt sei, durch den Gottes Nähe erfahren wird, sondern ein mystischer Akt, durch den Gott selbst berührt und ergriffen wird.[159] Die

---

[153] Vgl. SCHROER/STAUBLI, Körpersymbolik, 47f.

[154] Vgl. Aussagen über Salomos Herz in 1Kön 3,9-14.

[155] So der Venedigdruck und Ms. London (MARGALIOTH 341, Add. 16 406). Viele andere Textzeugen nennen hier Shimon b. Menasja als Urheber (vgl. auch Jalkut Shimoni עקב § 873; URBACH, Sages, 916f. Anm. 14).

[156] Die Vater-Sohn Thematik und die gegenseitigen Verdienste kommen in BerR 49,4 zu Gen 18,19 in folgendem Spruch R. Shimon ben Jochais zum Ausdruck: "Wenn jemand einen Sohn hat, der sich mit der Tora beschäftigt, so ist es, als ob er nie gestorben ist."

[157] BÖRNER-KLEIN hat dieses viergliedrige Schema an SifBam nachgewiesen (vgl. dies., Sifre, 424f.).

[158] Diesem Auslegungsschema liegt die einfache Worterklärung mit אין ... אלא zugrunde (vgl. REIß, Wortsubstitution, 27-69. LIEBERMAN zeigt, daß diese Formel, welche in den halachischen Midraschim besonders häufig auftritt, ihren Ursprung in "a very ancient commentary of the Law" (ders., Rabbinic Interpretation, 51) hat.

[159] FRAADE, From Tradition to Commentary, 116.

Methode des Einschlusses, die durch das Verb לרבות im Midrasch hervorgehoben wird, wird auch in anderen Texten der tannaitischen Literatur angewandt.[160]

Prov 23,15 ist von familialer Begrifflichkeit durchdrungen. Auch andere tannaitische Texte, die die Gottesbezeichnung "Vater im Himmel" anführen, haben diesen Impuls weisheitlichen Schriftstellen entnommen.[161] Daher kommt es nicht von ungefähr, daß Gott in der Auslegung mit dem bereits in den tannaitischen Schriften bekannten Gottesepitheton "Vater im Himmel" benannt wird. Diese Gottesbezeichnung bietet eine Möglichkeit, den doppelten Bezug auf den Vater durch "mein Herz" und "auch ich" zu erklären. Ferner betont das Epitheton die Bedeutung der Bewahrung der Tora (vgl. Dtn 11,22). Die Rahmenaussage des Textabschnitts legt folgende Deutung nahe: Wenn Israel die Tora bewahrt, erweist Gott sich ihnen als Vater im Himmel, der sich über den Gehorsam und die Weisheit seiner Kinder freut.

Zusammenfassung

Nachdem in SifDev § 48 deutlich gefordert wurde, die gesamte Tora zu lernen, zu studieren und keinen Unterschied zwischen wichtigeren halachischen und weniger wichtig erscheinenden aggadischen Textpassagen zu machen, werden zwei weisheitliche Zitate begründend angeführt. Diese Zitate zeichnen sich dadurch aus, daß sie den Lehrkontext in familialer Sprache thematisieren. Vor allem Prov 23,15f. erläutert einen Aspekt der Lehre: *"Und meine Seele freut sich, wenn deine Lippen reden, was recht ist"* (V.16). Die Weitergabe der Tora und die ethische Erziehung, die dem Vater obliegt, schließt nach dieser Auslegung den himmlischen Vater mit ein. Der irdische Vater hat lediglich eine Vermittlerrolle bei der Tradierung der von Gott durch Mose übermittelten Tora.

Jedes Kind, das der Aufforderung nachkommt, Tora zu tun und zu bewahren, erfreut einerseits das Herz seines irdischen Vaters und erfüllt dasselbe mit Stolz, andererseits aber bringt auch Gott als sein himmlischer Vater dem Kind Wohlwollen entgegen, das seiner Pflicht des Torastudiums nachkommt.[162] In dieser Auslegung klingen im Epitheton "Vater im Himmel" daher Konnotationen wie Nähe, Liebe und Erziehung und emotionale Anerkennung und Freude an.

3. Konkrete Taten

In bestimmten Situationen entfernt sich der einzelne durch seine Taten von Gott oder richtet sich כנגד, "gegen", seinen Vater im Himmel. Der folgende Abschnitt thematisiert die Frage der Beschneidung und die Darbringung der Opfer von Fremden.

---

[160] Diese Methode ist eine hermeneutische Regel der rabbinischen Literatur. Die Partikel את und אף, גם werden als "Vermehrung oder Einschluß" gedeutet (vgl. BACHER, Term I, 179; STEMBERGER, Einleitung, 33).

[161] Vgl. mKil 9,8parr.

[162] Zwar wird in diesem Text nicht ausdrücklich auf die Thematik der "Verdienste der Väter" für die Söhne bzw. die kommenden Generationen angespielt, doch verweist bereits das auszulegende Bibelzitat auf den Kontext des Torastudiums (vgl. URBACH, Sages, 505f.; 510f.).

3.1. Taten führen in die Sohnschaft: bZev 22b

1. Die Rabbanan lehrten:	תנו רבנן
2.a) *ein Fremder* (Ez 44,7).	בן נכר
Man könnte meinen: (nur) ein wirklicher Fremder.	יכול בן נכר ממש
b) Die Schrift lehrt: *unbeschnittenen Herzens* (Ez 44,7).	תלמוד לומר ערל לב
Wenn es so ist, warum lehrt die Schrift *ein Fremder* ?	אם כן מה תלמוד לומר בן נכר
Weil seine Werke ihn seinem Vater im Himmel entfremdeten.	שנתנכרו מעשיו לאביו שבשמים
Das weiß ich nur vom *unbeschnittenen Herzen*,	ואין לי אלא ערל לב
woher gilt es auch für *unbeschnittenes Fleisch*?	ערל בשר מנין
c) Die Schrift lehrt: und *unbeschnittenen Fleisches* (Ez 44,9) -	תלמוד לומר וערל בשר
3. und (so ist) beides nötig.	וצריכי
4.a) Würde der Barmherzige nur *unbeschnittenes Fleisch*	דאי כתב רחמנא
geschrieben haben, weil es verachtet ist,	ערל בשר משום דמאיס
aber hätte er dann nicht (auch) gesagt *unbeschnittenes Herz*,	אבל ערל לב
weil es nicht verachtet ist?	דלא מאיס אימא לא
b) Und würde er es nur von einem *unbeschnittenen Herzen* gelehrt haben,	ואי אשמעינן ערל לב
weil sein Herz nicht dem Himmel zugewandt ist,	משום דאין לבו לשמים
hätte er dann nicht (aber) gesagt *unbeschnittenen Fleisches*,	אבל ערל בשר
weil sein Herz dem Himmel zugewandt ist?	דלבו לשמים אימא לא
5. Beides ist nötig.	צריכי.

Der Text legt Opferbestimmungen aus. Die zugrundeliegende Mischna Zev 2,1 führt aus, daß Schlachtopfer, deren Blut von bestimmten Menschen aufgenommen wurde, untauglich sind. In der im Talmud vorausgehenden Diskussion geht es um den Fall, daß der Priester Hände und Füße beim Tempeldienst nicht gewaschen hat. Es folgen zwei Auslegungen über den Fall, daß ein Priester unbeschnitten ist, eine im Namen des Amoräers R. Chisda[163] und die vorliegende anonyme Baraita. Daran schließt sich die Auslegung über den Fall eines unreinen Priesters an.

Gliederung:
1. Einleitung der Baraita
2.a Bibelzitat und erste Auslegung
2.b. Bibelzitat und zweite Auslegung
2.c. Bibelzitat und erneute Infragestellung
3. Schlußfolgerung
4.a.b. Zwei Möglichkeiten
5. Schlußfolgerung

Einzelexegese
1. Bei der anonymen Baraita handelt es sich um eine Auslegung von Ez 44,7-9. Dort werden Weisungen für den Tempeldienst gegeben, und es wird beschrieben, wie die Israeliten das Heiligtum entweihten, als sie Fremdlinge (בני נכר) mit unbeschnittenen Herzen (ערל לב) und unbeschnittenem Fleisch (ערל בשר) in den Tempel ließen, die dort Brot, Fett und Blut opferten. Auf diesen Kontext wurde der Auslegung voranstehend bereits im Ausspruch R. Chisdas hingewiesen. Die Baraita legt den Terminus "Fremder", durch "unbeschnittenes Herz" und "unbeschnittenes Fleisch" aus.

---

[163] R. Chisda ist ein babylonischer Amoräer der dritten Generation (vgl. STEMBERGER, Einleitung, 98; BACHER, bAm, 61ff.).

2.a) Durch יכול, "man könnte meinen",[164] wird die Hinterfragung des Wortes בן נכר ein-geleitet. נכר beschreibt etwas, das "man nicht als sein anerkennt"[165]. Die Bezeichnung "Fremder" gewann biblisch erst in nachexilischer Zeit, in der Auseinandersetzung Israels mit dem Ausland, an Bedeutung.[166] Als nomen constructum "Sohn eines Frem-den" bezieht sich der Terminus durchweg auf einen "Fremden im ethnischen Sinn"[167]. ממש bezeichnet in der Frage das "Wirkliche, Greifbare"[168]. Dadurch wird die Aufmerk-samkeit auf einen im wörtlichen Sinn "Fremden" gelenkt. Ist diesem Menschen nach Ez 44,7 verboten, im Tempel zu opfern? Ausgehend von Ezechiel bemüht sich der Midrasch um eine präzisere Definition und Auslegung der Kategorie "Fremder". In der rabbinischen Zeit verhielten sich auch Menschen innerhalb des jüdischen Volkes wie "Fremde". Daher bestand die Notwendigkeit, den Begriff "Fremder" aus Ez 44,7 neu zu definieren.

b) Durch die Formel "die Schrift lehrt" wird auf die Definition des Fremden bei Ez ver-wiesen: ערל לב, "unbeschnittenen Herzens". ערל kann mit "unbeschnitten" übersetzt werden und bezieht sich bereits in der Hebräischen Bibel auf Tiere, Pflanzen und Menschen. Die Wendung "unbeschnittenes Herz" ist biblisch nur von drei Stellen be-kannt.[169] Es ist nicht zwingend ein Attribut fremder Völker, sondern wird auch auf Israel bezogen. In Lev 26,41 und Jer 9,25 wird von den Israeliten ausgesagt, daß sie ein "unbeschnittenes Herz" haben. Der Terminus symbolisiert hier den Verstoß gegen die Gebote Gottes und das Vergehen gegen die Bundesvereinbarung.[170]

Die Rabbinen fragen nach der Möglichkeit der Ersetzung des Wortes "Fremder" durch "unbeschnittenes Herz". Der Terminus בן נכר, "Fremder", wird durch den Satz "weil seine Werke ihn seinem Vater im Himmel entfremdeten" ausgelegt. Das Verb נכר im Nitpael ist aus derselben Wurzel gebildet wie das Substantiv "Fremder". In der Bibel drückt es ein "sich fremd stellen, sich unkenntlich machen"[171] aus. In der rabbinischen Literatur wird durch diesen Terminus ein "Entfremden, Entfernen" von Gesetzen und Geboten der Juden expliziert.[172] Die "Werke" beziehen sich auf die in Lev 26,41 und Jer 9,25 beschriebenen Missetaten der Israeliten. Daher kann diese Entfremdung durch die Werke jedem Israeliten, auch den Priestern, unterlaufen.

Durch die Bezeichnung Gottes als "Vater im Himmel" wird transparent, daß Gott sich durch die Gabe der Gebote seinem Bundesvolk als Vater erweist. Jeder Verstoß

---

[164] Dieses Wort ist eines der häufig gebrauchten Kunstwörter im tannaitischen Midrasch. Es leitet die hypothetische Auslegung eines Textes ein, welche anschließend, eingeleitet durch die Formel תלמוד לומר, mit Hinweis auf einen Ausdruck des Textes widerlegt wird (vgl. BACHER, Term I, 72).

[165] MARTIN-ACHARD, Art. נכר, 67.

[166] Vgl. Ebd.

[167] Ebd. Der Terminus tritt 19mal in der Hebräischen Bibel auf.

[168] BACHER, Term I, 105

[169] In Lev 26,41 wird mit dem Terminus das Herz der Israeliten beschrieben. Sie wurden in das Land ihrer Feinde getrieben wegen ihrer und ihrer Väter Missetat. Dort sollen sie "ihr unbeschnittenes Herz" demütigen; vgl. Ez 44,9; Jer 9,25. Der Terminus ערלת לב wird mit "Vorhaut des Herzens" übersetzt und symbolisiert die Verschlossenheit und Unzugänglichkeit des Herzens (vgl. Dtn 10,16; Jer 4,4).

[170] Auch in Ez 16,59 wird innerhalb der Rede über Jerusalem der "Bundesbruch" thematisiert (vgl. ZIMMERLI, Ezechiel, 369).

[171] BAUMGARTNER, Lexikon III, 661; vgl. Gen 42,7; 1Kön 14,5f.

[172] Vgl. LEVY, WB III, 396f. Die Form des Nitpaels wird im Wörterbuch allerdings nicht angeführt.

gegen diese Vereinbarungen führt unweigerlich zur Entfremdung des Menschen von Gott. Ein Mensch, der einst zum Vatergott in einer engen Beziehung stand, wird durch seine eigenen Vergehen zum נכר, zum Fremden.

c) In Ez 44,7 ist eine weitere Bestimmung dem Fremden angefügt: ערל בשר, "unbeschnittenes Fleisch". Die Zusammenstellung von "unbeschnitten" und "Fleisch" ist in der Hebräischen Bibel geläufig. In Gen 17, der ersten Bundesverheißung, wird die Beschneidung als Zeichen des Bundes gefordert (VV.10-14). Jeder, der sich der Beschneidung widersetzt, wird aus dem Volk verstoßen. In Lev 12,3 ist festgehalten, daß ein neugeborener Junge am achten Tag nach der Geburt beschnitten werden soll. Außer in Gen 17,11.14.23-25 und Lev 12,3 ist die Wendung "unbeschnittenes Fleisch" nur noch in Ez 44,7.9 zu finden. Unbeschnittenheit an sich wird bei Ez im Kontext der Totenvorstellungen innerhalb der Fremdvölkerreden thematisiert.[173]

Außerdem wird die Schrift auf den Gebrauch des Begriffes "unbeschnittenes Fleisch" hin befragt. In Ez 44 ist diese Constructusverbindung die zweite attributive Bestimmung des Fremden: בני נכר ערלי לב וערלי בשר. Aus dieser Beobachtung schließt der Midrasch, daß beide Termini zur Erklärung des Begriffs "Fremder" herangezogen werden müssen. Die Kombination des "Rituellen und der innerlichen Herzensreinheit"[174] ist an keiner biblischen Stelle so klar ausgedrückt wie in dem vorliegenden Bibelzitat und wahrscheinlich aus diesem Grund zur Auslegung des Begriffes ערל aus mZev 2,1 herangezogen worden.

3. Abschließend wird festgestellt: "Beides ist nötig", da beide Termini in Ez den "Fremden" näher definieren.

4. Im folgenden Abschnitt wird die Kombination beider Beschreibungen eines Fremden auf mögliche Unterschiede hin untersucht. Die Rabbinen führen Überlegungen an, warum Gott zwei attributive Erklärungen dem "Fremden" angefügt hat. Diese Überlegungen spielen Fälle durch, wie die Auslegung verändert wird, wenn jeweils nur eine attributive Bestimmung als Erklärung genügte.

Eingeleitet wird die erste Überlegung durch die Wendung דאי כתב רחמנא "würde der Barmherzige ... geschrieben haben". Durch die Partikel אי werden jeweils die Bedingungssätze eingeleitet. Mit רחמנא, "der Barmherzige", wird Gott bezeichnet. Das einstige Gottesattribut "barmherzig" ist zu einem eigenständigen Gottesepitheton geworden. Evt. wird das Gottesattribut "barmherzig" verwandt, um Gottes barmherzigen und gnädigen Umgang mit "Fremden", sei es aus dem Volk Israel oder aus anderen Völkern, zu charakterisieren. Das Verb "schreiben" bezieht sich auf den Bibeltext, in diesem Fall konkret auf Ez 44,7ff.

Die erste Überlegung begründet durch משום דמאיס, "weil es verachtet ist", warum das unbeschnittene Fleisch attributiv der Definition des "Fremden" angefügt werden sollte. Das Verb מאס drückt negative Gefühle wie "verachten, geringschätzen"[175] aus. Das unbeschnittene Fleisch verstößt gegen das Beschneidungsgebot. Daher ist es für das Volk Israel verachtenswert und regelwidrig. Menschen mit "unbeschnittenem Herzen" hingegen verstoßen nicht konkret gegen ein Gebot. Die Zufügung des "unbeschnittenen

---

[173] Vgl. Ez 28,10; 31,18; 32,19-32.
[174] ZIMMERLI, Ezechiel 2, 1125.
[175] LEVY, WB III, 6.

Herzens" wäre demnach nicht unbedingt nötig, da die Fremdheit eines Menschen über dessen Verstoß gegen die Gebote geregelt und definiert wurde. Die Wendung ערל לב beinhaltet aber, daß auch ein beschnittener Mensch ein unbeschnittenes Herz haben kann.

Die zweite Variante geht von dem Fall aus, daß die Fremdheit eines Menschen nur durch das unbeschnittene Herz gedeutet wird. "Und würde er es nur von einem ערל לב gelehrt haben, weil sein Herz nicht dem Himmel zugewandt ist". שמע im Afel hat die Bedeutung "hören lassen"[176] oder "verkünden"[177]. Daraus würde das Problem aufgeworfen, ob diejenigen, die nicht beschnitten sind, aber ihr Herz dem Himmel zuwenden, nicht unter die Kategorie "Fremde" zu zählen wären. Dieser Teil hat durch die Worte לב לשמים liturgischen Anklang. Wäre das Verb "richten, wenden auf" noch dieser Wendung hinzugefügt worden, so wäre der Gebetskontext eindeutig.[178] Gott wird in diesem Abschnitt durch das Gottesumschreibung "Himmel" bezeichnet.

Exkurs: Die Gottesumschreibung "Himmel"

Der Ursprung der Gottesbezeichnung Himmel ist unklar. Ableitungen aus den persischen Religionen[179] oder Verweise auf griechische Prototypen lassen keine präzise Schlußfolgerung zu. Wie auch המקום läßt sich שמים als auf innerjüdischem Boden entstanden begreifen, als Weiterführung eines Sprachgebrauchs[180], der sich bereits in einigen Bibeltexten fand: "*Dein Reich bleibt dir erhalten, sobald du erkennst, daß der Himmel die Macht hat*" (Dan 4,23). Eventuell ist diese Ersetzung des Gottesnamens schon in Ps 73,9 und Hi 20,27 vorauszusetzen.[181]

Schon in der zwischentestamentlichen Literatur ist "Himmel" eine feststehende Gottesbezeichnung.[182] Durch die Septuaginta wurde der pluralische Gebrauch des Wortes "Himmel" in den griechischen Sprachgebrauch eingeführt.[183] Dieser Sprachgebrauch fand auch im Neuen Testament breiten Niederschlag. Im rabbinischen Judentum wurde שמים "zum umschreibenden Ersatz für das Wort Gott"[184]. Dabei entstanden in der tannaitischen Zeit einige Konstruktusverbindungen, die die Gottesbezeichnung "Himmel" beinhalten.[185]

Gebrauch und Bedeutung der Gottesepitheta "Ort" und "Himmel" lassen eine inhaltliche Nähe zueinander erkennen. Beide manifestieren Gottes Präsenz an einem bestimmten Platz. Daher repräsentieren nach URBACH sowohl מקום als auch שמים Gottes Distanziertheit und Entfernung vom Menschen[186], seine Immanenz, die an einem bestimmten, nichttranszendenten Ort *verortet* wird. Von diesem Ort aus kann er das Geschehen unter den Menschen beobachten, beurteilen und daran teilhaben. Von hier verhält er sich auf eine bestimmte Weise zu Israel als Kollektivum und zu einzelnen Menschen. Eine chronologische Ordnung beider Gottesepitheta, läßt sich jedoch nicht feststellen.[187]

---

[176] LEVY, WB IV, 577.

[177] DALMAN, Handwörterbuch, 428.

[178] Vgl. Kap. III.1. über das Gebet.

[179] LANDAU, Synonyma, 43ff.; BOUSSET, Religion des Judentums, 359 n. 3.

[180] ESCH, Heilige, 79.

[181] Vgl. VON RAD, Art. οὐρανός, 509; HARTMAN, Art. God, 682.

[182] 1Makk 3,18.60; 4,10; 12,15.

[183] TRAUB, Art. οὐρανός, 510: An 51 Stellen der Septuaginta wird der Plural "Himmel" gebraucht.

[184] SOGGIN, Art. שמים, 970; vgl. WIENER, Himmel, 1604.

[185] Z.B. מלכות שמים (mBer 2,2.5; bBer 10b; 13a.b u.a.); מורא שמים (mAv 1,2; 4,12; yBer 4,1 7b u.a.); כבוד שמים (tYom 2,8; bBer 43b; Qid 33b; San 85a; yYom 3,9 41a); שם שמים (mAv 1,11; 2,2; tYom 4,9; Sot 5,7 u.a.) u.a.

[186] URBACH, Sages, 72.

[187] Gegen TRAUB, der von einer Ablösung des Decknamens "Himmel" zugunsten des späteren "Ortes" spricht (ders., Art. οὐρανός, 512).

5. Die beiden diskutierten Möglichkeiten zeigen, daß die Definition "Fremder" der zweifachen attributiven Bestimmung bedarf: "Daher ist beides nötig". Einerseits wird die Beschneidung als Zeichen der Nachkommenschaft Abrahams und damit der Zugehörigkeit zum Volk Israel gedeutet, andererseits ist die innere Herzensausrichtung ebenso wichtig wie das äußere Bundeszeichen. Die Rabbinen halten daher an der zweifachen Auslegung des Wortes "Fremder" aus Ez 44 fest.

Zusammenfassung

R. Chisda bringt eine Begründung dafür, daß die Opfer der in mZev 2,1 aufgeführten Menschen untauglich sind. In der Mischna wird u.a. ein unbeschnittener Priester zu diesen Menschen gerechnet. Die Baraita kombiniert die Stichworte "Opfer" und "Unbeschnittener" und zieht Ez 44,7-9 zur Deutung heran. Bei Ezechiel und den Rabbinen der ersten nachchristlichen Jahrhunderte galt die Beschneidung als ein Zeichen der echten Nachkommenschaft Abrahams und Zugehörigkeit zum Volk Israel. Die der Restauration in Ez 40-48 zugrundeliegende imaginäre Staatsform ist jene der Theokratie.[188] Die attributiven Bestimmungen des Fremden, ערל לב וערל בשר, wurden daher metaphorisch und literarisch gedeutet. Einige Versuche wurden unternommen, die "Fremden" mit einem historischen Volk zu identifizieren.[189] Das Problem liegt in der Störung der sakralen Feier durch Nicht-Israeliten. Zur Zeit der Rabbinen hat die Abgrenzung der Israeliten im Bemühen um den Fortbestand eigener religiösen Identität eine große Rolle gespielt. Die Gebote und Weisungen sollten gehalten werden.

Der Terminus "unbeschnittenes Herz" bringt zum Ausdruck, daß jemand sich mit seinen Werken von "seinem Vater im Himmel" entfernt, entfremdet. Das den Beschnittenen zugesagte Bundesverhältnis zu Gott als dem Vater im Himmel wird durch das Nichtentsprechen eigener Werke seitens der Menschen zerstört. Die familiale Bezeichnung Gottes als "Vater" steht in bZev 22b im Kontext des Haltens und Hörens der einzelnen Opfervorschriften der Tora. Wer äußerlich beschnitten ist und innerlich sein Herz auf Gott ausrichtet, darf Gott weiterhin als seinen Vater im Himmel bezeichnen. Damit wird über Gott ausgesagt, daß er der Vater der Beschnittenen und derer ist, die ihr Herz auf ihn richten. Gottes Vaterrolle bezieht sich exklusiv auf das Volk Israel. Die Opfer des Fremden, unbeschnittenen Herzens und Fleisches, werden nicht von Gott angenommen. Dieser "Fremde" stört die sakrale Feier.

3.2. Nichterfüllung des Schattnesgebotes führt in die Entfremdung von Gott

Ebenso wie die Gebote zur Kaschrut ist das Schattnesgebot in der Tora nicht eindeutig bestimmt, sondern es wird lediglich seine Einhaltung gefordert (vgl. Dtn 22,11; Lev 19,19). Viele Texte der frühen mündlichen Tradition beschäftigen sich daher mit der Auslegung des Gebotes. Rabbinische Gelehrte versuchten, es "praxistauglich" zu machen. Niederschläge dieses Versuches finden wir in der tannaitischen Literatur:

---

[188] Vgl. LEVENSON, Theology, 129.

[189] Vgl. ZIMMERLI, Ezechiel 2, 1125f. LEVENSON geht von den "Gibeoniten" aus (vgl. ders., Theology, 135). Sie und die Araber waren beschnitten (vgl. bYev 71a; AZ 27a) und konnten keine Gebote (מצוה) erfüllen wie die Juden (vgl. bAZ 27a).

164

mKil 9,8:[190]

אין אסור משום כלאים
אלא טווי וארוג,
שנאמר לא תלבש שעטנז,
דבר שהוא שוע, טווי ונוז
רבי שמעון בן אלעזר אומר

נלוז ומליז הוא את אביו שבשמים עליו.

1. Es ist nichts als Kilaim (Mischgewebe) verboten,
außer was zusammengesponnen und gewirkt ist.
2. Denn es ist gesagt:
Du sollst nicht Schattnes anziehen,
etwas, das gekrempelt, gesponnen und gewoben ist.
3. R. Shimon ben Eleazar sagt:

Er ist abgewandt und macht, daß sich sein Vater
im Himmel von ihm abwendet.

tKil 5,21:[191]

צמר שנתנו בפשתן להיות אורג עליו,
הרי זה אסור,

שבשעה שהיה ליגוז היה ניטוה.
אמ׳ ר׳ שמעון בן לעזר
למה נקרא שמו שעטנז,
מפני שמליז את אביו שבשמים עליו.

1. Legt einer Wolle zu Flachs, um sie mit ihm
zusammenzuweben,
  siehe, so ist es verboten;

denn als es gekämmt wurde, wurde gesponnen.
2. Es sagte R. Shimon ben Eleazar:
Warum ist sein Name "Schattnes"?
Weil er macht, daß sich sein Vater im Himmel von
ihm abwendet.

SifDev § 232:[192]

לא תלבש שעטנז,
יכול לא ילבש גיזי צמר ואניצי פשתן

תלמוד לומר שעטנז
דבר ששוע טווי ונוז,
רבי שמעון בן אלעזר אומר
נלוז ומליז הוא את אביו שבשמים עליו.

Sifra קדושים 4,18 zu Lev 19,19:[193]

ובגד כלאים
מה תלמוד לומר לפי שנאמר
לא תלבוש שעטנז צמר ופשתים יחדיו.
יכול לא ילבש גיזי צמר ואניצי פשתן.
תלמוד לומר בגד.
אין לי אלא בגד
מנין לרבות את הלבדים.
תלמוד לומר שעטנז
דבר שהוא שוע טווי ונוז.
רבי שמעון בר אלעזר אומר
נלוז ומליז הוא אביו שבשמים עליו.

1. *Und ein Kleid aus Mischgewebe* (Lev 19,19).
Was lehrt die Schrift (mit diesem Wort), da gesagt ist:

1. *Du sollst nicht Schattnes anziehen* (Dtn 22,11).

Vielleicht darf man nicht Wollflocken und
Flachsbündel anziehen?

Du sollst nicht Schattnes anziehen,
Wolle und Flachs zusammen (Dtn 22,11).
Vielleicht darf man nicht Wollflocken und
Flachsbündel anziehen?
Die Schrift lehrt: *Kleid.*
2. Ich habe nichts (an dieser Schriftstelle) außer:
Kleid.
Woher fügt (die Schrift) die groben Kleidungsstücke
hinzu?
Die Schrift lehrt: Schattnes,
etwas, das gekrempelt,
gesponnen und gewoben ist.
3. R. Shimon bar Eleazar sagt:
Er ist abgewandt und macht, daß sich sein Vater im
Himmel von ihm abwendet.

2. Die Schrift lehrt: *Schattnes,*
etwas, das gekrempelt,
gesponnen und gewoben ist.
3. R. Shimon ben Eleazar sagt:
Er ist abgewandt und macht, daß sich sein Vater
im Himmel von ihm abwendet.

---

[190] Text: ALBECK, Mishna, Zeraim, 128.
[191] Text: LIEBERMAN, Tosefta, Zeraim, 225 (tKil 5,21); vgl. ZUCKERMANDEL, Tosefta, 80.
[192] Text: FINKELSTEIN, Sifre, 265.
[193] Text: WEISS, Sifra, 89a.

Der Mischnatraktat Kilajim legt die Bibelstellen Dtn 22,9-11 und Lev 19,19 aus. Die ersten drei Kapitel handeln von der Saat, Kapitel 4-7 behandeln den Weinberg, der in Dtn 22,9 besonders erwähnt wird und in der Parallelstelle Lev 19,19 nicht genannt ist. Kapitel 8 führt sodann die Regeln zur Tierhaltung an, an die sich das neunte und letzte Kapitel mit den Kleiderbestimmungen anschließt. In dieser Mischna geht es um die Erklärung verbotener Vermischungen (כלאים), hier um den Fall der Kleidungsstücke, die als Schattnes bezeichnet werden.

Der Toseftatraktat ist ebenfalls nach den Bereichen Flora (1,1-6.10-5,2), Fauna (1,7-9; 5, 3-11) und Kleidung (5,12-27) aufgebaut.

Wie für SifDev üblich, beginnt die Auslegung mit dem Zitat des auszulegenden Bibelverses. An ihn schließt sich die Deutung von Dtn 22,10 an. Der zu untersuchende Text bildet die erste Auslegung des Verses, weitere Auslegungen zu לא תלבוש schließen sich an. Am Ende des Paragraphen ist eine Auslegung des zweiten Teils von Dtn 22,11 angefügt.

Zwei Sifraauslegungen sind in der Parascha קדושים (zu Lev 19,1-20,27) zu finden. Während der erste Text Lev 19,19 auslegt und parallel zu den o.a. Texten aufgebaut ist, befaßt sich der zweite mit der Auslegung von Lev 20,26 und wird nach der Einzelexegese der vier Auslegungen diskutiert. Den Kontext der Auslegung zu Lev 19,19 bildet vorangehend die Beschäftigung mit der Vermischung im Bereich der Flora (Fruchtbaum). Daraufhin wird nochmals der Anfang von Lev 19,19 zitiert, mit dem die Auslegung untrennbar verbunden ist. Im Anschluß an den vorliegenden Text wird der letzte Teil des Verses Lev 19,19 לא יעלה עליך, "komme nicht auf dich", ausgelegt. Anknüpfungspunkt ist עליך, "auf dich", denn es wird gefragt, ob man sich mit einer Decke aus Mischgewebe zudecken darf oder sich auf eine solche legen kann. Beides verbieten die Weisen, da kein einziger Faden von solchem Gewebe auf das Fleisch der Menschen kommen soll.[194]

Gliederung:

mKil 9,8	tKil 5,21
1. Halachischer Lehrsatz	1. Fallbeschreibung mit Verbot
2. Bibelzitat und Auslegung	2. Rabbinenspruch mit Bibelzitat
3. Rabbinenspruch	

SifDev § 232	Sifra zu Lev 19,19
1. Auszulegendes Bibelzitat mit Frage	1. Bibelzitat mit Auslegung
2. Bibelzitat mit Auslegung	2. Diskussion des Wortes "Kleid"
3. Rabbinenspruch	3. Rabbinenspruch

Einzelexegese

Bei der Einzelexegese werden zunächst die drei Auslegungen getrennt voneinander behandelt. Der Rabbinenspruch wird im Anschluß daran als das allen Texten gemeinsame Element untersucht.

---

[194] Vgl. bBes 14b; Tam 27b.

mKil 9,8

1. Der halachische Satz beginnt mit der typischen Einleitung (אלא) אין אסור.[195] Damit
leitet dieser Mischnasatz erst das zweite ausdrückliche Verbot in diesem Kapitel ein,[196]
da alle vorausgegangenen Aussagen sich mit Ausnahmen oder weiteren Erklärungen
beschäftigen. Das einleitende allgemeine Verbot nennt das Wort כלאים "Mischgewebe".[197] Die formale Aussage: "Es ist nichts als Mischgewebe verboten" leitet einen
neuen Unterabschnitt in der Mischna ein. Sie beschäftigt sich mit der Frage, ob Wolle
und Flachs miteinander verwoben werden können.

Das Verbot wird nur durch zwei Verben verdeutlicht: "gesponnen und gewoben"
(טווי וארג). Das Spinnen[198] (טווי oder עזל) von Wolle war meistens die Arbeit der Frauen.
Sie wurde im Haus verrichtet.[199] Das Spinnen von Flachs war wegen des üblen Geruchs
und sonstiger Schäden für den Leib eher Aufgabe der Männer.[200] Der Text bietet keine
eindeutigen Anhaltspunkte über das Subjekt des Spinnens. Das Weben[201] (ארג oder נוז)
ist aus Hi 7,6 bekannt.[202] Ursprünglich bedeutete das Wort "flechten".[203] Die Kombination der beiden Wörter טווי וארג begegnet uns nur an einigen wenigen Stellen der rabbinischen Literatur.[204] Daher stellt sich die Frage, warum solche Kleidung, wenn nur
durch diese zwei Arbeitsvorgänge eine Mischung entstand, verboten ist. Da ארג ein
Synonym des Verbs נוז ist, welches im zweiten Abschnitt der Mischna zur Erklärung des
Wortes "Schattnes" herangezogen wird, scheint diese Aussage bereits eine Vorstufe zur
Erläuterung der Bibelstelle zu sein.

Exkurs: Das Schattnesgebot in der Bibel und seine frühe Auslegungsgeschichte
In Lev 19 wird das Schattnesverbot von Beziehungsaussagen Gottes zum Volk Israel eingerahmt. Über
allen Geboten und Verboten steht die Heiligkeitsaussage Gottes gegenüber seinem Volk: "*Heilig sollt ihr
sein, denn ich, J`, euer Gott, bin heilig*" (V.2).[205] Diese Aussage ist eine Überschrift über die nun folgen-

---

[195] Vgl. mKil 9,1.8; tKil 1,4; Taan 2,3; Ned 3,2.6; AZ 1,2f.; Hul 4,2. In den halachischen Midraschim
taucht diese Wendung nicht auf.

[196] mKil 9,8 ist 9,1 nachempfunden: אין אסור משום כלאים אלא צמר ופשתן. Außer den letzten beiden
Worten ist die Einleitung der Halacha gleich. Auf die Worte צמר ופשתן bauen die Auslegungen tKil
und SifDev auf.

[197] Dieses Wort erscheint außer in den auszulegenden Bibelstellen (Lev 19,19; Dtn 22,11) nur noch in Jes
42,22.

[198] Vgl. KRAUSS, Talm Arch I, 148.557 Anm. 251f.; DALMAN, Arbeit und Sitte V, 59f.; PESKOWITZ,
Spinning, 185f. Anm. 12.

[199] Das Spinnen auf der Straße galt als unschicklich, da bei dieser Arbeit der Arm unweigerlich etwas ent-
blößt wurde; vgl. mKet 7,6; bKet 72b; Git 90a (Bar). Vgl. auch SCHOTTROFFs Aussagen über Frauen-
arbeit in Mt 6,28 (dies., Das geschundene Volk, 196).

[200] Vgl. KRAUSS, Talm Arch I, 148.557 Anm. 257.

[201] Vgl. ebd., 150ff.; DALMAN, Arbeit und Sitte V, 105f.

[202] Die Kleidung der Priester war aus Leinen, das gewoben wurde (vgl. Ex 39,27). Über die Bedeutung
von כלאים im geschlossenen Kreis der Priester vgl. HARAN, Temple and Temple Service, 160f. Vgl.
auch Apg 9,39: Tabitha gibt ein von ihr selbst angefertigtes Kleidungsstück ab (vgl. die Diskussion bei
RICHTER-REIMER, Frauen, 69f.).

[203] Vgl. bShab 94a.

[204] Vgl. mBekh 4,8; bShab 64a; BQ 119b; yKil 9,5 31d; Shab 10,6 12c. Ansonsten treten sie an keiner
weiteren Stelle der halachischen Midraschim zusammen auf.

[205] Vgl. dazu die Qumranauslegungen 4QMMT (4Q 396 Fr. 2,2 6-7 und 6-13. 13f.). Sie zitieren diesen
Vers direkt vor der Auslegung des Schattnesgebots.

den Ge- und Verbote.[206] Die Beziehungsaussage wird bekräftigt durch die fast alle Verse abschließende Formel: *"Ich bin J´ (euer Gott)"*. Sie fehlt in den VV.19-24. Am Schluß des Textes in Lev 19 wird diese Aussage jedoch noch einmal durch einen Nebensatz erweitert. Bevor das Volk Israel in V.37 zur Befolgung der Satzungen aufgerufen wird, bezeichnet sich Gott als derjenige, der es aus Ägypten geführt hat. Der Verweis auf die erwählende Handlung schafft die Beziehung zwischen Gott und dem Volk Israel, sie ist der Anfang, das Fundament und der Grund für Gottes Handeln.

Auch in der zeitgenössischen Umwelt finden sich Texte, die sich mit dem Schattnesverbot auseinandersetzen, z.B. in Qumran.[207] Allerdings ist in diesen Texten ebenfalls keine Begründung für das Verbot angegeben. Begründungen für die Einhaltung liefern erst Philo (vgl. SpecLeg III, 46-50; IV, 203-214; Virt 146f.) und Josephus (vgl. Ant IV, 228-230): Gott als der Gesetzgeber ist um den Erhalt der Schöpfungsordnung bemüht und nimmt Rücksicht auf die Schwachen. Diese Begründungen sind allerdings nur für die Bereiche der Flora und Fauna möglich. Bei der Begründung des Mischgewebes tun sich beide Autoren schwer. Während Philo eine geringe Haltbarkeit von Mischgeweben annimmt, verweist Josephus darauf, daß die priesterliche Dienstbekleidung Mischgewebe[208] enthält und es daher dieser Gruppe vorbehalten sein sollte.[209]

2. Nun wird der Anfang von Dtn 22,11 zitiert: *"Du sollst nicht Schattnes anziehen"*. Die etymologische Herkunft des Wortes "Schattnes" ist gänzlich ungeklärt. LEVY erklärt es als "ein aus verschiedenen Gattungen gewirktes Zeug"[210], ohne jedoch die einzelnen Gattungen näher zu erklären. Erst aus Dtn 22,11 wird deutlich, daß es sich bei dem vermischten Gewebe um ein Mischgewebe aus Wolle und Leinen (Flachs) handelt, denn in der Fortführung des Verses heißt es: *"Wolle und Flachs zusammen."* Der Bibelvers wird durch die exegetische Auslegungsmethode des Notarikon[211] spezifiziert. In unserer Mischna wird das Wort שעטנז in die drei Verben שוע, טווי, נוז unterteilt. שוע bezeichnet den Vorgang des "Glättens, Krempelns"[212]. נוז, "gesponnen, gezwirnt"[213], ist das letzte Verb, mit dem das Wort "Schattnes" ausgelegt wird. An diesem Verb orientiert sich die nachfolgende Auslegung des R. Shimon b. Eleazar.

Der Targum Pseudo-Jonathan legt das Wort "Schattnes" ebenfalls mittels der Notarikonmethode aus: שיע ועזיל וניז.[214] Hier wurde für das Wort "Spinnen" (טוה) das Synonym עזל eingesetzt. Da die Endredaktion des Targum nicht vor dem siebten Jh. n.Chr. anzu-

---

[206] Für HEINEMANN hat mit Lev 19,2 die Wurzel קדוש "ethischen Gehalt gewonnen" (ders., Lehre vom Heiligen Geist, 170).

[207] Vgl. 4Q 271 Fr. 1,1,10; 4Q 396 2,2,6-7; 4Q 397 6-13, 13f.; 4Q 418 103, 2,6ff, 11QTR 52, 13.

[208] Auch in diesem Kontext ist noch einmal auf Ex 28 zu verweisen.

[209] Vgl. dazu yKil 1,7 27b; bHul 60a.

[210] LEVY, WB IV, 589.

[211] Das griech. Wort νοταρικόν, lat. notaricum, bedeutet, daß jemand in einem Wort mehrere Dinge zusammengefaßt hat ("shorthand-writer"). Das Notarikon hat zwei hermeneutische Anwendungsmöglichkeiten. Zum einen kann jeder Buchstabe eines Wortes als Abkürzung eines neuen Wortes gesehen werden, zum anderen wird das Wort in verschiedene Unterabschnitte geteilt. Diese Methode wurde bereits bei der Bibelauslegung verwandt. In mShab 12,5 wird das Wort Notarikon explizit erwähnt. Obwohl die Auffassung vertreten wird, daß das Notarikon biblische Autorität besitzt (vgl. bShab 105a), finden wir im Talmud bei halachischen Erläuterungen keine Anwendung dieser Methode. Sie ist nur in aggadischen Textabschnitten und in sog. Asmachta`ot (Stützen der Halacha) anzutreffen. Eine Liste der Texte der rabbinischen Literatur, die mittels der Methode des Notarikons ausgelegt wurden, ist zu finden in: GROß, אוצר האגדה II, 796ff.

[212] Die Wolle wird mit einem eisernen Kamm bearbeitet, "gekrempelt", "so dass lange Strähnen und Streifen ... entstehen, aus denen die Fäden gesponnen werden" (KRAUSS, Talm Arch I, 137.532 Anm. 97-99); DALMAN, Arbeit und Sitte V, 13f.

[213] LEVY, WB III, 354.

[214] Vgl. CLARKE, Pseudo-Jonathan, 235.

nehmen ist,[215] hat vermutlich der Targum die Mischnaauslegung gekannt und über-nommen.

Die Auslegung von "Schattnes" durch die Notarikonmethode legt den Schluß nahe, daß eine Vereinigung von Stoffen nur dann verboten ist, wenn sie miteinander gekrem-pelt, gesponnen und gewoben sind. Die Frage, wie es mit der Vermischung von unverar-beiteten Stoffen aussieht, bleibt offen.

Die Auslegung durch die drei Verben war durchaus nicht unproblematisch, denn in yKil 9,6 32d finden wir die Aussage: "Möge doch die Mischna טווי ניז, aber nicht שוע lehren". Hier wird der zweite Teil des Mischnasatzes mit der Hinzufügung des "Hechelns" deutlich kritisiert. In bYev 5b und bNid 61a wird diskutiert, ob es sich bei den drei beschriebenen Verarbeitungsarten um drei unabhängig voneinander stattfin-dende Arbeiten handelt oder um drei Bestandteile eines Arbeitsganges.

tKil 5,21

Zur Eigenart der Tosefta gehört es, daß sie die Torastellen Lev 19,19 und Dtn 22,9-11 erläutert oder erweiternd auslegt. Ein Zitat der Bibelstellen ist dagegen nicht zu finden.

Den Anfang der Auslegung bildet die These, daß Wolle und Flachs nicht zusammen-gebracht werden dürfen. Mit dieser These legt die Tosefta den zweiten Teil von Dtn 22,11 צמר ופשתים יחדו, "Wolle und Flachs zusammen", aus. Als צמר wurde die Schafs-wolle bezeichnet, die in der Regel weiß ist.[216] פשתן, Flachs, der im Verbot Dtn 22,11 vorausgesetzt ist,[217] wird in den rabbinischen Quellen als פשתים[218] oder als פשתן[219] bezeichnet.

Flachs ist eine Pflanze, die zu vielen Zwecken gebraucht werden kann. Zu Leinstoff verarbeitet, wird Flachs von vornehmen Leuten getragen, aber ebenso wird sie zur Herstellung der einfachen Kleider der Armen bearbeitet. Die Toten ehrt der Flachs, indem der aus Flachs getragene Stoff sie im Grabe bekleidet. Gleichzeitig werden aus Flachs Netze gewoben und Seile gezwirnt. Kains Speise soll gerösteter Flachssamen זרע פשתן gewesen sein (Raschi zu Gen 4,3). Diesen opferte er in Gen 4,3, während Abel noch ungeschorene Lämmer darbrachte. Auch im Zusammenhang dieser Bibelstelle wird gesagt, daß man Flachs und Wolle nicht zusammen weben darf.[220]

Durch den in der Tosefta folgenden Infinitiv wird die Möglichkeit, wie Wolle und Flachs zusammengefügt werden können, näher bestimmt. Hier geht es um den Fall, daß Wolle zum Flachs hinzugefügt wird, um beide Stoffe miteinander zu verweben. Der beschriebene Arbeitsvorgang hat folgenden Hintergrund: Jemand möchte auf einem Webstuhl mit Wollfäden etwas weben. Dazu werden Flachsteile an die Enden der

[215] Vgl. ALEXANDER, Jewish Aramaic Translations, 219.

[216] Vgl. DALMAN, Arbeit und Sitte V, 11; vgl. Jes 1,18; mKil 9,1; Neg 11,2; BQ 9,1.

[217] Vgl. Jes 19,9; Ez 44,17f.; als λίνον Apk 15,6; ὀθόνη Apg 10,11; 11,15; ὀθόνιον Lk 24,12; Joh 19,40; 20,5-7.

[218] So wird der Stoff in der Hebräischen Bibel bezeichnet. Vgl. auch mKil 9,1; Neg 7,3; Shab 9,15 u.a.

[219] Dieses Wort erscheint nicht in der Hebräischen Bibel, dafür aber um so öfter in der rabbinischen Literatur, allein 84mal in der Mischna. Vermutlich hat diese Form sich aus פשתים entwickelt und ist dann vermehrt in die rabbinische Literatur eingedrungen.

[220] Vgl. SER 21; MTann zu Gen 4,3f.; vgl. TJ I Gen 4,3.

wollenen Fäden gefügt, damit der Faden heruntergewogen wird[221] und dabei an seinem Platz bleibt. Dies führt jedoch zu der verbotenen Mischung. Die Tosefta veranschaulicht den Arbeitsvorgang an einem Beispiel, fügt aber sofort die mischnische Entscheidung hinzu: "Siehe, es ist verboten."

Abschließend wird erläutert, warum das Verweben von Flachs und Wolle verboten ist, denn in der Stunde, in der gekämmt[222] wurde, wurden auch beide Rohstoffe gesponnen. Das bedeutet, daß zur selben Zeit, in der man die Wolle spannt und mit der Gabel kämmt, um sie zum Weben vorzubereiten, befürchtet werden muß, daß man vielleicht ein bißchen Flachs an der Gabel hält, welcher dann verbotenerweise zusammen mit der Wolle verwoben wird.[223]

SifDev § 232:
Der Midraschteil beginnt mit der Zitation des Bibelzitates Dtn 22,11. Die Auslegung in SifDev äußert sich etwas genauer bezüglich der Teile, die nicht angezogen werden dürfen. Im zweiten Abschnitt des Bibelverses Dtn 22,11 werden lediglich die Rohstoffe "Flachs" und "Wolle" genannt, die nicht zusammen getragen werden dürfen. Die Vermengung von unverarbeiteter Wolle und Flachsbündeln wird thematisiert. Sie bildet nur einen äußerst primitiven Kleiderersatz. Könnte es daher sein, daß es erlaubt ist, diese zusammen zu tragen? Die Auslegung beschäftigt sich mit einem Grenzfall der Mischnabestimmung, wobei das Wort "zusammen" (יחדו) aus Dtn 22,11 im Midrasch aufgenommen ist. Dort wird der Zustand der Materialien bzw. ihre bereits erfolgte Bearbeitung kenntlich gemacht. Laut Dtn 18,4 wurde der Ertrag der Schur גז genannt. Den Ballen Wolle eines Schafes nannte man daher גיזי צמר.[224] Dieser Ballen hat eine wirtschaftliche Funktion.[225] Als Flocken kam die Wolle erstmals in den Handel und damit in die Hand des gewerblichen Verarbeiters.[226] Der Terminus אניצי פשתן steht für gebündelten Flachs, der in dieser Form zum Spinner kam.[227] Mit der Frage, ob die Vermengung der beiden Stoffe nun erlaubt ist, beschäftigt sich SifDev.

Der nächste Abschnitt wird mit der tannaitischen Formel תלמוד לומר, "die Schrift lehrt", eingeleitet. Sie ist ein Zeichen dafür, daß der Midrasch auf ihm bekanntes Material zurückgreift,[228] in diesem Fall auf einen Teil von mKil 9,8, der wortgetreu wiedergegeben wird.[229] Es wird nochmals die Notarikonauslegung des Wortes Schattnes aus

---

[221] "The spacing of the warp threads on the loom governs to a large degree the texture of the fabric to be woven. Their tension must be uniform or else the fabric will be uneven", FORBES, Studies in ancient technology Bd. 4, 198.

[222] Ms. Erfurt liest bei diesem Verb לוגיא als falsa lectio für לוגיי, welches ein Synonym für סורק, "kämmen", ist (vgl. LIEBERMAN, Tosefta, Nezikin z.St.).

[223] Vgl. LIEBERMAN, Tosefta, Nezikin, 225 Anm. 46.

[224] Vgl. Sifra קדושים 4,17 (89a); mShab 4,2; Ned 7,3; BM 2,1.2; tShab 4,11; 15,7. Das hebraisierte griechische Wort פוקרין - ποκάριον (vgl. KRAUSS, Lehnwörter II, 443) findet sich u.a. in tShab 6,2; tKil 5,23; Sem 8,2; bShab 50a.

[225] Vgl. mShab 4,1; Ned 7,3; BM 2,1f.; tShab 3,19.

[226] Vgl. KRAUSS, Talm Arch I, 137.

[227] Vgl. ebd., 148. 557 Anm. 257.

[228] Vgl. BACHER, Term I, 200.

[229] Gegenüber dem zweiten Abschnitt der Mischna fehlt lediglich das Personalpronomen הוא.

Mischna und Targum wiederholt, so daß nur Stoffe unter die Kategorie שעטנז fallen, in denen Flachs und Wolle miteinander gekrempelt, gesponnen und gewoben sind.

Bei גיזי צמר, Schurwolle, und אניצי פשתן, Flachsbündel, ist das aber nicht der Fall. Daher widerspricht dieser Teil dem vorhergegangenen. Der beschriebene Grenzfall, Wollflocken und Flachsbündel zusammen anzuziehen, wird in diesem Midrasch nicht ausdrücklich verboten. Zudem scheint die Auslegung Kenntnisse von der Mischna-auslegung gehabt zu haben. Die Mischna beginnt mit einem Lehrsatz, Tosefta und SifDev diskutieren bereits einige Interpretationsmöglichkeiten. SifDev ist daher vermutlich eine spätere Bearbeitung des Schattnesmaterials.

Sifra קדושים 4,18 zu Lev 19,19:

1. Nachdem das Verbot der Vermischung von Bäumen ausgesprochen wurde, wird als Begründung Lev 19,19 zitiert "... *und meine Satzungen sollt ihr bewahren*". Daran schließt sich ohne Überleitung der folgende Abschnitt des Zitates "*und ein Kleid aus Mischgewebe*" an. Diese Auslegung ist eine Zusammenstellung verschiedener Auslegungsabschnitte.

2. Das Wort בגד, "Kleid", aus Lev 19,19 wird nun mittels eines Zitates der anderen Schattnes-Bibelstelle (Dtn 22,11) ausgelegt: Wolle und Flachs zusammen sind verboten. Daraufhin wird die Frage nach dem Verarbeitungsstand des Mischgewebes aus Wolle und Flachs gestellt, wie sie aus SifDev bekannt ist. Die Antwort besteht aus dem Zitat von Lev 19,19 "Kleid", welches nur die Rohmaterialien Wolle und Flachs vom Verbot ausschließt. Ist die halbverarbeitete Mischung damit erlaubt? Der Verweis "Kleid" legt diese Vermutung nahe. In SifDev jedoch wird diese Erklärung nicht herangezogen.

Durch die folgende Formel אין לי אלא, "ich habe nichts außer", wird konstatiert, daß der Inhalt des Textes sich auf das durch seinen Wortlaut bezeichnete Gebiet beschränkt, um die Erweiterung des Gebietes anders herzuleiten.[230] Der Gebrauch der ersten Person (לי) kennzeichnet den Schriftausleger als den fortan Sprechenden. Sinngemäß verweist die Formel darauf, daß "ich bei dem Schriftvers nicht mehr habe außer *Kleid*, woher fügt die Schrift die groben Kleidungsstücke hinzu?"[231] לרבות im Piel bedeutet soviel wie "vermehren, vergrößern, hinzufügen"[232]. לבד bezeichnet ein "grobes Stück Zeug, das aus Wolle oder Leinen geflochten und gekrempelt, aber nicht gewebt ist"[233]. In der Auslegung bezieht sich לבד eindeutig auf die geschorene Wolle und die Flachsbündel der vorherigen Midraschzeile. Die Frage wird nun wiederum durch das Wort "Schattnes" und seine Erklärung beantwortet.

Ingesamt fällt bei diesem Abschnitt auf, daß alle Teile mit Ausnahme der fehlenden Determination את mit SifDev übereinstimmen; wahrscheinlich basiert seine Auslegung auf diesem Midrasch.

---

[230] Vgl. BACHER, Term I, 5.

[231] Vgl. diese durch מנין, "woher", erweiterte Formel auch in bHul 65b u.ö.

[232] LEVY, WB IV, 413. Bei den hermeneutischen Regeln ist das Substantiv רבוי, "(die Schrift) fügt hinzu", geläufiger. In dem Midrasch wird die Hinzufügung jedoch durch den Infinitiv ausgedrückt.

[233] LEVY, WB II, 465.

III. Der Rabbinenspruch

An die halachischen Diskussionen wird jeweils ein Ausspruch R. Shimon ben Eleazars, Schüler Meirs und Tannait der vierten Generation,[234] angeschlossen. Er legt das Wort "Schattnes" homiletisch aus, indem er für das Verb נוז andere Interpretationsmöglichkeiten sucht. Einzig in der Tosefta wird eine Frage eingeschoben. In diesem Text kam das Wort "Schattnes" bisher gar nicht vor. Daher wird es nun in Form einer Frage zur Sprache gebracht, um den Anknüpfungspunkt für den Rabbinenspruch zu schaffen: Warum ist sein Name "Schattnes"?

R. Shimon ben Eleazar baut seine Auslegung auf dem zweiten Teil der Mischnaauslegung auf, in dem vom "Krempeln, Spinnen und Weben" die Rede war. Ohne sich auf die Erweiterung um das "Krempeln" einzulassen, greift er das letzte Verb נוז auf und wechselt durch Liquidavertauschung das נ durch ein ל aus. Damit wird aus dem Wort נוז, "gesponnen, gezwirnt", das Wort לוז, welches als Partizip im Niphal mit "abweichen"[235] übersetzt wird. Es entstammt weisheitlicher Sprache.[236] Dieses Verb zieht R. Shimon ben Eleazar in Anspielung auf Prov 3,21 (בני אל ילוזו מעיניך נצר תושיה ומזמה) und 4,21 zur Deutung von "Schattnes" heran.[237] Gemeinsam ist beiden Bibelstellen der Kontext der väterlichen Ermahnung an der Sohn, die Gebote zu bewahren (3,1ff.) und auf die väterlichen Worte zu hören (4,20f.). In Prov 3,21 klingt die Vater-Sohn-Beziehung durch die Anrede "mein Sohn" an. Der Sohn wird aufgefordert, die Kraft der Erkenntnis nicht aus seinen Augen weichen zu lassen und sich Umsicht und Klugheit zu bewahren. All diese Eigenschaften braucht derjenige, der die Gebote befolgt.

Damit ist deutlich, daß, wer Kleider aus Mischgattungen trägt, durch diese Tat von Gottes Geboten und Wegen abweicht. Die Folge wird mit dem nächsten Verb aufgezeigt, denn durch die Verwendung derselben Wurzel, nun aber im Hiphil (מליז), bringt R. Shimon b. Eleazar vor, daß der Mensch durch sein regelwidriges Verhalten verursacht, "daß sich sein Vater im Himmel von ihm abwendet". LEVY deutet diese Stelle so, daß der Mensch dann "die göttliche Liebe von sich abwendet".[238] Das göttliche Abwenden aufgrund von Fehlverhalten eines Menschen oder des Volkes Israel hat biblische Vorbilder.[239] Allerdings werden sie nicht durch das Verb לוז zum Ausdruck gebracht.

In Prov 4,20f., der einzigen Stelle, an der das Hiphilverb verwendet wird, heißt es, daß der Sohn die väterlichen Worte hören, sie nicht aus den Augen lassen und in seinem Herzen bewahren soll. Dieser Text bringt den Stellenwert väterlicher Tradierung religiöser Lebensinhalte zum Ausdruck.[240] Um auf dem rechten Weg zu bleiben, wird in

---

[234] Vgl. STEMBERGER, Einleitung, 87f.; vgl. BACHER, Tann II, 432f.

[235] LEVY, WB II, 480.

[236] In Prov 2,15 beschreibt das Verb den Vorgang, sich von weisheitlichem Leben und Denken zu entfernen und auf Abwege zu gelangen. Dieses Verhalten verabscheut Gott (Prov 3,32), denn nur wer Gott nicht ehrt, gelangt auf diese Abwege (Prov 14,2). Auch in Jes 30,12 wird dieses Abweichen vom Wort Gottes durch das Verb לוז im Niphal ausgedrückt.

[237] Vgl. yKil 8,1 31b. In Prov 3,21 erscheint das Verb allerdings im Qal in Prov 4,21 im Hiphil.

[238] LEVY, WB II, 480.

[239] Dieses Abwenden Gottes zumeist aufgrund der Sünden wird durch die Worte "verbergen des (göttlichen) Angesichtes von" ausgedrückt: vgl. Ps 13,2; Jes 54,8; 59,2; Ez 39,23; vgl. auch Jes 57,17.

[240] Vgl. z.B. Dtn 6,4ff.

einer Antithetik das Leben eines Frevlers dem des Gerechten gegenübergestellt (Prov 4,18f.). Auch hier ist zumeist der Kontext väterlicher Zurechtweisung gegeben.[241]

Das in der Bibel unbegründete Mischgewebeverbot wird folglich von den Rabbinen nachträglich durch die Forderung von väterlichem Gehorsam begründet. Die Befolgung auch dieses Gebots macht einen Menschen zu einem Gerechten, dem Gott sich zuwendet. Wer von den Schattnesgesetzen abweicht, bewirkt damit, daß sein Vater im Himmel sich von ihm abkehrt. Beide Verben beschreiben ausdrücklich den Prozeß des Abwendens.

Es steht also der einzelne Mensch mit Gott in der Beziehung eines ständigen Prozesses, der niemals stagniert, sondern sich den Handlungen des Gegenübers entsprechend aufeinander zu oder voneinander weg bewegt. Der Zuwendung seines Vater im Himmel kann ein Mensch, der Schattnes trägt, nicht länger gewiß sein. Daher verschärft R. Shimon ben Eleazar mit dieser Auslegung die Bedeutung des Schattnesverbotes, indem er ihm eine moralische Folge hinzufügt.

Im halachischen Midrasch Sifra gibt es noch eine weitere Schattnesauslegungen:

Sifra קדושים 11,21.22 zu Lev 20,26 Ende[242]

1.*Und ihr sollt mir heilig sein, denn ich, J`, bin heilig* (Lev 20,26).	והייתם לי קדושים כי קדוש אני ה'.
Wie ich heilig bin, so sollt ihr heilig sein.	כשם שאני קדוש כך אתם (קדושים) היו קדושים.
Wie ich abgesondert bin, so sollt ihr abgesondert sein.	כשם שאני פרוש כך אתם היו פרושים.
... und ich habe euch von den Völkern abgesondert,	ואבדיל אתכם מן העמים
um mein zu sein (Lev 20,26).	להיות לי.
Wenn ihr von den Völkern abgesondert seid,	אם מובדלים אתם מן העמים
siehe, so gehört ihr meinem Namen;	הרי אתם לשמי
wenn aber nicht, so gehört ihr dem Nebukadnezar,	ואם לאו הרי אתם של נבוכדנצר
dem König von Babel, und seinen Freunden.	מלך בבל וחביריו.
2. R. Eleazar ben Azarja sagt:	ר' אלעזר בן עזריה אומר
Woher ist es, daß ein Mensch nicht sagen soll,	מנין שלא יאמר אדם
ich mag nicht Schattnes anziehen,	אי איפשי ללבוש שעטנז
ich mag nicht Schweinefleisch essen,	אי אפשי לאכול בשר חזיר.
ich mag nicht einer wegen Inzest Verbotenen beiwohnen?	אי איפשי לבוא על הערוה.
Sondern: Ich würde das alles mögen. (Aber) was soll ich tun,	אבל איפשי מה אעשה
da mein Vater im Himmel es so über mich beschlossen hat?	ואבי שבשמים גזר עלי כך
3. Die Schrift lehrt: *... und ich habe euch von den Völkern*	ת"ל ואבדיל אתכם מן העמים
abgesondert, um mein zu sein.	להיות לי
Demnach sondert er sich von der Übertretung ab,	נמצא פורש מן העבירה
und nimmt die Herrschaft des Himmels auf sich.	ומקבל עליו מלכות שמים.

Im Kontext der Auslegung zu Lev 20,26 werden vorangehend die verschiedenen Unreinheiten von Tieren angeführt und gedeutet. Anschließend folgt der Auslegungsabschnitt, der durch die Heiligkeitsaussage gerahmt ist. Mit V.27 wird das Kapitel über die schweren Sünden abgeschlossen und im Midrasch kurz ausgelegt; es beendet die Parascha קדושים.

---

[241] Vgl. auch Dtn 11; 12,1ff.
[242] Text: WEISS, Sifra, 93b.

Gliederung:
1. Bibelzitat mit Auslegung
2. Rabbinenfrage
3. Antwort (Bibelzitat) mit Auslegung

Einzelexegese

1. Die Auslegung ist im Gegensatz zu den anderen o.a. Schattnestexten sehr frei. Sie unterscheidet sich von ihnen in vielen Punkten. Zuerst beginnt sie mit dem Anfang eines Bibelzitats Lev 20,26, in dem der Unterschied zwischen dem Volk Israel und anderen Völkern hervorgehoben wird. In der ersten Satzhälfte wird eine Eigenschaft Gottes beschrieben, die dann auf das Volk Israel übertragen wird. Israel wird aufgefordert, Gott heilig zu werden. Im zweiten Versteil folgt die Konsequenz, sich abzusondern und sich dadurch von allen anderen zu unterscheiden. Damit wird die Unterscheidungskategorie heilig - profan, die das Verhältnis Israels zu anderen Völkern bestimmen wird, aufgegriffen. Die Partikel כ ... כך strukturieren den Vergleich. Die positive Unterscheidung wird durch das Ende der nächsten Midraschzeile angegeben: הרי אתם לשמי, "so gehört ihr meinem Namen". In einem nächsten Schritt wird daraufhin angegeben, welche Konsequenzen eine Gleichsetzung des Volkes Israel mit anderen Völkern haben kann: "So gehört ihr Nebukadnezar, dem König von Babel, und seinen Freunden." Der neubabylonische König Nebukadnezar eroberte 586 v.Chr. Jerusalem und zerstörte den Ersten Tempel. In vielen nachbiblischen Quellen gilt Nebukadnezar daher als der "Frevler" schlechthin.[243] Die rabbinische Schilderung der Eroberung Jerusalems und der Zerstörung des Zweiten Tempels durch Titus enthält zahlreiche Anspielungen auf Nebukadnezar.[244] Im Midrasch ist "Nebukadnezar" vermutlich eine Chiffre für die römischen Herrscher. Hier werden die Kategorien heilig - profan durch die Gegenüberstellung Gottes und der Welt (Nebukadnezar) zum Ausdruck gebracht.

2. Der folgende Abschnitt wird als Rabbinenfrage angeführt. R. Eleazar ben Azarja ist ein Tannait der zweiten Generation. Er lebte zu Anfang des zweiten Jahrhunderts in Jabne und war Priester. Vermutlich erlebte er die jüdische Revolte unter Trajan mit (115-117), aber nicht mehr den Bar-Kochba-Aufstand.[245] Dieser Rabbi fragt nun nach der Begründung der Absonderung.

Mit der allgemeinen Formulierung "Woher ist es, daß ein Mensch sagen soll" werden die Unterabschnitte eingeleitet. Die Wendung אי איפשי, "ich mag nicht", ist aus der rabbi-

---

[243] Vgl. bBer 57b; Shab 149b. Die Bezeichnung als "Sklave" und "Gegner und Hasser Gottes" wird ihm in EkhaR Proem 23 zugeschrieben. Nebukadnezar wird von den Rabbinen vorgeworfen, daß er sich selbst wie der Pharao, Sanherib und die römischen Eroberer zum Gott ernannte (vgl. MekhY שירה 8 zu Ex 15,11; MekhSh בשלח zu Ex 15,11 (91); BerR 9,5; ShemR 8,2). Damit wurde vor allem Kritik an den römischen Eroberern laut. In späteren rabbinischen Quellen, die nicht mehr unter dem Eindruck der römischen Bedrohung entstanden, wird Nebukadnezar vorteilhafter dargestellt. Die Juden taten ihm leid (vgl. WaR 19,6), und er wird als gottesfürchtiger Mensch beschrieben (bSan 95b). Weitere rabbinische Quellen zu Nebukadnezar finden sich bei GINZBERG, Legends VII, 339f.

[244] Nebukadnezar wird als gewalttätig und gnadenlos beschrieben (vgl. ABERBACH, Nebuchadnezzar, 914) und als Päderast wie Titus (Sueton, Divus Titus VII,1).

[245] Es wird angenommen, daß er während der Revolte nach Sepphoris floh und dort untergetaucht ist. Da die Stadt von einer römischen Legion belagert wurde, konnte sie nicht am Aufstand teilnehmen (vgl. DERENBOURG, Ueber einige dunkle Punkte, 398).

nischen Literatur bei persönlich wichtigen Entscheidungen bekannt.[246] איפש drückt das "Verlangen, Begehren" aus. Dieses Substantiv wird immer mit einem Personalsuffix, zumeist dem der 1. Person Singular, konstruiert.[247] Die Wendung leitet nun drei Verbote ein, wobei das erste sich auf das Anziehen von Schattnes bezieht.

Das zweite thematisiert das Essen von Schweinefleisch, welches nach Dtn 14,8 und Lev 11,7 für Juden als rituell unrein gilt.[248] Auch die Propheten wiederholen das Verbot (vgl. Jes 66,17; Ez 4,14). Während der Religionsverfolgungen unter Antiochus IV. wurde das Verbot des Opferns und Essens von Schweinefleisch zum Teil bis zum Martyrium befolgt.[249] Dadurch erhielt das Essen bekenntnishaften Charakter. In der rabbinischen Literatur beschäftigen sich einige Texte mit dem Essen von Schweinefleisch.[250] Bereits im Buch Tobit werden die Speisegesetze mit der Unterscheidung des Volkes Israel von anderen Völkern begründet (vgl. Tob 1,10f.). Diese Gesetze waren neben den Reinheits- und Schabbatgesetzen die elementarsten, da sich durch ihre Befolgung die Juden von anderen Völkern unterschieden.[251] Daher bargen die Speisegesetze das größte Konfliktpotential im Miteinander von Nichtjuden und Juden.[252]

Das dritte Verbot beschäftigt sich mit sexuellen Vergehen. ערוה bezeichnet die "Blösse"[253]. In Lev 18,6-19 und 20,11.17-21 wird mit diesem Wort der Beischlaf beschrieben. Das Schattnesgebot steht in der Hebräischen Bibel zwischen den Abschnitten über die sexuellen Vergehen. In ihnen wird festgelegt, mit welchen Familienmitgliedern oder Verwandten der Umgang erlaubt ist. Bei Verstoß gegen die Sexualgesetze lud man Blutschuld auf sich. In den Bestimmungen zur Priesterbekleidung wird die Kleiderbestimmung ebenfalls mit ערוה kombiniert. In Ex 28,42 werden sogar zwei der drei Verbote des Midrasch zusammen angeführt (vgl. Ex 28,42).

Alle Verbote befassen sich mit körperlichen Aspekten: Kleidung, Essen und Beischlaf. Im Zusammenhang mit religiösen und sozialen Konzepten kann der Körper als Medium gelten, der den Verstand und die Seele mit der äußeren Welt verbindet.[254] Den drei Aussagen wird durch אבל, "sondern, aber", adversativ eine andere Möglichkeit gegenübergestellt: "Ich würde das mögen, ...". Das Befolgen der für Juden rituell wichtigen Bestimmungen wird hier nicht durch persönliches Verlangen begründet. Die Verbote gründen allein auf Gottes Entscheidung, "da mein Vater im Himmel es so über mich beschlossen hat." Indem der Mensch sich an die Gebote hält, wird ihm Gott zum Vater. Das Kind erkennt den Beschluß seines Vaters an und stellt ihn nicht in Frage.

---

[246] Die Wendung ist anzutreffen bei Aussagen über eine Frau mit geschorenen Haaren (vgl. bNaz 28a), über das Verlassen des Vaterhaus (vgl. mKet 12,3), über persönliche Sühne am Versöhnungstag (vgl. yYom 8,7 44c), über einen Ehemann (yYev 13,1 13b Anf.) u.ö.

[247] Vgl. LEVY, WB I, 152.

[248] Eine Liste der 42 unreinen Tiere bietet FELIKS (vgl. ders., Dietary Laws, 31-38).

[249] 2Makk 6,18f.: Eleazar stirbt lieber, als daß er Schweinefleisch ißt. Auch Hanna und ihre sieben Söhne erweisen sich als Märtyrer, um nicht die Speisegebote zu brechen (vgl. 2Makk 7,2).

[250] Als Metapher in mShevi 8,10; daneben noch in tGit 4,9; Hor 1,4; SifBam § 153; bYom 83b; Git 94a.b; Qid 91b; Hul 106a; yBer 8,2 12a; Shevi 8,8 37d; Hal 2,1 58c u.ö.

[251] Vgl. SANDERS, Jewish Law, 23.

[252] Vgl. ebd., 27; MAIER, Auseinandersetzung, 189.

[253] BAUMGARTNER, Lexikon III, 835.

[254] Vgl. RABINOWICZS, Dietary Laws, 43.

Damit wird Gott nach Aussage des Midraschs für jeden Menschen einzeln als Vater erfahrbar.

3. Die Antwort auf den Fragenkatalog mit abschließender rhetorischer Frage wird mit der für den tannaitischen Dialogaufbau üblichen Formel תלמוד לומר, "die Schrift lehrt", eingeleitet.[255] Als Beleg wird der anfangs zitierte Bibelvers Lev 20,26 erneut herangezogen. Die genannten Verbote dienen der Unterscheidung von anderen Völkern. Außerdem wird nun noch eine weitere Begründung gegeben, in der ein Verstoß gegen die Verbote als עבירה, "Übertretung", charakterisiert wird, von der es sich noch viel stärker zu distanzieren gilt. Ein Mensch, der diese Anweisungen befolgt, nimmt damit die "Herrschaft des Himmels", d.h. die Weisungen, Gebote und Satzungen Gottes auf sich. Das Verhältnis des Volkes Israel zu Gott ist hergestellt und kann durch nichts gestört werden. Das Verb der Abtrennung (פורש) ist biblisch selten,[256] erscheint jedoch vermehrt in der rabbinischen Literatur.[257] Eine explizite Warnung, sich nicht von der Gemeinschaft des Volkes Israel, d.h. von ihren Sitten und Gebräuchen abzusondern, findet sich ebenfalls in mAv 2,4.

Die Konfliktpunkte Schweinefleisch essen, Schattnes anziehen und unerlaubter Geschlechtsverkehr waren äußere Merkmale, die Angehörige der jüdischen Gemeinschaft von den sie umgebenden Völkern und Kulturen unterschieden und abgrenzten. Diese Unterscheidung bildet daher hier zu Recht den Rahmen der Midraschauslegung.

3.3. Zusammenfassung der Schattnestexte

Bei den Texten in Mischna und Tosefta fällt auf, daß sie präzise das Schattnesgebot auslegen wollen. Sifra קדושים 11,21f. zu Lev 20,26 hingegen fügt Ausschmückungen hinzu und setzt das Schattnesgebot in breitere Kontexte. Dieser Text setzt bereits die Kenntnis des Verbotes voraus und ist daher flexibler in seiner Gestaltung. Auffällig ist, daß in allen Texten, außer in Sifra zu Lev 20,26, am Ende der Rabbinenspruch R. Shimon ben Eleazars steht. Es wird fast überall wörtlich die Fassung der Mischna zitiert und übernommen. Das Ende seines Ausspruchs beinhaltet die Aussage über Gott als "Vater im Himmel". Diese Benennung scheint bei den Tannaiten ursprünglich mit R. Shimon b. Eleazar und seiner Auslegung des Schattnesverbots verbunden gewesen zu sein. Anknüpfungspunkt ist das Aufgreifen des Verbs aus Prov 3,21 und 4,21. Diese Bibelverse bringen die familiale Konnotation in die Auslegungen.

Es muß nun untersucht werden, ob das Schattnesverbot nicht auch auf anderen Ebenen das Verhältnis des Volkes Israel zu Gott mit familialen Termini oder Beziehungsaussagen beschreibt. Die bedeutenden Rahmenaussagen von Lev 19 sind eine mögliche Erklärung dafür, daß R. Shimon ben Eleazar in seiner Erklärung des Schattnesverbotes derart unvermittelt die Beziehung Gottes zu seinem Volk mit einfließen lassen kann. Allerdings deutet er nicht ein Vergehen des gesamten Volkes gegen Gott an, sondern erklärt die Entfernung jedes einzelnen Übertreters von Gott.

---

[255] Vgl. BACHER, Term I, 106.

[256] In diesem Kontext ist nur auf Ez 34,12 zu verweisen.

[257] Vgl. yTer 6,1 44a; 8,1 45b: R. Tarfon sagte zu R. Akiva: Wenn jemand sich von dir trennt, so ist es, als ob er sich von seinem Leben trennen würde. Weitere Texte finden sich bei LEVY, WB IV, 141f.

Bedeutend ist, daß Gott hier nicht einfach mit einem seiner Namen oder durch sein Erwählungshandeln bezeichnet wird, sondern durch den familialen Ausdruck "Vater". Dieser Ausdruck weist auf eine emotionale Bindung hin, deren Ursachen in der Herausführung aus Ägypten und dem Eingehen des Bundes liegen. Auf dieses Geschehen weist Sifra zu Lev 20,26 hin. Gott hat das Volk Israel aus allen anderen Völkern abgesondert, um mit ihm eine besondere Beziehung einzugehen. Nach dem Bundesschluß ist Gott dann Vater jedes einzelnen, der/die mit in diesen Bund gehört. Er verhält sich zu diesen Menschen wie zu seinen Kindern. Ebenso erwartet Gott aber von den Israeliten, daß sie sich ihm gegenüber wie Kinder verhalten, die den Anweisungen ihres Vaters folgen, indem sie z.B. wie in diesem Fall kein Mischgewebe tragen. Der Grund für das Verbot wird nicht erklärt, es werden lediglich Strafe und Folgeerscheinung des Übertretens veranschaulicht. Eben diese Folgeerscheinungen bestimmen jedoch die Menschen. Sie vergrößern den Abstand zwischen sich und Gott durch Nichteinhaltung des Schattnesverbotes. Gott hat dabei eine passive Rolle. Die Menschen entscheiden durch ihr Verhalten über das Maß von Gottes Zuwendung zu ihnen. Sie entscheiden, ob sie als Frevler oder Gerechte leben. Nach Sifra zu Lev 20,26 nehmen sie, wenn sie die Gebote nicht übertreten, die Herrschaft des Himmels auf sich. Durch das Befolgen des Mischgewebeverbotes sind die Israeliten daher als Gottes Kinder erkennbar und können ihn als ihren Vater bezeichnen, sie stehen unter seinem Schutz, seiner Obhut und geniessen seine Fürsorge. Der Erhalt der durch das Schattnesverbot kenntlich gemachten Liebe Gottes ist ebenfalls in dem Gebet אהבה רבה ("Große Liebe") thematisiert.

4. Besondere Nähe zum Vater

4.1. Eine Lehrstunde Merkava: tHag 2,1 (Ms. Erfurt)[258]

Hier handelt es sich um Texte über die Weisheit eines besonderen Menschen, der in einem engen Verhältnis zum Vater im Himmel steht:

I. Man lehrt die Unzuchtfälle nicht vor dreien,	אין דורשין בעריות לשלשה,
aber man lehrt (sie) vor zweien.	אבל דורשין לשנים,
Und (man lehrt) nicht das Schöpfungswerk vor zweien,	ולא במעשה בראשית בשנים,
aber man lehrt (es) vor einem.	אבל דורשין ליחיד,
Und (man lehrt) nicht die Merkava vor einem,	ולא במרכבה ליחיד,
es sei denn, er ist ein Weiser und versteht sie von selbst.	אלא אם כן היה חכם מבין מדעתו.
II. Ein Ereignis von R. Elazar ben Arakh,	מעשה בר׳ אלעזר בן ערך
der den Esel hinter R. Jochanan ben Zakkai trieb.	שהיה מחמר אחר רבן יוחנן בן זכאי.
Er (Eleazar) sagte ihm:	אמ׳ לו,
Rabbi, lege mir ein Kapitel in dem Werk der Merkava aus.	ר׳, דורש לי פרק אחד במעשה מרכבה,
Er (Jochanan) sagte ihm:	אמ׳ לו
Habe ich nicht folgendes zu dir gesagt:	לא כך אמרתי לך
Man lehrt nicht in der Merkava vor einem,	אין דורשין במרכבה ליחיד,
es sei denn, er ist ein Weiser und versteht sie von selbst?	אלא אם כן היה חכם מבין מדעתו,

---

[258] Text nach LIEBERMAN, Tosefta, Moed, 380; vgl. ZUCKERMANDEL, 233f. Englische Synopse vgl. NEUSNER, Development, 156f.

Er (Eleazar) sagte ihm: אמ' לו

Gib mir die Erlaubnis und ich werde es dir vortragen. תן לי רשות וארצה לפניך,

Sofort stieg R. Jochanan ben Zakkai von dem Esel מיד ירד רבן יוחנן בן זכאי מן החמור,
und hüllte sich ein, ונתעטף,

und beide saßen auf einem Stein unter dem Ölbaum, וישבו שניהם על גבי אבן תחת הזית,
und er trug es ihm vor. והירצה לפניו,

Da stand er (Jochanan) auf und küßte ihn auf seinen Kopf ועמד ונשקו על ראשו,
und sagte: Gesegnet ist J´, der Gott Israels, ואמ' ברוך ה' אלהי ישר'
der Abraham, unserem Vater, einen Sohn gegeben hat, שנתן בן לאברהם אבינו
der es versteht, zu lehren und Einsicht zu geniessen שיודע לדרוש ולהבין
in die Herrlichkeit unseres Vaters im Himmel![259] בכבוד אבינו שבשמים,

III. Mancher lehrt schön, aber handelt nicht schön. יש נאה דורש ואין נאה מקיים,
Mancher handelt schön, aber lehrt nicht schön. נאה מקיים ואין נאה דורש,
Aber Eleazar ben Arakh lehrt schön und handelt schön. ואלעזר בן ערך נאה דורש ונאה מקיים,
Glücklich bist du, unser Vater Abraham, אשריך, אברהם אבינו,
daß Eleazar ben Arakh aus deinen Lenden hervorging; שאלעזר בן ערך יצא מחלציך,
der es versteht, zu lehren und Einsicht zu geniessen שיודע לדרוש ולהבין
in die Herrlichkeit unseres Vaters im Himmel! בכבוד אבינו שבשמים.

Der Text gehört zur Gruppe der frühen Merkavatexte, die sich versprengt in der tannaitischen Literatur wiederfinden. Er erzählt ein Ereignis von R. Eleazar ben Arakh und R. Jochanan ben Zakkai. R. Eleazar ben Arakh ist einer der fünf Schüler R. Jochanans und wird stets als letzter in Aufzählungen angeführt.[260] Seine Bedeutung mißt sich daran, daß er allein es der Legende nach vermochte, den berühmten Meister über den Verlust seines Sohnes zu trösten (vgl. ARN(A) 14,16ff. (S. 29b)).

An unsere Auslegung schließt sich in der Tosefta eine Erzählung von den vier Gelehrten an, die in den Pardes eingingen.

Neben tHag 2,1 ist der Text noch in yHag 2,1 77a; bHag 14b (Bar.); MekhSh משפטים zu Ex 21,1, (158f.) überliefert. In den Talmudim folgt ein Fall, der von wunderbaren Ereignissen berichtet, während zwei Schüler sich gemeinsam mit der "Maase Merkava" befassen. In der Einzelauslegung wird noch näher auf diese Texte einzugehen sein. Die Tosefta als vermutlich älteste und den historischen Tatsachen am nächsten stehende Fassung[261] wird zunächst auf ihre Variationen im Vergleich zu den beiden Haupthandschriften untersucht.[262]

Gliederung:
I. Drei Lehrsprüche
II. Maaseh
III. Lehrsprüche mit Lobpreis

---

[259] Zu den Textvarianten des Gottesepithetons s. die Einzelexegese.

[260] BACHER, Tann I, 69.

[261] Vgl. HALPERIN, Faces, 15.

[262] BACHER geht ausführlich auf diesen Text ein (ders., Tann I, 70). Dabei verschweigt er die zweifache Bezeichnung Gottes als "unser Vater im Himmel". Er übersetzt diese Gottesbezeichnung sogar mit "Schöpfer". Sie scheint für ihn marginal gewesen zu sein.

178

Einzelexegese

I. Im ersten Abschnitt greift die Tosefta Lehrsätze der Mischna Hag 2,1[263] auf und legt sie erweiternd aus. Damit hat dieser Abschnitt den Charakter einer Zitatencollage mit einigen Hinzufügungen. Das Verbot liegt in der Mischna in Form der numerischen Reihung 3,2,1 vor, die ein beliebtes mnemotechnisches Hilfsmittel war.[264] Die Verbindung der Reihung ist durch das Schlüsselwort "Vortrag" gegeben.

Mit den ersten Worten אין דורשין בעריות לשלשה zitiert die Tosefta mHag 2,1: "Man lehrt die Unzuchtfälle nicht vor drei (Menschen)". Als עריות werden die Kapitel in Leviticus bezeichnet, die sich mit der Unzucht, also dem verbotenen Geschlechtsverkehr, beschäftigen.[265] Jene dürfen nicht vor drei Personen gelehrt werden. Die Bestimmung der Mischna verbietet das Auditorium von drei Menschen. Eine positive Festlegung enthält sie nicht. Diese ist aber in der Tosefta zu finden: "aber man lehrt (sie) vor zwei (Menschen)."

Genauso wird bei dem nächsten Lehrsatz verfahren. Am Beginn wird wiederum die Mischna zitiert: "Und (man lehrt) nicht das Schöpfungswerk vor zweien."[266] Die Tosefta legt erneut die mögliche Anzahl der Hörer fest: "vor einem". Damit ergänzt sie in den ersten beiden Lehrsätzen die in der Mischna verbotene Anzahl der Hörer jeweils um die erlaubte Anzahl.[267]

Der dritte Lehrsatz ist vollständig aus der Mischna übernommen. Er beschäftigt sich mit der Lehre der Merkava. מרכבה ist eine Bezeichnung des himmlischen Thronwagens. Der Terminus ist 1Chron 28,18 entnommen und wird erstmals in Sir 49,10 in der Bedeutung "Lehre der Merkava" verwendet.[268] Diese Lehre der Merkava, die als Ziel und Gegenstand die mystische Schau des Thrones Gottes hat, darf nur vor einem einzigen Menschen gelehrt werden, der bestimmte Qualifikationen aufweist. Der Kreis der Adepten wird so absichtlich begrenzt.[269] Bei den Unzuchtsfällen, dem Schöpfungswerk und der Merkava wird das Wissen nur an einen Kreis Eingeweihter weitergegeben. In der Merkava erfordert das geheime Wissen zusätzlich noch Qualitäten wie inneres Gefestigtsein, Weisheit oder ein besonderes Alter.[270]

---

[263] Diese Mischnaabsätze erscheinen ferner bHag 11b; yHag 2,1 77a. "Am Anfang schuf Gott ... (Gen 1,1), um den Geschöpfen von der Kraft des Schöpfungswerkes zu erzählen und ihnen kundzutun, daß es unmöglich ist, außer daß die Schrift es verbirgt." (Midrasch Zwei Verse, in: WERTHEIMER, Batei Midraschot, 250). Nach dieser Vorschaltung wird durch die Worte "von hier wird gesagt" die Mischna angefügt. Dieser Midrasch verbindet explizit die Schöpfungstat mit dem Abschnitt der Merkavamystik.

[264] Vgl. mBQ 1,1; San 2,2; 7,1.

[265] Vgl. Lev 18,6-19; 20,11.17-21.

[266] Der einzige Unterschied zwischen Mischna und Tosefta liegt in der der Zahl voranstehenden Partikel: לשנים (tHag 2,1) und בשנים (mHag 2,1).

[267] Vgl. HALPERIN, Merkabah, 29.

[268] mHag 2,1 gab diesen Titel dem ersten Kapitel des Ezechielbuches, der Vision des Thronwagens (vgl. SCHOLEM, Merkabah, 1386; DAN, Concept of History, 48).

[269] Diese Mischnaregel wurde nicht in allen Zeiten befolgt. In bShab 80b wird berichtet, daß ein Galiläer nach Babylonien kam und vor einer Gruppe die Merkava auslegen wollte. Prompt stach ihn eine Hornisse in die Stirn. Die anwesenden Gelehrten kamen zu dem Schluß, daß es ihm recht geschehen sei, hatte er doch den halachischen Lehrsatz mHag 2,1 übertreten.

[270] SCHÄFER beschreibt diese besonderen Einschränkungen als die sozialen Punkte der Mystik und sieht diese in dem Begriff "Esoterik" treffend beschrieben (vgl. ders., Der verborgene Gott, 4). Vgl. JOEL, Blicke, 154.

Die Mischna Hag 2,1 wird in einigen Texten[271] parallel überliefert, die indes die Zusätze der Tosefta nicht enthalten.

II. Auf den halachischen Absatz über den Vortrag folgt eine aggadische Erzählung zweier Rabbinen, in der ebenfalls ein Vortrag im Mittelpunkt des Geschehens steht. Die Erzählung wird als מעשה charakterisiert. Ein מעשה bezeichnet eine Tatsache, die Wirklichkeit, ein Ereignis, ein Geschehnis.[272] Das "Ereignis" besteht hier in der Initiation eines Adepten.

R. Eleazar ben Arakh ist unterwegs mit seinem Lehrer R. Jochanan ben Zakkai. Das Verb מחמר im Piel hat die Bedeutung "den Esel treiben"[273]. R. Jochanan ben Zakkai sitzt, wie es sich für den Lehrer gebührt, auf dem Esel, sein Schüler läuft hinter ihm her und treibt das Tier an.[274]

Laut Tosefta entwickelt sich ein Gespräch. R. Eleazar bittet seinen Lehrer, ihm ein Kapitel in dem Werk der Merkava auszulegen. In Ms. Erfurt wird das Verb analog zur Mischna mit דורש wiedergegeben. Das Verb bedeutet ursprünglich soviel wie "vortragen, forschen"[275]. In dieser Tosefta beschreibt das Verb den öffentlichen Vortrag der Schriftauslegung.[276] Daher wird דורש in der Übersetzung mit "lehren" wiedergegeben, da dieses Verb den Schritt, der der Auslegung und Erforschung der Schrift folgt, adäquat beschreibt. Ms. Wien bezeichnet diesen Vorgang durch das Verb שנה, "lernen"[277]. Während דרש sich auf den Vortrag eines fixierten Textes bezieht, wird mit dem Verb שנה der Vortrag einer Auslegung angedeutet, die in diesem Fall vom Schüler stammt. Die Termini דרש, פרק, שנה entsprechen der Terminologie der Mischna. Sie weisen darauf hin, daß in tannaitischen Kreisen das didaktische Prinzip, Merkava zu studieren, sich nicht sehr von dem Studium anderer Bibelstellen unterschied.[278] M.E. geht es aber zu weit, aus dem Wort פרק zu schließen, daß der Text des Merkavavortrags bereits in geordneter Form vorlag.[279]

Der Schüler in der Geschichte verlangt von seinem Lehrer, daß dieser ihn Merkava lehrt. Daraufhin weist der Lehrer, R. Jochanan ben Zakkai, Eleazar sofort zurecht: "Habe ich nicht folgendes zu dir gesagt ..." Der Inhalt der Frage wird unmittelbar daran

---

[271] bHag 11b; yHag 2,1 77a; Anfang des Midrasch "Zwei Verse".

[272] Vgl. BACHER, Term I, 112.

[273] LEVY, WB II, 78.

[274] Vgl. WEWERS' Übersetzung zu yHag 2,1 77a: "R. Jochanan ritt auf einem Esel".

[275] LEVY, WB I, 428. Aus dieser Grundbedeutung (vgl. Dtn 13,15; 17,4.9) entwickelte sich mit Beziehung auf die Bibel die Bedeutung "den Inhalt des Schrifttextes erforschen, zu verstehen lernen" (BACHER, Term I, 25).

[276] Vgl. BACHER, Term I, 27.

[277] Dieses Verb hat in der Schulsprache einen angestammten Platz. Es hat die Grundbedeutung "wiederholen". Indem zum wiederholten Male etwas gesagt wird, werden mündlich überlieferte Texte gelernt, denn "das Lehren, Lernen und Behalten ungeschriebener Lehrstücke wird besonders durch das wiederholte Hersagen ... ermöglicht. So wurde שנה zum Terminus für das Studium der Ueberlieferung und ihrer Disciplinen" (BACHER, Term I, 194).

[278] Vgl. GRUENWALD, Apocalyptic, 76ff.82ff.

[279] So LIEBERMAN, Mischnat Shir ha-Shirim, 121ff.

anschließend angegeben. Mit einer geringen Abweichung[280] wiederholt R. Jochanan den dritten halachischen Lehrsatz der Mischna. Daraus wird ersichtlich, daß bereits die Schüler R. Jochanans diesen Mischnasatz lernten.

Nun gibt es zwei Möglichkeiten, wie die Geschichte weitergeführt werden könnte. Entweder schweigt der Schüler demütig, oder er bezieht die Ausnahmeregel: "Es sei denn, er ist ein Weiser und versteht sie von selbst" auf sich. R. Eleazar versucht letzteres. Er bittet seinen Lehrer, ihm die Erlaubnis zu erteilen[281]. Die in Mss. Erfurt und Wien parallel überlieferte Wendung וארצה לפניך, "ich will es dir vortragen", beschreibt den Wunsch R. Eleazars. Das Verb רצה im Hiphil bedeutet "erzählen", insbesondere aber drückt es den Vorgang aus, "etwas in Gegenwart des Lehrers vortragen"[282]. In Form der Anfrage ist eine Absichtserklärung gegeben. Ms. Wien hat folgenden Einschub[283]: "Er (R. Jochanan) sagte ihm: Sprich! R. Eleazar ben Arakh begann[284] und lehrte das Werk der Merkava." Die Interpolation an dieser Stelle mutet seltsam an, zumal in dem Text ein Bericht erst an späterer Stelle folgt.

R. Jochanan ben Zakkai reagiert auf den Wunsch Eleazars, indem er sofort[285] seinen Ritt unterbricht und vom Esel steigt. Beide hüllen sich ein[286] und setzen sich auf einen Stein unter den Ölbaum.[287] Nach MekhSh weigert sich R. Jochanan, seinen Ritt zu unterbrechen. Erst als er Feuer um R. Eleazar brennen sieht, tut er es. In yHag werden weitere Erklärungen zur Unterbrechung des Rittes auf dem Esel gegeben: "Weil R. Eleazar ben Arakh begann in dem Werk der Merkava, stieg R. Jochanan ben Zakkai vom Esel. Er sagte: Es ist nicht recht, daß ich die Herrlichkeit meines Schöpfers höre und ich reite (unterdessen) auf meinem Esel. Sie gingen und setzten sich unter einen Baum." Das Hinsetzen zur Lehrstunde weist auf einen formalen Ritus (zwischen Schüler und Lehrer) hin.[288]

---

[280] In Ms. Wien wird dem Mischnasatz noch die Wendung "es fing an" hinzugefügt. Die in der Mischna verwendete Verneinung ולא wird in der Erzählung durch אין ersetzt. Die Kopulaanbindung "und" fehlt in der Geschichte, da die halachischen Sätze nicht - wie in der Mischna - mit den vorausgehenden Halachot verbunden werden müssen.

[281] Die Wendung תן לי רשות erscheint vorangestellt in Ms. Erfurt und bei der Parallelstelle MekhSh zu Ex 21,1.

[282] LEVY, WB IV, 465. Vgl. bMen 18a; AZ 36b; yPea 6,2 19b; Sheq 5,1 48c.

[283] Vgl. auch yHag 2,1 77a.

[284] Das Verb פתח hat die Bedeutung "öffnen, eröffnen". In der tannaitischen Literatur bezeichnet das Verb jedoch den Anfang einer Auslegung. In der nachtannaitischen Midraschliteratur ist ר' פתח das Proömium, mit dem der aggadische Lehrvortrag eingeführt wird (vgl. BACHER, Term I, 163).

[285] Ms. Erfurt steigert die Spannung durch die Voranstellung des Wortes מיד, "sofort".

[286] עטף im Nitpael bedeutet "sich einhüllen" (LEVY, WB III, 635). Das Verb beschreibt eine Handlung, die berühmte Rabbinen vor einem bestimmten Vorgang vornehmen. Hillel hüllt sich ein, bevor ein Proselyt zu ihm kam und mit ihm sprach (vgl. bShab 31a), R. Gamliel hüllt sich vor einer Gelübdeauflösung ein (vgl. yAZ 1,9 40a), Richter hüllen sich für eine Gerichtsverhandlung ein (vgl. bShab 10a). Die angegebenen Stellen zeigen, daß dieser Akt einer bedeutsamen Begegnung, einem die bisherigen Verhältnisse verändernden Geschehen, vorausgeht. Welche Körperteile R. Jochanan b. Zakkai einhüllt und womit, geht aus dem Text nicht hervor.

[287] Studenten saßen beim Unterricht auf Steinquadern oder auf dem Boden. Das Sitzen scheint daher zur Lehrsituation gehört zu haben; vgl. ABERBACH, Educational Institutions, 111ff.

[288] Vgl. GOLDBERG, Vortrag, 10. Beide Talmudim haben in den Parallelstellen eine Erklärung für diese Form: Gott ist während des Vortrags gegenwärtig, die Schechina ist bei ihnen. Aus diesem Grund sitzen beide Rabbinen und verhüllen ihr Haupt (vgl. ders., Schekhinah, 402ff.).

An dieser Stelle folgt nun, durch dieselben Wortstämme wiedergegeben, eine ähnliche Wendung wie die, mit der der Wunsch R. Eleazars ausgedrückt wurde: והרצה לפניו, "und er trug es ihm vor". Auf diese Lehrstunde reagiert R. Jochanan ben Zakkai, indem er aufstand und R. Eleazar auf seinen Kopf küßte.[289] In yHag wird folgende weitere Interpolation angeführt:

"Da kam Feuer vom Himmel herab und umringte sie, und die Dienstengel sprangen vor ihnen wie Hochzeitsgäste, die sich vor dem Bräutigam freuen. Ein Engel antwortete mitten aus dem Feuer und sagte: Wie deine Worte, R. El'azar-ben-'Arakh, so ist das Werk der Merkava! Sogleich öffneten alle Bäume ihren Mund und sangen ein Lied: *Dann jubeln die Bäume des Waldes* (Ps 96,12)."[290]

GOLDBERG schließt aus dieser Interpolation, daß Berichte über wunderbare Erscheinungen zu jener Zeit wohl zu Traditionen aus Kreisen von Adepten gehört haben. URBACH zeigt, daß viele dieser wunderbaren Erscheinungen aus der Sinaitradition bekannt sind.[291] Daraus schließt HALPERIN, daß, "wenn R. Jochanans Schüler Merkava auslegen, das Sinaiereignis erneut stattfindet"[292]. Er erklärt den Zusammenhang von Sinai und Merkava aus den Toralesungen in der Synagoge.[293] Die Prediger nutzten folglich die Merkavatradition, um die Macht und Herrlichkeit Gottes, der die Tora auf dem Berg Sinai gegeben hat, hervorzuheben.

Dann erst schließt sich eine Benediktion R. Jochanans an.[294] Die Rede beginnt mit: "Gesegnet ist J', der Gott Israels!"[295] Auf die Segensformel folgen zwei Relativsätze. Der erste preist Gottes Tat, daß er Abraham einen Sohn[296] gegeben hat. Mit diesem Sohn sind nicht Ismael oder Isaak oder andere Abrahamssöhne (vgl. Gen 25) gemeint.

---

[289] Diese Wendung wird in vielen Erzählungen als Abschluß benutzt. Eine hierarchisch höher stehende Person ist mit dem vorher Geschehenen zufrieden, lobt durch den Kuß auf den Kopf und setzt in manchen Fällen noch zu einer wörtlichen Rede an (vgl. WÜNSCHE, Kuss, 84f.). Eine Übertragung geistiger Eigenschaften vom Stärkeren auf den Schwächeren durch den Kuß ist auch im Judentum bekannt gewesen (vgl. WAGENVOORT, Contactus, 415). Vgl. mRHSh 2,9; DER 6,4; ARN(A) 6,54 (S. 16a) und ARN(B) 13,31 (S. 16b); tNid 5,6; bEr 53b; RHSh 25a.b; Meg 14a; Hag 14b; Ned 9b; Naz 4b; 29b; Sot 13a; SifBam § 22 u.a. In der tHag 2,1 ist eine solche Übertragung nicht erkennbar.

[290] Übersetzung nach: WEWERS, Hagiga, 36. Vgl. auch MekhSh משפטים 1 zu Ex 21,1 und bHag 14b (letztere mit größeren Varianten).

[291] Vgl. URBACH, המסורות על תורת הסוד, 9 und GOLDBERG, Vortrag, 14: Der in der Interpolation zitierte Psalmvers schildert z.T. eschatologische Ereignisse und hat Bezüge zur Theophanie am Sinai.

[292] HALPERIN, Faces, 16.

[293] Ebd., 18. HALPERIN vertritt die These, daß es in den Synagogen üblich wurde, Sinaitradition und Merkava jeweils zur Auslegung aufeinander zu beziehen (18). Für ihn gehören daher auch die Wundertraditionen mit zu den ältesten Schichten der Merkavatraditionen (19).

[294] 1Kön 5,21 und 2Chron 2,11 werden als Quellen dieser Benediktion angesehen (vgl. GOLDBERG, Vortrag, 9).

[295] Diese Formel begegnet mit geringen Variationen einige Male in der tannaitischen Literatur: Die Wendung ברוך יי' אלהים אלהי ישראל erscheint schon in Ps 72,18 und wird in bTaan 16b aufgegriffen. In der Form ברוך יי' אלהינו אלהי ישראל begegnet sie in mBer 7,3 und bBer 49b. Zahlreicher vertreten findet sich dann die in unserer Auslegung ebenfalls wiedergegebene Wendung (vgl. bBer 50a; Yom 69b; fünfmal in bTaan 16b; Hag 14b). In den aggadischen Midraschim ist diese Formel sehr geläufig. Vgl. auch die Segensformel in yHag 2,1 77a: "Gesegnet ist J', der Gott Abrahams, Isaaks und Jakobs".

[296] yHag 2,1 77a fügt erweiternd hinzu: "einen *weisen* Sohn". Diese Erweiterung ist eine Angleichung an die Mischna, denn die Merkava darf nur ein Weiser lehren. Mit der Bestimmung des Sohnes als eines Weisen (חכם) wird implizit ausgesagt, daß dieser zukünftig die Merkava lehren darf.

Vielmehr wird Abraham von R. Jochanan ben Zakkai "unser Vater" genannt. Damit wird auf Abrahams Rolle als Urvater des Volkes Israel angespielt. Erst der zweite Relativsatz klärt, daß Jochanan mit dem Sohn des Abraham seinen Schüler Eleazar ben Arakh meint, "der es versteht, zu lehren und Einsicht zu geniessen in die Herrlichkeit seines Vaters im Himmel." Der letzte Satz, der auch in Abschnitt III begegnet, fehlt in MekhSh, wo ein verkürzter Makarismus tradiert worden ist, der den Aussagen über R. Eleazar b. Arakh aus mAv 2,8 gleicht; dort besteht kein Bezug zu מעשה מרכבה, vielmehr steht das Lob des Lehrers über seinen Schüler im Vordergrund. Der Bezug zur Merkava scheint erst mit dem dritten Teil des Makarismus gegeben zu sein. Die Formel erscheint in beiden Handschriften gleichlautend, vertauscht ist bloß die Stellung der Verben לדרוש להבין. In bHag 14b wird zusätzlich noch das Verb לחקור eingefügt, yHag begnügt sich mit dem der Mischna entnommenen לדרוש. Das Verb הבין (vgl. Neh 8,8) scheint besonders die Erläuterung von Gegenständen der Merkavamystik zu bezeichnen.[297]

Ein Verständnisproblem stellt das Wort כבוד dar. Eine breite Anzahl von Begriffen beschreibt die schauende Versenkung in die "Herrlichkeit" Gottes und die Thronwelt. Auch in der Mischnazeit ist noch die Rede von einem theosophischen "Forschen über die Glorie" oder einem "Verständnis der Glorie", sogar von der "Verwendung der Glorie", deren R. Akiva für würdig befunden wird.[298] Erst in der Hekhalotliteratur wird dann von einer "Merkavaschau" gesprochen.[299] In der Tosefta ist כבוד bereits "als ein theosophischer Terminus für den, der auf dem Thron der Merkaba erscheint",[300] zu verstehen. Der Ausdruck "über die Herrlichkeit unseres Vaters im Himmel forschen" wird synonym mit dem in bHag 14b gebrauchten Ausdruck "über die Merkava forschen" gebraucht. כבוד repräsentiert daher in diesem Text die sich offenbarende oder in Herrlichkeit im Himmel gegenwärtige Gottheit.[301] Dieser zweimal wiederkehrende Abschnitt der Rede über die Ehre/Herrlichkeit Gottes bildet den Mittelpunkt der Toseftaaussage.[302]

Dieser zweite Textabschnitt hat die meisten Handschriftenvarianten. Ms. Erfurt ist älter und näher am Urtext,[303] da die dort gebotene Version eindeutig die kürzere und schwierigere ist. Ms. Wien weist bereits den Terminus מעשה מרכבה auf, fügt einige Interpolationen ein und glättet an für die Auslegung unwesentlichen Stellen den Text. In einer Hinsicht dürfte Ms. Wien allerdings die ursprünglichere Tradition wiedergeben. Ms. Wien spricht von "seinem Vater im Himmel" und bringt mit der Singularform das enge Verhältnis des Auslegenden gegenüber Gott zum Ausdruck. Wenn Ms. Erfurt von "unserem Vater im Himmel" redet, liegt eine Angleichung an Abraham im vorher-

---

[297] Vgl. BACHER, Tann I, 70 Anm. 3.

[298] Vgl. bHag 15b; vgl. auch SCHOLEM, Mystik, 392 Anm. 17.

[299] Zuerst in tMeg 3,28 (LIEBERMAN, Tosefta, Moed, 361f.); bMeg 24b: "Viele haben eine Schau der Merkava für sich in Anspruch genommen, die sie nie gesehen haben."

[300] SCHOLEM, Mystik, 392 Anm. 16. Weitere Literatur zu Wendungen, in denen die "Glorie/ Herrlichkeit" erscheint, s. ebd.

[301] Vgl. GOLDBERG, Vortrag, 22 Anm. 28.

[302] Vgl. ebd., 10.

[303] Zum Vergleich beider Handschriften vgl. KRUPP, Tosefta Manuscripts, 301f.

gehenden Satzabschnitt vor. [304] Dieser Plural deutet auf eine Tradition hin, in der das Volk Israel und nicht der einzelne als Gegenüber Gottes im Blick ist.

III. Der aggadischen Geschichte werden, wie auch schon im ersten Teil, drei anonym überlieferte Lehrsätze angefügt.[305] In ihnen geht es um den Zusammenhang von Praxis und Lehre. Die ersten beiden Lehrsätze sind chiastisch aufgebaut und beschreiben Eigenschaften eines Menschen: "Mancher lehrt schön, aber handelt nicht schön. Mancher handelt schön, aber lehrt nicht schön." Diese Sätze scheinen die Alltagserfahrung widerzuspiegeln. Die Übereinstimmung von Leben und Lehre war eine Standardanforderung an antike Lehrer und Philosophen. In der Tosefta werden zwei abweichende Fälle benannt.[306]

Ein besonders begabter Mensch ist R. Eleazar b. Arakh. Er weiß nicht nur, wie man den Vortrag eines Kapitel Merkava beginnt, sondern hält diesen auch gut. Der hier zitierte Satz erscheint aber wahrscheinlich nicht an seinem angestammten Platz.[307] BECKER weist darauf hin, daß die Aussage R. Eleazars eine Übereinstimmung zwischen Lehre und Tun hervorhebt, die es s.E. in dieser Weise nach der Tempelzerstörung wenig gab.[308]

Eine ähnlich aufgebaute Rede wie die Benediktion des R. Jochanan ben Zakkai am Ende des zweiten Teils wird auch an das Ende des dritten Teils gestellt, nun allerdings als Makarismus. Beide stimmen fast wörtlich überein. Neben dem formalen Unterschied zwischen der Benediktion und dem Makarismus liegt ein weiterer im zweiten Relativsatz: Nicht Gott ist das Objekt des Lobpreises, sondern Abraham Adressat der Seligpreisung. Anknüpfungspunkt für die wörtliche Rede ist die Erwähnung R. Eleazar ben Arakhs im dritten Lehrsatz.

Die Einleitung der wörtlichen Rede mit אשריך erinnert an die Sprache der Psalmen,[309] aber auch an die neutestamentlichen Makarismen einzelner Menschen.[310] In der Übersetzung wird אשרי durch "glücklich" wiedergegeben. In der rabbinischen Literatur werden meistens Personen(gruppen) lobend durch die Voranstellung mit "glücklich"

---

[304] Vgl. auch yHag 2,1 77a; bHag 14b. Diese Texte führen die Gottesbezeichnung "Vater im Himmel" jedoch nicht.

[305] In tYev 8,5 und BerR 34,14 zu Gen 9,6 werden die zwei Lehrsätze im Namen R. Eleazar ben Azarjas, eines Tannaiten der zweiten Generation, überliefert. In bYev 63b wird R. Shimon ben Azzai vorgeworfen, er lehre schön, handle aber nicht schön, da er nicht verheiratet sei.

[306] Der erste in der Tosefta beschriebene Fall hat eine Parallele in Mt 23,3; vgl. Bill I, 910f.

[307] Vgl. URBACH, המסורות על תורת הסוד, 3.

[308] Das Verderbnis der Taten stand in der Zeit vor der Tempelzerstörung in unmittelbarem Zusammenhang mit der Korruption im Richteramt. Es war den Gelehrten daher zur Restauration einer "integren Führung des Volkes nach der Tora" wichtig, die Notwendigkeit der Übereinstimmung von Lehre und Tun zu betonen (BECKER, Kathedra, 119f.). R. Eleazar hat in diesem Fall Vorbildfunktion. Er wird von seinem Lehrer gelobt, weil sowohl seine Taten als auch sein Leben und seine Lehre Maßstab für alle Schüler sein sollten.

[309] Vgl. Ps 1,2; 32,1.2; 33,1; 41,2; u.ö.; vgl. Dtn 33,29; 1Kön 10,8; 2Chron 9,7; Jes 30,18; 32,20; Sir 14,1f.

[310] Vgl. Mt 11,7par.; Mt 24,46; Lk 1,45; 11,27; Röm 4,8; 14,22; Jak 1,12 u.ö. Nach dem Christusbekenntnis preist Jesus Petrus ob seiner Erkenntnis: "Glücklich bist du Simon, denn ... mein Vater im Himmel hat es dir offenbart (Mt 16,17)." An dieser Stelle wird der Schüler aufgrund seiner Erkenntnis gepriesen und Gott als Vater im Himmel bezeichnet.

hervorgehoben.[311] Die Wendung: "Glücklich bist du, Abraham, unser Vater, daß xyz aus deinen ... hervorging" wird in MekhY שירה 3 zu Ex 15,2 von R. Joshua über R. Eleazar ben Azarja, in SifBam § 75 über R. Akiva und in PRE 2 über Eliezer ben Hyrkanus ausgesagt.[312] R. Eleazar ben Azarja gleicht nicht nur namentlich dem in unserer Mischna erscheinenden R. Eleazar ben Arakh. Dieser und R. Akiva gehören zur zweiten Tannaitengeneration[313] und lebten und lehrten in Jabne, wobei R. Eleazar ben Azarja ein vornehmer, reicher Priester war.[314] Das läßt vermuten, daß die o.a. Wendung in der tannaitischen Zeit unter den Lehrern in Jabne geläufig war und auf besonders herausragende Schüler angewandt wurde. Die Formulierung drückt also ein besonders enges Verhältnis zwischen Lehrer und Schüler aus. Allerdings fehlt den Formeln die in unserer Toseftastelle noch angefügte zweite relativische Erweiterung.

Die Wendung יצא מחלציך, "aus deinen Lenden hervorgehen", ist biblisch.[315] Sie bringt ein physisches Abstammungsverhältnis zum Ausdruck. In PRE 2 werden diese Worte ebenfalls von R. Jochanan ben Zakkai ausgesprochen. Eliezer, der Sohn des Hyrkanus, legt ihm einen Schriftvers aus. Daraufhin verläßt Jochanan den Raum, um den Jüngeren nicht zu beschämen (ARN(B) 13,6 (S. 16b)). Zwei seiner Schüler holen Jochanan aber wieder herein: "Er trat hinter ihn, küßte ihn auf seinen Kopf und sagte: Glücklich seid ihr, Abraham, Isaak und Jakob, daß dieser Sohn aus euren Lenden hervorging." Aufgrund der vielen ähnlichen Motive kann vermutet werden, daß diese Sprache ihren Sitz im Leben in Lehrgesprächen Jochanan ben Zakkais mit seinen Schülern und anderen Gelehrten hatte.

Der dem Abschluß des ersten Teils nachempfundene Relativsatz scheint sekundär angefügt zu sein. In keiner der Parallelstellen taucht er auf. Alle enden mit: "daß Eleazar ben Arakh aus deinen Lenden hervorging"[316].

Dem Abschnitt wird in bHag 14b und nur dort noch ein weiteres Textstück angefügt, das Aufschluß über die Tradierung und den Sitz im Leben des Textes gibt: "R. Josi b. R. Juda sagte: R. Joshua legte aus vor Rabban Jochanan ben Zakkai. R. Akiva legte aus vor R. Joshua. Chananiah b. Chachinai legte aus vor R. Akiva." Dieses Lehrstück bildet den Rahmen der überlieferten Schülergeschichte zwischen R. Jochanan und R. Eleazar b. Arakh.[317] R. Eleazar fiel irgendwann aus der Gunst seines Lehrers R. Jochanan,[318] R.

---

311 Z.B. Israel (vgl. Dtn 33,29; in MekhY שירה 3 zu Ex 15,2 und SifDev § 355.356 ertönt dieses Zitat aus dem Mund des Heiligen Geistes), der Gottesfürchtige (vgl. Ps 128,2 (ARN(A) 23,2 (S. 38a)); mAv 4,1; 6,1; Kalla 8,1), die Alten (vgl. tSuk 4,2), ben Dema (vgl. tHul 2,6) oder örtlich: das Land (Koh 10,14; Koh 10,17 in ARN(A) 21,6 (S. 37b)).

312 Zur Seligpreisung einer Person für ihre Nachkommen vgl. auch Lk 11,27.

313 STEMBERGER, Einleitung, 79.

314 Vgl. ebd.

315 Gen 35,11; 1Kön 8,19; 2Chron 6,9.

316 Vgl. bHag 14b; yHag 2,1 77a. MekhSh משפטים zu Ex 21,1 hängt noch eine andere Wendung an diesen Abschnitt an: "Er sagte: Wenn alle Gelehrten in einer Waagschale lägen und R. Eleazar ben Arakh in der anderen Waagschale, so würde er sie alle überwiegen." Diese Behauptung wird von Abba Schaul im Namen R. Jochanan ben Zakkais über seinen Schüler in mAv 2,8 ebenfalls tradiert.

317 Vgl. den Schülerstammbaum bei SÉD, Traditions, 55.62.

318 R. Eleazar wurde dem Emmauskreis zugerechnet. Es wird berichtet, daß er wahrscheinlich seiner Frau dorthin folgte und nicht oder nur kurz nach Jabne ging (QohR 7,7; ARN(B) 29,4f. (S. 30a); bShab 147b). In Emmaus vergaß er dann alles, was er je gelernt hatte. Dieses tragische Ende R. Eleazars

Joshua wurde dann ältester Schüler R. Jochanans. NEUSNER geht davon aus, daß die Begebenheit von R. Eleazar tradiert wurde, die Überlieferung aber durch R. Joshua bekannt gemacht und weitertradiert worden ist.[319] Diese Beobachtung betont vor allem den Sitz der Geschichte in der Tradition von Schüler-Lehrer-Überlieferungen. Beim Vergleich der Parallelstellen kann eine eindeutige Abhängigkeit nachgewiesen werden. Die älteste Traditionsstufe bietet Ms. Erfurt, gefolgt von Ms. Wien, yHag und abschließend bHag 14b. NEUSNER meint, in MekhSh noch eine Vorstufe des Tosefta-textes erkennen zu können.[320] Aufgrund des rekonstruierten Textes der MekhSh läßt sich diese These kaum erhärten.

Zusammenfassung

Im ersten nachchristlichen Jahrhundert war es in einem Kreis um Jochanan ben Zakkai in Jabne möglich, die Merkava zu studieren.[321] Der Merkavavortrag scheint eine eigene Disziplin und Praxis gewesen zu sein, dem bereits fixierter Traditionsstoff zugrunde lag. Ferner ist bekannt, daß zur Zeit des Zweiten Tempels diese esoterische Disziplin auch in pharisäischen Kreisen gepflegt wurde. In ihnen wurden besonders das erste Kapitel in Genesis (מעשה בראשית) und das erste Kapitel in Ezechiel (מעשה מרכבה) zum Gegenstand vieler Erörterungen, die öffentlich nicht mitgeteilt werden sollten.[322] Auch in Qumran beschäftigt sich ein Text (4Q ShirShabb) mit den klassischen Merkavathemen.[323] Es ist nicht ausgeschlossen, daß - wie in der Tosefta - der Merkavavortrag bereits in der tannaitischen Zeit mit hymnischen und liturgischen Texten umrahmt war.[324] In der esoterischen Disziplin war neben den Thronvorstellungen vor allem der thronende Gott selbst Gegenstand einiger Spekulationen. MAIER macht als Anlaß dafür in erster Linie Ezechiels Verwendung des Begriffs כבוד verantwortlich, "nach welcher der Begriff die (menschengestaltige) Erscheinung der Gestalt Gottes bezeichnet."[325] Als Belege dieser Behauptung dienen die o.a. Stellen: "Gepriesen ist/glücklich bist du ..., der es versteht, zu lehren und Einsicht zu geniessen in die Herrlichkeit unseres Vaters im Himmel". In bHag 14b wird die Herrlichkeit (כבוד) durch "Maase Merkava" ersetzt. Dieser zweifach wiederkehrende Satz bildet das Kernstück der Tosefta.[326]

JEREMIAS vermutet, u.a. ausgehend von diesem Text, daß die Bezeichnung Gottes als "himmlischer Vater" aus der Kindersprache stammt.[327] Diese These ist nicht nachvoll-ziehbar: Lehrer der ersten Tannaitengenerationen haben ein enges Gottesverhältnis.

---

wurde von vielen Wissenschaftlern bereits ausführlich behandelt; vgl. NEUSNER, Life of Yochanan ben Zakkai, 249; NEUSNER, Development, 152.

[319] Vgl. NEUSNER, Development, 159.

[320] Vgl. ebd., 158.

[321] Vgl. SAFRAI, Education, 959; SCHOLEM, Merkabah, 1386.

[322] Vgl. SCHOLEM, Mystik, 45.

[323] Vgl. ALEXANDER, 3 Henoch, 236.

[324] Vgl. GOLDBERG, Vortrag, 19. GOLDBERG geht davon aus, daß der Vortrag bereits eine eigene Diszi-plin und Praxis war.

[325] MAIER, Vom Kultus zur Gnosis, 136.

[326] Texte, die ebenfalls ausführlich כבוד mit Gott als "Vater im Himmel" in Verbindung bringen, nennt STROTMANN: TAbr B VII,20 (205ff.) und THiob 33,3.9 (180ff.).

[327] JEREMIAS, Abba, 20 Anm. 9.

Dieses weitet sich in tHag 2,1 nach der intimen Merkavalehrstunde auf ihre Schüler aus. Gott wird bei Ms. Wien in Relation zu einigen herausragenden Gelehrtenschülern als Vater bezeichnet.[328] Jedoch werden diese Schüler auch "Kinder Abrahams" genannt. Somit werden sie einerseits mit der Tradition des Erzvaters Abraham in Verbindung gebracht, andererseits benennen die Lehrer in der Benediktion oder dem Makarismus aufgrund der hervorragenden Lehrtätigkeit ihrer Schüler Gott als "seinen Vater" (Ms. Wien). Die Lehrstunde Merkava scheint zu diesem Gebrauch der Gottesbezeichnung Anlaß zu geben und ihn zu legitimieren. In diesem Kontext ist mit dem Gottesprädikat "Vater" eine intime Anteilnahme an dessen Wissen und Erkenntnis ausgedrückt. Daher ist die Benediktion eine besondere, da sie in einer intimen, sehr intensiven Schüler-Lehrer-Diskussion gesprochen wurde. Der Schüler wird vom Lehrer als Kollege angesehen. Mit der familialen Gottesbezeichnung liegt eine Metapher aus dem menschlichen, irdischen Bereich vor, die durch den Zusatz "im Himmel" Gott vom irdischen Vater unterscheiden soll.

Auch die Einsicht in seine Herrlichkeit und seine Offenbarung wird mitgedacht. Dem Gelehrtenschüler wird all dies zuteil, da er "von sich selbst aus versteht", was in der Merkava gelehrt wird. כבוד verweist in diesem Zusammenhang auf die Macht und Herrlichkeit Gottes bei der Toragabe am Berg Sinai.

In den beiden Talmudim ist der Vortrag des Schülers verbunden mit den wunderbaren Erscheinungen. Dadurch wird er als in der Tradition der prophetischen Visionäre stehend stilisiert. Er findet die Gegenwart und Gemeinschaft mit Gott im Bereich der Menschen.

Der zweifache Gebrauch der Vaterbezeichnung im Kontext dieser Schüler-Lehrer-Tradition läßt vermuten, daß man herausragende Menschen, wie R. Eleazar, als Gott besonders nahe stehende Personen betrachtete und ihrer engen Gottesbeziehung durch die Bezeichnung Gottes in Ms. Wien als "ihres" Vaters Ausdruck verlieh.

4.2. Das Verhör R. Eliezers

Von R. Eliezer wird berichtet, daß er sich vor einem Hegemon zu verantworten hatte. Der Text spielt nicht exakt auf ein Martyrium an, da der Rabbi freigelassen wurde. Er gehört jedoch in den weiteren Kontext der Martyriumstexte, da es in ihm um eine Auseinandersetzung mit Herrschern geht, die evt. auch tödlich ausgehen kann. Außerdem ähneln der situative Kontext und die Angriffspunkte, in denen sich R. Eliezer vor dem Hegemon verantworten mußte, den Berichten von Märtyrer-Prozessen. Die Begebenheit von R. Eliezers Verhör ist dreifach überliefert. Die ersten beiden Belege werden der tannaitischen Zeit zugerechnet:

tHul, 2,24:[329]	bAZ 16b:
מעשה בר׳ אליעזר	ת״ר
שנתפס על דברי מינות	כשנתפס ר״א למינות
והעלו אותו לבמה לדון	העלהו לגרדום לידון

---

[328] Ms. Erfurt hat, wie oben erwähnt, hier die pluralische Vaterbezeichnung.
[329] Text: ZUCKERMANDEL, Tosefta, 503.

אמר לו אותו הגמון
זקן שכמוך יעסוק בדברים בטלים הללו
אמר לו
נאמן עלי הדיין
כסבור אותו הגמון עליו הוא אומר
והוא לא אמר אלא כנגד אביו שבשמים
אמר לו
הואיל והאמנתני עליך

דימוס פטור אתה

אמר לו אותו הגמון
זקן כמותך יעסוק בדברים הללו
אמר לו
נאמן דיין עלי
כסבור אותו הגמון שלא אמר אלא לו
ולא נתכוין אלא נגד אביו שבשמים
אמר לו
הואיל והאמנתני עליך   אף אני כך אמרתי
אפשר שהסיבו הללו טועים בדברים הללו
דימוס הרי אתה פטור

Linke Spalte:

1. Ein Ereignis von R. Eliezer,
der gefaßt wurde wegen der Dinge der Minut.
Man führte ihn zur Gerichtsstätte, um zu richten.
2. Der Hegemon sagte zu ihm:
Ein Gelehrter wie du wird sich mit diesen Dingen beschäftigen?
Er sagte ihm:
Ein Verläßlicher ist Richter über mich!
Als jener Hegemon meinte, daß er nur in bezug auf ihn gesprochen hatte,
aber er (seine Gedanken) auf niemanden außer seinen Vater im Himmel richtete,
sagte er zu ihm:
Da du mich als verläßlich über dich benannt hast, so sage auch ich:
Möglich ist es, daß diese ...[330] irren in diesen Worten.
Dimissus. Siehe, du bist entlassen!

Rechte Spalte:

1. Die Rabbanan lehrten:
Als R. Eliezer wegen Minut gefaßt wurde,
führte man ihn auf einen Richtplatz, um zu richten.
2. Der Hegemon sagte zu ihm:
Ein Gelehrter wie du wird sich mit diesen nichtigen Dingen beschäftigen?
Er sagte ihm:
Ein Verläßlicher ist der Richter über mich!
Als jener Hegemon meinte, daß er über ihn spricht,
aber er es nur im Blick auf seinen Vater im Himmel sagte,
sagte er zu ihm:
Da du mich als verläßlich über dich benannt hast:
Dimissus. Du bist entlassen.

QohR 1 zu Koh 1,8:[331]

1. Ein Ereignis von R. Eliezer,
der wegen Minut gefaßt wurde.
Es nahm ihn der Hegemon und führte ihn zur Gerichtsstätte, um ihn zu richten.
2. Er sagte ihm:
Rabbi, ein großer Mensch wie du
wird sich mit diesen nichtigen Dingen beschäftigen?
Er sagte ihm:
Ein Verläßlicher ist der Richter über mich!
Und er meinte, daß er es für ihn gesagt hatte,
aber er sagte es nur im Blick auf den Himmel.
Er (der Hegemon) sagte ihm:
Weil du mich als verläßlich über dich benannt hast,
so würde ich meinen und sagen,
daß es möglich ist, daß diese Sitzenden
sich in diesen nichtigen Dingen irren.
Dimissus. Du bist entlassen.

מעשה בר"א
שנתפס לשום מינות
נטלו אותו הגמון והעלו על הבימה
לדון אותו
אמר לו
ר' אדם גדול כמותך
יעסוק בדברים בטלים הללו
אמר לו
נאמן עלי הדיין
והוא סבר שבשבילו אמר
והוא לא אמר אלא לשום שמים
אמר לו
מאחר שהאמנתני עליך
אף אני הייתי סבור ואומר
אפשר שישיבות הללו
טועות הן בדברים בטלים הללו
דימוס פטיר אתה.

---

[330] Zum Übersetzungsproblem von הסיבו s. Einzelexegese.
[331] Vgl. auch Jalkut Shimoni § 551 zu Micha 1 und § 937 zu Prov 5,8.

Dieses Ereignis ist der erste Teil einer längeren Erzählung über die Verfolgung R. Eliezers. Die gesamte Erzählung ist in sechs größere Texteinheiten zu unterteilen.[332] Entscheidende Deutungsmöglichkeiten ergeben sich aus den Kontexten, in die die Erzählung eingebettet ist. Daher werden diese ausführlichen Einordnungen der Einzelexegese vorangestellt.[333]

Die unmittelbar vorausgehenden Aussagen in tHul 2,21 beziehen sich auf Heilungen an Besitz und Person, die bei einem "Min" verboten waren. Der מין, "Ketzer",[334] war durch seine Neigung zum Götzendienst strenger zu verurteilen als der Nichtjude. In den anschließenden VV.22f. wird die Geschichte des R. Eleazar ben Dama erzählt, die ebenfalls aufgrund der Erwähnung der römischen Machthaber in den Kontext von R. Eliezers Verhör paßt.[335]

Der Traktat Avoda Zara beschäftigt sich mit Fragen des Götzendienstes.[336] An unserer Stelle wird mAZ 2,2 ausgelegt, wo es um die Heilung von Person und Besitz geht. Mehrere Texte über Minim gehen im babylonischen Talmud unserer Auslegung voraus.[337] mAZ beschäftigt sich mit wichtigen Bestimmungen für gemischte Siedlungen: "Man baut ihnen (den Nichtjuden) keine Basilika, keine Richtstätte, kein Stadion und keine Tribüne ... Gelangt man dabei an die Rundnische (Apsis), in der man das Götzenbild aufstellte, so ist es verboten, (weiter) mitzubauen". Unmittelbar an die Diskussion dieser Mischna schließt sich der Auslegungstext an. Verbindender Gesichtspunkt ist die Auseinandersetzung mit fremder Herrschaft und Kultur sowie mit Minut. Daher schließt auch der vorliegende Abschnitt mit der Auslegung von Prov 5,8. Die Worte *"Laß deine Wege ferne von ihr sein"* werden in der Gemara auf Minut und Obrigkeit bezogen. Abschließend folgt noch eine Abgrenzung von Minut[338] und die Erzählung von einer Verhaftung durch die fremde Obrigkeit.[339] Der Grund dieser Ver-

---

[332] Während NEUSNER die Geschichte lediglich in eine Prozeßgeschichte, einen Verbindungsteil, die Jakobs-Geschichte und ein "Approbiate apodictic saying" (ders., Eliezer ben Hyrcanus I, 400f.) unterteilt, gliedert MAIER genauer in sechs Teile: Eliezer-Anekdote, Akiba-Erzählung, Jakob-Erzählung, sog. "Jesuswort", "Die Moral von der Geschichte" bezüglich Minut, Midrasch zu Prov 5,8 (vgl. ders., Jesus von Nazareth, 156f.).

[333] Noch ausführlichere Kontextanalysen bietet MAIER (ders., Jesus, 137-144).

[334] Vgl. die Ausführungen zu diesem Terminus in der Auslegung zu tShab 13,5.

[335] Eleazar ben Dama widmete sich nach dem Torastudium der griechischen Wissenschaft und scheint zu den römischen Machthabern in Beziehung gestanden zu haben (vgl. bAZ 27b; QohR 1; vgl. BACHER, Tann I, 155.257).

[336] Der Götzendienst betraf nicht nur Bereiche zwischen Juden und Nichtjuden, sondern gerade auch die Auseinandersetzungen mit nicht klar definierbaren Gruppen zur damaligen Zeit. Mischna- und Toseftatexte haben sich kaum mit Bezügen auf das Christentum befaßt, erst die Gemara der Talmudim griff diese Auseinandersetzung auf.

[337] Z.B. die Debatte um Steuererlaß (bAZ 4a). Ein Kollege R. Abahus bekam einen Steuererlaß, worauf die Minim ihm Fangfragen stellten, die er nicht adäquat beantworten konnte. Aufgrund des Nachweises, daß es in Caesarea um 300 bereits Christen gegeben hatte, werden diese Minim als Christen gedeutet (vgl. MAIER, Jesus, 139).

[338] Prov 2,19 aufgreifend, wird der Vergleich zwischen Unzucht und Minut gezogen. Dabei wird festgestellt, daß die Bußmöglichkeit und Weiterexistenz innerhalb der jüdischen Gemeinde bei Vorliegen von Minut unmöglich ist.

[339] bAZ 17b.18a entspringt der gleichen Gattung wie unsere Eliezergeschichte in tHul 2,24. Eleazar b. Parta (Anfang 2. Jh. n.Chr.) und Chanina b. Teradion (starb ca. 135 n.Chr.) sind die Angeklagten (vgl. HOLTZ, Herrscher, 331-333).

haftung ist das Torastudium.[340] Entscheidend für die Einordnung unserer Geschichte in diesen Kontext ist, daß die angeklagten Rabbinen ebenfalls während des Bar-Kochba-Aufstandes oder danach lebten.[341] Dieser Aspekt und die Verhör- bzw. Prozeßschilderungen scheinen im Talmud das verbindende Thema der einzelnen Abschnitte zu sein.

Eine weitere Überlieferung ist im Midrasch QohR 1 zu Koh 1,8 zu finden. Unmittelbarer Kontext ist die Auslegung von Koh 1,8: "*Alle Dinge ermüden.*" Zuerst werden Heilungen und das Handwerk thematisiert. Daran schließt sich das Thema der דברי מינות, "Worte der Minut", an. Dabei werden die beiden aus tHul 2,22-24 bekannten Erzählungen in umgekehrter Reihenfolge samt einer generalisierten paränetischen Folgerung im Schlußsatz wiedergegeben. Anschließend wird eine Liste angeführt, die "Gute" und "Sünder" nennt. An sechster Stelle wird hier R. Eliezer zusammen mit R. Joshua unter der Kategorie "gut" aufgeführt.

Außer im Midraschtext ist die Geschichte zweifach in dem mittelalterlichen Kompendienwerk Jalkut Shimoni abgedruckt. Sie wird jeweils zu Mi 1 (§ 551) und Prov 5,8 (§ 937) angeführt.[342]

Gliederung:
Alle drei Auslegungen lassen sich in dieselbe Abschnitte teilen:

tHul 2,24	bAZ 16b	QohR 1 zu Koh 1,8
1. Einleitung des Maase	1. Einleitung des Maase	1. Einleitung des Maase
2. Verhörgespräch	2. Verhörgespräch	2. Verhörgespräch

Einzelexegese

1. Eine anonyme Baraita[343] oder ein Ereignis (מעשה) wird über R. Eliezer (ר״א), auch R. Eliezer ben Hyrkanos[344] genannt, einen Tannaiten der zweiten Generation, erzählt.[345] Seine halachischen Aussagen verbinden ihn mit den Pharisäern.[346] Er lebte und lehrte in Lydda, bis der Sanhedrin einen Bann über ihn verhängte. Die Erzählung darüber wurde in der rabbinischen Tradition stark ausgeschmückt.[347]

Die folgende Schilderung des Verhörs wird von den Tradenten dieser Anekdote als Disput zwischen weltlicher und geistlicher Obrigkeit gedeutet.[348] Von R. Eliezer wird

---

[340] R. Chanina b. Teradion wird nur das Torastudium vorgeworfen, R. Eleazar b. Parta zusätzlich noch die Unterschlagung von Wohltätigkeitsgeldern.

[341] Die Verfolgungen werden legendenhaft überliefert (vgl. LIEBERMAN, Martyrs, 398.409).

[342] Auf den Abdruck der Texte in dieser Synopse wurde aus Platzgründen verzichtet. Als Kompendienwerk ist Jalkut zeitlich deutlich später als die anderen Überlieferungen, zum Erweis der vermutlich ursprünglichen Lesart aber heranzuziehen. Wichtige Textabweichungen werden in den Fußnoten angegeben.

[343] So in bAZ 16b.

[344] In Jalkut Shimoni § 937 zu Prov 5,8 sogar הגדול, "der Große".

[345] Vgl. STEMBERGER, Einleitung, 79; LIEBERMAN, Roman Legal Institutions, 20-24; HRUBY, Stellung, 37; MAIER, Jesus, 144-160. GILAT geht in seiner Monographie über Eliezer Ben Hyrcanus nicht auf unsere Texte ein.

[346] Eine Zuordnung zu den Schulen Hillels oder Shammais (vgl. SAFRAI, Halakha, 186.198-200) wurde immer wieder versucht, ist aber letztlich unmöglich.

[347] Zur Frage, ob R. Gamaliel II. den Bann über R. Eliezer aussprach, vgl. ABERBACH, Did Rabban Gamaliel, 201-207; vgl. GILAT, R. Eliezer ben Hyrcanus, 479ff.

[348] Vgl. Apg 25. Weitere Gespräche zwischen römischen Machthabern und jüdischen Weisen in Prozess- und Martyriumskontexten finden sich bei HOLTZ, Herrscher, 185-249.

berichtet, daß er wegen מינות, "Ketzerei, Häresie", verhaftet worden sei. Einzig und allein in diesem Wort ist die gesamte Anklage zusammengefaßt. Mehr gibt der Text nicht her. MAIER behauptet, daß ein Min im dritten Jh. n.Chr. in Palästina ein Jude war, "der öffentlich, demonstrativ die rabbinische Halaka übertrat, oder ein Nichtjude, der seine Absicht, Proselyt zu werden, mit bindenden Aussagen in bezug auf seine beabsichtigte Beschneidung kundgetan hatte, aber in den folgenden 12 Monaten nicht verwirklichte."[349] Diese These ist auf die Zeit des 1. Jh.s, in der die Erzählung spielt, zumindest nicht in dieser Präzision übertragbar. Einigen Forschern zufolge soll R. Eliezer mit Minim (= Christen) zu enge Verbindungen unterhalten haben,[350] doch ist diese Identifikation höchst unsicher.

Das Verb תפס, "ergreifen"[351], wird bereits in der Hebräischen Bibel zur Beschreibung der Gefangennahme von Menschen verwendet.[352] Der Fortgang der Erzählung macht deutlich, daß es sich hier um eine Gefangennahme durch die weltliche Obrigkeit handelt. Doch zunächst wird berichtet, wohin R. Eliezer gebracht wurde: Man führte ihn hinauf zur במה. So kann verallgemeinernd ein höherer Ort, eine Rednertribüne bezeichnet werden. Im Kontext dieser Geschichte wird jedoch deutlich, daß es sich um einen Ort handelt, an dem ein Gerichtsverfahren stattfindet.[353] Daher ist die angemessene Übersetzung "Gerichtsstätte"[354] oder *pars pro toto* "Richtersitz". bAZ 16b und Jalkut Shimoni lesen an dieser Stelle גרדום "Richtplatz"[355]. Tosefta und QohR wollten vermutlich durch במה ein erläuterungsbedürftiges Fremdwort vermeiden.[356] Der Talmud setzte, ebenso wie beide Texte des Jalkut Shimoni, aufgrund seines Wissens um die römische Gerichtsbarkeit die lateinische Beschreibung ein. Nun wird der Zweck der Vorführung des Rabbi angegeben: לדון, "um (ihn) zu richten"[357]. Durch dieses Verb in Kombination mit der במה wird die Gerichtsatmosphäre szenisch greifbar. Zur Wendung "man führt ihn zur Gerichtsstätte, um zu richten" gibt es an einer anderen Stelle der rabbinischen Literatur eine Analogie.[358]

2. Nach der Beschreibung der Ausgangssituation entspinnt sich ein Dialog zwischen dem Hegemon als Vertreter der Obrigkeit und dem Rabbi. Durch die Einleitung wird

---

[349] MAIER, Jesus, 142.

[350] Vgl. HRUBY, Stellung, 38; LIEBERMAN, Roman Legal Institutions, 20-24; MAIER, Jesus 144-160; ABERBACH, Did Rabban Gamaliel, 202ff.; 443-469; EPSTEIN, מבואות לספרות התנאים, 65-70; BOYARIN, Dying for God, 26f. AUS vergleicht Anekdoten von R. Eliezer mit Lk 15,11ff., betont den fiktionalen Charakter der Texte und spricht sich gegen deren historische Verwertbarkeit aus (ders., Luke, 465).

[351] Im Niphal wird das Verb, auf eine verfolgte Person angewendet, mit "gefangen werden" übersetzt, in bezug auf eine räumliche Herrschaft mit "eingenommen werden" (BAUMGARTNER, Lexikon IV, 1638). In der hebräischen Bibel wird das Verb in der Form תפש gebraucht (vgl. LEVY, WB IV, 660).

[352] Vgl. Jer 34,3; Ez 12,13; 17,20; 19,4.8; 21,28f.; Ps 10,2.

[353] Vgl. SPERBER, Greek and Latin Legal Terms, 70.

[354] LEVY, WB I, 218.

[355] Vgl. SPERBER, Greek and Latin Legal Terms, 76. Eigentlich stammt das Wort vom lateinischen "gradus", womit eine erhöhte Stufe oder Ort bezeichnet wird. Vor allem beschreibt es den Richtplatz, der sich auf einem römischen Marktplatz befand (vgl. LEVY, WB I, 358).

[356] Vgl. die griechische Bezeichnung βῆμα "weltlicher Richterstuhl" in Mt 27,19; Joh 19,13; Apg 7,5; 12,21; 18,12.16.17; 25,6.10.17; und "Richterstuhl Gottes" in Röm 14,10 bzw. "Christi" in 2Kor 5,10.

[357] Vgl. LEVY, WB I, 397.

[358] bShab 32a: העולה לגרדום לידון "Wenn jemand auf den Richtplatz steigt, um gerichtet zu werden."

deutlich, daß es sich bei dem nun folgenden Dialog um ein Verhör handelt.[359] Der Vertreter wird als הגמן, "Hegemon"[360], identifiziert. Ein solcher Machthaber herrscht über eine Stadt und ihr Umfeld.[361] In unseren Texten wird der Machthaber immer als jener Hegemon (אותו הגמן) bezeichnet. Historische Identifikationsversuche gehen über bloße Möglichkeiten nicht hinaus.[362]

Jener Hegemon fragt R. Eliezer: "Ein Gelehrter wie du wird sich mit diesen Dingen befassen?" Durch die Übersetzung von זקן mit "alt"[363] konstruiert HERFORD eine Situation, die zum Ende des Lebens von R. Eliezer hin verortet wird.[364] זקן bringt aber auch die Würdestellung eines Gemeindeältesten zum Ausdruck (vgl. bHag 14a). Hier spielt das Adjektiv evt. auf die Zugehörigkeit zum Synhedrium und die damit verbundene herausragende Stellung an.[365]

Während die Tosefta etwas lapidar das Vergehen als "diese Dinge" angibt, fügen alle anderen Überlieferungen das Attribut בטלים, "nichtig, wertlos"[366], hinzu. Da diese Bezeichnung sich kontextuell auf die Dinge der Minut bezieht, vermutet LEVY, daß es sich bei dem inhaltlichen Vorwurf um das Torastudium handelt.[367] Dafür könnten sowohl einige andere Verfolgungsgeschichten[368] als auch der Kontext der Talmudstelle[369] sprechen. MAIER nimmt eine Abfassung der Anekdote im Zeitraum zwischen dem Tod R. Eliezers und dem Bar-Kochba-Krieg an, "weil man nach der Verfolgungszeit von 132-138 n.Chr. diese Anekdote allem Anschein nach im Sinne der Martyrien für das Torastudium betrachtet hat"[370].

Nun meldet sich erstmalig R. Eliezer zu Wort. Die Redeeinleitung entspricht in knappster Form genau jener des Hegemon vier Zeilen später. Beide Redebeiträge sind entscheidend für den Fortgang der Erzählung. Auch R. Eliezer verliert nicht viele Worte, sondern antwortet dem Hegemon: "Ein Verläßlicher ist Richter über mich". Die

---

[359] Konstitutives Element einer Verhörschilderung ist die "Befragung des Angeklagten über die Vorwürfe" (BERGER, Formgeschichte, 335).

[360] LEVY, WB I, 451; KRAUSS, Lehnwörter II (ἡγεμών), 219; vgl. MASON, Greek terms, 150f.

[361] Vgl. bGit 4b: In einer Stadt im Land Israel herrschten zwei rivalisierende Machthaber, und die Einwohner ihrer Verwaltungsbezirke durften nicht miteinander in Kontakt treten.

[362] Vgl. FREUDENBERGER, delatio nominis causa, 19.

[363] In QohR fehlt diese Angabe. Stattdessen redet der Hegemon den Rabbi mit אדם גדול, "ein großer Mann", an. Diese Bezeichnung bringt seine würdevolle Stellung beim Synhedrium in Jabne zum Ausdruck (vgl. HRUBY, Stellung, 37).

[364] HERFORD schließt aus ARN(A) 6,32-34 (S. 15b.16a), wo berichtet wird, daß Eliezer als 22jähriger in Jerusalem unter R. Jochanan ben Zakkai Tora lernte, auf seine Geburt um ca. 40 n.Chr. Die Bezeichnung Eliezers als "alt" und die Datierung des Textes in die Zeit der Religionsverfolgungen lassen HERFORD folgern, daß Eliezer zum Zeitpunkt des Verhörs um die 70 Jahre alt war (vgl. ders., Christianity, 142 Anm. 1). Hinreichende Anhaltspunkte für diese Datierung gibt es nicht.

[365] Vgl. bHag 14a; mYom 1,1; HOENIG, Sanhedrin, 152; HRUBY, Stellung, 39; FREUDENBERGER, delatio nominis causa, 12. Alternativ kann der Hinweis auf das Alter auch so verstanden werden, daß eine fremde Obrigkeit im Zug einer Religionsverfolgung selbst vor Greisen keinen Halt macht; vgl. etwa 2Makk 6,18-31.

[366] LEVY, WB I, 212. Die Bezeichnung "nichtige Dinge" gibt es an einigen Stellen in der rabbinischen Literatur: ARN(A) 2,1 (S. 4b); 8,8 (S. 19a); 20,1 (S. 35b); 41,2 (S. 65b); DEZ 4,3; tBer 3,20; vgl. auch mAv 4,10.

[367] So auch LEVY, ebd.

[368] Vgl. bereits 1Makk 1,59f.

[369] Vgl. bAZ 17b.18a.

[370] MAIER, Jesus, 160.

Wendung נאמן עלי ist in der rabbinischen Literatur geläufig. Bereits in der Mischna ist sie zu finden. In mSan 3,2 tritt sie sogar in Kombination mit dem Vater auf: נאמן עלי אבא, "glaubwürdig/verläßlich ist mir (mein) Vater".[371] In jenem Fall geht es um Rechtsprechung bei Besitzfällen. R. Meir entscheidet, daß, wenn ein Prozeßführender seinem Vater, dem Vater seines Freundes oder drei fremden Zeugen glaubt, er von seiner Anklage zurücktreten kann. Auffällig ist, daß an erster Stelle eine Autoritätsperson aus der Familie, der Vater, als Zeuge genannt wird. Auch im Kontext wichtiger theologischer Termini wird die Wendung נאמן על verwendet.[372] Mit דיין wird derjenige bezeichnet, der das Recht (דין) ausübt, also der Richter.[373]

Die Pointe der Geschichte liegt in der Doppeldeutigkeit des Rabbinenausspruches. Die Aussage "Ein Verläßlicher ist Richter über mich" bezieht der weltliche Richter, der Hegemon, auf sich. Die Worte נאמן und דיין bezeichnen aber nicht nur weltliche Richter, sondern auch Gott. In 1Sam 24,16, wo die Begegnung Sauls und Davids in der Höhle bei En Gedi erzählt wird, sagt David: "*Und es sei J` ein Richter, um zu richten zwischen dir und mir*". In Ps 68,6 wird Gott als "Vater der Waisen" und "Anwalt (Richter) der Witwen" gepriesen.[374] An dieser Stelle wird deutlich, daß Gott, der sich als Vater der יתומים, "Waisen", erweist, auch Fürsprecher und Anwalt bedrängter Gruppen wie der der Witwen ist.[375] Beide Genitivverbindungen betonen die fürsorglich sorgende Zuwendung Gottes zugunsten gesellschaftlicher Randgruppen. Durch den Anklang an diese Bibelstelle wird bereits die Vateranrede Gottes in dem R. Eliezers Motiv erklärenden Satz inhaltlich vorbereitet.

Nun folgt der Bericht über die Naivität des Hegemon und die Entlassung R. Eliezers. Das Wort סבור, "meinen, glauben", wird stets bei Meinungen verwendet, die sich als irrtümlich erweisen.[376] Der Hegemon glaubt, R. Eliezer habe ihn als Richter bezeichnet. Doch sofort wird diese Auffassung durch einen Einschub des Redaktors korrigiert: "Er richtete seine Gedanken nur auf seinen Vater im Himmel." Das Verb נתכוין im Nitpael, "sich ordnen, seine Gedanken auf etwas richten"[377], ist ein Derivat der Wurzel כון, die eine Absicht ausdrückt. Die Präposition נגד, "gegenüber", bringt zum Ausdruck, daß ein Gegenstand dem anderen parallel ist.[378] In diesem Fall wird das Gegenüberstehen R. Eliezers und Gottes beschrieben. Die Zwischenbemerkung ist nur an die Hörer und Leser der Geschichte gerichtet. Ohne sie würden wir den Verlauf der Episode nicht verstehen. Gleichzeitig bringt dieser Einschub die Billigung der Aussage R. Eliezers durch den Redaktor zum Ausdruck, indem er eine besondere Beziehung zwischen R. Eliezer und Gott entstehen läßt, wenn er in dem Einschub Gott als "seinen (R. Eliezers) Vater im Himmel" bezeichnet. Ob R. Eliezer eine bewußt doppeldeutige Formulierung ge-

---

[371] Vgl. tSan 5,1 (ZUCKERMANDEL); bBB 128a; San 24a; ySan 3,4 20d.21a.

[372] Sowohl im Zusammenhang mit dem Dekalog (tDem 5,1.6; 6,5.11; 7,8) als auch in tMaas 3,15, wo es um R. Eliezer geht, ist diese Wendung bekannt, und zwar in allgemeinen Rechtskontexten ebenso wie im Privatrecht; vgl. tQid 5,5.

[373] LEVY, WB I, 399.

[374] Vgl. die Auslegung zu Ps 68,6 bei BÖCKLER, Gott als Vater, 363ff.

[375] Zu Gott als Anwalt vgl. VANONI, Du bist doch unser Vater, 62ff.

[376] Vgl. BACHER, Term I, 129.

[377] LEVY, WB II, 306.

[378] Vgl. BACHER, Term I, 124.

wählt hat, das Mißverständnis des Hegemons also provozieren wollte, oder ob er mit seiner Äußerung sich ausschließlich auf Gott beziehen wollte, bleibt offen.

Der kurzen Redeeinleitung folgt die Erwiderung des Hegemon. Der oft in der babylonischen Gemara zu findende Ausdruck הואיל, "da, weil"[379], leitet eine kausale Aussage ein. Der Hegemon bekräftigt, daß er R. Eliezers kurzen Ausspruch auf sich bezieht. Literarisch unterstützt wird dieser Bezug durch das Aufgreifen desselben Verbs und der Präposition, welche bereits in dem Ausspruch R. Eliezers enthalten waren. אמן im Hiphil bedeutet neben "glauben" intransitiv "glaubhaft, gerecht erscheinen"[380]. Der Hegemon betont daher als erstes, daß er R. Eliezer als glaubhaft erschienen ist. Der nächste Satz leitet den Entschluß des Hegemon ein: "So sage auch ich ..."[381]. Die nun folgende Rede eröffnet durch die Partikel אפשר, "es ist möglich", die Chance des Irrtums der Obrigkeit. Das folgende Wort ist nicht zu entschlüsseln. סיבו ist entweder als Verb oder als Substantiv aufzufassen.[382] Der Irrtum wird durch das Verb טועים ausgedrückt.[383] Die zweifach aufgeführten Demonstrativpronomina verweisen auf den ersten Vorwurf des Hegemon: "diese (nichtigen) Dinge".

Daran schließt sich unmittelbar der Befreiungserlaß an. Die Befreiung aus der Gefangenschaft wird in allen Überlieferungen zuerst durch das Wort דימוס, "befreit", wiedergegeben. Der dem Lateinischen dimissus nachgebildete Terminus[384], der vermutlich der Prozeßsprache entstammt,[385] reicht in unseren Auslegungen für die Befreiung nicht aus.[386] Er wird durch rabbinische Terminologie ergänzt. Der halachische terminus tech-

---

[379] LEVY, WB I, 457.

[380] Vgl. LEVY, WB I, 98.

[381] Diese Überleitung fehlt ebenso wie die Darlegung der Gründe in bAZ und in beiden Texten des Jalkut Shimoni. Erst die "Entlassungsformel" ist wieder aufgegriffen. QohR führt bei der erneuten Redeeinleitung nochmals das eine irrtümliche Ansicht bezeichnende סבור, "meinen", an.

[382] Denkbar wäre, daß das Wort ursprünglich סיבות, "Gründe", geheißen hat, und daß der Schreiber den letzten Buchstaben unterschlagen oder vergessen hat. Allerdings käme man mit dieser These zu der etwas ungewöhnlichen Wendung: "Möglich ist, daß diese Gründe irren in diesen Dingen". Eine Erörterung beider Übersetzungsmöglichkeiten findet sich bei MAIER, Jesus, 146. Eine weitere Möglichkeit ist die Übersetzung mit "graue Haare" als Metapher für eine Gelehrtenschule (vgl. HERFORD, Christianity, 137), oder, wie FREUDENBERGER meint, "einen Ort im feindlichen Sinn umziehen". Er übersetzt diesen Absatz: "Sie, die Ankläger, haben feindlich gegen dich gehandelt, indem sie diese Anklage, die sich als Irrtum erwies, gegen dich vorbrachten" (ders., delatio nominis causa, 15). Keine der Lösungsmöglichkeiten bietet eine schlüssige Herleitung oder Erklärung des Wortes; die unterschiedlichen Übertragungen reflektieren einzig die Schwerpunktsetzung der modernen Interpreten dieser Anekdote.

[383] FREUDENBERGER macht darauf aufmerksam, daß dieses Verb in juristischen Kontexten sehr häufig gebraucht wird (z.B. mSan 5,5: "Irrende in dieser Rechtssache" sind in dieser Halacha die Kläger und Magistrate, die das elogium anfertigten; vgl. ders., delatio nominis causa, 14).

[384] So SPERBER, Greek and Latin Legal Terms, 86f.; SOKOLOFF, Dictionary, 146; KRAUSS, Lehnwörter II, 156. GOLDSCHMIDT sieht in dem Wort eine Erwähnung der Themis als Göttin der Gerechtigkeit und übersetzt daher: "bei Themis!" (vgl. HRUBY, Stellung, 36 Anm. 89). LEVY leitet es von den griechischen Worten δειμός, δεινός oder δεῖμα ab. דימוס beschreibt dann personifiziert ein "schreckenerregendes Wesen, Gottheit". Anschließend übersetzt er unsere Wendung durch: "Bei Gott! Du sollst von der Strafe frei sein" (LEVY, WB I, 396). Diese Übersetzung ist sehr frei und höchst zweifelhaft.

[385] Vgl. MAIER, Jesus, 154.

[386] Außer in unserer Geschichte wird das Wort noch in einer Episode (yShevi 9,1 38d) erwähnt, in der die Himmelsstimme (בת קל) einen Vogel freiläßt, damit er gerettet wird (vgl. Text und Kurzkommentar bei KUHN, Bat Qol, 22); vgl. auch yBer 9,5 14b; BM 10,5 12c.

nicus פטור, "Befreiung, Straflosigkeit"[387], ist angefügt. Die Wendung "du bist befreit" taucht in Gerichtskontexten in einer Auseinandersetzung zwischen R. Akiva und R. Tarfon auf.[388] Ausgelegt wird beim Disput dieser Rabbinen der halachische Fall, daß in finanziellen Rechtsfällen die Möglichkeit der Revision besteht.

Zusammenfassung

Viele Forscher suchten nach einem historischen Gehalt dieser Episode.[389] Fast alle lasen sie als einen Tatsachenbericht über ein Ereignis, das sie mit den frühen Christenverfolgungen in Verbindung brachten.[390] Es ist jedoch sehr fraglich, ob R. Eliezer dieses Ereignis wirklich erlebt hat. Für eine Zugehörigkeit zum Christentum gibt der Text wenig her. Ferner läßt sich die Geschichte schwerlich der Lebenszeit R. Eliezers zuordnen. Sie paßt besser in die Zeit kurz vor dem Bar-Kochba-Aufstand.[391] MAIER folgert daher, daß unter dem Wort "Minut" speziell sexuelle Abweichungen zu verstehen sind.[392] Gleichzeitig bekräftigt er dezidiert den unhistorischen Charakter der Anekdote.[393] Durch den Kontext der Episode in bAZ und die Unhistorizität als Episode aus dem Leben R. Eliezers ist der Vorwurf des Torastudiums an einen jüdischen Gelehrten wahrscheinlicher.

Die Bezeichnung Gottes als Vater im Himmel in dem die Doppeldeutigkeit von R. Eliezers Worten erklärenden Einschub kommt nicht von ungefähr. Der Sprachgebrauch und die Assoziationen legen das folgende Verständnis nahe: Die Beteuerung der Verläßlichkeit seitens des Rabbi bringt sein Vertrauen auf Gottes Rat und Beistand zum Ausdruck. Gleichzeitig paßt sie in diese Prozeßgeschichte, da die Formel mit Verweis auf den irdischen Vater aus Rechtsprechungskontexten der Mischna bekannt war. Desweiteren erinnert die Benennung Gottes als Richter an die Geschichte Sauls und Davids in der judäischen Wüste. Dort hörte sich Gott ihre Argumente an und wurde als Richter angerufen. Erst Ps 68,6 bringt Gottes Richterfunktion und Vateranrede in einen Zusammenhang. Hier wird Gott als Vater der Waisen und Anwalt (Richter, Fürsprecher) der Bedrängten benannt.

---

[387] LEVY, WB IV, 31. ALON sieht als Grund für die Entlassung R. Eliezers die in dessen Antwort bereits enthaltene Bereitschaft zur moralisch-ethischen Besserung (ders., Jews in their Land, 293 Anm. 25).

[388] Vgl. mBekh 4,4; bSan 33a; vgl. auch bBekh 28b; BerR 11,4 und PesR 23.

[389] Vgl. HRUBY, Stellung, 37f.; FREUDENBERGER, delatio nominis causa, 17. HERFORD meinte sogar, den Ort (Caesarea) und den anonymen Hegemon als Gouverneur von Syrien identifizieren zu können (vgl. ders., Christianity, 142f.).

[390] Vgl. BAER, לבעיית דמותה, 128; DERENBOURG, Essai, 357ff.; JOEL, Blicke, 33f.; GRAETZ, Geschichte IV, 45f.; ders., Historische und topographische Streifzüge, 29: "Der Vorfall (muß) ... vor der Bannung stattgefunden haben, also vor 95"; vgl. auch LIEBERMAN, Roman Legal Institutions, 19ff. Weitere Forschungsberichte finden sich bei MAIER, Jesus, 297f. Anm. 327 und HRUBY, Stellung, 37-40; BOYARIN, Dying for God, 26f. Nach den Analysen von MAIER sind Verbindungen zwischen R. Eliezer und den Christen nicht anzunehmen, aus der geographisch weit entfernten Christenverfolgung unter Plinius also auch keine Indizien für die Datierung der Eliezerüberlieferung zu gewinnen.

[391] MAIER, Jesus, 160.

[392] Vgl. mSot 9,15 und MAIER, Jesus, Kap. 4.5.5.1. Abschnitt 2. MAIER verweist auf die Tatsache, daß die Rabbinen den jüdische Apostaten, ähnlich wie die Kirchenväter den christlichen Dissidenten, verallgemeinernd solche Minut nachgesagt haben. Allerdings basierte die Meinung der Rabbinen auf der Tatsache, daß erstens der Abfall vom Judentum in der Regel zum Götzendienst führte und zweitens Götzendienst von der Bibel her mit Unzucht assoziiert war.

[393] Vgl. MAIER, Jesus, 159.

Durch die Verwendung des Verbs כון wird ein Wortfeld benutzt, das an Gebetskontexte erinnert, denn in aller Not richten sich fromme Menschen mit der Bitte um Hilfe im Gebet an Gott.[394] Der erklärende Einschub sieht darin seine Hoffnung auf Rettung durch seinen sich für Unterdrückte und Schwache einsetzenden Vater im Himmel. Bei der Erwähnung des Vaters im Himmel bringt der Redaktor dieser Geschichte die Nähe R. Eliezers zu Gott und sein Vertrauen zum Ausdruck. Die Vaterbezeichnung ist mit Konnotationen wie gerechtem Richter, Vertrauen, Nähe des Rabbi zu Gott, Intervention und Schutz in einer lebensbedrohlichen Situation und Rettung belegt.

4.3. Toragemäßes Leben führt zum Martyrium

In einem Midrasch ist von der Liebe und Treue die Rede, die bis zum Martyrium führen kann. Dabei werden einzelne Strafen für das Praktizieren religiöser Gebote aufgelistet:

MekhY בחדש 6 zu Ex 20,6[395]

1. *Denen, die mich lieben und meine Gebote bewahren* (Ex 20,6).	לאוהבי ולשומרי מצותי.
2.1. *Die mich lieben*, dies ist Abraham, unser Vater.	לאוהבי, זה אברהם אבינו
2.2. Und ähnlich ist:	וכיוצא בו.
Und meine Gebote bewahren,	ולשומרי מצותי,
das sind die Propheten und die Ältesten.	אלו הנביאים והזקנים.
3. R. Natan sagt:	רבי נתן אומר,
4. *Denen, die mich lieben und meine Gebote bewahren*,	לאוהבי ולשומרי מצותי,
5. diese sind Israel, die im Lande Israel wohnen	אלו ישראל שהם יושבין בארץ ישראל
und sich selbst für die Gebote hingeben.	ונותנין נפשם על המצות.
6. Warum gehst du hinaus, um getötet zu werden?	מה לך יוצא ליהרג,
Weil ich meinen Sohn beschnitten habe.	על שמלתי את בני,
Warum gehst du hinaus, um verbrannt zu werden?	מה לך יוצא לישרף,
Weil ich in der Tora gelesen habe.	על שקראתי בתורה,
Warum gehst du hinaus, um gekreuzigt zu werden?	מה לך יוצא ליצלב,
Weil ich die Mazze gegessen habe.	על שאכלתי המצה,
Warum wirst du gegeißelt?	מה לך לוקה מאפרגל,
Weil ich den Lulav genommen habe.	על שנטלתי את הלולב.
7. Und sie (die Schrift) sagt: *Weil ich geschlagen wurde im Haus derer, die mich lieben* (Sach 13,6).	ואומר אשר הוכיתי בית מאהבי,
8. Jene Schläge verursachten mir,	מכות אלו גרמו לי
beliebt zu sein bei meinem[396] Vater im Himmel.	ליאהב לאבי שבשמים.

Mit diesem Textabschnitt schließt der sechste Abschnitt dieser Parascha. Vorausgegangen ist die Auslegung des Verses: *"Er ahndet die Schuld der Väter an den Kindern"* (Ex 20,5). Bei der Auslegung dieses Abschnitts wird besonderer Wert darauf gelegt, daß die Schuld von Großvater bis Enkel nur weitergegeben wird, wenn in der Generationsreihe kein Gerechter ist, der diese "Erbfolge" aussetzt.[397] Später wird festgestellt, daß

---

[394] Vgl. Kap. III.1.
[395] Text: HOROVITZ/RABIN, Mechilta, 227.
[396] Zur Diskussion der Handschriftenvarianten s. Einzelexegese.
[397] Vgl. LEVY, WB III, Art. סרג, 586.

zwar das Maß der Strafen für vier Geschlechter festgehalten wird, das der guten Taten aber für tausend.[398]

R. Natan war ein Tannait der vierten Generation und hatte den Beinamen "ha-Babli", da er aus Babylonien nach Palästina gekommen war.[399] Er hatte zusammen mit R. Meir wichtige Funktionen inne. Als Babylonier bewunderte er die Standhaftigkeit der palästinischen Juden beim Festhalten an den religiösen Gebräuchen und der Bewahrung der Tora.[400]

Abschnitt 6. wird parallel in WaR 32,1, TanB תולדות 19 (AgBer 43,4) und MTeh 12,5 überliefert.

Gliederung:
1. Auszulegender Bibelvers
2.1. Anonyme Auslegung
2.2. Anonyme Auslegung
3. Rabbinenspruch
4. Auszulegender Bibelvers
5. Auslegung des Rabbi
6. Fragen- und Antwortkatalog
7. Erläuterndes Bibelzitat
8. Folgerung

Einzelexegese

1. Der Beginn des auszulegenden Bibelzitates ועשה חסד לאלפים, "*und tut Barmherzigkeit für Tausende ...*" wird im Midrasch nicht thematisiert.[401] Obwohl die Auslegung auf diesen Teil keinen Bezug nimmt, ist er für das Verständnis des gesamten Midraschtextes von eminenter Bedeutung. Ausgangspunkt für unseren Text ist das Ende des Bibelzitats Ex 20,6. Dieser Text gehört zum Dekalog und wird auch in Dtn 5,10 überliefert.[402]

לאהבי, "*denen, die mich lieben*", steht immer im Kontext wichtiger theologischer Themen wie: Bewahrer der Gebote,[403] Gottes Namen,[404] Gottes Tora,[405] aus Liebe etwas tun.[406] Die Wendung שומרי מצותי, "*die Bewahrer meiner Gebote*", ist fünfmal in der Hebräischen Bibel anzutreffen,[407] in der tannaitischen Literatur nur in der Mechilta.[408] Spätere Texte bezeichnen herausragende Persönlichkeiten des religiösen Lebens mit

---

[398] Begründet wird diese Auffassung durch die Bibelzitate Ex 20,6 und Dtn 7,9.

[399] Vgl. STEMBERGER, Einleitung, 88; BACHER, Tann II, 437-452; NEUSNER, Jews in Babylonia 1, 73-79. Die spätere Rezension von ARN wird gelegentlich ihm zugeschrieben.

[400] Vgl. BACHER, Tann II, 437.

[401] Anders verhält es sich in MekhSh zu dieser Stelle. Dort wird gleicherweise auch der Beginn des Bibelzitats ausgelegt (vgl. EPSTEIN/MELAMED, Mekhilta, 148).

[402] Hier hat der Text nur eine geringfügige Änderung beim Suffix מצותו.

[403] Vgl. Ex 20,6; Dtn 5,10; bSot 31a.

[404] Vgl. Ps 119,132.

[405] Vgl. Ps 119,165; bBer 64a; San 98a.

[406] Im Midrasch "Zwei Verse" wird eine Geschichte erzählt, in der zwei Freunde bereit sind, füreinander zu sterben. Dies beeindruckt den König derart, daß er beide frei läßt (vgl. WÜNSCHE, Aus Israels Lehrhallen IV, 166-168).

[407] Vgl. Ex 20,6; Dtn 5,10; 7,9; Dan 9,4; Esr 1,5.

[408] Ansonsten sind an dieser Stelle noch anzuführen: MTann zu Dtn 5,9; SER 11; Midrasch Zwei Verse 2.

diesem Terminus.[409] In Tan עקב 5 wird diese Bezeichnung ebenfalls in den familialen Kontext gesetzt. Auf die Frage "Seit wann seid ihr Kinder?" wird die Antwort gegeben: "Seitdem *ihr (Kinder) J's, eures Gottes seid* (Dtn 14,1) und ihr meine Gebote haltet." Im Kontext dieses Abschnitts wird erneut auf die Tora verwiesen. Das Verb שמר, "bewahren", kommt in der Hebräischen Bibel auch in vielen religiösen Bezügen vor, als Halten der Gebote Gottes und Bewahren der Fest- und Feiertage.[410] Auf beide Aspekte wird im folgenden noch gesondert eingegangen.

2.1.-2. Beide im Bibeltext genannten religiösen Eigenschaften werden sodann in der anonymen Auslegung mit bekannten Personen und Gruppen aus der Geschichte des Volkes Israel assoziiert. In der ersten anonymen Auslegung gehört zu denen, "die mich lieben", Abraham. Der Beiname "unser Vater" ist in Verbindung mit Abraham in vielen Teilen der rabbinischen Literatur belegt.[411]

Die Wendung כיוצא בו führt eine gleichwertige Auslegung zu demselben Textstück an.[412] Die Ältesten und Propheten werden mit den "Bewahrern meiner Gebote" gleichgesetzt. Älteste waren Repräsentanten einer sozialen Gruppe in politischen (vgl. 2Sam 5), kultischen (vgl. Ex 24) und rechtlichen Angelegenheiten (vgl. Dtn 19). Das Amt der Ältesten wurde in der vorstaatlichen Zeit zu einer die tribale Struktur tragenden Größe. Während der Königszeit verloren die Ältesten ihren Einfluß. Erst in exilisch-nachexilischer Zeit gewann das dezentrale Ältestenamt wieder an Bedeutung.[413] Mit dieser Deutung befinden wir uns daher auf der Textebene in der Zeit des Zweiten Tempels oder danach.[414]

3.-5. Die dritte Auslegung des Bibelverses wird im Namen R. Natans angeführt. Er verbindet die Aussage des Dekalogs mit dem Volk Israel und macht durch die attributive Bestimmung "die im Land Israel wohnen" deutlich, daß er in seiner Auslegung eine zeitlich und räumlich spätere Ebene betritt als die der Gabe des Dekalogs in der Wüste. R. Natan begründet seine kollektive, auf das Volk Israel ausgeweitete Deutung damit, daß die Israeliten im Land Israel wohnen und נותנין נפשם, "ihre Seele geben", für die Gebote. Diese Wendung begegnet uns an einigen Stellen der tannaitischen Literatur.[415]

---

[409] Z.B. die Gerechten (vgl. Tan וירא 19), Israel im Gegensatz zu Balak (vgl. Tan בלק 15), Abraham und Hiob (vgl. bSot 31a).

[410] Der Gedanke der Bewahrung der Gebote, Befehle und Weisungen Gottes (vgl. Gen 26,5 u.ö.) "beherrscht das ganze Bedeutungsfeld im religiösen Bereich" (SAUER, Art. שמר, 985). Im Dtn und dtrn. überarbeiteten Büchern liegt der Akzent auf der Pflicht der Bewahrung der Gebote durch *alle*. Auch die Psalmen und die Weisheitsliteratur machen sich diese Gedanken zu eigen (z.B. Ps 119; Prov 4,4). Neben dem Halten von Gottes Geboten wird mit diesem Verb vor allem auch das Halten der Fest- und Feiertage ausgedrückt (vgl. Ex 31,13.14; 12,17; Lev 19,3 u.ö.).

[411] Vgl. mTaan 2,5; Ned 3,11; Qid 4,14; tBer 6,17; Hag 2,1; Ned 2,6; Qid 5,14; mAv 3,11; 5;3.6.19; ARN(A) 1,8 (S. 4a); 33,1f. (S. 47b-48a); Sof 16,1; 21,9f; Kalla 7,1; 10,7; DEZ 7,1. Weit verbreitet ist dieses Attribut Abrahams in den aggadischen Midraschim. Dort ist er 204mal verzeichnet. Sowohl der Bezug zu Abraham und den von ihm abstammenden Menschen sowie dessen Beiname "unser Vater" als auch die Benennung Gottes als "Vater im Himmel" begegnen auch in einem anderen bereits exegesierten Text (vgl. tHag 2,1parr.).

[412] Vgl. BACHER, Term I, 75f.

[413] Vgl. Jer 29,1; Ez 14,1; Esr 5,9; 6,7 u.a. Vgl. ALBERTZ, Religionsgeschichte Israels II, 593 Anm.4.

[414] Für die Zeit nach der Tempelzerstörung sind die πρεσβύτεροι der kaiserzeitlichen Synagogen zu nennen.

[415] Vgl. tShab 16,14; Hor 1,3.

Sie ist je nach Auslegung des Wortes נפש mit unterschiedlichen Konnotationen belegt.[416]
In der Bedeutung "die Seele geben, sich für etwas einsetzen"[417] finden wir den Ausdruck
in MekhY שירה 1 zu Ex 15,1[418] und MekhY בא Einleitung zu Ex 12,1. Der zuletzt
genannte Text steht aus drei Gründen unserer Auslegung nahe:
1. Sein Resümee läßt sich etwa so wiedergeben: "Ebenso findest du, daß die Väter und
die Propheten ihre Seele für Israel hingaben". Die Erwähnung von Vätern, Propheten
und Israel erinnert an die drei verschiedenen Auslegungen unseres Bibelverses.
2. In diesem Text wird diskutiert, wie die drei Propheten Jeremia, Elia und Jona es mit
der Ehre des Vaters und der des Sohnes hielten. Vater und Sohn stehen in diesem Text
symbolisch für J´ und Israel. Dadurch kommt das familiale Verhältnis, welches auch in
unserer Auslegung zweifach thematisiert ist, zur Sprache.

Dieser Midrasch steht der gesamten Auslegung der Mechilta voran. In der Auslegung
wird deutlich, daß die Bedeutung der Wendung נתן נפש nicht nur "sich besonders für
etwas einsetzen" ist, sondern bis an die Aufgabe des Lebens, bis zum "Sich-selbst-
Hingeben"[419] führt. In der Mechilta bildet unser Auslegungstext, ebenfalls mit dem Ton
auf der Aufgabe des eigenen Lebens, den Schlußpunkt der sechsten Parascha.

Auffällig ist, daß diese Wendung im Sprachgebrauch der Mechilta vermehrt zu finden ist.[420] Sie thematisiert an 17 Stellen diesen Einsatz, der bis zur Aufgabe des eigenen
Lebens geht. Wir können daher davon ausgehen, daß mit dieser Wendung ein wichtiges
Anliegen der Mechilta hervorgehoben wird. Sie scheint besonders die Texte der "Bewahrung der Gebote" und der daraus resultierenden "Hingabe des Lebens" hervorzuheben und in eine direkte Verbindung mit der Wüstenzeit zu setzen. Einen politischen
Aspekt bekommt die Auslegung, indem sie auf die Tatsache hinweist, daß die Israeliten
im Lande Israel ihr Leben für das Halten der Gebote hingeben. Diese Haltung wird vom
Midrasch unterstützt und als beispielhaft vorgeführt. In der Auswertung muß untersucht
werden, auf welche historische Situation diese Aussage zutreffen könnte.
6. Im nun folgenden Fragenkatalog wechseln die agierenden Personen. R. Natan sprach
vorher vom Volk Israel im Plural, nun wird jede Person im Singular in Frageform
viermal direkt angesprochen. Das entspricht einem bestimmten Konzept der rabbinischen Literatur. Das dem Judentum eigene Konzept ist die Glorifizierung des Gottes
Israels und die Hervorhebung seiner Ehre. Biblisch findet sich dieses Konzept in zwei
Ausdrucksformen wieder. In einer ist Gott der Akteur,[421] in der anderen sind die

---

[416] Zu den unterschiedlichen Bedeutungs- und Übersetzungsmöglichkeiten von נפש vgl. WESTERMANN,
Art. נפש, 71ff.; vgl. S. 148 Anm. 92 zu SifDev § 306.

[417] Zu dieser Bedeutung passen Texte des Jerusalemer Talmuds. Ihr Motto ist: "Alles, für welches der Bet
Din sich einsetzt, ersteht" (vgl. yPea 1,1 15a; Shevi 1,5 33b; Suk 4,1 54b).

[418] In dieser Auslegung kommt die Wendung sehr oft vor. Auslegungsprinzip ist: "Jede Sache, für die ein
Mensch seine Seele gibt, wird nach seinem Namen genannt." So ist der Tempel nach David benannt,
die Tora, Israel und die Rechtsbestimmungen nach Mose. Begründet werden diese Thesen jeweils
durch Bibelzitate.

[419] R. Jonathan behauptet, daß Jona nur aufs Meer ging, um sich selbst zu vernichten (vgl. Jon 1,12). An
diese Behauptung wird die am Anfang zitierte Schlußfolgerung angeschlossen.

[420] Für die der tannaitischen Zeit zugeordneten Texte ist die Mechilta im Hinblick auf diesen Sprachgebrauch eindeutig das zentrale Textkorpus. In den aggadischen Midraschim tritt diese Wendung vermehrt auf.

[421] Vgl. die Kapitel Ez 20; 36; 39.

Menschen verantwortlich für Gottes Ehre in der Welt.[422] Aus der Beobachtung, daß die rabbinische Literatur ihren Schwerpunkt auf das zweite, das personal-ethische Konzept, legt, folgert LAMM, daß die Verehrung des Gottesnamens vor den Völkern der Welt immer schon ein "potent element in the folk understanding of the concept"[423] war. Da jeder einzelne Mensch für die Verwirklichung dieses Konzepts verantwortlich ist, verwundert der Personenwechsel im Midrasch keineswegs.

In der anschließenden Liste von Bestrafungen bzw. Folterungen ist von Hinrichtung durchs Schwert, Verbrennung, Kreuzigung und Geißelung die Rede. Alle diese grausamen Akte sind durch vorausgegangene Taten der Israeliten veranlaßt.[424] Den im folgenden einzeln beschriebenen Folter- und Todesarten werden Begründungen aus dem religiösen Leben angefügt.[425] Formal ist der viergliedrige Dialog durch Fragen und Antworten strukturiert.[426] Dieser Strafkatalog ist in etwas abgewandelter Form noch in anderen Texten überliefert:[427]

MekhY בחדש 6 zu Ex 20,6:		WaR 32,1 zu Lev 24,10:	
Hinrichtung:[428]	Beschneidung	Steinigung:	Beschneidung
Verbrennung:	Tora	Verbrennung:	Schabbat
Kreuzigung:	Mazze	Hinrichtung:	Mazze
Auspeitschung:	Lulav	Auspeitschung:	Sukka, Lulav, Tefillin, Zizit, Willen Gottes tun

TanB תולדות 19; AgBer 43,4:		MTeh 12,5:	
Kreuzigung:	Beschneidung	Hinrichtung:	Beschneidung
Verbrennung:	Schabbat	Steinigung:	Schabbat
Hinrichtung:	Tora	Verbrennung:	Mazze
		Auspeitschung:	Willen Gottes tun

a) Die erste beschriebene Tötungsart wird mit להרג, "töten", beschrieben. In der römischen Strafgesetzgebung sind zwei Bezeichnung für die Todesstrafe geläufig: die Köpfung (poene capitalis) und die Kniebeugung (supplicium).[429] Diese Exekution wurde über Römer und Nichtrömer verhängt und glich der Schlachtung eines Opfer-

---

[422] Vgl. Num 20,10.

[423] LAMM, Kiddush Ha-Shem and Hillul Ha-Shem, 978. An diesem Konzept hat der einzelne Mensch aktiven Anteil. Dies kommt auf drei Arten zum Ausdruck: durch Martyrium, durch exemplarisches ethisches Verhalten und durch Gebet.

[424] Opferbereitschaft der Juden für ihre Religion ist bereits von den Makkabäern (2Makk 6,18-33; 7,1-42) bekannt und wird von Josephus aus der Zeit des jüdischen Krieges berichtet (ders., Ap I, 43): "Man habe in der vergangenen Zeit oft beobachten können, daß jüdische Gefangene eher Folterqualen und vielfältige Todesarten in den Theatern erduldeten, als daß sie nur ein einziges Wort gegen die Gesetze und die darauf folgenden Schriften geäußert hätten."

[425] Eine Sammlung der Vorwürfe gegen das religiöse Leben der Juden versucht HERR (ders., Persecutions, 94ff.).

[426] Der Aufbau der Frage folgt der Struktur: מה לך, "Was ist für dich/Warum du" als Fragepartikel, gefolgt von einem Partizip und einem infiniten Verb mit Ausnahme der vierten Frage. Der Aufbau der Antwort läßt folgendes Prinzip erkennen: Die Partikel על ש, "weil ...", Verb in der ersten Person Singular und Substantiv. Die Fragepartikel steht in der rabbinischen Literatur auch im Zusammenhang religiöser Aussagen: "Warum bist du übergetreten?" (Gerim 1,1).

[427] Vgl. SCHÄFER, Bar-Kokhba-Aufstand, 207.

[428] Diese mit "Hinrichtung, Tötung" bezeichnete Strafe ist nicht näher spezifiziert. Sie kann Kreuzigung und Verbrennung umfassen.

[429] Vgl. MOMMSEN, Römisches Strafrecht, 916.

tieres.[430] Vermutlich wurde diese Tötung mit dem Schwert vollzogen, eine Technik, die "die (Römische) Regierung anwendet" (mSan 7,3). Diese Tötung durch das Schwert oder Beil[431] ist die älteste römische Hinrichtungsart.[432]

Die Beschneidung des Sohnes ist eine Pflicht des Vaters.[433] Biblisch begegnet der Terminus "den Sohn beschneiden" in Hos 5,2.3. In der rabbinischen Literatur widmen sich nur wenige Stellen diesem Gebot.[434] Interessant ist wiederum eine andere Mechiltastelle (MekhY בא 18 zu Ex 13,13), welche die Pflichten des Vaters gegenüber seinem Sohn darstellt: "Verpflichtet ist ein Mensch von der Tora aus, seinen Sohn zu beschneiden, ihn zu lösen, ihn Tora zu lehren, ihn ein Handwerk zu lehren und ihm eine Frau zu geben". Kommt der Vater diesen Pflichten nicht nach, muß der Sohn sie selbst tun. Falls er die Beschneidung als äußeres Zeichen für den Bund Gottes nicht vollzieht, ist er der Ausrottung schuldig.[435] Während der Regierungszeit Hadrians gab es ein Beschneidungsverbot, auf das in dieser Auslegung angespielt sein könnte.[436]

b) Bei der zweiten Strafe handelt es sich um die des Verbrennens.[437] Sie ist bereits in republikanischer Zeit häufig zur Anwendung gekommen. Eine Aufstellung der Delikte, auf die hin die Strafe des Verbrennens verhängt wurde, scheint es nicht zu geben.[438] Der Delinquent wurde entkleidet an einen Pfahl genagelt oder gebunden, dieser aufgestellt, und durch Anzünden des aufgehäuften Holzes wurde die Exekution vollstreckt.

Die Strafe der Verbrennung folgt auf das Lesen der Tora. Der Terminus קורא בתורה, "Lesen der Tora", ist in der tannaitischen Literatur mit genauen Regeln beschrieben.[439] In der einzigen halachischen Midraschstelle (MekhY בא 17 zu Ex 13,9) wird das Lesen der Tora mit dem Tefillinlegen verglichen: "Wer Tefillin legt, ist wie einer, der in der Tora liest, und jeder, der in der Tora liest, ist frei von (der Pflicht) der Tefillin." WaR 32,1 begründet die Strafe durch Verbrennung mit der Bewahrung der Schabbatgebote.

---

[430] Diese älteste Form der Todesstrafe entspricht dem Opferritual und ist ursprünglich als Menschenopfer aufgefaßt worden (vgl. ebd., 902.)

[431] "Erst unter dem Militärregiment des Principats tritt das Beil zurück und weicht dem Schwert" (ebd., Römisches Strafrecht, 917f.).

[432] Vgl. MOMMSEN, Römisches Strafrecht, 916. LIEBERMAN sieht in dem Substantiv הרג die decapitatio ("Enthauptung") der rabbinischen Literatur. Zuerst sei die Übertretung des Toraverbotes auch mit der decapitatio geahndet, erst später wurde die Strafe der Verbrennung zur Ahndung dieses Gebots bestimmt (ders., רדיפות דת ישראל, 226). BÜCHLER hebt dagegen hervor, daß die Tötung durch das Schwert bei keiner vom Gericht verhängten Todesstrafe angewandt wurde. Sie kam meist nur bei der Blutrache und bei vom König verhängten Todesurteilen zum Vollzug (vgl. ders., Todesstrafen, 539f.).

[433] Die Rabbinen führen solche Pflichten unter der Stichworten "Pflichten des Vaters für den Sohn" und "Pflichten des Sohnes für den Vater" an (mQid 1,7; tQid 1,11; Sifra אמור 0,7; bSan 72b; 102b).

[434] Vgl. mPes 3,7parr. (tPes 3,10).

[435] Vgl. MekhY בא 18 zu Ex 13,13 (WINTER/WÜNSCHE, Mechiltha, 71).

[436] Vgl. BLASCHKE, Beschneidung, 358f.

[437] Als jüdische Strafe ist Verbrennen bereits aus der vorsinaitischen Zeit bekannt (vgl. Gen 38,24). Sie war auch Folge gerichtlicher Exekution (vgl. Lev 20,14; 21,9) und wurde ebenso in anderen Kulturen vollstreckt (vgl. Dan 3,6).

[438] Vgl. MOMMSEN, Römisches Strafrecht, 923 Anm. 5. Militärisch fand der Feuertod Anwendung bei Überläufern und Verrätern.

[439] mBer 1,2. So müssen wenigstens drei Verse gelesen werden (vgl. Meg 4,4; Sof 11,1), dem Chasan dagegen sind sieben auferlegt (vgl. Sof 11,4).

c) Die Kreuzigung ist eine Strafe, die im Imperium Romanum verbreitet gewesen ist, hat aber keine alttestamentliche Entsprechung.[440] In der jüdischen Gesellschaft ist nur ein Fall von Kreuzigungspraxis im 1.Jh. v.Chr. bekannt (Josephus, Ant XIII, 280f.). SifDev geht davon aus, daß Kreuzigung eine römische, aber keine akzeptierte jüdische Hinrichtungsart ist.[441] Die Kreuzigung ist vermutlich nicht jünger als die Exekution durch das Beil und war nicht auf bestimmte Verbrechen begrenzt.[442] Sie nahm nicht immer einen tödlichen Verlauf.[443]

Grund für die Kreuzigung bietet das Essen der Mazze. Das Essen von ungesäuertem Brot (Mazzen) ist ein Ritus des Pesachfestes,[444] an dem der Auszug aus Ägypten gefeiert wird. Dieses Gebot geht auf Ex 12,18 zurück (vgl. Dtn 16,3). Wie die anderen Speisegebote das Volk Israel von den anderen Völkern unterscheiden, so ist auch diese Sitte eng an die religiöse Lebenspraxis im Festjahr gebunden.

d) Der Ausdruck אפרגל, "Geißel, Peitsche"[445], ist singulär in der rabbinischen Literatur.[446] Allerdings ist aus Märtyrerberichten das Auspeitschen bekannt.[447] Die Geißel galt in Strafprozessen als Mittel juristischer Wahrheitsfindung und fand auch als Strafmittel vielfältige Anwendung.[448] Häufig war sie mit der Kreuzigung verbunden.[449]

Als Begründung dieser Strafart wird das Nehmen des Lulav angegeben. Als *pars pro toto* bezeichnet der Lulav auch den ganzen Feststrauß, der aus vier Arten besteht. In der rabbinischen Literatur begegnet die Wendung "den Lulav nehmen" an wenigen Stellen.[450] Der Lulav ("Feststrauß")[451] wurde sechs oder sieben Tage an Sukkot getragen.[452] Das Laubhüttenfest wurde entweder in Jerusalem gefeiert oder an jedem anderen Ort, wo sieben Tage in einer errichteten Laubhütte gewohnt werden konnte. Sicher soll der Lulav in dieser Midraschauslegung zeichenhaft das Einhalten religiöser Fest- und Feiertage symbolisieren und damit die Unterscheidung von den anderen Völkern hervor-

---

[440] Vgl. DALMAN, Jesus-Jeschua, 167ff.; Bill I, 1033f.; SCHNEIDER, Art. σταυρός, 573f.

[441] SifDev § 221: R. Eliezer stellt bei der Diskussion, ob nicht der Gotteslästerer anders als alle Gesteinigten lebend gehängt werden soll, die Frage: "Vielleicht hängt man ihn lebend (= Kreuzigung), so wie der Staat (מלכות = Imperium Romanum) es tut?" Allerdings wird mit Dtn 22,21 geschlossen, daß der Delinquent zuerst getötet und dann gehängt wird (vgl. dazu die Baraita in bSan 46b).

[442] Vgl. MOMMSEN, Römisches Strafrecht, 921.

[443] LEVY zeigt, daß *supplicium* zur Strafe schlechthin wurde und erst durch Hinzufügung von *summum* oder *ultimum* zur Todesstrafe wurde (ders., Die römische Kapitalstrafe, 5 Anm. 2).

[444] Vgl. die rabbinischen Bestimmungen über das "Mazze essen": mPes 1,4; San 8,2; bPes 28b; 43b; 91b; Taan 120a.b; RHSh 28a; Yev 40a und SifDev § 130. Vgl. außerdem Bill III, 3 zu 1Kor 5,7.

[445] LEVY, WB I, 149. Ms. Aptowitzer führt מספרגל an.

[446] In der Auslegung von Ps 12 (MTeh 12) wird die Geißelung mittels eines Riemens (פרוגין) beschrieben. Lediglich in der Wahl der Werkzeuge unterscheiden sich die Strafen beider Auslegungen. Allerdings bringt das Verb לקה, "geschlagen, gegeißelt werden", (LEVY, WB II, 524) in unserer Auslegung bereits den Vorgang der Geißelung zum Ausdruck.

[447] Vgl. Jes 50,6; 2Makk 6,30; 7,1.37; 4Makk 6,3.6; 9,12; MartPol 2,2; ActJust 5,1.

[448] Vgl. WALDSTEIN, Geißelung, 472f. Andere Mss. führen an dieser Stelle genauere Strafbestimmung an: Ed. Freimann zu ספר הזהיר nennt den Körperteil, die Fußsohle, Ms. Oxford, Jalkut und Pesikta Zutra Ed. Buber (Vilna 1880) die Anzahl der Geißelungen: 100.

[449] Vgl. KUHN, Art. Kreuzesstrafe, 752f.; MOMMSEN, Römisches Strafrecht, 920.

[450] Vgl. mRHSh 4,3parr.; vgl. ySuk 3,11 53c (M); MTeh 119,45 zu Ps 119,106.

[451] Vom Wortlaut her müßte Lulav mit "Palmenzweig" übersetzt werden. Der Feststrauß, der an Sukkot im Tempel getragen wurde, bestand aber aus Palm-, Myrten- und Weidenzweigen. Daher scheint die Übersetzung "Feststrauß" angemessener.

[452] Vgl. mSuk 4,1.

heben.[453] Diese Vermutung wird durch WaR gestützt, wo neben dem Lulav noch Sukka, Tefillin, Zizit und das Tun des Willens Gottes angeführt werden. Diese Überlieferung könnte in Art und Reihenfolge der Strafen von den vier Tötungsstrafen des Gerichtshofes (ארבע מתות בית דין)[454] beeinflußt sein. Eine ähnliche Aufzählung von gerichtlichen Zwangsmaßnahmen ist aus dem Hirten des Hermas bekannt.[455]

Der Vergleich der verschiedenen Fassungen macht die Priorität der Mechiltafassung wahrscheinlich.[456] Den Kern dieser literarischen Verfolgungstraditionen bildeten vermutlich Beschneidung und Torabewahrung, die später durch das Halten des Schabbat ergänzt wurden.[457]

Die genannten Strafen bieten keine eindeutige Möglichkeit, den Midrasch historisch einzuordnen. SCHÄFER zeigt im Vergleich zu Texten aus Mischna und Tosefta auf, daß wir uns bei der Mechiltaauslegung, obwohl diese literarhistorisch unsere erste Zugangsmöglichkeit ist, bereits in "einem fortgeschrittenen Stadium der Literarisierung, das sich nicht durch besondere Nähe zum historischen Geschehen auszeichnet"[458], befinden. Diese These kann gestützt werden durch die Beobachtung, daß sich die Traditionen der tannaitischen Midraschim in die Periode von Uscha datieren lassen, wohin der Sanhedrin nach dem Bar-Kochba-Aufstand zog.[459]

7. Das letzte Bibelzitat Sach 13 ist durch die Wortassoziation מאהבי (Ex 20,6) und מאהבי (Sach 13,6) der Auslegung angefügt worden. Außerdem besteht eine inhaltliche Nähe zwischen den beiden Texten. Im Dekalog schließen die Worte das Verbot ab, fremden Göttern zu dienen; bei Sacharja ist mit den Worten der Abschnitt über die Ausrottung des Götzendienstes und der falschen Propheten abgeschlossen. Ebenso spielen familiale Aspekte im Sacharjatext eine Rolle. Eltern, deren Kind als falscher Prophet auftritt, sollen diesem sagen: "*Du wirst nicht am Leben bleiben, denn du redest Lüge im Namen J's*" (Sach 13,3). Daraufhin sollen Vater und Mutter ihn durchbohren, wenn er weiterhin als Prophet auftritt. Ferner wird der derart geläuterte Prophet gefragt, was das für Schläge (מכות) zwischen seinen Händen בין ידיך (d.h. auf seiner Brust) seien. Dieses Zitat wird ebenfalls in der juridischen Diskussion um die Anzahl der zu verabreichenden Schläge verwendet.[460]

8. In der Folgerung werden nochmals einige Aspekte des vorangehenden Textes aufgegriffen. Bereits die ersten beiden Worte "diese Schläge" erinnern an die Frage in Sach

---

[453] Zur Symbolkraft des Lulav vgl. PRIGENT, Judaïsme, 66-68.

[454] Diese Tötungsmaßnahmen sind: Steinigung, Verbrennung, Hinrichtung und Strangulierung (סקילה, שריפה, הרג, חנק). Vgl. mSan 7,1parr.; tSan 9,3; bSan 106b; MTeh 11,7; BerR 65,22; RutR 2,25 u.a. Zu Reihungen von römischen Tötungsarten vgl. KUHN, Art. Kreuzesstrafe, 749-751.

[455] Vgl. HERMAS, vis III, 2,1: Geißelungen, Gefängnisse, große Bedrängnisse, Kreuzigungen und Tierkämpfe. All diese Torturen finden statt "um des Namens willen" (vgl. LEUTZSCH, Wahrnehmung, 79ff.).

[456] Vgl. SCHÄFER, Bar Kokhba-Aufstand, 208.

[457] Vgl. ebd.

[458] Ebd., 209.

[459] Ebd., 232.

[460] Vgl. bMak 22b. In mMak 3,10 konstatiert R. Jehuda, daß genau 40 Schläge zu verabreichen sind. R. Jizchak stellt diese Auffassung mit Sach 13,6 in Frage. Die biblische Wendung "zwischen deinen Händen" deutet auf einen Schlag, den der Verurteilte noch zwischen den Schultern erhält. Aus diesem Grunde sind keine 40 Schläge zu verabreichen. Die Weisen fügen noch an, daß von den Schlägen der Schulkinder gesprochen wird.

13,6. Zusätzlich ist das Verb ליאבה, "beliebt zu sein", analog den vier Verben der Fragen gebildet. Inhaltlich liegt es daher nahe, den Bibelvers Ex 20,6 mit Sach 13,6 zu assoziieren.

Mit dem Abschluß des Textes durch die Worte "unser Vater im Himmel" wird an die erste anonyme Auslegung erinnert. Die gleiche Gruppe, die Abraham als "unseren Vater" bezeichnet, überträgt diesen um die Worte "im Himmel" erweiterten Beinamen auf Gott. Die Handschriften variieren im letzten Abschnitt. Der Druck und Ms. Aptovitzer haben den Singular אבי, "mein Vater", andere Mss. führen jedoch den Plural.[461] Der Singular ist durch die Frageliste und das Sacharjazitat wahrscheinlicher. Außerdem betont er das Martyrium jedes einzelnen Menschen.

Der letzte Midraschabschnitt hat eine ungefähre Entsprechung in MTeh 12,5, einer Klage über die Macht des Bösen. Dort werden ausgehend von Ps 12,9b weitere Parallelen geboten. Das Stichwort "Gebote" (מצות) verbindet diesen Text mit Ex 20,6. Die Auslegungen weisen große Ähnlichkeiten auf. Ein Fragenkatalog wird angeschlossen.[462]

Interessant ist die letzte Antwort: "Weil ich den Willen meines Vaters im Himmel getan habe"[463]. In dieser Auslegung wird also bereits der Fragenkatalog mit der Benennung Gottes als Vater verbunden. Vielmehr noch: Die Torturen werden als mögliche Konsequenz der Befolgung des göttlichen Willens gesehen, die sich in der Befolgung des Schabbat- und des Beschneidungsgebotes sowie im Vollzug religiöser Festzeiten und Riten ausdrückt.[464] An diesen Katalog wird ebenfalls das Sacharjazitat angeschlossen.[465] Die Folgerung entspricht fast dem Wortlaut des Mechiltatextes.[466] Nur die Verbform ist in MTeh aktivisch (לאהוב): "Diese Schläge haben mich veranlaßt, meinen Vater im Himmel zu *lieben*."[467] Hier wird gefolgert, daß das Erleiden dieser Torturen aufgrund der Befolgung des Gotteswillens erst die Liebe zum Vater im Himmel weckt.

---

[461] Vgl. Ms. Oxford: לאביהם und Ms. München: לאבינו (vgl. Ms. Paris 149 in WaR 32,1). Beide Mss. enthalten den vollständige Mechiltatext. Allerdings ist der Plural als Angleichung zu "unserem Vater Abraham" (2.) zu erklären.

[462] Die erste Frage entspricht dem Mechiltatext. Die zweite fragt nach dem Hinrichtungsgrund. Als Antwort wird die Bewahrung des Schabbat angegeben. Die dritte Frage entspricht der zweiten der Mechilta, hat aber als Antwort den Text der dritten Mechiltaantwort. Die vierte und letzte Frage hat ebenfalls die Geißelung zum Thema, geändert hat sich nur der Gegenstand. An Stelle einer Geißel, d.h. einer Peitsche (אפרגיל), steht hier der Riemen (פרוגין).

[463] Dieselbe Antwort schließt in WaR 32,1 zu Lev 24,10 an den Frage- und Antwortkatalog an. Allerdings wird in diesem Midrasch Gott mit אבי bezeichnet. Das aramäische Wort אבא führen die Ms. München 117, der Erstdruck und der Pisarodruck.

[464] In WaR 32,1 zu Lev 24,10 werden noch das Halten des Schabbat, das Bauen der Laubhütte, das Tefillinlegen und das Anziehen von Purpur als Gründe angeführt (vgl. WÜNSCHE, BibRab V, 222).

[465] In MTeh 12 geschieht das durch die Formel הדא הוא דכתיב, "(siehe,) dies steht geschrieben".

[466] Ein weiterer Abschnitt wird in MTeh noch zugefügt. Das Ende von Ps 12,9 wird als weitere Begründung dem Folterungskatalog angeschlossen und zeitlich gedeutet. Als Begründung wird nochmals die Gabe der Gebote thematisiert: "Wenn der Heilige, g.s.e., die Mizwot (Gebote), die in dieser Welt verachtet sind, erheben wird."

[467] Die Mechilta Ms. Aptovitzer לאהב und der Jalkut Shimoni לאהוב führen ebenfalls das aktivische Verb an. In der Parallelstelle WaR 32,1 hingegen ist das Verb in der Form ליאהב wie in der Mechilta passivisch wiedergegeben.

Zusammenfassung

Diese Auslegung von Ex 20,6b steht im Kontext des Verbots fremder Götter. Das erste Gebot des Dekalogs ist, wie CRÜSEMANN aufzeigt, deshalb so offen formuliert, damit alle Möglichkeiten der Interpretation abgedeckt sind.[468] Das Bilderverbot gehört religionsgeschichtlich gesehen zu den Besonderheiten Israels.

Indem Ex 20,6 am Beginn der Auslegung anonym mit Bezug auf herausragende Persönlichkeiten und Gruppen wie Abraham, die Propheten und Ältesten gedeutet wird, wird auf die Verheißungstradition und Erwählung angespielt, die nicht einfach aufzulösen oder zu entwerten sind. In dem folgenden, R. Natan zugeschriebenen Spruch wird das im Land Israel wohnende Gottesvolk benannt. Die Auslegung verweist auf einige Elemente des Bundesschlusses zwischen Gott und Israel. Der Bund wird durch die folgende Auslegung bestätigt und bekräftigt.

Erst die Wendung "die ihre Seele für die Gebote geben" weist eindeutig in einen Märtyrerkontext.[469] Für das Erleiden solcher Martyrien gibt es durch die Geschichte hindurch mannigfaltige Zeugnisse.[470] Durch die aufgezeigten Martyrien ist der Auslegungstext in die Reihe der Texte zur "Heiligung des Namens" einzuordnen, auch wenn dieser Terminus nicht ausdrücklich in unserer Auslegung erscheint. Grundlage für dieses Konzept ist Lev 22,31-32.

In dem Begriff קידוש השם, "Heiligung des Namens", liegt der "Inbegriff menschlicher Verpflichtung vor Gott"[471]. Der Philosoph HERMANN COHEN sah in ihm das Ziel aller religiöser Pflichten.[472] Insofern schließt NIEWÖHNER: "Die gesamte jüdische Ethik ... kann angesehen werden als `Heiligung des Namens´."[473] Als höchste Konsequenz des Kiddusch Haschem gilt der Märtyrertod.[474] Dieser ist die letzte Verpflichtung des Juden vor Gott. BEN-SASSON führt in seinem Artikel "Kiddush Ha-Shem" zu dem Auslegungstext aus: "In Judaism kiddush ha-Shem remained a task set for each and every Jew to fulfill if the appropriate moment came."[475] Als "Bewahrer der göttlichen Gebote" wird daher das Volk Israel bezeichnet, welches sich zu unterschiedlichen Zeiten sozialen, ökonomischen und religiösen Katastrophen ausgesetzt sah.

Mit der Erwähnung des "Wohnens im Lande" wird auf Situationen der Israeliten ab dem 2. Jh. v.Chr. bis zur Zerstörung des Zweiten Tempels und später angespielt. Die Verbote der Beschneidung, des Torastudiums und des Schabbats wurden von Antiochus IV.

---

468 Vgl. CRÜSEMANN, Bewahrung der Freiheit, 43.

469 Allgemein zur jüdischen Märtyrertradition vgl. STAUFFER, Theologie, 314ff.; die Beiträge im Sammelband von van HENTEN, Entstehung der jüdischen Martyrologie, 20ff.

470 Vgl. z.B. die zahlreichen Märtyrerberichte in 1.2Makk oder "Die Mutter und ihre sieben Söhne vor dem Kaiser" (bGit 57b parr.).

471 BAECK, Wesen des Judentums, 190.

472 "Die Devise des Gesetzes ist der Wahlspruch der Mischna, der in die Liturgie aufgenommen ist: `Alle deine Handlungen seien zum Namen Gottes.´ Der Name Gottes, das ist das einzige Ziel der menschlichen Handlung. Der Name Gottes enthält das Grundgebot der Heiligung des göttlichen Namens in sich" (COHEN, Religion der Vernunft, 402f.).

473 NIEWÖHNER, Name, 148.

474 Als Textgrundlage dafür wird zumeist auf Ps 44,21-23 verwiesen.

475 BEN-SASSON, Kiddush Ha-Shem, 982. Eine ausführliche Behandlung bietet LENZEN, Jüdisches Leben und Sterben, bes. 21-110. Vgl. auch HOLTZ, Kiddush and Hillul Hashem, 360-367; KATZ, Exclusiveness and Tolerance, 83-93; LEVINGER, Kiddusch Haschem, 157-169; OVADIA/HILLEL, Kiddush Ha-Shem and Hillul Ha-Shem, 977-986; NIEWÖHNER, Name, 147-150.

erlassen und mit Todesstrafen sanktioniert.[476] Die gleichen Verbote wurden in den hadrianischen Verfolgungen erlassen;[477] aus diesem Grund hat man in MekhY בחדש 6 zu Ex 20,6 einen Reflex der Verfolgungen auf den Bar-Kochba-Aufstand gesehen.[478]

SER 11 thematisiert den Zusammenhang zwischen "Gebote bewahren" und Martyrium: "... und rettet euch aus allen Nöten (צרה)". Inhaltlich verweisen die Antworten auf konstitutive Elemente des religiösen Lebens. Sie thematisierten Pesach, Sukkot und das Tefillinlegen.

Die fast parallel gestaltete Überlieferung in MTeh 12,5 zeigt, daß bereits ursprünglich der Fragekatalog zu dem Sacharjazitat und der anschließenden Benennung Gottes als Vater im Himmel gehört haben muß.[479]

Der persönliche Bezug durch das Suffix der ersten Person ("meinem Vater") bringt die Nähe und Unauflösbarkeit der Beziehung zum Ausdruck, welche die Menschen auch in Katastrophen nicht allein läßt. Diese Beobachtung verstärkt die Annahme, daß es sich bei den Aussagen im Martyriumskontext um einen Appell an den liebenden und sorgenden Vater im Himmel handelt. Dem himmlischen Vater und seinen Geboten unterstellen sich die Menschen, indem sie alle Strafen und Torturen auf sich nehmen. R. Natan tröstet die Märtyrer damit, daß sie ihnen verheißen, beliebt (ליאהב) zu werden vor ihrem Gott.

Der Midrasch ShirR 8,4 zu Hld 8,6 berichtet: "Gewaltig wie der Tod ist die Liebe Gottes zu dem Geschlechte der Religionsverfolgungen (Ps 44,23), und hart wie die Hölle ist der Eifer Gottes für Zions Ehre (Sach 8,2)."[480]

5. Zusammenfassung der Aussagen über das Verhältnis der Einzelperson zum Vater im Himmel

Bei den Textstellen, an denen Gott von einzelnen als Vater im Himmel bezeichnet wird oder ihnen als Gegenüber entgegentritt, fällt auf, daß es größtenteils um die Erfüllung seiner Tora und seines Willens geht oder daß Menschen sich durch ihre Taten und Werke zu ihm in Relation setzen.

Die Menschen sollen göttlichen Eigenschaften nacheifern, um seinen Willen zu tun (mAv 5,20). Tora und Wille Gottes sind eng verbunden, da sich in der Tora der Wille Gottes manifestiert und für das Volk Israel seinen Ausdruck bekommt. Jedem einzelnen Menschen bleibt es überlassen, ob er ein toragemäßes Leben führen möchte oder nicht. Entscheidet er sich für diesen Weg, so lebt er ewig (Sifra קדושים 10,6.7) und gehört zu den Geschöpfen, deren Körper und Seele vom Himmel ist (SifDev § 306). Bereits in

---

[476] Vgl. 1Makk 1,63f. (Beschneidung); 1,59f. (Torastudium); 1,48; 2,29-38; 2Makk 8,26f.; 12,38 (Schabbat) und 2Makk 5,27; 6,18ff. (Speisegebote).

[477] Vgl. BIETENHARD, Freiheitskriege, 176.

[478] So WINTER/WÜNSCHE, Mechiltha, 213 Anm. 2; LEVY, WB I, 149. Weitere Texte zur Hadrianischen Verfolgung vgl. Bill I, 223-226; SCHÄFER, Bar Kokhba-Aufstand, 194-230; HERR, Persecutions, 85ff.

[479] In MTeh 38,1 wird dem Sacharjazitat die Frage "Was verursachen mir diese Schläge?" die Antwort "Geliebt zu sein bei dem Heiligen, g.s.e." angeführt.

[480] WÜNSCHE, BibRab II, 183.

diesen Texten sind Situationen menschlicher Anfechtung und kriegerischer Auseinandersetzungen angedeutet.

Durch Taten und toragemäßes Verhalten bestätigen Menschen ihre Bindung an eben
diesen Gott, der sich ihnen als Vater erweist. In den Texten nimmt Gott als Vater den
Charakter eines irdischen Vaters an und hat eine klar ausgeprägte Autorität und
Verantwortung seinem "Kind" gegenüber.

Ferner wird in den Texten zum Torastudium aufgerufen. Der Mensch soll sowohl die
mündliche als auch die schriftliche Tora lernen (SifDev § 48). Dieser Text ist von der
Sprache des Lehrkontextes beherrscht. Der irdische Vater als Vermittler der Tora wird
vom himmlischen überboten. Gottes väterliches Verhalten reagiert auf das Verhalten
seines Gegenübers.

In zwei Texten, in denen von konkret geforderten Taten der Kinder die Rede ist,
werden vor allem der Erwählungskontext und die Verheißung hervorgehoben. In bZev
22b ringen die Rabbinen um ihre eigene religiöse Identität, veranschaulicht am Beispiel
der Opfervorschriften, und um Abgrenzung von anderen Völkern und Bräuchen. Gott
erweist sich in dem Text eindeutig als Vater der Beschnittenen und derer, die ihr Herz
auf ihn ausrichten. In mKil 9,8 wird die Befolgung des in der Tora nicht begründeten
Schattnesgebotes gefordert. Im Kontext der von Sifra קדושים 11,21f. zu Lev 20,26
ausgelegten Bibelverse wird die Heiligkeitsaussage als Ausdruck der Erwählungstat
Gottes hervorgehoben. Dadurch wird eine emotionale Bindung an Gott geschaffen. Gott
erweist sich als Vater jedes und jeder einzelnen, die sich zu ihm bekennen, und verlangt
mittels seiner väterlichen Autorität die Befolgung seiner Gebote und toragemäßes
Leben.

In zwei Texten erweisen sich zwei namentlich genannte Rabbinen als "Söhne
Gottes". Nach einer Lehrstunde Merkava preist der Lehrer Jochanan ben Zakkai die
Studierfähigkeit und das Verständnis seines Schülers R. Eleazar ben Arakh. In Form
einer Benediktion wird zuerst der Stammvater Abraham gepriesen und dann die nahe
Beziehung Eleazars zu "seinem Vater im Himmel" (tHag 2,1parr.). Ein ebenso enges
Gottesverhältnis hat R. Eliezer, der, bereits verhaftet, Gott als seinen Richter preist und
durch taktisch kluge Wortführung seine Entlassung bewirkt (tHul 2,24parr.). In dieser
Erzählung kommt vor allem das Vertrauen auf Gott, seinen Beistand und seine Nähe
zum Ausdruck. Das wird uns auch in dem Martyriumstext vermittelt (MekhY בחדש 6 zu
Ex 20,6). Trotz aller Not und Verfolgung sollen die Menschen an ihren religiösen Riten
und Gebräuchen wie Beschneidung, Tora Lesen, Mazze Essen (Pesach feiern), den
Lulav Tragen festhalten. Aus Liebe zu den Geboten kann selbst das eigene Leben aufs
Spiel gesetzt werden, denn nach Sifra קדושים 10,6.7 leben die Menschen, weil sie die
Gebote bewahrt haben, ewig. Der Text TanB תולדות 19 bringt dies zum Ausdruck, indem
er die Auferstehung durch ein Zitat von Jes 26,19 auf die Menschen bezieht, die um der
Bewahrung der Gebote willen gekreuzigt, verbrannt und hingerichtet wurden.

Wie verhalten sich die Beziehungen Volk Israel - Gott und Einzelner - Gott im Blick auf die Rede von Gott als dem Vater zueinander?

Gemeinsam ist beiden Textreihen die Betonung der Erwählungstat und Verheißung Gottes. Gemeinsam ist ferner, daß sowohl dem Volk Israel als auch dem einzelnen Menschen die freie Wahl, sich für ein religiöses Leben zu entscheiden, gelassen wird.

In anderen Texten, die in diesem Kapitel untersucht wurden, wird vor allem das Tun der Tora und des Willens Gottes als Anforderung an den einzelnen hervorgehoben. Lehrkontexte und Einzelschicksale werden aufgezählt. Das Vaterimage Gottes wird stärker Zügen eines irdischen Vaters nachempfunden und hat deutlich erzieherischen Charakter. Herausragenden Einzelpersonen wie R. Eleazar ben Arakh (tHag 2,1parr.), R. Eliezer (tHul 2,24parr.) und einem anonymen Menschen (MekhY בחדש 6 zu Ex 20,6) wird eine besondere Nähe zu Gott attestiert.

Die Konnotationen der göttlichen Vaterbezeichnung hingegen unterscheiden sich nicht. In beiden Abschnitten wird Gottes Nähe, Zuwendung, Treue und Verläßlichkeit betont. In SifDev § 48 wird im Zusammenhang des Zitates aus Prov 23,15 eigens die Freude Gottes über das Torastudium des einzelnen Menschen hervorgehoben.

III. Gebet und Segen

Im Vergleich mit den beiden vorangegangenen Teilen der Arbeit, in denen zwischen dem Volk Israel oder dem einzelnen Menschen als Gegenüber Gottes unterschieden wird, hat das Kapitel Liturgie und Gebet einen anderen Schwerpunkt. Hier werden Texte behandelt, die sich dezidiert mit liturgischen Riten und Gebräuchen auseinandersetzen.

Bereits in Davids Gebet beim Tempelbau (vgl. 1Chron 29,10ff.) wird die Anrede Gottes als "unser Vater" in der Hebräischen Bibel vorbereitet.[1] Die Gebete Ahava Rabah, zwei Formen des Kaddish und einige Bitten der palästinischen Rezension des Shmone Esre[2] belegen dieselbe Anrede. Daß es sich bei diesen Texten um rabbinische Gebete und private Litaneien handelt, gilt als bewiesen.[3] HEINEMANN betont, daß die Einrichtung des fixierten gemeindlichen Gebets eine "radical innovation of the Second Temple period"[4] sei.

1. Die Ausrichtung des Herzens

Während der Zeit des Zweiten Tempels bestimmten Kult und andere Formen der Gottesanbetung das religiöse Leben. In der rabbinischen Liturgie nach der Zerstörung des Zweiten Tempels wurde die Ausrichtung des Herzens, die bis dahin eine Form individueller Frömmigkeit war, in den gemeinschaftlichen Gottesdienst mit hineingenommen.[5] Die sprachliche und inhaltliche Vereinheitlichung des öffentlichen, gemeinschaftlichen Gebetes war ein längerdauernder Prozeß.

Die Verbformen כיוון und התכוון erscheinen in Mischna und Tosefta mit der Bedeutung "sich mental auf etwas einstellen, Interesse zeigen"[6] in vielen Formen. In zahlreichen Texten geht es um die Ausrichtung des Herzens auf Gott.[7] Oft steht der Terminus im Kontext von Opferhandlungen (mMen 13,11), wird aber ebenso auf das Torastudium bezogen (bBer 17a).[8] Vor allem die ehrliche Ergebenheit und Zuwendung zu Gott wird mit dem Terminus "das Herz richten auf" in Verbindung gebracht. Ferner

---

1 Ist im masoretischen Text 1Chron 29,10 vom אלהי ישראל אבינו, "Gott unseres Vaters Israel", die Rede, so übersetzt die LXX: κύριε ὁ θεὸς Ισραηλ, ὁ πατὴρ ἡμῶν, "Herr, Gott Israels, unser Vater." Dieser Wechsel zeigt die Wichtigkeit des Nomens, welches Gott als Vater prädiziert, an der Schwelle des 2. zum 1. Jh. v.Chr., als der hebräische Bibeltext ins Griechische übertragen wurde; vgl. RUPPRECHT, Herkunft und Alter. Vgl. auch BÖCKLER, Gott als Vater, 394.

2 In der palästinischen Version findet sich die Anrede in den Teilen 4 und 6, in der babylonischen Fassung nur in Teil 6.

3 Vgl. CHARLESWORTH, A Prolegomenon, 276.

4 HEINEMANN, Prayer, 14.

5 Vgl. BOKSER, Wall, 361.

6 Vgl. URBACH, Halakhah, 179.

7 Vgl. auch den bereits ausgelegten Text bYom 76a, Kap. I 1.3. S. 43ff.

8 Vgl. SANDERS, Paulus, 101f. URBACH bemerkt zu Recht, daß Kawwana im Zusammenhang mit dem Gebet etwas anderes ist als der Vorsatz, der zur Gebotserfüllung gefordert wird, da es beim Gebet auf die innere Einstellung gegenüber dem Wesen und Inhalt des Gebetes ankommt (ders., Sages, 397). Jedoch begegnet uns ebendiese Bedeutung auch beim Opfer und Studium.

diskutierten die Tannaiten die Bedeutung der Kawwana im Zusammenhang mit der Frage, ob die Befolgung der Gebote die entsprechende Intention erfordere oder nicht.[9]

Das Nomen כוונה wird in der frühen rabbinischen Literatur seltener eingesetzt.[10] In den talmudischen Baraitot ist es fast nicht zu finden.[11] Die amoräischen Quellen diskutieren, ob die Kawwana eine gebotene Handlung, die nicht auszuführen ist, ersetzt oder nicht.[12]

1.1. Die physische Ausrichtung

Ein Text, der sich mit der Ausrichtung des Herzens beschäftigt und dabei an geographischen Punkten orientiert, ist in der Tosefta zu finden: tBer 3,14-16[13]

1. (14) Ein Blinder und wer nicht die Richtungen bestimmen kann,	סומה ומי שאינו יכול לכוין את הרוחות,
wenden ihr Herz zu ihrem Vater im Himmel und beten,	מכוונין את לבם כנגד אביהם שבשמים ומתפללין,
wie gesagt ist: *Sie werden zu J', eurem Gott, beten usw.* (1Kön 8,44).	שנ׳ ויתפללו אל ה׳ אליכם וגר׳.
2a. (15) Alle, die außerhalb des Landes stehen,	העומדים בחוצה לארץ
richten ihr Herz auf das Land Israel,	מכוונין את לבם כנגד ארץ ישראל,
wie gesagt ist: *Sie werden beten in Richtung auf ihr Land* (1Kön 8,48).	שנ׳ ויתפללו דרך ארצם.
b. Alle, die im Lande Israel stehen,	העומדים בארץ ישראל
richten ihr Herz auf Jerusalem aus und beten,	מכוונין את לבם כנגד ירושלים ומתפללין,
wie g. ist: *Sie werden zu dieser Stadt hin beten* (2Chron 6,34).	שנ׳ ויתפללו אל העיר הזאת.
c. (16) Alle, die in Jerusalem stehen,	העומדים בירושלים
richten ihr Herz auf das Heiligtum,	מכוונין את לבם כנגד בית המקדש,
wie g.s.: *Sie werden zu diesem Haus hin beten* (2Chron 6,32).	שנ׳ והתפללו אל הבית הזה.
d. Alle, die im Heiligtum stehen,	העומדים במקדש
richten ihr Herz auf das Allerheiligste und beten,	מכוונין את לבם כנגד בית קדשי הקדשים ומתפללין,
wie g.s.: *Sie werden zu diesem Ort hin beten* (1Kön 8,35).	שנ׳ ויתפללו אל המקום הזה.
3. Finden sie sich im Norden stehend,	נמצאו עומדין
sind ihre Gesichter nach Süden,	בצפון פניהם לדרום,
im Süden sind ihre Gesichter nach Norden,	בדרום פניהם לצפון,
im Osten sind ihre Gesichter nach Westen,	במזרח פניהם למערב,
im Westen sind ihre Gesichter nach Osten (ausgerichtet).	במערב פניהם למזרח.
4. Sie, ganz Israel, finden sich zu einem Ort (hin) betend.	נמצאו כל ישראל מתפללין למקום אחד.

Der Text ist eine Baraita, die mBer 4,5 auslegt, welche sich mit dem Ausrichten des Körpers auf Jerusalem beschäftigt.[14] Hintergrund der Mischna ist der Fall, daß man betet, während man sich auf einer Reise befindet. Danach muß zuerst vom Esel abgestiegen werden. Wer dazu nicht in der Lage ist, wende sein Gesicht gegen Jerusalem; wer dies nicht vermag, richte seinen Sinn auf das Allerheiligste aus. Die anschließende

---

[9] Vgl. bBer 13a; Er 95b; Pes 114b. Die Wendung "die Gebotserfüllung setzt Intention voraus" erscheint allerdings nicht im babylonischen Talmud. Vgl. auch die Diskussion um Kawwana in LEIBOWITZ, Vorträge der Väter, 81.101.104.

[10] Vgl. mEr 4,4; mRHSh 3,7 und par. in tRHSh 4,7. Die Tosefta fügt allerdings noch hinzu: "Weil alles der Intention des Herzens folgt, wie es geschrieben steht: (Ps 10,17)."

[11] Vgl. URBACH, Halakhah, 179 und 405 Anm. 5.

[12] Vgl. SANDERS, Paulus, 103.

[13] Text: LIEBERMAN, Tosefta Ki-Fshuta I, 15f.

[14] Das Stichwort zu dieser Assoziation bildet das Verb כון.

Mischna erweitert diese Bestimmungen für diejenigen, die auf einem Schiff oder Floß reisen. Die Tosefta hingegen bestimmt vorangehend, an welchen Tagen welche Abschnitte des Shmone Esre und in welcher Reihenfolge gebetet werden sollen.

Teile dieses Textabschnitts sind an vielen Stellen parallel überliefert worden (vgl. bBer 30a; yBer 4,5 8b.c; TanB וישלח 21 zu Gen 35,1 (BIETENHARD, TanB 1, 195f.); ShirR 4,4; PesR 33 (149b)). Beide Talmudim greifen ihn mit einer Einleitung als anonyme Baraita auf.

Gliederung:
1. Halachischer Spruch für Blinde und Orientierungslose
2. Kettenspruch
    a) außerhalb des Landes
    b) im Land
    c) Jerusalem
    d) Heiligtum
3. Himmelsrichtungen
4. Fazit

Einzelexegese

1. In Form einer anonymen Baraita[15] wird eine Auslegung zur Ausrichtung des Herzens angeführt. Lediglich in den beiden Talmudim ist der erste Teil der Auslegung, der Spruch über den Blinden, ebenfalls überliefert. In den anderen Überlieferungen fehlt dieser Abschnitt. Er ist in jenen Texten vorhanden, welche mBer 4,5.6 auslegen. Daher ist zu vermuten, daß dieser erste Teil ursprünglich nicht zu dem anschließenden Kettenspruch gehört hat, sondern selbständig überliefert wurde.

Der erste Fall beschäftigt sich mit einem סומה, "Blinden"[16]. Darunter ist sowohl derjenige zu verstehen, der auf seinen beiden Augen, als auch derjenige, der auf nur einem Auge blind ist (Sifra אמור 3,6 zu Lev 21,18). Über ihn gibt es in der Mischna einige Halachot, die ihn von bestimmten religiösen Praktiken ausschließen.[17] Wer auch nur auf einem Auge erblindet ist, ist von der Pflicht, zu den Wallfahrtsfesten in Jerusalem zu erscheinen, entbunden.[18] Natürlich ist es den Blinden nicht verboten, zum Tempel zu kommen, aber ihre Fähigkeit, die Gebote und Bestimmungen den Weisungen gemäß auszuführen, wird in Frage gestellt.[19] Diese Diskriminierung der Blinden endet mit der

---

15 Vgl. bBer 30a die Einleitung des Textes durch ת"ר und in yBer 4,5 8b durch תני.

16 LEVY, WB III, 490. In bBer 30a und yBer wird der Blinde durch סומא wiedergegeben.

17 Vgl. mMeg 4,6; Git 2,5f.; San 8,4; Men 9,8. Der Blinde ist vor allem von bestimmten religiösen Handlungen und legalen Prozeduren ausgeschlossen (vgl. bBQ 87a; RABINOWITZ, Blindness, 1091; PREUSS, Medizin, 318).

18 Vgl. bHag 2a: Als Begründung wird eine Deutung des Wortes יראה aus Ex 23,17 angegeben: Wie Gott kommt, um zu sehen, so kommt auch er, um gesehen zu werden. So wie nun Gott kommt, um mit seinen zwei Augen den Menschen zu sehen, ebenso kommt er auch, um von zwei Augen des Menschen gesehen zu werden.

19 Vgl. 4QMMT 396 Frg. 1 Kol. ii: Die Blinden werden angegriffen, da sie irgendwelchen Vermengungen nicht vorbeugen können, die Taubstummen, weil sie die Vorschriften, Gesetze und Reinheitsgebote nicht vernommen haben. Als Begründung wird angegeben: "Wer nicht gesehen und nicht gehört (hat), weiß (auch) nicht zu praktizieren, und sie kommen (so) zur Reinheit des Heiligtums." Die in diesem Qumrantext zu erkennende Diskriminierung von Blinden und Taubstummen wird auch in der rabbinischen Literatur reflektiert. Der Blinde gilt im Gegensatz zum Taubstummen als "normal" und muß mehr religiösen Pflichten nachkommen als andere Behinderte (RABINOWITZ, Blindness, 1091).

Existenz des Tempels. BerR 71,6 zu Gen 30,1 berichtet, daß ein Blinder gesellschaftlich für tot befunden wird.[20] Begründet wird diese Aussage durch das Bibelzitat Klg 3,6: "*Er hat mich in Finsternis versetzt wie jene, die längst tot sind*". Eine Erklärung für die Häufigkeit von Blindengeschichten in der rabbinischen Literatur liegt in der vermutlich großen Anzahl blinder Menschen im Palästina der Antike.[21] Auch einige bekannte Gelehrte waren von dieser Behinderung betroffen.[22] Daher ist zu vermuten, daß diese Halacha sich bemüht, Blinden die Erfüllung ihrer religiösen Pflichten zu ermöglichen.

Der Blinde wird zusammen mit demjenigen angeführt, der die Himmelsrichtungen (הרוחות) nicht bestimmen kann. Beide haben nicht die Möglichkeiten, alle menschlichen Sinne bei der Befolgung der göttlichen Gebote einzusetzen. Blindheit und Unfähigkeit, die Richtungen zu bestimmen, kann in dieser Halacha auch Ausdruck von Orientierungslosigkeit sein.[23] Daher gilt, daß auch der Orientierungslose das Herz zu "ihrem Vater im Himmel" hin ausrichten soll.[24] In der anonymen Baraita in bBer 30a richten der Blinde und der Orientierungslose ihr Herz jeweils zu "seinem Vater im Himmel". In dieser Überlieferung wird durch das singulare Personalpronomen der persönliche Bezug jedes einzelnen Menschen zum göttlichen Vater hervorgehoben. Im Erstdruck der Tosefta erscheint an dieser Stelle das dem Fazit angeglichene לפני המקום, "vor dem Ort", oder in Ms. Erfurt: למקום, "zum Ort".[25] Die Bezeichnung Gottes als "Ort" kann sowohl dem Bibelzitat 1Kön 8,35 als auch dem Fazit der Tosefta nachempfunden worden sein. Daher wäre an dieser Stelle das Gottesepitheton "Vater im Himmel" die lectio difficilior und somit den anderen Varianten vorzuziehen.

Begründet wird diese Bestimmung durch das Bibelzitat 1Kön 8,44. Hier wird eine Situation beschrieben, in der das Volk Israel gegen seine Feinde zum Kampf auszieht und zu Gott betet.[26] Der Vers in 1Kön 8,44 wird fortgesetzt mit "*zu deiner Stadt hin, die du erwählt hast, und nach dem Haus hin*". Diese Richtungsangaben werden in den folgenden Auslegungen noch aufgegriffen. Die Sitte der Gebetsrichtung zum Tempel bzw. Allerheiligsten hin erklärt sich aus einem theologischen Konzept. Zur Zeit des Zweiten Tempels reihte sich der Betende durch die Wendung "nach Jerusalem zum Tempel hin" ein in die Gemeinde derer, die am täglichen Opferdienst in Jerusalem teilnahmen und ihr Gebet sprachen, während der Priester das Rauchopfer darbrachte.[27]

---

[20] Von R. Samuel wird der Spruch überliefert, daß vier Menschen gesellschaftlich als tot zu betrachten sind. Dazu gehören außer dem Blinden der Aussätzige (vgl. Num 12,12), der Kinderlose (vgl. Gen 30,1) und der in seinem Vermögen Herabgekommene (vgl. Ex 4,19 und bNed 64b).

[21] Vgl. RABINOWITZ, Blindness, 1090; PREUSS, Medizin, 313.

[22] Zu nennen sind hier u.a. Nahum Ish Gamzo (vgl. bTaan 21a), Dosa b. Harkinas (vgl. bYev 16a), R. Joseph und R. Sheshet in Babylonien (vgl. bBQ 87a); Bava b. Buta, den Herodes blendete (vgl. bBB 4a), und viele andere anonyme Gelehrte (vgl. bHag 5b).

[23] Der metaphorische Gebrauch von "Blindheit" ist bereits in der Hebräischen Bibel nachzuweisen. Zumeist wird ein Fehlen des moralischen und intellektuellen Urteilsvermögen angezeigt (vgl. Jes 29,9f.18). Die den Blinden eigene Hilf- und Orientierungslosigkeit läßt Blindheit zu einer Metapher für Bedrückung und Gewalt werden (vgl. Dtn 28,28f.; Jes 59,9f.). Als Blinde werden auch Menschen beschrieben, die in der Dunkelheit des Gefängnisses oder unter Fremdherrschaft leben (vgl. Jes 42,7.16-19; 43,8; 49,9; 61,1; vgl. Ps 146,7f.).

[24] Vgl. GOLDBERG, Service of Heart, 204ff.

[25] Vgl. den Exkurs über das Gottesepitheton "Ort" auf S. 101f.

[26] Die Apposition אליכם, "eurem Gott", ist eine Zufügung der Tosefta und steht nicht im Bibeltext.

[27] Vgl. Lk 1,10.

In anderen Texten wird die Wendung leicht abgewandelt: לכוון את עיניך, "deine Augen ausrichten auf".[28] Diese Wendung vom "Aufblicken" des Betenden zum Himmel ist sehr selten.[29] Sie zeigt an, daß eine Verbindung mit dem im Himmel verorteten Gott gesucht wird.[30] Im Jerusalemer Talmud symbolisiert der Punkt, zu dem aufgeblickt wird, zugleich auch Gott, denn hier erscheint lediglich die Wendung כלפי למעלן, "nach oben". "Oben" ist einer der Orte Gottes. Indem die Israeliten ihre Gesichter[31] physisch zu Gott "nach oben" wenden, ist auch die inhaltliche Ausrichtung ihrer Gebete auf Gott ausgedrückt.[32] Dieser Abschnitt fehlt gänzlich in ShirR 4,4, PesR 33 und TanB וישלח 21.

2. Anschließend an diesen Textausschnitt folgen in Kettenform weitere örtliche Bestimmungen (Land Israel, Jerusalem, das Heiligtum, das Allerheiligste, Raum der Entsühnung[33]). Alle genannten Texte haben stilistisch eines gemeinsam: Sie sind in der Form eines kreisförmigen Kettenspruchs[34] gebildet, der mit einer Klimax endet.

Die vier ersten Sprüche haben einen gemeinsamen Aufbau. Zuerst wird mit העומדים ב "alle, die in ... stehen" der Aufenthaltspunkt der Beter beschrieben.[35] Dann folgt die durch כנגד, מכוונין את לבם כנגד, "richten ihr Herz auf ...", eingeführte Richtungsanweisung.[36] כנגד ist eine Präposition, die in ihrer Grundbedeutung das Gegenüber, ansonsten eine Entsprechung zweier Gegenstände zum Ausdruck bringt.[37] Dieser Richtungsanweisung folgt sodann das durch שנאמר, "wie gesagt ist", eingeleitete Schriftzitat.[38]

---

28 Die Wendung tritt in aggadischen Midraschim verstärkt auf. Vgl. MMish 4 zu Prov 5,25: Der Midrasch stellt die Kombination von Augen und Herz her: "In der Stunde, in der du im Gebet stehst, wende deine Augen und dein Herz auf deinen Vater im Himmel. Wenn du es solchermaßen getan hast, werden deine Wimpern richtig vor dich hinsehen (= dir den Weg lehren)" (vgl. WÜNSCHE, BibRab 4, 13).

29 Vgl. Josephus, Ant XI, 162; bYev 105b. Weitere Texte, vgl. Bill II, 246f.; I, 852f. Auch bei dem Gebet des Zöllners in Lk 18,13 wird diese Wendung angeführt. BILLERBECK erklärt die Herkunft der Wendung mit äthHen 13,5. Die gefallenen Engel bitten Henoch, daß er eine Bittschrift für sie verfasse und diese Gott bringe, "denn sie konnten nicht mehr (zu Gott) reden, noch ihre Augen zum Himmel erheben aus Scham für ihre Sünden, aufgrund derer sie bestraft worden sind." Mit dieser Herleitung hält BILLERBECK die Anspielung auf einen Gebetsritus der Juden für unwahrscheinlich (Bill II, 247).

30 Vgl. KÖTTING, Art. Geste u. Gebärde, 897.

31 Die Wendung הופכין את פנין, "wenden ihre Gesichter", ist ein Terminus, der erst in der tannaitischen Zeit an Bedeutung gewann. Biblisch begegnet uns dieser Ausdruck lediglich in 2Kön 21,13 und Jer 30,6. Beide Stellen weisen jedoch keinen Gebetskontext auf, sondern stehen innerhalb von Ankündigungen von bedrängenden Situationen und Nöten.

32 Mit dieser Wendung steht die Talmudauslegung der Auslegung über das Manna in SifBam § 89parr. sehr nahe.

33 Nach Peschitta und Vulgata "Gnadenkammer"; nach LXX "Deckelkammer" (vgl. Ex 25,17ff.).

34 FISHEL, Sorites, untersucht den Gebrauch des Kettenspruches in der tannaitischen Zeit und unterscheidet sieben Formen: die Überlieferungskette (124), die Katastrophenkette (129), die ethische und ethisch-metaphysische Kette (132), die kreisförmige Kette (143), die verteidigende oder beauftragende Kette (145), die numerische Kette (147) und die in der griechischen und römischen Jurisprudenz verortete anklagende Kette (149). In tBer 3,14-16 handelt es sich um kreisförmige Kette.

35 Nur yBer 4,5 geht ebenfalls von dem Plural aus: העומדים ומתפללין ה׳. Die anderen Überlieferungen beziehen sich entweder auf den Standort des Beters ב היה עומד (bBer 30a) oder die Erklärung: היה מתפלל ב (PesR 33).

36 In den Parallelen treten etwas andere Wendungen auf: yBer und ShirR 4,4: הופכין את פניהן; bBer: יכוין לבו כל; PesR 33: יכוין לבו כנגד.

37 Vgl. BACHER, Term I, 124. Im biblischen Hebräisch findet sich diese Präposition nur in Gen 2,18.20. Hier wird durch diese Präposition das "Gegenüber" des Menschen beschrieben.

38 Ein Schriftzitat belegt bereits den halachischen Ausspruch über den Blinden.

Diese Zitate haben ebenfalls eines gemeinsam: Sie sind den Parallelüberlieferungen von Salomos Gebet bei der Tempelweihung (1Kön 8; 2Chron 6) entnommen. Zudem beginnen alle mit der Wendung ויתפללו אל, "und sie werden beten zu"[39]. Sie scheint die Stichwortverknüpfung zwischen biblischen Begründungen und thematischer Auslegung zu sein, denn die Auslegung beschäftigt sich mit den Richtungen des Betens. Die durch die Wendung אל, "hin, zu", ausgedrückte Richtung erscheint nur in den Überlieferungen des Tempelweihgebets in der Hebräischen Bibel.[40] Alle anderen Stellen beziehen diese "Richtungsweisung" auf Gott.[41] Durch die Verbindung beider Termini wird deutlich, daß Gott in dem Haus, dem Tempel, an diesem genau markierten Punkt, verortet wird. Dort empfängt er die Gebete aller. Mit ihm kann durch den Tempel und seine Gottesdienste Kontakt aufgenommen werden.

a) Der erste Fall betrifft jemanden, der sich außerhalb des Landes Israel aufhält. Diese Auslegung steht mBer 4,5.6 nahe, dem Gebet auf Reisen, denn ein Reisender in der Diaspora kann seinen Körper und sein Herz nur ungefähr auf das Land Israel hin ausrichten. Begründet wird diese Haltung durch das Zitat von 1Kön 8,48.[42]

In yBer 4,5 leitet die Wendung ומה טעם, "und was ist der Grund", das Bibelzitat ein.[43] In PesR 33 fehlen die begründenden Bibelzitate dieses Abschnitts gänzlich.

b) Der nächste Fall betrifft denjenigen, der sich irgendwo innerhalb des Landes Israel befindet. Er soll sein Herz auf Jerusalem hin ausrichten. An diese Richtungsanweisung schließt sich nochmals die Bestimmung "und beten" an.[44]

Begründung für diese Ausrichtung ist hier 2Chron 6,34. Dieses abschließende Zitat ist korrumpiert überliefert worden. Der Bibeltext lautet: והתפללו אליך דרך העיר הזאת. Das Personalpronomen "dir" bei der Partikel wird in der Tosefta nicht angefügt. In allen Toseftaüberlieferungen ist das Zitat in der vorliegenden Form angegeben worden.[45] Mit der Bezeichnung העיר הזאת ist eindeutig Jerusalem, das kultische Zentrum, gemeint.[46]

---

[39] Diese Zitate sind die einzigen, die in der Hebräischen Bibel diese Formulierung aufweisen. Allerdings gibt es in der Tosefta im ersten Kettenspruch eine Abweichung. Die Partikel אל wird den Toseftaüberlieferungen außer im Zitat von 2Chron 6,32 angeführt. Fälschlicherweise wird der Beginn der Zitate 1Kön 8,44; 8,48; 2Chron 6,34 und 1Kön 8,35 mit ויתפללו, "und sie werden beten", eingeleitet, obwohl im Bibeltext nur eine Einzelperson spricht. Einzig das Verb in 2Chron 6,32 entspricht dem Bibeltext mit והתפללו.

[40] Hier wird entweder in Richtung auf "diesen Ort" hin (1Kön 8,30.35; 2Chron 6,21.26), "dieses Haus" (1Kön 8,42; 2Chron 6,32), "das Land" (1Kön 8,48) oder "diese Stadt" (2Chron 6,34) gebetet.

[41] Die Wendung "zu Gott hin beten" ist in der Hebräischen Bibel in folgenden Texten überliefert: Num 21,7; Dtn 9,26; 1Sam 1,26; 8,6; 2Sam 7,27; 1Kön 8,44.54; 2Kön 4,33; 6,18; 19,20; 20,2; Jes 37,21; 38,2; 44,17; 45,14.20; Jer 29,12; 32,16; 42,4; Jon 4,2; 2Chron 32,24; 33,13.

[42] Dieses Zitat wurde in abweichender Form überliefert. Anstelle von ויתפללו heißt es im Bibeltext ומתפללו. In der Tosefta wird das Zitat korrekt im Druck und in Ms. Erfurt überliefert. In diesen Textausgaben wird sogar noch die in unserem Text ausgelassenen Passage אל ה' zwischen Verb und Richtungsbestimmung hinzugefügt.

[43] Mit dieser Wendung wird oft eine vorher dargestellte Tatsache belegt, eine Vorschrift begründet.

[44] Dieser Zusatz fehlt lediglich im Text des Erstdrucks der Tosefta. Vgl. LIEBERMAN, Tosefta Ki-Fshuta I, 16. Er ist dem ersten Spruch über den Blinden nachempfunden. Dort folgte ebenfalls nach der Richtungsanweisung "zu ihrem Vater im Himmel" der Zusatz "und sie beten".

[45] Die textkritischen Varianten beziehen sich lediglich auf das Verb. Der Erstdruck und Ms. Erfurt zitieren wie im babylonischen Talmud התפללו.

[46] In der Hebräischen Bibel wird in Jer 17,25 und Klg 2,15 Jerusalem als "diese Stadt" bezeichnet. Aus dem Kontext des Bibelzitats in der Chronik ist diese Zuordnung unzweifelhaft.

Der Bibeltext in 2Chron 6,34 hat folgende Fortsetzung: "*Sie werde zu dem Haus hin beten, ..., so wollest du ihr Gebet und Flehen hören vom Himmel her und ihnen zu ihrem Recht* (משפט) *verhelfen*". Die weiterführende Bestimmung "zum Haus" wird im nächsten Auslegungsabschnitt aufgegriffen. Gleichzeitig verbindet die Bibelstelle die Aussage der Richtungsbestimmung mit einer Intention: Gott soll vom Himmel her Gebet und Flehen der Israeliten erhören, um sich daraufhin für sein Volk einzusetzen und ihm zu seinem Recht zu verhelfen.

c) Der nächste Fall betrifft denjenigen, der sich bereits in Jerusalem befindet. Er richtet sein Herz auf das Heiligtum, den Tempel.[47] Begründet wird diese Richtungsanweisung mit dem Zitat aus 2Chron 6,32. Dieses Zitat ist als einziges im Wortlaut der Hebräischen Bibel überliefert.

In yBer 4,5 wird die Ausrichtung auf den Tempel durch ein anderes Bibelzitat begründet: והבית אשר בניתי לשמך, "*und das Haus, welches ich deinem Namen gebaut habe*". Mit dieser Wendung schließen beide Bibelzitate in 2Chron 6,34.38. Sie verdeutlicht neben der Richtungsanweisung des Betens "zu dem Haus hin" dessen Zweckbestimmung. Das Haus wurde zum Lobpreis Gottes gebaut, damit zu ihm gebetet werden könne. Beiden Versen folgt die Bitte um Erhörung der Gebete und des Flehens. An dieser Stelle wird nochmals deutlich, daß der Befolgung der Richtungsanweisung die inhaltliche Annahme der Bitten und Flehen durch Gott erfolgt.

d) Durch den einleitenden Satz "Alle, die im Heiligtum stehen" wird die Auslegung des Mittelpunktes der konzentrischen Sphären in der Tosefta eingeleitet. Diese Beter richten ihr Herz auf das Haus des Allerheiligsten[48]. קדשים הקדשים, "Allerheiligstes", bezeichnet die innere Sektion des Tempels.[49] Dieser zentrale Satz ist Ausgangspunkt der Auslegung in PesR 33 und TanB וישלח 21. Er ist bereits aus mBer 4,5 bekannt und lautet: "Wer auf einem Esel reitet, steige ab; wenn er nicht gleich absteigen kann, wende er sein Angesicht; und wenn er sein Angesicht nicht wenden kann, richte er sein Herz auf das Allerheiligste (יכון את לבו כנגד קדשי הקדשים)." Mit derselben Aussage schließt der nächste Vers (mBer 4,6). Dieses Allerheiligste ist folglich das Zentrum, in dem Gott erreichbar ist und zu welchem das Gebet daher gerichtet werden sollte. In beiden Midraschim wird ausgehend von diesem Mischnasatz die Auslegung im Namen R. Eliezer ben Jakobs angeführt.[50]

Der schon bekannte Zusatz "und sie beten" ist ebenfalls in diesem Abschnitt hinzugefügt worden.[51] Es scheint, daß bei jedem zweiten Abschnitt der Tosefta dieser Zusatz

---

[47] In der Tosefta, PesR und bBer wird der Tempel mit den Worten בית המקדש umschrieben, in yBer 4,5 hingegen ist die Rede vom הר הבית "Tempelberg". Ms. Erfurt fügt noch den bereits bekannten Zusatz "und beten" an.

[48] Das Allerheiligste (קדש הקדשים) wird in der Hebräischen Bibel 45mal benannt, in der Bezeichnung als בית, "Haus", jedoch nur in 2Chron 3,8.10.

[49] Dieser Ort wird auch דביר genannt. Er ist von dem übrigen Raum durch einen Vorhang abgetrennt. Einmal im Jahr (an Yom Kippur) betrat der Hohepriester den Raum, um für das Volk Israel um Vergebung zu bitten, und sprach dabei den Gottesnamen aus. Zur Architektonik des Tempels vgl. SAFRAI, Temple, 869.

[50] In der Mischna ist vermutlich die Rede von Eliezer ben Jakob dem Älteren, da von ihm vor allem Traditionen über den Tempel überliefert sind. Dieser Rabbi gehörte zur ersten Generation der Tannaiten (vgl. BACHER, Tann I, 62-67).

[51] Einzig der Erstdruck der Tosefta läßt die Erinnerung an das Gebet aus.

zur Verdeutlichung angefügt wurde. Belegt wird diese Vermutung durch 1Kön 8,35: "*und sie werden zu diesem Ort hin beten*"[52]. Die Festlegung auf המקום הזה, "diesen Ort", ist in beiden Überlieferungen des Tempelweihgebetes zweifach enthalten.[53] Im babylonischen Talmud folgt an dieser Stelle ein Einschub, der in zwei weiteren Sätzen den Kettenspruch noch steigert: "Wer im Allerheiligsten steht, richte sein Herz zum Raum der Entsühnung hin (בית הכפורת). Wer hinter dem Raum der Entsühnung steht, sieht sich selbst, als ob er vor dem Raum der Entsühnung stünde" (bBer 30a). Der Jerusalemer Talmud fügt am Ende ebenfalls eine Aussage an, die Themen aus dem Tempelweihgebet aufgreift: "Und du, erhöre es (das Gebet) von der Stätte, an der du thronst, vom Himmel her, erhöre und vergib"[54].

3. An diese in konzentrischen Kreisen beschriebene Gebetsrichtung wird zur weiteren Klärung eine durch die vier Himmelsrichtungen[55] bestimmt Auslegung angefügt. Dieser Teil fehlt in den Midraschim. Die Auslegung wird, wie auch die Schlußfolgerung des gesamten Abschnitts, durch נמצאו, "sie finden sich", eingeleitet. Die Einleitung ist bei einem Fazit nicht ungewöhnlich.[56]

Nun beginnt in vier gleich aufgebauten Sätzen[57] eine Beschreibung der Gebetsrichtung anhand der Orientierung an den Himmelsrichtungen. In der Tosefta sind die Ausgangsorte in der Reihenfolge Norden, Süden, Osten und Westen angegeben.

4. Zumeist bringt das Fazit den Wechsel einer bestimmten Haltung zum Ausdruck, in PesR 33 jedoch fehlt es.[58] In allen Texten "beten" die Israeliten zu einem Ort hin. Wenn alle Israeliten ihr Gesicht aus allen Himmelsrichtungen nach Jerusalem wenden, ergibt sich als Schlußfolgerung dieses Textabschnittes, daß die ganze Gemeinde Israel ihr Herz auf einen Ort (מקום אחד) ausrichtet. Wichtig ist in dieser Aussage, daß *ganz* Israel betet, und daß sie zu *einem* Ort hin beten. Dies wird durch die Kontrastierung von כל und אחד unterstrichen.

An diesen Abschnitt schließt sich im Jerusalemer Talmud das die Gebetsrichtungen begründende Bibelzitat Jes 56,7, an: "*Denn mein Haus wird Bethaus heißen für alle Völker*"[59]. Danach folgt in yBer und ShirR[60] ein Ausspruch R. Jehoshua b. Levis, eines Amoräers der ersten Generation: "Das ist die Halle vorne (vgl. 1Kön 6,17): Es ist ein Raum, auf den sich alle Gesichter richten. Das ist richtig, als der Tempel noch bestand, nachdem er aber zerstört wurde, woraus ist das (zu schließen)?" Wie auch in den anderen Auslegungen wird ein weiterer Abschluß hinzugefügt, der durch ein Wortspiel

---

[52] Im Erstdruck der Tosefta wurde das Zitat angegeben, wiederum im Wortlaut der Hebräischen Bibel.

[53] Vgl. 1Kön 8,30.35; 2Chron 6,21.26.

[54] Vgl. 1Kön 8,30; 2Chron 6,21.

[55] In der Hebräischen Bibel bezeichnet der Terminus ארבע רוחות ursprünglich die vier Winde und daher auch übertragen die vier "Himmelsrichtungen".

[56] Vgl. SifBam § 89parr.

[57] Diese vier Nominalsätze bestehen aus der Richtungsangabe mit vorangestellter Partikel ב, es folgt das Substantiv פניהם, "ihre Gesichter"; durch die Partikel ל wird dann die Himmelsrichtung angegeben, in die das Gebet gesprochen werden soll. Das Substantiv "ihre Gesichter" ersetzt das Verb "hinrichten, wenden", denn durch das Gesicht wird bereits die Richtung für das Gebet angegeben.

[58] Der Text in dem Midrasch brach bereits nach Abschnitt 2c ab.

[59] Zur weiteren Verwendung dieses Zitates in der rabbinischen Literatur vgl. HYMAN, Torah Hakethubah Vehamessurah II, 175.

[60] Der Midrasch leitet zusätzlich durch die Frage "Warum betet ganz Israel zu einem Ort?" diese neue Auslegung ein.

תלפיות, "Hügel", in תל, "Hügel", und פיות, "Münder", zerlegt. Dieser Zusatz legt Hld 4,4 aus.[61]

"R. Abin[62] sagt, manche sagen: R. Abina[63] sagte: Hierauf deutet folgender Schriftvers: *Wie der Davidsturm ist dein Hals, als Waffenburg* (תלפיות) *gebaut* (Hld 4,4); ein Hügel (תל), dem alles sich zuwendet (פונים)."[64] Wiederum ändert ShirR 4,4 den letzten Auslegungssatz und fügt ihm noch eine weitere Bestimmung der Auslegung hinzu: "Eine Stätte, zu der alle Münder beten beim Rezitieren des Shema (בקריאת שמע)."

Zusammenfassung

Die Ausrichtung des Herzens zielt auf einen Punkt hin. Dieser Punkt kann einerseits Jerusalem, der Tempel, das Allerheiligste als Wohnsitz Gottes[65] oder andererseits Gott selbst sein. Letzteres gilt vor allem für den Fall, daß das Heiligtum als Wohnort Gottes nicht mehr existiert; es gilt aber unabhängig davon auch für Blinde und Orientierungslose. Durch den Gebrauch des Gottesepithetons "Ort" wird in der Auslegung von mBer 5,1 und zweier Mss. von tBer 3,14 der Akzent verstärkt auf den beständigen Aspekt der Gottesvorstellung gelegt.

Die Auslegung in WaR 23,5 hat viele Übereinstimmungen mit tBer 3,14ff. Vor allem bringt WaR 23,5 ebenfalls die väterliche Hilfe in Bedrückungs- und Notsituationen zum Ausdruck. In der Auslegung zu Lev 18,3 wird ein Gleichnis von einer Rose erzählt, die sich unter Dornen befindet und die, wenn die Winde sie in die Dornen pressen, ihr Herz zur Höhe hin ausrichtet: "So auch die Israeliten, obwohl sie mit Beköstigungsbeiträgen und Frondiensten belastet sind, so ist doch ihr Herz zu ihrem Vater im Himmel ausgerichtet, wie es in Ps 25,15 heißt. *Meine Augen sind immer auf den Ewigen gerichtet, denn er zieht meinen Fuß aus dem Netze.*"[66]

Dieselbe Hilfe bei Rettung aus der Not macht die Auslegung der "Herzensausrichtung" tBer 3,14-16 deutlich. Durch den Kontext des immer wieder als begründendes Zitat genannten Tempelweihgebets wird transparent, daß es sich bei der Hinwendung zu dem *Ort Gottes,* seiner Wohnung, auch um eine innere Ausrichtung zu Gott handeln muß. Solche ist gerade in Bedrohungssituationen und Gefangenschaft von großer Bedeutung. Die in diesen Situationen verfaßten Gebete werden vernommen, das Flehen der Israeliten wird gehört. Selbst ihre Sünden werden ihnen vergeben. Die stets wiederholte Behauptung der Hinwendung zu *einem* Ort beinhaltet damit die Absage an den Götzendienst, denn Gott wird eindeutig am Tempel *verortet.*

Die dem Text voranstehende Auslegung über den Blinden und den Orientierungslosen verdeutlicht einen weiteren Aspekt. Wer blind ist und wer die Richtungen nicht bestimmen kann, dem bleibt als Hilfestellung beim Gebet nur, das Herz auf Gott, seinen

---

61 Daher wundert es nicht, daß ShirR 4,4 unsere Auslegung mit einem Bezug zu diesem Vers einleitet.
62 R. Abin gibt es doppelt in der rabbinischen Literatur. Es handelt sich um Vater und Sohn, die der vierten bzw. fünften babylonischen Amoräergeneration zugerechnet werden. In ShirR 4,4 wird der Spruch ebenfalls R. Abin zugeordnet. In yBer wird der Name R. Abun tradiert, PesR fügt der Benennung R. Abins noch "der Levit" hinzu.
63 Dieser Einschub ist nur in dieser Auslegung überliefert. PesR fügt "im Namen Rabbis" an.
64 Vgl. bBer 30a.
65 Vgl. GOLDBERG, Schekhinah, 471.492.528.
66 WÜNSCHE, BibRab V, 155.

Vater im Himmel, auszurichten. Durch ihre Unvollkommenheit sind Blinde und Orientierungslose nahe bei Gott, denn nur in diesem ersten Abschnitt wird Gott "Vater im Himmel" genannt. Von ihm können sie durch ihr Gebet Hilfe erlangen, er erhört ihr Flehen. Die Aussage, die hinter diesem halachischen Satz steht ist: Gott ist den Schwachen nahe.[67]

Alle anderen Menschen benötigen geographische Hilfestellungen, um es den Nichtsehenden bei ihrem Gebet nachzumachen. Zu Zeiten, als der Tempel noch existierte, war diese Ausrichtung nicht schwer zu befolgen. Was ist aber in einer Zeit, in der es die Orientierungshilfe des Tempels nicht mehr gibt, in der der Ort von Gottes Wohnen zerstört ist? Hat Gott sich aus seiner Wohnung in den Himmel zurückgezogen? Müssen die Israeliten daher beim Gebet nun nach "oben" blicken?

Ohne den Tempel und den an ihm ausgeübten Kult wird Gott für die Israeliten durch Torastudium und in Gebeten erfahrbar. In der Hoffnung auf Erhörung der Gebete können sie ihr Herz daher ihrem Vater im Himmel zuwenden. Dies wird vor allem in späteren amoräischen Auslegungen hervorgehoben. In bBer 57a und Suk 45b wird Gott ebenfalls als Vater im Himmel bezeichnet.[68] Die Texte betonen, daß Israel nur *ein* Herz hat und dies für seinen Vater im Himmel bestimmt ist. Dem entspricht bereits in der Tosefta der Singular "ihr Herz".

1.2. Die innerliche Ausrichtung

Einige Texte berichten von Situationen, in denen sich Menschen auf das Gebet vorbereiten: mBer 5,1 (Ms. München 95)

1. Niemand steht, um zu beten, außer voll vor Ehrfurcht.	אין עמדין להתפלל אלא מתוך כובד ראש.
2. Die frühen Chassidim pflegten eine Stunde zu warten und zu beten, um ihr Herz auf ihren Vater im Himmel[69] auszurichten.	חסידים הראשונים היו שוהין שעה אחת ומתפללי' כדי שיכוונו את לבם לאביהם שבשמים.
3.a. Sogar wenn der König sie grüßte, antworteten sie nicht; 3.b. und sogar wenn eine Schlange um seine Ferse gewunden war, unterbrach er nicht.	אפ' המלך שואל בשלומו לא ישיבנו, ואפילו נחש כרוך על עקבו לא יפסיק.

Mit dem Traktat Berachot beginnt die Mischna. Es ist grob in die drei Teile über Glaubensaussagen (Kap. 1-3), über das Tagesgebet (Kap. 4 und 5), über das Tischgebet (Kap. 6-8) und ein angehängtes neuntes Kapitel zu unterteilen. Die Mischna beschäftigt sich mit dem Tagesgebet. Als erstes werden die Zeiten des Gebets bestimmt, sodann ist vom Inhalt die Rede und schließlich vom Zusatzgebet. An die Mischnaauslegung schließt sich Diskussion um die Erwähnung des Regens in der Benediktion zur

---

67 Andere Traditionen, in denen Gott als Vater der Marginalisierten stilisiert wird, finden sich in Ps 68,6 (die Auslegung bei BÖCKLER, Gott als Vater, 363-376); Sir 4,10; 34,24; 23,1.4; 51,10; JosAs 11,13a; 12,13d (Auslegungen bei STROTMANN, Mein Vater, 59-97; 254-264).

68 In bSuk 45b wird im Ausspruch R. Levis eine Dattelpalme mit den Israeliten verglichen. Wie diese nur ein Herz hat, "so hat auch Israel nur ein Herz für seinen Vater im Himmel". In bBer 57a wird ein Traumsymbol anonym gedeutet: "Wer einen Lulav im Traum sieht, der hat nur ein Herz für seinen Vater im Himmel".

69 Zu den Handschriftenvarianten an dieser Stelle s. die Einzelexegese.

Auferstehung der Toten an. Darum ranken sich im babylonischen Talmud einige Geschichten um Regenbitten der Chassidim.[70]

Gliederung:
1.) Halachische Regel
2.) Begründendes Fallbeispiel
3.) Bedrohung durch
      3a) den König (politisches Leben)
      3b) die Schlange (biologisches, physisches Leben)

Einzelexegese

1. Der Beginn der Mischna ist durch eine halachische Regel gegeben: "Niemand steht, um zu beten ...". Mit diesen Worten wird der Beginn der Gebetsrezitation ausgedrückt. Das Stehen (עמדים) ist die gewöhnliche Haltung beim Gebet.[71] Hintergrund dieser Regel ist die Pflicht, dreimal am Tag das Shmone Esre zu beten.

Der Ausdruck כובד ראש, wörtlich "Schwere des Kopfes", ist selten in der tannaitischen Literatur anzutreffen.[72] In MTeh 108,1 wird der erste Teil der Mischna wörtlich überliefert und durch weitere Regelungen ergänzt: "Und so lehrten es unsere Rabbinen: Niemand steht, um zu beten, außer voll vor Ehrfurcht, und nicht mit Spaß und nicht in Leichtfertigkeit, auch nicht aus eitlen Worten, damit der Heilige, g.s.e., ihr Gebet hört." Dem Ausdruck כובד ראש werden hier neben anderen קלות ראש, "Leichte des Kopfes; Leichtfertigkeit", gegenübergestellt. In mBer 9,5 steht der Ausdruck im Zusammenhang mit der Heiligkeit des Tempelbergs: לא יקל אדם את ראשו "man darf sich nicht unehrerbietig benehmen". Das Adjektiv כבד beschreibt ursprünglich einen Zustand der Schwere. Allerdings ist an einigen Stellen der Hebräischen Bibel "schwer" "nicht als eine objektive Angabe gemeint"[73], sondern als "das Schwere als das Lastende, das Schwere in seiner Funktion"[74]. Etwas Schweres hat Gewicht. Aus diesem Grund kann ein Zustand, der mit diesem Substantiv beschrieben wird, auch *Gewichtung haben*. Daher dürfte hier eine Umschreibung für einen ehrfurchtsvollen Habitus, eben gerade nicht die Leichtfertigkeit, der Betenden vorliegen. Auch die Rabbinen setzen sich in der Gemara mit der Bedeutung dieses Ausdrucks auseinander.[75]

2. Als Begründung der vorausgehenden Regel wird nun das Verhalten der "Chassidim" angeführt. Der Terminus חסיד ist bereits in der Hebräischen Bibel anzutreffen.[76] Die

---

70 Vgl. bTaan 23b-24b; KRUPP, Chassidim, 20ff.

71 Vgl. z.B. mBer 3,5; Taan 2,2; Mk 11,25; Mt 6,5. Daniel kniete beim Gebet nieder (vgl. Dan 6,11).

72 Vgl. mBer 5,1 (yBer 5,1 8d.9a; bBer 30b); tAZ 1,2 (yAZ 1,4 39d). Amoräische Texte sind noch: bTaan 14b; MQ 21b; Git 62a; Nid 9a; 63b. Ferner noch PesR 10; 47; PRE 51.

73 Vgl. WESTERMANN, Art. כבד, 795. Hier ist WESTERMANN kritisch darauf zu hinterfragen, ob es etwas "objektiv" Schweres geben kann.

74 Ebd. Dieses sog. "Schwer-Sein" kann positiv und negativ erfahren werden. Auch große Aufgaben werden mit dem Adjektiv "schwer" versehen (vgl. Ex 18,18; s.a. Num 11,14). Ein Vorkommen gibt es auch im Zusammenhang mit Ehrerweisungen (vgl. Jos 7,19; 1Sam 6,5). Das Nomen כבוד wird zumeist mit "Ehre, Herrlichkeit" wiedergegeben; die Septuaginta übersetzt es zumeist mit δόξα.

75 Die Rabbanan legten in einer Baraita aus, daß man sich weder zum Beten hinstellt "in Traurigkeit, noch in Trägheit, noch mit Scherzen, noch mit Geplauder, noch mit Leichtfertigkeit und eitelem Geschwätz, sondern in Fröhlichkeit wegen einer gottgefälligen Handlung" (bBer 31a).

76 Dort wird ein einzelner Mensch bereits als "fromm, weise" bezeichnet (vgl. Mi 7,2 oder, in bezug auf Gott Jer 3,12). Das häufige Vorkommen dieses Terminus fällt auf in den Psalmen (33mal; bei Texten psalmodischen Charakters: Dtn 33,8; 1Sam 2,9; 2Chron 6,41 und noch in Prov 2,8). MORGENSTERN

ersten Verweise auf eine chassidische Gruppe stammen aus der Zeit der Makkabäer.[77] Zu dieser Zeit taten sie sich im Widerstand gegen die Hellenisierung des Judentums hervor. Es war kennzeichnend für die Chassidim, daß sie in großer Treue und Konsequenz an der Befolgung der Tora festhielten.[78] Dies wurde vor allem deutlich im Blick auf ihre radikale Gesetzesauslegung, ihre Armut und ihre Individualisierung im Glaubensleben. Die sich in der rabbinischen Literatur widerspiegelnde Zeit der Chassidim erstreckt sich von 70 v.Chr. bis ca. 200 n.Chr.[79] Teilweise wird angenommen, daß die allerersten Chassidim Vorläufer der Pharisäer und Essener waren.[80]

Der Ausdruck חסידים הראשונים, "die ersten Chassidim", bezeichnet eine Gruppe und begegnet uns an wenigen Stellen in der rabbinischen Literatur.[81] "Erste" kann im zeitlichen Sinne wie "früh" verstanden werden, aber ebenso im Sinn von "bedeutend, gewichtig". Texte über diese Chassidim entfalten viele Themen aus der religiösen Welt.[82] Vor allem aber Gebete und Gesetze der Bewahrung des Schabbat (vgl. bShab 121a; 150b) sind von dieser Gruppe überliefert worden.[83] Diese frühen Chassidim warteten eine Stunde ab und bereiteten sich so auf das Gebet vor. Das Verb שהה, "ausruhen, ruhen; abwarten"[84], erscheint in einigen Ehekontexten.[85] Es versinnbildlicht das Verweilen des Ehemannes bei seiner Frau bzw. der Chassidim vor dem Gebet.

---

versucht zu zeigen, daß der Terminus "Chassidim" eine bestimmt soziale und religiöse Gruppe repräsentiert, die als Antipode den רשעים gegenüber stand. In vorexilischer und exilischer Zeit entprach er den צדיקים, welche arm, bedrückt, aber auch gläubig und fromm waren (vgl. ders., Hasidim, 72). Die Bedeutung dieses Terminus als Bezeichnung einer Gruppe oder als Attribut eines Menschen, der gütig ist oder göttliche Gnade und Erbarmen erlangt hat, wird bereits anhand der alttestamentlichen Stellen diskutiert (FINKELSTEIN, R. Akiba, 230ff.; KRUPP, Chassidim, 8f.).

[77] Vgl. 1Makk 2,42; 7,13; 2Makk 14,6. Zur historischen Einordnungen dieser Stellen vgl. SCHÜRER, History I, 159. Evt. kann man die Erwähnung von קהל חסידים ("Gemeinschaft der Chassidim") Ps 149,1 als Bezeichnung einer spezifischen Gruppe werten. Dann bleibt aber immer noch ungeklärt, inwiefern und ob sie in Verbindung mit der συναγωγὴ Ἀσιδαίων der Makkabäerbücher steht.

[78] Die Befolgung erstreckte sich bis zur Martyriumsbereitschaft (1Makk 2,29-38).

[79] Choni der Kreiszieher z.B. gehört zur Gruppe der frühen Chassidim, während zur Zeit der Amoräer keine Chassidim mehr bekannt sind. Wir kennen ihre Aktivität lediglich aus der tannaitischen Zeit.

[80] Vor allem im 19. Jh. wurde die These der Identifikation der Chassidim mit den Essenern, welche in der talmudischen Literatur nicht erscheinen, stark vertreten (vgl. SAFRAI, Teaching, 16 Anm. 10). BÜCHLER enthob diese Diskussion in seinem Werk "Types of Jewish-Palestinian Piety" ihrer Grundlage. Heute ist die Auffassung weit verbreitet, daß die Gruppe der Chassidim sich später in Pharisäer und Essener aufspaltete. Eine Identifikation mit einer dieser Gruppen kann jedoch keinesfalls nachgewiesen werden (vgl. KRUPP, Chassidim, 6).

[81] Vgl. mBer 5,1 (bBer 30b; 32b; yBer 5,1 8d (M); 5,1 9a); Sem 3,10; 12,2; tNed 1,2 (bNed 10a; yNed 1,1 36d); tBQ 2,6 (bBQ 30a; yBQ 3,3 3c); yNaz 1,5 51c; BerR 62,8.

[82] Die Halacha der Chassidim ist oft sehr individuell und widerspricht der "geläufigen" Halacha. Neben den o.a. Themen thematisieren die chassidischen Texte vor allem den zwischenmenschlichen Umgang beim Schutz des Feldes (vgl. tBQ 2,6.13), Kauf und Verkauf bei unklaren Einkommensverhältnissen (vgl. bBQ 103b), Almosengeben (vgl. ARN(A) 3,31ff. (S. 8b-9a), Befreiung von Gefangenen (vgl. bShab 127a), Strenge (vgl. bMen 41a) und Eigentum (vgl. mAv 5,10-14).

[83] Einige der Texte werden anonym überliefert. Andere Chassidim sind namentlich erwähnt (z.B. Choni der Kreiszieher, Chanina ben Dosa, Nachum Ish Gamso etc). In der Aggada beginnen die meisten Texte mit der Formel מעשה בחסיד, "ein Ereignis eines Chassiden". Außerdem lassen einige Texte etwas von einer "Mischna der Chassidim" erkennen (SAFRAI, Teaching, 25; KRUPP, Chassidim, 8). Diese Beobachtung stützt die Vermutung, daß es sich bei den Chassidim um eine religiöse Gruppe handelt.

[84] LEVY, WB IV, 514.

[85] Vgl. mYev 6,6 (64a): Wer eine Frau nimmt und 10 Jahre bei ihr bleibt, darf diese kinderlose Ehe nicht fortsetzen. Vgl. auch bShab 135b; Yev 36b; 80b. Neben der Thematik der Ehe wird mit dem Verb auch das Pausieren während des Schächtens ausgedrückt (vgl. LEVY, WB IV, 514).

Doch warum nimmt diese Vorbereitung eine Stunde in Anspruch? WILLEMS vermutet, daß dieser Text Andeutungen über mystische Techniken enthält.[86] Wahrscheinlich soll der Text die Scheu und Ehrfurcht der Frommen vor Gott, mit dem sie sich im Gebet in Verbindung setzen, ausdrücken. Die Zeitangabe von einer Stunde hält HOLTZMANN für eine Legende.[87] M.E. hat die "eine Stunde" symbolischen Charakter. Es soll eine bestimmte Zeitspanne zum Ausdruck gebracht werden, welche im Alltagsleben geläufig ist[88] und im Hinblick auf die Vorbereitung des Gebets als "ungewöhnlich lang" gilt. Der Chassid würde sich durch diese vorbereitende Praxis dem Studium und dem Familienleben drei Stunden mehr pro Tag entziehen.[89] Daher ist es nicht unbedeutend, daß dieses Entziehen durch Worte ausgedrückt wird, die ebenfalls in Alltags- und Eheregelungen gebraucht werden. Dadurch wird besonders betont, daß durch diese Praxis die profane Welt zugunsten der Intensivierung der Gebetsvorbereitung und damit des Dialogs mit Gott in den Hintergrund gedrängt wird. Die göttliche Sphäre bekommt mehr Raum im Alltag.[90]

Inhaltliche Füllung bringt der nun angefügte Satz. Bereits vor dem eigentlichen Gebet beten die Chassidim, um somit ihre Herzen auf "ihren Vater im Himmel" auszurichten. Die Wendung לכן את לב, "das Herz richten auf", ist nicht biblisch. Allerdings kommt dem Herzen in einigen biblischen Texten eine zentrale Rolle zu. Das Tempelweihgebet 1Kön 8,39 hat mehrere Elemente, die ebenfalls in der Mischnaauslegung erscheinen, in sich vereint. Salomo spricht: "*So wollest du hören im Himmel, an dem Ort, an dem du wohnst, und verzeihen und schaffen, daß du jedem nach seinen Wegen gibst, wie du sein Herz erkennst; denn nur du allein kennst das Herz aller Menschenkinder.*"[91] Dreierlei ist hier wichtig: Gott wird im Himmel *verortet*, jeder Mensch steht in einer persönlichen Beziehung zu ihm, und das Herz eines jeden Menschen ist der Maßstab für Gottes Handeln.

In 1Sam 7,3 ermahnt Samuel das Volk Israel zur Abkehr von fremden Göttern: "*Und richtet euer Herz auf J` aus und dient ihm allein, denn dann wird er euch erretten aus*

---

86 Vgl. WILLEMS, Jezus en de chassidim, 86. Zur Unterstützung seiner Vermutung verweist WILLEMS auf R. Jose den Priester und Geschichten über Chanina ben Dosa.

87 Vgl. HOLTZMANN, Berakhot, 67 Anm. zu V.1.

88 שעה אחת erscheint ebenso wie das Verb שהה in vielen Ehe- und Familienkontexten (vgl. mBer 2,5; Yev 3,7; Ket 10,6; Ned 10,3; 11,9; evt. auch Miriam und Mose Sot 1,9).

89 Die Wendung "eine Stunde" wird auch zu religiösen Themen herangezogen: Vgl. die Diskussion über die Ernennung zum Av Bet Din in mEd 5,6. In Neg 10,8 und Toh 8,3 tritt der Ausdruck in der Bedeutung "einmal, einst" im Kontext der Reinheitsdebatte auf. Vgl. auch mAv 4,17: "Besser ist es, eine Stunde Umkehr und gute Werke in dieser Welt zu tun, als das ganze Leben in der künftigen Welt. Besser ist eine Stunde Seelenruhe (קורת רוח) in der künftigen Welt als das ganze Leben in dieser Welt." Während im ersten Spruch aktive und passive Elemente in beiden Welten konträr gegenüberstehen, werden im zweiten Spruch himmlische und irdische Güter gegeneinander ausgespielt. Während der erste Spruch also Umkehr und ethisches Verhalten fordert, beschäftigt sich der zweite mit der Grundsätzlichkeit der Güter. Die Chassidim waren bekannt für ihre Ablehnung der irdischen Güter und für ihr religiös-sittliches Verhalten.

90 Ein Text, der ebenfalls die Konkurrenz zwischen göttlichem und menschlichem "Raum" widerspiegelt, findet sich in mBer 2,5: "Der Bräutigam ist in der ersten Nacht und bis zum Ausgang der Woche befreit, das Shema (Israel) aufzusagen. Er (R. Gamliel) sagte ihnen: Ich höre nicht auf euch, mir die Herrschaft des Himmels, und sei es nur eine Stunde, zu erlassen." Diese Befreiung vom Rezitieren des Shemas gilt solange, bis der Bräutigam wieder in sein Arbeits- und Berufsleben zurückkehrt.

91 Vgl. auch die Königssalbung Davids 1Sam 16,7: Gott sieht das Herz eines Menschen an.

der Hand der Philister". Einer der bedeutsamsten Texte ist Davids Dankgebet in 1Chron 29,17-19. In V.10 wird Gott als אלהי ישראל אבינו, *"Gott Israels, unser(es) Vater(s)"*, bezeichnet.[92] Ferner betont David, alles mit aufrichtigem Herzen getan zu haben, da Gott die Herzen der Menschen prüft. Nachdem die freiwillige Gabe des Volkes hervorgehoben wurde, sagt David: *"J', Gott Abrahams, Isaaks und Israels, unserer Väter, bewahre für immer solchen Sinn und solche Gedanken im Herzen deines Volkes und richte (הכן) ihre Herzen auf dich."* Neben der möglichen Bezeichnung Gottes als "unser Vater" sind die Elemente "Gebet", "Herz richten auf" und das *"Halten der Gebote, Ordnungen und Rechtssachen (V.19)"* in dem Textstück enthalten.

Es wird also deutlich, daß ähnliche Redewendungen vielfach im Kontext wichtiger Beziehungsaussagen erscheinen: Gebete, Ausführungen über Gottes Allmacht und Aussagen über die Herzen der Menschen. Alle diese Ausdrücke der Beteiligung oder Ausrichtung des Herzens klingen mit an, wenn in der Mischna die Wendung לכון לב angeführt ist.[93]

An dieser Stelle ist aber anzumerken, daß nur wenige Textzeugen die Gottesbezeichnung "ihr Vater im Himmel" aufweisen.[94] HOLTZMANN behauptet, daß die Anrede Gottes als המקום, "Ort", wie sie einige Mss. bezeugen, passender sei, gerade in Texten, in denen von Ehrfurcht beim Gebet die Rede ist. Daher folgert er, daß die Rede vom "Vater im Himmel" die lectio difficilior darstelle und למקום, "Ort", somit eine Korrektur sein müsse.[95] Die Gottesbezeichnung מקום drückt die bisher auf einen Punkt fixierte Hoffnung des Volkes Israel aus, sie lehrt "Gottes Allgegenwart"[96]. Da der Ort der Kommunikation mit Gott, der Tempel, nun zerstört ist, hilft ein neuer Gottesname, der Beständigkeit ausdrückt - sowohl geographisch als auch temporär.

3. Zur Betonung, wie sehr die "frühen Chassidim" in der Vorbereitung auf das Gebet versunken waren, werden zwei Beispiele dieser Aussage angefügt, die mit אפילו ("sogar") eingeleitet werden. Diese Einleitung bringt Extremfälle zum Ausdruck.

a) Selbst ein König, der vorbeikommt und sie während der Gebetszeiten grüßt, erhält von ihnen keine Antwort. Dies war eine politische Ungeheuerlichkeit. Die Worte שאל בשלומו bedeuten wörtlich übersetzt etwa: "Er fragte nach seinem Wohlergehen". Diese Erzählung ist als historische Anekdote unvorstellbar, denn der beschriebene Fall, daß ein König Gelehrte sieht und sie zuerst grüßt, ist höchst unwahrscheinlich. Es kann davon ausgegangen werden, daß die beschriebene Situation eine Konstruktion und kein

---

[92] S.o. S. 208 Anm. 1.

[93] Vgl. auch 2Chron 20,33. Dort heißt es, daß König Joschafat noch nicht die Opferhöhen entfernt hatte, "denn das Volk hat sein Herz noch nicht ganz auf den Gott seiner Väter ausgerichtet (הכינו)". In 2Chron 30,19 wird berichtet, daß Hiskia alle Volksstämme zum Pesachfest nach Jerusalem rief, um mit ihnen das Festmahl zu begehen. Einige hatten sich jedoch nicht, wie es vorgeschrieben war, gereinigt und aßen das Pesachmahl auch nicht in der vorgeschriebenen Art und Weise. Daraufhin betete Hiskia für sie, daß Gott allen gnädig ist, "die ihr Herz darauf richten, Gott zu suchen (הכין לדרוש)."

[94] Die Talmudhandschriften Kaufmann, München 95; ברי"ם 403 zum yBer, Venedigdruck zu bBer und Sasson 531 führen die Vaterbezeichnung Gottes an. Dies ist daher zu erklären, daß die Gemara zu mBer 5,1 mehrere Stellen mit der Vaterbezeichnung Gottes führt (vgl. bBer 30a-32b).

[95] HOLTZMANN, Berakhot, 110.

[96] MARMORSTEIN, Iranische und jüdische Religion, 239; vgl. den Exkurs "Der Ort", S. 101f.

Bericht eines realen Ereignisses ist.[97] Daher betont der Irrealis die Versenkung der Chassidim in die Gebetsvorbereitung. Ist es eine ehrenvolle Pflicht, Rabbinen zuerst zu grüßen,[98] so gilt dasselbe doch gerade für den König als Vorsteher und Repräsentant des Regierungsapparates. In Konkurrenz zu Gott wird dem König allerdings keine Ehre erwiesen. Politisch und gesellschaftlich würde die Verweigerung des Grußes von seiten der Chassidim für sie weitreichende Folgen bis hin zur Lebensgefahr gehabt haben.

b) Der zweite Fall beschäftigt sich mit unmittelbarer physischer Lebensgefahr. Der Fall einer Schlange um die Fersen wird als Beispiel herangezogen. Selbst in so großer Lebensgefahr unterbricht ein Chassid nicht sein Gebet. Diese Aussage über das Verhalten eines betenden Chassiden bei höchster Lebensgefahr macht deutlich: Das Gebet ist ein Dialog mit Gott. Es darf nicht gestört werden. In unserer Mischna ist kein Hinweis auf eine bei Gefahr erlaubte Verkürzung des Gebetes enthalten (vgl. mBer 4,3.4). Es muß nach einer weiteren Deutungsmöglichkeit für diese Aussage gesucht werden.[99]

Ein anderer Text, in dem die Gefahr, die von einer um die Ferse gewundenen Schlange ausgeht, thematisiert wird, ist die im Talmud überlieferte Baraita des Chassiden Chanina ben Dosa (bBer 33a):[100]

"Einmal gab es an einem Ort eine (Wasser-) Schlange (ערוד)[101], und sie schädigte die ganze Schöpfung (= die Menschen). Man kam und sagte es R. Chanina ben Dosa. Er sprach zu ihnen: Zeigt mir ihr Schlupfloch. Sie zeigten ihr Schlupfloch, er stellt seine Ferse vor die Öffnung des Schlupfloches. Sie kam heraus und biß ihn, und es starb - die Wasserschlange! Er lud sie auf seine Schulter und brachte sie ins Lehrhaus. Er sagte zu ihnen: Seht, meine Söhne - nicht die Schlange tötet, sondern die Sünde tötet. In jener Stunde sagten sie: Wehe dem Menschen, dem eine Wasserschlange begegnet; aber wehe der Wasserschlange, die Rabbi Chanina ben Dosa begegnet."

Die Geschichte hat einen ironischen Zug. Zunächst einmal haben wir die Hauptperson, den Chassid Chanina ben Dosa, der die Gefahr, die ihn umgibt, nicht wahrnimmt. Es muß nach ihm geschickt werden, bis die Schlange seine Aufmerksamkeit auf sich ziehen kann. Ferner muß ihm das Schlupfloch der Schlange gezeigt werden. Dort angekommen verhält er sich sehr eigenartig. Er stellt seine Ferse vor das Loch, und natürlich beißt die Schlange zu. Durch die Erwähnung der Ferse schwingt an dieser Stelle, wie auch in der o.a. Mischna, folgender Bibelvers mit: *"Ich will Feindschaft setzen zwischen dir und der Frau und zwischen deinen Nachkommen und ihren Nachkommen; der soll dir den Kopf zertreten, und du wirst ihn in die Ferse stechen"* (Gen

---

97 In bBer 32b-33a wird der o.a. Fall ausgeschmückt und die Haltung der Chassidim gegenüber dem König begründet.

98 Vgl. BemR 19,17. Weitere Bestimmungen gibt es, wer wann und vor wem zuerst aufstehen muß, um ihm Ehre zu erweisen (vgl. KAGAN, Divergent Tendencies, 166f.).

99 Im Kontext der Bewahrung des Schabbat ist ein weiterer Text überliefert, der die Elemente "Chassid" und "Schlange" beinhaltet: "Wer Schlangen und Skorpione am Schabbat tötet, mit dem sind die Chassidim unzufrieden" (bShab 121b).

100 Vgl. die wesentlich kürzere Version in yBer 5,1 9a. Dort trifft die Schlange bzw. Eidechse (חברבר) unmmittelbar auf den betenden Chassiden Chanina ben Dosa.

101 Die Bedeutung des Wortes ערוד ist unklar. Das hebräische Wort bedeutet eigentlich "Wildesel", was in diesem Text aber nicht gemeint sein kann. Entweder ist der Text an dieser Stelle korrumpiert oder eine Bedeutungsmöglichkeit ist verlorengegangen. Auf jeden Fall handelt es sich um ein sehr gefährliches Tier, das in einem Loch lebt und in Fersen beißt. Dieses Tier ist so schrecklich, daß es die Menschen schädigt und belästigt.

3,14). Die Geschichte ist diesem Vers konkret nachgebildet. Doch dann geschieht das Wunder: Die Schlange stirbt.

Der Grund für diese Wendung wird im Munde der Rabbinen überliefert: Die Schlange stirbt, weil es sich bei Chanina ben Dosa um einen sündlosen Menschen handelt. Deshalb kann sie ihren Auftrag, die sündigen Menschen zu beißen, nicht erfüllen. Indem die Schlange versucht, einen sündlosen Menschen durch ihren Biß zu töten, übertritt sie die Ankündigung Gottes. Aus diesem Grund stirbt sie an ihrem eigenen Biß.[102] Die Geschichte wird in zweierlei Hinsicht gedeutet: "In jener Stunde sagten sie: Wehe dem Menschen, der auf eine Schlange trifft." Das ist eine Warnung vor der tödlichen Gefahr. "Aber wehe der Schlange, die auf R. Chanina ben Dosa trifft". Das Fazit dieser Geschichte aber liegt im Mund Chanina ben Dosas: "Nicht die Schlange, sondern die Sünde tötet."[103]

Während die Erzählung von Chanina ben Dosa impliziert, daß der Chassid eine außergewöhnliche Gottesbeziehung hat und besonders sündenrein ist, weshalb ihm die Schlange nichts anhaben kann, legt unsere Mischna den Ton darauf, daß die Chassidim selbst im Konfliktfall einer akuten Lebensgefährdung die Kawwana, die Gebetsintention, höher stellen. Insofern zeigt sich auch hier eine besonders enge Gottesbeziehung.

Zusammenfassung

GOLDBERG hält mBer 5,1 analog den Texten, die mit der Formel מעשה בחסיד beginnen, für ein מעשה, eine "Erzählung, Begebenheit"[104], und nicht für eine Regel.[105] Es ist sehr unwahrscheinlich, daß der Text einer historischen Begebenheit im Leben der Chassidim entspricht. Als Beschreibung der Gewohnheiten der Chassidim und ihrer Bräuche ist der Text besser charakterisiert. Viel eher ist anzunehmen, daß diese Regel herangezogen wurde, um die Heiligkeit des Gebetes zu verdeutlichen, indem die Chassidim das Gebet zu einer persönlichen Erfahrung der göttlichen Nähe werden lassen.[106]

Die Chassidim beginnen bereits eine Stunde vor den Gebetszeiten, sich auf das Gebet vorzubereiten, um auf keinen Fall in ungebührlicher Haltung das Gebet zu sprechen. Durch ihre fromme Auslegung der Wendung, daß bei dem Gebet das "Herz auf Gott/ den Vater im Himmel" auszurichten sei, heben sie sich von der Menge ab. Da ihnen nachgesagt wird, besonders weise und fromm (חסד) zu sein, verwundert diese Haltung nicht. Mit ihrer Gebetseinstellung entziehen sie sich mehr als alle anderen Menschen der irdischen Welt, um den Dialog mit Gott vorzubereiten. Das zeugt von einem intensiven Bemühen seitens der Chassidim. Sie möchten alles richtig machen und mit ganzem Herzen Gott dienen. Daher wenden sie sich bei der Gebetsvorbereitung auch vollkommen von der irdischen Welt ab. Die Welt kann sie selbst durch physische und

---

[102] Eine ähnliche Geschichte ist in Apg 28,1-6 überliefert. Nach dem Schiffbruch wird Paulus auf die Insel Malta gerettet. Kaum sitzt er am Feuer, beißt ihn eine Schlange. Aber Paulus geschieht nichts, die Schlange kann ihm nichts anhaben. Als Begründung kann Mk 16,18 herangezogen werden: "Sie ... werden Schlangen mit den Händen hochheben, und wenn sie etwas Tödliches trinken, wird es ihnen nicht schaden." Diese Verheißung gilt allen, die Jesu Willen tun. Ihnen kann eine Schlange nichts anhaben.
[103] Vgl. auch Röm 6,23.
[104] BACHER, Term I, 112. Vgl. GOLDBERG, Maase, 7f.
[105] Vgl. NEUSNER, Judaism: The Evidence of the Mishnah, 279f.
[106] Vgl. BOKSER, Wall, 350; MOORE, Judaism II, 234-236.

politische Lebensbedrohungen nicht ins Wanken bringen. Der himmlischen Sphäre schon ein wenig näher stehend, können die Chassidim nun Gott als "Vater im Himmel" bezeichnen. Sie partizipieren, wie es in anderen Texten zu erkennen ist, an Gottes Macht und Herrlichkeit.

Dem Redaktor der Mischna schien es keineswegs ungewöhnlich, die Chassidim mit Gott in eine derart enge Verbindung zu setzen. Durch die Worte, mit denen er die Vorbereitung auf das Gebet beschreibt, wird deutlich, daß bei dieser Praxis irdische und himmlische Welt miteinander konkurrieren. Auch in diesem Kontext ist die Bezeichnung Gottes als "Vater im Himmel" zu sehen. Wo diese aus dem familialen Umfeld entnommene Terminologie irdischer Verbindungen und Verpflichtungen keinen Platz mehr hat, können die Status- und Beziehungsaussagen auf Gott übertragen werden.[107] Dies gilt besonders, da als Ausspruch Gottes überliefert ist, daß er einzelne Chassidim als "seine Söhne" bezeichnet.[108] Die Vaterschaft Gottes gegenüber den Chassidim wird durch diese Texte anerkannt und legitimiert.

VERMES leitet von dieser Mischnastelle ab, daß es eines der Merkmale alter chassidischer Frömmigkeit ist, "Gott gewohnheitsmäßig als >>Vater<< zu bezeichnen"[109]. Jedoch ist aus dem vorliegenden Text nicht zu entnehmen, daß die Chassidim Gott selbst als "Vater" bezeichnet haben. Die These SAFRAIS aufgreifend folgt VERMES dann weiter, daß Jesus zu dieser Gruppe gerechnet werden kann. Auch WILLEMS zeigt anhand dieser Stelle, daß Jesus in seiner Anrede Gottes der Gruppe der galiläischen Chassidim sehr nahe stand.[110]

1.3. Zusammenfassung der Texte über die Ausrichtung des Herzens

Zwei Texte aus dem Mischna- bzw. Toseftatraktat Berachot befassen sich mit der Ausrichtung des Herzens auf Gott. In tBer 3,14-16 beschreibt die Halacha, wie ein Blinder und jemand, der die Richtungen nicht bestimmen kann, sein Herz auf Gott ausrichtet. Dieses Ausrichtung auf Gott ist in der Tosefta durch Richtungsangaben erweitert, das Fazit lautet, daß ganz Israel zu *einem Ort* hin betet. Im Kontext des Tempelweihgebets Salomos wird eine Situation beschrieben, in der das Volk Israel im Krieg gegen ihre Feinde ausgezogen ist und zu Gott hin betet. Ihr Beten und Flehen soll von Gott erhört und ihm soll Recht geschaffen werden. Die Situation des Volkes Israel im Zitat 1Kön 8,44 wird von den Rabbinen auf einen Blinden und Orientierungslosen bezogen. Sie beten, indem sie ihr Herz auf "ihren Vater im Himmel" ausrichten. Durch diese Gottesbezeichnung stehen der Blinde und derjenige, der die Richtungen nicht bestimmen kann, in einem familialen Verhältnis zu Gott. Dieser Gott wird durch die von der Tosefta in das Bibelzitat eingefügte Apposition "euer Gott" näher bestimmt. Der Kontext von 1Kön 8,44 bringt ferner zum Ausdruck, daß der Inhalt des Gebetes und des Flehens von Gott erhört wird und er den Schwachen Recht verschafft. In diesem Text

---

107 In bBer 32b wird betont, daß die Chassidim, trotz ihrer Konzentration auf das Gebet, ihr Studium und ihre Arbeit - ihre irdischen Verpflichtungen - nicht vernachlässigen.

108 Vgl. b Ber 17b; Taan 24b; Hul 86a.

109 VERMES, Jesus der Jude, 193.

110 Vgl. WILLEMS, Jezus un de chassidim, 155ff.

schwingen bei der Vaterbezeichnung Gottes die Konnotationen von Schutz, Nähe und Hilfe für die Schwachen mit.

In mBer 5,1 wird von den Chassidim berichtet, daß sie sich eine geraume Zeit vor den obligatorischen Gebetszeiten auf die Gottesbegegnung vorbereiten. Durch diese besondere Intention heben sie sich von anderen Menschen ab. Diese Abwendung geht soweit, daß sie sich selbst durch physische und politische Gefahr nicht von der Gebetsvorbereitung abbringen lassen. Einzelne Chassidim stehen Gott besonders nahe. Diese Nähe drückt sich darin aus, daß sie an Gottes Macht und Herrlichkeit partizipieren.

In beiden Texten wird die Absicht des Betenden auf Wesen und Inhalt des Gebets bezogen. Die Bedeutung des Gebetes wird hervorgehoben, indem ein familiales Gottesverhältnis seine Grundlage bietet.

2. Segen

2.1. Der Kalender: MekhY בא 1 zu Ex 12,2[111]

Der folgende Text beschäftigt sich nur mittelbar mit liturgischen Themen. Im Anschluß an Ex 12,2 geht es um die Festlegung des Jahresbeginns. Mittelalterlichen Kommentatoren zufolge kommt Ex 12,1-2 insofern eine große Bedeutung zu, als hier das erste Gebot genannt ist, das Gott ausdrücklich dem Volk Israel gegeben hat.[112]

I. *Dieser Monat ist für euch* ... (Ex 12,2).	החדש הזה לכם
Der erste Mensch hat aber nicht mit ihm gezählt.	ולא מנה בו אדם הראשון
2. Du sagst: *für euch,*	אתה אומר לכם
der erste Mensch hat aber nicht mit ihm gezählt.	ולא מנה בו אדם הראשון
Eventuell ist es aber nicht so, sondern *für euch* (bedeutet):	או אינו אלא לכם
Nicht aber für die Völker?	ולא לגוים
Da sie (die Schrift) sagt: *Der erste ist er für euch* ... (Ex 12,2),	כשהוא אומר ראשון הוא לכם
siehe, so ist *für euch* und nicht für die Völker gesagt.	הרי לכם ולא לגוים אמור.
3. Siehe, was lehrt euch die Schrift? *Für euch!*	הא מה ת׳׳ל לכם לכם
Der erste Mensch hat aber nicht mit ihm gezählt.	ולא מנה בו אדם הראשון
II.1. So lernen wir,[113]	נמצינו למדין
2. daß die Israeliten nach dem Mond zählen und	שישראל מונין ללבנה
die Völker nach der Sonne.	והגוים לחמה.
3. Das reicht den Israeliten nicht,	לא דיים לישראל
sondern einmal in 30 Tagen erheben sie ihre Augen zu	אלא אחת לשלשים יום מגביהים את עיניהם
ihrem Vater im Himmel.	לאביהם שבשמים.

Der Text beendet den ersten Abschnitt der Parascha בא.[114] Am Anfang des Abschnitts wird das erste Wort von Ex 12,2 ""dieser Monat" ausgelegt. Der o.a. Text deutet das im Bibelzitat folgende Wort *"für euch"*. Dieser Auslegung folgt ein Text, der die Zeichen

---

[111] Text: HOROVITZ, Mechilta, 7.

[112] Vgl. MAGONET, Mit der Bibel durchs jüdische Jahr, 53ff.

[113] Zum wörtlichen Verständnis der Formel s. Einzelexegese.

[114] Vermutlich wurde der Abschnitt versehentlich nach dieser Auslegung beendet, da mit dem Lemma des zweiten Abschnitts die Auslegung von Ex 12,2 fortgesetzt wird; vgl. WINTER/WÜNSCHE, Mechiltha, 7 Anm. 2.

am Himmel für oder gegen die Israeliten aufzeigt und sich mit dem Verhältnis des Volkes Israel zu den anderen Völkern beschäftigt. Der Paragraph schließt mit der Feststellung, daß böse Zeichen ausschließlich den Völkern gegeben sind (vgl. Jer 10,2).

Gliederung:

I.1. Bibelzitat Ex 12,2 und Deutung	II.1. Einleitung
2. Diskussion eines Wortes	2. Lehrspruch
3. Rhetorische Frage und Wiederholung der ersten Deutung	3. Erweiterung

Einzelexegese

I.1. Der Textabschnitt beginnt mit dem Zitat des Anfangs von Ex 12,2. Die folgende Auslegung basiert aber nur auf einem Wort des Bibelzitats: לכם, "*für euch*". Dieses Wort zieht sich durch die gesamte Auslegung und wird in dem vorliegenden Midrasch mehrfach gedeutet.

Mit der Geschichte der Herausführung des Volkes Israel aus Ägypten beginnt in Ex 12 ein neuer Abschnitt. Der Bericht des Pesachmahls leitet für das Volk Israel eine neue Epoche ein. Anfangspunkt ist die erste Pesachfeier im Land Ägypten (vgl. Ex 12,2). לכם ist daher einerseits in den Kontext der Befreiung Israels aus Ägypten eingebettet und symbolisiert andererseits die einzigartige Beziehung Gottes zum Volk Israel, das er durch Mose aus der Unterdrückung und von der Fremdherrschaft befreit.

2. Der Midrasch greift sodann die Frage auf, ob nicht die gesamte Menschheit mit in diese besondere Befreiungsgeschichte einbezogen werden könnte. Der Ausdruck אדם הראשון, "erster Mensch", bezieht sich auf Adam. Mit ihm beginnt eine neue Epoche der Schöpfung. Bei jüdischen Chronisten ist diese Datierung von Adam an Usus.[115] Die Hypothese, der erste Mensch habe die Zählung begonnen, wird jedoch abgelehnt. Die Wendung אתה אומר, "du sagst",[116] leitet das Augenmerk auf die biblische Belegstelle Ex 12,2: "*für euch*".

Die Beobachtung bezieht sich auf das Personalpronomen. Der Verweis auf "der erste" in Kombination "für euch" suggeriert, daß es andere Gruppen und Völker gibt, für die dieser Monat des ersten Pesachmahles nicht der erste Monat des Jahres ist. Dem wird mit der Weiterführung des Zitates Ex 12,2 widersprochen: "*Der erste ist er für euch.*" Diese Beobachtung wird durch Wiederholung der Argumentation bis hin zur erneuten Anführung des beginnenden Lehrsatzes untermauert.

3. In der feststehenden Formel הא מה תלמוד לומר leitet die Partikel הא[117] Fragesätze ein. Diese Formel ist vermehrt in der Mechilta anzutreffen.[118] Mit ihr werden halachische

---

[115] Dies trifft auf hellenistische, rabbinische und Qumrantexte zu. Vgl. dazu WACHOLDER, Essays on Jewish Chronology and Chronography, XI. Als Beispiele führt WACHOLDER Demetrius und Eupolemus, den Ratgeber Judas` Makkabäus, an. Eine Tabelle zur Chronologie der Essener, Hellenisten, Pharisäer und Christen vgl. bei BECKWITH, Calendar, 257ff.

[116] Vgl. BACHER, Term I, 6.

[117] Die aramäische Partikel entspricht dem biblischen הנה, הן geht aber noch weiter über deren Funktion hinaus. "In den bibelexegetischen Ausführungen bildet sie ein den Ausdruck belebendes Element, und sie war offenbar in den lebendigen Discussionen des Lehrhauses so allgemein im Gebrauch, dass sie sich trotz ihres rein aramäischen Characters in der Kunstsprache des alten Midrasch festgesetzt hat" (BACHER, Term I, 29).

[118] Außer in tBQ 3,2 findet sich die Formel 44mal in der Mechilta. Davon allein elfmal in der Parascha בא. Ihr Vorkommen in diesem Text ist daher nicht ungewöhnlich.

Lehrentscheidungen eingeleitet. Die Schrift lehrt die Israeliten "*für euch*", weil es nicht um die Belange der gesamten von Adam abstammenden Menschheit geht. Dadurch wird transparent: Die Aufgabe der Festlegung der Zeiten und Kalender liegt bei den Israeliten. Da die Feste und Feiertage auf einem exakten Kalendersystem basieren, sind durch die Entscheidung auch die Festzeiten an Israel gebunden.

Diese Bezeugung der Zeiten brachte von jeher viele Probleme mit sich. Bereits in der Tora werden Kalender angeführt. Nach Ex 12,2 beginnt das Jahr im Frühling mit der Pesachfeier im Monat Nissan, nach der Sintflutgeschichte mit dem Monat Tischri im Herbst.[119] Ex 12,2 brachte einen bewußten Bruch mit dem Neujahr Ägyptens. Dagegen sind mesopotamische Anklänge an das Sonnen- und Mondjahr in der Tora zu finden.[120] Beide Jahreszählungen treten in der deuterokanonischen und zwischentestamentlichen Literatur auf.[121] Im ersten nachchristlichen Jahrhundert wurde das Sonnenjahr von Philo[122] und Josephus[123] erwähnt. BECKWITH gibt an, daß offensichtlich "the prevailing use among Pharisees, Sadducees and Samaritans"[124] zugrunde liegt. Diese Beobachtung wird in der rabbinischen Literatur hinterfragt. Die Samaritaner[125] hielten ebenso wie die Gemeinschaft in Qumran dagegen am Sonnenjahr fest.[126] Sadduzäer und Pharisäer stritten sich um die Zeiteinteilung. Ausgehend von verschiedenen Auslegungen des Wortes "Schabbat" (Lev 23,11.15f.) gab es unterschiedliche Auffassungen über das Datum von Shawuot und der Garbensammlung.[127] Allerdings waren die Festzeiten beider Gruppen meist in einer Woche, was darauf schließen läßt, daß beide den Sonnenkalender benutzten.[128]

II. Mit dem exegetischen Einschub נמצינו, "so finden wir uns", treffen wir auf eine für den tannaitischen Midrasch geläufige Formel.[129] Ihre Funktion ist dramatischer Art. Sie leitet aus der Tora sich ergebende Thesen, Anschauungen oder geschichtliche Daten ein.[130] In der Kombination mit למדין "lernend" stellen beide Worte eine charakteristische Formel für die halachischen Midraschim dar.[131] BACHER geht sogar noch weiter mit seiner Behauptung, daß diese Formel charakteristisch für die Schule Jishmaels sei.[132]

2. "Israel zählt nach dem Mond und die Völker nach der Sonne." Zwei neue Komponenten der Zeitzählung, Sonne und Mond, sind der Auslegung zugefügt worden. Kontext der Auslegung ist ברכת הלבנה, der "Mondsegen". Dieser Segen ist als "Heiligung des Mondes" (קידוש הלבנה) bekannt. Die Weisen interpretieren ihn folgendermaßen: "Es ist

---

[119] Vgl. Ex 23,16; 34,22; Jer 8,20.

[120] Vgl. BECKWITH, Calendar, 99f.

[121] Vgl. Sir 43,6f.; 50,6; Aristobul (vgl. EUSEB, Kirchengeschichte, 7,32 16-18). Erwähnt, aber abgelehnt, wird das Sonnenjahr noch in äthHen 75,1f.; 82,4-6.

[122] Vgl. SpecLeg I, 177; II, 140.155.210.

[123] Vgl. Ant III, 240.248.

[124] BECKWITH, Calendar, 100.

[125] Vgl. tPes 2,2; vgl. LOEWENSTAMM, Art. Samaritans, 748-750.

[126] Vgl. die Kalender in 4QMMT (Übersetzung vgl. MAIER, Texte II, 361f.; BECKWITH, Calendar, 110ff.).

[127] Vgl. mHag 2,4; Men 10,3.

[128] Vgl. BECKWITH, Calendar, 100.

[129] Neben der o.a. Formel ist hier noch die Variante נמצאת zu nennen. Beide Wendungen repräsentieren die Passivformen der Wendungen "du findest" und "so finden wir".

[130] BACHER, Term I, 113.

[131] Die Wendung נמצינו למדין begegnet an 36 Stellen in den halachischen Midraschim. Sie ist gleichmäßig 16mal in der Mechilta, und jeweils zehnmal in SifBam und in SifDev verteilt. Die leicht abgeänderte Form נמצאנו למדים ist lediglich in BemR 3,7 anzutreffen.

[132] BACHER, Term I, 115.

Gebot, den Neumond auf Grund des Sehens zu heiligen!"[133] Das "Sehen" wurde mit Hilfe zweier Zeugen vollzogen, welche vor dem Bet Din erschienen und ihre Wahrnehmung bezeugten. Daraufhin rief der Vorsitzende des Bet Din die Heiligung aus, und das ganze Volk antwortete ihm mit der zweifachen Wiederholung der Bekräftigungsformel: "Geheiligt! Geheiligt!"[134] Als die Israeliten in Babylon im Exil waren, legten die babylonischen Weisen den Kalender fest und fügten eine spezielle Benediktion ein, die rezitiert wurde, um an die Heiligung im Lande Israel zu erinnern.[135] Diese Benediktion fand nachts, meist nach Ausgang des Schabbats statt, da die Juden dann noch in Schabbatstimmung und feierlich gekleidet waren.[136]

3. Eine einfache Zählung reichte den Israeliten aber nicht. Sie erhoben dabei einmal im Monat "ihre Augen zu ihrem Vater im Himmel". Das Verb גבה, "erheben",[137] im Hiphil steht oft im Kontext der menschlich-göttlichen Beziehung.[138] Die Kombination "die Augen zum Vater im Himmel" findet sich außer in dem halachischen Midrasch noch in zwei aggadischen Midraschim, die den Gebrauch des Gottesepithetons "Vater im Himmel" nahelegen. In MTeh 121,2 zu Ps 121,1 heißt es:

"*Ich hebe meine Augen auf* usw. ... Was heißt: *zu den Bergen?* An dem Tag, wo der Heilige, g.s.e., zu Gericht kommt und die Israeliten auf die Väter blickten, damit sie zu ihren Ehren reden sollen und es keinen Vater gibt, der seinen Sohn retten, und keinen Mann, der seinen Bruder retten kann, in dieser Not am Tag des Gerichts, in dieser Stunde, - da heben sie ihre Augen zu ihrem Vater im Himmel und sprechen: *Du bist unser Vater, denn Abraham kennt uns nicht* usw. (Jes 63,16)."

Diese Auslegung beruht auf der Wendung אשא עיני אל ההרים, "*ich erhebe meine Augen zu den Bergen*" (Ps 121,1). Sie ist mit dem Tag des Gerichts und dem Flehen um Hilfe und Beistand seitens der Israeliten verbunden. Wenn keine familiale Hilfe auf Erden mehr zu erwarten ist, dann heben sie die Augen zu "ihrem Vater im Himmel". In dem Psalmmidrasch ist die Wendung stärker mit der Hoffnung auf Rettung verbunden als in der Kalenderauslegung. Diese Hoffnung wird durch das Zitat Jes 63,16 dadurch noch unterstützt, daß im Kontext versucht wird, die Erfahrung der Tempelzerstörung und des Exils zu verarbeiten.[139]

Ein anderer aggadischer Midrasch ist ShemR 21,5 zu Ex 14,15: In der Not am Schilfmeer, "als die Israeliten sich aus drei Richtungen bedrängt sahen ... da richteten (תלו) sie ihre Augen zu ihrem Vater im Himmel und schrien zum Heiligen, g.s.e., wie es heißt: *Und da schrien die Kinder Israels zu J'* (Ex 14,10). Und warum tat ihnen Gott dieses an? Weil der Heilige, g.s.e., sich nach ihrem Beten sehnte." Auch in dieser Auslegung ist mit dem Aufblicken des Volkes und der Bezeichnung Gottes als "Vater im Himmel" das Gebet und mit ihm das Flehen um Beistand und Hilfe in einer Notsituation verbunden. An das Erbarmen und Eingreifen Gottes wird appelliert.

---

[133] bRHSh 20a (GOLDSCHMIDT, Der babylonische Talmud III, 579f.).

[134] mRHSh 2,7.

[135] Vgl. Sof 20,1.

[136] CARO, Orah Chayyim, 426,2.

[137] Vgl. LEVY, WB I, 291.

[138] Vgl. bNed 55a: "Wer sich selbst überhebt, den erniedrigt Gott; wenn der Mensch davon abläßt, erhebt ihn Gott" (vgl. bEr 13b).

[139] Zur Auslegung der Vaterbezeichnung Gottes in Jes 63,17 vgl. BÖCKLER, Gott als Vater, 277-288.

Das Vaterimage Gottes muß in der Zeit der Entstehung der Midraschtexte bereits mit der Hoffnung auf Hilfe und Beistand so stark belegt gewesen sein, daß alttestamentliche Zitate, die ebenfalls Gott als "Vater" bezeichneten, zur Unterstützung herangezogen wurden. In den drei Midraschim ist die Wendung "ihre Augen richten/ erheben auf ihren Vater im Himmel" mit der Exodustradition verbunden: in MekhY בא 1 durch die Auslegung von Ex 12,1, in MTeh 121 zu Ps 121,1 durch den Kontext von Jes 63,16 und in ShemR 21,5 durch die Auslegung von Ex 14,5, der Not am Schilfmeer. Dadurch wird in Umbruchssituationen auf Gottes Hilfe und Beistand verwiesen, sein Erbarmen und sein Eingreifen in die Geschichte werden bestärkt.

Zusammenfassung

Der Midrasch thematisiert das konstitutive Element des Gottesverhältnisses Israels, die Erwählung. Kurz vor dem Auszug aus Ägypten setzt Gott das Pesachfest ein, mit dem die Jahreszählung beginnt. Der Midrasch hinterfragt diese enge Verbindung der Israeliten zu Gott anhand der Worte "für euch" aus Ex 12,2. Für die Israeliten ist der Monat des Pesachfestes der Jahresbeginn, für die restliche Menschheit gelten andere Zeiten und Feste, da das Volk Israel nach dem Mond zählt, die Völker aber nach der Sonne. Bei der Monatszählung und dem damit verbundenen Mondsegen erheben die Israeliten ihre Augen zu ihrem Vater im Himmel. Diese Geste bringt die Suche nach Verbindung mit dem im Himmel verorteten Gott zum Ausdruck. Sie ist meist mit einem Gebet und Flehen um göttliche Hilfe und Beistand in Notsiutationen wie der des Auszuges aus Ägypten verbunden. Gott soll sich analog der Exodustradition seines Volkes erbarmen und ihm väterlich helfend beistehen.

2.2. Segensformen

Im Zusammenhang der Frage, wann der Segen über den Neumond gesprochen werden muß, finden wir eine Baraita in bSan 42a:

1. In der Schule Rabbi Jishmaels wurde gelehrt:	תנא דבי רבי ישמעאל
2. Wenn die Israeliten nicht mehr erlangen würden,	אילמלא (לא) זכו ישראל
als Monat für Monat das Gesicht ihres Vaters im Himmel zu empfangen,	אלא להקביל פני אביהן שבשמים כל חדש וחדש
3. so würde ihnen dies genügt haben.	דיים

Im vorangehenden Abschnitt wird im Namen R. Acha ben Chaninas im Namen R. Asis im Namen R. Jochanans folgende Auslegung angeführt: "Jeder, der den Monat (= Neumond) zur (richtigen) Zeit segnet, ist, als hätte er das Gesicht der Schekhina empfangen. Denn hier heißt es: *dieser Monat* (Ex 12,2) und dort heißt es: *Dieser ist mein Gott, ihn will ich preisen* (Ex 15,2)." Durch diesen der Auslegung unmittelbar vorausgehenden Abschnitt wird deutlich, daß der Segen über den Neumond ein wesentliches Ritual innerhalb des Verhältnisses Israel - Gott ist. Die Zeiten gelten als von Gott gegeben, daher ist jeder Neumond wie eine neue Schöpfung zu preisen.

Im Kontext einiger Auslegungen, in welchen Gebetshaltungen der Segen gesprochen werden muß, begegnet die Aussage, daß Israel das Gesicht Gottes empfängt.

Einzelexegese

1. Die Auslegung über den Segen wird mit der Formel תנא דבי ישמעאל, "in der Schule R. Jishmaels wurde gelehrt", eingeleitet. R. Jishmael ist mit R. Akiva einer der früheren Tannaiten der zweiten Generation.[140] Beide hatten eine große Jüngerschaft und etablierten Schulen, denen später die Ausformulierung einzelner halachischer Midraschim zugeschrieben worden ist. Nach R. Jishmael werden zudem noch Auslegungsregeln benannt.[141] Er war ein Schüler Nechunja ben ha-Qanas und lebte in Kefar Aziz an der Grenze Edoms.[142] Die Schule R. Jishmaels wird explizit nur an wenigen Stellen der tannaitischen Literatur genannt.[143] Durch die Einleitungformel wird die Auslegung als eine Baraita charakterisiert.

2. Mit der den Bedingungssatz einleitenden Partikel אילמלא, "wenn nicht"[144], beginnt die Aussage. Das Verb זכה, "etwas erlangen, gewinnen", ist ebenfalls bereits als Aussage über Moses Vermittlertätigkeit bekannt. Über ihn wurde ausgesagt, daß er "würdig, berechtigt war", als Bevollmächtigter zwischen Israel und ihrem Vater im Himmel aufzutreten (Sifra בחקתי 8,12 zu Lev 26,46). Betont wird durch das Verb das "durch ein tugendhaftes Leben oder durch das Gesetzstudium würdig werden"[145]. Bei der vorliegenden Auslegung wird dem Volk Israel die Möglichkeit, das Gesicht ihres Vater im Himmel zu erlangen, zugesprochen.

Die Wendung קבל פני אב, "das Angesicht des Vaters empfangen", beschreibt die Begegnung zweier Parteien,[146] in diesem Fall die Israels und Gottes. Hintergrund dieser Auslegung ist der Verweis auf die Monatsbestimmung. Selbst wenn dieser Zeitpunkt der einzige gewesen wäre, an dem Israel sich Gott zuwendet bzw. ihm gegenübertritt, würde es den Israeliten genügt haben. Der Kontext der Benediktion macht deutlich, daß es um die Diskussion geht, inwiefern Gott bei der Benediktion anwesend ist bzw. wie Israel sich in dieser Situation verhalten sollte. Rechtzeitige Pflichterfüllung wird mit der Begegnung Gottes gleichgesetzt. Einen Verhaltenshinweis für die Menschen gibt die angefügte amoräische Erklärung Abbajes: Der Segen soll daher stehend gesprochen werden.

Alle drei Textabschnitte versuchen, eine Analogie zwischen dem Ritus des Neumondsegens und dem Empfangen des Gesichts Gottes herzustellen. Im Vergleich mit MekhY בא 1 kann vermutet werden, daß die Tradition, sich beim Neumondsegen auf Gott, den Vater, auszurichten, älter ist als jene den Auslegungstext umgebenden Traditionen des Talmud, in denen das Gesicht der Schechina empfangen wird.[147] In der Mechilta fehlen die Forderungen nach rechtzeitigem Sprechen des Segens und der damit verbundenen Gebetshaltung nämlich noch.

3. Mit der Aussage דיים, "es reichte ihnen", endet der Lehrspruch der Schule R. Jishmaels. Diese Wendung schließt in einigen Fällen rabbinische Geschichten oder Gleich-

---

[140] STEMBERGER, Einleitung, 80.

[141] Ebd., 30-32.

[142] Ebd., 80.

[143] Vgl. mNed 9,10; tMen 13,4; bPes 57a.

[144] LEVY, WB I, 88.

[145] Vgl. LEVY, WB I, 534.

[146] tYom 4,6. In SifBam § 89parr. drückt diese Wendung innerhalb des Königsgleichnisses die Begegnung von Sohn und Vater aus.

[147] So auch GOLDBERG, Schekhinah, 296.

niserzählungen ab. In dieser Auslegung drückt sie folgendes aus: Gott ist während des Rituals der Benediktion anwesend und erweist sich den Israeliten als Vater, indem sie mit ihm kommunizieren können. In bezug auf die Israeliten wird durch die Wortwahl der Formulierung ausgedrückt, daß sie Gott, ihrem Vater im Himmel, während der Benediktion gegenübertreten.

Die Satzform bringt durch den Irrealis implizit zum Ausdruck, daß die Israeliten die Überzeugung hatten, mehr als einmal monatlich einer Gottesbegegnung gewürdigt zu werden. MARMORSTEIN vermutet hinter dem Midrasch religiöse Verfolgungen des dritten nachchristlichen Jh.s, durch die die Durchführung des Neumondritus behindert wurde.[148] Für diese These findet sich allerdings keinerlei Anhalt im Text.

Zusammenfassung

Der Segen über den Neumond ist ein Ritual, welches an das Verhältnis des Volkes Israel zu Gott gebunden ist. Das Erheben der Augen bei der Bestimmung des Neumondes und der Benediktion des Neumondes ist für den Ritus und die damit verbundenen Festzeiten von zentraler Bedeutung. Jeder Neumond wird wie eine neue Schöpfung gepriesen. Der Lehrsatz der Schule Jishmaels sagt aus, daß dieser Ritus und die in ihm erfahrene Gottesbegegnung den Israeliten ausreichte und sie an ihr Gottesverhältnis, das dem eines Kindes zu seinem Vater entspricht, erinnert. Diese Erinnerung hat für das Volk Israel die religiöse Pflichterfüllung zur Folge, die sich durch Einhalten der Gebote, das Tora-studium oder zur Zeit der Tempel durch den Vollzug des Kultus, der Opferungen am Tempel, ausdrückte.

2.3. Zusammenfassung der Segenstexte

In der Auslegung MekhY בא 1 zu Ex 12,2 geht es um die Bestimmung des Festjahres. Das Festjahr konstituiert die Beziehung des Volkes Israel zu ihrem Gott mittels der rituellen Feste, die zu einem bestimmten Zeitpunkt gefeiert werden sollten. Dement-sprechend kommt der Zeiteinteilung wegen der Festsetzung der Festdaten eine wichtige Rolle im religiösen Leben des Volkes zu. Es wundert nicht, daß um die Zeitsetzung ge-stritten wird. Durch das Zitat von Ex 12,2 wird in beiden Auslegungen die Bedeutung der Zeitzählung seit dem ersten Pesachmahl für das Volk Israel hervorgehoben. Der Kontext bindet dies an die Befreiung aus Ägypten und die Offenbarung Gottes am Schilfmeer.

Die Orientierung an Sonne oder Mond führt zu einem alternativen Kalenderkon-zept.[149] Es geht um die Festlegung der Feiertage in Abgrenzung von den Fremdvölkern und der damit konstituierten Beziehung zu Tempel und Opfern.

In MekhY בא 1 wird berichtet, daß die Israeliten ihre Augen zu "ihrem Vater im Himmel" erheben. In diesem Satz kommt zweierlei zum Ausdruck. Einerseits klingt in der Wendung "Augen erheben" die Festlegung des Neumondes durch Beobachten an, andererseits wird das nahe Verhältnis zwischen Volk und Gott betont.

---

[148] Vgl. ders., Doctrine of God II, 113.
[149] Vgl. PRE 8: Sonne und Mond sind aufeinander eifersüchtig.

In bSan 42a wird die Anwesenheit Gottes während der Benediktion bei Neumond postuliert. Daher wird in der Verbindung mit Ex 12,2, der Offenbarung am Schilfmeer, zum Ausdruck gebracht, daß Gott sich sichtbar in der Welt offenbart. Diese Offenbarung kann im Rahmen von Benediktionen erfahren werden. Durch die Erhörung der Benediktionen erweist Gott seine Nähe zum Volk Israel. Diese Nähe kommt zum Ausdruck in der Gottesbezeichnung "Vater im Himmel". Als Vater offenbart er sich seinem Volk und sagt seine Anwesenheit beim Ritus zu. Das Volk kann ihn als Vater durch Monatsbestimmungen und die dadurch ermöglichte Festlegung von Festen und Feiern in der Welt erfahren. Der Kontakt zwischen dem göttlichen Vater und dem Volk Israel als seinen Kindern reicht für den Erhalt der Beziehung aus. Die Kinder bejahen die väterliche Gottesbeziehung durch religiöse Pflichtausübung, die sich im Vollzug des Kultes, der Bewahrung der Gebote und des Torastudiums niederschlägt.

3. Abba

Der im folgenden behandelte Text gehört formal nicht in den Kanon der in dieser Untersuchung behandelten Texte, da er nicht zum tannaitischen Textkorpus gerechnet werden kann. Er ist nicht eindeutig als Baraita gekennzeichnet und durchweg in aramäischer Sprache verfaßt. Da aber die Tradition der Regenwunder alt und durch zahlreiche tannaitische Geschichten belegt ist, wird der Text in einem eigenen Abschnitt untersucht.

Eine der wenigen Stellen[150] in der rabbinischen Literatur, an denen Gott mit dem aramäischen Wort "Abba" bezeichnet wird, finden wir in bTaan 23b:

1. Chanan der Versteckte war ein Sohn	חנן הנחבא בר
der Tochter Choni des Kreisziehers,	ברתיה דחוני המעגל הוה
2. und wenn die Welt Regen brauchte,	כי מצטריך עלמא למיטרא
3. schickten die Rabbanan Schulkinder zu ihm,	הוו משדרי רבנן ינוקי דבי רב לגביה
die ihm an seine Rockschöße faßten und riefen:	ונקטי ליה בשיפולי גלימיה ואמרו ליה
Abba, Abba, gib uns Regen!	אבא אבא הב לן מיטרא,
4. Er sagte vor dem Heiligen, g.s.e.:	אמר לפני הקב״ה
Herr der Welt, mache es um jener willen,	רבש״ע עשה בשביל אלו שאין
die zwischen einem Abba, der Regen gibt,	מכירין בין אבא דיהיב מיטרא
und einem Abba, der keinen Regen gibt, nicht zu unterscheiden wissen!	לאבא דלא יהיב מיטרא.
5. Und warum wird Chanan der Versteckte genannt?	ואמאי קרי ליה חנן הנחבא,
Weil er sich selbst auf der Toilette zu verstecken pflegte.	מפני שהיה מחביא עצמו בבית הכסא.

Diese Stelle steht im Kontext vieler Aussagen über Regenknappheit. Ausgelegt wird mTaan 3,8f., eine Geschichte von Choni dem Kreiszieher. Sie entspricht in vielen Details der auszulegenden Geschichte. Zum besseren Verständnis sei die Geschichte Chonis zitiert:

---

[150] Vgl. bTaan 23a; SifZ בהעלתך 11 zu Num 11,9 in dem Königsgleichnis wird der König (= Gott) von seinem Sohn mit "Abba" bezeichnet (vgl. S. 44ff.). Zum Vorkommen des Nomen אבא an sich in sonstigen rabbinischen Texten, Targumen, Ossuarien, Ostraka etc. vgl. SCHELBERT, Sprachgeschichtliches, passim).

"Ein Ereignis, als man zu Choni, dem Kreiszieher, sprach: Bete, daß Regen niederfalle. Er sprach zu ihnen: Geht hinaus und bringt die Pesachöfen herein, damit sie nicht aufweichen. Darauf betete er, und es fiel kein Regen. Was tat er daraufhin? Er zog einen Kreis, stellte sich in seine Mitte und sprach zu ihm (Gott): Herr der Welt, deine Kinder haben sich an mich gewandt, weil ich wie ein Sohn des Hauses vor dir bin. Ich schwöre bei deinem großen Namen, daß ich nicht von hier weiche, bis du dich deiner Kinder erbarmt hast. Da begann der Regen zu tröpfeln. Da sprach er (Choni): Solches erbat ich nicht, sondern um Regen für Brunnen, Gruben und Höhlen. Da begann (der Regen), stürmisch niederzufallen. Da sprach er: Solches erbat ich nicht, sondern um beabsichtigten Regen, segensreich und wohltuend. Er fiel nun wie bestellt, bis die Israeliten von Jerusalem vor lauter Regen auf den Tempelberg ziehen mussten. Sie kamen und sprachen zu ihm (Choni): Wie du für uns gebetet hast, daß er niederfalle, so bete nun auch, daß er aufhöre. Da sprach er zu ihnen: Geht hinaus und seht nach, ob sich der Stein der Verluste aufgelöst hat.

Daraufhin sandte Shimon ben Shetah ihm folgendes: Wenn du nicht Choni wärst, so würde ich über dich den Bann verhängt haben. Aber was kann ich gegen dich machen, der du dich gegen Gott leichtfertig benimmst, und er dir dennoch deinen Willen erfüllt, wie ein Sohn gegen seinen Vater sich leichtfertig benimmt, und dieser erfüllt ihm dennoch seinen Willen. Über ihn sagt die Schrift: *Dein Vater und deine Mutter mögen sich freuen und frohlocken, die dich gebar* (Prov 23,25)."[151]

Gliederung:
1. Einleitung; Vorstellung des Rabbinen
2. Anlaß
3. Geschichte
4. Gebet
5. Namenserklärung des Rabbinen

Einzelexegese

Bei dieser Begebenheit, die deutlich in das Umfeld der galiläischen Chassidim um Choni den Kreiszieher gehört, geht es darum, daß ein Chassid von den Schulkindern als Abba bezeichnet wird und diese Bezeichnung in seiner Bitte auf Gott überträgt.
1. Zu Beginn der Geschichte wird die Familie des Chassiden Chanan genannt, um seine besondere Nähe zum großen Wundertäter Choni zu betonen.[152]
2. Direkt nach der Vorstellung der Person wird der Anlaß oder Auslöser für die Begebenheit berichtet: "wenn die Welt Regen brauchte".[153] Die Zusammenstellung der Worte צרך עלם מטר leitet einige Regengeschichten ein.[154] In diesen Geschichten geht es um Wassernot, die sich bedrohlich auf die Flora und Fauna und dadurch auch auf die Menschen auswirkt. Bereits in der Hebräischen Bibel ist die Vaterbezeichnung Gottes im Kontext eines gnädigen Regens (Ps 68,6ff.) und dem Ausbleiben des Früh- und Spätregens (Jes 64,3f.) verankert.

---

[151] mTaan 3,8f.; Vgl. Josephus, Ant XIV, 22ff. Zur ausführlichen Behandlung dieser Geschichte vgl. KRUPP, Chassidim, 32-38; SAFRAI, Teaching, 17; BOKSER, Wonder-Working, 84.

[152] Vermutlich ist der Verweis auf eine Verwandtschaft mit Choni nicht historisch zu werten, sondern entspricht einem Interesse, die Nähe zu Choni zu betonen (vgl. SAFRAIs bei SCHERLE, 316 Anm. 78 zitierte Meinung). Bei einem Vergleich der palästinischen und babylonischen Traditionen von Wundertätern stellt SAFRAI fest, daß populäre Gelehrte, die dem Zirkel der Wundertäter nahestanden, im babylonischen Talmud als Nachfahren Chonis, der bereits in der Mischna erwähnt wird, beschrieben werden (ders., Tales, 231).

[153] Eine Untersuchung der Texte, die die Gabe des Regens und seine Bedeutung für das Land, das Volk Israel und Gott hat, findet sich bei: PATAI, Control of Rain, 251ff.

[154] Vgl. die Regengeschichten in bTaan 23a.b. In PesK 10 (vgl. BRAUDE, Pesikta, 197) sprechen sich die Gelehrten in Auslegung von Dtn 14,22 dafür aus, daß die Regenbitte nach erfolgter Abgabe des Zehnten erhört werden wird. In bBM 85a wird berichtet, daß Rabbi 13 Jahre an Blasenstein und Scharbock erkrankt war. Während dieser ganzen Schmerzensjahre Rabbis bekam die Welt keinen Regen.

3. Zuerst fällt auf, daß nicht die Rabbanan selbst ihre Bitte vor Chanan vortragen, sondern Schulkinder schicken. Deutet das auf Spannungen zwischen den Gelehrten und dem Wundertäter, oder genügt die Annahme, daß die Rabbanan der Ansicht waren, durch Kinder als Bittsteller Chanan eher zu einer Intervention bewegen zu können? Die Wendung ינוקי דבי רב bezeichnet Schulkinder oder Gelehrtenschüler.[155] Sie ist außer im Kontext der Regenbitte noch in einer Geschichte um R. Zera und R. Jehuda b. Ami anzutreffen (bEr 28b).[156] Deutlich ist, daß Kinder und Schüler auf die Autorität der Rabbinen hörten und von diesen zu kleineren Diensten herangezogen wurden. Das Verb משדר, "senden"[157], im Piel bringt die Beauftragung durch die Rabbinen zum Ausdruck. Durch die Präposition לגביה, "zu ihm"[158], wird der Bezug zu Chanan dem Versteckten hergestellt. Indem der Text berichtet, daß Kinder Kontakt zu Chanan hatten, steht er Texten der Jesusüberlieferung nahe, in denen zwischen Jesus, den Kindern und Gott bzw. der Gottesherrschaft eine enge Verbindung hergestellt wird (vgl. Mk 9,33-37 und Mk 10,13-16parr.).[159]

Ferner ist die Art und Weise, wie die Schulkinder sodann die Bitte an Chanan herantragen, bezeichnend. Die Kinder fassen ihn an den Saum seines Gewandes (שיפולי גלימיה). שיפול beschreibt allgemein eine "untere Sache, den Saum oder Rand eines Stücks".[160] גלימא, "Mantel"[161], bezeichnet das Kleidungstück, welches in bShab 77a etymologisch erklärt wird.[162] Die Zusammenstellung beider Substantive ist lediglich noch in bSan 102b, einer Traumgeschichte R. Ashis von Manasse, zu finden. Das Anfassen und Berühren eines Kleidungsstücks oder einer anderen Person bedeutete in der Antike zumeist eine Übertragung geistiger oder physischer Kräfte von einer Person auf die andere.[163] In bTaan 23b verlassen sich die Kinder/Schüler aber nicht allein darauf, sondern betonen ihr Anliegen, nachdem sie zuerst physischen Kontakt zum Chassid aufgenommen haben.

Die dann vorgetragene Bitte um Regen hat eine liturgische Form. Diese Form bringt vermutlich die Nähe zu den in mischnischen Zeiten bekannten Gebeten um Regen zum

---

[155] ינוק bezeichnet allgemein ein Kind, an einigen Stellen auch einen jungen Mann (vgl. Hld 8,1; Klg 2,11). Zur genaueren Spezifizierung ist בית רב, in diesem Fall das "Haus eines Rabs", hinzugefügt. Inwiefern mit diesem Terminus Schulkinder oder bereits Gelehrtenschüler gemeint sein können, ist nicht näher zu bestimmen (vgl. DALMAN, Handwörterbuch, 184).

[156] R. Zera saß vom Studium ermüdet vor der Tür des Hauses, in dem R. Jehuda lehrte. Ein Schuljunge kam heraus und wurde vom Rabbi über das Erlernte befragt. Der Schüler gab die halachisch gängige Antwort, doch R. Zera akzeptierte diese nicht und verunsicherte den Schüler. Abschließend werden von den Gelehrten beide Meinungen beurteilt.

[157] LEVY, WB IV, 513. Vgl. Gen 38,20.

[158] Vgl. 2Kön 4,2.

[159] In Jerusalem war es Brauch, daß kleine Kinder zu angesehenen Männern gebracht wurden und diese sie segneten (vgl. Sof 18,5; Bill I, 807f.; FLUSSER, Jesus, 115).

[160] LEVY, WB IV, 597.

[161] LEVY, WB I, 336.

[162] Der Mantel heißt גלימא, weil der darin Eingehüllte plump aussieht, wie jemand ohne Gliedmaßen (das Wort גולם bezeichnet eine unförmige, gestaltlose Masse; vgl. LEVY, WB I, 336).

[163] Diese Berührung, Contactus, wird hier von den Schwächeren initiiert und bezweckt Kraftentlehnung. In der Antike war diese Geste nicht nur in der griechisch-römischen Welt, sondern auch im Judentum verbreitet (vgl. WAGENVOORT, Art. Contactus, 414f.).

Ausdruck.[164] Durch den zweimaligen Anruf Chanans als "Abba, Abba" wird die Dringlichkeit der Bitte veranschaulicht.

Exkurs: Die Bedeutung der Verdoppelung des Namens angerufener Personen
In der Hebräischen Bibel ist die Verdoppelung eines Substantivs im Stil der emphatischen Gemination[165] geläufig. Meistens werden herausragende Menschen oder Orte[166] in der doppelten Wiederholung angeführt. Abraham wird in Gen 22,11 zweimal angesprochen.[167] Auch Gott wird in Ex 34,6 zweifach mit dem Tetragramm bezeichnet.[168] BILLERBECK resümiert, daß die rabbinischen Gelehrten diese Stellen folgendermaßen auslegen:[169]
  a) als Liebe und Ermunterung
  b) daß in dem Angeredeten zugleich die mitgemeint seien, die ihm in späterer Zeit gleichen werden
  c) daß der Angeredete ein Sohn dieser und der zukünftigen Welt sei
  d) daß der Angeredete immer sich selbst gleichgeblieben sei.

Deutlich zu unterscheiden ist zwischen der Gottesanrede und -bezeichnung "Vater" und der der Rabbinen. Mit der Anrede Chanans als "Abba" wird dem Rabbinen seitens der Kinder Ehre erwiesen.

Exkurs: Die Rabbinenbezeichnung "Abba"
Bei den Rabbinen hat sich "Ab/Abba" als Ehrentitel zur Kennzeichnung unterschiedlicher Aufgaben und Rollen eingebürgert. In Mischna und Tosefta gibt es viele Rabbinen, die אבא als Teil ihres Namens vor dem eigentlichen Vornamen führen.[170] Einige dieser Gelehrten lebten zur Zeit des Zweiten Tempels. Die bekanntesten sind: Abba Shaul ben Batnit[171], Abba Hilkia[172], Abba Jose ben Dostai[173], Abba Shaul[174] usw.[175]
Die Bezeichnung "Abba" ist vermutlich ein Ausdruck von Ehrbezeugung parallel zu "Rabbi" vor 70 n.Chr.[176] Die Frage nach den Implikationen des Titels ist kaum zu beantworten. KOHLER versuchte, den Titel in den Kreisen der Essener zu verorten.[177] BÜCHLER unterschied den Gebrauch des Titels nach Regionen.[178] KUTSCHER versuchte, die Bezeichnung aus dem Gebrauch als Titel für Gelehrte zu er-

---

[164] Vgl. PATAIs Abschnitt über die Regengebete (ders., Control of Rain, 278-281).

[165] Vgl. auch den Anruf R. Manis in bTaan 23b, als er von den Leuten seines Schwiegervaters gequält wurde. Vgl. die geminatio in MTeh 9,7 zu Ps 9,6. Zur empathischen Gemination im Neuen Testament vgl. STÄHLIN, Beteuerungsformeln, 119 Anm. 2.

[166] Z.B. der Weinberg in QohR 4,15 oder Jerusalem Mt 23,37.

[167] Vgl. auch Ex 3,4; Gott ruft, um nicht überhört zu werden und seinen Plan der Rettung Israels durch Mose nicht zu gefährden, denselben zweifach beim Namen. So wird jedweder Verwechslung vorgebeugt.

[168] Die LXX übersetzt in Ex 34,6 jedoch lediglich ein Tetragramm.

[169] Vgl. Bill II, 258.

[170] Allein in Mischna und Tosefta sind über 100 Belege für Gelehrte mit dem Titel "Abba" anzutreffen.

[171] Vgl. mShab 24,5; Bes 3,8 u.a

[172] Vgl. bTaan 23a.b. Abba Hilkia war ein Enkel des Chassiden Choni, des Kreisziehers.

[173] Vgl. tPea 4,1; Taan 2,7; BQ 7,8 u.a.

[174] Vgl. mPea 8,5; Kil 2,3; Shab 23,3; Sheq 4,2; San 10,1 u.a.

[175] Die Liste der Tannaiten, die die Bezeichnung "Abba" vor ihrem Vornamen führen, läßt sich nach KOHLER, Abba, Father, 570ff. noch weiter ausführen.

[176] KOHLER, Abba, Father, 580.

[177] Vgl. ebd., 573.

[178] BÜCHLER meint, daß die galiläischen Gelehrten mit "Abba" bezeichnet wurden, während die Gelehrten Judas den Titel "Rabbi" vor ihrem Namen führen (ders., Galiläische `Am-Ha´Ares, 236-239). Dagegen ist einzuwenden, daß auch judäische Gelehrte die Bezeichnung "Abba" tragen (z.B. Abba Shaul; vgl. tBes 3,8). BÜCHLER versucht, diesen Konflikt zu lösen, indem er annimmt, daß die betreffenden judäi-

klären.[179] LERNER diskutiert in seinem Aufsatz die Möglichkeit, die Bezeichnung "Abba" als Ehrentitel oder als Bezeichnung eines Menschen oder Lehrers mit hohem Alter zu verstehen. Für die Bezeichnung "Abba" als eine Art "Ehrentitel" spricht das Verbot der talmudischen Zeit, Sklaven als Abba zu benennen (vgl. bBer 16b), da diese Bezeichnung hebräischen Namen voranstand und Sklaven nicht zugestanden wurde. Das Erziehungsverhältnis bekam familialen Charakter. Vielleicht sollte die Bezeichnung "Abba" bestimmte Schulen betonen.[180]

LERNER vermutet, daß im Gegensatz zu den Titeln "Rab", "Rabbi" oder "Rabban" אבא ein Ehrentitel war, der Menschen von hohem Alter *und* Ansehen gegeben wurde, demnach einerseits eine Bezeichnung eines geschätzten Lehrers, andererseits eine Ehrenbezeugung analog zum Titel "Rabbi" vor 70 n.Chr. zum Ausdruck bringt.[181] Die Bezeichnung "Abba" ist daher ein Ehrentitel, der zum Bestandteil des Namens wurde.

Diese Bezeichnung setzte sich auch andernorts durch. Im europäischen Sprachgebrauch fand sie ihren Eingang in der monastischen Umwelt, in der herausragende Leiter Abt, Abbas, Abbot, Vater oder Pater genannt werden.[182]

Nach der zweifachen Anrede der Kinder drücken die Worte הב לנו מיטרא, "gib uns Regen", ihre Bitte in knapper Form aus. Die Wortkombination הב לנו, "gib uns", signalisiert bereits in der Hebräischen Bibel die Bitte in Notlagen.[183] Die Kurzform des Verbs ist in der rabbinischen Literatur in Bittkontexten weit verbreitet.[184] Lediglich die Bitte um Regen ist in diesem Kontext neu.

Die an Chanan herangetragene Bitte hebt seine enge Beziehung zu Gott hervor. Es wird deutlich, daß der Chassid Gott um etwas, hier um die Beeinflussung der Naturgewalten in Notlagen, bitten kann. Damit wird gezeigt, daß der fromme Mann ein besonderes Verhältnis zu Gott hat, welches sich durch die Teilhabe an Gottes Macht, Herrlichkeit und Erkenntnis, wie sie im Text in der direkten Rede Chanans zum Ausdruck kommt, ausdrückt.[185] Ein Grund für die der Familienhierarchie entnommenen Gottesbezeichnung "Vater" liegt bereits in dem zugrundeliegenden Mischnatext mTaan 3,8. Dort hebt Shimon ben Shetach, einer der wichtigsten Vertreter des Judentums des 1. Jh. v.Chr., nach der Regenbitte Chonis hervor, daß es sich nicht ziemte, mit Gott zu feilschen. Normalerweise hätte das Verhalten des Chassiden einen Bann nach sich gezogen. Choni jedoch hat ein derart außergewöhnliches Gottesverhältnis, daß er ungezogen und respektlos gegenüber Gott sein kann und dieser ihm seinen Willen erfüllt. Dieses Verhalten vergleicht Shimon b. Shetach mit einem ungezogenen Kind, dessen Vater ihm dennoch seinen Willen tut. Begründet wird diese Ansicht Shimons mit dem weisheit-

---

schen Gelehrten aus Galiläa stammen und sich nur zu Studienzwecken in Javne und Umgebung aufhalten.

[179] Dargestellt bei LERNER, לחקר הכינויים והתארים, 97.

[180] ROTH, Art. Abba, 31.

[181] Vgl. LERNER, לחקר הכינויים והתארים, 103.

[182] Vgl. ebd., 102 Anm. 62.

[183] So bitten alle Ägypter Josef während der großen Hungersnot: "*Schaffe uns Brot!*" (Gen 47,15). Im Psalm wird je einmal im Gebet des verstoßenen Volkes Gott um Beistand in der Not und um Hilfe vor dem Feind gebeten (vgl. Ps 60,13 und 108,13; Wortlaut beinahe identisch).

[184] Vgl. LEVY, WB I, 447. Während in den Targumtexten die volle Verbform יהב zu verzeichnen ist (TO zu Dtn 1,20; 2,28; 33,2.4; TJ1 und TJ2 zu Dtn 1,20.25; 2,29), ist in der rabbinischen Literatur verstärkt die Kurzform zu finden (bEr 60a; Pes 42a; 103b; Yom 3b; BM 77a; AZ 19b; QohR 7,1; MTeh 36,5 u.a. Eine Ausnahme bei den Targumim bietet TO zu Ex 17,2).

[185] Wundercharismatikern wurde in der rabbinischen Tradition ein Sohnesstatus vor Gott zugeschrieben (bTan 24b; Hul 86a; THEIßEN/MERZ, Historische Jesus, 278).

lichen Zitat Prov 23,25.[186] Es gibt nur einen Menschen, der sich solche Freiheiten bei Gott herausnehmen darf und nicht bestraft wird: Choni.

4. Chanan reagiert auf die an ihn herangetragene Bitte mit einem Gebet, welches sich nach der Redeeinleitung "er sagte vor dem Heiligen, g.s.e." unmittelbar anschließt. Diese Redeeinleitung ist vor allem in den amoräischen Quellen der rabbinischen Literatur zu finden.[187] Sie ist kein spezifisches Merkmal der Redeeinleitung eines Chassiden gegenüber Gott.[188] Auffällig ist, daß in allen tannaitischen Texten nach dieser Anredeform der Sprecher Gott mit רבונו של עולם, "Herr der Welt", anredet. Diese Gottesbezeichnung ist nur in der Anredeform, meist aus Gebeten, bekannt und erscheint nicht in Erzählungen. Durch die Anrede Gottes als "Herr der Welt" werden Allmacht und Besitzverhältnis transparent. An Gottes Schöpfermacht, es regnen zu lassen, wird appelliert. Offenbar ist die Betonung der Allmacht Gottes mit der durch "Abba" ausgedrückten Nähe Gottes durchaus vereinbar.[189]

Nach der Anrede formuliert Chanan sogleich die Bitte. Vom Kontext her muß die Verbform עשה als Imperativ "mache" gelesen werden. Die Bitte wird inhaltlich nicht konkretisiert. Chanan geht davon aus, daß Gott um das Anliegen der Schulkinder bzw. der Rabbinen weiß. Durch die Worte בשביל אלו, "um jener willen", ist der Adressatenkreis eindeutig. Chanan bittet nicht für sich und sein eigenes Wohlergehen, sondern für diejenigen, die den Unterschied zwischen einem irdischen und himmlischen Vater nicht kennen.[190] Die mit dem Zusatz versehene Gottesbezeichnung "Vater im Himmel" lokalisiert den göttlichen Vater eindeutig im Himmel.

Chanan wendet sich nach der Aufforderung Gott zu und bezeichnet ihn indirekt als Abba. Der Abba, der Regen gibt, ist einerseits ein fürsorglicher und behütender Vater, denn er kümmert sich um seine Kinder. Eine Anrede Gottes als "Abba" ist im Namen Chonis im Talmud vorausgehend überliefert.[191] Es handelt sich vermutlich hier um einen späteren Einschub, da er in den Fassungen mTaan 3,8 und tTaan 3,10 nicht vorliegt.[192] Mit dem anderen Abba, der keinen Regen gibt, bezeichnet Chanan sich selbst. Die Schulkinder rechnen damit, daß er, Chanan, ihnen Regen geben kann. Chanan, als religiöser Lehrer seiner Zeit, weiß um seine eigene beschränkte Handlungskraft und leitet die Frage daher sofort an Gott weiter. Damit entspricht er dem chassidischen

---

[186] Vgl. die Verwendung des Zitates in SifDev § 48 (s.o. Kap. II. 2).

[187] Diese Erscheinung ist durch die amoräische Gottesbezeichnung "Heilige, g.s.e.," zu erklären (vgl. den Exkurs S. 106). Allein in den aggadischen Midraschim ist diese Redeeinleitung 35mal anzutreffen (s. auch bBB 75b).

[188] SifDev § 306: "Die Gemeinde Israel wird in der Zukunft vor dem Heiligen, g.s.e., sagen: Herr der Welt, siehe meine Zeugen sind noch da, wie es heißt: (Dtn 30,19)."; ARN(A) 4,21 (S. 20): "Israel sagte vor dem Heiligen, g.s.e.: Herr der Welt, warum hast du uns das angetan?"; ARN(A) 7,6 (S. 33): "Die Freunde Hiobs sagten vor dem Heiligen, g.s.e.: Herr der Welt, ich habe nicht die Hungrigen gespeist und die Durstigen getränkt".

[189] Einige andere Texte, in denen Gott als Vater im Himmel bezeichnet wird, enthalten Kurzgebete, in denen Gott ebenfalls als רבונו של עולם angeredet wird (vgl. die Auslegungen von MekhY ויסע 1 zu Ex 15,25 und MekhY עמלק 2 zu Ex 17,14).

[190] Von einem Erbarmen Gottes über diejenigen, die nicht angemessen zu differenzieren verstehen, redet auch Jon 4,11.

[191] "Abba, bring mich zum Waschen im warmen Wasser, übergieß mich mit kalten, gib mir Nüsse, Mandeln, Pfirsiche, Granatäpfel - und er gibt ihm alles" (bTaan 23a).

[192] Eine Synopse der Texte findet sich bei SCHELBERT, Sprachgeschichtliches, 399f.

Demutverständnis. Deutlich wird: dem Abba auf Erden, dem religiösen Lehrer, gebührt nicht dieselbe Ehrfurcht wie dem Abba im Himmel.[193] Ziel der Rede Chanans ist der segensreiche Regen. Durch seine Formulierung läßt er die Schulkinder und durch sie die Rabbinen den Unterschied zwischen dem Vater im Himmel und einem Vater auf der Erde erkennen.

Aus allen Wundergeschichten der Chassidim[194] bleibt eines festzuhalten: Nicht der Fromme selbst bewirkt das Wunder, sondern Gott allein. Die Chassidim wirken primär durch ihr Gebet auf Gott ein.[195] Dieses Gebet wird besonders durch das nahe, intime Gottesverhältnis der Betenden erhört.[196] Die das Gebet einleitende Gottesanrede "Herr der Welt" appelliert an Gottes Schöpfermacht und läßt vermuten, daß auch in der vorliegenden Geschichte Gott aufgrund der Erhörung des Gebetes Chanans eingreift.

5. Der Geschichte ist eine Erklärung des Namens Chanans angefügt. Durch ואמאי, die Kurzform von על מה דין, "warum dies, wie kann das sein"[197], wird die Namenserklärung eingeleitet. Die Antwort wird mit Hilfe eines auf Chanan bezogenen Verbs gegeben. חבא bedeutet im Hiphil soviel wie "verbergen, verstecken"[198]. בית הכסא bezeichnet die Toilette.[199] Ein recht seltsamer Ort, um sich an ihm zu verstecken. Die Wahl dieses Ortes verdeutlicht die Intention Chanans, denn welcher Besucher sucht den Hausherren auf der Toilette auf?

In bSot 34b wird der Name eines Kundschafters Nechbi (Num 13,14) damit erklärt, daß er die Worte des Heiligen, g.s.e., verbarg (החביא). Dies bedeutete, er verbarg und verleugnete die Vorzüge des Landes Israels. Chanan ha-Nechba hingegen versteckte sich aus Bescheidenheit, denn er wollte nicht, daß die Kinder ihn als Wundertäter aufsuchen und um Regen bitten.[200] Dies würde durch den Bericht, daß die Kinder ihn am Saum des Mantel faßten, als ein Zeichen des Habhaftwerdens, unterstützt.

Zusammenfassung

Die Chassidim standen in einem engen Gottesverhältnis. Das zeigt die Tatsache, daß oft familiale Beziehungen ihr Verhältnis zu Gott ausdrücken. Drei Wundertäter, die z.Zt. des Zweiten Tempels lebten, stehen in einem Gottesverhältnis, das dem eines Sohnes zu seinem Vater entspricht: Choni betete zu Gott als Mitglied seines Haushalts. Er war wie ein Sohn, der in einem engen Verhältnis zum Vater stand. Im Kontext einer Regenbitte zieht er einen Kreis um sich und spricht: "Herr der Welt, deine Kinder haben sich an

---

[193] FLUSSER, Jesus in Selbstzeugnissen, 89-91; ABRAHAMS, Studies in Pharisaism, 201f.

[194] Vgl. SAFRAI, ישו והתנועה החסידית, 3ff.; KRUPP, Chassidim, 10f.

[195] Vgl. THEIBEN/MERZ, Historische Jesus, 278.

[196] Vgl. bBer 34b: R. Jochanan b. Zakkai antwortet seiner Frau, warum er Chanina ben Dosa um die Heilung ihres Sohnes gebeten hat, daß "er wie ein Sklave vor dem König ist und ich wie ein Fürst vor dem König bin". Die Beziehung der Chassidim ist daher ähnlich der von Sklaven zu ihrem Hausvater. Die Sklaven haben bei ihrem Herrn unmittelbaren Zutritt.

[197] DALMAN, Handwörterbuch, 22.

[198] LEVY, WB II, 1.

[199] Eine andere Erklärung gibt es an dieser Stelle nicht. LEVY spricht von dem "Darm, der an der Seite zwei Säckchen hat, in welche der Mist hineinfällt" (ders., WB II, 361). Eine außergewöhnliche Beschreibung, zumal bereits durch die Erwähnung des Darms jeder Ortszweifel ausgeschlossen ist.

[200] Ebd. GOLDSCHMIDT schließt aus der Zusammenstellung von Hilfsverb und Verb, daß der Chassid sich nicht nur einmal bei dem konkreten Fall der Regenbitte versteckt hatte, sondern es immer zu tun pflegte (ders., Der babylonische Talmud III, 717 Anm. 93).

mich gewandt, denn ich bin wie ein Haussohn vor dir. Ich schwöre bei deinem heiligen Namen, daß ich von hier nicht weiche, bis du dich über deine Kinder erbarmt hast" (mTaan 3,8). In dieser Bitte weist Choni durch zweifache Benennung Israels als "Kinder Gottes"[201] Gott nachdrücklich darauf hin, daß seine Kinder in großer Gefahr sind. Es geht für sie um Leben und Tod. Choni verbindet sein eigenes Schicksal mit dem des Volkes und betont, daß Gott den Regen nicht wegen Choni, seines Haussohns, senden soll, sondern aufgrund des Mitleids mit seinen Kindern.[202] Choni, der in so enger Beziehung zu Gott steht, daß er nicht sündigen kann, bittet für die Kinder Israels um Vergebung und um Regen.[203]

Chanina stand vor Gott als sein persönlicher Diener und wurde von der Hallstimme (בת קול) legitimiert: "Die Welt wird nur wegen meines Sohnes Chanina[204] ernährt, denn mein Sohn Chanina begnügt sich mit einem Kab Johannisbrot von einem Schabbat zum nächsten".[205] R. Chanina ben Dosa wird ferner als Hochangesehener bezeichnet, um deretwillen man deren ganze Generation achtet (bHag 14a). So wie Chanina ben Dosa in einem engen Familienverhältnis zu Gott steht, kann Chanan Gott, die Anrede der Schulkinder aufgreifend, ebenso als Vater bezeichnen.

An diesem Punkt stehen die frühen Chassidim dem in den Evangelien präsentierten Jesus sehr nahe.[206] Von ihm wird die Aussage überliefert: *"Und ihr sollt niemanden unter euch Vater nennen auf Erden, denn einer ist euer Vater, der im Himmel ist* (Mt 23,9)". Die inhaltliche Nähe rückt Jesu Anrede Gottes als "Abba" in Mk 14,36 in den Kreis der frühen galiläischen Chassidim. Jesus wurde als Wundertäter in den Evangelien beschrieben, und die rabbinische Literatur berichtet von Wundertätern, die zur Zeit des Zweiten Tempels tätig waren.[207] Diese gläubigen Männer standen Gott derart nahe, daß sie familial über ihn und mit ihm redeten. Die im Markusevangelium repräsentierte Gottesbeziehung Jesu weist daher einige Parallelen zu der der Wundertäter auf.[208]

Indem Chanan Gott als "Abba" bezeichnet, appelliert er an Gottes Zuwendung und Fürsorge für sein Volk, insbesondere für die Unmündigen und Hilflosen. Gleichzeitig schimmert die Partizipation Chanans an Gottes Macht und Erkenntnis durch.

---

[201] Die Bezeichnung Israels als "Gottes Kinder" ist bereits in der Hebräischen Bibel zu finden: vgl. Ps 80,16; 32,5; Jes 1,2; 30,1.9; Jer 3,14; 2Sam 7,14 u.a.

[202] Ähnlich bittet Mose angesichts der Bedrohung des Volkes Israel durch Amalek Gott um Beistand und Erbarmen für seine (= Gottes) Kinder (MekhY עמלק 2 zu Ex 17,14).

[203] Weitere Ausführungen vgl. KRUPP, Chassidim, 36.

[204] Zur biblischen Metapher "Gott als Vater - Söhne Gottes" vgl. SCHENKER, Gott als Vater, 5ff.

[205] bBer 17b; Taan 24b; Hul 86a. Vgl. KUHN, Offenbarungsstimmen, 319. VERMES meint, daß die Überlieferung historisch in die tannaitische Zeit zurückweist (ders., Hanina ben Dosa, 53).

[206] Vgl. SAFRAI, ישו והתנועה החסידית, 1ff.; VERMES, Jesus der Jude, 45-68.

[207] Vgl. Abba Chilkia, R. Chanina ben Dosa, Choni der Kreiszieher und Chanan in dem auszulegenden Text.

[208] Vgl. FLUSSER, Jesus, 118ff.

240

4. Zusammenfassung der Aussagen über Gebet und Segen

In diesem Kapitel wurden vor allem Texte untersucht, die sich mit bestimmten Gebets-haltungen bzw. mit der Segnung des Neumondes und der Kalenderbestimmung be-schäftigten.

In mBer 5,1 wird die Gebetsvorbereitung der Chassiden beschrieben, die sich durch eine Stunde inniger Vorbereitung auf das Gebet der irdischen Welt entziehen und sich der himmlischen Sphäre zuwenden. Irdische Gefahren können diese Chassidim nicht mehr erreichen. In bTaan 23b kommt ebenfalls das enge Gottesverhältnis eines Chassi-den zum Ausdruck. Chanan wird von Schulkindern um ein Regenwunder gebeten. Im Wissen um Gottes Macht bittet der Chassid um Hilfe und unterscheidet zwischen den Fähigkeiten des irdischen und des himmlischen Vaters. Mit der Bezeichnung Gottes als "Abba im Himmel" appelliert Chanan an Gottes Hilfe und Zuwendung für das Volk Israel.

Beide Texte stehen im Kontext anderer chassidischer Geschichten und demonstrieren das enge Gottesverhältnis dieser religiösen Gruppe und die Partizipation der Chassidim an Gottes Macht und Herrlichkeit. Die Vaterschaft Gottes und die Sohnschaft der Chassidim wird auch durch andere, nicht in diese Untersuchung einbezogene Texte untermauert.[209]

Ein weiterer Aspekt ist der der Gottesbegegnung während der Gebete und Benedik-tionen. In tBer 3,14-16parr. werden Gebetshaltungen beschrieben. Die Ausrichtung des Herzens auf einen Punkt wird thematisiert. Neben geographischen Ortsangaben wie Jerusalem, Tempel oder Allerheiligstes, an denen Gott verortet wurde, kann in einigen Fällen Gott selber dieser "Punkt" sein, auf den die Menschen ihre Herzen ausrichten. Blinde Menschen und Personen, die die Richtung nicht bestimmen können, wenden sich im Gebet zu "ihrem Vater im Himmel". Gerade diesen Menschen steht Gott nahe. Vor allem der letzte Satz der Tosefta "*ganz* Israel betet zu *einem* Ort" bringt das Hoff-nungspotential der Gebete zum Ausdruck.[210] Beim Gebet ist es von Bedeutung, daß die Israeliten ihre Herzen auf Gott, ihren Vater im Himmel, ausrichten.

Ein ähnlicher Aspekt kommt in MekhY בא 1 zu Ex 12,2 und bSan 42a zur Sprache. Einmal in 30 Tagen erheben die Israeliten ihre Augen zu Gott, um den Neumond zu segnen. Die Festsetzung des Neumondes konstituiert das Festjahr und durch die Wall-fahrtsfeste auch die Beziehung zum Tempel. Die Wendung "Augen erheben zum Vater im Himmel" betont die Nähe des Volkes Israel zu Gott. In bSan 42a wird ausgesagt, daß Gott bei der Segnung des Neumondes anwesend ist. Gott offenbart sich in der Welt und macht sich durch die Festlegung der Monate und Festzeiten für das Volk Israel erfahr-bar. Durch die Erhörung von Gebeten und die Bezeichnung Gottes als "Vater" erweist Gott seine Nähe zum Volk Israel. Einen Hinweis auf einen solchen Gebetstext erhalten wir im Talmud, wo von R. Akiva der Anfang eines Gebetes überliefert ist: "Unser Vater, unser König, wir haben keinen König außer dir! Unser Vater, unser König, deinetwegen erbarm dich unser! Da fiel Regen nieder" (bTaan 25b).

---

[209] Vgl. S. 224 Anm. 108; S. 239 Anm. 205.

[210] OTTO untersuchte den Aspekt der Hoffnung in der Gebetssprache am VaterUnser (vgl. ders., Sprache als Hoffnung, 21ff.).

Alle Texte dieses Abschnitts thematisieren vor allem die Nähe einzelner Menschen zu Gott und die Hinwendung des Volkes Israel zu ihrem Vater im Himmel.

Im Hinblick auf die tannaitische Literatur läßt sich zeigen, daß die Nennung des "himmlischen Vaters" mit Possessivpronomen in Verbindung mit einem Gebet ein weit verbreitetes Phänomen ist.[211] Gebete waren gerade nach der Tempelzerstörung nötig, damit die Menschen Gott danken und sich seines Segens versichern konnten.[212] Es stellte sich nach dem Trauma der Tempelzerstörung die Frage, ob Gott seine Gegenwart dem Volk entzogen hat. Dieser Annahme widersprechen die o.a. Texte. Gerade durch die Gottesbezeichnung "Vater im Himmel" wird die Nähe Gottes zum Volk transparent. Auch seine Partizipation während des Neumondsegens widerlegt die Abwesenheit Gottes. Die Rabbinen versuchten mit ihren Auslegungen, Antworten für diese existentielle Frage zu finden.[213]

Während die Benennung "Herr der Welt" zum gebräuchlichen Gebetsstil des nachbiblischen Gebets wurde, ist die Vaterbezeichnung Gottes u.a. Merkmal chassidischer Frömmigkeit geworden.[214] Die Tannaiten kamen zu dem Schluß, daß Gott in der Gottesgemeinde, die auch eine Synagoge sein kann, anwesend sei (bBer 6a). So bekamen der synagogale Gottesdienst und die Gebete große Bedeutung. Einheitlichkeit im Inhalt des Gebetes wurde zum Symbol und zur Grundlage der Einheitlichkeit des Volkes.

---

[211] Vgl. Auswertung.

[212] Vgl. BOKSER, Rabbinic Response, 47.

[213] Den Schmerz über die Erfahrung der Tempelzerstörung bringt ein Gebet aus SER von R. Zadok, der um 70 n.Chr. gelebt hat, zum Ausdruck: "Herr der Welt, mein Vater im Himmel! Du hast deine Stadt zerstören, den Tempel verbrennen lassen und bleibst ruhig und unbekümmert!" (SER 1,30). Der Midrasch ist nicht leicht zu datieren; vgl. STEMBERGER, Einleitung, 332 (Endredaktion vermutlich 9. Jh. n.Chr. Es fällt aber auf, daß in diesem Midrasch keinerlei Talmudzitate vorkommen. Auch stilistische Besonderheiten wie der Bericht in der ersten Person Singular geben keinen eindeutigen Anhaltspunkt für die Datierung. Gesprächsweise äußerten die Proff. Safrai und Flusser mir gegenüber die Ansicht, der Midrasch sei spätestens bis 260 n.Chr. entstanden, wofür das mischnische Hebräisch ein Beleg sein könnte. Im gesamten Korpus SER wird Gott an 45 Stellen als "Vater im Himmel" bezeichnet (vgl. SER 2;3;4;7;8;9;19; u.a.).

[214] Vgl. VERMES, Jesus der Jude, 193.

C. Auswertung

Im folgenden Abschnitt wird der Gebrauch des Gottesepithetons "Vater im Himmel" literarisch, thematisch und historisch ausgewertet. Dabei werden in einem ersten Schritt die Ergebnisse der Untersuchung der tannaitischen Texte präsentiert. Der historischen Deutung folgt ein Vergleich mit der neutestamentlichen Textbasis. Diesen Untersuchungen schließt sich ein Ausblick auf nahestehende Aspekte und Fragestellungen an.

IV. Literarische Auswertung

1. Sprachliche Formen und Adressaten

In der Untersuchung der tannaitischen Belege kamen nur Texte zur Sprache, in denen Gott als Vater *bezeichnet* wurde. *Vergleiche* Gottes mit einem Vater wie in 3Makk 7,6 wurden nicht eigens berücksichtigt; sie sind in der tannaitischen Literatur ebenso zahlreich wie die behandelten Texte.[1]

In den untersuchten 39 tannaitischen Texten kommt das Nomen "Vater" bezogen auf Gott 52mal vor. Außer in bTaan 23b wird es in allen Texten attributiv durch "im Himmel" erweitert. Zusätzlich zu der Erweiterung "im Himmel" wird der Vaterbegriff stets auch durch als Personalpronomina angehängte Suffixe ergänzt. Die tabellarische Aufstellung ermöglicht eine erste Orientierung. Dabei werden nur die in den Texten abgedruckten Pronomina aufgeführt, textkritische Varianten müssen unerwähnt bleiben:

	Belege	Bezugspersonen
אבא	bTaan 23b	
אבי	MekhY בחדש 6 zu Ex 20,6	Mensch
	Sifra קדושים 11,22 zu Lev 20,26	Mensch (אדם)
אביך	mAv 5,20 (par. Bar. bPes 112b)	(Mensch)
אביו	Sifra קדושים 10,6.7 zu Lev 20,15f. (zweimal)	Mensch (אדם)
	SifDev § 306 (zweimal)	Mensch (אדם)
	SifDev § 48 (zweimal)	Sohn/Mensch
	bZev 22b Bar.	Fremder
	mKil 9,8; (parr: tKil 5,21; SifDev § 232; Sifra קדושים 4,18 zu Lev 19,19)	Mensch
	tHul 2,24; (par. Bar. bAZ 16b)	R. Eliezer
	tHag 2,1 (Ms. Wien) (zweimal)	Eleazar ben Arakh
אבינו	mSot 9,15parr. (dreimal)	(Israel)
אביכם	mYom 8,9parr.	Israel
אביהם	MekhY עמלק 2 zu Ex 17,14 (zweimal)	Israel
	MekhY ויסע 1 zu Ex 15,25 (אביהן und אביהם)	Israel
	mRHSh 3,8 (אביהן und אביהם)	Israel
	tBer 3,14 (Ms. Wien) (par. Bar. bBer 30a)	Blinder; wer Richtungen nicht bestimmen kann
	SifBam § 89 zu Num 11,9	Israel
	Sifra בחקתי 8,12 zu Lev 26,46	Israel
	MekhY בא 1 zu Ex 12,2	Israel
	SifDev § 352	Israel

---

[1] Vgl. HEINEMANN, Altjüdische Allegoristik, 53.73.

	tBQ 7,6.7 (parr.: MekhY בחדש 11 zu Ex 20,25; Sifra קדושים 10,8 zu Lev 20,15: אביהן) (zweimal)	Israel
	tPea 4,21 (par. Bar. bBB 10a: אביהן) (zweimal)	Israel
	tShab 13,5	Israel
	bSan 101b Bar.	Israel
	mBer 5,1 (Ms. München) (parr.; bBer 30b Venedigdruck und Ms. Saason 503; yBer 5,1 9a בר"ם 403)	erste Chassidim
אביהן	tSheq 1,6	Israel
	bSan 42a Bar.	Israel

Die Bezeichnung Gottes als "Vater im Himmel" erweist sich als eine charakteristische tannaitische Form der Rede von Gott.[2] In keinem Text wird die Vaterbezeichnung Gottes absolut gebraucht. Gott erweist sich als "Vater im Himmel" ausschließlich in Relation zu einem einzelnen Menschen oder zum Volk Israel als Gruppe. Die Personalpronomina bringen diesen Bezug zum Ausdruck. Durch sie wird das familiale Gottesepitheton an das Volk Israel oder einzelne Gruppen und Menschen gebunden.

In MekhY עמלק 2 zu Ex 17,14 wird der Bezeichnung Gottes als "Vater im Himmel" noch die erweiternde attributive Bestimmung מתחת כנפי, "unter die Flügel", hinzugefügt. BIETENHARD erklärt die Anfügung "im Himmel" mit dem Bestreben, jede weitere Verwechslung mit einem irdischen Vater auszuschließen. Zudem sollte die Erhabenheit und Majestät Gottes betont werden.[3] Die Deutung BIETENHARDs, daß der Zusatz "im Himmel" die Würde Gottes wahre, ist jedoch abzulehnen. Statt die Unantastbarkeit und Distanziertheit Gottes zu betonen und herauszustellen, "daß er hoch über allem Irdischen im Himmel thront"[4], heben die Texte, in denen Gott als Vater bezeichnet wird, seine Nähe zum Volk Israel und zum einzelnen Menschen hervor.

Die Tabelle zeigt, daß die Anzahl der singularischen Personalpronomina fast der der pluralischen entspricht. Gott wird als Vater nur von Personen oder Gruppen des Volkes Israel bezeichnet. Die pluralischen Peronalpronomina beziehen sich fast ausschließlich auf das Kollektiv "(Volk) Israel". Nur mBer 5,1 (Ms. München) wird die innige Beziehung der frühen Chassidim zu "ihrem Vater im Himmel" bei der Vorbereitung des Gebets hervorgehoben.

Hingegen unterscheiden bei den singularischen Personalpronomina die Texte zwischen der allgemeinen Bezugsperson "Mensch", die im Hebräischen als אדם bezeichnet wird, einem der Vater-Sohn Beziehung entsprechenden "Sohn" und einzelnen Menschen - wie einem Fremden, einem Blinden, jemandem, der keine Richtungen bestimmen kann - sowie den Rabbinen R. Eleazar ben Arakh und R. Eliezer. Der exemplarisch aufgeführte "Mensch" symbolisiert pars pro toto das Volk Israel. In manchen Texten wird sogar die Abgrenzung von anderen Völkern thematisiert. Auffällig ist, daß das Personalsuffix der ersten Person Singular "mein Vater im Himmel" in Texten verwandt wird, die von äußerster Bedrohung bzw. dem Martyrium einzelner mit Namen bezeichneter Menschen handeln, die an Gottes Geboten und seiner Tora festhielten. Ein intimeres Gottesverhältnis ist den der Vaterbezeichnung Gottes angefügten singularischen Perso-

---

[2] Vgl. die anderen tannaitischen Gottesepitheta wie "Ort" (S. 101f.); "der Heilige, g.s.e." (S. 104) oder "Himmel" (S. 162).

[3] BIETENHARD, Die himmlische Welt, 79f.

[4] Ebd.

nalpronomina nicht zu entnehmen. Auch das Volk Israel erfährt Gott in Notlagen als "seinen Vater im Himmel", der es rettet und beschützt. Durch die Treue zu Gott und seinen Geboten wird das personal familiale Gottesverhältnis hervorgehoben. Indem die Kinder den Willen des Vaters tun, ist er je für sie in ihrer Verfolgungssituation da. Auch eine universale Konnotation der Vaterbezeichnung Gottes ist damit in der tannaitischen Literatur nicht zu erkennen,[5] die Gottesbezeichnung "Vater" wird exklusiv in Verbindung mit dem Volk Israel oder einzelnen Menschen dieser Gruppe gesehen.

2. Gattungen

Bei der Untersuchung, ob die Vaterbezeichnung Gottes bestimmten Textgattungen zugeordnet werden kann[6], stellt sich heraus, daß aggadische Auslegungen[7] oftmals der Bekräftigung der halachischen Aussagen dienen.[8] Doch auch in rein halachischen Kontexten erscheint die Vaterbezeichnung Gottes an einigen Stellen:

So wird die Einhaltung der Schekelabgabe (tSheq 1,6) und das Mischgewebeverbot halachisch diskutiert, bevor die einzelnen Auslegungen mit einem Rabbinenausspruch enden (mKil 9,8; tKil 5,21; SifDev § 232; Sifra קדושים 4,18 zu Lev 19,19). Der Paralleltext Sifra קדושים 11,22 zu Lev 20,26 beinhaltet auch eine Auseinandersetzung mit Verboten des Schweinefleischessens und des Inzests, die zusammen mit der Benutzung von Mischgewebe als Sünden erkannt werden.

Um den Willen Gottes und seine Tora zu tun, werden verschiedene halachische Aussprüche einzelner Rabbinen angeführt. Z.B. hilft es zur Erfüllung des Willens Gottes, Eigenschaften anzunehmen, die anhand einzelner Tiere expliziert werden (mAv 5,20). Ein Mensch, der der Tora und dem Willen Gottes nachkommt, wird ferner ewiges Leben erlangen (Sifra קדושים 10,6.7 zu Lev 20 15f.). Zur richtigen Entscheidung werden zwei einander widersprechende halachische Aussagen aufgeführt, anhand derer sich jeder einzelne Mensch für das ewige Leben oder gegen es entscheiden kann. Wer sich für ein religiöses Leben mit Orientierung an Tora und Willen Gottes entscheidet, dessen Leib und Seele sind vom Himmel (SifDev § 306).

Auch Gebetsgesten (tBer 3,14-16) und andere Riten wie die Festsetzung von Monaten und Zeiten (MekhY בא 1 zu Ex 12,2) sowie das Neumondritual (bSan 42a) werden halachisch begründet.

Eine Unterscheidung dahingehend, daß die Vaterbezeichnung Gottes in halachischen Kontexten im Gegensatz zu aggadischen Kontexten kein besonders inniges Gottesver-

---

[5] Gegen MANSON, der in der Vaterschaft des Gottes des Volkes Israel bereits einen Keim zur Universalität angelegt sah (ders., The Teaching, 92).

[6] Die Unterteilung folgt den bei STEMBERGER, Einleitung, 60ff. angegebenen Gattungen.

[7] In einem persönlichen Ausspruch hält R. Natan das Befolgen der Gebote für notwendig und die dadurch zu erleidenden Schläge für die Ursache und den Grund seines Beliebtseins vor Gott (MekhY יתרו 6 zu Ex 20,6). Eine durch und durch aggadische Auslegung ist schließlich die Wundererzählung aufgrund der Regenbitte der Schulkinder (bTaan 23b).

[8] mRHSh 3,8 ist ein aggadischer Einschub, der den vorausgegangenen halachischen Kontext über die Bedeutung der Intention bei Pflichterfüllung näher erläutern soll. In mYom 8,9 geht der Aussage R. Akivas ein halachischer Abschnitt, der Sühnevorschriften aufzeigt, voraus. Auch die Einleitung von mBer 5,1 beginnt mit einem halachischen Satz, an den sich die aggadische Erzählung über die ersten Chassidim anschließt. In tHag 2,1 steht der Abschluß einer Erzählung in Form eines מעשה, der in einem halachischen Kontext erzählt wird. Darin preist und segnet der Lehrer nach einem Lehrgespräch Gott und Abraham für seinen Schüler. Eine weitere geschichtliche Anekdote ist die Schilderung des Verhörs R. Eliezers (tHul 2,24; bAZ 16bpar.).

hältnis ausdrücke, ist den Texten nicht zu entnehmen.[9] Vielmehr wird halachischen Geboten, die keine biblische Begründung haben (mKil 9.8parr.), durch die Vaterbezeichnung Gottes und die Aufforderung, dem in der Tora manifestierten Willen Gottes zu folgen (mAv 5,20), Nachdruck verliehen.

Nach der Untersuchung der Implikationen der Vaterbezeichnung Gottes in halachischen und aggadischen Textabschnitten stellt sich die Frage, ob die Vaterbezeichnung Gottes in signifikanten Untergattungen erscheint. Dabei zeigt sich, daß in den meisten Bibelauslegungen Gott als "Vater im Himmel" in *Aussprüchen* bezeichnet wird. Anonyme Aussprüche zeigen zum einen die Wende bei biblischen Bedrohungen[10] auf und begegnen zum anderen bei Normen wie Gebetshaltungen (mBer 5,1; tBer 3,14-16) und Monatsbestimmungen (MekhY בא 1 zu Ex 12,2). Auch ein erklärender redaktioneller Einschub (tHul 2,24; bAZ 16b) wird anonym gehalten. Nur innerhalb eines Gleichnisses in tSheq 1,6 wird die Begründung der Shekelspende als *Ausspruch Gottes* gegeben, die durch ein Bibelzitat abgerundet ist.

Desweiteren sind in die Texte *Gleichnisse* eingearbeitet, die das Verhältnis des Volkes Israel zum väterlichen Gott hervorheben. In den Gleichnissen wird Gott nie *direkt* als Vater bezeichnet.[11] Sie dienen der bildlichen Veranschaulichung des Gottesverhältnisses.[12] Mit ihrer Aussagekraft unterstützen sie die im Text vorhergehende oder sich anschließende Aussage.

Auch *Ereignisberichte* (מעשה), in sich abgeschlossene Erzählungen, werden zur Erklärung eines Bibeltextes oder seiner Auslegung herangezogen.[13]

In der Hebräischen Bibel machte BÖCKLER die Beobachtung, daß vor allem die Bezeichnung Gottes als אבינו, "unser Vater", liturgische Form hat.[14] Dieser Beobachtung entspricht die Untersuchung der tannaitischen Texte. Die liturgische Form ist zwar nicht mehr eindeutig an der Vaterbezeichnung Gottes plus Personalpronomen der 1. Person Plural festzumachen, doch zeigen die untersuchten tannaitischen Textabschnitte, daß gerade innerhalb von *Bitten* und *Gebeten* oder in *Gebetskontexten* Gott als "Vater im Himmel" bezeichnet wird. Dabei gilt es festzuhalten, daß manche Texte lediglich durch ihre Formulierung eine Gebetsgeste oder Gebetsform vermuten lassen.[15] In bTaan 23b allerdings wendet sich der Chassid Chanan eindeutig Gott zu und bittet ihn um Regen.

---

[9] Gegen LENHARDT, der behauptet, daß in aggadischen Texten direktere Auskunft über das Gottesverhältnis Israels und des einzelnen Menschen gegeben wird (vgl. ders., Auftrag und Unmöglichkeit, 66-78).

[10] Vgl. MekhY ויסע 1 zu Ex 15,25; mRHSh 3,8; bSan 101b; Zev 22b; Sifra קדושים 10,6.7 zu Lev 20,15f.

[11] In einem Königsgleichnis wird von dem Verhalten eines Königs zu seinem Sohn erzählt. Dieses Verhältnis wird sodann auf das Volk Israel und Gott übertragen (vgl. SifBam § 89parr.).

[12] In tSheq 1,6 veranschaulicht ein Gleichnis aus der medizinischen Welt, daß manchmal größere Eingriffe und Schmerzen notwendig sind, um die Heilung zu beschleunigen. Die Beurteilung dieser einschneidenden Maßnahme wird allein dem Arzt (= Gott) überlassen.

[13] Vgl. tHag 2,1; Hul 2,24parr. In einer Erzählung, die nicht explizit als מעשה ausgewiesen ist, wird von der Regenbitte von Schulkindern an Chanan den Versteckten berichtet. Nachdem er von den Kindern aufgefordert wurde, betet Chanan zu Gott (bTaan 23b).

[14] Vgl. dies., Gott als Vater, 383.

[15] Vgl. hierzu die Texte, in denen beschrieben wird, daß die Israeliten "ihre Herzen/Gesichter richten auf" oder "nach oben blicken": mRHSh 3,8; SifBam § 89parr.; MekhY בא 1; bSan 42a.

Insgesamt läßt sich feststellen: Einige Auslegungen thematisieren das Gebet, andere enthalten kurze Gebete, die die Hoffnung auf Gottes Beistand und Rettung zum Ausdruck bringen. Diese Gebetstexte werden von der Gottesbezeichnung "Vater im Himmel" gerahmt, sie enthalten sie nicht.[16]

Bei einigen Texten sind ferner bestimmte *stilistische Merkmale* feststellbar, die eine besondere *Funktion* der Vaterbezeichnung Gottes aufweisen. Diese Texte aus der Mischna oder der Tosefta schließen ein Kapitel, eine Parascha ab[17] oder stehen am Ende einzelner Traktate.[18] Diese Beobachtung spricht ebenfalls für eine liturgische Tradition des Gottesepithetons "Vater (im Himmel)". Der Abschluß eines Traktates oder Kapitels hat meist einen paränetischen Charakter, da dieser Abschlußtext nach dem Studium oder Lesen des Traktates dasselbe abrundet und die Lernziele und -inhalte nochmals vertieft. Die Vaterbezeichnung Gottes wird offenbar bewußt am Ende eines Traktates aufgegriffen, um dem Volk Israel Gottes Allmacht und Fürsorge zuzusprechen sowie Hoffnung zu geben.

Eine vergleichbare Lernzielvertiefung leistet vor allem die Form der *(rhetorischen) Frage* oder *Antwort*:

Als Ausspruch R. Shimon ben Jochais wird auf die Frage, warum das Manna für Israel nicht nur einmal im Jahr fällt, geantwortet, daß die Israeliten ihr Herz öfter ihrem Vater im Himmel zuwenden sollten (SifBam § 89).

Darstellenden Charakter haben auch die Aussprüche Pinchas ben Jairs und Eliezers des Großen in mSot 9,15. Sie heben die gesellschaftlichen, ökonomischen und sozialen Auswirkungen der Tempelzerstörung hervor. An diese Illustration wird im Namen der Rabbinen und einmal anonym die rhetorische Frage "Auf wen können wir uns verlassen?" mit ihrer stereotypen Antwort "auf unseren Vater im Himmel" angefügt.

In Form eines Segensspruches wird im Namen R. Akivas der Lobpreis des Volkes Israel übermittelt (mYom 8,9). Auf die anschließenden Fragen "Vor wem werdet ihr (= Israel) gereinigt, wer reinigt euch?" gibt R. Akiva die Antwort "euer Vater im Himmel".

In Auslegung von Prov 23,15 fragt R. Shimon ben Menasja, wie Gott als Vater in die Freude des irdischen Vaters über die Weisheit seines Sohnes miteinbezogen werden kann. Die Antwort wird mittels der Worte "auch ich" sogleich angefügt (SifDev § 48).

Zu Beginn der Auslegung fragt R. Eleazar ben Jose, woher es zu begründen ist, daß Gerechtigkeit und Wohltätigkeit Frieden und Anwalt des Gottesverhältnisses Israels sind. Diese Frage wird im Abschluß der Auslegung als Lehrspruch dargestellt (tPea 4,21).

Lernziele und -inhalte werden am Ende eines größeren Textzusammenhangs zumeist mit dem Namen einer rabbinischen Autorität verbunden. Diese Autorität bestätigt die Lerninhalte und verweist zu deren Bekräftigung auf das enge Gottesverhältnis des Volkes Israel, das durch das Gottesepitheton "Vater im Himmel" zum Ausdruck kommt. Die familiale Beziehung des Volkes Israel zu Gott wird bei diesen Texten vorausgesetzt

---

[16] In MekhY ויסע 1 zu Ex 15,25 wird das kurze Gebet durch die Formulierung "so flehten und beteten die Israeliten vor ihrem Vater im Himmel" eingeleitet. Das Gebet in SifBam § 89 und SifZ zu Num 11,9 wird durch den Lehrspruch, in dem Gott als "Vater im Himmel" bezeichnet wird, abgeschlossen.

[17] Vgl. Sifra בחקתי 8,12 (Ende der zweiten Parascha); MekhY בחדש 6 zu Ex 20,6 (Ende der sechsten Parascha); mRHSh 3,8 (Ende des dritten Kapitels).

[18] Vgl. mSot 9,15; Yom 8,9; tPea 4,21; mAv 5,20 (in Mahzor Vitry).

und ist die Grundlage der von den Rabbinen angeführten Meinung. Diese wird durch das familiale Gottesepitheton bekräftigt.

V. Thematische Auswertung

An die literarische Auswertung schließt sich eine thematische an. Dabei werde ich in einem ersten Schritt die Vorlagen der Bezeichnung Gottes als Vater in der Hebräischen Bibel darstellen. Anschließend werden die Konnotationen, die sich mit der Vaterbezeichnung Gottes verbinden, aufgezeigt, um dann besondere Themen, in deren Kontext Gott als Vater bezeichnet wird, herauszustellen. In einem weiteren Schritt werde ich auf das durch die Vater-Kind-Metapher gespeiste Gottesverhältnis Israels und einzelner Menschen zusammenfassend eingehen.

Die Unterscheidung zwischen der Bezeichnung Gottes im Blick auf Israel und auf den einzelnen ist bei der Exegese der Texte notwendig, da das Gottesepitheton in verschiedenen Zusammenhängen gebraucht wird und z.T. unterschiedliche Funktionen aufweist. In einigen Fällen steht der einzelne als pars pro toto für das Kollektiv "Volk Israel", in anderen Texten wird die enge Gottesbeziehung herausragender Persönlichkeiten, nämlich eines Gelehrten, eines Wundertäters und eines prominenten Bedrohten hervorgehoben. Bei der folgenden inhaltlichen Auswertung und der Darstellung der Konnotationen, die in der Vaterbezeichnung Gottes mitschwingen, werde ich diese strikte Trennung beider Gruppen aufheben.

1. Die Vorlagen in der Hebräischen Bibel

Die Bezeichnung Gottes als Vater hat Vorlagen in der Hebräischen Bibel,[19] die in zwischentestamentlichen Schriften weiter ausgebaut wurden. Vatermetaphorik, die auf Gott übertragen werden kann, ist in vielen alttestamentlichen Texten zu finden.[20] Dabei sind die Traditionen vor allem durch die Erwählung Israels - Gottes erstgeborenem Sohn - in der Exodustradition (Ex 4,22; Jer 31,9), durch die prophetische Vorstellung der Gottessohnschaft Israels[21] und durch weisheitliche Sprüche, die die Erziehung der Söhne thematisiert,[22] geprägt. Diese alttestamentlichen Texte wurden in der tannaitischen Literatur *nie* mit der Bezeichnung Gottes als "Vater im Himmel" verbunden oder durch sie interpretiert.

Die rabbinischen Traditionen sind vor allem durch alttestamentliche Vorstellungsbilder gespeist: zum einen von der durch die Prophetie verbreiteten Vorstellung der *Gottessohnschaft Israels* (Hos 11; Jer 31,9 u.a.)[23] in der *Exodustradition*. Hier manifestiert sich Gottes Treue und Zuwendung gegenüber dem Volk Israel, indem er es aus

---

[19] Vgl. BÖCKLER (Gott als Vater, passim), die in ihrer Monographie 21 Textstellen der Hebräischen Bibel untersucht.

[20] Vgl. DALMAN, 2. 1930/1965: 150-155: Jes 42,14; 45,10; 49,15; 66,13; u.a.

[21] Vgl. Hos 11,1.3; Jes 1,2; 30,1.9; Jer 3,14.22; 4,22.

[22] Vgl. z.B. Prov 3,12.

[23] Zur Verbreitung des Terminus in der hellenistisch-jüdischen Literatur vgl. DELLING, Söhne Gottes.

der Sklaverei befreit und durch die Wüste ins verheißene Land geleitet. Auch diese Tradition ist von der Vorstellung der Sohnschaft Israels geprägt. Israel gilt als Gottes erstgeborener Sohn und soll ihm dienen.[24] Gerade wenn Israel in der Wüstenzeit als stark bedroht dargestellt wird, erweist sich die Macht Gottes. Wer das Volk Israel bedrohte und vernichten wollte, bekam es - wie in den überlieferten Texten der Exodustradition - mit Gott selber zu tun. Diese Situation übertrugen die Rabbinen auf die Zeit der Bedrohung durch die Römer und die Zerstörung des Tempels.

Auch im Kontext von *Landnahmetraditionen*[25] erweist sich der göttliche Vater als machtvoll und willensstark, sein Volk zu befreien. Schon bei der Zerstörung des Ersten Tempels wurde Gottes Zuwendung und Treue zu Israel in Frage gestellt. Daher wurde in der Hebräischen Bibel zuerst Gottes Treue auf die davidische Dynastie und später auch auf das gesamte Volk oder einzelne gerechte oder besonders fromme Menschen bezogen. Der Freiheitswille, der in der freien Religionsausübung seinen Ausdruck findet, hat sich in der rabbinischen Zeit durch die Herrschaft fremder Mächte über das Land Israel besonders verstärkt.

2. Konnotationen der Vaterbezeichnung Gottes

Eine zeit- oder sozialgeschichtliche Auswertung der Texte ist aufgrund ihrer schweren Datierbarkeit kaum möglich und kann nur zu hypothetischen Ergebnissen führen. Aus diesem Grund werde ich Themenzusammenhänge und Konnotationen, die in der Bezeichnung Gottes als "Vater im Himmel" mitschwingen, nochmals eingehend diskutiert. Auch das durch das familiale Gottesepitheton zum Ausdruck kommende Gottesverhältnis wird in diesem Zusammenhang beschrieben. Dabei ist zu beachten, daß diese Konnotationen aus dem tannaitischen Textkorpus stammen, das bis spätestens 220 n.Chr. redigiert wurde. Einige Texte oder Textfragmente können als wesentlich früher entstanden angenommen werden. Die historische Debatte wird im Anschluß an die inhaltliche Debatte geführt.

In einigen Texten wird das Vaterimage Gottes durch Bilder vom Schöpfer (קונה), Richter (דין)[26] und König (מלך)[27] begleitet. Vor allem die Vorstellung Gottes als Schöpfer ist in der tannaitischen Literatur vielfach mit dem Gottesepitheton Vater verknüpft. Der Schöpfergott wird vor allem in Texten, die den Machteingriff Gottes zugunsten seiner Kinder thematisieren, virulent (tBQ 7,6f.; tHag 2,1). In der tannaitischen Literatur kommt der schöpferische Aspekt Gottes am ehesten in der Anrede רבונו של עולם, "Herr der Welt", zum Ausdruck. Diese Anrede ist in vielen Kurzgebeten, in deren Kontext von Gott als "Vater im Himmel" die Rede ist, enthalten.[28]

---

[24] Vgl. Ex 4,22 und Jer 31,9: Israel als Erstgeborener (בכור) Gottes.

[25] Vgl. Jer 31,9 und die Bilder aus Hos 4,16; 11,8.

[26] Vgl. tHul 2,24parr.

[27] Ein Vergleich mit einem König findet sich im Gleichnis in SifBam § 89parr. Dagegen steht der König in mBer 5,1 Ms. München 95 in Konkurrenz zum väterlichen Gott, auf den die Gebete der frühen Chassidim ausgerichtet sind.

[28] Vgl. MekhY ויסע 1; עמלק 2; bTaan 23b.

Festzuhalten ist, dass in der Vaterkonnotation Gottes nie nur ein Aspekt mitschwingt, denn Gott kann in einem Text zugleich Schöpfer, Retter und Bewahrer und Fürsorger sein, wird als Richter angerufen oder ist überdies noch Erzieher seines Volkes.

3. Themen, die mit der göttlichen Vaterschaft verbunden sind

In den Texten ist Gott als "Vater im Himmel" grammatikalisch stets Objekt, niemals Subjekt. Ihn beten und flehen die Kinder Israels an, auf ihn richten sich ihre religiösen Aktivitäten jeglicher Art aus. Dabei wird das Verhältnis Gott-Israel bzw. Gott-Mensch immer als Beziehung von zwei Seiten her formuliert.

Bei den Beziehungsaussagen und ihren Implikationen nimmt das Thema "Tora" den größten Raum ein. Um der Tora und ihrem Studium gerecht zu werden und damit dem innigen Gottesverhältnis, welches sich an der Bezeichnung Gottes als "Vater im Himmel" festmacht, Ausdruck zu verleihen, wird von den Kindern ein bestimmtes Verhalten gefordert. Dazu gehört das Tun des göttlichen Willens, der sich in der Tora und den Geboten manifestiert. Außerdem wird die Beachtung der religiösen Riten und Feste gefordert. Dies macht sich zur Zeit des Tempels am Kult fest, nach der Tempelzerstörung gewinnt das Gebet an Bedeutung.

3.1. Die Tora

In vielen Texten, in denen Gott als Vater bezeichnet wird, hat die Tora eine für das Gottesverhältnis konstitutive Bedeutung.

In Sifra בחקתי 8,12 zu Lev 26,46 wird generell die Gabe der Tora am Berg Sinai durch das Bibelzitat in Erinnerung gerufen und auf die Offenbarung auch der mündlichen Tora am Berg Sinai an Mose verwiesen. Mit dieser Aussage werden die rabbinischen Kommentare legitimiert und erhalten ihre eigene Rolle im Gottesverhältnis des Volkes Israel.

In SifDev § 48 geht es vor allem um die Bewahrung der mündlichen und schriftlichen Tora. Die Bewahrung ist hier eng mit dem Torastudium verknüpft, da die unterschiedliche Gewichtung einzelner Bibelverse bei der Auslegung thematisiert wird.

Ebenso sollen einzelne Gebote eingehalten werden. Das Schattnesverbot wurde in der Tora nie begründet, dafür aber umso häufiger in der tannaitischen Literatur. Durch das Tragen von Mischgewebe veranlaßt ein Mensch Gott, sich von ihm abzuwenden (mKil 9,8parr.). Ebendies gilt auch für die öffentliche Lehre der Unzuchtsgebote (tHag 2,11).

Die Bedeutung der Tora macht die Moserede in MekhY עמלק 2 zu Ex 17,14 deutlich. Mose bittet Gott, den Israeliten wegen der Bewahrung der Tora zu helfen und sie zu schützen: "Das Buch der Tora, welches du ihnen gegeben hast, wer wird in ihm lesen?" Gleichzeitig steht diese Mahnung in einem Bedrohungskontext: Amalek kam, um Israel, obwohl sie unter dem Schutz ihres Vaters im Himmel standen, zu schädigen.

Demjenigen, der die Tora tut, wird ewiges Leben verheißen; er ist wie ein Geschöpf von oben, dessen Körper und Seele vom Himmel sind (Sifra קדושים 10,6.7; SifDev §

306). Ein Verstoß gegen die Gebote der Tora durch Zuwiderhandlung macht einen Menschen zu einem Fremden vor Gott (bZev 22b).

Gerade das Halten der Riten und Gesetze der Tora kann einen Menschen in Zeiten der Bedrängnis in lebensgefährliche Situationen bringen. In MekhY בחדש 6 zu Ex 20,6 wird beschrieben, auf welche Art ein Mensch aufgrund des Haltens des Beschneidungsgebotes, des Torastudiums, der Pesachfeier und des Laubhüttenfestes umgebracht werden kann. Das Festhalten an der Tora wird empfohlen, da diese "Schläge" den Menschen bei seinem Vater im Himmel beliebt werden lassen.

In tBQ 7,6.7 wird für das *Torastudium* geworben. Diejenigen Menschen, die die Tora erfüllen, sind "vollkommen/ganz" vor Gott und Sühne für die Welt. Wegen dieser Rolle sollen sie vor physischen Schäden bewahrt werden.

In mSot 9,15 wird nicht explizit an das Torastudium erinnert. Doch mit der historischen Katastrophe sind Lehr-, Lern- und Austauschsituationen fast unmöglich. Selbst die Gelehrten verlieren ihren Status und ihre Stellung. Lehr- und Lernbeziehungen klingen in einigen anderen Texten mit an.[29]

In tHag 2,11 wird ein inniges Schüler-Lehrer-Verhältnis beschrieben. R. Eleazar ben Arakh lehrt vor R. Jochanan ben Zakkai einige Kapitel Merkava. Daraufhin lobt der Lehrer seinen Schüler und preist sein Wissen, sein Verständnis und seine Gotteserkenntnis.

3.2. Der Wille Gottes

Der Wille Gottes wird als vollkommen frei dargestellt und manifestiert sich in den einzelnen Bestimmungen der Tora. Die Menschen haben verschiedenene Möglichkeiten, ihr Gottesverhältnis zu leben.

In mAv 5,20 werden dem Menschen, der Gottes Willen tun möchte, Eigenschaften aus der Tierwelt beigelegt. Außerdem wird in einigen Texten der Wille Gottes mit dem Tun der Tora verbunden. In Sifra קדושים 10,6.7 wird in Situationen menschlicher Anfechtung dazu aufgerufen, die Tora zu tun und den Willen Gottes zu befolgen. Wer dieser Aufforderung nachkommt, den wird Gott nicht aus dieser Welt fortschaffen, ihm wird ewiges Leben verheißen. Er ist, wenn er beiden Forderungen nachkommt, wie ein Geschöpf von oben, d.h. seine Seele und sein Körper sind himmlischen Ursprungs (SifDev § 306).

In SifBam § 89parr. ist nicht die Rede vom "Tun des Willens Gottes", sondern von dem Gebet, der Bitte eines "Hausvaters", daß es Gottes Absicht sein möge, das Manna auch am nächsten Tag wieder fallen zu lassen.

3.3. Riten und religiöse Tugenden

Riten, in denen während des Bestandes des Tempels das Gottesverhältnis zum Ausdruck gebracht und reguliert wurde, sind die *Opfer*. So nimmt es auch nicht wunder, dass in einigen tannaitischen Texten Opfer thematisiert werden:

---

[29] In MekhY ויסע 1 zu Ex 15,25 wird das Verhältnis Gottes zu Israel neben dem eines Vaters zu seinem Sohn mit dem eines Schülers vor seinem Lehrer (Rabbi) verglichen.

In Sifra בחקתי 8,12 zu Lev 26,46 werden die Opfervorschriften als Tora im Namen R. Akivas überliefert. In tSheq 1,6 wird die Shekelspende mit ihrer Bestimmung für die öffentlichen Opfer begründet. Diese stiften Wohlgefallen und sühnen zwischen Israel und Gott. Der Sühnekontext wird in mYom 8,9 näher ausgeführt. Nach einer langen Einleitung über die Sühnevorschriften für bestimmte Übertretungen wird ein Spruch R. Akivas angefügt, der die reinigende Wirkung der Opfer verdeutlicht. Gott ermöglicht den Israeliten durch ihre Opfer Reinigung.

Opfer werden auf einem Altar dargebracht. Mit dem Altar und seiner sühnenden und friedenstiftenden Wirkung befaßt sich tBQ 7,6.7parr.

Auch SifDev § 352 gehört in diesen Kontext. Die Israeliten werden aufgerufen, sich das "Tun der Hände" der Priester gefallen zu lassen, damit sie ihrem Vater im Himmel gefallen. Mit dem Terminus "Tun der Hände" wird auf den Opferdienst der Priester verwiesen. Sie bewirken für die Israeliten durch ihre Arbeit Sühne.[30]
Ebenfalls nur am Rande ist die Erklärung des Namens Jerobeams zu nennen (bSan 101b), der durch sein Einschreiten gegen die Wallfahrt zum Tempel einen Streit zwischen dem Volk Israel und ihrem Vater im Himmel verursachte.

Ferner dienen die Opfervorschriften der Abgrenzung von fremden Riten und Gebräuchen (bZev 22b). Lediglich die "Beschnittenen" und die, die ihr Herz ausrichten, werden in die väterliche Fürsorge Gottes miteinbezogen.

Gerade um die Distanz zwischen dem Volk Israel und ihrem Vater im Himmel zu überwinden, gelten die *religiösen Handlungen* als Brücke. Ein wichtiges Thema ist die Festlegung des Monats und somit der Zeitpunkte für die Festtage und Zeiten. Diese Fixierung trägt viel zur Identität von Volk und Religion und zur Konstitution des Gottesverhältnisses bei (MekhY בא 1 zu Ex 12,2; bSan 42a).

Gerechtigkeit und Wohltätigkeit sind ein großer Frieden und Anwalt zwischen Israel und seinem Vater im Himmel (tPea 4,21). Mit den Begriffen "Zedaka" und "Gemilut Chassidim" sind hier konkrete Handlungen wie die Hilfe und Unterstützung von Armen und Bedürftigen gemeint. Die Topoi sind als Eigenschaften Gottes, die von den Menschen imitiert werden sollen, konstitutiv für die Gottesbeziehung des Volkes.

3.4. Die "Ausrichtung des Herzens" oder: das Gebet

Viele tannaitischen Texte sind mit Gebetsformen und - gesten verbunden:
In einem Text wird beschrieben, daß die Israeliten beten und flehen vor "ihrem Vater im Himmel" (MekhY ויסע 1 zu Ex 15,25). Eine ähnliche Beschreibung des Gebets wird von den "frühen Chassidim" überliefert, die eine Stunde vor dem Gebet beginnen, sich darauf vorzubereiten (mBer 5,1). Ihre innere Einkehr und Vorbereitung ist derart intensiv, daß sie durch nichts gestört werden können.

Das Blicken "nach oben", verbunden mit dem Dienstbarmachen des Herzens, verhilft den Israeliten nach mRHSh 3,8 zum Sieg gegen Amalek und rettet sie vor dem Tod.

---

[30] In 1Chron 22,10 und 28,6f. wurde die Treueverheißung an Salomo gebunden. In diesen Texten ist Salomo das Modell für alle, die in der nachexilischen Zeit Funktionen am Tempel ausübten (z.B. Priester: vgl. Mal 1,6-14). Mal 1,6 thematisiert den Schuldaufweis des Verhaltens der Priester zur Zeit des Zweiten Tempels und kritisiert die Art und Weise ihrer Kultausübung.

Inhalt der kurzen Gebete, die die untersuchten Texte enthalten, ist die Reue über die eigenen Sünden (MekhY ויסע 1 zu Ex 15,25) oder die Bitte um tägliche Speisung in der Wüste (SifBam § 89; SifZ zu Num 11,9).

Die Ausrichtung des Herzens auf Gott begegnet auch in Auseinandersetzungen mit fremden Autoritäten und Sitten. In tHul 2,24 vertraut R. Eliezer in der Hoffnung auf Schutz und Beistand nicht auf einen weltlichen Richter, sondern auf seinen Vater im Himmel. Außerdem soll jedem diese innere Ausrichtung auf Gott ermöglicht werden. Ein Blinder und einer, der die Richtungen nicht bestimmen kann, muß sich für das Gebet nicht nach Jerusalem richten, sondern "wendet sein Herz zu seinem Vater im Himmel und betet" (tBer 3,14).

In diesen Texten wird deutlich, daß das Volk Israel oder Einzelpersonen ihr besonderes Gottesverhältnis gerade in der Gebetsform und -geste zum Ausdruck bringen. In diesen Gebeten wird Gott als Vater im Himmel bezeichnet, der Hilfe bringen und vor allem für sein Volk beschützend eintreten soll. Wundertätiges Eingreifen wird vom Vater erhofft und erbeten. Denn gerade in der Not erfährt das Volk Israel Gottes Vatersein als Helfer und Beschützer. Zu dieser Form gehört auch die familiale Bezeichnung Gottes als Vater im Himmel. So ist der Terminus "Vater", bzw. "mein/ unser Vater im Himmel" der am meist gebrauchte für Gott im Jüdischen Gebetbuch und der den Texten zugrunde liegenden Liturgie.[31]

4. Der Vergleich mit irdischen Familien

In einigen Auslegungen werden zudem Beispiele gebracht und Vergleiche mit *irdischen Familienmitgliedern* gezogen.[32] In der Wüste flehten und beteten die Israeliten zu Gott, wie ein Sohn vor seinem Vater fleht, um die Erlassung ihrer Sünden, da sie am Wasser murrten (MekhY ויסע 1 zu Ex 15,25). In Prov 23,15 freut sich ein Vater über das weise Herz seines Sohnes. Die Worte "auch ich" im fortlaufenden Bibelvers werden sodann auf den himmlischen Vater gedeutet, um ihn in die Auslegung mit einzubeziehen (SifDev § 48). In bTaan 23b wird festgestellt, daß der irdische Vater im Gegensatz zum himmlischen Vater keinen Regen bringen kann.

Neben dem konkreten Vergleich mit irdischen Familien erscheint auch Familienmetaphorik in den untersuchten Auslegungen. In mSot 9,15 wird eindrücklich vor Augen geführt, wie die Familienstrukturen in der Zeit vor der Ankunft des Messias sich verkehren. Direkt im Anschluß wird die Frage gestellt: "Auf wen können wir uns verlassen? Auf unseren Vater im Himmel." In MekhY בחדש 11 zu Ex 20,25 und Sifra קדושים 10,8 zu Lev 20,15f. wird die Wichtigkeit des Friedens für Ehepaare oder Freunde und Familien hervorgehoben. Daher dürfen diese Schriften, um den Frieden zwischen Mann und Frau zu retten, mitsamt dem Gottesnamen in ihnen vertilgt werden (tShab 13,5).

---

[31] Vgl. SCHECHTER, Aspects, 55.

[32] Vergleiche Gottes mit einem irdischen Vater finden sich bereits in Dtn 1,31; 8,5; Mal 3,17. Diese Vergleiche sind vor allem innerhalb der Königsgleichnisse zu finden (vgl. ZIEGLER, Königsgleichnisse, 333.386 und Kap. XI. Söhne und Töchter der Kaiser, 391ff.).

5. Zusammenfassung

Es hat sich gezeigt, daß die Bezeichnung Gottes als "Vater im Himmel" vor dem Hintergrund der erfahrenen Tempelzerstörung und der rabbinischen Reflektion der Riten und Gebräuche interpretiert werden muss. Die Texte spiegeln dabei keine historische Realität, sondern die Rezeption oder Umdeutung bestimmter biblischer Geschichten auf die soziokulturelle Situation während des Zweitens Tempels und nach seiner Zerstörung wider.

Der Verweis auf Erwählung und Gabe der Tora zeigt, daß es sich um ein enges Gottesverhältnis handelt, wenn Gott als Vater angesprochen wird. Konstitutive Elemente und Personen aus biblischen Geschichten werden herangezogen,[33] um dem Volk Israel und jedem einzelnen Menschen aus dem Volk die Verbundenheit Gottes mit seinem Volk und seinen Verheißungen aufzuzeigen. In diesen Texten klingen meist die Hilfsbereitschaft, Treue, Verläßlichkeit und Zuwendung Gottes an, die er denjenigen bietet, die an seinen Geboten und Weisungen festhalten und ihn um Schutz, Rettung und Hilfe anflehen. Von der anderen Seite her gesehen wird in MekhY בא 1 zu Ex 12,2 der vorbildliche Charakter der Israeliten beim Neumondritus im Gegensatz zu den Völkern herausgestellt.

Ein anderer Traditionsstrang macht die Unabdingbarkeit und Bedeutung der Erziehung und des Studiums deutlich. Hier werden die Menschen aufgerufen, Verantwortung für ihre Gottesbeziehung zu übernehmen. Sie erfahren Gottes Liebe, Güte, Freude, Barmherzigkeit und Fürsorge. Einzelpersonen, die infolge ihrer Weisheit oder ihrer intensiven religiösen Lebensführung ganz besonders an diese Gottesbeziehung gebunden sind, erhalten sogar Anteil an Gottes Macht, Herrlichkeit und Erkenntnis (tHag 2,1).

---

[33] So z.B. Mose (MekhY עמלק 2 zu Ex 17,14; Sifra בחקתי 8,12) oder die Priester (SifDev § 352). Als negativ auf die Gottesbeziehung einwirkend ist an dieser Stelle auch Jerobeam (bSan 101b) zu nennen.

VI. Der Versuch einer historischen Verortung der Aussagen

Eine vorsichtige Datierung scheint sich bei manchen Texten anzubieten. Sofern die Texte als Aussprüche eines Rabbinen angeführt sind, ist dessen Name sowie seine Zugehörigkeit zu einer bestimmten Generation angegeben.[34]

Chanan der Versteckte (1.Jh.v.):	bTaan 23b
R. Jochanan ben Zakkai (T1):	tHag 2,1; tBQ 7,6.7; MekhY בחדש 11 zu Ex 20,25; Sifra קדושים 10,8 zu Lev 20,15f.
R. Eliezer (T2):	mSot 9,15; tHul 2,24; bAZ 16b.
R. Jehoshua (T2):	MekhY עמלק 2 zu Ex 17,14
R. Eleazar b. Azarja (T2):	Sifra קדושים 4,18 zu Lev 19,19; Sifra קדושים 11,22 zu Lev 20,26
R. Eleazar aus Modaim (T2):	MekhY עמלק 2 zu Ex 17,14
R. Akiva (T2):	mYom 8,9; Sifra בחקתי 8,12 zu Lev 26,46
R. Jishmael (T2):	tShab 13,5
R. Shimon (b. Jochai) (T3):	SifBam § 89
R. Pinchas b. Jair (T4):	mSot 9,15
R. Shimon b. Eleazar (T4):	mKil 9,8; tKil 5,21; SifDev § 232
R. Shimon b. Menasja (T4):	SifDev § 48
R. Eleazar ben Jose (T4):	tPea 4,21
R. Natan (T4):	MekhY בחדש 6 zu Ex 20,6
R. Simai (T5):	SifDev § 306

unsichere Datierung:	
Jehuda ben Tema (בעל המשנה):	mAv 5,20
Abba Hadros:	SifDev § 352
Schule Jishmaels:	bSan 42a

Anonyme Überlieferungen :	mBer 5,1 (Ms. München); mRHSh 3,8; tBer 3,14; bBer 30a; tSheq 1,6; MekhY בא 1 zu Ex 12,2; MekhY ויסע 1 zu Ex 15,25; Sifra קדושים 10,6.7 zu Lev 20,15f.; bSan 101b; bZev 22b.

Die Tabelle bietet eine Übersicht über Häufigkeit und Verteilung der Texte in Mischna, Tosefta und babylonischem Talmud sowie in Mekhilta, Sifra und SifDev. In SifBam ist nur ein Text enthalten, keine einzige Baraita des Jerusalemer Talmud führt die Vaterbezeichnung Gottes an.

Einige Texte spielen auf historische Katastrophen wie die Tempelzerstörung, den Bar-Kochba-Aufstand bzw. die hadrianische Verfolgung an. Die meisten Texte beziehen sich jedoch auf mehrere Zeitstufen. Einige Texte lassen sich ebenso gut auf die Zeit gegen Ende des Zweiten Tempels beziehen wie als Reaktion auf die Tempelzerstörung deuten. Eine genaue Datierung über die Rabbinenbiographien ist nicht möglich. Redaktion und vielfach überarbeitete Traditionen lassen einen Rückschluß auf die Entstehungszeit und Verbreitung der Gottesbezeichnung "Vater im Himmel" innerhalb der einzelnen Texte nicht zu.

Auch wenn ein einzelner Spruch historisch nicht dem Rabbi zugeordnet werden kann, in dessen Namen er überliefert wurde, so fällt dennoch die Häufung der Überlieferungen im Namen einzelner Rabbinen auf: R. Jochanan ben Zakkai, Tannait der

---

[34] Z.B.: (T4) = Tannait der vierten Generation.

ersten Generation, werden vier Texte, R. Eliezer und R. Akiva, beides Tannaiten der zweiten Generation, drei bzw. zwei Texte, zugeschrieben. Entweder kann also auf eine frühe tannaitische Überlieferung des Gottesepithethons geschlossen werden, oder man muß davon ausgehen, daß die Texte erst auf redaktioneller Ebene bekannten tannaitischen Autoritäten zugeschrieben wurden. Das Vorkommen der Gottesbezeichnung "Vater" in der Hebräischen Bibel und der zwischentestamentlichen Literatur[35] spricht m.E. für die erste These.

VII. Deutung der Ergebnisse

Im Gegensatz zu den Vaterbezeichnungen Gottes in der Hebräischen Bibel wird Gott in den tannaitischen Schriften außer in bTaan 23b "Vater im Himmel" genannt. Viele Texte spiegeln die Bewältigung von Krisensituationen wider oder betonen das enge Gottesverhältnis einzelner Menschen. Gott wird vor allem als fürsorgend, rettend, mitfühlend und vertrauenserweckend beschrieben. Dieses Image wird durch die Bezeichnung "Vater" unterstützt, die die Nähe und Intimität Gottes zu den Menschen zum Ausdruck bringt. Dem steht die Lokalisierung Gottes "im Himmel", die eine gewisse Distanz zur Erde und zum irdischen Geschehen symbolisiert, entgegen. Die familiale Gottesbezeichnung wird dennoch an keiner Stelle in Frage gestellt, hergeleitet oder begründet.

Hier stellt sich die Frage nach dem Entstehungsgrund der Gottesbezeichnung. Der himmlische Vater steht den Kindern auf der Erde einerseits nahe, andererseits tangieren ihn die irdischen Katastrophen nicht. Vermutlich hat die göttlichen Vaterbezeichnung in der durch Krisen und Katastrophen zerrütteten Familienstruktur des ersten Jh.s n.Chr. eine gewisse Funktion.[36] So zeigt GOODMAN auf, wie die Oberschichtfamilien vor 66 n.Chr. politisch vereinigt und sozial kohärent waren. Diese Zustände änderten sich nach dem Ausbruch des Jüdischen Krieges. Jüngere Familienmitglieder lehnten sich gegen Ältere auf,[37] paktierten mit Rom und strebten die Macht an (vgl. 210-212). Daher ergibt sich die Vermutung, daß die Vaterprädikation Gottes im ersten und zweiten Jahrhundert verstärkt soziologisch zu erklären ist. Um dieser Fragestellung nachzuspüren, bedarf es einer noch ausstehenden detaillierten gesellschaftspolitischen Analyse des jüdischen Lebens in den ersten zwei nachchristlichen Jahrhunderte.[38]

---

[35] Vgl. die Untersuchungen von BÖCKLER, Gott als Vater und STROTMANN, Mein Vater bist du.

[36] So LEUTZSCH in einem noch unveröffentlichten Manuskript zur Krise der Vaterrolle im Land Israel des 1. Jh.s.

[37] Vgl. mSot 9,15.

[38] GOODMAN hat diese in seinem Buch "The Ruling Class" für Judäa bis 66 n.Chr. unternommen. Eine weitere Analyse gesellschaftspolitischer Zustände strebt er in seiner Dissertation an, die Galiläa zur Zeit des Bar-Kokhba-Aufstandes untersucht (vgl. ders., State and Society). Weitergehende Untersuchungen stehen noch aus.

Ausgewogene Familienverhältnisse bzw. intakte Familien waren im ersten Jh. n.Chr. eine Rarität.[39] Durch die Auseinandersetzung mit den Römern starben viele Menschen oder wurden verhaftet. Kriegstod und Gefangenschaft zerrissen ganze Familien. Ebenso führte die wirtschaftlich angespannte Lage zur Auflösung von Familien und zur Emigration. Es kam zu Deportationen, Schuldsklaverei und eigenem Verkauf in die Sklaverei. Desweiteren sorgte die durch Armut hervorgerufene Bettelei und das Banditentum für Unsicherheiten. Alle diese aufgeführten Faktoren beschreiben den Umbruch der gesellschaftlichen Strukturen bzw. deren Auflösung.

Die Unterdrückung der Juden durch das Imperium Romanum, die Zerstörung des Tempels und die damit verbundene Schwierigkeit der Ausübung der öffentlichen kultischen Riten machten den Rückzug in eine private Religiosität notwendig. Sucht man nach einem Erklärungsmodell für den Bewältigungsversuch der historischen Umbruchsituation, so könnte er von den tannaitischen Rabbinen in ihrer Exegese insofern gestützt werden, als sie biblische Texte religiöser Bedrohungssituationen mit der Bezeichnung Gottes als Vater auslegen. Das familiale Gottesepitheton vermittelt einerseits Nähe, andererseits werden Gott durch die Zufügung "im Himmel" alles Menschliche übertreffende Kräfte zugeschrieben, und Rettung aus der Not, Hilfe und Beistand können so erhofft werden.

---

[39] Das Fehlen einer direkten Erwähnung von Vater und Mutter Aseneths im Kurztext läßt STANDHARTINGER darüber nachdenken, ob der Grund darin liegt, daß Aseneths wahre Mutter und wahrer Vater im Himmel zu finden sind (vgl. dies., Frauenbild, 189 Anm. 541). Allerdings hält KRAEMER den Text für möglicherweise nichtjüdisch und für den Zeitraum bis 200 n.Chr. nicht brauchbar (dies., When Aseneth, 237-239.273f.).

VIII. Der Vergleich mit dem neutestamentlichen Sprachgebrauch

Der historischen Deutung der tannaitischen Belege schließt sich ein Vergleich mit der zur gleichen Zeit entstandenen Texten des Neuen Testament an. Ausgehend von allgemeinen Beobachtungen zur Vaterbezeichnung Gottes ist die Abbaanrede Gottes und die Bezeichnung Gottes als "Vater im Himmel" auf Parallelen mit den frühen rabbinischen Traditionen und Tradenten zu untersuchen.

1. Allgemeiner Sprachgebrauch

Im Neuen Testament wird Gottes Vaterschaft durch das ins Griechische transkribierte aramäische Wort ἀββά, das griechische (ὁ) πατήρ oder durch "ὁ πατήρ ὁ ἐν τοῖς οὐρανοῖς"[40] plus Personalpronomen zum Ausdruck gebracht. Besonders stark wird die Vaterschaft Gottes im Johannesevangelium betont.[41] Neben der Bezeichnung ϑεός ist "Vater" die einzige sehr verbreitete Gottesmetapher im JohEv. Von Gott wird in diesem Evangelium ein patriarchales Vaterbild gezeichnet.[42] Dies mag in der bedrängten Gemeindesituation begründet liegen[43] oder als Alternative zum herrschaftlichen römischen Kaiser gedacht gewesen sein.

Die in der tannaitischen Literatur bekannte Bezeichnung Gottes als "Vater im Himmel" entspricht insbesondere dem matthäischen Sprachgebrauch.[44] Dabei bezeichnet Matthäus niemand anders als "Vater" Jesu als den im Judentum angerufenen und angebeteten Gott Israels. Zumeist wird der der LXX nachempfundene Sprachgebrauch "in den Himmeln" der Vaterbezeichnung Gottes beigefügt. Allerdings wird in manchen Fällen der Vater durch das Adjektiv "himmlisch" im Himmel verortet.[45] Ein Bedeutungsunterschied beider Formen ist jedoch nicht erkennbar. Wahrscheinlich deutet die Wendung "Vater im Himmel" bei Mt bereits den engen Zusammenhang zu der jüdischen Tradition an.

---

[40] Zumeist wird Gott als "Vater in den Himmeln" bezeichnet. Der pluralische Gebrauch des Wortes "Himmel" ist durch die LXX in den griechischen Sprachgebrauch eingedrungen. Gründe hierfür liegen in der wörtlichen Übersetzung des hebräischen Wortes שמים, der Plerophorie des hymnischen und doxologischen Stils (vgl. SCHOENBORN, Art. οὐρανός, 1238f.).

[41] Im Johannesevangelium erscheint die Vaterbezeichnung Gottes fast doppelt so oft wie bei Mk, Mt und Lk zusammen. Die Präferenz des Joh, mit dem Terminus "Vater" Gott und mit dem Vater-Sohn-Verhältnis die Beziehungsstruktur zwischen Gott und Jesus zu beschreiben, liegt auf der Hand. 120 von 136 Belegen bezeichnen Gott als Vater. Untersuchungen zur Vatermetapher Gottes im JohEv gibt es daher zahlreich: REINHARTZ, A. (Hg.), God the Father in the Gospel of John, Semeia 85; LATAIRE, B., God the Father; LEE, Dorothy, Beyond Suspicion? u.a. Derzeit arbeitet die Luzerner Neutestamentlerin Edith ZINGG an einer Dissertation zum Thema.

[42] Vgl. z.B. 3,17.34; 4,34 ; 5,36.38 u.ö.

[43] Zur Situation der Gemeinde vgl. WENGST, Bedrängte Gemeinde, 75ff. Dieses herrschaftliche Verständnis Gottes ist m.E. auch der Grund für die starke Aufnahme johanneischer Logien in die ersten Texte der frühkirchlichen Konzile.

[44] Diese Gottesbezeichnung ist im Neuen Testament 21mal belegt. Außer Mk 11,25.26 und Lk 11,13 stammen alle anderen Stellen aus Mt. Zu Darstellung und Vergleich der matthäischen Texte mit jenen aus dem jüdischen Umfeld vgl. GOSHEN-GOTTSTEIN, אלהים וישראל כאב ובן, 33-36.

[45] Vgl. Mt 5,48; 6,14.24.32; 23,9; 15,13; 18,35.

2. Die neutestamentliche Verwendung von "Abba"

An drei Stellen im Neuen Testament begegnet die aramäische Gottesbezeichnung ἀββά. Zwei der Belege finden sich in den paulinischen Briefen (Röm 8,15; Gal 4,6). In der Evangelienüberlieferung begegnet "Abba" lediglich in der markinischen Fassung der Gethsemaneperikope (Mk 14,36). Das Wort אבא stammt aus dem palästinischen Aramäisch. Dieser Dialekt war um die Zeitenwende im Land Israel Umgangsprache. Das Hebräische muß deshalb jedoch nicht völlig aus der Umgangssprache verdrängt gewesen sein.[46]

Die ersten Texte, die im Neuen Testament die Abbaanrede Gottes führen, sind die paulinischen Briefe. Gemeinsam ist ihnen, daß sie - wie auch in Mk 15,34 - dem aramäischen Wort ἀββά das griechische ὁ πατήρ zufügen. In den paulinischen Texten ist diese Gottesbezeichnung stark mit dem Geist verbunden, der Kindschaft vermittelt.[47] Durch den Geist sind die Jesusanhängerinnen und Jesusanhänger in die Familie Gottes miteinbezogen.[48] Er läßt sie Gott als Vater anrufen. Aus dieser Beobachtung abzuleiten, ἀββά sei die aramäische Form der hebräisch angeblich intimen Bezeichnung אבי oder als Lallwort klassifizierbar, ist allerdings unzulässig.[49]

Wahrscheinlich hat Paulus die Gottesbezeichnung "Vater" traditionell aus seinem jüdischen Umfeld, vermutlich auch bereits als liturgische Form, gekannt.[50] In der LXX ist das in Gal 4,6 und Röm 8,15 mit der Vaterbezeichnung Gottes in Verbindung stehende Verb κράζειν "terminus technicus des dringlichen Gebets"[51]. Vermutlich handelt es sich bei der paulinischen Gottesbezeichnung um den Beginn des Vaterunsergebetes, welches in Lk 11,2 mit der Anrede "Vater" beginnt, die dem aramäischem אבא entspricht.

Die Gebetsanrede "Vater" in Lk 11,2 zusammen mit Mk 14,36 läßt vermuten, daß Jesus Gott als "Abba" angeredet hat. Damit bewegt sich Jesus innerhalb seiner jüdischen Sprachmöglichkeit. Doch bei der Bewertung der Tradierungsstufen ist Vorsicht geboten. Sie hat in der Wirkungsgeschichte viel Unheil angerichtet. Die Abba-Anrede Gottes durch Jesus "ist im Judentum vorstellbar, bei Charismatikern denkbar - und wird im Urchristentum als ein außergewöhnliches Phänomen registriert".[52] So folgert LUZ zu Recht, indem er SCHELBERTs sprachgeschichtlicher Untersuchung folgt, daß diese Gottesanrede Jesu nicht einmalig ist, wohl aber auffällig.[53] Eine Erklärung mag darin

---

[46] So wird Ps 22,2 z.B. in Mk 15,34 in der aramäischen Form und Mt 27,46 in der hebräischen Form aufgenommen.

[47] Gal 4,5: "Weil ihr nun Kinder seid, hat Gott den Geist seines Sohnes in unsere Herzen gesandt, der da ruft: Abba, Vater!"; Röm 8,15: "sondern ihr habt einen kindlichen Geist empfangen, durch den wir rufen: Abba, Vater!"

[48] Vgl. Gal 4,6; Röm 8,15f. und Eph 2,18.

[49] Vgl. die ausführliche sprachwissenschaftliche Analyse von BARR, Abba. Ein tannaitischer Beleg sei den Analysen zugefügt: mShevu 6,1 lautet מנה לאבא. Diese Worte zitiert die Tosefta in tShevu 5,6 folgendermaßen: מנה לאבי (ZUCKERMANDEL, Tosefta, 452). Ein Bedeutungsunterschied ist den Texten nicht zu entnehmen.

[50] Vgl. die Darstellung von WILCKENS zu Röm 8,15 (ders., Römer 6-11, 137).

[51] WILCKENS, Römer 6-11, 137. Belegtexte führt CRANFIELD (Romans, 399) an.

[52] THEIßEN/MERZ, Historische Jesus, 459.

[53] Vgl. LUZ, Matthäus 1, 340; vgl. SCHELBERT, 1981, bes. 431-433.

liegen, daß von Jesus das Vaterunsergebet überliefert ist, während nur wenige jüdische Gebete aus den ersten nachchristlichen Jahren überliefert sind.

Doch nicht allein die Abbaanrede Jesu hat Parallelen in der tannaitischen Literatur. Bereits bei Jesus ist diese Anrede Gottes mit einer *Bitte* oder einem *Gebet* verbunden.

3. Das Vaterunser

Die Bezeichnung Gottes als "unser Vater" hatte bereits früh liturgischen Charakter. In der Hebräischen Bibel wird Gott mit אבינו in Jes 63,16 und 64,7 angesprochen. BÖCKLER vermutet, daß אבינו bereits eine liturgische Anrede im Kultus war.[54] Auch in der tannaitischen Epoche kann diese Annahme belegt werden. Allerdings ist sie nicht singulär an die Bezeichnung "unser Vater im Himmel" gebunden. Auch andere Personalpronomina werden in liturgischen Texten mit der Vaterbezeichnung Gottes zusammengestellt.

Viele der untersuchten tannaitischen Texte sind mit Gebeten um den Beistand, die Hilfe und Fürsorge des himmlischen Vaters verbunden.[55] Diese Beobachtung deckt sich mit jenen neutestamentlichen Gebeten, in denen Gott als Vater angeredet wird (Mt 6,9par.; Mk 14,36; Röm 8,15; Gal 4,6). Das *Vaterunser, das* Gebet Jesu, das er seine Schülerinnen und Schüler lehrte (Mt 6,9; Lk 11,2; Did 8,2), beginnt mit der Anrede Gottes als "Vater". In der kürzeren und ursprünglicheren Form des Vaterunsers (Lk 11,2ff.) wird Gott durch den Vokativ πάτερ angerufen.[56] Jedoch belegen einige Textzeugen in Anlehnung an Mt 6,9 die Anrede "Vater unser im Himmel".[57] Es kann davon ausgegangen werden, daß die Anrede Gottes als "Vater" ursprünglicher ist und sich in der mt Fassung der Gebetseröffnung eine spätere, stärker durch die jüdische Gebetssprache beeinflußte Entwicklungsstufe abzeichnet.

Eindeutigen Gebetskontext hat auch die Abbabezeichnung Gottes in Mk 14,35ff. Die in der Gethsemaneperikope begegnende Abba-Anrede kann keineswegs unbesehen für den historischen Jesus reklamiert werden: Die möglichen Tradenten schliefen laut Aussage des Textes (vgl. Mk 14,37.39.41).[58] In der matthäischen Fassung des Gethsemanegebetes ist das zweite Gebet (Mt 26,42) analog der Vaterunserbitte "dein Wille geschehe" gestaltet (Mt 6,10b). Allerdings fehlt hier die Gottesanrede "Abba". Die Kombination der Vaterbezeichnung Gottes mit dem Befolgen und Tun des göttlichen Willens ist auch in der tannaitischen Literatur geläufig.[59]

---

[54] Vgl. dies., Gott als Vater, 383.

[55] Vgl. den Abschnitt über das Gebet Kap. III. 1. und 3.

[56] In der Forschung wird die Zahl der Gebetsbitten und die Anrede bei Lk, der - jüdische - Wortlaut bei Mt für ursprünglicher gehalten (vgl. die Argumentation bei LUZ, Matthäus I, 335).

[57] Der Codex Regius und wenige andere griechische Handschriften fügen dem Vokativ "Vater" das Personalpronomen "unser" an. Die ausformulierte und Mt nachempfundene Anrede "πάτερ ἡμῶν ὁ ἐν τοῖς οὐρανοῖς" bezeugen hingegen viele Mss. sowie einige Übersetzungen. Jedoch überzeugt die Vokativform, da sie u.a. von den ältesten Textzeugen (Papyrus 75, Sinaiticus, Vatikanus), belegt ist und sich die erweiterte Form als Angleichung an die Fassung des Matthäusevangeliums erklären läßt.

[58] Vgl. THEIßEN/MERZ, Historische Jesus, 379 Anm. 26.

[59] Vgl. die neutestamentlichen Texte zum "Tun des Willen Gottes" Abschnitt 3.2., die tannaitischen Texten vgl. Kap. II. 1.

Sprache und Parallelen einzelner Gebetsbitten zu jüdischen Traditionen[60] lassen vermuten, daß dieses Gebet den ersten Jesusanhängern in Aramäisch überliefert und erst später ins Griechische übersetzt worden ist.[61] Da Jesus das Vaterunser seine Schüler lehrte, erhielt das Gebet und vor allem die Vaterbezeichnung Gottes einen hohen Stellenwert in der frühchristlichen Überlieferung.

Da einzelne Gebetsbitten *thematische* Parallelen zu den untersuchten tannaitischen Texten aufweisen, werden sie im Folgenden kurz dargestellt.

3.1. Die Heiligung des göttlichen Namens (= Martyrium)

Der Bitte um Heiligung des göttlichen Namens kann durch Gott selbst[62] oder durch die Menschen[63] entsprochen werden. In der jüdischen Tradition ist dieser Begriff ein Ausdruck, der Gehorsam gegenüber Gottes Geboten thematisiert. Insbesondere steht das Martyrium im Zusammenhang mit dem Sprechen der Gebete und dem Vollzug des zweiten Dekaloggebotes. Diese Heiligung des Namens kann bis zur Lebenshingabe, zum Martyrium, führen.[64] Im Neuen Testament wurzelt das *Leiden Jesu* im Willen Gottes (Mt 26,42par; Mk 14,36). Dieses Leiden führt bis zum Tod.

In MekhY בחדש 6 zu Ex 20,6parr. müssen verschiedene Menschen aufgrund ihres Festhaltens und Bewahrens der Gebote Gottes leiden. Einzelne Folterstufen werden aufgezeigt, doch läßt der Text keinen Zweifel daran, daß diese Qualen auch weiter gehen können. Als der Gefolterte, der an allen religiösen Bräuchen festhält, gefragt wird, warum er das tue, antwortet er: "Jene Schläge verursachten mir, beliebt zu sein bei meinem Vater im Himmel".

Auch R. Eliezer (tHul 2,24) unterstellt sich allein Gottes Gerichtsbarkeit und erlangt durch geschicktes Handeln die Freiheit. Er akzeptiert die richterliche Autorität nicht, sondern unterstellt sich dem Entschluß des göttlichen Vaters im Himmel.

3.2. Das Tun des Willens Gottes

Das Tun des Willens Gottes ist in den tannaitischen Texten eng mit der Bezeichnung Gottes als "Vater im Himmel" verknüpft. Vor allem bei Mt ist der "Wille Gottes" mit der Vaterbezeichnung Gottes untrennbar verbunden.[65] Es besteht kein Zweifel, daß für Mt, genau wie in den tannaitischen Texten (mAv 5,20; SifDev § 306; Sifra קדושים 10,6.7), dieser Wille Gottes identisch ist mit der Tora (vgl. Mt 7,21-23; vgl. auch Röm 2,18; vgl. auch mKil 9,8parr.). Wer den Willen Gottes tut, bleibt am Leben (Sifra קדושים 10,6) oder kommt in das Himmelreich (vgl. Mt 7,21; SifDev § 306). Diesem Willen Gottes entspricht die Gottes- und Nächstenliebe, der Kern der Weisungen der Tora, als

---

[60] Eine ausführliche Diskussion darüber, ob das Vaterunser jüdischen Ursprungs ist oder nicht, findet sich bei LUZ, Matthäus I, 338f.

[61] Vgl. LUZ, Matthäus I, 336. Dagegen geht CARMIGNAC (Recherches, 30-33) von einer hebräischen Vorlage aus.

[62] Vgl. Lev 10,13; Ez 36,22f.; 38,23; 39,7.

[63] Vgl. Ex 20,7; Lev 22,32; Jes 29,23.

[64] Vgl. den Exkurs zu קידוש ה' in Kap. II. 4.3. Weitere Texte vgl. Bill I, 411-418.

[65] Vgl. Mt 6,9f.; 7,21; 18,14; 21,31; 26,42. Das Tun des Willens Gottes schafft Verwandtschaft: 12,50.

eigentliches Ziel.[66] Für Jesu SchülerInnen war zudem das Tun des Willens Gottes Bedingung, zu Jesu Schwester, Bruder oder Mutter zu werden (Mt 12,50; vgl. Mk 3,35). Es wird deutlich, daß sowohl bei Mt als auch in den tannaitischen Texten die Gottesbeziehung stark vom Verhalten der Kinder abhängt. Der Mensch stärkt vor allem durch das Befolgen und Tun des göttlichen Willens seine Gottesbeziehung.[67]

In der Gethesemaneperikope wird ersichtlich, daß - wie alle Menschen - auch Jesus dem Willen Gottes unterworfen ist (Mt 26,42; Lk 22,42). Angesichts seines bevorstehenden Leidens spricht Jesus Gott als Vater analog der Vaterunserbitte "dein Wille geschehe"[68] (Mt 6,10b) an und unterstellt sein Leben dem göttlichen Willen (Mt 26,39.42; Mk 14,36; Lk 22,41; vgl. R. Eliezer in tHul 2,24). Dabei wird deutlich, daß wie in den tannaitischen Texten die Verwirklichung des göttlichen Willens stark von der Kraft und dem Verhalten der Kinder anhängt. Aktivität wird von den Kindern gefordert, keine passive Hingabe in ihr Schicksal.

3.3. Die Brotbitte

Analog der Heiligung des göttlichen Namens ist auch die Brotbitte in den tannaitischen Texte nicht ohne thematische Parallelen. So ist die Sorge um die tägliche Ernährung wie in SifBam § 89parr. mit der Vaterbezeichnung Gottes verbunden (Mt 6,32) und auf die Tierwelt ausgeweitet (Mt 6,26; vgl. auch 6,11).

Der Diskussion um die Auslegung des Wortes ἐπιούσιος entsprechen die drei Parallelüberlieferungen SifBam § 89parr. mit ihrer unterschiedlichen Deutung der täglichen väterlichen Zuwendung.[69] Diese Deutung geht von schlichter Ernährung bis hin zum Lebensunterhalt.[70] In den Rahmentexten von SifBam und SifZ bittet ein Mensch, daß "es dein (= Gottes) Wille sei", daß das Manna fällt. Folge der täglichen Mannaspende ist, daß die Israeliten ihr Herz oder Gesicht ihrem Vater im Himmel zuwendeten. Diese Gebetsgeste - verbunden mit der Bezeichnung Gottes als "Vater (im Himmel)" und dem Mt 6,10b ähnlich formulierten Ausdruck "sei es dein Wille, daß es (= das Manna) fällt" (SifBam § 89) - steht thematisch und formal der Brotbitte und ihrem Gebetskontext im Vaterunser nahe. Die Rückübersetzung der Brotbitte ins Aramäisch liegt allerdings im Dunkeln.[71]

---

[66] Vgl. Mt 22,34-40; 24,12. Als Verstoß gegen die Nächstenliebe wird in Sifra קדושים 10,6 (I.6) derjenige von Gott aus der Welt geschafft, der seinen Freund auf den Weg des Todes bringt.

[67] Vgl. auch Röm 2,18; 12,2; Kol 1,9; 4,12; 1Thess 4,3; 5,18.

[68] Die aus dem Vaterunser bekannte Wendung hat enge Parallelen zur jüdischen Gebetsformulierung יהי רצון מלפניך. Vgl. den Anfang der diskutierten Kurzgebete, die unterwegs bei Gefahr gesprochen werden (bBer 29b).

[69] Vgl. die Einzelexegese, S. 43ff.

[70] Vgl. פרנסה, "Unterhalt", in SifBam § 89 und SifZ zu Num 11,9 sowie מזונה, "Ernährung", in bYom 76a innerhalb des Königsgleichnisses.

[71] Zu möglichen Übersetzungen ins Aramäische und semantischen Problemen vgl. LUZ, Matthäus I, 336.345ff

262

3.4. Die Vergebungsbitte

Auch die Vergebungsbitte wird im Neuen Testament und in den tannaitischen Schriften mit der Vaterbezeichnung Gottes verbunden.[72] Nach Mt 6,14 sollen die Menschen einander vergeben, um die Vergebung Gottes zu erlangen (vgl. mYom 8,9). In Mk 11,25 wird die Vergebung der "Übertretungen, Sünden" thematisiert. Allerdings ist die Vergebung mit dem Gebet verbunden. Sofern die Schüler auf Gott hoffen, vertrauen und an ihn glauben, können sie alles, um das sie im Gebet bitten, empfangen.

Anhand dieser Beispiele wird deutlich, daß neben der Anrede Gottes als "unser Vater (im Himmel)" auch einzelne Bitten des Vaterunsers Parallelen in den untersuchten tannaitischen Texten haben. Bestimmte Bitten des Vaterunsergebets sind in den tannaitischen Texten ebenfalls mit der Vaterbezeichnung Gottes verbunden.

4. Der Vergleich Jesu mit einzelnen Rabbinen

Die enge Beziehung Jesu zu Gott hat auch in der rabbinischen Literatur Parallelen. Einigen Einzelpersonen wird in rabbinischen Texten eine besondere Nähe zu Gott zugeschrieben (R. Eleazar ben Arakh; R. Eliezer; Chanan der Versteckte; Choni der Kreiszieher). Die Tatsache, daß in der tannaitischen Literatur oft mehrere unterschiedliche Traditionen demselben Gelehrten zugeschrieben werden, legt nahe, daß sich bestimmte Rabbinen der Vaterbezeichnung Gottes besonders gern bedient haben. Durch ihr besonders inniges Gottesverhältnis können die Rabbinen bei Gott, ihrem Vater, Außerordentliches - in der Lehre, in Wundertätigkeit und im Martyrium - bewirken. Diesbezüglich ergeben sich wichtige Berührungspunkte mit Jesus von Nazareth.[73] Allerdings ist die besondere Nähe zu Gott bei den Rabbinen nicht exklusiv zu verstehen, anders als die im Johannesevangelium präsentierte Gottesbeziehung Jesu.[74]

Auch die Anrede Gottes als "*mein Vater*" durch Jesus ist etwas besonderes, aber nicht ohne Parallelen: In MekhY בחדש 6 zu Ex 20,6 wird Gott in einer Verfolgungssituation, in der von Strafen und Schlägen aufgrund des Festhaltens an religiösen Bräuchen die Rede ist, als "mein Vater" bezeichnet. In Sifra קדושים 11,22 werden Verbote im Rahmen der Heiligkeitsaussage Gottes in Lev 20,26 als persönliche Verbote aufgefaßt. Beide Texte thematisieren die Bewahrung religiöser Gebote und Bräuche, die fest mit der Anrufung Gottes als Vater verbunden sind.

Wie bTaan 23a.23b und SifZ בהעלתך 11,9 zeigen, ist die Vorstellung von Gott als "Abba" auch den rabbinischen Texten nicht fremd. Falls die Tradition von Chanan dem Versteckten einen historischen Kern enthält, liegen die Anfänge der Abbabezeichnung für Gott bereits am Ende des 1. Jh.s v.Chr.[75] Ein direkter Bezug oder gar ein traditionsgeschichtlicher Nachweis kann aufgrund der schwierigen Quellenlage der rabbinischen Texte jedoch nicht postuliert werden.

---

[72] Vgl. die jüdischen Parallelen bei LUZ, Matthäus I, 347ff.; Bill I, 113f.421f.
[73] Vgl. jeweils die Einzelexegesen zu tHag 2,1 (II. 4.1.), tHul 2,24 (II. 4.2.) und bTaan 23a.b (III. 3.).
[74] Vgl. Joh 10,30; 14,6 u.ö.
[75] Insofern ist die Behauptung von FIEDLER, Jesus, 98-100, hier liege ein Spezifikum des Neuen Testamentes vor, zu relativieren.

5. Die Relationen zwischem dem himmlischen Vater und irdischen Vätern

5.1. Jesu Gottesverhältnis

Texte, in denen der *einzelne* Gott als Vater bezeichnet, sind in den tannaitischen Schriften ebenso verbreitet wie solche mit Israel als Gegenüber. "Die individuelle Fassung der Beziehung zum himmlischen Vater tritt also keineswegs erst bei Jesus auf".[76] Auch das Neue Testament zeugt von der persönlichen Namensnennung, da der Gottesbezeichnung "Vater im Himmel" zumeist ein Personalpronomen beigefügt ist. Die Personalpronomina "mein" und "euer" halten sich dabei quantitativ die Waage.[77]

Die Häufigkeit des Gebrauchs der Vateranrede und -bezeichnung in der Jesusüberlieferung ist offensichtlich. Sie ist mit dem nachösterlichen Interesse, Jesus als *Gottessohn* zu propagieren, zu erklären. Traditionsgeschichtlich finden sich einige Belege, die das Volk Israel sowie auch einzelne Menschen als "Söhne Gottes" qualifizieren.[78] Aus diesen Traditionen speist sich die Rede von der Gottessohnschaft Jesu.

Trotz unterschiedlicher Kontexte der singularischen und pluralischen Vaterbezeichnung Gottes sind die thematischen Zusammenhänge, die in den jeweiligen Texten anklingen, ähnlich. Gott erweist seine Schöpfermacht, zeigt Fürsorge und Verantwortung für seine Kinder, erzieht zum Tun seines Willens, vergibt, erhört Gebete und bietet Schutz und Hilfe. Einige dieser Aspekte werden auf ihre Parallelen zu den tannaitischen Texten im Folgenden kurz dargestellt.

5.2. Jesu Familienverhältnis

Spätestens an dieser Stelle muß ein Blick auf die irdischen Familienverhältnisse Jesu geworfen werden, denn Erfahrungen mit menschlichen Vätern werden in das Verständnis von Gott mit eingetragen.

Jesus war der einzige, der in den synoptischen Evangelien Gott als "*meinen* Vater" bezeichnete.[79] Dieses familiale Verhältnis weitet er auf den Kreis seiner Schülerinnen und Schüler aus (vgl. Joh 20,17). Um dieses besondere Gottesverhältnis Jesu angemessen interpretieren zu können, muß die Frage gestellt werden, welche Vaterrollen in Jesu Wortüberlieferungen zu finden sind und inwiefern diese der göttlichen Vaterrolle entsprechen.

Bei der Suche gelangt man schnell an Grenzen, denn Jesus verläßt früh sein Elternhaus und gibt seine Familie, sein Umfeld (Mt 8,20par.) und seinen vom Vater erlernten

---

[76] SCHRENK, Art. πατήρ, 980.
[77] Vgl. "mein": Mt 7,21; 10,32.33; 12,50; 15,13; 16,17; 18,10.19.35; "euer": Mt 5,16.45.48; 6,1.14.26.32; 7,11; 18,14; Mk 11,25; "unser" Mt 6,9.
[78] Alttestamentlich ist hier vor allem an Dtn 14,1 und Hos 2,1 zu denken. In der hellenistisch-jüdischen (vgl. DELLING, Söhne Gottes) sowie rabbinischen Literatur (vgl. Bill I, 149.219f.; III, 15.17f.103) ist die Rede von den "Söhnen Gottes" reich belegt.
[79] Bei den synoptischen Belegen kann unterschieden werden zwischen der Bezeichnung Gottes als "meinem Vater im Himmel" (Mt 7,21; 10,32.33; 12,50; 15,13; 16,17; 18,10.19) und "meinem Vater" (Mt 11,27; 18,35; 20,23; 25,34; 26,29.39.42.53; Lk 22,29.42; 24,49). Das MkEv führt an keiner Stelle diese personale Bezeichnung Gottes.

Beruf[80] auf (Mk 6,3f.). Sein irdischer Vater ist in den überlieferten Jesusworten ohne Bedeutung. Ebenso ist Jesu Beziehung zu seiner restlichen Familie (Mutter, Brüder und Schwestern) von starker Distanz geprägt.[81] Nachösterlich wird sein irdischer Vater an keiner Stelle erwähnt. Daher scheint es, daß die irdische Vaterrolle nach Jesu Bruch mit seiner Familie zugunsten der himmlischen Vaterfigur vollkommen verblaßt.

5.3. Das Gottesverhältnis der Schülerinnen und Schüler Jesu

Der Gebrauch der pluralischen Personalpronomina bei der Vaterbezeichnung Gottes weist zunächst auf die *Schüler Jesu,* dann auf das *ganze Volk* hin.[82] Sie werden aufgerufen, gute Werke zu tun (Mt 5,16), ihre Feinde zu lieben (Mt 5,45) und darin wie Gott vollkommen zu sein (Mt 5,48). Vor allem sollen sie ihre Religiosität und Frömmigkeit nicht anderen Menschen vor Augen führen. Durch diese Weisungen sollen die Schüler Jesu zur rechten Schülerschaft erzogen werden. Die Worte "euer Vater im Himmel" werden *ausschließlich* als Aussprüche Jesu überliefert. Dabei kommt Jesus eine ähnliche Rolle zu wie den Rabbinen (vgl. mSot 9,15; mYom 8,9). Ein kleiner Unterschied besteht jedoch: Jesus schließt sich *fast nie* in die Anrede Gottes als "Vater" mit ein.[83]

Auch der Lobpreis auf einen Schüler ist in den neutestamentlichen Texten zu finden: Mt 16,17 überliefert einen Makarismus, in dem Simon für sein Verständnis und seine Erkenntnis gepriesen wird. Wie in tHag 2,11 hat der Schüler Erkenntnis und partizipiert an dem Wissen Gottes (und Jesu). Der einzige Unterschied besteht darin, daß in tHag 2,1 Gott und Abraham von R. Jochanan ben Zakkai gepriesen werden, während in Mt 16,17 der Schüler selbst gepriesen wird.

5.4. Die irdischen Familienverhältnisse der JesusschülerInnen

Von seinen Schülerinnen und Schülern verlangt Jesus, daß sie wie er ihre Heimat und ihre Eltern verlassen, um ihm nachzufolgen (Mk 10,28-30). Das Aufgeben der Heimat und der Eltern schließt auch den Beruf ihres Vaters, wie es von den Zebedaidensöhnen Jakobus und Johannes berichtet wird, ein.[84] Dasselbe wird als Zeugnis des Petrus überliefert: "Siehe, wir haben alles verlassen und sind dir gefolgt" (Mk 10,28). Als Lohn verspricht Jesus ihnen neben weltlichen Gütern wie Äcker und Häuser neue Familienmitglieder (Brüder, Schwestern, Mütter, Kinder).[85] Respektlosigkeit gegenüber dem Vater und der radikale Bruch mit der väterlichen Welt wird um der Nachfolge Jesu willen gefordert: "Ein anderer von den Schülern sagte zu ihm: Herr, laß mich zuerst gehen und meinen Vater begraben. Jesus aber sagt ihm: Folge mir nach und laß die Toten ihre Toten begraben" (Mt 8,21f.par). In Lk 14,26 wird der Bruch mit der irdischen

---

[80] Das Erlernen des Handwerkes des Vaters war für den Sohn geläufig. Vgl. KRAUSS, Talm Arch II, 254f.

[81] Vgl. Mk 3,31-35. Daß diese Distanz nicht nur einseitig von Jesus ausging, läßt Mk 3,21 vermuten.

[82] Vgl. Mk 11,25.26; Mt 5,16.45.48; 6;1.9.14.26.32; 7,11; 18,14.

[83] Wie oben bereits erwähnt, ist die einzige Ausnahme Joh 20,17.

[84] Vgl. Mk 1,19f. par: Mt 4,21f. Nach der Markusüberlieferung ließen die Söhne die Tagelöhner mit ihrem Vater im Boot zurück.

[85] Vgl. Mk 3,31-35.

Familie noch radikaler gefordert: Nur durch den "Haß" gegenüber den irdischen Familienangehörigen kann die Zugehörigkeit zu Jesus erlangt werden.

Aus diesen kurz skizzierten Beobachtungen schließen wir: So wie in den Überlieferungen von Jesus kein Vaterbild existiert, so entsagen auch die ihm Nachfolgenden der Vaterrolle. Sie fehlt nicht nur, sondern die Aufgabe irdischer Familienvorstellungen, allen voran die Aufgabe der Rolle und Position des irdischen Vaters, wird um der Jesusnachfolge willen geradezu gefordert. Die Nachfolgegemeinschaft Jesu wird daher zu einer brüderlich-schwesterlichen Gemeinschaft, in der die patriarchalen Herrschaftsstrukturen fehlen.

Die Untersuchung der irdischen Familienverhältnisse Jesu und seiner SchülerInnen zeigt ein Aufweichen der Vaterrolle im ersten nachchristlichen Jh., die auf eine Krise schließen läßt. Zur Erhärtung dieser These bedarf es einer eingehenderen Untersuchung der Vaterrolle, die in diesem Rahmen nicht erfolgen kann.[86]

6. Resümee

Mit der vorliegenden Untersuchung wurde gezeigt, daß die Gottesanrede "Vater" Jesus nicht von seinem Volk trennt, sondern ihn mit seinen jüdischen Traditionen verbindet. Wie der Befund der tannaitischen Literatur zeigt, läßt sich die in der Forschung oft vertretene These eines einzigartigen Sprachgebrauchs Jesu im Blick auf die Gottesanrede "Vater" nicht halten.[87] Vor allem mit historiographischen Mitteln ist die These der Einzigartigkeit des Sprachgebrauchs Jesu nicht greifbar.[88] Auch die These einer einzigartigen Gottesbeziehung Jesu läßt sich nicht mit dem Verweis auf diesen Sprachgebrauch in der Jesusüberlieferung begründen. Schließlich ist auch die Herleitung der Abba-Anrede aus der Kindersprache und ihre Interpretation als besonders innige Form der Anrede abzulehnen; in allen drei neutestamentlichen Texten wird "Abba" mit ὁ πατήρ paraphrasiert. Allenfalls läßt sich der häufige Gebrauch der Vater-Anrede Gottes als *Charakteristikum Jesu* festhalten.

Eine Erklärung mag in dem gebrochenen jesuanischen Familienverständnis liegen. Zu seiner leiblichen Mutter und seinen Geschwistern hatte er kein sehr enges Verhältnis. Irdische Familien zerbrechen oder verlieren Glieder, der über allen stehende himmlische Vater bietet Jesus Ersatz und ein ganz eigenes Verhältnis. Dieses Verhältnis gibt Jesus als "Sohn Gottes" an seine SchülerInnen weiter. Gerade im Gebetsanruf "unser Vater im Himmel" findet es Ausdruck.

---

[86] Vgl. meine Thesen in der historischen Analyse.

[87] Vgl. LUZ, Matthäus I, 340f.; VÖGTLE, Vaterunser, 183f.; OSTEN-SACKEN, Grundzüge, 76.

[88] Die Einzigkeit Jesu problematisiert seit einigen Jahren vor allem SANDERS (vgl. ders., Jesus, 137f.240.319f.).

D. Ausblick

Die Analyse der Bezeichnung Gottes als "Vater im Himmel" in der tannaitischen Literatur müßte durch eine entsprechende Untersuchung der amoräischen Literatur ergänzt werden. Ferner fehlt bislang eine umfassende Untersuchung des Gebrauchs der Vaterbezeichnung Gottes in den Synagogalgebeten, den Targumim, bei Philo und Josephus.

1. Heutige Anfragen an die Vateranrede Gottes

In der heutigen Zeit sind vor allem drei grundsätzliche Anfragen an das Bild Gottes als Vater zu nennen. Es wäre interessant, die tannaitischen Texte mit diesen Anfragen ins Gespräch zu bringen.

Die *feministische Kritik* greift vor allem die Funktion der Rede von Gott als Vater als Legitimationsgrund patriarchaler Herrschaftsstrukturen in Kirche und Gesellschaft an. Sie sucht nach einem Umgang mit dem Gottvatersymbol, der nicht die weibliche Gottesmetaphorik ausblendet.[89]

Psychologische Kritik hinterfragt die Entwicklung und Deutung des Vaterbildes Gottes und die Bedeutung der Vater-Kind-Beziehung für die Entstehung und Entwicklung dieses Gottesbildes.[90] Die jeweilige Gottesvorstellung ist von irdischen Beziehungen geprägt. Sie muß auf ihre Projektionen und Reflexionen hin untersucht werden.[91]

Religionssoziologische Kritik untersucht das Verhältnis zwischen sozialen Organisationen wie Familie, Klan, Nation auf der einen Seite und der Gottesvorstellung auf der anderen.[92] Sie geht dem Verdacht nach, inwieweit ein Vater-Gott die patriarchale Stuktur einer Gesellschaft unterstützt und legitimiert.

---

[89] Vgl. DALY, After the Death, 53ff; dies., Jenseits von Gott, Vater und Sohn; RUETHER, Sexismus; u.a.

[90] Über C.G. JUNGs Therapiekonzept vgl. MURRAY, Leiden an Gott Vater, 159ff.; zu FREUDs Ansinnen, den Gottesglauben auf Vaterprojektionen zu reduzieren, vgl. STEMBERGER, Der Mann Moses.

[91] Vgl. SPIEGEL, Beratung, 19 Anm. 21; vgl. auch RICOEUR, Vatergestalt, 315ff.

[92] MENSCHING unterscheidet zwischen theologischen Analogiebildungen und irdischen Gemeinschaftsordnungen. Die Bezeichnung als Vater ist eine von drei von ihm zu untersuchenden Kriterien (vgl. ders., Soziologie der Religion, 65). Auf die Hebräische Bibel bezogen: BOER, Fatherhood and Motherhood; Boer zeigt (26ff.), daß es auch mutter-orientierte Bilder des Gottes Israels gab. Vgl. auch VANONI, "Du bist doch unser Vater", 25ff. Dagegen betont MAYR die Männlichkeit des Gottesbildes in der nachbiblischen Zeit (ders., Patriarchalisches Gottesverständnis, 224-255). GERSTENBERGER hingegen versucht, das patriarchale Gottesbild des Vaters neu zu interpretieren, und strebt einen Dialog mit feministischer Theologie an (ders., Jahwe - ein patriarchaler Gott, 17-26).

2. Ein modernes jüdisches "Vaterunser-Gebet"

In der heutigen Zeit ist das Gebet zu Gott als Vater wie auch damals sowohl im jüdischen als auch im christlichen Sprachgebrauch geläufig. Ein Beispiel aus der Geschichte des Staates Israel sei an dieser Stelle erwähnt. Mit der Gründung des Staates Israel 1948 wurde vom Oberrabinat das Gebet für das Wohlergehen des Staates erstellt und in den Gottesdienst integriert.[93] In Israel wird dieses Gebet am Schabbat und an Festtagen, bevor die Torarolle in den Schrank zurückgelegt wird, gesprochen. Es beginnt mit den Worten:

Unser Vater im Himmel.

---

[93] NULMAN, Encyclopedia of Jewish Prayer, 58.

LITERATURVERZEICHNIS

Die Literatur wird in Anmerkungen unter der Nennung der Autorin und des Autors, eines Kurztitels (sofern von den Autoren mehrere Artikel zitiert wurden) und der Seitenzahl angegeben.

Folgende Abkürzungen sind denen der TRE hinzugefügt:

BibRab	WÜNSCHE, Bibliotheca Rabbinica
bAm	BACHER, Babylonische Amoräer
pAm	BACHER, Palästinische Amoräer
Term	BACHER, Terminologie
Tann	BACHER, Agada der Tannaiten
Talm Arch	KRAUSS, Talmudische Archäologie
Bill	STRACK/BILLERBECK, Kommentar zum Neuen Testament

I. Textausgaben

I.1. Biblisch und rabbinisch

ALBECK, Chanoch, The Mishna, 6 Bde., Jerusalem/Tel Aviv, 1988.

ALBRECHT, Karl, Kil`ajim (Verbotene Mischgattungen), (Die Mischna I,4), Gießen 1914.

BEER, Georg/MARTI, Karl, Abot (Väter), (Die Mischna IV,9), Gießen 1927.

BERESCHIT RABBA, mit kritischem Apparat und Kommentar, J. Theodor und Chanoch Albeck (Hg.), Jerusalem ²1965.

BERLINER, Abraham, Raschi. Der Kommentar des Salomo B. Isaak über den Pentateuch, Frankfurt a.M. ²1905 (Nachdr. Jerusalem 1969).

BIBLIA HEBRAICA STUTTGARTENSIA, ediderunt Karl Elliger/Wilhelm Rudolph, Stuttgart ³1983.

BIETENHARD, Hans, Sota (Die des Ehebruchs Verdächtige), (Die Mischna III,6), Berlin 1956.

BUBER, Salomon, Aggadat Bereschit, Wien 1902.

Ders., Midrasch Echa Rabbati. Sammlung agadischer Auslegungen der Klagelieder, Wilna 1899 (Nachdr. Hildesheim 1967).

Ders., Midrasch Mischle, Wilna 1893.

Ders., Midrasch Tanchuma. Ein aggadischer Commentar zum Pentateuch von Rabbi Tanchuma ben Abba, 2. Bde., Wilna 1885.

CARO, Rabbi Joseph B. Ephraim, Orah Hayyim, Venezia 1564-1565.

CLARKE, E.G., Targum Pseudo-Jonathan of the Pentateuch: Text and Concordance, New Jersey 1984.

EPSTEIN, Jakov Nachum/MELAMED, Esra Zion, Mekhilta D´Rabbi Sim´on b. Jochai. Fragmenta in Geniza Cairensi reperta digessit apparatu critico, notis, praefatione instruxit, Jerusalem 1955 (Nachdr. 1979).

FIEBIG, Paul, Rosch ha-Schana (Das Neujahrsfest), (Die Mischna II,8), Gießen 1914.

FINKELSTEIN, Louis, Siphre ad Deuteronomium, New York/Jerusalem 1993.

Ders., Pirke de Rabbi Eliezer, New York 1916.

FRIEDMANN, Meir, Pesiqta Rabbati. Midrasch für den Fest-Cyclus und die ausgezeichneten Sabbathe, Wien 1880 (Nachdr. Tel-Aviv 1963).

Ders., Seder Eliahu Rabba und Seder Eliahu Zuta (Tanna d`be Eliahu), Wien 1902; Pseudo-Seder Eliahu Zuta, Wien 1904 (gemeins. Nachdr. Jerusalem 1960).

FREY, Jean-Baptiste, Corpus inscriptorum iudaicarum. Recueil des inscriptions juives qui vont du IIIe siècle avant Jésus Christ au VIIe siècle de notre ère Vol. I Europe (SSAC 1), Rom/Paris 1936.

HIGGER, Michael, The treatises Derek Erez, Pirke ben Azzai, Tosefta Derek Erez, ed. from Mss. with an introduction, notes, variants and translation, New York 1935 (Nachdr. Jerusalem 1970).

Ders., Masseket Soferim, New York 1937.

Ders., Massektot Kalla, New York 1936.

Ders., Treatise Semachot, New York 1931.

HOFFMANN, David Zvi, Midrasch Tannaim zu Deuteronomium, Berlin 1908/9 (Nachdr. Jerusalem 1984).

Ders., Mischnajot. Die sechs Ordnungen der Mischna. Teil IV, Seder Nesikin, Berlin ²1924.

HOROVITZ, Chaim Saul/RABIN, Israel Abraham, Mechilta D´Rabbi Ismael cum variis lectionibus et adnotationibus, Jerusalem ²1970.

HOROVITZ, Chaim Saul (Hg.), Siphre D`Be Rab. Siphre ad Numeros adjecto Siphre zutta, Jerusalem ³1992.

JALKUT SHIMONI, 2 Bde., Bd. 1: Saloniki 1526f.; Bd. 2: Saloniki 1521 (gemeins. Nachdr. Jerusalem 1991).

KRACAUER, J. (Hg.), Rabbi Joselmann de Rosheim, REJ 16 (1888), 85-95

DER BABYLONISCHE TALMUD. Ausgabe Romm, 20 Bde., Vilna 1880-1886 (Nachdr. Jerusalem 1991).

DER JERUSALEMER TALMUD, Krotoschin 1866 (Nachdr. Jerusalem 1969).

KLEIN, Michael L., The Fragment-Targums of the Pentateuch According to their Extant Sources, Bd. 1 (AnBib 76), Rom 1980.

KRAUSS, Samuel, Sanhedrin (Hoher Rat). Makkot (Prügelstrafen), (Die Mischna IV,4.5), Gießen 1933.

LIEBERMANN, Saul, הלכות ירושלמי. The Laws of the Palestinian Talmud of Rabbi Moses ben Maimon, New York 1947 (Nachdr. New York/Jerusalem ²1995).

Ders., The Tosefta according to Codex Vienna, with variants from Codex Erfurt, Ms. Schocken and Editio Princeps (Venice 1521). References to parallel passages in Talmudic Literature, Bd. 1: The Order of Zera`im, Bd. 2: The Order of Mo`ed, Bd. 3: The Order of Nezikin, New York ²1992.

MAHZOR SHELOM YERUSHALAYIM, hg. v. Ezekiel H. Albeck, 2 Bde., New York 1970.

MAHZOR VITRY, לרבינו משחה אחד מתלידי רש״י ד״ל עם תוספות הגהות תקונים ובאורים, Chaim Saul HOROVITZ/Shimon ha-LEVY (Hg.), Jerusalem 1963.

MAIMONIDES, Moses, The Guide for the Perplexed, engl. translation by M. Friedländer, New York ²1904 (Nachdr. 1956).

MANDELBAUM, Bernard, Pesikta de Rav Kahana according to an Oxford Manuscript with variants from all known Manuscripts and Genizoth Fragments and parallel Passages with commentary and introduction, 2 Bde., New York ²1987.

MARGALIOTH, Mordecaj, ספר הרזים, הוא ספר כספים מתקופות התלמוד, Jerusalem 1966.

MAYER, Günter/LISOWSKY, Gerhard, Kilajim - Maaser Rischon (Die Tosefta. Zeraim 3), (Rabbinische Texte. Die Tosefta Bd. 13), Stuttgart/Berlin/Köln 1998.

MEINHOLD, Johannes, Joma (Versöhnungstag), (Die Mischna II,5), Gießen 1913.

MIDRASCH RABBA, 2 Bde.,Vilna 1887 (Nachdr. Jerusalem 1969/79).

NOVUM TESTAMENTUM GRAECE, post Eberhard Nestle et Erwin Nestle communiter ediderunt Barbara et Kurt Aland (u.a.), 3. Druck Stuttgart ²⁷1995.

RABBINOVICZ, Raphael, דקדוקי סופרים. Varia Lectiones in Mischnam et in Talmud Babylonicum, Bd. 7: Sabath, Monaco 1875.

RAHLFS, Alfred, Septuaginta id est Vetus Testamentum Graece iuxta LXX interpretes, 2 Bde., Stuttgart 1962.

SACHS, Michael, Festgebete der Israeliten, hebr. und dt. mit vollständigem, sorgfältig durchgesehenem Text, 9 Bde., 3.-4. Aufl. Berlin 1859-1860.

פירוש רש״י על התורה, מאת הרב ח. ד. שעוועל, Jerusalem 1982.

SCHÄFER, Peter, Synopse zur Hekhalotliteratur (TSAJ 2), Tübingen 1981.

SCHECHTER, Salomon, Aboth de Rabbi Nathan, Heidelberg/New York 1979.

TORAT KOHANIM, תורה חומשי חמישה. חמישה חיים, תורת חיים, 6 Bde., Jerusalem 1990.

WEISS, Isaak Hirsch, Sifra de be Rav-Hu Sefer Torat Kohanim, Wien 1862 (Nachdr. New York 1947).

WERTHEIMER, Shlomo Aharon, Batei Midrashot. Twenty Five Midrashim published for the first time from Manuscripts discovered in the Genizoth of Jerusalem and Egypt with introduction and annotation, Jerusalem ²1989.

ZUCKERMANDEL, Moshe Shmuel, Tosephta based on the Erfurt and Vienna Codices mit einem "Supplement to the Tosephta" von Saul Liebermann, Trier 1882 (Nachdr. Jerusalem 1970).

I.2. Griechisch und lateinisch

CICERO, Marcus Tullius, Vom Rechten Handeln (De Officiis), Lateinisch-Deutsch, Karl Büchner (Hg.), Zürich/Stuttgart 1964.

Ders., The Speeches, with engl. translation v. Louis Eleazar Lord (LCL Ci 3), Bd. VIII London/Cambridge ²1964.

DIDACHE (Apostellehre) - Barnabasbrief - Zweiter Klemensbrief - Schrift an Diognet, eingel., hg., übertr.und erl. von Klaus Wengst (SUC 2), Darmstadt 1984.

ECK, Werner/HEINRICHS, Johannes (Textauswahl und Übersetzer), Sklaven und Freigelassene in der Gesellschaft der Römischen Kaiserzeit, Texte zur Forschung 61, Darmstadt 1993.

FLAVIUS JOSEPHUS, - Flavii Josephii Opera, 4 Bde., Benedictus Niese (Hg.), Berlin 1955.

HERODOTUS, with engl. translation A.D. Godly (LCL Hero 1/3), 4 Bde., London/ Cambridge ²1960.

HESIOD, The Homeric Hymns and Homerica, with engl. translation v. Hugh G. Evelyn-White (LCL Hes 1), London/Cambridge ²1936 (Nachdr. 1964).

HORAZ, Sämtliche Werke. Lateinisch und deutsch, I: Carmina; Oden und Epoden; nach Kayser, Nordenflycht und Burger hg. v. Hans Färber; II: Sermones et Epistulae; übers. und zusammen mit H. Färber bearb. v. Wilhelm Schöne, München/Zürich ⁹1982.

OVID, Metamorphosen, übertr. u. hg. v. Erich Rösch, Zürich/München ¹⁰1983.

OVID'S FASTI, with engl. translation James George Frazer (LCL Ov 2), London/ Cambridge 1931 (Nachdr. 1959).

PAPIASFRAGMENTE. Hirt des Hermas, eingel., hg., übertr. und erl. von Körtner, Ulrich H.J./Leutzsch, Martin (SUC 3), Darmstadt 1998.

PHILO VON ALEXANDRIA, - Works/Opera. 10 Bde., Griechisch-Englisch (LCL Phil I/1-12), Colson, Francis Henry/ Whitaker, George Herbert (Hg.), London/ Cambridge 1929-1962.

PLATON, Werke in acht Bänden, hg. v. Gunther Eigler, bearb. v. Louis Bodin/Maurice Croiset u.a., übers. v. Friedrich Schleiermacher, Darmstadt ³1990.

SUETONIUS, with engl. translation J.C. Rolfe (LCL Sue), 2 Bde., London/Cambridge 1914 (Nachdr. 1965).

TESTAMENTA XII. PATRIARCHUM, ed. according to Cambridge University Library Ms. Ff. I, 24 fol. 203a-261b, with short notes by Marinus de Jonge, Leiden ²1970.

II. Übersetzungen

ALEXANDER, Philip S., (Hebrew Apocalypse of) Enoch. A New Translation and Introduction, in: James H. Charlesworth (Hg.), The Old Testament Pseudepigrapha. Apocalyptic Literature and Testaments, Vol. I, London 1983, 222-315.

DAS ÄTHIOPISCHE HENOCHBUCH, übers. v. Siegbert Uhlig (JSHRZ V,6), Gütersloh 1984.

AVEMARIE, Friedrich, Yoma. Versöhnungstag (Übersetzung des Talmud Yerushalmi II,4), Tübingen 1995.

BAMBERGER, Selig, Raschis Pentateuchkommentar. Vollständig ins Deutsche übertragen und mit einer Einleitung versehen, Basel ³1962.

BANETH, Eduard, Mischnajot. Die sechs Ordnungen der Mischna, Basel 1968.

BARUCH-APOKALYPSE, Die syrische Baruch-Apokalypse, übers. v. Albertus Frederik Johannes Klijn (JSHRZ V,2), Gütersloh 1976, 103-191.

BIETENHARD, Hans, Midrasch Tanhuma B. R. Tanhuma über die Tora, genannt Midrasch Jelamdenu, 2 Bde. (JudChr 5.6), Bern/Frankfurt a.M./Las Vegas 1982.

Ders., Der tannaitische Midrasch Sifre Deuteronomium. Übers. und erkl. v. H. Bietenhard mit einem Beitrag von Henrik Ljungman (JudChr 8), Bern/ Frankfurt a.M./Nancy/New York 1984.

BÖRNER-KLEIN, Dagmar, Der Midrasch Sifre zu Numeri (Rabbinische Texte. Tannaitische Midraschim 3), Stuttgart/Berlin/Köln 1997.

3. ESRA-BUCH, übers. v. Karl Friedrich Pohlmann (JSHRZ I,5), Gütersloh 1980, 375-425.

4. ESRA-BUCH, übers. v. Josef Schreiner (JSHRZ V,4), Gütersloh 1981, 289-412.

FLAVIUS JOSEPHUS, Jüdische Altertümer, 2 Bde., übers. v. Heinrich Clementz, Köln ²1959.

Ders., De Bello Judaico. Der Jüdische Krieg, Otto Michel/Otto Bauernfeind (Hg.), 4 Bde., Darmstadt 1969.

GOLDIN, Judah, The Fathers according to Rabbi Nathan (YJS 10), New Haven/ London 1955 (Nachdr. 1983).

GOLDSCHMIDT, Lazarus, Der babylonische Talmud, 12 Bde., Berlin ²1967 (Nachdr. Frankfurt a.M. ⁴1996).

HOLTZMANN, Oscar, Berakot (Gebete), (Die Mischna I,1), Gießen 1912.

HOROVITZ, Charles, Berakhot (Der Jerusalemer Talmud in dt. Übersetzung 1), Tübingen 1975.

KUHN, Karl Georg, Der tannaitische Midrasch Sifre zu Numeri (Rabbinische Texte II,3), Stuttgart 1959.

LOHSE, Eduard/SCHLICHTING, Günther, Berakot (Die Tosefta. Zeraim 1), Stuttgart 1956.

LOOPIK, Marcus van, The Ways of the Sages and the Ways of the World. The Minor Tractates of the Babylonian Talmud: Derekh `Eretz Rabbah; Derekh `Eretz Zuta; Pereq ha-Shalom (TSAJ 26), Tübingen 1991.

MAIER, Johann, Die Qumran-Essener: Die Texte vom Toten Meer, 3 Bde., München/ Basel 1995.

Ders., Die Tempelrolle vom Toten Meer und das "Neue Jerusalem" (Die Qumran-Essener 4), übers. und erl., 3. völlig neu bearb. und erw. Aufl., München u.a. 1997.

4. MAKKABÄERBUCH, übers. v. Hans-Josef Klauck (JSHRZ III,6), Gütersloh 1989.

NEUSNER, Jacob, The Tosefta. Toharot (The Order of Purities), Bd. 6, New York 1977.

Ders., The Tosefta. Moed (The Order of Appointed Times), Bd. 2, New York 1981.

Ders., The Tosefta. Neziqin (The Order of Damages), Bd. 4, New York 1981.

PHILO VON ALEXANDRIA, Die Werke in deutscher Übersetzung, 7 Bde., Leopold Cohn/Isaak Heinemann u.a. (Hg.), Berlin ²1962.

TESTAMENT ABRAHAMS, übers. v. Enno Janssen (JSHRZ III,2), Gütersloh 1975, 195-256.

TESTAMENT HIOBS, übers. v. Berndt Schaller (JSHRZ III,3), Gütersloh 1979, 301-387.

WEWERS, Gerd A., Hagiga. Festopfer (Übersetzung des Talmud Yerushalmi II,11), Tübingen 1983.

Ders., Sanhedrin - Gerichtshof (Übersetzung des Talmud Yerushalmi IV,4), Tübingen 1981.

WINTER, Jacob, Sifra. Halachischer Midrasch zu Leviticus, Breslau 1938.

DERS./WÜNSCHE, August, Mechiltha. Ein tannaitischer Midrasch zu Exodus, Leipzig 1909 (Nachdr. Hildesheim/Zürich/New York 1990).

WÜNSCHE, August, Aus Israels Lehrhallen, 5 Bde., Leipzig 1907-1910 (Nachdr. in 2 Bde. Hildesheim 1967).

Ders., Bibliotheca Rabbinica. Eine Sammlung alter Midraschim. Zum ersten Male ins Deutsche übertragen, 5 Bde., Leipzig 1880-1885 (Nachdr. Hildesheim 1967).

Ders., Midrasch Tehillim oder Haggadische Erklärung der Psalmen, 2 Bde., Trier 1892/3 (Nachdr. Hildesheim 1967).

III. Hilfsmittel und Nachschlagewerke

BACHER, Wilhelm, Die exegetische Terminologie der jüdischen Traditionsliteratur, Leipzig Bd. 1: 1899; Bd 2: 1905 (2. Nachdr. Hildesheim/Zürich/New York 1990).

BAUER, Walter, Griechisch-deutsches Wörterbuch zu den Schriften des Neuen Testaments und der frühchristlichen Literatur, K. und B. Aland (Hg.), Berlin/New York, [6]1988.

BAUMGARTNER, Walter/KOEHLER, Ludwig u.a., Hebräisches und Aramäisches Lexikon zum Alten Testament, Lieferung I-IV, 3. Aufl. Leiden (1967-1990).

COMPUTER-KONKORDANZ ZUM NOVUM TESTAMENTUM GRAECE, Institut für Neutestamentliche Textforschung der Universität Münster (Hg.), Berlin/New York [2]1985.

COMPUTERIZED TORAH LIBRARY, Jerusalem 1994.

DALMAN, Gustaf H., Aramäisch-Neuhebräisches Handwörterbuch zu Targum, Talmud und Midrasch, Göttingen [3]1938 (2. Nachdr. Hildesheim/Zürich/New York 1987).

Ders., Grammatik des jüdisch-palästinischen Aramäisch und aramäische Dialektproben, Leipzig 1905 (Nachdr. Darmstadt 1989).

JASTROW, Marcus, A Dictionary of the Targumim, the Talmud Babli and Yerushalmi, and the Midrashic Literature, Philadelphia 1903 (Nachdr. New York 1950).

LEVY, Jakob, Wörterbuch über die Talmudim und Midraschim nebst Beiträgen von Heinrich Leberecht Fleischer mit Nachträgen und Berichtigungen von Lazarus Goldschmidt, 4 Bde., Berlin/Wien [2]1924.

GESENIUS, Wilhelm/BUHL, Frants, Hebräisches und aramäisches Handwörterbuch über das Alte Testament, Leipzig [17]1915 (Nachdr. Berlin/Göttingen/Heidelberg 1962).

GROß, Moshe David, אוצר האגדה מהמשנה והתוספתא והתלמודים והמדרשים וספרי הזהר, Jerusalem 1961.

HATCH, Edwin/REDPATH, Henry A., A Concordance to the Septuagint and the Other Greek versions of Old Testament, 3 Bde., Oxford 1897 (Nachdr. Graz 1954).

HEBRÄISCHES UND ARAMÄISCHES LEXIKON ZUM ALTEN TESTAMENT (HALAT), Ludwig Kohler/Walter, Baumgartner (Hg.), neu bearb. v. Johann Jakob Stamm, Bd. 4, Leiden/New York/Kopenhagen/Köln 1990.

HYMAN, Aaron, Torah Haketubah Vehamessurah, 3 Bde., Jerusalem [2]1994.

Ders., Sepher Hahashlamoth. A Companion Volume to the second Edition of Torah Haketubah Vehamessurah, compiled by Arthur Hyman, Jerusalem o.J.

KAHAN, K., ספר התנאים והאמראים, Frankfurt 1935.

KRAUSS, Samuel, Griechische und lateinische Lehnwörter in Talmud, Midrasch und Targum, 2 Bde., Berlin 1898/99 (Nachdr. Hildesheim 1964).

KRAUSS, Eduard Yeheskel, A History of the Hebrew Language, Raphael Kutscher (Hg.), Jerusalem/ Leiden 1982.

MELAMED, Esra Tsion, Dictionnaire Arameen-Hebreu, Jerusalem 1992.

REEG, Gottfried, Die Ortsnamen Israels nach der rabbinischen Literatur, Wiesbaden 1989.

SCHÄFER, Peter, Konkordanz zur Hekhalotliteratur, 2 Bde., Tübingen 1986/88.

SEGAL, Moses Hirsch, A Grammar of Mishnaic Hebrew, Oxford 1958.

SOKOLOFF, Michael, A Dictionary of Jewish Palestinian Aramaic of the Byzantine Period, Ramat Gan 1992.

STEINZALTZ, Adin, מדריך לתלמוד. מושגי יסוד והגדרות, Jerusalem 1988.

אנציקלופדיה תלמודית בעריכת הרב שלמה יוסף זוין, Jerusalem 1951.

IV. Einleitungen

ALBECK, Chanoch, Einleitung in die Mischna (SJ 6), Berlin 1971.

EPSTEIN, Jacov Nachum, מבוא לנוסח המשנה, Jerusalem 1948.

272

Ders., מבואות לספרות התנאים. משנה. תוספתא ומדרשי הלכה, Esra Zion Melamed (Hg.), Jerusalem 1957.

Ders., מבואות לספרות האמוראים בבלי ובירושלמי, Esra Zion Melamed (Hg.), Tel-Aviv 1962.

LERNER, M.B., The external Tractates, in: Shmuel Safrai (Hg.), The Literature of the Sages I (CRINT II,3), Assen/Maastricht/Philadelphia 1987, 367-403.

NULMAN, Macy, The Jewish Encyclopedia of Jewish Prayer. Ashkenazic and Sephardic Rites, Northvale, New Jersey/London 1993.

RENDTORFF, Rolf, Das Alte Testament. Eine Einführung, Neukirchen-Vluyn [4]1992.

STEMBERGER, Günter, Einleitung in Talmud und Midrasch, München [8]1992.

V. Sekundärliteratur

ABELSON, Joshua, The Immanence of God in Rabbinical Literature, London 1912 (Nachdr. New York 1969).

ABERBACH, Moses, Did Rabban Gamaliel II. impose the Ban on Rabbi Eliezer ben Hyrcanus?, JQR 54 (1963), 201-207.

Ders., Educational institutions and problems during the talmudic age, HUCA 37 (1966), 107-120.

Ders., Art. Nebuchadnezzar. In the Aggada, EJ 12, 914-916.

Ders./SMOLAR, Leivy, Jeroboam and Solomon: Rabbinic Interpretations, JQR 59 (1968), 118-132.

ABRAHAMS, L., Studies in Pharisaism and Gospels II, Cambridge 1924 (Nachdr. New York 1967).

ABRAMSON, Shraga, מלשון חכמים, Leschonenu 19 (1954), 61-71.

AGUS, Aharon R.E., Hermeneutic Biography in Rabbinic Midrash. The Body of this Death and Life (SJ 16), Berlin/New York 1996.

ALBECK, Chanoch, Die neueste Mischnaliteratur, MGWJ 69 (N.F. 33) (1925), 401-426.

ALFÖLDI, Andreas, Die monarchische Repräsentation im römischen Kaiserreiche, Darmstadt [3]1980.

Ders., Der Vater des Vaterlandes im römischen Denken. Geburt der kaiserlichen Bildsymbolik, Darmstadt 1971 (Nachdr. 1978).

ALEXANDER, Philip S., Jewish Aramaic Translations of Hebrew Scriptures, in: M.J. Mulder/H. Sysling (Hg.), MIKRA. Text, Translation, Reading and Interpretation of the Hebrew Bible in Ancient Judaism and Early Christianity (CRINT II,1), Assen/ Maastricht/Philadelphia 1988, 217-254.

ALON, Gedaliah, The Jews in their Land in the Talmudic Age (70-640 C.E.), Jerusalem 1980-84 (Nachdr. Cambridge/London [2]1994).

ASSMANN, Aleida und Jan, Kanon und Zensur, in: Dies. (Hg.), Kanon und Zensur. Archäologie der literarischen Kommunikation II, München 1987, 7-27.

AURELIUS, Erik, Der Fürbitter Israels. Eine Studie zum Mosebild im Alten Testament (CB 27), Stockholm 1988.

AUS, Roger David, Luke 15,11-32 and R. Eliezer ben Hyrcanus's Rise to Fame, JBL 104 (1985), 443-469.

AVEMARIE, Friedrich, Tora und Leben. Untersuchungen zur Heilsbedeutung der Tora in der frühen rabbinischen Literatur (TSAJ 55), Tübingen 1996.

BACHER, Wilhelm, Die Agada der Tannaiten, 2 Bde., Straßburg 1903 (Bd.1), 1890 (Bd.2) (Nachdr. Darmstadt 1965-1966).

Ders., Die Agada der palästinensischen Amoräer, 3 Bde., Straßburg 1892-1905 (Nachdr. Hildesheim 1965).

Ders., Die Agada der babylonischen Amoräer, Frankfurt a.M. [2]1913 (Nachdr. Hildesheim 1965).

Ders., Le mot "Minim" dans le Talmud. Désigne-t-il quelquefois des Chrétiens? REJ 38 (1899), 38-46.

BAECK, Leo, Das Wesen des Judentums, Köln [6]1960.

BAER, Yitzchak, לבעיית דמותה של היהדות באבנגליונים הסינופטים, Zion 31 (1965/66), 117-152.

BALTHASAR, Hans Urs von, Theodramatik II, Einsiedeln 1978.

BALTENSWEILER, Heinrich, Art. Rein, ThBNT II, 1036-37.

BALZ, Horst R., Art. ἀγνός, EWNT I, 52-54.

BARKER, Francis E., The Fatherhood of God, CQR 132 (1941), 174-196.

BARR, James, 'Abba' isn't 'Daddy', JThSt 39 (1988), 28-47.

BARON, Salo Wittmayer, A Social and Religious History of the Jews, 18 Bde., New York/Philadelphia [2]1952-1983.

BASKIN, Judith R., Origen on Balaam: The Dilemma of the unworthly Prophet, VigChr 37 (1983), 22-35.

BASTIAN, Hans Dieter, Theologie der Frage. Ideen zur Grundlegung einer theologischen Didaktik und zur Kommunikation der Kirche in der Gegenwart, München 1969.

BAUDISSIN, Wolf Wilhelm Graf von, Die Symbolik der Schlange im Semitismus, insbesondere im Alten Testament, in: Ders., Studien zur semitischen Religionsgeschichte 1, Leipzig 1876, 255-292.

BAUMANN, Eberhard, Das Lied Mose's (Dt. XXXII 1-43) auf seine gedankliche Geschlossenheit untersucht, VT 6 (1956), 414-424.

BECKER, Hans-Jürgen, Auf der Kathedra des Mose. Rabbinisch-theologisches Denken und antirabbinische Polemik in Matthäus 23,1-12 (ANTZ 4), Berlin 1990.

BECKWITH, Roger T., Calendar and Chronology, Jewish and Christian. Biblical, Intertestamental and Patristic Studies (AGJU 33), Leiden/New York/Köln 1996.

BEN-SASSON, Haim Hillel, Art. Kiddush Ha-Shem: Historical Aspects, EJ 10, 981-986.

BERGER, Klaus, Formgeschichte des Neuen Testaments, Heidelberg 1984.

Ders., Theologiegeschichte des Urchristentums, Tübingen/Basel ²1995.

BERTRAM, Georg, Art. παιδεύω κτλ., ThWNT V, 596-624.

BIALIK, Nahum Ch., כל שירי ביאליק, Tel-Aviv 1997.

BIERITZ, Karl-Heinz, Grundwissen Theologie: Jesus Christus, Gütersloh 1997.

BIETENHARD, Hans, Die himmlische Welt im Urchristentum und Spätjudentum (WUNT 2), Tübingen 1951.

Ders., Die Freiheitskriege der Juden unter den Kaisern Trajan und Hadrian und der messianische Tempelbau, Judaica 4 (1948), 57-77.81-108.161-185.

BLACK, Matthew, An Aramaic Approach to the Gospels and Acts with an appendix on the son of man by Geza Vermes, Oxford ³1977.

BLASCHKE, Andreas, Beschneidung. Zeugnisse der Bibel und verwandter Texte (TANZ 28), Tübingen/Basel 1998.

BLAU, Ludwig, Studien zum althebräischen Buchwesen und zur biblischen Literatur- und Textgeschichte, Strassburg 1902.

BLOCH, Hermann, Omri Anschi. Die 107 orientalischen Volkssprüche und Volkssagen, die als solche im Babylonischen Talmud beiläufig erwähnt werden, Breslau 1884.

BLUM, Erhard, Studien zur Komposition des Pentateuch (BZAW 189), Berlin/New York 1990.

BÖCKLER, Annette, Gott als Vater im Alten Testament. Traditionsgeschichtliche Untersuchungen zur Entstehung und Entwicklung eines Gottesbildes, Gütersloh 2000.

BÖHL, Felix, Gebotserschwerung und Rechtsverzicht als ethisch-religiöse Normen in der rabbinischen Literatur (FTS 1), Frankfurt a.M. 1971.

BOER, Pieter Arie Hendrik de, Fatherhood and Motherhood in Israelite and Judean Piety, Leiden 1974.

BOKSER, Baruch M., Wonder-Working and the Rabbinic Tradition: The Case of Hanina ben Dosa, JSJ 16 (1985), 42-92.

Ders., Rabbinic Responses to Catastrophe: From Continuity to Discontinuity, PAAJR 50 (1983), 37-61.

Ders., The Wall separating God and Israel, JQR 73 (1983), 349-374.

BORGEN, Peder, Bread from Heaven. An Exegetical Study of the Concept of Manna in the Gospel of John and the Writings of Philo (NT.S 10), Leiden 1965.

BORNSTEIN, David Joseph, Art. Ma´aser Sheni, EJ 11, 652-654.

BOUSSET, Wilhelm, Die Religion des Judentums, Berlin ²1906.

Ders./GRESSMANN, Hugo, Die Religion des Judentums im späthellenistischen Zeitalter (HNT 21), Tübingen ⁴1966.

BOYARIN, Daniel, ללקסיקון התלמודית VI, in: M. Bar-Asher/D. Rosenthal (Hg.), קובץ מחקרי תלמוד. מחקרים ובתחונים גבולים מוקדש לזכרו של פרופ' אלעזר שמשון רוזנטל, Bd. 2, Jerusalem 1993, 11-24.

Ders., Dying for God. Martyrdom and the Making of Christianity and Judaism, Stanford 1999.

BRANDT, Wilhelm, Jüdische Reinheitslehre und ihre Beschreibung in den Evangelien (BZAW 29), Gießen 1910.

BRANSON, R.D., Art. יסר jasar, ThWAT III, 688-697.

BRETTLER, Marc Zvi, God is King. UnDerstanding an Israelite Metaphor (JSOT.S 76), Sheffield 1989.

BROCKE, Michael, "Nachahmung Gottes" im Judentum, in: Abdoldjavad Falaturi/ Jakob J. Petuchowski/Walter Strolz (Hg.), Drei Wege zu dem einen Gott. Glaubenserfahrung in den monotheistischen Religionen, Freiburg/Basel/Wien 1976, 73-102.

BROOTEN, Bernadette J., Women Leaders in the Ancient Synagogue. Inscriptional Evidence and Background Issues (BJS 36), Chico ²1987.

BRÜLL, N., Der kleine Sifre, in: Jubelschrift zum 70. Geburtstag von H. Graetz, Breslau 1887, 179-193.

BUBER, Martin, Zu Jecheskel 3,12, MGWJ 78 (1934), 471-473.

BÜCHLER, Adolf, Der Galiläische `Am - Ha´Ares des Zweiten Jahrhunderts. Beiträge zur inneren Geschichte des palästinischen Judentums in den ersten zwei Jahrhunderten, Hildesheim 1906 (Nachdr. 1968).

Ders., Der Priester und der Cultus im letzten Jahrzehnt des Jerusalemischen Tempels, Wien 1895.

Ders., Studies in Jewish History. The Adolph Büchler Memorial Volume, Israel Brodie/Joseph Rabbinowitz (Hg.), London/New York/Toronto 1956.

Ders., Die Todestrafen der Bibel und der jüdisch-nachbiblischen Zeit, MGWJ 50 (N.F. 14) (1906), 539-562.664-706.

Ders., Types of Jewish-Palestinian Piety from 70 B.C.E. to 70 C.E. The Ancient Pious Men, London 1922 (Nachdr. New York 1968).

BURCHARD, Christoph, Jesus von Nazareth, in: Jürgen Becker (Hg.), Die Anfänge des Christentums, Stuttgart/Berlin/Köln/Mainz 1987, 12-58.

BUSTANAY, Oded, Art. Jerobeam, EJ 9, 1371-1373.

CARLEBACH, Alexander, Rabbinic References to Fiscus Judaicus, JQR 66 (1975/76), 57-61.

CARMIGNAC, Jean, Recherches sur le "Notre Père", Paris 1969.

CHANTRAINE, Heinrich, Freigelassene und Sklaven im Dienst der Römischen Kaiser: Studien zu ihrer Nomenklatur (Forschungen zur antiken Sklaverei 1), Wiesbaden 1967.

CHARLESWORTH, James H., A Prolegomenon to a New Study of the Jewish Background of the Hymns and Prayers in the New Testament, JJS 33 (1982), 265-285.

CHERNUS, Ira, Mysticism in Rabbinic Judaism (SJ 11), Berlin/New York 1982.

CHILTON, Bruce, God as `Father´ in the Targumim, in Non-Canonical Literatures of Early Judaism and primitive Christianity, and in Matthew, in: James H. Charlesworth/Craig A. Evans (Hg.), The Pseudepigrapha and Early Biblical Interpretation (JSPE.S 14), Sheffield 1993, 151-169.

COHEN, Hermann, Die Religion der Vernunft aus den Quellen des Judentums, Wiesbaden ²1988.

COHEN, Shaye J.D., The Destruction: From Scripture to Midrash, Prooftexts 2 (1982), 18-39.

COHON, Samuel S., The Name of God. A Study in Rabbinic Theology, HUCA 23 (1950/51), 579-604.

COLPE, Carsten, Sakralisierung von Texten und Filiationen von Kanon, in: Aleida und Jan Assmann (Hg.), Kanon und Zensur. Archäologie der literarischen Kommunikation II, München 1987, 80-92.

CRAIGIE, Peter Campbell/KELLEY, Peter H./DRINKARD, Joel F., Jeremiah 1-25, (Word Biblical Commentary 26), Dallas 1991.

CRÜSEMANN, Frank, Die Bewahrung der Freiheit. Das Thema des Dekalogs in sozialgeschichtlicher Perspektive, Gütersloh 1983.

Ders., Die Tora. Theologie und Sozialgeschichte des alttestamentlichen Gesetzes, München 1992.

CULLMANN, Oscar, Das Gebet im Neuen Testament. Zugleich Versuch einer vom Neuen Testament aus zu erteilenden Antwort auf heutige Fragen, Tübingen 1994.

DALMAN, Gustaf, Arbeit und Sitte in Palästina, 7 Bde., Gütersloh 1928-1942.

Ders., Jesus - Jeschua. Die drei Sprachen Jesu. Jesus in der Synagoge, auf dem Berge, beim Passahmahl, am Kreuz, Leipzig 1922.

Ders., Die Worte Jesu I. Mit Anhang: A. Das Vaterunser. B. Nachträge und Berichtigungen, Leipzig ²1930.

DALY, Mary, After the Death of God the Father: Women´s Liberation and the Transformation of Christian Consciousness, in: Carol P. Christ/Judith Plaskow (Hg.), Womanspirit Rising. A Feminist Reader in Religion, San Francisco 1979, 53-62.

Dies., Jenseits von Gottvater, Sohn & Co., München 1978.

DAN, Joseph, The Concept of History in Hekhalot and Merkabah Literature, in: Ders., BINAH 1: Studies in Jewish History, Thought and Culture, London/New York 1989, 47-57.

Ders., Studies in Jewish History, New York 1983.

D´ANGELO, Mary Rose, Abba and "Father": Imperial Theology and the Jesus Traditions, JBL 111 (1992), 611-630.

Dies., Theology in Mark and Q: Abba and "Father" in Context, HThR 85 (1992), 149-174.

DELLING, Gerhard, Die Bewältigung der Diasporasituation durch das hellenistische Judentum, Göttingen 1987.

Ders., Die Bezeichnung "Söhne Gottes" in der jüdischen Literatur der hellenistisch-römischen Zeit, in: C. Breytenbach/K.-W. Niebuhr (Hg.), Gerhard Delling: Studien zum Frühjudentum. Gesammelte Aufsätze 1971-1987, Göttingen 2000, 423-434.

Ders., Art. Gotteskindschaft, RAC 11, 1159-1185.

DÉRENBOURG, Joseph, Essai sur l'histoire et la géographie de la Palestine d'après les Thalmuds et les autres sources rabbiniques, Paris 1867 (Nachdr. Farnborough 1971).

Ders., Ueber einige dunkle Punkte in der Geschichte der Juden, MGWJ 35 (1975), 395-398.

DOHMEN, Christoph/STEMBERGER, Günter, Hermeneutik der Jüdischen Bibel und des Alten Testamtents (KStTH 1,2), Stuttgart/Berlin/Köln 1996.

DÖPP, Heinz-Martin, Art. Amalekiter, in: Julius H. Schoeps (Hg.), Neues Lexikon des Judentums, Gütersloh/ München 1992, 30.

Ders., Die Deutung der Zerstörung Jerusalems und des Zweiten Tempels im Jahre 70 in den ersten drei Jahrhunderten n.Chr. (TANZ 24), Tübingen 1998.

DRAZIN, N., History of Jewish Education from 515 B.C.E. to 220 C.E., Baltimore 1940.

DUNN, James D.G., Christology in Making. A New Testament Inquiry into the Origins of the Doctrine of the Incarnation, London ²1996.

EBACH, Jürgen, Gottesbilder im Wandel, in: Ders., Theologische Reden 3, Bochum 1995, 157-170.

Ders., Über "Freiheit" und "Heimat". Aspekte und Tendenzen der מנוחה, in: Ders., Hiobs Post. Gesammelte Aufsätze zum Hiobbuch zu Themen biblischer Theologie und zur Methodik der Exegese, Neukirchen-Vluyn 1995, 84-107.

Ders., "Schrift" und "Gedächtnis", in: H. Loewy/B. Moltmann (Hg.), Erlebnis - Gedächtnis - Sinn. Authentische und konstruierte Erinnerung, Frankfurt/New York 1996, 101-120.

Ders., Des Treulosen Treue. Versuch über Jochanan ben Zakkai, in: Einwürfe 5: Umgang mit Niederlagen, hg. v. Friedrich-Wilhelm Marquardt (u.a.), München 1988, 28-39.

Ders., Das Zitat als Kommunikationsform. Beobachtungen, Anmerkungen und Fragestellungen am Beispiel biblischen und rabbinischen Zitierens, in: Ders., Gott im Wort. Drei Studien zur biblischen Exegese und Hermeneutik, Neukirchen-Vluyn 1996, 27-84.

EDITERS der EJ, Art. Am Ha-Arez. In Later times, EJ 2, 836.

Dies., Art. Avinu she-ba-shamayim, EJ 3, 974.

Dies., Art. Body and soul, EJ 4, 1165-1166.

Dies., Art. Wine, EJ 16, 538-540.

EHRMAN, Arnost Zvi, Art. Shekalim, EJ 14, 1345-1347.

EISSFELDT, Otto, מרזח und מרזחא "Kultmahlgenossenschaft" im spätjüdischen Schrifttum, in: R. Sellheim/F. Maass (Hg.), Otto Eissfeldt. Kleine Schriften V, Tübingen 1973, 136-142.

Ders., "Das Gesetz des Menschen" in 2Sam 7,19, in: R. Sellheim/F. Maass (Hg.), Otto Eissfeldt. Kleine Schriften V, Tübingen 1973, 143-151.

ELBOGEN, Ismar, Der jüdische Gottesdienst in seiner geschichtlichen Entwicklung, 3. verb. Aufl. Frankfurt a.M. 1931 (2. Nachdr. Hildesheim/Zürich/New York 1995).

EPSTEIN, Isidore, The Jewish Way of Life, London 1946.

ESH, Shaul, (בה) הק "Der Heilige (Er Sei Gepriesen)". Zur Geschichte einer Nachbiblisch-Hebräischen Gottesbezeichnung, Leiden 1957.

FABRY, Heinz-Josef, Art. קרבן, ThWAT VII, 165–171.

FELDMAN, Asher, The Parables and Similes of the Rabbis. Agricultural and Pastoral, Cambridge 1924.

FELDMAN, Louis Harry, Jew and Gentile in the Ancient World. Attitudes and Interactions from Alexander to Justinian, Princeton/New Jersey 1992.

Ders., Josephus and Modern Scholarship (1937-1980), Berlin/New York 1984.

Ders., Josephus. A supplementary bibliography, New York/London 1986.

FELIKS, Jehuda, Art. Dietary Laws, EJ 6, 31-38.

FENEBERG, Rupert, Abba - Vater. Eine notwendige Besinnung, KuI 3/1 (1988), 41-52.

Ders., "Abba, Vater, alles ist dir möglich". Wie Jesus gebetet hat, Entschluß 4 (1985), 15-27.

FIEBIG, Paul, Jüdische Wundergeschichten des neutestamentlichen Zeitalters unter besonderer Berücksichtigung ihres Verhältnisses zum Neuen Testament, Tübingen 1911.

FINKELSTEIN, Louis, R. Akiba: Scholar, Saint and Martyr, New York 1936 (Nachdr. 1970).

FISHEL, Henry A., The Use of Sorites (Climax, Gradatio) in the Tannaitic Period, HUCA 44 (1973), 119-151.

FITZMYER, Joseph A., ABBA and Jesus` Relation to God, in: A Cause de l`Evangile. Ètudes sur les Synoptiques et les Actes. Mélanges offertes à Dom Jacques Dupont (LD 123), Paris 1985, 15-38.

FLUSSER, David, Die rabbinischen Gleichnisse und der Gleichniserzähler Jesus. Bd. 1. Das Wesen der Gleichnisse (JudChr 4), Bern/Frankfurt a.M./Las Vegas 1981.

Ders., "It´s not a Serpent that kills", in: Ders., Judaism and the Origins of Christianity, Jerusalem 1988, 543-551.

Ders., Jesus. In collaboration with R. Steven Notley, Jerusalem ²1998.

Ders., Jesus in Selbstzeugnissen und Bilddokumenten (rororo monographie 140), Reinbek 1968.

Ders., "Sanctus" und "Gloria", in: Ders., Entdeckungen im Neuen Testament. Bd.1: Jesusworte und ihre Überlieferung, Neukirchen-Vluyn 1987, 226-244.

FORBES, Robert James, Studies in ancient technology, Bd. 4, Leiden ²1964.

FRAADE, Steven D., From Tradition to Commentary. Torah and it´s Interpretation in the Midrash Sifre to Deuteronomy, New York 1991.

FRAENKEL, Jonah, Paronomasia in Aggadic Narratives, ScrHie 27 (1978), 27-51.

FRETTLÖH, Magdalene L., Von den Orten Gottes zu Gott als Ort. Maqom, eine rabbinische Gottesbenennung, und die christliche Lehre von der immanenten Trinität, in: dies./Döhling, J.-D. (Hg.), Die

276

Welt als Ort Gottes, Gott als Ort der Welt. Friedrich Wilhelm Marquardts theologische Utopie im Gespräch, Gütersloh 2001, 86-124.

FREUDENBERGER, Rudolf, Die *delatio nominis causa* gegen Rabbi Elieser ben Hyrkanos, RIDA 15 (1968), 11-19.

FREY, Jörg, "Wie Moses die Schlange in der Wüste erhöht hat ... ". Zur frührabbinischen Deutung der ´ehernen Schlange` und ihrer christologischen Rezeption in Johannes 3,14f., in: Martin Hengel/Helmut Löhr (Hg.), Schriftauslegung im antiken Judentum und im Urchristentum, Tübingen 1994, 153-205.

FRIEDLÄNDER, Moriz, Der vorchristliche jüdische Gnostizismus, Göttingen 1898.

FRIEDMAN, Theodore, Art. Gentile, EJ 7, 410-414.

Ders., Art. Man, Nature of. In Rabbinic Thought, EJ 11, 846- 849.

GASTON, Lloyd, No Stone on Another. Studies in the Significance of the Fall of Jerusalem in the Synoptic Gospels (NT.S 23), Leiden 1970.

GERHARDSSON, B., Memory and Manuscript: Oral Tradition and Written Transmission in Rabbinic Judaism and Early Christianity, Lund/Kopenhagen 1964.

GERLEMAN, Gillis, Art. שלם genug haben, THAT II, 919-935.

Ders., Die Wurzel *slm*, ZAW 85 (1973), 1-14.

GERSTENBERGER, Erhard, Jahwe - ein patriarchaler Gott. Traditionelles Gottesbild und feministische Theologie, Stuttgart/Berlin/Köln/Mainz 1988.

GILAT, Yitzhak D., Eliezer Ben Hyrcanus. A Scholar Outcast, Jerusalem 1984.

GINZBERG, Louis, The Legends of the Jews, 7 Bde., Philadelphia [15]1988.

Ders., A Commentary on the Palestinian Talmud. A Study of the Development of the Halakah and Haggadah in Palestine and Babylonia, 4 Bde., New York 1941-1961.

GLATZER, Nahum Norbert, The Concept of Peace in Classical Judaism, in: Ders., Essays in Jewish Thought, Alabama 1978, 37-47.

Ders., The Concept of Sacrifice in Post-Biblical Judaism, in: Ders., Essays in Jewish Thought, Alabama 1978, 48-57.

Ders., Untersuchungen zur Geschichtslehre der Tannaiten, Berlin 1963.

GNADT, Martina S., "Abba isn`t Daddy". Aspekte einer feministisch-befreiungstheolo-gischen Revision des ´Abba Jesu`, in: Luise Schottroff/Marie-Theres Wacker (Hg.), Von der Wurzel getragen. Christlich-feministische Exegese in Auseinandersetzung mit Antijudaismus (Biblical Interpretation Series 17), Leiden/New York/Köln 1996, 115-131.

GNILKA, Joachim, Jesus von Nazaret. Botschaft und Geschichte, Freiburg/Basel/Wien 1983.

GOLDBERG, Abraham, The Mishna - A Study of Halakha, in: Shmuel Safrai (Hg.), The Literature of the Sages 1 (CRINT II,3), Assen/Maastricht/Philadelphia 1987, 211-262.

GOLDBERG, Arnold, Form und Funktion des Ma´ase in der Mischna, FJB 2 (1980), 1-38.

Ders., Rabban Yohanans Traum. Der Sinai in der frühen Merkavamystik, FJB 3 (1975), 1-27.

Ders., Service of the Heart. Liturgical Aspects of Synagogue Worship, in: Asher Finkell/L. Frizell (Hg.), Standing before God. Studies on Prayer in Scriptures and in Tradition with Essays, FS Johannes M. Oesterreicher, New York 1981, 195-211.

Ders., Untersuchungen über die Vorstellung von der Schekhinah in der frühen rabbinischen Literatur (SJ 5), Berlin 1969.

Ders., Der Vortrag des Ma´asse Merkawa. Eine Vermutung zur frühen Merkawamystik, Judaica 29 (1973), 4-23.

GOLDENBERG, Robert, The Broken Axis: Rabbinic Judaism and the Fall of Jerusalem, JAAR.S 45/3 (1977), 869-882.

Ders., Early Rabbinic Explanations of the Destruction of Jerusalem, JJS 33 (1982), 517-525.

GOLDMANN, Alain, Die messianische Vision im rabbinischen Judentum, in: E. Stegemann (Hg.), Messias-Vorstellungen bei Juden und Christen, Stuttgart/Berlin/ Köln 1993, 57-66.

GOODING, David W., The Septuagint`s rival versions of Jerobeam`s rise to power, VT 17 (1967), 173-189.

GOODMAN, Martin, The Ruling Class of Judaea. The Origins of the Jewish Revolt against Rome A.D. 66-70, Cambridge [5]1993.

Ders., The First Jewish Revolt: social conflict and the problem of debt, JJS 33 (1982), 417-427.

Ders., State and Society in Roman Galilee, A.D. 132-212, Totowa 1983.

GOSHEN-GOTTSTEIN, Alon, אלהים וישראל כאב ובן בספרות התנאים. חיבור לשם קבלת תואר דוקתור לפילוסופיה, Jerusalem 1987.

GOPPELT, Leonhard, Theologie des Neuen Testaments I. Jesu Wirken in seiner theologischen Bedeutung, Jürgen Roloff (Hg.), Göttingen 1975.

GRAETZ, Heinrich, Geschichte der Juden von den ältesten Zeiten bis auf die Gegenwart, 11 Bde., Leipzig 1908 (Nachdr. Darmstadt 1998).

Ders., Historische und topographische Streifzüge. Die Römischen Legaten in Judäa unter Domitian und Trajan und ihre Beziehung zu Juden und Christen, MGWJ 34 (1885), 17-34.

GRUENWALD, Ithamar, Apocalyptic and Merkavah Mysticism (AGJU XIV), Leiden/ Köln 1980.

GULKOWITSCH, Lazar, Die Entwicklung des Begriffes Hasid im Alten Testament, Tartu 1934, 1-38.

GUTTMANN, Alexander, Akiba, "Rescuer of the Torah", HUCA 17 (1942), 395-421.

HABERMAN, Abraham Meir, Art. Genizah, EJ 7, 404-407.

HALEVY, Elimelech Epstein, Art. Jeroboam in the Aggadah, EJ 9, 1373-1374.

HALPERIN, David J., The Faces of the Chariot. Early Jewish Responses to Ezekiel´s Vision (TSAJ 16), Tübingen 1988.

Ders., The Merkabah in Rabbinic Literature (AOS 62), New Haven 1980.

HAMERTON-KELLY, R.G., God the Father. Theology and Patriarchy in the Teaching of Jesus, Philadelphia 1979.

HARAN, Menahem, Temples and Temple-Service in Ancient Israel. An Inquiry into Biblical Cult Phenomena and the Historical Setting of the Priestly School, Winona Lake, Indiana 1985.

HARRIS, William V., The Roman Father`s Power of Life and Death, in: Roger S. Bagnall/William V. Harris (Hg.), Studies in Roman Law in Memory of A. Arthur Schiller (CSCT 13), Leiden 1986, 81-95.

HARTMAN, Louis F., Art. God, Names of, EJ 8, 674-682.

HEINEMANN, Isaak, Altjüdische Allegoristik, Jahresbericht Breslauer Seminar 18 (1935), 1-85.

Ders., Philons griechische und jüdische Bildung. Kulturvergleichende Untersuchungen zu Philons Darstellung der jüdischen Gesetze, Breslau 1929-1932 (Nachdr. Darmstadt 1962).

HEINEMANN, Joseph, מסורות פרשניות באגדה ובתרגומים, Tarbiz 35 (1965), 84-95.

Ders., Prayer in the Talmud. Forms and Patterns (SJ 9), Berlin/New York 1977.

HENGEL, Martin, Judentum und Hellenismus. Studien zu ihrer Begegnung unter besonderer Berücksichtigung Palästinas bis zur Mitte des 2. Jh. v.Chr. (WUNT 10), Tübingen 1976.

Ders., Die Synagogeninschrift von Stobi, ZNW 57 (1966), 145-183.

Ders., Die Zeloten. Untersuchungen zur jüdischen Freiheitsbewegung in der Zeit von Herodes I. bis 70 n.Chr. (AGSU 1), Leiden/Köln [2]1976.

HEINISCH, Paul, Personifikationen und Hypostasen im Alten Testament und im Alten Orient (Bzfr 9. Folge, 10-12), Münster 1921.

HENTEN, Jan Willem (Hg.), Die Entstehung der jüdischen Martyrologie (StPB 38), Leiden/New York/ Kobenhavn/Köln 1989.

HENZE, Dagmar /JANSSEN, Claudia/MÜLLER, Stefanie/WEHN, Beate (Hg.), Antijudaismus im Neuen Testament? Grundlagen für die Arbeit mit biblischen Texten, Gütersloh 1997.

HERFORD, R. Travers, Christianity in Talmud and Midrash, London 1903 (Nachdr. New York 1975).

Ders., Talmud and Apocrypha. A Comparative Study of the Jewish Ethical Teaching in the Rabbinical and Non-Rabbinical Sources in the Early Centuries, New York 1931 (Nachdr. 1971).

HERR, Moshe David, Art. Midrash Tannaim, EJ 11, 1518-1519.

Ders., Persecution and Martyrdom in Hadrian´s Days, ScrHie 23 (1972), 85-125.

Ders., Art. Yoma, EJ 16, 844-845.

HESCHEL, Abraham Joshua, תורה מן השמים באספקלריה של הדורות, Jerusalem 1962.

HIBSHMAN, Eugene B., Art. Amalekites. In the Aggadah, EJ 2, 791.

HILTON, Michael, "Wie es sich christelt so jüdelt es sich". 2000 Jahre christlicher Einfluss auf das jüdische Leben, Berlin 2000.

HOFIUS, Otfried, Art. Vater, ThBNT III, 1241-1247.

HÖLSCHER, Gustav, Geschichte der israelitischen und jüdischen Religion, Gießen 1922.

HOENIG, Sidney B., The great Sanhedrin, Philadelphia 1953.

HOLTZ, Abraham, Kiddush and Hillul Haschem, Judaism 10 (1961), 360-367.

HOLTZ, Gudrun, Der Herrscher und der Weise im Gespräch. Studien zu Form, Funktion und Situation der neutestamentlichen Verhörgespräche und der Gespräche zwischen jüdischen Weisen und Fremdherrschern (ANTZ 6), Berlin 1996.

HOUTMAN, Alberdina, עזר כנגדו. Mishnah and Tosefta: A Synoptic Inquiry into the Relationship between Mishna and Tosefta in the Tractates Berakhot and Shebiit (TSAJ 59), Tübingen 1997.

Dies., The Job, the Craft and the Tools: Using a synopsis for research on the relationship(s) between the Mishnah and the Tosefta, JJS 48 (1997), 91-104.

HRUBY, Kurt, Begriff und Funktion des Gottesvolkes in der rabbinischen Tradition, Judaica 21 (1965), 230-256.

Ders., Gesetz und Gnade in der Rabbinischen Überlieferung, Judaica 25 (1969), 30-63.

Ders., Die Stellung der jüdischen Gesetzeslehrer zur werdenden Kirche (SJK 4), Zürich 1971.

HUMMEL, Reinhart, Die AuseinanDersetzung zwischen Kirche und Judentum im Matthäusevangelium (BevTh 33), München 1966.

HUTTON, R. R., Declaratory Formulae: Forms of Authoritative Pronouncement in Ancient Israel, Claremont 1983.

IERSEL, Bastiaan Martinus Franciscus van, "Der Sohn" in synoptischen Evangelien. Christusbezeichnung der Gemeinde oder Selbstbezeichnung? (NT.S 3), Leiden 1964.

JACKSON, Bernard S., Theft in early Jewish Law, Oxford 1970.

JACOBS, Louis, Are there Fictitious Baraitot in the Babylonian Talmud? HUCA 42 (1971), 185-196.

JANCKE, Gabriele, Autobiographische Texte - Handlungen in einem Beziehungsnetz. Überlegungen zu Gattungsfragen und Machtaspekten im deutschen Sprachraum von 1400 bis 1620, in: W. Schulz (Hg.), Ego-Dokumente. Annäherung an den Menschen in der Geschichte. (Selbstzeugnisse in der Neuzeit 2), Berlin 1996, 73-106.

JENNI, Ernst, Art. אב Vater, THAT I, 1-17.

JENNINGS, Theodore W. Jr., Beyond Theism. A Grammar of God Language, New York/Oxford 1985.

JEREMIAS, Joachim, Art. γραμματεύς, ThWNT I, 740-742.

Ders., Abba, in: Ders., Abba. Studien zur neutestamentlichen Theologie und Zeitgeschichte, Göttingen 1966, 15-67.

Ders., Kennzeichen des ipsissima vox Jesu, in: Synoptische Studien, FS A. Wikenhauser, München 1954, 86-93; wiederabgedruckt in: Ders., Abba. Studien zur neutestamentlichen Theologie und Zeitgeschichte, Göttingen 1966, 145-152.

Ders., Art. λίθος, THWNT IV, 272-283.

Ders., Neutestamentliche Theologie. Teil I: Die Verkündigung Jesu. Gütersloh [4]1988.

JOEL, Manuel, Blicke in die Religionsgeschichte, 2 Bde., Breslau 1880-83 (Nachdr. Amsterdam 1971).

JOEST, Wilfried, Dogmatik, Bd. 1, Göttingen [3]1989.

JOSEPH, Max, Art. Vaterunser, Jüdisches Lexikon IV,2, 1156-1158.

KADUSHIN, Max, Aspects of the Rabbinic Concept of Israel: A Study in the Mekhilta, HUCA 29 (1945/46), 57-96.

Ders., The Rabbinic Mind, New York u.a. [2]1965.

KAGAN, Zipporah, Divergent Tendencies and their Literary Moulding in the Aggadah, ScrHier 22 (1971), 151-170.

KAISER, Gerhard, Kann man nach der Wahrheit des Christentums fragen? ZThK 92 (1995), 102-120.

KASPER, Walter, Jesus der Christus, Mainz 1974.

KATZ, Jacob, Exclusiveness and Tolerance. Studies in jewish-gentile relations in medieval times (ScJ 3), Oxford 1961.

KEEL, Othmar, Das Hohelied (ZBK.AT 18), Zürich [2]1992.

KERN, Brigitte, Fragen in der Homilie: Ein Mittel der Text- oder der Formkonstitution? LingBibl 61 (1988), 57-86.

KIRCHBERG, Julie, Theo-logie in der Anrede als Weg zur Verständigung zwischen Juden und Christen (Innsbrucker theologische Studien 31), Innsbruck/Wien 1991.

KITTEL, Gerhard, Art. ἀββᾶ, ThWNT I, 4-6.

KLAUSNER, Joseph, The messianic Idea in Israel. From Its Beginning to the Completion of the Mishnah, New York [3]1955.

KNIERIM, Rolf, Art. חטא sich verfehlen, THAT I, 541-549.

Ders., Die Hauptbegriffe für Sünde im Alten Testament, Gütersloh 1965.

KOCH, Klaus, Art. צדק gemeinschaftstreu/heilvoll sein, THAT II, 507-530.

KÖTTING, Bernhard, Art. Geste u. Gebärde, RAC 10, 895-902.

KOHLER, Kaufmann, Abba, Father. Title of Spiritual Leader and Saint, JQR 13 (1900/01), 567-580.

Ders., Grundriss einer systematischen Theologie des Judentums auf geschichtlicher Grundlage, Leipzig 1910 (Nachdr. Hildesheim/New York 1979).

KOSMALA, Hans, Nachfolge und Nachahmung Gottes. II. Im jüdischen Denken, in: Ders., Studies, Essays and Reviews II, Leiden 1978, 186-231.

KOTLAR, David, Art. Mikveh, EJ 11, 1534-1544.

KRAEMER, Shephard Ross, When Joseph meets Aseneth, New York u.a. 1998.

KRAUS, Hans-Joachim, Psalmen (BK.AT XV/1), Neukirchen-Vluyn [5]1978.

KRAUSS, Samuel, Talmudische Archäologie, 3 Bde., Leipzig 1910-12 (Nachdr. Hildesheim 1966).

KROCHMALNIK, Daniel, Amalek. Gedenken und Vernichtung in der jüdischen Tradition, in: H. Loewy/B. Moltmann (Hg), Erlebnis - Gedächtnis - Sinn. Authentische und konstruierte Erinnerung, Frankfurt/New York 1996, 121-136.

KRONHOLM, Tryggve, Art. נשר, ThWAT V, 680-689.

KRUPP, Michael, Die frühen Chassidim (Prophezey Schriften 4), Tübingen 1996.

Ders., The Tosefta Manuscripts, in: Shmuel Safrai (Hg.), The Literature of the Sages 1 (CRINT II,3), Assen/ Maastricht/Philadelphia 1987, 301f.

KUHN, Heinz-Wolfgang, Die Kreuzesstrafe während der frühen Kaiserzeit. Ihre Wirklichkeit und Wertung in der Umwelt des Urchristentums, in: Hildegard Temporini/Wolfgang Haase (Hg.), ANRW II 25,1, Berlin/New York 1982, 648-793.

KUHN, Karl Georg, Giljonim und sifre minim, in: W. Eltester (Hg.), Judentum, Urchristentum, Kirche, FS J. Jeremias (BZNW 25), Berlin 1964, 24-61.

KUHN, Peter, Bat Qol. Die Offenbarungsstimme in der rabbinischen Literatur. Sammlung, Übersetzung und Kurzkommentierung der Texte (Eichstätter Materialien 13), Regensburg 1989.

Ders., Gottes Trauer und Klage in der Rabbinischen Überlieferung (Talmud und Midrasch), (AGJU 13), Leiden 1978.

Ders., Offenbarungsstimmen im Antiken Judentum. Untersuchungen zur Bat Qol und verwandten Phänomenen (TSAJ 20), Tübingen 1989.

KÜNG, Hans, Christ sein, München 1974.

KUTSCH, Ernst, Art. כרת abschneiden, THAT I, 857-860.

LAMM, Norman, Art. Kiddush Ha-Shem and Hillul Ha-Shem, EJ 10, 977-981.

LANDAU, Elisaeus, Die dem Raume entnommenen Synonyma für Gott in der neu-hebraeischen Litteratur, Zürich 1888.

LANG, Bernhard/McDANNELL, Colleen, Der Himmel. Eine Kulturgeschichte des ewigen Lebens, Frankfurt am Main 1990.

LANGE, N.R.M. de, Origen and the Jews. Studies in Jewish-Christian Relations in Third-Century Palestine, Cambridge 1979.

LATAIRE, Bianca, God the Father. An Exegetical Study of an Johannine Metaphor (Papers der Gesamthochschule Essen, LAUD, Series A, 493), Essen 1999, 1-18.

LAUTERBACH, Jacob Z., The Ancient Jewish Allegorists in Talmud and Midrash, JQR 1 (1911), 503-531.

LE DÉAUT, R. (Hg.), Targum du Pentateuque I, Genèse (SC 245), Paris 1978.

LEE, Dorothy A., Beyond Suspicion? The Fatherhood of God in the Fourth Gospel, Pacifica 8 (1995), 140-154.

LEEUWEN, Cornelis van, Art. רשע frevelhaft/schuldig sein, THAT II, 813-818.

LEIBOWITZ, Yeschaiahu, Vorträge über die Sprüche der Väter. Auf den Spuren des Maimonides, übers. v. Grete Leibowitz, Obertshausen 1984.

LEIMAN, Sid Z., The Canonization of Hebrew Scripture: The Talmudic and Midrashic Evidence, Hamden 1976.

LEIPOLDT, Johannes, Das Gotteserlebnis Jesu im Lichte der vergleichenden Religionsgeschichte (Angelos 2), Leipzig 1927.

Ders., Jesu Verhältnis zu Juden und Griechen, Leipzig 1941.

Ders., War Jesus Jude?, Leipzig 1923.

LEHNARDT, Andreas, Qaddish. Untersuchungen zur Entstehung und Rezeption eines rabbinischen Gebetes (TSAJ 87), Tübingen 2002.

LENHARDT, Pierre/OSTEN-SACKEN, Peter von der, Rabbi Akiva. Texte und Interpretationen zum rabbinischen Judentum und Neuen Testament (ANTZ 1), Berlin 1987.

LENHARDT, Pierre, Auftrag und Unmöglichkeit eines legitimen christlichen Zeugnisses gegenüber den Juden. Eine Untersuchung zum theologischen Stand des Verhältnisses von Kirche und jüdischem Volk (SJCVG 1), Berlin 1980.

LENZEN, Verena, Jüdisches Leben und Sterben im Namen Gottes, München/Zürich 1995.

LEON, Harry J., The Jews of Ancient Rome, Philadelphia 1960.

LERNER, M.B., לחקר כינויים והתארים. א. אבא, בתוך מחקרים במדעי היהדות, מדרכי עקיבא פרידמן ומשה גיל, Tel-Aviv 1986, 93-113.

LEUTZSCH, Martin, Die Wahrnehmung sozialer Wirklichkeit im "Hirten des Hermas" (FRLANT 150), Göttingen 1989.

LEVENSON, Jon Douglas, The Death and Resurrection of the Beloved Son. The Transformation of Child Sacrifice in Judaism and Christianity, Yale 1993.

Ders., Theology of the program of restoration of Ezekiel 40-48 (HSM 10), Missoula (Montana) 1976.

LEVINE, Lee I., The Rabbinic Class of Roman Palestine in Late Antiquity, Jerusalem 1989.

Ders., The Jewish Patriarch (Nasi) in Third Century Palestine, in: Hildegard Temporini/Wolfgang Haase (Hg.), ANRW II 19,2, Berlin/New York 1979, 649-688.

LEVINGER, Israel Meir, Kiddusch Haschem: Heiligung des göttlichen Namens. Gedanken zum Martyrium in Judentum, in: Günther Bernd Ginzel (Hg.), Auschwitz als Herausforderung für Juden und Christen, Heidelberg 1980, 157-169.

LEVY, Ernst, Die römische Kapitalstrafe (SHAW.PH 1930/31, 5), Heidelberg 1931.

LICHTENBERGER, Hermann, Organisationsformen und Ämter im antiken Griechenland und Italien, in: Robert Jütte/ Abraham P. Küstermann (Hg.), Jüdische Gemeinden und Organisationsformen von der Antike bis zur Gegenwart, Wiesbaden 1998, 11-27.

LIEBERMAN, Saul, The Martyrs of Caesarea, AIPh 7 (1939/44), 394-446.

Ders., *Mishnath Shir ha-Shirim*, in: Gershom G. Scholem, Jewish Gnosticism, Merkabah Mysticism, and Talmudic Tradition, New York 1965, 118-126.

Ders., רדיפת דת ישראל, in: S. Baron Jubilee Volume (hebr. Teil), Jerusalem 1974/75, 213-245.

Ders., Rabbinic Interpretation of Scripture, in: Ders., Hellenism in Jewish Palestine. Studies in the literary transmission reliefs and manners of Palestine in the I. Century B.C.E. - IV. Century C.E. (TSJTSA 18), New York 1962, 47-82.

Ders., Roman Legal Institutions in Early Rabbinics and in the Acta Martyrium, JQR 35 (1944/45), 1-57.

Tosefta Ki-Fshutah. A Comprehensive Commentary on the Tosefta, Bde. 1.2: Order Zera`im, Bde. 3-5: Order Moed, Bde. 9.10: Order Nezikin, Jerusalem [2]1992.

LOEWENSTAMM, Ayala, Art. Samaritans. Samaritan Chronology, EJ 14, 748-757.

LOHSE, Eduard, Märtyrer und Gottesknecht. Untersuchungen zur urchristlichen Verkündigung vom Sühnetod Jesu Christi, 2. erw. Aufl. Göttingen 1963.

Ders., Art. υἱός κτλ., II. Palästinisches Judentum, ThWNT VIII, 358-363.

LUX, Rüdiger, Die Weisen Israels. Meister der Sprache, Lehrer des Volkes, Quelle des Lebens, Leipzig 1992.

LUZ, Ulrich, Das Evangelium nach Matthäus (Mt 1-7) (EKK I,1), Neukirchen-Vluyn [2]1989.

MACH, Rudolf, Der Zaddik in Talmud und Midrasch, Leiden 1957.

MAGONET, Jonathan, Mit der Bibel durch das Jüdische Jahr, Gütersloh 1998.

MAIER, Gerhard, Mensch und freier Wille. Nach den jüdischen Religionsparteien zwischen Ben Sira und Paulus (WUNT 12), Tübingen 1971.

MAIER, Johann, Vom Kultus zur Gnosis. Studien zur Vor- und Frühgeschichte der "jüdischen Gnosis". Bundeslade, Gottesthron und Märkabah (Kairos (St) 1), Salzburg 1964.

Ders., Jesus von Nazareth in der talmudischen Überlieferung (EdF 82), Darmstadt 1978.

Ders., Jüdische AuseinanDersetzung mit dem Christentum in der Antike (EdF 177), Darmstadt 1982.

MANESCHG, Hans, Die Erzählung von der ehernen Schlange (Num 21,4-9) in der Auslegung der frühen jüdischen Literatur. Eine traditionsgeschichtliche Studie (EHS.T 157), Frankfurt a.M./Bern 1981.

MANSON, Thomas Walter, The Teaching of Jesus. Studies of its Form and Content, Cambridge [2]1935 (Nachdr. 1963).

MARCHEL, Witold, Abba, Pére! La Prière du Christ et des Chrétiens. Étude exégétique sur les origines et la signification de l'invocation à la divinité comme père, avant et dans le Nouveau Testament (AnBib 19A), Rom [2]1970.

MARMORSTEIN, Arthur, Iranische und jüdische Religion, ZNW 26 (1927), 231-242.

Ders., The old Rabbinic Doctrine of God, 2 Bde., Oxford/London 1927.

MARTIN-ACHARD, Robert, Art. נכר Fremde, THAT II, 66-68.

MATTHEWS, Victor H., Honor and Shame in Gender-Related Situations in the Hebrew Bible, in: V.H. Matthews/ B.M. Levinson/T. Frymer-Kensky (Hg.), Gender and Law in the Hebrew Bible and the Ancient Near East (JSOT.S 262), Sheffield 1998, 97-112.

MAYR, Franz Karl, "Patriarchales Gottesverständnis?", ThQ 152 (1972), 224-255.

MENSCHING, Gustav, Soziologie der Religion, Bonn 1947.

MERKLEIN, Helmut, Jesu Botschaft von der Gottesherrschaft. Eine Skizze (SBS 111), Stuttgart [3]1989.

MEYER, Ben F., A caricature of Joachim Jeremias and his scholarly work, JBL 110 (1991), 451-462.

MEYER, Rudolf, Hellenistisches in der Rabbinischen Anthropologie. Rabbinische Vorstellungen vom Werden des Menschen (BWANT 74), Stuttgart 1937.

Ders., Der Am ha-Ares. Ein Beitrag zur Religionssoziologie Palästinas im 1. und 2. nachchristlichen Jahrhundert, in: Ders., Zur Geschichte und Theologie des Judentums in hellenistisch-römischer Zeit. Ausgewählte Abhandlungen, Neukirchen-Vluyn 1989, 21-39.

MILGROM, Jacob, Studies in Cultic Theology and Terminology (SJLA 36), Leiden 1983.

Ders., Numbers: The traditional hebrew text with new JPS translation (The JPS Torah Commentary), Philadelphia 1990.

MILLER, Stuart S., The *Minim* of Sepphoris Reconsidered, HTR 86 (1993), 377-402.
MOLTMANN, Jürgen, Trinität und Reich Gottes. Zur Gotteslehre, München 1980.
MOMMSEN, Theodor, Römisches Strafrecht, Leipzig 1899 (Nachdr. Graz 1955).
MOORE, George Foot, Fate and Free Will in the Jewish Philosophies according to Josephus, HThR 22 (1929), 371-389.
Ders., Judaism in the First Centuries of the Christian Era. The Age of the Tannaim II, Cambridge 1927 (Nachdr. 1962).
MORGENSTERN, Julian, The Hasidim - Who were they?, HUCA 38 (1967), 59-73.
MULDER, Martin Jan, Art. נמר, ThWAT V, 463-468.
MÜLLER, Karlheinz, Zur Datierung rabbinischer Aussagen, in: H. Merklein (Hg.), Neues Testament und Ethik, FS R. Schnackenburg, Freiburg/Basel/Wien 1989, 551-587.

NEHER, André, Art. Ethics, EJ 6, 932-942.
NEUSNER, Jacob, A Life of Yohanan ben Zakkai (StPB 6), Leiden ²1970.
Ders., Developement of a legend. Studies on the tradition concerning Yohanan ben Zakkai (StPB 16), Leiden 1970.
Ders., Eliezer ben Hyrcanus. The Tradition and the Man (SJLA 3.4), 2 Bde., Leiden 1973.
Ders., A history of the Mishnaic Law of Purities, Bd. 3 (SJLA 6,1-7), Leiden 1974.
Ders., A history of the Jews in Babylonia, 5 Bde. (StPB 9-12.14.15), Leiden 1965-1970.
Ders., The Rabbinic Traditions about Pharisees before 70, 3 Bde., Leiden 1971.
Ders., Religious Authority in Judaism. Modern and Classical Modes, Interpretation 39 (1985), 373-387.
Ders., Studying Synoptic Texts Synoptically. A Case of Leviticus Rabbah, PAAJR 53 (1986), 111-145.
Ders., Tzedakah. Can Jewish Philanthropy buy Jewish Survival? New York 1982.
Ders., Die Verwendung des späteren rabbinischen Materials für die Erforschung des Pharisäismus im 1. Jahrhundert n.Chr., ZThK 76 (1979), 292-309.
NIEWÖHNER, Friedrich, Der Name und die Namen Gottes. Zur Theologie des Begriffs "der Name" im jüdischen Denken, ABG 25 (1981), 133-161.
NOTH, Martin, Die Gesetze im Pentateuch, in: Ders., Gesammelte Studien zum Alten Testament (TB 6), München ²1960, 9-141.

ODED, Bustanay, Art. Nebuchadnezzar, EJ 12, 912-914.
OEGEMA, Gerbern S., Der Gesalbte und sein Volk. Untersuchungen zum Konzeptualisierungsprozeß der messianischen Erwartungen von den Makkabäern bis Bar Koziba (SIJD 2), Göttingen 1994.
OESTERREICHER, Johann M., "Abba ...!" - Jesu Ölberggebet als Zeugnis seiner Menschlichkeit, in: M. Brocke u.a. (Hg.), Das Vaterunser. Gemeinsames im Beten von Juden und Christen, Freiburg 1974, 209-230.
OPPENHEIMER, Aharon, Art. Am Ha-Arez, EJ 2, 833-836.
Ders., The `Am Ha-Aretz. A Study in the Social History of the Jewish People in the Hellenistic-Roman Period (ALGHL VIII), Leiden 1977.
OSLOW, Mortimer, The Jewish Response to Crisis, Conservative Judaism 33 (1980), 3-25.
OSTEN-SACKEN, Peter von der, Katechismus und Siddur. Aufbrüche mit Martin Luther und den Lehrern Israels (VIKJ 15), Berlin ²1994.
OTTO, Gert, Sprache als Hoffnung. Über den Zusammenhang von Sprache und Leben, München 1989.
OVADIA, Neil/HILLEL, Halkin, Art. Kiddush Ha-Shem and Hillul Ha-Shem, EJ 10, 977-986.

PATAI, Raphael, The "Control of Rain" in Ancient Palestine. A Study in Comparative Religion, HUCA 14 (1939), 251-286.
PELI, Pinchas HaCohen, The Havurot that were in Jerusalem, HUCA 55 (1984), 55-74.
PERLES, Felix, A Miscellany of Lexical and Textual Notes on the Bible, JQR 2 (1911), 97-132.
PESCH, Wilhelm, Theologische Aussagen der Redaktion von Matthäus 23, in: P. Hoffmann (Hg.), Orientierung an Jesus: Zur Theologie der Synoptiker, FS J. Schmid, Freiburg/Basel/Wien 1973, 286-299.
PESKOWITZ, Miriam B., Spinning Fantasies. Rabbis, Gender, and History (Contraversions. Critical Studies in Jewish Literature, Culture, and Society 9), Los Angeles/London 1997.
PFEIFER, Gerhard, Ursprung und Wesen der Hypostasenvorstellungen im Judentum (AzTh I, 31), Berlin 1967.
PORTON, Gary, Midrash: Palestinian Jews and the Hebrew Bible in the Greco-Roman Period, ANRW II 19.2, 104-138.
POSNER, Raphael, Art. Ablution, EJ 2, 81-86.

PREUSS, Julius, Biblisch-Talmudische Medizin. Beiträge zur Geschichte der Heilkunde und der Kultur überhaupt, o.O. 1911 (Nachdr. Wiesbaden 1992).

PRIGENT, Pierre, Le Judaisme et l'image (TSAJ 24), Tübingen 1990.

RABINOWICZ, Harry, Art. Dietary Laws, EJ 6, 26-45.

RABINOWITZ, Louis Isaac, Art. Blindness. In Talmud and Jewish Law, EJ 4, 1090-1092.

Ders., Art. God, Names of. In the Talmud, EJ 7, 682-684.

Ders., Art. Torah. The Term, EJ 15, 1235-1236.

RAD, Gerhard von, Art. εἰρήνη. B. שלום im AT, ThWNT II, 400- 405.

Ders., Art. οὐρανός. B. Altes Testament, ThWNT V, 501-509.

Ders., Weisheit in Israel, Neukirchen-Vluyn 1970.

RADICE, Roberto/RUNIA, David T. (Hg.), Philo of Alexandria. An annotated bibliography 1937-1986 (VidChr.S 8), Leiden/New York/Kopenhagen/Köln 1988.

RAU, Eckhard, Reden in Vollmacht. Hintergrund, Form und Anliegen der Gleichnisse Jesu (FRLANT 149), Göttingen 1990.

REINHARTZ, Adele (Hg.), God the Father in the Gospel of John, Semeia 85 (1999), 1-202.

REIß, Wolfgang, Wortsubstitution als Mittel der Deutung. Bemerkungen zur Formel אין ... אלא, FJB 6 (1978), 27-69.

RENDTORFF, Rolf, Das Alte Testament. Eine Einführung, Neukirchen ⁴1992.

RENGSTORF, Karl Heinz, Grundsätzliches und methodische Überlegungen zur Bearbeitung von rabbinischen, insbesondere tannaitischen Sätzen, in: Theok. I (1967-1969), Leiden 1970, 76-87.

RICHTER-REIMER, Ivoni, Frauen in der Apostelgeschichte des Lukas. Eine feministisch-theologische Exegese, Gütersloh 1992.

RICOUER, Paul, Die Vatergestalt - Vom Phantasiebild zum Symbol, in: Ders., Hermeneutik und Psychoanalyse. Der Konflikt der Interpretationen II, München 1974, 315-353.

RINGGREN, Helmer, Art. אב, ThWAT I, 1-19.

ROKEAH, David, בן סטרא בן פנטרה הוא (לבירורה של פילולוגית היסטוריה), Tarbiz 39 (1969), 9-18.

ROTH, Cecil, Art. Abba, EJ 2, 31.

Ders., A Talmudic Reference to the Qumran Sect? RdQ 2 (1969), 261-265.

RUPPRECHT, Konrad, Zu Herkunft und Alter der Vater-Anrede Gottes im Gebet des vorchristlichen Judentums. Nicht durchgehend wissenschaftliche Erlebnisse, Beobachtungen, Überlegungen und Spekulationen, in: E. Blum/C. Macholz/E.W. Stegemann (Hg.), Die Hebräische Bibel und ihre zweifache Nachgeschichte, FS R. Rendtorff, Neukirchen-Vluyn 1990, 347-355.

RUETHER, Rosemary R., Sexismus und die Rede von Gott. Schritte zu einer anderen Theologie, Gütersloh 2. überarb. Aufl. 1990.

SAFRAI, Shmuel, Das jüdische Volk im Zeitalter des Zweiten Tempels, Neukirchen-Vluyn 1981.

Ders., Education and the Study of the Torah, in: Ders./M. Stern (Hg.), The Jewish People in the First Century. Historical Geography, Political History, Social, Cultural and Religious Life and Institution (CRINT I,2), Assen/Maastricht/ Philadelphia 1987, 945-970.

Ders., Halakha, in: Ders. (Hg.), Literature of the Sages 1 (CRINT II,3), Assen/ Maastricht/Philadelphia 1987, 121-210.

Ders., The Holy Congregation in Jerusalem, ScrHier 23 (1972), 62-78.

Ders., ישו והתנועה החסידית, in: Proceedings of the Tenth World Congress of Jewish Studies, Division B, Vol. I, Jerusalem 1990, 1-8.

Ders., הוצאת אוניברסיטת, בערכות ע"ץ מלמד, ספר זכרון לבנימין דה פריס, רשות עניינים ארצישראלים, in: המחקר, ירושלים תשר"ט, תל אביב 328-333.

Ders., קהלא קדישא דבירושלים, Zion 22 (1957), 183-193.

Ders., Teaching of Pietists in Mishnaic Literature, JJS 16 (1965), 15-33.

Ders., Tales of the Sages in the Palestinian Tradition and the Babylonian Talmud, ScrHier 22 (1971), 209-232.

Ders., The Temple, in: Ders./Menachem Stern (Hg.), The Jewish People in the First Century. Historical Geography, Political History, Social, Cultural and Religious Life and Institutions (CRINT A.2), Assen/ Maastricht/Philadelphia 1987, 865-907.

SAFRAI, Zeev, The Economy of Roman Palestine, London/New York 1994.

SAND, Alexander, "Abba"-Vater - Gotteserfahrung und Gottesglaube Jesu, Renovatio 48 (1992), 204-218.

SANDER-GAISER, Martin, Frühe jüdische und christliche Mnemotechnik. Ein pädagogischer Beitrag zum Thema Auswendiglernen, in: U.F.W. Bauer/A. Wöhle (Hg.), Lehren und Lernen in jüdisch-christlicher Tradition. Erfahrungen aus den Niederlanden, Knesebeck 1995, 61-80.

SANDERS, Ed Parish, Defending the Indefensible, JBL 110 (1991), 463-477.

Ders., Jewish Law from Jesus to the Mishnah. Five Studies, London/Philadelphia 1990.

Ders., Paulus und das palästinische Judentum: Ein Vergleich zweier Religionsstrukturen, übers. v. J. Wehnert (StUNT 17), Göttingen 1985.

SANDERS, Jack T., Schismatics, Sectarians, Dissidents, Deviants. The First One Hundred Years of Jewish-Christian Relations, London 1993.

SANDMEL, Samuel, Parallelomania, JBL 81 (1962), 1-13.

SAUER, Georg, Art. קנאה Eifer, THAT II, 647-650.

Ders., Art. שמר hüten, THAT II, 982-987.

SCHÄFER, Peter, Der Bar Kokhba-Aufstand. Studien zum zweiten jüdischen Krieg gegen Rom, Tübingen 1981.

Ders., Das "Dogma" von der mündlichen Tora im rabbinischen Judentum, in: Ders., Studien zur Geschichte und Theologie des rabbinischen Judentums (AGJU 15), Leiden 1978, 153-197.

Ders., Geschichte der Juden in der Antike. Die Juden Palästinas von Alexander dem Großen bis zur arabischen Eroberung, Neukirchen-Vluyn 1983.

Ders., Judeophobia. Attitudes toward the Jews in the Ancient World, Cambridge/London 1997.

Ders., Research into Rabbinic Literature: An Attempt to Define the Status Quaestionis, JJS 37 (1986), 139-152.

Ders., Rivalität zwischen Engeln und Menschen. Untersuchungen zur rabbinischen Engelvorstellung (SJ 8), Berlin/New York 1975.

Ders., Studien zur Geschichte und Theologie des rabbinischen Judentums (AGJU 15), Leiden 1978.

Ders., Der verborgene und offenbare Gott. Hauptthemen der frühen jüdischen Mystik, Tübingen 1991.

SCHALIT, Abraham, König Herodes. Der Mann und sein Werk (SJ 4), Berlin 1969.

SCHECHTER, Solomon, Aspects of Rabbinic Theology. Including the Original Preface of 1909 and Introduction by Louis Finkelstein, New York 1961 (Nachdr. Woodstock 1993).

SCHELBERT, Georges, Sprachgeschichtliches zu `Abba´, in: Pierre Casetti/Othmar Keel/Adrian Schenker (Hg.), Mélanges Dominique Barthélemy (OBO 38), Fribourg/Göttingen 1981, 395-447.

Ders., Abba, Vater! Stand der Frage, FZPhTh 40 (1993), 259-281.

SCHENKE, Hans-Martin, Der Gott >>Mensch<< in der Gnosis. Ein religionsgeschichtlicher Beitrag zur Diskussion über die paulinische Anschauung von der Kirche als Leib Christi, Berlin 1962.

SCHENKER, Adrian, Gott als Vater - Söhne Gottes. Ein vernachlässigter Aspekt einer biblischen Metapher, FThZ 25 (1978), 3-55.

SCHERLE, Gabriele, Die Chassidim der Tannaitischen Zeit. Ein Beitrag zum Verständnis von Jesus von Nazareth? in: M. Stöhr (Hg.), Lernen in Jerusalem - Lernen mit Israel. Anstöße zur Erneuerung in Theologie und Kirche (VIKJ 20), Berlin 1993, 304-321.

SCHILLEBEECKX, Edward, Jesus. Die Geschichte von einem Lebenden, Basel/Freiburg/Wien [7]1975.

SCHLATTER, Adolf, Der Evangelist Johannes. Wie er spricht, denkt und glaubt, Stuttgart 1930.

Ders., Wie sprach Josephus von Gott? (BFchT 14,1), Gütersloh 1910.

SCHLOSSER, Jacques, Le Dieu de Jésus. Étude exégétique (LD 129), Paris 1987.

SCHMID, Herbert, Jahwe und die Kulttradition von Jerusalem, ZAW 67 (1955), 168-197.

SCHMIDT, Thomas, Das Ende der Zeit. Mythos und Metaphorik als Fundamente einer Hermeneutik biblischer Eschatologie (BBB 109), Bodenheim 1996.

SCHMIDT, Werner H., Alttestamentlicher Glaube in seiner Geschichte (NStB 6), Neukirchen-Vluyn [7]1990.

Ders., Art. קנה erwerben, THAT II, 650-659.

SCHNEIDER, Johannes, Art. σταυρός, ThWNT VII, 572-580.

SCHOENBORN, Ulrich, Art. οὐρανος, EWNT II, 1328-1338.

SCHOLEM, Gershom, Die jüdische Mystik in ihrem Hauptströmungen (stw 330), Frankfurt a.M. [3]1988.

Ders., Merkabah Mysticism or Ma´aseh Merkabah, EJ 11, 1386-1389.

SCHOTTROFF, Luise, Das geschundene Volk und die Arbeit in der Ernte Gottes nach dem Matthäusevangelium, in: dies./W. Schottroff, Mitarbeiter der Schöpfung. Bibel und Arbeitswelt, München 1983, 149-206.

Dies., Das Gleichnis vom großen Gastmahl in der Logienquelle, EvTh 47 (1987), 192-211.

Dies., Lydias ungeduldige Schwestern. Feministische Sozialgeschichte des frühen Christentums, Gütersloh [2]1996.

SCHRENK, Gottlob, Art. θέλημα, ThWNT III, 52-63.

Ders./QUELL, Gottfried, Art. πατήρ, ThWNT V, 946-1016.

SCHROER, Silvia/STAUBLI, Thomas, Die Körpersymbolik der Bibel, Darmstadt 1998.

SCHÜRER, Emil, Der Begriff des Himmelreiches aus Jüdischen Quelle erläutert, JPTh 2 (1876), 166-187.

Ders., The History of the Jewish People in the Age of Jesus Christ. A New English Version. Revised and edited by G. Vermes/F. Millar/M. Black, 3 Bde., Edinburgh 1973-87.

SCHÜRMANN, Heinz, Das Gebet des Herrn, Freiburg/Basel/Wien, [4]1981.

SCHULLER, Eileen, 4Q 372 1: A Text about Joseph, RdQ 14 (1990), 349-376.

Ders., The Psalm of 4Q 372 1. Within the Context of Second Temple Prayer, CBQ 54 (1992), 67-79.

SCHULZ, Hermann, Leviten im vorstaatlichen Israel und im Mittleren Osten, München 1987.

SCHWARTZ, Daniel R., Agrippa I. The Last King of Judaea (TSAJ 23), Tübingen 1990.

SCHWARZ, Günther, "Und Jesus sprach". Untersuchungen zur aramäischen Gestalt der Worte Jesu (BWANT 18), Stuttgart 1985.

SCHWIER, Helmut, Tempel und Tempelzerstörung. Untersuchungen zu den theologischen und ideologischen Faktoren im ersten jüdisch-römischen Krieg (66-74 n.Chr.) (NTOA 11), Göttingen 1989.

SÉD, Nicolas, Les traditions secrètes et les disciples de Rabban Yohanan ben Zakkai, RHR 184 (1973), 49-66.

SEEBAß, Horst, Art. Opfer II. Altes Testament, TRE 25, 259-267.

SEVERIN-KAISER, Martina, Gedenke dessen, was dir Amalek antat ... Auslegungen zu Ex 17,8-16 und Dtn 25,17-19, in: S. Wagner/G. Nützel/M. Kick (Hg.), (Anti-) Rassistische Irritationen. Biblische Texte und interkulturelle Zusammenarbeit, Stuttgart 1994, 151-166.

SHARVIT, S., The Textual Criticism of Tractate Avot, in: Shmuel Safrai (Hg.), The Literature of the Sages 1 (CRINT II,3), Assen/Maastricht/Philadelphia 1987, 277-281.

SIEGERT, Folker, Gottesfürchtige und Sympathisanten, JSJ 4 (1973), 109-164.

SILBERMAN, Lou H., Art. Chosen People, EJ 5, 498-502.

SIMON, Marcel, Verus Israel. A Study of the Relations between Christians and Jews in the Roman Empire AD 135-425, London 1996.

SJÖBERG, Erik, Gott und die Sünder im Palästinischen Judentum. Nach dem Zeugnis der Tannaiten und der apokryphisch-pseudepigrafischen Literatur, Stuttgart/ Berlin 1938.

SMITH, Morton, A Comparison of Early Christian and Early Rabbinic Tradition, JBL 82 (1963), 169-176.

SOGGIN, Jan Alberto, Art. שמים Himmel, THAT II, 965-970.

SPERBER, Daniel, Art. Sifrei Ha-Minim, EJ 14, 1521.

SPIEGEL, Yorick, Beratung in der vaterlosen Gesellschaft, Conc(D) 17 (1981), 174-180.

STÄHLIN, Gustav, Zum Gebrauch von Beteuerungsformeln im Neuen Testament, NT 5 (1962), 115-143.

STANDHARTINGER, Angela, Das Frauenbild im Judentum der hellenistischen Zeit. Ein Beitrag anhand von Joseph and Aseneth (AGJU 26), Leiden/New York/Köln 1995.

STAUFFER, Ethelbert, Die Theologie des Neuen Testament, Stuttgart 4. verb. Aufl. 1948.

STECK, Odil Hannes, Der Wein unter den Schöpfungsgaben. Überlegungen zu Psalm 104, in: Ders., Wahrnehmungen Gottes im Alten Testament. Gesammelte Studien (TB 70), München 1982, 240-261.

STEGEMANN, Ekkehard/STEGEMANN, Wolfgang, Urchristliche Sozialgeschichte. Die Anfänge im Judentum und die Christusgemeinden in der mediterranen Welt, Stuttgart/Berlin/Köln 1995.

STEIN, Murray, Leiden an Gott Vater. C.G. Jungs Therapiekonzept für das Christentum, Stuttgart 1988.

STEMBERGER, Brigitte, "Der Mann Moses" in Freuds Gesamtwerk, Kairos 16 (1974), 161-251.

STEMBERGER, Günter, Grundzüge Rabbinischer Hermeneutik, in: G. Schöllgen/C. Scholten (Hg.), Stimuli. Exegese und ihre Hermeneutik in Antike und Christentum, FS E. Dassmann (JAC.E 23), Münster 1996, 34-42.

Ders., Jabne und der Kanon, in: Zum Problem des biblischen Kanon (JBTh 3), Neukirchen-Vluyn 1988, 163-174.

Ders., Die römische Herrschaft im Urteil der Juden (EdF 195), Darmstadt 1983.

Ders., Vollkommener Text in vollkommener Sprache. Zum rabbinischen Schriftverständnis, in: Biblische Hermeneutik (JBTh 12), Neukirchen-Vluyn 1999, 53-64.

STERN, David, Imitatio Hominis: Anthropomorphism and the Character(s) of God in Rabbinic Literature, Prooftexts 12 (1992), 151-174.

Ders., Parables in Midrash. Narrative and Exegesis in Rabbinic Literature, Cambridge/London [2]1994.

STERN, Menachem, Greek and Latin Authors on Jews and Judaism, 3 Bde., Jerusalem 1974-1984.

Ders., Art. Fiscus Judaicus, EJ 6, 1325-1326.

Ders., Art. Hyrcanus, John, EJ 8, 1146-1147.

Ders., Art. Priest and Priesthood. From the Beginning of the Hellenistic Era until the Destruction of the Temple, EJ 13, 1086-1088.

STOLZ, Fritz, Art. ארי Löwe, THAT I, 225-228.

Ders., Art. נוח ruhen, THAT II, 43-46.

STONE, Michael E., Reactions to Destruction of the Second Temple, JSJ 12 (1981), 195-204.

STRACK, Hermann L./BILLERBECK, Paul, Kommentar zum Neuen Testament aus Talmud und Midrasch, 4 Bde., München [2]1956-59.

STROTMANN, Angelika, Mein Vater bist Du! Sir 51,10. Zur Bedeutung der Vaterschaft Gottes in kanonischen und nichtkanonischen frühjüdischen Schriften (FTS 39), Frankfurt a.M. 1991.
STUART, G.H. Cohen, The Struggle in Man between Good and Evil. An inquiry into the origin of the rabbinic concept of Yeser Hara´, Kampen o.J.
STUHLMACHER, Peter, Biblische Theologie des Neuen Testamentes, Bd 1: Grundlegung. Von Jesus zu Paulus, Göttingen 1992.

TAL, Abraham, The Samaritan Targum of the Pentateuch, in: M.J. Mulder/H. Sysling (Hg.), MIKRA. Text, Translation, Reading and Interpretation of the Hebrew Bible in Ancient Judaism and Early Christianity, Assen/Maastricht/Philadelphia 1988, 189-216.
THEIBEN, Gerd/MERZ, Annette, Der historische Jesus. Ein Lehrbuch, Göttingen [2]1997.
THOMA, Clemens, Auswirkungen des jüdischen Krieges gegen Rom (66-70/73 n.Chr.) auf das rabbinische Judentum, BZ (NF) 12 (1968), 30-54.186-210.
Ders./ERNST, Hanspeter, Die Gleichnisse der Rabbinen. Dritter Teil. Von Isaak bis zum Schilfmeer: BerR 63-100; ShemR 1-22 (JudChr 16), Bern/Berlin/Frankfurt a.M./New York/Paris/Wien 1996.
TOWNER, Wayne Sibley, The Rabbinic `Enumeration of Scriptural Example´. A Study of a Rabbinic Pattern of Discourse with special reference to Mekhilta d´R. Ishmael (StPB 22), Leiden 1975.
TRAUB, Hellmut, Art. οὐρανός. C. Septuaginta und Judentum. D. Neues Testament. E. Apostolische Väter, THWNT V, 509-536.

UNNIK, Willem Cornelis van, Das Selbstverständnis der jüdischen Diaspora in der hellenistisch-römischen Zeit. Aus dem Nachlaß hg. und bearb. von P.W. van der Horst (Arbeiten zur Geschichte des Antiken Judentums und des Urchristentums 17), Leiden/New York/Köln, 1993.
URBACH, Ephraim E., Class-Status and Leadership in the World of the Palestinian Sages, in: PIASH II,4, Jerusalem o.J., 1-37.
Ders., The Halakhah. Its Sources and Developement. Transl. by Raphael Posner, Jerusalem 1986.
Ders., The Laws regarding Slavery as a Source for Social History of the Period of the Second Temple, the Mishnah and Talmud (PIJS 1), Jerusalem 1964, 1-94.
Ders., The Sages. The Concepts and Beliefs, Jerusalem 1987.

VANONI, Gottfried, "Du bist doch unser Vater" (Jes 63,16). Zur Gottesvorstellung des Ersten Testaments (SBS 159), Stuttgart 1995.
VERMES, Geza, Hanina ben Dosa. A controversial Galilean Saint from the First Century of the Christian Era, JJS 23 (1972), 28-50.
Ders., Jesus der Jude. Ein Historiker liest die Evangelien, Neukirchen-Vluyn 1993.
Ders., The Religion of Jesus the Jew, Minneapolis 1993.
Ders., Scripture and Tradition in Judaism. Haggadic Studies (StPB 4), Leiden [2]1983.
VETTER, Dieter, Das Ethos des Judentums, in: Das Ethos der Weltreligionen, hg. von Adel Th. Khoury, Freiburg 1993, 118-148.
Ders., Gebete des Judentums. Erl. und ausgew. von D. Vetter, Gütersloh 1995.
Ders., Art. Himmel 1. Jüdisch, in: Lexikon religiöser Grundbegriffe, A. Khoury (Hg.), Graz/Wien/ Köln 1987, 484-486.
Ders., Krieg und Frieden. Weisungen und Erwartungen im Judentum der talmudischen Zeit, in: G. Binder/B. Effe (Hg.), Krieg und Frieden im Altertum (BAC 1), Trier 1989, 123-149.
Ders., Die Lehren vom Tod und von der "kommenden Welt" im talmudischen Schrifttum, in: G. Binder/B. Effe (Hg.), Tod und Jenseits im Altertum (BAC 6), Trier 1991, 21-49.
Ders., Lernen und Lehren. Skizze eines lebenswichtigen Vorgangs für das Volk Gottes, in: Rainer Albertz/F. W. Golka/Jürgen Kegler (Hg.), Schöpfung und Befreiung, FS C. Westermann zum 80. Geburtstag, Stuttgart 1989, 220-232.
VÖGTLE, Anton, Gott und seine Gäste. Das Schicksal des Gleichnisses Jesu vom großen Gastmahl (Lukas 14,16b-24; Matthäus 22,2-14), (BthSt 29), Neukirchen-Vluyn 1996.
Ders., Das Vaterunser - ein Gebet für Juden und Christen, in: Michael Brocke u.a. (Hg.), Das Vaterunser. Gemeinsames im Beten von Juden und Christen, Freiburg i.B. 1974, 165-195.
VOLZ, Paul, Die Eschatologie der jüdischen Gemeinde im neutestamentlichen Zeitalter nach den Quellen der rabbinischen, apokalyptischen und apokryphen Literatur (2. Aufl. v. "Jüdische Eschatologie von Daniel bis Akiba"), Tübingen 1934.

WACHOLDER, Ben Zion, Essays on jewish Chronology and Chronography, New York 1976.
WAGENVOORT, Hendrik, Art. Contactus (Contagio), RAC 3, 404-422.
WALDSTEIN, Wolfgang, Art. Geißelung, RAC 9, 469-490.

WALLACH, Luitpold, A Palestinian Polemic against Idolatry. A Study in Rabbinic Literary Forms, HUCA 19 (1945/46), 389-404.

WANDER, Bernd, Gottesfürchtige und Sympathisanten. Studien zum heidnischen Umfeld von Diasporasynagogen (WUNT 104), Tübingen 1998.

WANKE, Gunther, Jeremia. Bd. 1: Jeremia 1,1-25,14 (ZBK.AT 20,1), Zürich 1995.

WEINFELD, Moshe, Deuteronomy 1-11. A New Translation with Introduction and Commentary (AncB 5), New York 1991.

Ders., Social Justice in Ancient Israel and in the Ancient Near East, Jerusalem/ Minneapolis 1995.

WENGST, Klaus, Bedrängte Gemeinde und verherrlichter Christus. Ein Versuch über das Johannesevangelium, München [3]1990.

Ders., Pax Romana. Anspruch und Wirklichkeit. Erfahrungen und Wahrnehmungen des Friedens bei Jesus und im Urchristentum, München 1986.

WENSCHKEWITZ, Hans, Die Spiritualisierung der Kultusbegriffe Tempel, Priester und Opfer im Neuen Testament, Angelos 4 (1932), 70-230.

WERBLOWSKY, R. J. Zwi, Art. Dualism, EJ 6, 242-245.

WESTERMANN, Claus, Art. כבד schwer sein, THAT I, 794-812.

Ders., Art. נפש Seele, THAT II, 71-96.

WEWERS, Gerd A., Geheimnis und Geheimhaltung im rabbinischen Judentum (RGVV 35), Berlin/New York 1975.

WIENER, Max, Art. Himmel, in: JL 2, 1603-04.

WILLEMS, Gerard F., Jezus en de chassidim van zijn dagen. Een godsdiensthistorische ontdekking, Ten Have 1996.

WOLFF, Hans Walter, Dodekapropheton 4. Micha (BK.AT XIV/4), Neukirchen-Vluyn 1982.

WOUDE, Adam S. van der, Art. כה Kraft, THAT I, 823-825.

WÜNSCHE, August, Der Kuss in Talmud und Midrasch, in: M. Brann/I. Elbogen (Hg.), FS Israel Lewy's 70. Geburtstag, Bd. 2, Breslau 1911 (Nachdr. Jerusalem 1972), 76-109.

ZEITLIN, Solomon, Korban: a gift, JQR 59 (1968), 133-135.

ZELLER, Dieter, God as Father in the Proklamation and in the Prayer of Jesus, in: A. Finkel/L. Frizzel (Hg.), Studies on Prayer in Scriptures and in Tradition with Essays, FS J. M. Oesterreicher, New York 1981, 117-129.

ZIEGLER, Ignaz, Die Königsgleichnisse des Midrasch beleuchtet durch die römische Kaiserzeit, Breslau 1903.

ZILLIACUS, Henrik, Art. Anredeformen, JAC 7 (1964), 167-182.

Ders., Art. Grußformen, RAC 12, 1204-1232.

ZIMMERLI, Walther, Ezechiel. Bd. II: Ez 25-48 (BK.AT XIII/2), Neukirchen-Vluyn [2]1979.

ZOBEL, Hans-Jürgen, Stammesspruch und Geschichte (BZAW 95), 1965.

24,16	34
24,20	34
24,30ff.	64
25,6	137
26,9	94
27,5	85
27,11	153
28,1	34, 136
28,24	73, 74
29,16	34
30,17	135
30,19	136
30,30	136

Koh

3,8	114
5,18	64
6,2	64
8,8	34
10,11	79
10,14	184
10,17	184
12,7	149

Hld

2,9	136
4,4	216
4,5	136
7,4	136
8,1	234
8,14	136

Sir

3,10	127
4,10	217
5,8	64
9,1	123
9,11	123
10,13	103
14,1f.	183
15,15ff.	150
19,20	152
23,1	133, 217
23,4	133, 217
27,10	136
27,19	136
31,1	121
33,16ff.	65
34,24	217
38,24	86
38,24-39,11	86
41,4	85
43,6f.	227
47,22	32
49,10	178
50,1-21	107
50,6	227
51,10	16, 133, 217
51,13ff.	65

Jes

1,2	239, 247
1,18	168
5-7	82
5,29	136
10,14	64
10,15	28
10,20	80
14,22	32
15,9	136
18,2	136
19,9	168
24,16	33
24,23	46
25,11	32
26,8	124
26,19	206
26,21	101
29,9f.	211
29,18	211
29,23	260
30,1	239, 247
30,9	239, 247
30,12	80, 171
30,16	136
30,18	183
31,1	80
32,20	183
37,21	213
38,2	213
42,7	211
42,14	247
42,16-19	211
42,22	166
43,8	211
43,16	135
44,17	213
45,10	247
45,14	213
45,20	213
47,11	112
49,9	211
49,15	247
50,6	201
51,1f.	117
54,8	171
56,1	129
56,7	215
57,17	171
58,6	60
58,9	60
59,2	171
59,8	114
59,9	211
59,13	87
59,15	87
59,20	85
61,1	211
63,16	228f., 259

63,17	228
64,3f.	233
64,7	110, 259
66,13	247
66,17	174

Jer

2,14f.	136
2,23	136
3,2	86
3,9	86
3,12	218
3,14	239, 247
3,22	247
4,4	160
4,7	136
4,13	136, 137
4,22	247
5,6	136
5,26	34
7,3-7	134
8,20	227
8,22	94
9,2	137
9,18	93
9,25	160
10,2	226
12,8	136
12,14	113
13,14	143
13,23	135
13,27	86
14,3	79
14,4	79
14,7	79
14,8	103
16,4	128
16,5	125-131
17,13	98-106
17,25	213
19,7	143
21,7	143
21,8	142
27,2	60
28,10ff.	60
29,1	197
29,12	213
30,6	212
30,18	93
31,9	247, 248
32,16	213
33,12	143
34,3	190
42,4	213
46,6	136
50,7	103

Klg

1,17	32

2,11	234
2,15	213
3,6	211
4,17	88
4,19	136

Ez

4,14	174
5,15	85
12,13	190
14,1	197
16,59	160
17,3	136
17,7	136
17,20	190
19,4	190
19,6	136
19,8	190
20	198
21,28f.	190
22,25	136
23,27	86
24,14	143
25,15	123
25,17	85
28,4	64
28,10	161
29,7	80
31,18	161
32,19-32	161
34,6	79
34,12	175
34,23	82
35,5	123
36	198
36,16ff.	103
36,22f.	260
36,24ff.	103
36,25	98-106
36,28	103
37,8	94
37,9	147
37,14	147
38,23	28, 260
39	198
39,7	260
39,23	171
43,7	86
43,9	86
44,6-16	66
44,7	159-161
44,7-9	159, 161, 163
44,9	159, 160, 161
44,17f.	168

Wolfgang Stegemann,
Bruce J. Malina,
Gerd Theißen (Hrsg.)

Jesus

in neuen

Kon-

texten

Kollhammer

Wolfgang Stegemann
Bruce J. Malina
Gerd Theißen (Hrsg.)
**Jesus in neuen
Kontexten**

2002. 288 Seiten. Kart.
€ 20,–/sFr 33,80
ISBN 3-17-016311-6

Die Frage nach dem historischen Jesus ist in jüngster Zeit
wieder ins Zentrum neutestamentlicher Wissenschaft
gerückt. Neue methodische Ansätze aus den Sozialwissen-
schaften und theologische Herausforderungen, sei es durch
die Feministische Theologie, sei es durch das christlich-
jüdische Gespräch, haben zu einer erneuten Erforschung
des Nazareners angeregt. Jesus wird nicht mehr isoliert betrachtet, sondern innerhalb der Lebenswelt des damaligen
Israel: im Kontext von Politik, Wirtschaft, Gesellschaft und
Kultur des Judentums und der mediterranen Welt.

Die Herausgeber:
Professor Dr. Wolfgang Stegemann lehrt Neues Testament
an der Augustana-Hochschule Neuendettelsau. Professor
Dr. Bruce J. Malina lehrt Bibelwissenschaft an der
Creighton University Omaha/USA. Professor Dr. Gerd
Theißen lehrt Neutestamentliche Theologie an der Univer-
sität Heidelberg.

W. Kohlhammer GmbH
70549 Stuttgart · Tel. 0711/7863 - 7280 · Fax 0711/7863 - 8430

Kohlhammer